KB169946

지중해와 지중해 세계 16세기 후반기

발트해

치히

폴란드

바르샤바

리보프

키예프

미아

오데사

아조프 해

크림 반도

스트리아

부다페스트

헝가리

몰다비아

왈라키아

부쿠레슈티

흑해

크로아티아

스플리트 보스니아

리아 해 라구사

카타로

바리

오트란토

콘스탄티노플
(이스탄불)

보스포루스 해협

마르마라 해

오스만 투르크

다르다넬스 해협

그리스

프레베자

레판토

에게 해

키오스 이즈미르

코르푸

이오니아 해

아테네

자킨토스

낙소스 공국

니코시아

키프로스

(동)트리폴리

다마스쿠스

시리아

그레타

*지중해는 시칠리아 섬과 튀니지를 경계로 하여 동-서 지중해로 나뉜다

알렉산드리아

카이로

지중해 : 펠리페 2세 시대의 지중해 세계 II-2

집단적 운명과 전체적 움직임 하

지중해 :
펠리페 2세 시대의 지중해 세계 II-2
집단적 운명과 전체적 움직임 하

페르낭 브로델

남종국, 윤은주 옮김

까치

La Méditerranée et le monde méditerranéen à l'époque de Philippe II

by Fernand Braudel

Copyright © Armand Colin Publisher, 9th. Edition, 1990

편집, 교정 박종만(朴鐘萬)

지중해 : 펠리페 2세 시대의 지중해 세계 II-2
집단적 운명과 전체적 움직임 · 하

저자 / 페르낭 브로델

역자 / 남종국, 윤은주

발행처 / 까치글방

발행인 / 박후영

주소 / 서울시 용산구 서빙고로 67, 파크타워 103동 1003호

전화 / 02 · 735 · 8998, 736 · 7768

팩시밀리 / 02 · 723 · 4591

홈페이지 / www.kachibooks.co.kr

전자우편 / kachibooks@gmail.com

등록번호 / 1-528

등록일 / 1977. 8. 5

초판 1쇄 발행일 / 2017. 11. 30
2쇄 발행일 / 2019. 6. 25

값 / 뒤표지에 쓰여 있음

ISBN 978-89-7291-648-2 94900
978-89-7291-645-1 (세트)

이 도서의 국립중앙도서관 출판예정도서목록(CIP)은 서지정보유통지원시스템 홈페이지(http://seoji.nl.go.kr)와 국가자료공동목록시스템(http://www.nl.go.kr/kolisnet)에서 이용하실 수 있습니다. (CIP제어번호: CIP2017030537)

상권 차례

제II부 집단적 운명과 전체적 움직임 13

제1장 경제 : 16세기의 규모 15

1. 공간, 제1의 적 15

2. 인구수 63

3. 지중해 경제의 "모델"을 만들 수 있을까? 91

의 발달 / 이동하는 노동자들 / 전체적인 추세와 지역적인 추세 / 상거래의 규모 / 장거리 교역의 중요성과 한계 / 자본주의적인 집중 / 지중해 선박들의 총 톤수 / 육상 수송 / 영토국가, 16세기 최대의 사업가 / 귀금속과 화폐 경제 / 인구의 1/5이 빈곤 상태였을까? / 잠정적인 분류 / 빈곤의 기준으로서의 음식 : 공식적인 배급은 늘 괜찮아 보였다 / 계산은 검증될 수 있을까?

제Ⅱ부

집단적 운명과 전체적 움직임 하

이 책 『지중해』 제II부의
제1장-제3장은 남종국 교수가
제4장-제8장은 윤은주 교수가
분담하여 번역했다.

<일러두기>

1. 한국어 번역의 저본이 된 판본은 프랑스어 원서 제6판(1985년)이다. 제10판
   이 최종판이며, 제2판 이후는 제4판에서 두 곳(제II부 377쪽 이하와 제II부
   570쪽)이 수정, 보충되었을 뿐이다.

2. 대괄호[ ]는 "역자 주"를 위해서 사용했다.

3. 인명, 지명 등의 고유명사는 국립국어원의 외래어 표기법을 준수했으며, 그
   밖의 경우에는 현지 발음을 따르는 것을 원칙으로 했다.

제5장

사회

　드넓은 지중해 세계에서 사회들의 발전은 16세기에는 상당히 단순해 보인다. 세부적인 것들, 지역적인 경우들, 이상한 사건들, 놓쳐버린 기회들(그런 경우가 많다), 그리고 심원한 의미 없이 극적이기만 한 격변들을 무시하고, 전체적으로만 훑어보면 그러하다. 이런 격변들은 돌연히 일어났다가 곧 사라진다.

　물론 격변은 나름의 중요성을 가지고 있다. 그러나 토지 소유에 기초했던 당시의 사회들은 서서히 발전했고, 언제나 정치와 경제에 비해서 진행속도가 느렸다. 사회적 콩종튀르는 다른 모든 콩종튀르와 마찬가지로 어느 때는 이 방향으로 흐르다가, 다음 순간에는 저 방향으로 선회한다. 변화는 종종 상쇄되기 십상이고, 장기적으로는 실제의 변화를 감지하기가 어려워진다. 예를 들면, 이 시기에 프랑스에서는 몇 차례에 걸쳐 큰 변화가 일어났다. 16세기 전반 내내 빈민층이 이 도시에서 저 도시로, 이 지방에서 저 지방으로 거주지를 옮기면서 수평적인 사회적 이동을 했으나, 이동을 통해서 파괴되지는 않았다.[1] 동시에 수직적인 사회적 계층 이동이 발생하여 기존의 부유층이 사라지고, 새로운 부유층이 그들을 대신했다. 1550-1560년대에는 이러한 움직임이 둔화되었고, 이후 다시 나타났다가 멈추기를 반복했다.[2] 부르고뉴에서는 적어도 1587년부터 혹은 1595년 무렵부터[3] 세계적으로는 장기적인 추세가 바뀌면서 사회적 이동이 멈추었다. 이처럼 사회적 변화는 가속화, 완화, 회복, 정체라는 연속된 국면을 거치며 진행되었고, 세기 말에 이르러 단기간이지만 뚜렷한 귀족층의 승리와 사회적 이동의 중단으로 이어졌다. 그러나 이 또한 국면 변화의 과정에서 나타나는 하나의 에피소드일 뿐이다. 차후의 흐름과 더불어 사라질 수도 상쇄될 수도 있는 변화인 것이다.

간단히 말하면, 망설임이 없었던 것은 아니지만, 바로 그러한 망설임 때문에 16세기는 사회의 근간을 뒤흔들지 못했다. 16세기는 이전 시대에 만들어진 사회의 기본 골격들을 그대로 받아들였고 유지했다. 17세기에도 그럴 것이다. 안토니오 도밍게스 오르티스가 최근에 쓴 『17세기 에스파냐 사회(La sociedad española en el siglo XVII)』라는 탁월한 저서는 역사가들이 이미 짐작하고 있던 방식으로 이 사회를 그려냈다.[4] 계속해서 재정 문제에 시달리기는 했지만 결국은 살아남은 귀족층, 역사적 사명을 다하지 못하고 사회혁명도 완수하지 못한 근대 국가(타협과 공존에 만족해버린다), 끊임없이 배신을 일삼은 부르주아지―과연 이들이 사회의 한 계급으로 자신을 인식하기나 했을까?―, 그리고 마지막으로 불안해하고, 불만족하고, 동요했으나, 진정한 혁명의식을 갖추지는 못한 민중이 있었다.

1. 귀족의 반동

이슬람 세계에서처럼 기독교 세계에서도 귀족은 최고의 지위를 누리고 있었고, 어느 누구에게도 이 자리를 내주지 않았다. 프랑스, 에스파냐를 비롯한 여러 나라들에서 귀족은 가장 눈에 띄는 사회집단이었다. 모든 곳에서 그들은 사회적 위신을 독점했다. 상석권, 금사와 은사가 섞인 실크, 새틴과 벨벳으로 지은 사치스러운 의상, 플랑드르산 태피스트리, 값비싼 말, 화려한 거주지, 수많은 하인들과 마차들. 그래서 파산하는 귀족들이 많았던 것은 사실이다. 앙리 2세 시대에 프랑스 귀족은 이탈리아산 의복을 수입하는 데에 1년에 400만 리브르를 썼을 정도였다.[5] 그러나 이러한 행태는 겉치레로만 그런 것이 아니라, 권력과 부의 견고한 토대를 가지고 있었다. 귀족들은 넓은 영지에 튼튼한 뿌리를 내리고 봉건제의 진액을 공급받고 있었다. 과거의 위계가 현재의 특권으로 이어지면서 그것을 지탱했다. 대도시와 그 주변에서는 예외가 있었다. 네덜란드 그리고 특히 이탈리아처럼 일찌감치 부유해진 지역의 상업 중심지(기대한 만큼은 아니라고 하더라도)에서는 옛 위계질서가 무너지기도 했다. 그러나 이탈리아 전 지역이 그랬던 것은 아니라는 사실을 이미 살펴본 바 있다.

그것은 예외적인 경우이며, 극히 좁은 지역에서만 나타났다. 지중해와 유럽 차원에서 그것은 분명히 소수일 뿐이었다. 전체적으로 볼 때는 뤼시앵 로미에가 카트린 드 메디시스 시절의 프랑스에 대해서 했던 말이 적절하다. "자연스러운 사회적 틀, 즉 반(半)봉건의 광대한 왕국이라는 틀이 다시 자리잡으니, 모든 것이 선명해졌다."[6] 모든 곳에서 정치혁명이자 사회혁명—이제 막 시작되었을 뿐이다—을 의미했던 국가는 "봉토의 소유자, 마을과 경지, 도로의 주인들, 거대한 농민층의 보호자들"이었던 이 사람들과 싸워야 했다.[7] 싸운다는 것은 그들과 타협하고, 그들을 갈라놓고, 그들을 유지시켜야 한다는 것을 의미한다. 왜냐하면 지배층의 공모 없이는 사회를 유지하는 것이 불가능하기 때문이다. 근대 국가는 이 도구를 거머쥐었다. 이것을 망가뜨린다는 것은 모든 것을 다시 시작해야 한다는 의미였다. 사회질서를 재창조하는 것은 쉬운 일이 아니며, 16세기에는 어느 누구도 이것을 심각하게 고려하지 않았다.

따라서 귀족과 봉건 세력은 관습의 무게와 오랫동안 차지해왔던 자리가 주는 힘을 여전히 가지고 있었다. 국가의 힘이 상대적으로 약했던 것이나 16세기가 혁명적 상상력을 갖추지 못했던 것은 더 말할 나위가 없다.

영주와 농민

자주 인용되는 매우 많은 증언들을 있는 그대로 받아들이면, 16세기는 귀족들을 궁핍하게 만든 시대가 되어버린다. 이러한 설명들이 맞는 경우도 있다. 그러나 모든 귀족들이 다 결코 곤경에 빠진 것은 아니다. 국왕의 혹은 전쟁의 희생물이 된 것도 아니고 혹은 평화로 인한 동원 해제의 희생물이 된 것도 아니고,[8] 무절제한 사치의 희생물이 된 것도 아니었다. 어느 역사가처럼 "봉건제는 아메리카에서 귀금속이 발견되면서 화폐 가치가 떨어진 결과 붕괴했다"고 말하는 것[9]은 "자본주의의 산성 물질"이 모든 사회집단을 용해시키거나 적어도 근본적으로 바꾸었다고,[10] 카스티야의 봉건제는 가톨릭 왕 페르난도가 군권을 장악하던 날 몰락했다고, 또는 코르시카의 봉건제는 1511년에[11] 조반니 파올로 다 레카가 전쟁에서 패하고 레누치오 델라 로카가 (자신의 인척들이 배치한 복병들을 만나) 사망하던 때에 치명상을 입었다[12]고 말하는 것만큼이나 과장된 표현이다. 봉건제라는 말 자체가 덫으로 가득한데, 한 가지 원인 혹은 특정한 날짜, 특수한 말들을 제시하는 것은 그 자체로도 환상일 뿐이다. 사실 오직 시간만이 단선적이지도, 단순하지도 않은 이러한 변화를 완성한다.

어쨌든 1450년부터 1500년까지 농민들—적어도 일부는 부유한 농민들—은 랑그도크[13]에서 그리고 아마도 15세기 카탈루냐에서 승리할 수 있었다. 그러나 이것은 매우 예외적인 사례이다.[14] 대체로 영주는 원하는 바를 얻었는데, 아라곤과 시칠리아에서도 늘 그러했다. 너무나 자주 거론되는 가격혁명은 민중에게 기적을 가져다주지 않았다. 가격혁명은 아메리카 대륙이 발견되기 훨씬 전부터 고정된 액수의 은으로 지대를 납부하던 농민들의 부담만을 경감시켜주었을 뿐이다. 사실 농민 보유지에 부과되던 봉건적인 부담들은 그리 과중하지 않았고, 곳에 따라서는 별 것 아닐 정도로 가벼운 경우도 있었다. 그러나 항상 그러한 것은 아니었다. 특히 귀족이 시세에 따라 현물로 수입을 챙기는 경우도 많았다. 레르마 추기경 공작의 1622년 3월의 수입 명세서에는 영주 소유의 가금류, 밀, 포도주가 기록되어 있으며, "밀은 공정 가격으로 포도주는 4레알"로 되어 있었다.[15] 게다가 유럽에서처럼 지중해에서도 토지의 분할은 한번 정해지면 영구적으로 고정되는 것이 아니었다. 영악한 농민들이 있으면, 치밀하고 때로는 폭압적인 영주가 있었다. 영주는 재판권을 행사하고, 농민 보유지와 그 주위의 토지에 대해서 엄청난 권리들을 가지고 있었다. 15세기 말부터 16세기 내내 마을의 건설과 재건은 여전히 장원제의 틀 안에서 이루어졌다. 푸아트[프랑스 남부의 옛 지방명]의 가틴(Gâtine),[16] "곡물창고들"이 들어선 쥐라 지방[17]과, 형편이 어려웠던 한 귀족 집안이 이제까지 드넓은 황무지로 버려져 있었던 지역을 분배하고 농민들을 정착시키면서 재정 상태를 회복시킨 오-푸아투에서도 그러했다.[18] 에스파냐에서도 마을은 카르타 푸에블라(carta puebla)라고 불리던 입주 특허장을 통해서 세워졌고,[19] 농민들이 오래 전부터 보유하던 땅들조차 귀족의 수중에 넘어갔다. 프로방스에서도 1450년부터 면책 특허장, 거주 특허장이 급증했다. 이 특허장들은 파괴되거나 유기된 마을들을 옛 부지에 재건하는 경우에 주로 발행되었고, 새로운 마을(1501년 발로리, 1504년 무앙-사르투, 1519년 발본)의 경우에는 드물었다. 마을 건설의 주도권은 언제나 "유기된 땅에 다시 주민이 번성하고 곡물이 경작되기 바라는"[20] 그 지역의 영주가 "주변 지역 혹은 더 멀리 리구리아와 제노바의 리비에라, 피에몬테에서……자신의 토지에……정착하기를 희망하는 경작자들"을 불러모으면서 쥐고 있었다.[21] 영주는 이들에게 유리한 조건들을 제시했지만, 그 역시 이익을 챙겼다.[22]

이러한 "식민화"는 경제적 도약과 만성적인 인구 과잉의 결과임이 분명하다. 나폴리 왕국을 예로 들면, 왕국 내의 영주 "국가들"(그중 몇몇은 영토가 꽤 넓다. 특히 아브루치, 알비 및 탈리아코초 백작령)은 다수의 농촌과 도시 공동체들이 영내에 있었는데, 저마다 공동체적 특권을 보유하고 있어서 함부로 착취하기가 어려웠다. 이에 영주들은 "새로운" 도시들을 세우고,

그곳에 거주할 자들을 불러모아야 했다. 나폴리를 지배하던 에스파냐 당국이 이러한 움직임을 저지하기 위해서 1559년과 한 세기 후인 1653년에 법령으로 정부의 허가 없이 세워진 신도시는 별도의 절차 없이 왕령지로 환수될 것이라고 선포했지만, 그러한 조치도 별로 소용이 없었다. 아마도 왕국의 마을과 도시들의 수가 끊임없이 증가하고 있었기 때문에 처벌을 면하거나 사전 승인을 받는 것이 용이했던 듯하다. 확실히 카를 5세 시대에 1,563개였던 마을과 도시의 수가 1579년에는 1,619개로 늘어났고, 1586년에는 1,973개나 되었다. 그런데 교회령과 영주(귀족들의 영지가 대다수를 차지한다)의 도시와 마을(1579년에는 1,556개, 1586년에는 1,904개)의 증가율이나 왕령지에서의 증가율이 비슷해 보인다. 실제로 그리 넓지 않은 왕령지에서도 같은 기간에 53개에서 69개로 늘어났다(이 수치는 비안키니의 오래된 책에서 가져온 것이다). 요컨대 에스파냐의 우유부단한 정책은 시칠리아에서건 나폴리에서건 귀족들의 움직임을 저지할 수 없었다. 게다가 왕령지나 곧 왕령지가 될 지역의 도시, 농촌, 토지들 역시 새로운 구매자들을 찾고 있는 상황에서 정책이 일관성을 가질 수는 없는 일이었다.[23]

따라서 영주가 된 지 오래된 자건 새로 영주가 된 자건 간에 귀족들은 자신의 권리와 의무, 방앗간, 사냥터를 지키고자 했다. 농민 역시 밀, 양모, 가축의 상업적 가치에 주의를 기울이고 있었던 터라, 이들 농민과 대립된 이해관계를 가진 모든 부분에서 귀족들은 자신의 권리를 지키고자 했다. 펠리페 2세의 파리 주재 외교관인 베르나르디노 데 멘도사는— 돈 문제로 고달픈 이 직책 때문인지는 몰라도— 작년에 수확된 밀을 판매하는 문제를 멀리서도 고민하고 있었다.[24] 그는 곡물의 생산자였으며, 비축자였기 때문이다. 증거는 또 있다. 캄파냐 로마나 등지에서 대토지 소유자들은 대개 목축업을 병행했다.[25] 줄리어스 클라인은 메스타의 목양업에서 드러난 귀족과 대귀족들의 역할을 연구했다.[26] 17세기 안달루시아에서는 귀족과 교회가 방대한 토지를 독점하고 대규모 농경을 실시하기 위해서 평야에서 거주민들을 내쫓았다.[27] 영지 개발과 관련된 수많은 문서들이 역사가들의 관심을 기다리고 있으며, 이미 진행된 몇몇 귀중한 연구들을 통해서 이 문서들의 진가가 드러나고 있다.[28] 나폴리에 보관되어 있는 『솜마리아 문서』속에는 밀, 양모, 기름, 목재를 생산하고 판매하는 대토지 소유자들의 개발과 투기 활동이 잘 나와 있다.[29] 땅을 경작하고 생산물을 판매하는 것은 귀족에게서 작위를 박탈할 만한 사유가 될 수 없었다. 오히려 그 반대였다.

귀족계급의 삶 속에서 봉건적 성격을 가진 수입은 줄어들기는 했지만, 여전히 확고한 무게를 가지고 있었다.[30] 그들은 이 수입을 늘릴 수도 있었고, 늘리기 위해서 노력하기도 했다. 이러한 조치들이 분쟁과 소송, 소요사태를 불러 일으켰으며, 그중 몇 건에 관해서는 기록이 남아 있다. 그것의 정확한 원인이 밝혀지지 않은 만큼, 이 소요사태를 끝내거나 그것을 알리기 위해서 체결된 협정들을 자세히 살펴보아야 한다. 1599년에 피에몬테 지방의 빌라포키아르도라는 자유도시는 영주들과 그들의 봉건적 의무에 관해서 계약을 체결했다.[31] 이 계약이 결국 누구에게 유리했는지는 더 세밀하게 살펴보아야 한다. 다른 수많은 계약들처럼 이 경우에서도 계약의 재조정이 수도 없이 이루어졌을 것이기 때문이다. 이의 제기, 소송은 수많은 흔적을 남겼다. 시칠리아, 나폴리, 카스티야, 아라곤에서는 대개 예속민들이 왕령지로의 복귀를 요구했다. 왜냐하면 군주는 옳건 그르건 간에 경제적 변화라는 이유를 들먹이며 옛 문서를 수정하는 일에서 대귀족들보다 덜 민첩했기 때문이다.

영주와 농민 사이의 분쟁은 무엇보다 물가 상승이 그 원인이었다. 1558년 여름 제노바 부근의 피날 후작령의 신민들이 자신들의 영주인 알폰소 데 카레토라의 수탈에 맞서 반란을 일으켰다. 수탈의 내용은 무엇이었을까? 카레토 본인이 말했듯이, 그가 봉신들의 재산에 대한 재평가를 실시하고 그들의 지대를 인상했기 때문이 아니었을까? 그러나 피날의 문제는 곧 후작의 소관을 벗어났다(이 지역이 제노바와 에스파냐의 초미의 관심지역이었기 때문에, 이 사건은 두 나라에게 좋은 빌미가 되었다).[32] 따라서 이 사건이 실제로 왜 일어났는지는 곧 잊혀졌다.

결국 토지 보유를 토지 수입과 직접적으로 연결시키는 데에 성공한 귀족들은 많았다. 이들은 약간의 피해를 입기는 했지만, 가격혁명의 폭풍우를 잘 버텨냈다.[33] 그런데 이러한 방어와 해결책은 그들이 가진 유일한 무기가 아니었다.

카스티야에서 : 국왕 대(對) 대공 및 작위 귀족들

근대 국가가 귀족과 봉건 세력의 적이었다는 것은 맞는 말이다. 그러나 국가가 그들의 적인 동시에 보호자였고, 조력자였다는 사실 역시 인정되어야 한다. 그들을 굴복시키는 것이 첫 번째 소명이었다면―결코 완수된 적이 없지만―그후에는 통치의 도구로 이용했다. 그리고 이들 너머로, 또한 이들을 통해서 부르고뉴에서 흔히 말하는 "평민들"을 통제하려고 했다.[34] 국가는 안정과 공공질서를 유지하기 위해서, 그리고 귀족들의 영지와 성채가 있는 곳이기도 한 지역의 방어를 위해서 귀족 집단에 의지했다. 특히 에스파냐에서는 가신(家臣) 소집권이 여전히 중요했기 때문에라도 국가가 귀족을 필요로 했다. 1542년 페르피냥 포위, 1569년 그라나다 전쟁, 1580년 포르투갈 침공 때가 그런 경우이다. 심각한 위험이 감지될 때면 국왕은 신하들에게 그것을 알리는 것으로 충분한 경우도 많았다. 1562년[35]이나 1567년[36]에 그랬던 것처럼 말이다. 1580년에는 포르투갈 국경지대의 귀족들이 자비로 총 3만의 소규모이지만,[37] 지금껏 동원된 적이 거의 없었던 군대를 소집하기도 했다. 국경의 방어를 위한 소집이었으나, 분명히 비용이 많이 드는 일이었다.

게다가 국왕은 대귀족들에게 자신의 의도와 지시 사항, 중요한 소식들에 대해서 지속적으로 알렸다. 그는 이들에게 의견을 구했고, 막대한 규모의 자금을 빌려주도록 강요했다. 그러나 그 대가로 군주정이 내어놓은 특전도

만만치 않았다. 에스파냐 근대 국가를 연구할 때, 무엇보다 먼저 살펴야 할 것은 바로 국왕이 자문을 구하는 상대, 즉 대공(Grande)과 작위귀족(Titulo) 집단이다.[38] 이 극소수의 특권층을 통해서 군주정은 때때로 완곡한 방법으로 통치하고, 지방의 잠재적인 불만세력이 국왕의 통제에서 벗어나는 것을 피할 수 있었다. 프랑스의 기즈 가문이나 몽모랑시 가문처럼 이 대귀족들도 폭넓은 후견집단을 거느리고 있었기 때문이다. 한 왕실 판사가 (1664년이 분명하다) 헤레스[에스파냐 남부]의 코레히도르(corregidor, 왕실 파견관)를 체포하려고 하자, 아르코스 공작이 이 문제에 개입했다.[39] 그는 판사는 만나지 않고 자신의 비서에게 다음과 같은 명령을 내렸다. "판사에게 헤레스의 코레히도르는 내 집안 사람이라고 전하게. 그거면 충분할 걸세." 그 시대의 표현을 빌리면, 귀족은 군주라는 태양 앞에 선 별처럼 모습을 감추었다. 그러나 별은 여전히 무시할 수 없는 존재였다.

카스티야가 좋은 예를 보여준다. 이곳에서 적나라한 투쟁이 다양한 형태로 벌어졌다. 그 가운데 왕실 재판부 인사들이 영주 재판부의 주장에 대해서, 혹은 영주들 자신에 대해서 늘 적대적인 태도를 보인 것은 때때로 효과적이었다. 예를 들면, 상속이나 소유권 분쟁이 일어났을 때에 귀족들을 이간시키는 것처럼 쉬운 일은 없었다. 이것은 귀족들을 굴복시킬 수 있는 좋은 기회였다. 1572년 루이 고메스는 메디나 시도니아 공작이 수도원 원장 돈 안토니오의 조카인 알바 백작과의 소송에서 승리를 거두었다는 소식에 크게 기뻐했다. 이 소송은 토스카나 대사들의 말에 따르면,[40] 6만 두카트 이상의 연수입을 가져다주는 니에블라 백작령을 두고 벌어진 것이다. 소송에서 승리하자—이것이 우연이었을까—메디나 시도니아 공작은 루이 고메스의 딸과 혼인했다. 자주 일어나는 일은 아니지만, 국왕의 정의가 귀족들에 맞서 왕실의 가신들을 옹호하는 경우도 있었다. 1568년 7월에는 인판타도 공작이 궁정에 왔다. 오랫동안 카스티야 귀족들 가운데 가장 부유한 사람이었던(1560년에도 여전히 가장 부유한 사람이었다)[41] 그는 메디나 시도니아 공작에게 첫 번째 자리를 내주어야 했다. 막대한 재산으로 인해서 공격의 표적이 된 것이었는지, 아니면 의식적으로 재력을 줄인 것인지는 확실하지 않다. 어쨌든 1568년 그는 왕령지에 편입되기를 원하는 산티야나 후작령의 신하들이 제기한 소송에 참석하기 위해서 궁정에 왔던 것이다. 우리에게 이때의 일을 상세하게 전해준 푸르크보는 다음과 같은 말을 덧붙였다.[42] "다른 대귀족들도 이와 비슷한 소송을 벌이고 있다. 어떤 이는 이미 소중한 영지를 잃었고, 어떤 이는 곧 그렇게 될 것이다."

봉건귀족들이 제기한 소송은 상부의 주목을 받았으며, 상부에서는 어느 것 하나 절대로 놓치는 법이 없었다. 1558년 한 베네치아인이 쓴 바에 의하면, 모든 판결은 대법원 법정에 보내졌다.[43] 파올로 티에폴로 역시 1563년에 이 사실을 거듭 강조했다. "카스티야 귀족들은 광대한 벌판과 기름진 농토를 가지고 있다. 그러나 그들의 재판권과 세력은 매우 제한되어 있었고, 결국 그들은 재판권을 잃었다. 그들은 영내의 농민들에게서 어떤 공납도 받을 수도 없게 되었고, 요새와 병력 그리고 수많은 무기도……잃었다. 아라곤의 영주들이 더 낮은 지위에 있으면서도 더 큰 권력을 쥐고 있었던 것과는 달랐다."[44]

군주정이 쟁취한 이 작은 승리들—칸타브리아 연안에서 "해양 10분의 1세"라는 관세를 상속재산으로 징수해오던 카스티야 제독이 1559년에 사망하면서 국왕이 이를 되돌려받게 된 것과 같은 쾌거도 있었다[45]—로 인해서 오해가 생겨서는 안 된다. 귀족 세력은 여전히 기세등등했다. 1538년 전성기의 카를 5세[46]가 귀족 대표들의 반대에 부딪혀 신분의회에서 전국적인 소비세의 징수를 통과시키지 못했다. 미켈레 수리아노가 전하기를,[47] "카를 5세가 귀족들의 특권을 파괴하려고 하자, 그는 모든 귀족들의 반대에 부딪혔다. 평소 국왕 전하께 그토록 충성스러웠던 카스티야의 대원수마저 돌아섰다." 1548년 카를 5세가 그리고 1555년에는 펠리페 2세가 자리를 비운 틈을 타서, 에스파냐 대귀족들은 자신들의 권세를 되찾기 위해서 한마음으로 노력했다. 1558-1559년에는 후아나 공주가 펠리페 2세의 이름으로 도시에 속한 몇몇 장원들의 매각작업에 착수했다.[48] 관련 도시들이 저항하는 가운데, 몇몇은 승리했고, 몇몇은 실패했다. 그런데 매수자로 알려진 사람들은 모두 대귀족들이었다. 이들은 그 위세가 너무나 대단하여 왕실이 매각 대상에서 배제했거나 배제하려고 애썼던 사람들이었기 때문에 더욱 눈에 띤다. 예를 들면, 왕실은 카스티야의 대원수가 토르데시야스를 구입하지 못하기를 원했고, 라스 나바스 후작이 세고비아 영지의 넓은 땅을 차지하지 않기를 원했다.[49] 또한 알칼라 공작이 세비야의 1,500명의 봉신들을 15만 두카트(즉 봉신 한 명과 그 가족에게 100두카트씩)에 구입하여 소유자가 되는 것을 막으려고 했다.[50] 그러나 왕실이 방해에 성공한 사람들은 10명 중 1명에 불과했고, 나머지 사람들은 소기의 목적을 이루었다. 도시의 봉신들이 아니더라도 그들은 왕실이 경매에 부친 교회 소유의 토지도 매입하려고 했다. 기록들을 들여다보면 에스파냐의 귀족들은 토지, 공채, 봉토, 심지어는 도시 가옥들까지 닥치는 대로 사들였다.

그러나 시간이 흐름에 따라 군주권은 점차 효율적으로 그리고 보다 강력하게 행사되었고, 그 징후들이 나타났다. 가령 국왕은 에르난 코르테스의 아들 발레 후작을 신대륙에서 국왕을 상대로 독립을 획책한 죄로 체포했다.[51] 1572년 발렌시아에서는 몬테사 기사단의 단장을 종교재판을 통해서 이단죄 혹은 남색죄로 제거했다.[52] 죄명이 무엇이었는지에 관해서 당시 사람들은 확실하지 않은 소문으로만 들었을 뿐이다. 1579년에는 알바 공작을 그의 영지로 추방했고, 1580년에는 워낙 지체 높은 여성이라 오랫동안 망설인 끝에 루이 고메스의 미망인인 에볼리 공비(公妃)를 단죄했다.[53] 1582년 4월에는[54] 연적을 살해한 죄로 카스티야의 제독 모디카 백작을 그의 부친의 저택에서 체포했다(베네치아 통신원이 보고한 바에 따르면, "이번 체포가 에스파냐의 귀족들, 특히 에스파냐에서 대공이라고 불리던 사람들을 매우 우울하게 만들었습니다. 자신들이 이제 더 이상 다른 평범한 사람들보다 더 나을 바 없는 대우를 받는 것을 알았기 때문입니다"). 1586년 9월,[55] 마드리드에서는 펠리페 2세가 공식적인 재판 절차도 없이 비행을 일삼던 귀공자들의 무릎을 꿇렸다. 그후 펠리페 3세 그리고 펠리페 4세 시대에도 이러한 왕권의 행사는 일일이 열거하기가 어려울 정도로 되풀이되었다. 1608년 12월에는 마케다 공작과 그의 아우 돈 하이메가 왕실 평의회 소속의 공증인 법무관 1명을 구타한 죄로 사형을 선고받았다. 이 사건은 격앙된 반응을 불러일으켰으나 결국 사라졌다. 1621년 4월에 오수나 공작, 레르마 공작, 우세다 공작이 갑작스럽게 몰락했을 때에도 마찬가지였다.[56] 이때는 프랑스 대사조차 경악했다.

마침내 귀족들은 진정으로 복종하기에 이르렀고, 종종 자발적인 충성심을 보이기도 했다. 사실 대귀족들은 펠리페 2세의 시대부터 궁정에서 살기 시작했다. 마드리드 정착이 처음부터 아무런 거부감도 없이, 어떤 주저함도 없이 이루어진 것은 아니었다. 1597년에 보르게제 추기경의 말에 따르면, 그들은 "이탈리아의 저택보다 화려하게 장식된" 저택에 자리를 잡았다.[57] 그러나 화려한 태피스트리와 사치스러운 식기류들을 갖추고 있었음에도 불구하고, 그들은 "최소한의 예의도 없었고 불결했으며, 그들의 집에 들어가는 것은 마구간에 들어가는 것과 진배없었다." 이탈리아인들의 이러한 판단에 맞서 그들을 옹호할 필요는 없을 것 같다. 몇몇 예외가 없었던 것은 아니지만, 그들은 실제로 농부들처럼 종종 거칠고 세련되지 못한 모습으로 살았기 때문이다. 게다가 마드리드의 주거지들은 여관이거나 임시거처였을 뿐이다. 중요한 의식이나 연회는 여전히 그들의 영지에서 개최되었다.[58] 막대한 부를 자랑하는 인판타도 공작 가문은 1525년에 나바제로가 말했듯이, 에스파냐에서 가장 아름다운 훌륭한 저택을 과달라하라에 가지고 있었다.[59] 그리고 바로 이곳에서 펠리페 2세와 엘리자베트 드 프랑스의 결혼식이 거행되었다. 대부분의 귀족들의 저택은 농촌 한가운데에 세워졌다. 프리아스 공작 가문이 두꺼운 성벽에 르네상스식의 창문, 넓은 중정(中庭), 넓은 계단, 조각을 한 천장과 노출된 들보, 그리고 거대한 벽난로를 갖춘 성을 가지고 있었던 곳은 시에라 데 그레도스에 위치한 라가르테라라고 불리는 한 마을이었다. 오로페사[60]에서 멀지않은 이 마을에서는 바로 어제까지만 해도 여전히 "농촌 아낙들이……각반(脚絆) 비슷한 긴 양말을 신고, 수를 놓은 무겁고 낡은 치마를 입고" 다녔다.[61]

그러나 귀족들은 도시의 매력에 점차 굴복했다. 인판타도 공작은 과달라하라에 이미 정착했다. 세비야 도심의 대저택들이 가장 많이 건설된 때는 16세기였다. 부르고스에도 이런 저택들이 세워졌는데, 그 가운데 몇몇은 르네상스 장식이 들어간 창문과 주랑 그리고 인물 조각상들이 받치고 있는 가문의 문장(紋章)들을 아직도 간직하고 있다.[62] 페드로 데 메디나는 1545년에 바야돌리드에 있는 귀족 저택들의 수와 부유함에 크게 감탄했다.[63]

펠리페 2세의 치세가 끝났을 때, 많은 귀족들이 궁정, 연회, 플라자 마요르[중앙광장]의 황소 경주가 상징하는 과시적인 삶을 찾아 처음에는 마드리드에, 그후에는 잠시 에스파냐의 수도였던 바야돌리드에 정착했다. 귀족들은 점차 신민들로부터 군주를 분리시키는 장막을 그의 주위에 두껍게 만들어 나갔다.[64] 펠리페 3세 시대에 왕권이 쇠약해진 틈을 타서 귀족들은 정부의 중요한 직위들을 그들의 사람들과 분파들, 그리고 사리사욕에 의해서 채웠다. 발리도(valido), 즉 총신들의 시대가 온 것이다. 그때부터 귀족들은 마드리드의 사치와 풍속, 거리 산책, 그리고 밤 문화를 즐기기 시작했다. 극장, 씀씀이가 좋은 미망인, 비단 옷을 걸치고 상류사회에 드나드는 창녀들이 점잖은 신사들과 떠들썩한 스캔들을 만들었다. 이 새로운 삶에 취한 귀족들은 대도시가 양산한 불순한 군중과 어울리며 일종의 타락이 주는 즐거움을 만끽하기조차 했다. 무적함대의 불운한 영웅인 메디나 시도니아 공작이 마드리드에 일곱 악마라는 이름의 카바레를 세운 사람이라는 이야기도 있었다.[65] 어쨌든 마드리드는 국왕의 처소이자, 연극인의 무대, 악당들의 지하세계였던 것만큼이나 귀족들의 도시였다. 귀족들은 이곳에서 허영과 사치를 즐겼고, 자신이 직접 해결하든 부하들을 대신 보내어 길모퉁이에서 해결하게 하든 이러저러한 다툼들을 해결했다. 증언들에 따르면, 마드리드에서는 살인 사건이 하루에 한 건 이상 벌어졌다.[66]

그러나 귀족들은 또한 권력의 움직임을 감시하고 유리하게 이용하기 위해서 마드리드로 밀려들었다. 펠리페 2세의 오랜 치세 기간 동안 국왕이 그들과 거리를 두고 그들을 굴복시켰던 것에 맞서 귀족들은 다음 왕에게 반격을 가했다. 소귀족들은 각종 위원회에서 사무직들을 맡으며 고관대작이 되기 위해서 한걸음씩 나아갔다. 작위귀족과 대공들은 국왕의 총애와 두둑한 하사금, 관직 임명, 보조금, 그리고 기사단들의 엥코미엔다[encomienda : 기사단 소유의 아메리카 영지]의 양도 등을 바랐다. 그들은 자기 자신과 자신의 권속들을 위해서 청원했다. 이탈리아 또는 아메리카 부왕(副王)이라는 최고위 관직 임명은 재산을 단단히 챙길 수 있는 기회를 보장했다. 게다가 대귀족들의 명목상의 수입은 상속과 자산의 합법적인 집중의 결과 끊임없이 증가하는 경향이 있었다. 그것은 국면에 따라서 증가했다. 베네치아인들에 따르면, 1525년 대공과 작위귀족들의 한 해 총 수입은 110만 두카트였으며,[67] 메디나 시도니아 공작 혼자서도 5만 두카트의 수입을 올렸다. 1558년 공작의 수입은 8만 두카트에 이르렀다.[68] 1581년에는 22명의 공작들, 47명의 백작들, 36명의 후작들이 300만 두카트의 수입을 올렸고, 메디나 시도니아 공작의 수입은 15만 두카트나 되었다.[69]

어쨌든 겉으로 보기에도 그러했고, 사람들도 그렇게들 말했다. 그러나 이 화려한 지위의 재산가들은 전부 부채를 가지고 있었다. 펠리페 2세의 시대에 이미 막대한 채무가 일반화되어 있었고, 귀족들의 수입은 국왕처럼 종종 빚을 위한 담보로 잡혀 있었다. 예를 들면, 피렌체의 마르텔리 가문은 1552년에 '프란체스코 로티와 카를로 마르텔리'라는 이름으로 회사를 세웠다.[70] 이 회사는 1590년까지 대귀족들(불량 상환자들)과 중소 귀족들(성실 상환자들)에게 고리대를 주는 사업을 전문으로 했다. 체납자들의 명단은 화려했다. "아스토르가 후작의 자제인 알론소 오소리오, 돈 미겔 데 벨라스코, 돈 후안 데 사베드라, 돈 가브리엘 데 사파타, 돈 디에고 우르타도 데 멘도사, 돈 루이스 데 라 세르다, 돈 프란시스코 데 벨라스코, 돈 후안 데 아퀴냐, 나폴리 부왕의 자제인 돈 루이스 데 톨레도, 돈 베르나르디노 데 멘도사, 돈 루이 고메스 다 실바, 돈 베르나르디노 만리케 데 라라, 팔마 백작의 부친인 돈 가르실라소 데 라 베가, 라스 나바스 후작, 니에블라 백작……." 보기만 해도 근사한 명단이다. 이 가운데 상당수의 채무가 가령 외교 업무를 맡은 사람들이 국왕을 대신하여 맺은 계약에 의한 것이기 때문에, 종종 군주가 이 문제에 개입하여 타협을 강제하는 일도 있었다.[71] 이 시기에 대공들의 초라한 자금 사정에 관해서는 꽤 많이 알려져 있는 편이다. 다음 세기에도 대귀족들의 자금난은 계속되었다. 국왕의 총애, 상속, 막대한 지참금, 국왕이 허락한 세습 재산을 담보로 한 채무가 이들의 위태로운 자금 문제를 해결하곤 했다.[72] 그러나 재정 상태는 얼마 지나지 않아 다시 위태로워졌다. 결국 이런 사태가 군주의 일들을 용이하게 만들었다. 적극적인 경제활동이 차단된 귀족들은 대부업자로부터 돈을 빌릴 수밖에 없었다. 그들은 빚 없이는 살 수 없었다.

그런데 국왕은 귀족에 대한 또다른 압박 수단을 가지고 있었다. 1520년 경 상당히 폐쇄적인 고위 귀족 집단의 범주를 정했다. 이들은 20명의 대공과 35명의 작위귀족으로 구성되어 있었다. 1525년에는 60여 명이 되었다. 펠리페 2세 치세 말에는 99명으로 늘었고(18명의 공작, 38명의 후작, 43명의 백작), 펠리페 3세는 67명의 후작과 25명의 백작을 새로 임명했다.[73] 따라서 연쇄적인 신분상승이 있게 되었다. 1533년과 1539년에는 라스 나바스와 올리바레스 같은 신생 가문이 신분상승에 성공했다. 그후 고위 귀족은 세 개의 범주로 다시 나뉘게 될 것이다. 이런 식으로 국왕은 그의 세상을 지배하고, 다스렸다.

카스티야: 이달고와 레히도르

펠리페 2세 치세 말에 고위 귀족은 남성 100명에 여성과 아이들까지 포함해서 기껏해야 400에서 500명이었다. 조심스럽기는 하지만 카스티야 귀족들을 어림한 전체 숫자는 대략 13만 명 정도이며,[74] 그 가족까지 포함하면 총 600-700만 명의 인구 가운데 50만 명 정도가 귀족이라는 이야기가 된다. 이 수는 그 규모로 보아 분명히 가난하고 비천한 귀족까지 모두 포함한 수치임에 틀림없다. 다 쓰러져가는 수천 채의 집에서는 종종 "석재에 새겨진 거대한 문장(紋章)만"을 끌어안고,[75] "고귀하게," 즉 귀족의 명예를 더럽히는 일은 하지 않고 국왕과 교회를 섬기면서 모든 것을 심지어는 그의 인생 자체를 이 고귀한 이상을 위해서 희생하며 사람들이 살아가고 있었다. 귀족병이라는 것이 있다면, 카스티야에서는 그 증세가 나날이 심각해져가고 있었다. 이 병이 수반하는 비참한 삶과 조롱 섞인 세간의 야유에도 불구하고 말이다.[76] 이와 관련하여 다음과 같은 재미있는 격언들이 있다. "이달고에게서 꾸어준 돈을 받으려면 사냥개를 풀어라." "이달고의 식탁에는 냅킨은 많지만, 음식이 없다." "신께서 가난한 이달고와 천박한 벼락부자들로부터 그대를 지켜주시기를!"

사람들의 경멸은 당연했다. 만능 해결사에 가까운 돈이 없다면, 귀족처럼 살고 싶다는 것과 그렇게 살 수 있다는 것은 양립할 수 없는 것이기 때문이었다. 어떤 도시들은 공동체가 나누어 내는 조세 분담금을 감당할 수 없는 이달고의 입성을 거부하기까지 했다. 쿠엥카 지방의 한 마을인 가스쿠에냐의 회의장에는 다음과 같은 문구가 금박으로 새겨져 있다. "이달고, 수도사들, 황소들의 입성을 법으로 금지한다(No consienten nuestras leyes hidalgos, frails, ni les bueyes)."[77] 'bueyes, 곧 황소들(멍청이들?)'이라는 낱말은 각운을 맞추기 위해서 문구에 들어간 듯하다. 수없이 많은 도시들과 농촌 마을들이 하급 귀족인 이달고와 평민을 굳이 구분하지 않았다. 그러면서도 늘 이 두 부류의 "민중"에게 지방 관직과 세금 부담을 절반씩 담당하게 함으로써,[78] 수가 적은 집단인 이달고에게 유리한 상황을 연출했다. 세비야 같이 큰 도시들에서는 귀족이 간부직을 독차지했다.[79] 우리는 이미 레히도르(regidor : 지방 행정관) 자리가 국왕에 의해서 매각되고, 그 소유자에 의해서 재매각되는 과정을 통해서 관직을 소유한 기존의 가족들에게 유리하게 진행된 관직 매매 관행을 살펴본 바 있다. 그것은 결코 허세의 문제가 아니었으며, 종종 음험하기까지 했던 중대한 이해관계가 걸린 문제였다. 대공들은 카스티야 전체를 거덜낼 수는 없었지만, 지방 귀족들은 가까운 도시와 마을의 수입에 손을 댔고, 그것으로 세력을 유지했다. 계급 간의 다툼과 긴장, 투쟁이 빠지지 않고 이 작은 세계에서 일어났으며, 사소한 사건이건 비극적인 사건이건 그것은 이 세계에서 일정한 의미가 있었다.

보통 대귀족들은 고기의 뼈까지 발라먹지는 않았으므로 궁정의 변변찮은 직분과 관직들은 이달고의 차지가 되었는데, 이러한 상황은 펠리페 2세가 사망한 뒤에 사회가 큰 변화를 겪기 전까지 계속되었다. 펠리페 2세는 흔히 말하듯이 평민이나 부르주아를 선호하지 않았고, 아시엔다 회의(Consejo de Hacienda : 재정회의)에서조차 이들의 수를 제한했다(교회 성직자들의 경우는 예외로 했다). 그는 대귀족보다 중간귀족을 선호했다. 연구를 통해서 확인된 이와 같은 사실들을 고려할 때, 전체적인 설명은 바뀌어야 한다.[80] 모든 귀족들이 쉽게 그리고 곧바로 관직을 찾을 수 있었던 것은 아니지만, 귀족의 반동은 16세기에 시작되었다. 돈 한푼 없는 수많은 귀족들조차 대귀족들의 크리아도(criado), 즉 하인으로 들어가거나, 심지어는 붉은 십자가가 그려진 산티아고 기사단이나 칼라트라바 기사단의 복장을 하는 일도 마다하지 않았다.[81]

이러한 일반적이고 깊은 움직임에 대한 반발은 거의 없었다고 할 정도로 드물었다. 따라서 이와 관련하여 우리가 알고 있는 몇몇 사례들은 이 사실을 더욱 부각시켜줄 뿐이다. 예를 들면, 유서 깊은 상업 도시인 메디나 델 캄포의 경우, 관직의 절반을 이달고에게 내주기를 거부했다. 이는 1598년 왕령에 배치되는 정책이었다. 도시는 유예 처분을 받았고, 결국 1635년에 25,000두카트를 내는 대가로 자신들의 뜻을 관철시킬 수 있었다.[82] 메디나 데 리오 세코 역시 1632년에 막대한 진상품을 올리는 대가로 동일한 상황에서 승리했다.[83] 이러한 사실들로부터 상인들이 여전히 귀족에게 맞서 싸우고 있었음을 알 수 있다.

다른 예들

약간의 차이는 있었지만, 카스티야의 예는 다른 곳들에서도 발견되었다. 프랑스에서 그러했고,[84] 카탈루냐[85]와 발렌시아에서도 비슷했다. 이 두 에스파냐 지역 모두에서 왕권은 미약했고, 귀족들은 이 상황을 이용했다. 사정이 얼마나 심각했던지 외국인 관찰자들이 제멋대로 귀족들의 국왕에 대한 도전적인 성향을 실제보다 과도하게 부풀려 떠들어댈 정도였다. 1575년 8월, 간디아 공작과 아이토나 백작 가운데 누구를 에스코베도와 함께 플랑드르로 파견해야 할지 문제가 되었을 때(간디아 공작은 와병 중이었다), 제노바인인 사울리는 둘 다 "한 사람은 발렌시아 사람, 또다른 사람은 바르셀로나 사람이기 때문에 공화국 시민"의 자격으로 주장할 것이라고 말했다.[86] "공화국 시민"이라니, 이 얼마나 멋진 말인가! 1616년 4월, 발렌시아에서는 이보다 더 심각한 사건이 있었다. 부왕인 페리아 공작이 악담을 일삼던 귀족 한 명에게 노새를 타고 도시를 도는 벌을 내렸다. 그러자 모든 귀족들이 즉시 문을 걸어 잠그고 상복으로 갈아입었으며, 어떤 사람들은 국왕에게 항의하기 위해서 마드리드까지 갔다.[87]

나폴리에서는 샤를 8세와 루이 12세의 격렬한 침공에 의해서 귀족들은 점차로 파멸하게 되었다. 살레르노 대공과 타란토 대공 그리고 바리 공작과 같은 거물급 귀족들이 사라졌고, 그들의 "나라"는 분할되었다. 그러나 이 와중에 그 밑의 귀족들이 세력을 확장했고, 알비와 탈리아코조 백작령, 마테라 백작령, 셀라노 백작령 같은 큰 영지들은 살아남았다. 1558년에 한 베네치아인의 기록에 따르면,[88] 나폴리 왕국에는 24명의 공작, 25명의 후작, 90명의 백작, 800명 정도의 남작들이 있었으며, 이들 가운데 13 명의 영주들이 16,000에서 45,000에퀴의 연수입을 가지고 있었다. 이 수치는 이후 계속 커졌다. 1580년에는 11명의 대공, 25명의 공작, 37명의 후작들이 있었고,[89] 1597년에는 작위귀족의 총수가 213명, 즉 대공 25명, 공작 41명, 후작 75명, 백작 72명이었고, 남작의 수도 600명 이상이었다.[90] 하급 귀족의 수는 더 이상 셀 필요도 없다. 1594년에는 몇몇 귀족들이 5만에서 10만 두카트의 연수입을 얻었다.[91] 솜마리아를 매개로 하여 귀족 작위를 판매한 장본인인 국가가 어떻게 자신의 고객들을 상대로 한 싸움을 잘 해나갈 수 있었겠는가?

싸움을 벌이기는 했으나, 결코 철저하게 하지는 못했다. 1538년부터 카를 5세는 나폴리에 있는 그의 봉신들에게 '사법권'과 '기타 권한'[92]을 행사하려면 이 권리가 그의 특권임을 확실히 하고, 그 권리를 명확하게 문서로 규정했을 때에만 가능하다는 것을 누누이 알렸다. 이를 어기는 자는 누구든 권한을 남용한 죄로 처벌될 수 있었다. 또한 황제는 귀족들로부터 공동체 재산과 예속민들의 자유를 보호하기 위해서 노력했다. 그는 관습에 의해서 "직무"의 수를 제한하려고 했다. 그러나 헛수고였다. 남작의 신분에 대해서는 모든 것이 정당한 것으로 이해되었다. 이에 따라 숲, 공동 목초지, 신민들의 노역(남작들은 신민들에 대해서 모든 권리를 가지고 있다고 생각했다. 비안키니는 인간의 가죽을 씌운 의자에 관해서 말하기까지 했다[93]), 종주권은 물론이고, 때로는 국왕에게 바쳐야 할 세금까지도 자신들에게 권리가 있다고 주장했다. 실제로 국왕은 종종 그의 권리와 세수입을 사전 매각이나 재판매의 형식으로 양도하곤 했다. 그 결과 대부분의 봉신들은 재판권과 수조권에 대해서 군주와 비슷한 권리들을 소유했다. 그들은 영민들을 자기 소유물로 삼았지만, 정부는 이를 저지할 수 없었다. 아마도 이들에게 없는 것이라고는 화폐 주조권뿐이었을 것이다. 부왕 주위에 머물러야 하고 나폴리라는 대도시에서 살아야 한다는 허영, 그리고 오스만 제국 혹은 "민중들"을 막기 위해서는 에스파냐에 의존해야 한다는 필요성이 귀족들의 더 이상의 일탈을 막고 있었다. 또한 에스파냐인이나 제노바인 같은 외국인들이 봉토 매매를 통해서 이곳에 있었다는 것도 한몫을 했다.

어쨌든 남작의 신분은 전체적으로 계속 상승해갔다. 16세기 마지막 몇 년 동안 경기가 크게 나빠지면서 특히 도시를 중심으로 여러 귀족들이 파산했다. 『솜마리아 문서』에 따르면 그들의 재산은 막대한 부채로 인해서 매각되거나 압류당했을 수도 있다. 이는 나폴리를 비롯한 어느 곳에서든 귀족층에게 일어날 수 있는 흔한 사건이었고, 귀족이라면 감수해야 할 위험이기조차 했다. 그러나 귀족들은 살아남았다. 어떤 귀족들은 파산하고 모든 것을 잃었지만, 귀족 집단은 여전히 그 무게를 잃지 않았다. 심각한 위기의 세기였던 17세기 중반으로 건너뛴다면, 마사니엘로[반란 지도자, 1620-1647]의 시대[1647]의 나폴리 혁명 때에 볼 수 있었던 개인들의 활약과 생생한 모습에도 불구하고, 우리는 이 명백한 사회혁명이 반동계급인 귀족들의 승리로 끝나는 것을 볼 수 있을 것이다.[94]

귀족들은 오랜 기간 승자였다. 나폴리에서뿐만 아니라, 밀라노,[95] 토스카나,[96] 제노바,[97] 베네치아,[98] 로마[99]에서도 그러했다. 살펴보아야 할 사료들이 너무나 많을 것이다. 그런데 굳이 그런 수고를 할 필요는 없을 것이다.

오스만 제국의 귀족들

단연 가장 놀라운 서류는 투르크 제국에 관한 것이다. 비록 우리가 다른 이슬람 국가들에 대해서는 잘 알지 못하지만, 아나톨리아의 사회 상황에 대해서는 꽤 많은 것을 알고 있으며, 발칸에 대한 정보는 이보다 더 많다. 사람들이 흔히 알고 있는 바와는 달리,[100] 이곳의 사정은 서양과 크게 다르지 않았다. 깜짝 놀랄 정도로 두 사회는 닮은 점이 많았다. 두 사회 모두 수천 가지의 구조적 가능성이 신분질서로 인해서 막혀 있었고, 전적으로 토지를 중심으로 움직이는 사회였으며, 국가의 발전이 두드러지기는 했으나 여전히 미흡했다는 점에서 같은 원인은 같은 결과를 초래하기 쉬웠다.

16세기의 마지막 15년에 관한 여러 연구 성과들은 비록 모든 것을 설명하지는 못하지만 큰 경향, 즉 한 시대를 특징짓는 핵심적인 조건들에 관한 유효한 설명 "모형"을 제시했다. 너무나 많은 서양 역사가들이 오스만 제국에 관해서 말할 때, 수세기에 걸친 장기적인 전망을 제대로 파악하지 못하는 경향이 있다. 그러나 비록 사회가 거인의 발걸음으로만 나아갈 수는 없다지만, 주요한 변혁은 그 정도 폭의 시간이 흘러야 성취되는 법이다. 오스만 제국에서는 3세대, 아니 4세대의 귀족 집단이 있었다. 그중 마지막 집단은 16세기 말에 본격적으로 권력을 장악하기 시작함으로써, 말하자면 착취적인 집단이 되었다. 이들은 오스만 왕조의 전체주의적인 국가를 황폐화시켰고, 또 그 구조를 약화시켰다. 물론 그들이 이 나라를 쇠망하게 만든 유일한 원인은 아니었다. 똑같은 원인과 똑같은 결과가 도처에서 확인된다면, 경제적인 원인들 또한 이 나라를 쇠퇴하게 만든 책임이 있기 때문이다.

투르크 귀족층의 첫 출현을 확인하기 위해서는 14세기의 캄캄한 밤까지 거슬러올라가야 한다. 이들은 아나톨리아 반도에서 오스만 가문이 최초의 대승리를 거둔 시기(1326년 브루사 함락, 1360년경 안드리노플[아드리아노플] 함락)를 전후하여 등장했다. 역사가들의 이야기를 그대로 받아들이면,[101] 이 상층계급은 위협적이라고 판단될 만큼 견고한 단결력을 자랑하면서 많은 노예를 거느린 봉건적인 영주 집단을 형성했고, 술탄에 대해서는 지나칠 정도로 자유로운 성향을 보였다(술탄은 이들 동배[同輩] 집단의 수장일 뿐이었다). 이들이 가진 영지는 국가의 모든 통제에서 벗어나 끊임없이 매매되었다. 그 결과 이들은 개인의 소유권, 즉 물크(mulk)라는 이름의 조세 면제의 토지와, 와쿠프(wakouf)라는 이름의 가족의 토지, 보다 정확하게 말하면 일종의 신성한 기금처럼 건드릴 수 없는 재산이지만 창립자와 후손들이 운영권과 수익을 장악하는 재산이었기 때문에 어떤 점에서는 서양에서의 귀족 세습재산처럼 귀족층의 견고한 요새가 되는 토지를 소유하고 있었다.

　오스만 제국의 두 번째 귀족층은 15세기에 유럽 지역에서 나타났다. 물론 다른 지역에서도 이들의 출현을 확인할 수 있지만, 이들이 뿌리내리고 번성한 곳은 유럽 지역이었다.

　신속하게 진행된 투르크의 정복이 있기 훨씬 전부터 발칸 사회 전체가 분노한 농민들의 반란으로 인해서 와해되고 있었다. 예를 들면, 1521년의 베오그라드 함락으로부터 1526년 헝가리 침공(모하치 전투)에 이르는 오스만 제국의 대공세에 앞서 헝가리 농민들이 먼저 반란을 일으켰다. 기독교 귀족들이 그들을 진압했지만 그 결과는 치명적이었다.[102] 그리스, 슬라브, 서양적인 요소들이 혼합되어 만들어진 과거의 봉건제도들이 연속해서 자체적으로 붕괴되기 시작했다. 이 재앙들이 있기 전에 발칸은 사회적으로 유럽과 유사했다. 재산 형태도 그러했고, 귀족들이 영지와 이웃하는 인근 도시에 거주하는 행태도 비슷했다(이탈리아에서의 도시 이주 현상과 비슷하다). 알바니아 귀족인 무사키 가문은 볼로냐나 피렌체의 저택과 유사한 두라초라는 요새화된 궁전에 거주했다. 티르노보[불가리아 북부]에 있는 보자르스카 마할라나 비딘[불가리아 북서부]에 있는 보자르스카 울리카[103]처럼 여러 도시들에서 부유한 귀족들의 거주지가 밀집한 거리가 조성되었다. 이 모든 사치스러운 생활은 농민들을 혹독하게 착취하는 대농장에 기반을 두고 있었다. 투르크인들이 들어오기도 전에 이 체제는 극장의 무대 장식처럼 무너져 내리고 있었다.

　정복의 결과, 들판은 황폐하게 버려졌고 많은 사람들이 척박한 산악지대로 숨어들었으나 농민들은 예전에 비해서 자유로워졌다. 이들은 공동체를 구성하고 자신의 땅을 계속 경작할 수 있었지만, 그렇다고 해서 자유롭지는 않았다. 어느 누구도 예외 없이 과세 의무를 지게 되었고, 과거의 봉토 아니 봉록과 더 비슷한 티마르(timar)에 귀속되었다. 정복된 민족과 그들의 땅은 이렇게 티마르 단위로 재배치되었다. 농민들은 화폐나 현물로 세금을 납부하기는 했으나(현물 납부가 화폐 납부보다 훨씬 더 적었다), 전통적인 노역의 무거운 의무는 벗을 수 있었다. 전쟁이 여전히 진행 중이던 정복 초기에는 농민들의 불만을 이용해야 했기 때문에 오스만은 유화적인 조치를 취할 수밖에 없었다. 게다가 술탄은 유럽 지역에서 봉토를 분배받아 부유해진 아나톨리아의 구귀족들과 그중에서 이권 사업들을 차지하려고 했던 잔다를리 가문 같은 대귀족을 경계했다.[104] 봉신들에 대한 중앙정부의 의심이 계속됨으로써, 여러 가지 안전조치들과 정책들이 쏟아져나왔다. 처음부터 티마르를 관대하게 하사하는 등 발칸 반도의 기독교인 귀족들에게 호의를 베푼 것은 바로 이러한 동기에서 비롯된 것이다.[105]

티마르는 서양 장원과 유사하기는 했지만 봉토는 아니었다. 마을들과 경작지, 불모지, 하천, 통행세 징수소와 때로는 불가리아의 소도시 코스투르 같이 시장세 징수소까지 모두 갖추고 있었다.[106] 장원들은 병사들, 기병들, 즉 시파히(sipāhi)라고 불리는 다양한 봉건 기사들의 생계를 담당했으며, 이로 인해서 인근 도시의 티마르들은 종종 시파힐리크(sipahilik)라고 통칭되었다. 다시 말하면, 장원은 조건부로 주어지는 봉토로서 일종의 봉록이었다. 소집령이 떨어지면 티마르의 크기에 비례하는 정도의 기병 집단과 함께 전장에 나가야 할 의무가 있었다. 부름에 응하지 않으면, 그의 티마르를 빼앗겼다. 보유자가 사망하면 회수할 수 있었다는 점에서 이 장원은 봉토라기보다는 카롤루스 왕조 시대의 봉록과 유사했다. 그러나 얼마 지나지 않아 티마르가 아버지에서 아들에게 넘어가는 상속재산이 되면서 더 이상 봉록이 아닌 봉토가 되었다. 1375년부터 상속의 권리가 법 규정에 의해서 인정되었다.[107]

보통 티마르 보유자의 수입은 결코 2만 악체를 넘지 않는 수준의 적은 액수였다. 1454년부터 1479년까지 비딘과 베르코비차 지역의 기록들을 살펴보면, 21개의 티마르들이 1,416-10,587악체, 즉 20에서 180두카트 사이의 수입을 누렸고, 대부분은 2,500~8,000악체 정도였다. 그러나 이 정도 수입도 시절이 좋을 때나 가능했다. 왜냐하면 지방 당국의 철저한 감시를 받고 있었던 티마르 보유자들은 농민들을 수탈할 수 없었기 때문이다. 부자가 되고 싶다면 유일한 방법은 전리품을 노리는 것뿐이었고, 그것도 16세기 중반까지만 가능한 수익이었다.[108]

티마르 보유자들의 수입이 보잘것없었다는 것은 이들의 숫자를 살펴보아도 바로 알 수 있다. 세기 말에 20만 명 정도였으므로,[109] 1,600만에서 2,000만 명 가운데 100만 명 정도라는 이야기가 된다. 이 집단은 부유해지기에는 그 수가 너무 많았다. 그러나 이들 가운데도 특권층이 있었다. 세 범주의 티마르들이 있었기 때문이다.[110] 평범한 티마르는 2만 악체 이상의 수입을 내지 못했다. 중간층인 지아메트(ziamet)의 수입은 10만 악체에 이르렀고, 하슈(khāṣṣ)의 수입은 그 이상이었다. 대재상 이브라힘 파샤는 1530년에 루멜리아[발칸 반도의 옛 투르크 제국령]에서 116,732악체의 수입을 내는 하슈를 소유하고 있었다. 아야스 파샤는 407,309가치의 하슈를, 카심 파샤는 432,990가치의 하슈를 소유했다. 하슈는 와쿠프나 물크와 더불어 대장원들을 대표하며, 특히 하사(khāṣṣa), 혹은 하사 치프틀리크(khāṣṣa čiftlik)라고도 불리는 물크는 농민이 보유한 토지인 라이아 치프틀리크(ra'iyyet čiftlik)와 구분되는 표현이다[치프틀리크에 대해서는 이 책 470쪽의 설명 참조]. 이러한 영지를 귀족 토지라고 부를 수 있을까? 15세기 후반기의 그리스에서 이러한 토지들의 상당수는 올리브 밭과 포도원, 과수원, 방앗간 등을 포함하고 있었다.[111] 이렇게 아주 이른 시기부터 대체로 대귀족 위주로 사유재산제가 나타나고 있었고, 그 규모 또한 점차 커져가고 있었다는 것은 대토지 귀족제가 공적 목적을 위해서 만들어진 제도라는 전통을 뒤흔들었고, 국가의 모든 부는 전적으로 술탄의 것이라는 투르크의 신조에도 어긋났다.

술탄은 지나치게 부유하고 이미 과도하게 자유로워진 대귀족들을 경계하기 시작했다. 이는 일찍이 메흐메트 2세, 그리고 이보다 늦게 술레이만 대제가 분리주의와 분권주의로 인해서 위협받고 있는 중앙집권체제를 강화하기 시작한 데에서 알 수 있다. 콘스탄티노플의 정복자, 메흐메트 2세는 와쿠프와 물크 토지를 폐지하여, 시파힐리크 체제에 통합하고자 했다.[112] 1530년 술레이만 대제는 "입법자"의 시대에 걸맞게 전반적인 질서의 재확립을 위한 대규모 개혁을 단행했다.[113] 군사적 목적으로 주어지는 봉토의 소재지는 이때부터 거의 전적으로 수도인 이스탄불로 제한될 것이었다(지방의 군사령관은 소규모 보유지만 받을 수 있었다). 시파히의 자식들에게 지급될 보상 수준도 정해져 있었다. 부친이 전장에서 사망했는지, 침상에서 사망했는지, 부친이 사망했을 당시 상속자가 이미 봉토에 대한 권리를 가지고 있었는지 아닌지에 따라서 그 액수가 달라졌다. 그러나 권위주의적인 사회정책들이 늘 그러하듯이, 이러한 조치들이 기대했던 결과를 가져왔는지는 의문이다. 왜냐하면 이 체제가 이스탄불에 집중된 것이어서 궁정의 미덕보다는 궁정의 음모에 좌우되기 쉬웠기 때문이다. 어쨌든 이미 자리를 잡은 대토지 소유제는 변함없이 유지되었다. 발칸 반도의 내부 식민화, 인구 증가, 유럽으로의 생산물 수출 증가가 오히려 이를 부추겼다. 1560년부터 1570년까지 밀 거래가 대지주들을 부유하게 만들었다. 대재상 루스템 파샤는 밀 암거래상이었다.[114]

대체로 1550-1570년 이후에 출현한 것으로 추정되는 3세대 오스만 귀족은 알려진 바와는 달리 그렇게 새로운 집단이 아니었다. 이들의 특징은 대토지 소유인데, 이 현상은 16세기 중반보다 이른 시기에 시작되었기 때문이다. 새로운 변화라면 그것은 술레이만 대제의 지나치리만치 영광스러운 치세가 끝나기(1566) 직전에 선언된 투르크의 정복전쟁 중단이었다. 게다가 악체의 가치가 계속 떨어지면서 화폐 지대가 아무런 의미가 없어지자, 대영주 이하 모든 귀족들은 영지로 돌아가서 염치도 없고, 절제도 없이 농민들을 착취했다.[115] 오스만 제국은 갑자기 어려운 상황에 처하게 되었다. 오스만 제국의 연대기 작가인 무스타파 셀라니키가 16세기 말에 기록한 바에 따르면, "국고 수입이 더 이상 지출을 감당하지 못했다."[116] 이러한 사태의 논리적인 귀결로 세수입을 늘리기 위한 조치들과 예산의 전용이 빈번해졌다. 그리고 가격의 등귀 현상이 오랜 질서를 변질시키기에 이르렀다. 사람들은 이 사태의 원인으로 궁정의 타락 그리고 궁정귀족과 이들의 심복들에게 남발된 특혜를 꼽았다. 실제로 투르크 황제의 궁전이 티마르의 분배자가 되어 티마르를 군주와 대신들 주위를 맴도는 궁정인들과 총신들에게만 나누어주었다. 재상이나 술탄의 모후는 물론이고, 외교관, 필기사들, 징세 청부업자들, 고관의 시종들과 궁정 기사들이 그 혜택을 누렸다.[117] 이런 식의 봉토 배분은 이 부문에서 유럽인들이 목격하고, 기록한 그 어떤 것보다도 어처구니없는 것이었다. 프랑스의 귀족 서임장은 투르크의 특허장에 비하면 정말 아무것도 아니었다.[118] 투르크의 발급 건수가 두 배 이상 많았고, 이방인들(오스만의 지배계급에 속하지 않는 사람들)에게까지 아무런 가책도 없이 그 특권을 부여했기 때문이다. "떠돌이들, 강도들, 집시, 유대인들, 라지인들[Lasis : 현재의 조지아 지역 사람들], 러시아인들, 도시인들"이라는 표현은 투르크의 연대기 작가들이 서양에서 신진귀족들을 일컬을 때에 사용한 말과 비슷한 뜻으로 썼던 말들이다.[119] "불명예"의 시대가 시작되었고,[120] 전통적인 가치들이 멸시를 받았다. 화폐경제를 원동력으로 광대한 영지는 더욱 커졌지만, 독초의 번식을 막을 수 있는 해결책은 없었다. 차명을 사용하면서 티마르의 소유자들은 20-30개의 영지들을 차지했다.[121] 소규모 장원들은 대영주들에 의해서 흡수되었고, 몰락했거나 몰락 위기에 처한 영주들은 세기 말과 다음 세기에 일어나게 될 농민반란에서 중심적인 역할을 떠맡게 되었다.

벼락출세한 대귀족들의 전성시대였던 제3세대는 국가, 귀족, 농민들을 갈취하는 고리대금업자, 곧 "재정가들"의 시대를 열었다. 1550년부터 오스만 국가는 셀주크 투르크나 비잔티움인들이 이미 시행한 바 있는, 세수입을 판매하는 오랜 관행에 의존했다.[122] 무카타(mukata)와 일티잠(iltizam : 징세

청부) 제도가 그 예이다. 실제로 이런 방법은 매우 흔해서, 파리나 에스파냐 뿐만 아니라 나폴리, 베네치아에서도 찾아볼 수 있다. 나폴리에서는 세수입을 팔았고, 베네치아에서는 2, 3년 동안 관세 같은 특정 세금의 징수를 임대했다. 오스만 제국은 거둬들여야 할 세입에 해당하는 액수를 즉시 선납하는 조건으로 징세청부업자에게 징세권을 양도했다. 징세청부업자는 검열관의 감시를 받으면서도 큰 소득을 올렸다. 통행세 징수소에서 양 두 마리당 1악체를 내도록 되어 있었으나, 종종 마리당 8악체까지 거두기도 했다. 게다가 계약을 체결하기에 앞서 징세청부업자들이 계약조건들을 정하고, 요구 사항들을 늘려나갔다. 대귀족들도 영지의 소작료 징수대행을 이들에게 맡기는 경우가 많았고, 유대인이나 그리스인 대부업자들의 조직망이 걷잡을 수 없이 성장했다.[123] 그리고 머지않아 오스만 전역이 이들의 올가미 안에 들어갔다. 화폐경제의 성장과 가격의 인상이 이 현상을 부추겼다. 이러한 조건 속에서 낡은 시파히 군사제도는 더 이상 기능할 수 없었다. 제대로 돌아갔다면, 그것이 더 놀라운 일일 것이다. 병역은 피할 수 있었고, 중앙정부가 실시하는 심사는 웃음거리가 되었다.

아흐메트 1세[재위 1603-1617]의 재무 감독관인 아이니 알리의 증언은 이를 생생하게 보여준다.[124] "오늘날 대부분의 봉신들은 군사적 의무로부터 자유롭다. 전쟁이 나더라도 군복무를 하는 사람은 열 개의 티마르에서 한 명도 안 된다." 오스만 귀족의 핵심이었던 전사 정신은 더 이상 존재하지 않았다. 알바니아 남부 코리차 출신의 코치 베그는 1630년에 출간한 책에서 이 사실을 증언했다.[125] 1596년에도 이미 말라 하산 엘크자디라는 신원을 확인할 수 없는 한 보스니아인이 마찬가지의 경고의 목소리를 냈었다.[126] 퇴조는 외국인들의 눈에도 명확했다.[127] 18세기에 시파히들은 영지에 속한 주거지를 떠나 도시에 정착했다. 알바니아의 톱타니 가문이 크루야에 있는 요새 형태의 성채를 떠나 정원들로 둘러싸인 무방비의 도시 티라나로 간 것도 이때였다.[128] 도시로의 이주는 무엇보다도 자기 지역을 근거지로 삼고 자신들의 미래를 확신했던 귀족층의 형성을 나타내는 징후였다.

치프틀리크

리하르트 부슈 잰트너의 연구에 따르면, 17세기에 이르러 또 하나의 중대한 변화가 나타났다.[129] 학자들은 이 놀라운 책에 대해서 매우 유보적인 태도를 보인다.[130] 과연 이러한 태도가 옳은 것일까? 분명 잰트너가 제1차 세계대전 이후의 농업 개혁과 그 개혁을 다룬 문학작품들, 특히 유고슬라비아 출신의 프란제스와 이우지치의 작품에 매료되어 있었다는 것은 사실이다. 꼭 잘못된 일일까? 어떤 사람들은 그의 부정확한 용어 사용을 지적하는데, 내가 보기에 이러한 오류는 불가피하다. 서양의 역사가가 동양의 역사를 다룰 때, 그가 사용하는 모든 단어들은 모호하고, 개념 정의는 낡은 것이기 십상이며(C. 베커스는 투르크의 봉토와 서양의 봉토가 큰 차이를 보이는 것으로 보았다), J. 츠비이치의 경우에서처럼 일반적인 설명은 잘못된 근거를 토대로 한 경우가 있다. 그러나 투르크의 사료에 관한 광범위한 연구를 진행하게 되면, 이러한 문제들은 시정될 것이고 그동안의 오류에 대한 근본적인 재조명이 이루어질 것이다.

치프틀리크(čiftlik)는 하나의 새로운 현상으로서 중대한 의미를 가지는 것은 확실하다. 이 말은 원래 농부가 쟁기로 한나절 동안 경작할 수 있는 면적을 지칭했을 것이다.[131] 비잔틴어로는 zeugarion, 독일어로는 Morgen 혹은 Joch, 몇몇 프랑스 지방어로는 jour 혹은 journal에 해당할 것이다. 시간이 한참 흐르고 나서야 농민 보유지라는 뜻의 라이아(ra'iyyet) 치프틀리크든, 대영지라는 뜻의 하사(khāṣṣa) 치프틀리크든 사유지를 뜻하게 되었고, 근대에 이르면 식민지의 플랜테이션이나 독일어로 구츠헤어샤프트(Gutsherrschaft) 같은 대토지 소유를 뜻하게 되었던 듯하다. 그 과정을 명확하게 설명할 수는 없으나, 1609-1610년부터 이 단어는 그런 뜻을 가지고 있었다.[132]

가혹하게 운영되었지만, 생산성은 뛰어난 이 근대적인 소유 형태의 존재는 우리로 하여금 투르크 귀족의 역사를 사회적이거나 정치적인 측면에서만 보아서는 안 된다는 것을 깨닫게 해준다. 파괴와 쇠퇴만을 말하는 연대기 작가들의 한탄과 부정적인 견해를 그대로 믿어서도 안 된다. 이러한 소유 형태는 생산적인 식민지 플랜테이션이나 엘베 강 동부나 폴란드의 넓은 영지를 생각나게 한다.[133] 알바니아 남부의 코르처 평야에서처럼 마을 중앙에 세워진 영주의 석조탑 저택은 쿨라(kula)와 같은 높은 요새의 전형적인 모습을 하고 있어서,[134] 농민들의 초라한 흙집을 더욱 초라하게 만든다. 대체로 치프틀리크는 평야의 저지대, 곧 [그리스의] 라리사와 볼로스 사이의 습지, 지에제로 호수의 진흙 연안, 강이나 수로 주변의 습한 계곡 같은 곳을 개발했다.[135] 바로 이런 점에서 치프틀리크는 정복자의 개척과 닮았다. 처음에는 밀을 생산했다. 도나우 지방이나 폴란드에서처럼 투르크에서도 밀 재배가 대규모 작물 수출과 연결되면서 "재판농노제(再版農奴制)"를 위한 유사조건들을 만들었고, 이곳에서도 결국 재판농노제가 나타났다.[136] 대소유제도는 도처에서 농민들의 상황을 악화시켰고, 이들의 열악한 상황을 이용했다. 경제적인 측면에서 보면 이 제도는 효율적이었다. 처음에는 밀, 그 후에는 벼, 곧이어 옥수수, 더 나중에는 면화 생산에서 그러했으며, 처음부터 관개시설을 하고 여러 마리의 물소를 이용하여 밭을 갈면서 효율성을 높였다.[137] 발칸 반도의 저지대에서 진행된 이 현상은 베네치아 같은 가까운 유럽 지역에서 일어난 변화와 상당히 유사했다. 토지 소유의 변화가 광범위한 토지 개발로 강력하게 추진되었음이 분명하다. 서양에서처럼 투르크에서도 대소유제는 제1세대 영주와 농민들이 미처 경작에 나서지 못했던 불모의 공간을 개발했다. 물론 다른 지역들에서처럼 사회적 강제라는 희생을 대가로 한 진보였다. 가난한 사람들만이 거기서 아무것도 얻지 못했고, 이후로도 아무런 희망을 찾지 못했다.

2. 부르주아의 배신

상업과 국왕에게 봉사하던 부르주아 집단은 16세기에는 소멸 직전이었다. 파산이 유일한 원인은 아니었다. 너무나 부유해져서였든, 상인으로서의 삶에 지쳐버렸든, 상인들은 관직이나 채권이나 귀족의 칭호나 봉토를 사들였고, 귀족들의 매혹적이고 위신이 있고 걱정거리 하나 없는 나태한 삶을 누렸다. 국왕에 대한 봉사는 귀족이 되기 위한 지름길이었다. 다른 통로들도 있었지만 이 통로를 통해서 부르주아 집단은 소멸되어갔다. 16세기에 이미 부자와 빈자를 구분하는 돈이 귀족의 한 속성으로 부각되면서 부르주아는 더 쉽게 자신의 집단을 배신했다.[138] 16세기에서 17세기로 넘어가는 시기에 경기가 지지부진해지면서 발 빠른 사람들은 토지 같은 안전한 재산에 투자했다. 그리고 이러한 토지 소유야말로 귀족의 본질에 속했다.

갈루치라는 역사가에 따르면, "(16세기 말에 이르면) 유럽 도처에 흩어져 있던 피렌체의 주요 상인들 가운데 많은 사람들이 사업 자금을 토스카나로 회수하여 농업에 투자했다. 코르시니 가문과 제리니 가문은 런던에서 귀환했고, 토리지아니 가문은 뉘른베르크를 떠나왔으며, 포르투갈 상인으로 활동하던 시메네스 가문은 다시 피렌체인이 되었다."[139] 대(大)로렌초[로렌초 데 메디치 1449-1492] 이후 한 세기만에 이루어진 대상인들의 토지로의 방향 전환은 두 말할 나위없는 명백한 현상이었다. 책장을 몇 장 넘겨 1637년에 이르면 완강하고 귀족적이고 궁정적인 완전히 새로운 토스카나가 등장한다.[140] 스탕달의 이탈리아, 오래 전부터 그 조짐이 보이기는 했지만, 그래도 이곳이 한때는 르네상스의 자유로운 심장이 뛰던 나라였기 때문에 이러한 변화는 놀라운 것일 수밖에 없었다. 과거의 모든 장식이 무너져내리고 있었다.

17세기에 일어날 일들을 감안한다면, 부르주아의 파산에 관해서 말하는 것은 지나친 과장이라고 할 수 없다. 부르주아는 도시와 연결되어 있었다.

아주 일찍부터 도시는 1521년 코무네로스의 반란[카스티야 왕국에서 일어난 반란. 도시 자치조직인 코무니다드(comunidad)의 구성원을 코무네로스(comuneros)라고 부른다], 1530년 피렌체 함락 등 일련의 정치적 위기를 경험했다. 이러한 상황에서 도시의 자유가 매우 위태로워졌다. 그 뒤를 이어 경제적 위기가 닥쳤다. 17세기가 시작되면서 길지는 않았지만 강력한 위기가 닥쳤고 도시의 활기를 심각하게 훼손했다. 모든 것이 변하고 있었고, 변해야만 했다.

지중해의 부르주아

이 시기에 에스파냐에서는 사라져가고 있던 것들이 그 흔적조차 지워져 가고 있었다. 구스타프 슈뉘러는 에스파냐에서 적어도 카스티야에서만큼은 코무네로스의 반란 이후 부르주아 집단이 사라졌다고 주장했다.[141] 이러한 진단은 지나치게 성급한 면이 있지만, 그렇다고 아주 틀린 말은 아니다. 도시화가 충분히 이루어지지 못했던 이베리아 반도에서는 자국의 이익에 전혀 관심이 없었던 중개인들이 상거래를 떠맡아 핵심적인 역할을 수행하고 있었다. 오늘날, 혹은 얼마 전(1939) 남아메리카의 몇몇 나라들에서 그러했던 것처럼 말이다. 중세에 이러한 역할은 상인, 고리대금업자들, 징세인들을 배출했던 유대인 공동체가 떠맡았다. 1492년에 유대인들이 축출된 뒤, 그 빈 공간은 그럭저럭 메워졌다. 16세기 도시와 농촌에서 소매업은 기독교로 개종한 모리스코가 장악했다. 그러나 이들은 치안을 어지럽히고 무기를 암거래하며 모든 것을 매점하려고 한다는 비난을 받았다. 카스티야의 부르고스 지방에서 활동하던 도매업자들 중에는 개종한 유대인들이 많았다.[142]

다른 증거들이 없기 때문에 이런 불평, 편견, 불신만으로도 에스파냐에서 부르주아 집단이 존재했음을 보여주고 있다. 세기 말에 이르면 오랜 잠에서 깨어난 부유한 상인들이 세비야, 부르고스, 바르셀로나 등지에서 왕성한 활동을 벌였다. 부르고스의 말벤다 가문이나 메디나 델 캄포의 시몬 루이스가 그런 예이다.

그러나 국왕에게 봉사하는 법률가(letrado)를 진정한 부르주아라고 부를 수는 없을 것이다. 이들은 "부르주아"보다는 오히려 귀족이 되기를 희망했는데, 소귀족이 되어 자신의 이름에 "돈(Don)"이라는 칭호를 붙이는 습관이 있었다.[143] 에스파냐 같은 나라에서 성직자의 서자들조차 이달고의 칭호를 취할 수 있었다는 것은 흥미롭다. 그러나 에스파냐에서는 노동과 상업에 종사하는 것을 수치로 생각했고, 수없이 많은 사람들이 은밀하게 소귀족의 느슨한 경계를 넘어섰던 사실을 감안하면 이것은 그리 놀라운 일도 아니다. 1651년의 한 고소장은 포르투갈 국경 부근의 한 작은 도시에 살던 700명의 이달고 가운데 300명 정도만 진짜라고 했다.[144] 밑바닥 귀족들이나 혹은 귀족도 아니면서 면세의 혜택을 누리는 자녀 12명을 두었던, 사람들이 우스갯소리로 "호색한 이달고"라고 불렀던 사람들의 수는 아예 세지도 않았다.[145] 에스파냐에서 부르주아는 이 번창하는 귀족들에게 사방에서 포위되었다.

오스만 제국에서 도시의 부르주아 집단—근본적으로는 상인 집단—은 이슬람 교도들이 아닌 사람들로서 라구사인, 아르메니아인, 유대인, 그리스인, 서유럽인들이었다. 갈라타 지역이나 몇몇 섬들에서는 라틴인들이 활동하고 있었지만, 제국의 대상인들이라고 할 수 있는 베네치아인들, 제노바인들, 라구사인들은 급격히 몰락했다. 그리고 앞에서 말한 새로운 부류의 상인들의 등장은 이러한 현상의 전조였다. 술탄의 주위에는 두 명의 대상인이 있었다. 한 사람은 그리스인 미카엘 칸타쿠제노스,[146] 다른 사람은 유대인 미카스라는 인물이다.[147] 에스파냐 출신이건 포르투갈 출신이건 15세기 말에 이주해온 이베리아 유대인들(특히 포르투갈인들)은 카이로, 알렉산드리아, 알레포, 시리아의 트리폴리, 살로니카, 콘스탄티노플에서 무역업으로 점차 큰 자리를 차지하게 되었다. 그들은 제국의 징세청부업자(그리고 관리)로 출세했다. 베네치아인들은 자국 상품들을 재판매하던 유대인들의 악랄한 상술을 수없이 비난했다. 게다가 유대인들은 재판매인으로서의 역할에 더 이상 만족하지 않고, 라구사인들, 베네치아인들과 직접 경쟁에 나서기까지 했다. 16세기부터는 메시나, 라구사, 안코나, 그리고 베네치아를 대상으로 하는 대규모 해상교역에 참여하기도 했다. 레반트에서 기독교 해적들에게 가장 수지맞는 일 중 하나가 유대인들의 상품을 노리고 베네치아, 라구사, 혹은 마르세유 선박을 터는 것이었다. 해적들은 에스파냐인들이 "유대인의 옷"이라고 불렀던 이들의 상품을 밀수품이라고 주장하고 그것을 핑계 삼아 함부로 갈취해도 되는 것으로 간주했다.[148] 17세기에는 아르메니아인들이 서양에서 배를 임대하여 직접 서양으로 떠났고, 샤 압바스 1세[재위 1588-1629]의 상업 팽창정책의 대리인이 되면서, 유대인에게 강력한 도전장을 내밀었다.[149] 바로 이들이 한때 지중해 전체를 호령했던 부유한 이탈리아 상인 부르주아 집단의 레반트에서의 역할을 계승한 사람들이었다.

이탈리아에서도 상황은 복잡했다. 왜냐하면 문제의 핵심이 바로 그곳에 있었으며, 문제가 되는 도시들과 부르주아들이 그곳에 소재하고 있었기 때문이다. 피렌체에서 영광스러운 대(大)로렌초 시대는 부유하고 교양 있는 대(大)부르주아 집단의 전성기이기도 했다. 르네상스를 연구한 헤르만 헤펠레는 지적, 예술적 재능이 만개한 시기와 피렌체를 만들고 확대시킨 강력한 사회적 발전이 일어난 때가 시기적으로 일치한다고 주장한 바 있다.[150] 피렌체의 르네상스는 아르티 마조리(Arti Maggiori : 대[大]동업조합)라는 부르주아 집단의 질서의 완성이었다. 이들은 오랫동안 권력의 길을 장악하고 있으면서도, 상업, 산업, 은행업 가운데 어느 것도 경멸하지 않았고, 사치, 지식, 예술의 발전에 많은 기여를 한 집단이었다.[151] 이들은 또한 친근하게 지내던 화가들의 작업을 통해서 일련의 초상화 속에서 우리의 눈앞에 부활하게 되었다. 피렌체가 남긴 이 초상화들은 전성기를 누리던 하나의 집단으로서의 부르주아의 표상이었다.[152] 그러나 우피치 박물관에서 몇 걸음 걸어

들어가면 브론치노의 그림 앞에 이르게 된다. 바로 완전무장을 한 코시모 메디치의 초상화이다. 대공과 그의 궁정귀족들이 이끄는 피렌체의 새로운 시대가 이미 시작되고 있었던 것이다. 그러나 1572년 3월 피렌체에 정착한 한 에스파냐 상인은 여전히 다음과 같은 이야기를 적고 있다. "사업가들을 매우 높게 평가하는 것이 이 도시의 아주 오래된 전통이다."[153] 대상인들, 즉 무역업자들과 관련해서 한 말이라면 이 말은 사실이다. 게다가 이들 가운데 많은 사람들이 귀족이 되었다. 상업을 그만두고 이자 수입과 토지로만 살기 시작하면 모든 것이 깔끔하게 정리되는 것이다.

다른 곳에서도 세상이 바뀌었다. 1528년에 제노바는 귀족제도를 도입하여 1575-1576년 내전 때까지 유지했다. 세기 말이 되면 베네치아에서도 상인 귀족들이 상업에서 완전히 손을 뗐다. 이탈리아 중부와 남부 지역에서도 상황이 비슷하게 전개되었다. 로마에서도 부르주아의 변신은 1527년에 끝났다. 나폴리에서는 부르주아가 갈 곳은 법조계뿐이었다. 소송만이 그들을 먹여살렸고,[154] 부르주아의 역할은 줄어들었다. 16세기 시칠리아의 렌티니에서 법관은 귀족들 가운데서만 충원되었다.[155] 시민 대표로서 1517년에 왕령지로의 재편입을 성공적으로 이루었던 프란체스코 그리말디와 안토니오 스카마카가 그러했고, 세바스티안 팔코네 역시 그러했다. 팔코네는 1537년에 배심원과 시장의 자격으로 카를 5세에게 2만 에퀴 금화를 바치는 대가로 도시가 봉신들에게 할양되지 않도록 하고, 오랜 관례에 따라 도시의 귀족들만이 렌티니의 부대장(部隊長)으로 임명되는 특권을 유지하도록 한 인물이다. 그렇다고 해서 시칠리아 귀족들과 왕령 도시들 사이에 심각한 갈등이 있었다고 상상해서는 안 된다. 왕령 도시가 여전히 부르주아들의 영향력 아래에 있었을지라도—이조차 흔한 일이 아니었다—부르주아들은 귀족들이나 고객들과 지나치리만치 좋은 관계를 유지하는 경향이 있었다. 길드의 조합장들과 위원들이 도시의 지배권 문제로 귀족들과 다투는 시대는 이미 지나갔다. 몇몇 도시들에서는 이보다 더한 경우도 있었다. 나폴리 왕국의 북부에 있는 라킬라에서는 1550년부터 모직물 길드 위원 자격이 귀족으로 한정되기도 했다.[156] 이러한 사건들을 시간 순으로 배열해보면, 우리는 이 과정들이 이미 매우 일찍부터 시작되었다는 것을 알 수 있을 것이다.

부르주아의 배신

사회의 질서가 바뀐 듯이 보인다면, 실제로도 그러한 변화는 외관으로도 명백하게 나타난다. 부르주아 집단은 제거된 것도, 거칠게 내쫓긴 것도 아니다. 그들은 스스로를 배신한 것이다.

그것은 무의식적인 배신이었다. 왜냐하면 계급으로서의 진정한 인식을 하게 되었던 부르주아 계급은 없었기 때문이다. 아마도 그들이 수적으로 지나치게 적었기 때문이기도 했을 것이다. 베네치아에서조차 16세기 말에 도시 인구 가운데 이들이 차지하는 비율은 기껏해야 5-6퍼센트 정도였다.[157] 결국 어디에서든 모든 부유한 부르주아들은 귀족을 향해 나아갔다. 마치 그들이 자신들의 태양이라도 되듯이 말이다. 시몬 루이스와 발타사르 수아레스의 편지들을 읽어보면, 귀족처럼 살면서 돈 문제로 전전긍긍하는 착한 상인들을 속여먹는 사람들에 대해서 이들이 품은 묘한 열등감을 감지할 수 있다.[158] 이 가짜 부르주아들의 야망은 귀족 신분을 획득하고 그들 속으로 녹아드는 것, 이것이 불가능하다면, 적어도 지참금이 넉넉한 자신들의 딸들이 귀족 집안으로 출가하는 것이었다.

16세기 초부터 밀라노에서 신분 간의 결혼은 스캔들을 일으키기는 했지만 끊이지 않고 계속되었다. 우리들의 안내자 반델로는 자유분방한 사람이기는 했지만 이 문제에 대해서만큼은 분개했다. 그가 전하는 바에 따르면, 한 귀족 여성이 유명한 조상의 자손이 아닌 한 상인과 혼인했다. 남편이 죽자, 그녀는 아들에게 사업에서 손을 떼게 하고, 상업에서 멀어지게 함으로써 아들에게 귀족의 신분을 되찾아주려고 노력했다.[159] 이러한 노력은 웃음거리가 되지 않았다. 당시에는 유행에 따른 것이었다. 그러나 수많은 고명한 가문들의 금전적인 문제를 갑작스럽게 해결해준 신분 간의 결혼은 그들에게 그만큼의 오점을 남겼고, 악의에 찬 조롱의 대상이 되었다. 아초 베스콘테의 한 친척이 12,000두카트의 지참금을 받기로 하고 푸줏간 주인의 딸과 혼인했다. 베스콘테는 그런 결혼식에는 가고 싶지 않다고 말하면서, 다음과 같이 덧붙였다. "나는 신랑의 장인이 흰색 작업복을 입고 평소처럼 송아지의 피를 뽑으며 그 피로 팔꿈치까지 붉게 물든 모습을 본 적이 있다. ……만일 내가 푸줏간 딸을 아내로 맞는다면, 나는 내게서 평생 푸줏간의 지독한 냄새가 난다고 생각할 것이다. 그리고 다시는 얼굴을 들고 다니지 못할 것이다."[160] 그런데 문제는 이것이 유일한 예가 아니라는 것이다. 마레스코토라는 사람은 정원사의 딸을 아내로 맞았다(그에게는 그녀를 열렬히 사랑한다는 핑계라도 있었다). 신성 로마 제국의 대제후인 보로메오 백작 가문의 일원인 루도비코 백작 역시 빵집 딸과 혼인했고, 살루초 후작도 일개 농민의 딸과 결혼했다. 사랑해서 한 결혼일 수도 있지만, 금전 문제 역시 이런 신분 간의 결혼을 증가시켰다. 베스콘테는 다음과 같이 말을 이었다. "안드레아 만델로 디 카오르시 백작은 여자에게 4,000두카트의 지참금만 있다면, 그녀가 밀라노 대성당 뒤에서 몸을 파는 창녀일지라도 아무런 주저 없이 그녀와 결혼할 것이라고 사람들이 수군거린다. 정말이다. 요즘은 돈이 있는 사람이 그것도 아주 많이 가진 사람이 귀족이다. 가난하다면 귀족이 아니다."[161]

세기 초에 관대한 도시로 알려져 있었던 밀라노에서도 신분 간의 결혼은 우스운 이야깃거리로 치부되었으나, 종종 심각한 이야기로 변하여 갑자기 비극으로 막을 내릴 수도 있었다. 1566년 안코나에서처럼 말이다. 미천한 재단사의 아들인 한 의사가 과부가 된 어느 젊은 귀족 부인의 딸을 치료하게 되었다[162](그녀에게는 7명의 자녀가 있었고, 지참금은 5,000에퀴였다). 이 부인이 마스트로 헤르쿨레라는 이 의사와 재혼하려고 하자, 비극이 시작되었다. 의사는 체포되었고, 200두카트의 벌금을 물고서야 목숨을 건질 수 있었다. 이 또한 라벤나에서 기사들을 대동하고 온 그의 후견인이 개입한 덕분이었다. 그러나 그럴수록 여자의 가족들은 "보잘것없는 사람의 아들인 그런 낮은 신분의 사람"과의 재혼을 더욱더 반대했다. 게다가 석방되자마자 어머니를 납치할까 염려했던 이 여자의 아들들 중 한 명이 대낮에 의사를 살해했다.

에스파냐에서도 명예와 불명예에 대한 비극적 집착은 극적인 상황들을 연출했다. 『에스파냐 귀족의 오점(*Tizón de la Nobleza española*)』이라는 책을 읽어보라. 이 책은 모리스 바레스[1862-1923, 프랑스의 작가이자 정치가]에게 톨레도가 수도였던 때의 에스파냐를 꿈꾸게 한 책이다.[163] 이 팸플릿의 작가는 멘도사 추기경으로 잘못 알려져 있다. 이 책에 나오는 모든 사실들 혹은 다른 저열한 책들의 이야기들[164]을 진지하게 다루지 않고 모두 무시해서는 안 되며, 사회의 가장 상층에서까지 순수한 혈통[165]에 대한 범죄가 있었다는 것을 부인해서도 안 된다. 어울리지 않는 신분 간의 결혼의 전형적인 형태인 부유한 마라노[기독교로 개종한 유대인]의 딸들과의 혼인은 까다로운 에스파냐 사회에서 비극으로 이어지는 경우가 많았다. 그럼에도 불구하고 이런 결혼은 계속 성사되었다.

귀족 신분의 매매

귀족이 되기 위해서 혈안이 된 사람들에게 귀족이 될 수 있는 빠른 방법들이 있었다. 16세기를 지나면서 그 방법도 더욱 다양해졌다. 귀족의 작위와 봉토는 매매가 가능했다. 봉토의 금전적 수익성이 극히 낮았던 슈바벤[독일 남서부]에서도, 상당한 액수를 부담하고 작위와 봉토를 얻어 운영해야 했기 때문에 구매자가 잘못 운영했다가는 엄청난 손해를 보기도 했던 나폴리에서도 매매할 수 있었다. 그러나 허영심이 매번 지체 없이 승리했다. 1598년 8월 3일, 토마스 플라터가 들렀던 [랑그도크의] 뤼넬 부근의 부아스롱에는 성채와 마을이 하나 있었는데, 둘 다 "유제스의 일개 시민인 카르산 씨"의 소유였다.[166] "그는 아들에게 이 재산을 물려주었는데, 아들은 부아스롱 남작이 되었다. 이 토지가 작위귀족령이었기 때문이다." 수많은 유사한 예들이 전해진다. 프로방스에서는 15세기에 이미 "무역, 해운, 법관직, 그리고 이러저러한 관직"에 종사하면서 부유해진 부르주아들에게 토지의 매입은 "수익성 있고 안전한 투자, 그리고 성공의 증표인 가산의 조성, 가장 중요하게는 종종 귀족층으로의 빠른 신분상승을 위한 방편"이었다. 1560년경 리옹에 정착한 이탈리아 상인인 구아다니 가문은 "부르고뉴, 리오네, 포레, 도피네, 랑그도크 지방에 20여 개의 영지"를 소유하고 있었다.[167] 같은 해 10월에는 변호사인 프랑수아 그리모데가 앙제 삼부회에서 다음과 같이 고발했다.[168] "가짜 귀족들이 너무나 많다. 이들의 부친과 선조들이 귀족의 문장(紋章)을 만들고 기사 문서를 만든 곳은 곡물, 포도주, 모직물 가게, 혹은 영주의 물레방앗간이나 농장이었다." 당대의 또다른 증언을 들어보면, "많은 사람들이 귀족을 자처하지만, 이들은 그냥 신사들의 오랜 표지들을 흉내내고 따라하는 상인들일 뿐이다."[169]

이것은 누구의 잘못이었을까? 16세기에는 귀족 작위를 돈을 받고 파는 국가나 군주는 없었다. 그런데 1600년부터 시칠리아에서는 후작령, 백작령, 공국들을 헐값에 누구에게든 팔기 시작했다. 그전까지 작위의 판매는 극히 드문 일이었다.[170] 화폐 위조의 시대는 작위 위조의 시대이기도 했다. 1600년경 나폴리에서 에스파냐어로 쓰인 한 장문의 보고서에는 작위귀족들의 수가 지나치게 많이 증가한다고 적혀 있다.[171] 게다가 상품이 풍부하게 공급될 때처럼 작위의 가치도 떨어졌다. 백작 작위는 그렇지 않았지만, 적어도 후작 작위는 그러했다. 심지어는 만들지 않는 편이 더 나았을 공작과 대공 작위 몇 개를 만들기까지 했다. 이렇게 귀족 작위가 시장에서 사고팔렸다. 로마, 밀라노, 신성 로마 제국, 프랑슈콩테,[172] 프랑스, 폴란드,[173] 트란실바니아에서 "양피지 귀족들"이[174] 빠른 속도로 증가했다. 포르투갈에서도[175] 영국인들의 예를 좇아 15세기에 이미 작위 양도가 시작되었다. 1415년에 제1호 공작이, 1451년에 제1호 후작이, 1475년에는 제1호 남작이 나타났다. 에스파냐에서도 처음에는 대귀족들의 수만 증가시키고 하급 귀족들에 대해서는 크게 신경을 쓰지 않았다. 그러나 국고의 부족이 계속되면서, 왕실은 돈을 낼 수 있는 사람이면 누구에게나 이달고 신분, 기사단의 가운을 팔았다. 그가 두 인도와의 교역에서 부유해진 페루나 두 인도에서 돌아온 사람들이라고 해도, 더 나쁜 경우에는 고리대금업으로 졸부가 된 자라도 상관없었다.[176] 작위와 신분의 매매는 거부하기에는 너무나 매력적인 재정 마련 수단이었다. 1586년 4월 16일 오르가스 백작은 세비야에서 비서관인 마테오 바스케스에게 편지 한 통을 썼다. 이 편지에서 그는 왕실에서 돈이 필요하면 이달고 신분을 팔 수밖에 없다고 말했다. 더 이상의 매각은 없을 것이라는 예전의 약속을 깨는 일이라고 해도 어쩔 수 없다는 것이었다.[177] 물론 카스티야 신분의회는 이에 대한 불만이 가득했지만,[178] 왕실은 그들의 이야기를 들을 만한 여유가 없었다. 1573년 펠리페 2세 정부가 새로운 봉토에 관한 명령을 발표해야 할 정도로, 작위와 신분의 매매는 계속되었다.[179]

유행이 된 작위 매매는 에스파냐에서 시작되어 몸에 꼭 맞는 남성 의상, 콧수염, 향수 뿌린 장갑, 스페인 희극의 소재들과 더불어 이 나라의 수출품 가운데 하나가 되었다. 그러나 이 새로운 유행은 순전히 허영심에서 비롯된 것이 아니었다. 부르주아는 구매한 작위를 이용할 줄 알았고, 그 속에는 계산이 깔려 있었다. 게다가 부르주아는 안전한 투자처로서의 토지에 눈을 돌렸고, 이것이 귀족으로서의 사회적 신분을 보장해주었다. 간단히 말하면, 국가들처럼 사람들 역시 상석권 싸움을 벌였던 것이고, 이 싸움은 종종 명확하면서도 아주 현실적인 내용들을 담고 있었다. 그러나 언뜻 보면 그 속에는 허영심만 보인다. 1560년에 리스본 주재 프랑스 대사인 니코는 포르투갈 영주들에 관해서 다음과 같이 기록했다.[180] "이곳 사람들의 사치는 대단하다. 쓸데없이 너무 많은 수의 하인들을 두는 것만 보아도 알 수 있다. 하급 귀족들은 공작처럼, 공작은 왕처럼 살려고 한다. 이것이 그들이 항상 파산하는 이유이다." 리모주의 주교 역시 1561년에 에스파냐에 대해서 같은 사실을 언급했다.[181] 에스파냐 국경에서 매년 석 달 동안 자비로 무장을 갖추고 복무하는 조건으로 "부유하고 전투에 능한" 500명의 사람들을 귀족에 봉하는 내용이었다. 주교는 "귀족 대우를 받고 귀족의 옷과 외관을 갖추게 되면, 이들 역시 허영심으로 가득해진다"며 놀라워했다.

그러나 동일한 광경이 1615년에 프랑스에서도 펼쳐졌다. 몽크레티앙이 모국에 대해서 쓴 바에 따르면,[182] "현재 외관상으로 사람들을 구분하는 것은 불가능하다. 가게 주인들이 귀족처럼 옷을 입기 때문이다. 이렇게 치장이 같아진다는 것이 우리의 오랜 규율을 타락시킨다는 것을 어느 누가 모르겠는가?……도시에서는 무례한 행동이 늘어나고, 농촌에서는 폭정이 늘어나고 있다. 남자들은 지나친 사치를 부리며 여성화되고, 야하게 치장하는 데에 정신이 팔린 여인들은 정절도 집안 살림도 잊어간다." 참으로 설교자의 위엄이 느껴지는 글이지만, 당대 프랑스의 사회질서에 대해서 불만을 토로하는 시대적 증언이기도 하다.

신흥 귀족들에 대한 적대감

앞에서 인용한 몇몇 증언들이 이미 보여주고 있듯이, 어느 누구도 신흥 귀족들의 행운에 박수를 보내지 않았다. 누구든 이들과의 시빗거리들을 찾았다. 하기야 누가 그들에게 망신을 주는 기쁨을 마다하겠는가? 1559년에 랑그도크 삼부회에서는 "명문 출신의 짧은 망토를 입은 신사들만"이 그들의 대표가 되어야 한다는 명령이 남작들에게 하달되었다.[183] 마땅치 않다고 여기면 개별적으로 한풀이가 이루어졌고, 분노를 터뜨렸다. 예를 들면, 프랑스에서는 구체제 시기 내내 심지어는 그 이후에도 그러했다. 실제로 17세기 내내 어디서든 같은 일이 발생했다. "신분의 경계"를 넘는 일이 끊이지 않았고, 이에 맞서 사회적 제재가 계속되었기 때문이다. 나폴리에서 일어난 한 사건을 통해서 이것을 잘 확인할 수 있다.[184] 도시에 거주하는 아쿠

이노라는 미천한 출신의 한 부유한 재정가가 1640년에 부왕이 친히 나서준 덕분에 콘베르사노 공작의 누이 안나 아쿠아비바와 혼인하게 되었다. 그러자 사랑스러운 젊은 처녀가 벼락부자 남자의 손에 들어가는 것을 무력으로라도 막기로 결의한 무장한 귀족 기사들이 그의 약혼녀를 납치했다. 그녀는 베네벤토 수녀원에 인계되었는데, 베네벤토는 교황령이었기 때문에 이중으로 보호된 셈이었다. 비슷한 사건들이 연대기 작가들의 이야기 속에서 넘쳐났지만, 큰 추세를 바꿀 수는 없었다. 삼중의 바리케이드를 쳐서 자신을 보호하는 베네치아 귀족을 제외한 유럽의 모든 귀족층은 외부 집단에 개방되어 있었고, 새로운 피를 받아들였다. 교황청의 소재지이자 (그리고 분명히 유럽 도시들 가운데 가장 자유로웠던) 로마에서는 귀족으로의 심지어는 상층 귀족으로의 규칙적인 상승이 진행되었다는 점에서, 게다가 반드시 유명 가문 출신이어야 할 필요가 없었던 신임 교황과의 친척 관계를 이용할 수 있었다는 점에서 다른 지역에서보다 귀족층의 변화가 훨씬 더 빨랐다.[185] 모든 귀족은 상당수의 쓸모없는 사람들을 덜어내고 새로운 부자들을 받아들이며 변화했고, 신참자들은 사회구조를 떠받치기 위해서 그들의 부를 내놓았다. 이것은 귀족들에게 큰 이익을 가져다주었다. 귀족은 제3신분을 상대로 싸우지 않게 되었다. 그 대신 제3신분은 귀족 속으로 들어가서 귀족들과 자신들이 가진 부를 나누었다.

물론 이러한 지속적인 변화는 때에 따라 가속화되기도 했다. 로마에서는 교황청이 이러한 귀족들의 쇄신을 독려했다. 영국에서는 북부지역에서 일어난 백작들의 반란이 1569년에 실패로 끝난 이후, 영국의 통치를 보좌해 왔던 러셀, 캐번디시, 세실 가문 같은 신참귀족들이 대귀족들을 대체했다.[186] 프랑스에서는 두 차례에 걸친 전쟁—첫 번째 전쟁은 1559년 4월 1-3일에 카토-캉브레지 조약으로, 두 번째 전쟁은 1598년 5월 2일에 베르뱅 조약으로 종결되었다 —이 구귀족들의 파산을 촉진했고, 벼락부자들에게 사회적 권력의 길을 열어주었다.[187] 다음은 1598년 펠리페 2세의 한 자문관이 프랑스 귀족의 상황을 묘사한 것이다. "지대와 기타 수입을 잃어버린(이 것들을 양도해버렸기 때문이다) 수많은 귀족들이 그들의 신분을 유지할 방법을 찾지 못하고 큰 빚을 지고 있다. 거의 모든 귀족들이 이런 상황에 처해 있다. 거액의 봉급을 주거나 보답을 하지 않으면 이들을 동원할 수 없다. 이는 거의 불가능한 일이다. 만일 전쟁의 재앙과 폐허로부터 이들을 구제하기 위한 조치가 취해지지 않는다면, 이들은 어떤 형태로든지 저항할 것이다."[188]

3. 가난과 강도질

가난한 사람들의 삶에 관해서 역사는 거의 입을 다물고 있지만, 그들은 당시 권력층의 주목을 끄는 따라서 우리도 관심을 쏟게 하는 나름의 방식을 가지고 있었다. 소요, 폭동, 반란, "방랑자들과 유랑민들"의 놀랄 만한 증가, 도적떼들의 계속되는 습격이 그러하다. 종종 해석하기 힘들기는 하지만 이 모든 이야기들은 16세기 말엽 가난이 비정상적으로 심각해졌으며 다음 세기에는 더욱 심각해졌다는 것을 말하고 있다.

이러한 집단적인 궁핍의 최저점은 아마도 1650년경이었을 것이다. 우리가 이미 인용한 바 있는 G. 발디누치의 미간행 일기를 그대로 믿는다면,[189] 1650년 4월, 피렌체에서는 가난이 너무나 심각하여 사람들은 더 이상 평화롭게 미사를 거행할 수 없을 정도가 되었다. 예배시간 내내 "헐벗고 옴이 잔뜩 오른" 가난한 사람들이 포위하고 있었기 때문이다. 이 도시에서는 모든 것이 너무나 비쌌고, "직공들은 일거리가 없었다." 설상가상으로 사육제가 있던 월요일에는 폭풍우가 불어 올리브, 뽕나무, 과실수들이 쓰러졌다.

미완의 혁명들

궁핍화와 부자와 권력자에 의한 억압은 늘 짝을 이룬다. 그 결과는 분명하다. 근본 원인 역시 분명하다. 인구 과잉과 경제 침체 사이의 상관관계, 이 이중의 무게가 끊임없이 가중되면서 모든 것을 만들어낸다. 1935년의 한 논문에서 아메리코 카스트로는 에스파냐가 혁명을 경험한 적이 없다고 주장했다.[190] 일반화하기에는 신중하지 못한 표현이지만, 16세기 에스파냐만 놓고 보면 틀린 말도 아니다. 이 나라는 이 시기에 진짜 혁명보다는 사회 혁명에 대한 열망만이 존재했다. 코무네로스의 폭동만이 예외라고 할 수 있다.[191] 이에 관해서 나중에 더 이야기하게 될 것이다.[192]

사실 소위 종교전쟁이 일련의 사회혁명을 수반했던 북유럽에서와는 달리 16세기 지중해에서는 뜨거운 피는 충분했지만 혁명에는 실패했다. 이는 그런 시도들이 부족해서가 아니었다. 지중해는 일종의 마법의 희생물이었다. 도시가 일찍이 해체됨으로써 어쩔 수 없이 강력한 국가가 평화의 수호자 기능을 담당해야 했기 때문이었을까? 어쨌든 결과는 분명했다. 소요, 폭동, 암살, 경찰의 반격, 그리고 다시 반란이 이어지고 이중, 삼중의 사회적 긴장 상태가 지속되는 상황을 기록하려면 방대한 분량의 책을 쓸 수도 있다. 그러나 결국 결정적인 사건은 일어나지 않았다. 지중해에서의 혁명들에 관한 책은 페이지를 끝없이 늘려갈 수는 있지만, 그 안에서 장들이 짜맞춰지지 않고, 그 책의 의미 자체도 결국 의문스러워진다.[193] 과연 이 책에 맞는 제목을 찾을 수나 있을지 모르겠다.

날마다 이러한 소요가 마치 단순한 교통사고들처럼 발생했기 때문에, 어느 누구도 여기에 관심을 두지 않았다. 사태의 장본인들도, 피해자도, 증인도, 연대기 작가도, 심지어는 국가조차도 마찬가지였다. 모든 사람들이 이 만연한 사고들을 어쩔 수 없는 것이라고 체념했던 것 같다. 카탈루냐, 칼라브리아, 아브루치, 어디서 일어났건 간에 범죄 사건들에 대해서도 그러했다. 10건, 100건 중 1건 정도만 우리에게 알려져 있을 뿐이고, 많은 경우 영원히 우리가 알 수 없을 것이다. 가장 중요한 사건들조차 너무나 사소하게 취급되고, 모호하고, 해석하기조차 난해하다. 1516년 시칠리아의 테라노바 반란은 정확히 무엇이었을까?[194] 1561-1562년 나폴리에서 일어난 소위 프로테스탄트의 반란에 어떤 자리를 부여해야 할까? 이 반란으로 칼라브리아 산악지대의 발도파[12세기 말 프랑스에서 발생한 기독교의 복음주의 일파의 잔존 세력]를 응징하기 위해서 에스파냐 당국이 토벌대를 파견했고, 수백 명이 짐승처럼 도살되었다.[195] 코르시카 전쟁(1564-1569)은 전쟁 내내, 그라나다 전쟁은 말기가 되면 가난한 사람들의 폭동인지, 외국의 침략전쟁인지 아니면 종교전쟁인지 알 수 없는 에피소드들로 가득 차 있지 않는가? 1560년 팔레르모 반란에 대해서 우리는 무엇을 알고 있는가?[196] 1569년에 만토바에서 일어난 프로테스탄트의 여러 음모는 또 어떠한가?[197] 1571년, 우르비노 공작의 신민들이 그들의 영주인 프란체스코 마리아의 가혹한 수탈에 맞서 반란을 일으켰으나, 사건 자체가 잘 알려져 있지 않기 때문에 설명하기가 어렵다. 우르비노 공작령은 용병들이 지키고 있었다. 그렇다면 누가 배후에서 조종을 하고 있었던가?[198] 1575-1576년 제노바 내부의 위기 역시 거의 알려져 있지 않다. 1579년에 프로방스에서 일어난 농민반란, 빌뇌브 성의 함락, 지역 영주였던 클로드 드 빌뇌브의 학살[199]은 모두 종교전쟁의 혼란 속에서 잊혀졌다. 다른 모든 사회적 소요 사태들이 그러했듯이 말이다. 예를 들면, 1580년에 일어난 도피네 농민반란은 프로테스탄트 봉기이기도 했지만, 스위스 캉통의 예를 귀감으로 삼아 귀족에 맞섰던 민주적인 성격도 가지고 있었다. 이 반란은 그보다 몇 년 전에 몽뤼크가 활약하던 시절에 일어난 가스코뉴 지방의 프로테스탄트들의 혁명적이고도 약탈적이었던 시도들 혹은 그보다 몇 년 후에 멀리 코탕탱 지방[프랑스 북서부]에서 발생했던 소요 사태(1587)와도 유사한 면이 있었다.[200] 1590년경 리바고르사 백작령에서 일어난 아라곤 농민들의 반란 역시 결국 백작령이 왕령지에 귀속되는 것으로 일단락되기는 했지만 그 과정이 비슷했다. 그 전해에는 토스카나 쪽에서 피옴비노 공작의 신민들이 봉기를 일으켰다.[201] 1599년 캄파넬라의 체포를 계기로 칼라브리아에서 발생한 봉기는 규모가 컸는데도 이 역시 그리 주목받지 못했다.[202] 1590년대부터 1600년대 사이에 오스만 제국 곳곳에서 발생한 반란들 역시 수없이 많았다. 아랍인들과 북아 프리카와 이집트 유목민들의 만성적인 봉기들 그리고 소아시아에서 발생한 "분노한 문필가들"과 그의 추종자들의 매우 강력한 반란들 또한 마찬가지 이다. 특히 소아시아 반란이 일어났을 때 기독교 세계는 근거 없는 희망을 품기도 했다. 1594년 바나트에서, 1595년 보스니아와 헤르체고비나에서, 그리고 1597년에 다시 헤르체고비나에서 일어난 세르비아 농민들의 봉기 들도 있었다.[203] 아주 불완전한 이 목록에 약탈과 관련된 환상적일 정도의 수많은 사건들을 덧붙인다면, 책 한 권은 아닐지라도 방대한 옛날 이야기 모음집 정도는 만들 수 있을 것이다.

처음 보기에는 분명히 그렇게 보인다. 그러나 이 모든 사건 사고들, 이 수많은 잡다한 사건들은 달리 더 좋은 표현을 찾지 못해 혼란스럽고 서툴 고, 종종 궤변에 가까운 언어로 말하고는 있지만, 충분한 사회사적 가치를 가지고 있지 않을까? 더 깊이 들어가면 그들의 증언에서 일관성을 찾을 수 있지 않을까? 나는 분명히 가능하다고 생각했는데, 이는 일견 일관성이 없 고, 혼란스럽고, 어처구니없어 보이는 곳에서 상관관계와 규칙성을 찾아내 고 전체적인 흐름을 발견하는 것이다. 예를 들면, "해가 떨어지자마자 (일상 적으로) 물건을 훔치고 검을 서로 겨루는 곳," 나폴리가 단순한 범죄가 아 닌 끊임없는 사회적 전쟁의 무대였다는 사실을 인정하는 것이다. 또한 이미 정치적으로뿐만 아니라 사회적으로도 광신적이라고 할 수 있는 1588년 봄 의 파리 역시 그러했음을 인정하는 것이다. 베네치아의 외교관은 다음과 같이 당시 상황을 보고했다. "기즈 공작이 겨우 부하 열 명만 데리고 도시 로 들어갔습니다. 기즈 공작이 절대적으로 자금이 부족하며 빚도 많이 지고 있어서 대군을 거느리고 허허벌판에서 전쟁을 벌일 형편이 안 된다는 것은 분명했습니다(군인에게는 급료를 지급해야 했기 때문이다). 기즈 공작은 밑 바닥부터 꼭대기까지 분노로 부글거리는 이 도시가 그에게 좋은 기회를 주고 있다고 확신했습니다."[204] 그것은 사회적 전쟁이었다. 이 전쟁은 잔인하게, 큰 비용도 들이지 않고 치러졌으며, 깊은 열정과 모순을 이용했다.

위에서 언급한 이 모든 사건들은 어느 모로 보나 철저히 잔혹한 면모를 보이고 있었다. 16세기 베네치아 부근에서 벌어진 농민들의 봉기나 그에 뒤이은 진압이나 모두 가차 없었다. 연대기 작가들이나 공식 문서에 이 사건을 기록한 서기들은 이 소요 사태의 선동자들에게 반감을 가지고 있을 수밖에 없었기 때문에, 이들의 설명은 늘 중상비방에 가까웠다. 베네치아 원로원의 한 서기가 적은 바에 따르면, 1506년부터 1507년 사이의 겨울에 크레마 지역에서 도적떼가 카테리나 데 레보글라라라는 한 여성의 집에 침입했다. 이들은 "문을 부수고 들어가 그녀를 강제로 범하고 그녀의 물건들을 훔쳤다."[205] 그런데 모든 보고서는 범인에 대한 취조를 하기 전부터 신원이 확인되지 않은 이 적들에 대해서 유죄를 단정하고 있었다. 이들은 도둑이며 "악의와 부정행위가 늘어만 갔다." 1507년 어느 겨울 날, 농민들이 귀족인 레오나르도 마우로체노를 그의 영지 거처에서 살해하려고 했으나 실패했다. 그러나 그의 과수원을 공격함으로써 복수를 하게 되었다. 이번에도 농민들은 어김없이 흉악범으로 매도되었다.[206] 여러 해가 지나도 이러한 논조는 거의 바뀌지 않았다. 1562년 봄에 포르토 그루아로 주변에서 사유지를 약탈하고 그곳의 나무를 베고 포도원을 망친 사람들은 신의 저주를 받아 마땅한 자들이었다.[207] 신을 두려워하는 마음이 사라진 것인가? 아니면 사람에 대한 연민이 사라진 것인가? 1585년 9월 말 한 소식통은 무덤덤하게 다음과 같은 소식을 전했다. "올해 로마에서는 시장에서 파는 멜론보다 산탄젤로 다리 위에 걸린 (도둑들의 잘린) 머리가 더 많았다."[208] 아직은 초보적인 단계에 머물렀던 저널리즘의 논조가 이런 식이었다. 시에나 사람인 유명한 도적단의 두목 알폰소 피콜로미니가 배신자의 밀고로 1591년 1월 5일 토스카나 대공의 부하들에게 생포되어,[209] 3월 16일에 시청 앞 기둥에서 교수형에 처해지자[210] 사람들은 아무런 거리낌 없이 그의 비참한 최후를 조롱하는 말들을 쏟아냈고, 나머지 도둑들에게도 곧 투옥될 것이라는 엄포를 놓았다.[211] 이러한 원한이 섞인 글들과 범죄행위와 그에 대한 보복행위 둘 다에서 나타나는 잔혹함이 16, 17세기 내내 계속되던 잠재적인 혁명의 분위기를 증언한다는 점에서, 이 개별적인 사건들의 의미를 찾을 수 있다.

계급투쟁인가?

이것을 계급투쟁이었다고 말할 수 있는가? 17세기 프랑스의 민중 문제에 관한 탁월한 역사가인 B. 포르슈네프라면 이 표현을 사용하는 데에 주저하지 않았을 것이라고 나는 생각한다.[212] 역사가들은 봉건제, 부르주아지, 자본주의 같은 수많은 용어들을, 시기에 따라 달라지는, 수많은 현실들에 대해서 정확히 따져보지도 않고 사용한다. 용어 문제가 있다는 것이다. 위에서 언급한 동족상잔에 가까운 복수, 거짓말, 편향적인 재판들을 모두 계급투쟁이라는 말로 지칭하는 식이다. 이렇게 이 용어를 사용한다면 사회학자들이 말하는 "사회적 긴장"이라는 말에 더 가깝다. 그러나 내가 생각하는 것처럼 이 용어가 의식의 각성을 암시한다면, 역사가들에게 계급투쟁의 의미는 선명해질 수 있겠지만, 이는 20세기의 눈으로 지나간 과거를 바라보는 오류를 범하는 것이다. 이러한 부분에서 어떤 통찰력도 없었던 16세기 사람들에게 계급투쟁은 이처럼 선명한 것은 아니었다.

한 역사가의 개별적인 사례 연구는 어쩔 수 없이 불충분한 조사에 불과할 수밖에 없다. 16세기 초반기를 살핀 끝에 나는 계급 의식을 희미하게 드러내는 흔적을 몇 가지 찾을 수 있었다. 예를 들면, 1509년에 포위당한 파도바를 앞에 두고 했다는 ("충성스러운 공복"이라고 불리던) 바야르의 놀라운 발언이 그것이다.[213] 독일 농민반란의 영향을 받은 프리울리 지역[이탈리아 북동부]에서 촌놈들에게 맞선 무장한 귀족들에 관해서 말하는 1525년 10월의 보고서도 그렇다.[214] 1528년 12월, 굶주림과 분노로 고통받던 아부르치 지역의 라킬라 부근의 농민들은 "배신자"와 "폭군"에 맞서 봉기를 일으키면서 "가난 만세"라는 구호를 외쳤지만, 이를 기록한 연대기 작가의 의심스러운 묘사에 따르면, 누가 처단되어야 할 배신자인지도 알지 못한 채 그런 구호를 외쳤다고 한다.[215] 1531-1532년 루카에서는 소위 스트라치오니(straccioni : 누더기를 입은 자들)의 반란이 "귀족에 맞선 민중의 싸움"으로 묘사되었다.[216] 적어도 내가 아는 바로는 더 이상은 없다. 만일 너무나도 불완전한 이 조사에서 어떤 결론을 이끌어낸다면, 16세기 전반에서 후반으로 넘어가면서 자각 혹은, 우리가 이 말을 쓸 생각이 있다면, 혁명의식이 줄어들고 있었다고 말할 수 있을 것이다. 혁명의식이 없다면 성공할 가능성이 있는 강력한 혁명도 불가능하다.

1540-1560년의 힘든 시기 이전, 꽃 피는 봄에 해당하는 16세기 전반기는 사실 심각한 동요의 시기였다. 1521년 코무네로스의 반란, 1525-1526년 발렌시아의 헤르마니아의 반란, 1528년 피렌체의 봉기들과 제노바의 위기, 1548년 기엔 지방[프랑스 남서부]의 농민 봉기 등이 그 예이다. 세월이 훨씬 더 지나 17세기에 이르면 오스만 제국 내부에서 폭동들이 발발하고, 포르슈네프가 연구한 프랑스에서의 반란들이 나타나며, 그 외에도 카탈루냐와의 분리 운동과 [1640년의] 포르투갈의 분리, 1647년 나폴리에서의 대폭동, 1674년 메시나에서의 소요 사태가 발생했다.[217] 이 일련의 심한 동요들 사이에 위치한 1550년부터 1600년까지(어쩌면 1620년 혹은 1630년까지도)의 반세기에는 비등점까지 간 혁명은 거의 없기 때문에 지하수를 탐지하듯이 찾아야 할 정도였다. 그런데 사실 이러한 점이 분석을 난해하게 만드는데, 이 반란들과 혁명들이 단지 특권 신분들만을 상대로 한 것이 아니라 귀족들과 가혹한 세금 징수인들의 비호자인 국가에도 맞서 일어났기 때문이다. 그 자체로서 사회적 현실이자 사회적 구성물인 국가는 민중들의 분노를 야기한 대상들 가운데 가장 선두에 있기까지 했다. 따라서 펠리페 2세 시대에 국가가 강력해진 것이 민중들의 목소리가 들리지 않게 되고 민중들이 조심스럽게 움직인 이유가 아닌가 추측할 수 있다. 바로 이것이 한스

델브뤽이 오래 전에 제시한 견해[218]와 정치사가들의 의미심장한 지적들을 다시 한번 음미해보아야 할 이유이다. 민중이 반란을 일으킬 때마다 군대가 막아냈다. 이 싸움에서 군대는 종종 패했고, 웃음거리가 되었으며, 그들의 공격은 때로는 비효율적이었고, 게다가 아주 빈번하게 반란에 동조하는 모습도 보였다. 그럼에도 불구하고 군대는 반란을 막는 보루였다.

유랑민과 부랑자에 맞선 싸움

마르세유 시 대표들과 행정관들이 "유랑민과 부랑자(errant et vagabond)"라고 불렀던 빈곤층은 조용하고 꾸준하게 계속 늘어났다. 1566년 1월 2일 회의[219]에서 마르세유 평의회는 이 모든 무익한 자들을 도시에서 추방하기 위해서 거리를 수색하기로 결정했다. 당대인들은 이러한 결정을 비인간적이라고 판단하지 않았던 것 같다. 치안 유지와 위생상의 문제 때문에도 도시들은 주기적으로 가난한 사람들을 내보내야 했기 때문이다. 걸인들, 정신병자들, 진짜든 가짜든 절름발이들, 무직자들이 길거리, 선술집 그리고 사람들에게 음식을 나눠주는 수도원 문 앞을 점거하고 있었다. 그러나 내쫓는다고 능사가 아니었다. 어느새 그들이 다시 돌아오던가 아니면 다른 사람들이 그들의 빈자리를 차지했다. 추방과 같은 분풀이는 쉼 없이 계속되는 이러한 문제 앞에서 전전긍긍했던 도시의 무력함을 짐작하게 해준다.

에스파냐의 모든 도시에서 유랑민들이 길거리를 가득 메웠고, 망나니 무리와 어울리기 위해서 교사에게 말도 없이 사라지며 일탈을 일삼는 학생들, 각양각색의 협잡꾼들, 걸인들 그리고 노상강도들이 이곳을 떠나지 않았다. 그들이 선호하는 도시들과 장소들이 있었는데, 그중에서도 세비야 부근의 산 루카르 데 바라메다, 세비야 시내의 도살장, 그리고 마드리드의 푸에르타 델 솔 광장을 가장 많이 찾았다. 걸인들은 형제회, 즉 자신들만의 축일을 가진 조합을 결성했는데, 종종 그 수가 어마어마했다.[220] 가난한 사람들,[221] 일자리를 잃은 관리들, 부대를 나온 장교들, 일거리를 찾아다니는 사람들의 긴 행렬이 마드리드로 가는 길들을 따라 이어졌다. 그들은 짐을 가득 싣고 가는 지친 당나귀의 뒤를 따라가며 배고픔에 시달리면서도 수도에 가면 자신들의 삶이 달라지리라는 희망을 품고 있었다. 세비야로 향하는 길에도 아메리카 대륙으로 가려는 배고픈 이주민들의 무리들, 가문을 다시 일으키기를 바라는 궁색한 귀족들, 모험을 찾는 군인들, 출세를 바라는 무일푼의 젊은이들,[222] 여기에 더해 에스파냐의 거의 모든 최하층민들, 낙인이 찍힌 도둑들, 강도들, 노임이 좋은 일거리를 찾는 유랑민들, 쫓기는 빚쟁이들, 화가 난 아내를 피해 도망가는 남편들까지 몰려들었다.[223] 이 모든 사람들에게 서인도 제도는 꿈이었다. 그곳은 "에스파냐의 모든 절망적인 사람들의 피난처이자 보호소였고, 반역자들의 교회였으며, 살인자들의 안전한 도피처"였다. 이는 세르반테스가 그의 가장 멋진 단편 소설들 가운데 하나인 "질투심 많은 늙은이(*El celoso extremeño*)"의 도입 부분에서 한 말이다. 이 소설은 서인도 제도에서 부자가 된 뒤에 고국으로 돌아와 토지를 구입하고, 집을 사고, 부르주아처럼 살게 된 한 남자가 아내를 구하면서 겪게 되는 슬픈 사연들이 담긴 이야기이다.[224]

오랫동안 군 생활을 한 고참병이든 이제 막 군에 들어온 신병이든 상관없이 병사들 또한 길거리 생활에 익숙해진 사람들이었다. 악당 소설에 등장하는 그들은 길을 가다가 우연히 들어간 매춘굴에서 파멸하기도 했고, 종종 고분고분한 소녀를 끌고 다니기도 했다. 어느 날 그들은 군 모집자의 북소리를 따라나섰다가, 지휘관의 명에 따라서 운이 좋으면 아름다운 나라 이탈리아, 운이 나쁘면 아프리카의 감옥 같은 요새를 향해 떠났다. 말라가 같은 항구에서는 이렇게 세상물정 모르는 소년들, 늙은 병사들, 도망자들, 암살자들, 사제들, 매춘부들이 배에 올랐다. 항구를 떠나는 사람들 가운데는 디에고 수아레스 같은 정직한 사람들도 있었다. 그는 젊어서는 여러 상관들을 모시며 오비에도부터 카르타헤나에 이르기까지 에스파냐 전역을 떠돌았고, 1575년에는 이곳에서 다시 오랑으로 향하는 배에 올랐다. 오랑에서 30여

년을 거주한 것이 분명한데, 아프리카의 이 감옥 같은 곳에서 빠져나오는 것보다 이곳에 들어가는 것이 더 쉬웠음이 확실하다.[225]

누구에게나 골칫거리였던 유랑민 집단은 에스파냐에서 시골과 도시 모두를 위협했다. 이베리아 반도 북쪽의 비스카야에서는 부랑자들이 끊임없이 영지를 공략했다. 1579년부터 행정당국은 순례자 무리에 섞여 들어오는 유랑민들에게 맞서 대책을 세우기 시작했다.[226] "늙은이, 불구자, 확실한 장애가 있는 사람이 아니라면 그들을 감옥에 보내라.……의사와 외과의사들이 그들을 검진할 것이다." 그러나 이런 결정은 늘 그렇듯이, 큰 성과를 거두지 못했다. 사태는 해가 갈수록 심각해졌고, 이를 막기 위한 대책은 쓸데없이 엄격해졌다. 1586년 3월 21일 발렌시아에서—이 조치는 발렌시아뿐만 아니라 왕국의 모든 도시와 마을들에서 실시되었다—부왕은 일을 하지 않는 사람들에 대한 극단적인 조치를 취했다.[227] 그들에게는 고용주를 찾기 위한 3일간의 유예 기간이 주어질 것이며, 고용주를 찾지 못한 자는 추방될 것이었다.[228] 특히 노동을 해야 하는 날에 공공장소에서 놀고 있거나 일거리를 찾지 못했다는 핑계로 일하기를 거부하는 부랑자들과 유랑민들이 그 대상이었다. 부왕은 또한 정해진 주거지가 없는 날품팔이 노동자들에게도 그들이 어떤 일을 하고 있건 간에 소위 걸인들, 외국인들 혹은 아무 일도 하지 않고 살아가려는 다른 모든 사람들과 똑같은 처벌을 받게 될 것이라고 경고했다.[229] 뜻밖에도 발렌시아에서의 이러한 조치는 효과를 냈다. 1586년 7월 24일자의 한 베네치아인의 편지에는 다음과 같은 내용이 적혀 있었다. 사라고사 부근에서 "사람들은 찌는 듯한 이 더위에 길을 떠났습니다. 노상강도들이 많아서 목숨을 잃을 수도 있었고 여러 가지 큰 위험을 안고 있었지만 떠나야 했습니다. 이 모든 일은 발렌시아 당국이 위협적으로 가혹한 처벌을 예고하며 며칠 만에 모든 유랑민들을 추방했기 때문입니다. 따라서 유랑민들은 아라곤, 카탈루냐로 이동했습니다. 이것이 바로 든든한 호위를 받으며 낮에만 여행해야 하는 또 하나의 이유입니다!"[230]

증거를 댈 필요도 없겠지만, 유랑민들과 도적떼는 가난하다는 점에서 형제들이며 얼마든지 서로 처지를 뒤바꿀 수 있었다는 증거가 바로 여기에 있다. 또한 위의 사례는 이쪽에서 가난한 사람들을 몰아내는 것이 결국 그들을 저쪽으로 보내는 것에 불과하다는 사실의 증거이기도 했다. 그렇지 않으면 1581년 10월의 세비야처럼 처리했다. 이곳에서는 경찰의 일제단속 때에 체포된 유랑민들을 마젤란 해협으로 가는 소토마요르 소유의 배에 강제로 태웠다. 이들을 기다리고 있는 것은 토목작업이었는데, 가는 도중에 4척의 배가 침몰하여 1,000여 명이 익사했다.[231]

당연히 이런 비극적인 사건들은 도시 최하층민의 문제를 제기한다. 당시에는 어느 도시에든 슬럼가가 있기 마련이었다. 『린코네테와 코르타디요 (*Rinconete y Cortadillo*)』라는 결코 모범적이지 않는 "모범" 소설(nouvelle "exemplaire") 속에는 세비야의 빈민굴과 연관된 많은 사실들이 등장한다.[232] 학자들의 설명이 곁들여지면 그 모습은 더욱 선명해진다. 창녀, 부정한 과부들, 배신에 배신을 거듭하는 경찰들, 진짜 부랑자들, 문학작품에 등장할 만한 악한들, 페루에서 태어난 에스파냐인들, 우스꽝스러울 정도로 잘 속는 사람들이 소설 속에 빠지지 않고 등장한다. 파리든 마드리드든 어디나 사정은 마찬가지였다. 이탈리아 역시 반도 전체가 악한들, 부랑자들, 걸인들 등 문학작품들이 열광하는 모든 인물군으로 가득했다.[233] 어디에서나 사람들은 부랑자들을 내쫓았으나, 도처에서 그들은 다시 돌아왔다. 책임을 맡은 행정 당국만이 이러한 공식적인 조처들이 효과가 있다고 믿었지만, 상황은 늘 같았다.

1590년 2월, 팔레르모에서 "왕국의 부랑자들, 취객들, 첩자들"을 겨냥한 적극적인 조치들이 취해졌다.[234] 1년에 200에퀴의 급료를 받는 청렴한 2명의 감찰관들이 도시를 책임졌다. 그들이 맡은 역할은 하루 종일 도박을 하거나 못된 짓을 하면서 "자신들의 재산을 파괴하고 나아가 영혼까지 파괴하는" 이 게으르고 쓸모없는 자들을 추적하는 것이었다. 모두 노름을 한 것이 분명했다. 그런데 그렇지 않은 사람이 어디 있는가? 모든 것이 내기를 위한 핑계였을 뿐이다. 카드만이 아니었다. 팔레르모에서는 밀 가격, 태어날 아이의 성별, 다른 곳에서도 다 그러하듯이 교황 성하께서 만드실 추기경들의 수를 두고 내기를 했다. 베네치아 상인들의 편지 묶음에서 나는 우연히 복권 한 장을 발견했다. 노름, 술, 나태의 동맹을 격퇴하기 위해서 팔레르모 당국은 경찰력이 여인숙, 시장, 선술집, 숙박업소들을 조사할 수 있도록 허락했고, 이곳을 자주 드나드는 사람들에 대한 검문도 용인했다. 이를 통해서 이들이 어디에서 왔는지, 어느 민족인지, 이들의 수입은 어디서 나오는지를 모두 확인할 수 있었다.

경찰과 도둑, 도시와 유랑민 사이의 게임은 시작도 없고, 끝도 없었다. 이런 광경은 늘 있어왔던 것으로서 일종의 "구조"였다. 일제소탕이 있은 후에 모든 일은 다시 소강상태에 들어간다. 그후 좀도둑질, 행인에 대한 공격, 살인이 다시 늘어난다. 1585년 4월 베네치아에서 10인 위원회가 단속을 예고했다.[235] 1606년 7월에는 나폴리에서 범죄 사건들이 다시 크게 늘어나면서 여인숙과 숙박업소들에 대한 여러 차례의 야간 검문이 실시되었고, 400건의 체포가 이루어졌는데, 그중에 많은 사람들이 "상여금"까지 받는 플랑드르 출신의 병사들이었다.[236] 1590년 3월, 로마에서는 일주일 만에 부랑자들, 집시들, 살인자들, 그리고 악한들이 추방되었다.[237]

추방 사건들을 모두 열거하고 정기시 개최 날짜들처럼 이 사건들이 서로 연결되어 있는 것은 아닌지 알아보는 것도 재미있을 것 같다. 추방당하여 다시 떠돌이 생활을 시작한 유랑민들은 어디서 와서 어디로 갔을까? 베네치아의 경우 이들은 아주 먼 곳, 심지어 피에몬테에서 온 사람들도 있었다. 1545년 3월에 다양한 지역 출신의 유랑민 6,000여 명이 도시에 넘쳐났다. 몇몇 사람들은 고향으로 다시 돌아갔고, 일부는 배를 타고 떠났다. 나머지 사람들은 추방당했다. 피에몬테, 다른 도시들, 외국에서 온 악한과 밥벌레들이라는 이유에서였다.[238] 5년 전인 1540년, 기근이 든 해에는 반대로 수

많은 가난한 가장들이 아내와 아이들과 함께 작은 배를 타고 와서 다리 밑과 운하 부두에서 살았다.[239]

　빈민들의 문제는 곧 무자비한 도시들의 협소한 조치를 넘어서서 국가, 나아가 유럽 전체의 문제가 되었다. 17세기 초에 몽크레티앙 같은 사람들은 빈민들의 범람 앞에서 공포심을 느꼈다. 그와 프랑스의 몇몇 사람들이 "식민주의자"였다면, 그것은 조용하지만 무시무시한 빈민들을 처치하기 위한 방법을 찾기 위해서였을 것이다.[240] 자원에 비해 지나치게 많은 인구 때문에 경제적인 도약에도 불구하고 유럽이 더 이상의 인구를 부양하지 못했던 것처럼, 투르크에서도 매일 먹을 빵이 부족해지면서 인간의 대규모 빈곤화가 진행되었다. 30년전쟁의 끔찍한 갈등 속에서 인간에 대한 자비는 내팽개쳐졌다. 이런 사실을 칼로는 냉담하게, 그리멜하우젠은 냉철하게 증언했다.[241]

만연한 강도질

　지중해 주변 지역에서 자행되던 강도질 때문에 피로 얼룩진 역사에 비하면, 도시의 일상에 대한 경찰의 기록은 오히려 평화로워 보인다. 해적 행위와 강도 행위는 매우 유사했다. 강도질은 해적질만큼이나 지중해에서 오래 전부터 자리해왔다. 그 기원은 희미하게 잊혀졌다. 바다가 삶의 터전이 되면서 범죄행위가 나타나기 시작했고, 결코 근절되지 않았다. 오늘날에도 여전히 그러하다.[242] 따라서 강도가 15세기에 코르시카에서 나타났다가거나 14세기에 나폴리에서 시작되었다는 식으로 말해서는 안 된다. 자신이 연구하는 세기에서 벗어나려고 하지 않는 역사가들이 범하는 것과 똑같은 실수를 저지르지 말아야 한다. 또한 16세기에 사방에서 새로운 활기를 띠며 나타나던 현상들을 전에 없던 새로운 현상으로 묘사해서도 안 된다. 나폴리 여왕 후안나가 1343년 8월 1일, 아킬라의 부대장에게 내린 부랑자들을 처리하라는 명령[243]은 16세기의 알칼라 공작이나 그랑벨 추기경도 내릴 수 있는 것이었다. 시대에 따라서 범죄자를 지칭하는 표현이 "malandrini, masnadieri, ladri, fuorusciti, banditi"처럼 이름과 형태를 바꿀 수는 있지만 (masnadieri는 원래 병사를, fuorusciti와 banditi는 추방당한 사람들을 가리키는 표현이었다), 우리 눈에는 그저 반(反)사회적인 반역자들이자 부적응자인 도적떼들일 뿐이다.

지중해 어느 지역도 이러한 재앙으로부터 벗어나지 못했다. 이쪽으로 악명 높았던 카탈루냐, 칼라브리아, 알바니아에서만 강도가 출몰했던 것이 아니었다. 강도는 정치, 사회, 경제, 테러리즘 등 여러 다양한 모습으로 나타났다. 이집트 알렉산드리아에서만큼이나 다마스쿠스와 알레포 입구에서, 강도를 감시하기 위한 망루들이 세워졌던 나폴리의 농촌에서,[244] 숨어 있는 강도떼들을 내몰기 위해서 관목들을 불살라야 했던 로마 주변의 저지대에서, 심지어는 베네치아 같은 외견상 치안이 잘 되어 있던 곳에서도 나타났다.[245] 1566년 술탄의 군대가 스탐불리올 가도를 따라 아드리아노플, 니시[세르비아 중부], 베오그라드 그리고 헝가리를 향해 진군할 때, 그들은 진군로에 있었기 때문에 소굴에 은신할 수 없었던 수없이 많은 강도들을 쉼 없이 교수형에 처해야 했다.[246] 물론 강도들은 계속 존재했다. 안전한 것으로 유명했던 오스만 제국의 대로변에서도 강도들이 건재했다는 것은 이 시대의 공적인 평화의 수준에 대해서 오랫동안 생각하게 한다.

지중해의 다른 쪽 끝에 있던 에스파냐에서도 상황은 비슷했다. 나는 아라곤과 카탈루냐의 노상 안전 문제에 관해서 누차 언급한 적이 있다. 1567년의 한 피렌체인의 기록에 따르면, 바르셀로나에서 사라고사까지 역마차로 가기를 바라는 것은 무모한 일이었다. 사라고사 너머부터는 가능하지만, 두 도시 사이는 불가능했다는 것이다. 따라서 그는 무장한 영주의 대상 행렬에 합류했다.[247] 세르반테스의 한 단편 소설에는 주인공들이 바르셀로나 근처에서 강도떼들에게 급습을 당하는 장면이 나온다. 당시에는 아주 흔한 일이었다. 그런데 에스파냐 제국의 가장 큰 길들 가운데 하나가 바르셀로나를 거쳐갔는데, 이 길을 통해야만 에스파냐가 지중해와 유럽의 다른 지역들과 접촉할 수 있었다는 것이 문제였다. 국가의 전령도 가방을 털렸고, 통행이 불가능해지기까지 했다. 1565년 6월의 일이었는데,[248] 같은 해 에스파냐를 유럽과 대양 쪽으로 연결하는 또다른 팔인 마드리드에서 부르고스로 가는 길이 흑사병으로 인해서 끊어졌다.[249] 바로 이것이 지나치게 넓었던 에스파냐 제국이 가진 수많은 약점들 가운데 하나였다. 랑그도크에도 카탈루냐만큼이나 많은 도적들이 있었다. 론 강 하류의 모든 농가들은 우리가 이미 살펴본 적이 있는 카탈루냐의 요새 같은 농가들을 떠올리게 할 만큼 단단히 무장하고 있었다.[250] 포르투갈,[251] 발렌시아, 베네치아, 나아가 이탈리아 전역, 오스만 제국의 영토 전역에서 도적떼들은 대단한 기동성을 갖추고 (이것이 이들의 강점이다) 피레네 카탈루냐에서 그라나다까지 거침없이 지나갈 수 있었고, 알프스 산맥에서 베로나를 거쳐 칼라브리아까지 혹은 알바니아에서 흑해까지 유랑할 수 있었다. 작은 세력들이 초소형 국가를 형성하여 기성 국가들을 괴롭혔고, 마침내 지쳐 떨어지게 만들었다. 그들은 근대의 인민 전쟁에 참전한 게릴라 전사들 같았다. 그리고 인민은 언제나 그들의 편이었다.

1550년부터 1600년까지 지중해는 이렇게 잔인한 전투를 매일같이 활발하게 벌이고 있었다. 이 전쟁을 기성의 역사가들은 거들떠보지 않았고 시덥지 않은 것으로 생각해서 에세이 작가들이나 소설가들에게 넘겨주었다. 스탕달은 이탈리아를 배경으로 이와 관련된 것들을 다루었다.

강도질과 국가

강도질, 그것은 무엇보다도 정치질서와 사회질서의 수호자인 기성 국가들에 대한 반격이다. "발리오니 가문, 마라테스타 가문, 벤티볼리오 가문, 그리고 메디치 가문에게 시달리던 사람들은 당연히 그들의 적들을 사랑하고 존경하게 되었다. 최초의 찬탈자들을 계승한 후대 폭군들의 잔인함, 예를 들면 베네치아 심지어 파리까지 가서 몸을 숨긴 공화주의자들을 암살한

(토스카나의) 첫 번째 대공[252] 코시모 1세[1519-1574]의 잔인함이 사람들을 강도단에 들어가게 했다."[253] "이 강도들은 중세의 공화국들을 뒤이은 잔혹한 정부에 맞섰다"[254]고 스탕달은 표현했다. 그의 증언은 그가 실제로 목격했던 광경에 근거한 것이었다. 왜냐하면 그가 살았던 시대에도 이탈리아에서는 여전히 강도가 기승을 부리고 있었기 때문이다. "오늘날에도 여전히 세상 사람들은 강도들과 마주칠까 두려워한다. 그러나 막상 그들이 처벌을 받으면 모두들 그들을 불쌍히 여긴다. 지배자들이 실시하는 검열을 통과한 모든 출판물들을 비웃던 이 예리하고 냉소적인 사람들은 악명 높은 강도들의 삶을 열렬히 묘사했던 삼류 시들을 즐겁게 읽었다. 이 이야기 속에 깃들어 있는 영웅적인 요소들이 민중의 마음속에 계속 자리하고 있었던 예술적인 감성들을 만족시켰던 것이다. 사람들의 마음은 그들에게 동조하고 있었다.……마을 처녀들은 한 번이라도 숲으로 도망쳐본 적이 있는 젊은이들을 좋아했다."[255] 시칠리아에서는 눈먼 떠돌이 가수들이 "먼지투성이의 작은 바이올린 반주에 맞춰"[256] 강도단의 모험을 노래했고, 사람들은 거리의 나무 그늘 밑에 모여서 열심히 들었다.[257] 테오필 고티에가 주목한 바에 따르면, 에스파냐, 특히 안달루시아는 "이런 점에서 여전히 아랍적이다. 이곳에서는 강도들이 쉽게 영웅으로 통한다." 유고슬라비아와 루마니아의 모든 민요들은 한결같이 투르크의 지배에 항거한 하이두크[haiduk : 발칸 반도의 슬라브인 거주 지역의 도적]와 무법자들의 이야기들로 가득하다. 지배층과 편향적인 재판에 대한 복수를 행하던 산적단은 어느 시대 어느 곳에서든지 이러한 부조리의 교정자였다. 칼라브리아의 한 도둑은 "재판정에서 자신이 세상의 잘못을 바로잡고 가난한 사람들을 위해서 선행을 행하는 사람이라고 주장하며 스스로를 변론했다. 그는 매일 묵주기도를 올렸으며, 마을의 사제들이 그를 축복해주었다. 사회의 정의를 실현하기 위해서 그는 서른 나이에 이미 30명의 사람들을 죽였다."[258]

산적들은 보통 국가의 힘이 약한 곳에서 권력에 맞서 싸웠다. 군대가 그들을 힘으로 제압할 수 없고 국가가 모든 권리를 잃어버린 산악지대가 특히 좋은 환경이었다. 종종 국경지대에서도 출몰했는데, 베네치아와 오스만 제국 사이에 있는 달마치아의 고지대가 그 예이다. 헝가리의 넓은 국경 지역도 16세기에 산적떼들이 자주 출몰하던 지역들 가운데 하나였다.[259] 프랑스와 맞닿아 있는 피레네 산맥과 카탈루냐 지역도 그러했다. 자유 도시였던 메시나가 은닉처가 되면서 국경지대였던 이곳 역시 마찬가지 역할을 했다. 나폴리 왕국에서 교황청 소관이던 베네벤토 주변도 재판 관할 구역이 달라지는 곳이어서 추적자들을 화나게 했다. 교황령과 토스카나 사이, 밀라노와 베네치아 사이, 베네치아와 오스트리아 대공령들 사이에도 산적들이 많았다. 이 모든 경계 지역들이 산적떼에게 환상적인 은거지를 제공했다. 먼 훗날 볼테르도 피비린내 나는 의도는 전혀 없었지만 똑같은 이유에서 페르네[프랑스와 스위스의 국경 마을]를 선택하게 될 것이다. 통치자들이 타협을 요청하기도 했지만, 협상은 대개 오래 지속되지 않았다. 1561년 프랑스 국왕이 펠리페 2세에게 피레네 산맥의 산적떼들에 맞선 공동작전을 제안했다.[260] 현명한 정책이기는 했지만, 효과는 없었다. 베네벤토 문제를 해결하기 위한 나폴리와 로마 사이의 합의도 별로 소용이 없었다. 1570년에 베네치아는 나폴리와 공식적으로 화해했고,[261] 1572년에 밀라노와도 평화협정을 체결했으며, 1580년[262] 산적떼의 약탈이 국가 전체의 불안을 조성했을 때에는 협정을 갱신했다.[263] 두 정부 모두 자국의 국경을 넘어서 6마일 거리까지 범법자들을 색출할 수 있는 권한을 가지게 되었다. 1578년에 몬데하르 후작이 칼라브리아의 범죄자들을 잡아들이려고 했을 때, 그는 몰타 섬과 리파리 제도를 포함한 인근 모든 지역들에 이 사실을 미리 공지했다.[264] 1585년 식스투스 5세 역시 교황령 내의 산적단들에 맞선 전투에 나서기에 앞서 똑같은 조치를 취했다.[265]

그러나 국가의 주권을 위태롭게 할 수도 있는 이러한 협상은 많은 어려움을 안고 느리게 진행되었고, 종종 악의적으로 이용되었다. 이탈리아의 어느 지배자가 이웃 나라의 어려움을 마음속 깊이 기뻐하지 않았겠는가? 범인의 인도는 맞교환의 경우가 아니라면 극히 드물었다. 시칠리아의 부왕 마르칸토니오 콜론나가 리초 디 사포나라라는 중죄를 범한 산적 한 명을 인도받게 된 일이 있었다. 이 산적은 25년 전부터 제후들의 비호 하에서 처벌도 받지 않고 나폴리와 시칠리아를 누볐던 인물이다. 이 범죄자의 인도는 대공에 대한 반역을 도모한 죄로 고발당한 마르텔리 가문의 기사 한 명을 넘겨주는 조건으로만 성사될 수 있었다. 산적은 2척의 갤리 선의 보호 하에 팔레르모에 도착한 뒤에 독살당했다.

대체로 모든 국가는 스스로 치안을 유지했다. 그런데 그것은 쉬운 일은 아니었다. 더구나 강도들이 극성을 부리던 나라들에서는 계속해서 할 일이 생겼다. 1578년, 나폴리의 부왕 몬데하르 공작은 칼라브리아의 범법자를 척결하기 위한 새로운 작전을 세웠다. 나폴리에 도착하자마자 그는 강도들이 저지른 범죄들에 대해서 보고받았다. 이들은 영지를 약탈하고, 도로를 강점하고, 여행자들을 살해하고, 교회를 모독하고, 방화를 저지르고, 사람들을 납치하여 몸값을 받는 것 외에 "심각하고 매우 잔인한 수많은 악행들"을 저질렀다. 부왕이 기록한 바에 따르면, 그랑벨 추기경이 취한 여러 조치들은 효과가 없었고, 심지어 "범법자의 수가 늘어나기까지 했다. 그들의 범죄는 나날이 증가하고 그들의 힘과 무엄함이 도를 넘으면서 왕국의 모든 지역에서 큰 위험과 손해를 감수하지 않고서는 여행할 수가 없을 정도에 이르렀다." 따라서 칼라브리아와 그 주변 지방들은 가장 먼저 범죄 소탕이 이루어져야 할 곳이었다(10년 전까지만 해도 가장 문제가 많았던 곳은 아브루치였다).

사료가 정확하다면,[266] 자연환경과 지형이 유리했던 칼라브리아에는 범법자들이 넘쳐났다. 범죄는 수없이 일어났고, 다른 지역에서보다 더 잔인했으며, 그 무도함이 도를 넘어 "어느 날 대낮에 그들은 레조라는 도시에 대포를 가지고 들어가서 한 가옥을 공격하고 침입하여 주민들을 살해했다.

도시의 총독도 이 사태를 막을 수 없었는데, 도시민들이 총독의 명령을 거부하고 도우러 오지 않았기 때문이다." 이처럼 칼라브리아에 대해서 조치를 취하는 것은 쉬운 일이 아니었다. 그리고 몬데하르가 그것을 몸소 체험했다. 정확한 날짜를 알 수 없는 레조 사건 이후 도시의 총독이 특별 재판관까지 두고 수색작업을 강화한 것도 강도단의 세력과 활동을 강화시키기만 했을 뿐 크게 도움이 되지 않았다. 칼라브리아의 두 지방의 임시 총독으로 임명된 브리아티코 백작의 노력도 마찬가지로 실패로 돌아갔다. 억압적인 조치들은 강도단을 격앙시킬 뿐이었다. 그들은 성채를 침범하고, 대낮에 대도시에 들어가 "교회 안에서도 적들을 살해하고 납치하여 몸값을 받아냈다." 그들의 잔인함이 공포심을 확산시켰다. "그들은 토지를 황폐화시키고, 저항하거나 당국의 명령에 따라 그들을 추적했던 사람들의 가축들을 몰살시켰다. 그런데도 총독들은 아무 일도 할 수 없었다." 우리가 인용한 이 보고서에서 결론적으로 부왕은 도적들을 소탕하기 위한 군대를 조직할 것이고, 현재 왕실 보병부대 대장인 그의 아들 페드로 데 멘도사가 지휘를 맡게 될 것이라고 적었다. 그는 애초에 이 작전을 가능한 한 늦춰서 아무리 훈련이 잘 되어 있는 병사들이라고 해도 초래할 수밖에 없는 피해가 이 지방들에 미치지 않도록 할 계획이었다. 그러나 지금 당장이라면 약간의 원정대 병력만으로도 충분하겠지만, 내년 봄까지 기다리게 되면 병력을 더 모아야 할 위험이 있다고 덧붙였다.[267]

이 원정군에는 (범죄자들을 돕는 것으로 의심되는 마을들에서 숙영하게 될) 에스파냐의 9개 부대와 3개의 경기병(輕騎兵) 부대가 참여했다.[268] 그리고 3척의 군선이 해상에서 작전을 펴서, 혐의가 있는 지방들을 원천 봉쇄했다. 늘 그랬듯이, 강도단 두목들의 머리에는 현상금이 걸렸는데, 하수인들의 경우는 30두카트, 두목들의 경우는 200두카트였다. 돈 페드로는 1월 8일에 작전을 위해서 나폴리를 떠났고, 4월 9일에 부왕은 아들이 성공리에 임무를 완수했다고 선언했다.[269] 2월이 되자 이미 산적들 17명의 수급이 나폴리에 도착했고, 모든 사람들이 크게 기뻐할 수 있도록(그렇게 주장되었다) 도시 성문에 내걸게 했다.[270] 돈 페드로가 나폴리로 돌아오면서 또다른 포로들이 재판에 넘겨졌고 이들에게도 똑같은 조치가 취해졌다.

부왕이 공식석상에서 엄숙하게 선언했던 것처럼 이것은 분명히 큰 성과였다. 그러나 인구도 많고 비단만큼이나 도적들을 양산했던 칼라브리아에서의 불행한 삶은 전혀 혹은 거의 변하지 않았다. 겨우 겨울 석 달 동안에 그 정도 소수의 병력으로 이루어진 군사작전이 큰 효과를 냈을 리가 없었다. 1580년에 베네치아의 한 대리인은 왕국 전체가 산적들로 들끓고 있으며, 노상강도들이 풀리아, 특히 칼라브리아에서 주인 노릇을 하고 있다고 보고했다.[271] 위험한 육로를 피하려고 해도 아드리아 해의 로마 해안까지 해안을 따라 포진한 해적들에게 공격당할 우려가 있었다.

20여 년 후에는[272] 상황이 더욱 악화되었다. 도적떼는 나폴리 항구까지 공격하기 시작했고, 당국은 맞붙어 싸우기보다는 화해 전략을 택했다. 테라 디 라보로를 공포에 떨게 한 안젤로 페로가 이끄는 대규모 도적떼가 플랑드르에 파견되어 에스파냐의 깃발 아래 전투를 벌인 것도 이러한 이유에서였다. 때로는 도적들을 서로 대적시키기도 했다. 세사에서 활동하던 한 집단이 인근의 한 집단을 해치웠다. 도적들은 정부가 자신들의 적과 맞서 싸우도록 돕는다는 조건으로 군대에 들어가기도 했다. 도적떼들을 소탕할 때는 주거지의 강제 숙영 같은 방법들이 활용되기도 했다. 도적들은 항상 인척들로부터 식량을 보급받을 수 있는 마을과 밀접한 관계를 유지했기 때문에, 당국은 이들에게 먼저 "해결책을 내놓을 것"을, 즉 "이들이" 내통하는 도적을 내놓으라고 제안했다. 이들이 거부하면, 에스파냐 부대 전체가 마을로 들어와서 가급적 도적과 가까운 사람들이나 마을의 가장 부유한 사람들의 집에서 숙영했다. 부자들이 나서서 이들을 설득하고 해결책을 찾도록 하기 위해서였다. 만일 이들이 부자이고 영향력도 있다면, 수배자를 더 큰 소동 없이 당국에 인도하거나, 아니면 왕국에서 추방하는 방법이 모색되곤 했다.

이때 정부는 추방자가 저지른 범죄의 보상을 비롯한 기타 비용들을 충당하기 위한 자금을 마을에 요구하기도 했다. 그러면 부대는 철수하고 모든 것은 다시 정상으로 되돌아갔다. 이 이야기는 통치술의 한 예로서 나폴리의 방법을 거론했던 한 낙관적인 보고서에서 인용한 것이다.

실제로 이런 식의 일처리가 완전히 새로운 방법은 아니었다. 오히려 오래 전부터 사용되어오던 전통적인 방식이었다. 베네치아의 한 문서를 보면, 1555년 크레타에서 (당시 이 섬에는 200명 정도의 도적이 있었다고 한다) 큰 죄를 저지른 동지들을 살해한 모든 사람들에게 사면령이 내려졌다고 한다.[273] 식스투스 5세 역시 1585년에 로마의 도적떼를 상대로 마찬가지 방법을 사용했다. 이것은 그들을 내부로부터 와해시킬 수 있는 한 방법이었다. 로마에서 활동하던 곤자가 가문의 한 대리인은 이때 제시된 사면령과 현상금이 그들에게 큰 돈벌이가 되었다고 기록하고 있다.[274] 제노바인들은 군에 입대하는 모든 코르시카 범죄자들(특별히 잔인한 죄를 저지른 사람은 제외되었다)을 사면했다. 이런 해결책은 섬의 불안 요인들을 제거했고, 사면받은 사람들은 제노바에 충성하겠다는 맹세를 하고 한동안은 제노바를 적대시하지 않았다.[275] 투르크인들이 아나톨리아에서 한 조치도 크게 다르지 않았다.[276]

그러나 이 조치들의 효과를 지나치게 과장해서는 안 된다. 언뜻 교묘한 조치로 보이지만, 그만큼 당국의 허약함을 드러낸 것이기 때문이다. 사실상 강압적인 조치도, 경찰의 계략도, 돈도, 완강한 농민들과 맞서 싸우겠다는 식스투스 5세 같은 사람들의 열렬한 의지도 종종 유력자를 등에 업고 교묘하게 잘 피해다니는 적들을 꺾을 수는 없었다.

강도들과 귀족들

해적들의 뒤에 도시들, 즉 도시국가들이 있는 것처럼, 육상 해적들, 즉 강도단들은 귀족들로부터 주기적으로 도움을 받았다. 종종 진짜 귀족들이 가까이에서 혹은 멀리서 도적들을 조종하고 지휘했다. 베네치아에 머물던 한 프랑스인의 편지에 따르면, 1583년 6월에 베네치아인들을 상대로 악행을 일삼던 오타비오 아보가드로 백작의 경우가 그러했다.[277] "전하, 오타비오 백작은 상계네에서 계속 귀족들을 괴롭히고 있습니다. 지난번 편지를 올린 이후로 그는 두 번이나 이곳으로 되돌아왔고, 베로나 지방에 있는 여러 채의 가옥들을 불살랐습니다." 베네치아는 그를 추적했고, 그에게 은신처를 제공한 페라라와 만토바로부터 더 이상 그를 숨겨주지 않겠다는 약조를 받아냈다.[278] 그러나 베네치아인들은 그를 체포하는 데에 실패했다. 2년 후에야 그는 페르디난트의 티롤 법정에 서게 되었다.[279] 비슷한 사례가 또 있었다. 당시 교황령에서는 현지 출신의 수많은 강도단들은 말할 것도 없고, 이탈리아 남부와 북부의 도적들과 살인자들까지 설쳐대고 있었는데, 이곳에서 활보하던 도적들 가운데 그레고리 13세 시기[재위 1572-1585]에 가장 악명 높았던 사람은 앞에서 언급한 바 있는 몬테마르치아노 공작 알폰소 피콜로미니였다.[280] 토스카나 대공이 최후의 순간에 그의 목숨을 구했다. 왜냐하면 대공은 오래 전부터 그를 배후에서 조종해왔기 때문이다. 사형을 면한 그는 프랑스로 갔다. 이곳에서 그는 게릴라 전투와는 판이하게 다른 정규전을 경험하게 되었는데, 도적들의 전투방식에 익숙했던 그는 이러한 전투방식을 좋아하지 않았다. 대공의 약속을 믿고 다시 불러주기만을 기다리던 그는 머지않아 다시 이탈리아로 돌아왔는데, 이번에는 토스카나에서 활동했다. 그러나 신중하지 못하게도 감히 대공에게 맞서기 시작했다. 요새들과 수비대들로부터 멀리 떨어진 피스토이아 산악지대에 머물면서 사람들을 선동하고 공격을 조직했다. 1590년 기근이 매우 심해지자 놀랍게도 "이러한 절박한 상황이 다양한 부류의 사람들을 훨씬 더 쉽게 끌어낼 수 있게 만들었다."[281] 반란의 선동자가 토스카나 지방의 중심부에 이르자, 모든 것이 위험스러워졌다. 그가 에스파냐의 여러 요새들 그리고 메디치 가문의 모든 적들과 연락을 취하고 있었기 때문에 더욱 그러했다. 그가 시에나와 인근의 마렘마로 이동했다면, 문제는 정말 심각해졌을 것이다. 그러나 전술, 전략에 미숙했던 그의 도당은 핵심 지역을 차지하지 못했고, 토스카나와 로마의 병력 앞에서 패퇴했으며, 결국 대공이 승리를 거두었다. 1591년 3월 16일 피콜로미니는 피렌체에서 처형되었다.[282] 외국 세력의 지원까지 받으며 진행된 이 이상한 내란은 이렇게 끝났다. 사실 이 모험의 배후에는 엘 에스코리알 궁전이나 도피네 지역의 레디기에르 대원수[프로테스탄트 군대의 지도자] 같은 외국인 세력들이 포진해 있었다.[283]

이상은 국제적인 이해관계가 걸린 유명한 사례들이었다. 이보다 단순한 사건들이 우리의 연구에 보다 잘 부합할지도 모르지만, 찾아내기가 쉽지 않다. 어쨌든 카탈루냐 귀족과 피레네 산맥의 도당들, 나폴리나 시칠리아의 귀족들과 남부 이탈리아의 강도떼들,[284] 교황령의 대소 귀족들과 로마의 강도떼들 사이의 연관관계는 부인할 수 없다. 귀족들은 정치적으로나 사회적으로나 어디에서든 제 몫을 다하고 있었던 것이다. 모든 것이 돈 때문이었다. 귀족들은 종종 경제적으로 어려움을 겪었다. 그리고 가난한 귀족들, 즉 파산한 귀족들이나 빈한한 귀족 가문의 차남들이 "히드라의 머리"처럼[285] 끊임없이 나타나는 이 감춰진 사회전쟁의 주동자들이 되었다. 그들은 온갖 궁여지책과 약탈로 살아갔고, (상황이 그리 다르지 않았던 프랑스에 대해서라 누가 말했던 것처럼) "자포자기 상태에서"[286] 어떤 일이든 마다하지 않았다. 이러한 사회적 작동원리가 많은 경우에서 확인되었으며, 시간이 훨씬 흐른 뒤에도 여전히 나타났다. 18세기 투르크는 모두가 부유해지기에는 너무 수가 많은 귀족 계급, 즉 불가리아의 크르찰센(krdzalcen) 문제가 심각했다.[287] 19세기 초 브라질에서도 강도들은 근대의 발전 과정에서 지위가 위태로워진 부유한 대토지 소유자들의 카브라(cabra), 즉 추종자들이었다.[288]

그렇다고 하더라도 지나치게 단순화해서는 안 된다. 이 문제는 매우 다면적이고 복합적이어서, 귀족들을 따르는 도적떼가 있었는가 하면, 그들에 맞서 조직된 도당들도 있었기 때문이다. "카스텔론 후작에 맞서 반란을 일으킨 악명 높은 도적"인 알렉시오 베르톨로티가 롬바르디아 지방에서 벌인 행적이 그 예이다. 그는 1597년 8월 17일, 200명이 넘는 사람들과 함께 솔 페리노 성의 성벽을 넘었고, 후작의 어머니와 그의 열세 살짜리 아들을 납치했다. 그는 카스텔론으로 포로들을 데려가서, 후작을 잡을 목적으로 그의 포로인 늙은 그 부인에게 성 문을 열게 했다. 그녀가 이를 거부하자, 그는 그녀에게 큰 부상을 입혔고, 아이를 죽였다. 그후에도 베르톨로티는 약탈과 "야만적인 잔혹행위"에 몰두했다고 밀라노 집정관의 보고서는 전하고 있다.[289]

따라서 강도행위는 귀족의 위기 외에 또다른 요인들과도 결부되어 있었다. 그것은 농민층, 민중층으로부터 비롯된 것이었다. 그것은 사회적 파도, 18세기의 한 역사가가 사용한 표현을 빌리면, 모든 다양한 종류의 하천들을 격동시킨 "범람"이었다.[290] 이들의 정치적, 사회적 주장들(종교적이지는 않았다)[291]에는 귀족과 민중의 목소리가 동시에 담겨 있었다. 캄파냐 로마나와 나폴리 주변의 산악지대를 호령하던 산중의 왕들은 대체로 농민들이나 보잘것없는 사람들이 아니었던가? 도적떼는 농민반란의 잠재적인 형태였고, 가난과 인구 과잉의 결과였다. 이들은 인간이 인간을 상대로 벌이는 잔인한 행위의 한 형태로서 강도짓이라는 오래된 습관을 답습했다. 그러나 강도단의 행태를 분석할 때, 재산과 지위, 삶을 지탱하려는 유력자들과 부자들이 강조하는 이런 폭력적인 측면에만 국한시켜서는 안 된다.

그러나 과장이 심했다고 해도 그들이 저지른 폭력을 어떻게 간과할 수 있겠는가? 분명히 16세기에는 사람들의 생명이 그리 귀하게 여겨지지 않았다. 알론소 데 콘트레라스가 가장 아름다운 악당 소설이라고 자부했던 그의 소설 같은 회고록 속에도 10건 이상의 살인에 관한 이야기가 나온다. 탈선을 저지른 벤베누토 첼리니는 오늘날 같으면 감옥에 갔거나 사형을 당했을 것이다. 이런 사람들을 통해서 우리는 살인을 직업으로 삼았던 사람들의 양심에 관해서 생각해볼 수 있다. 메스가 함락되었을 당시 포위당한 쪽의 의사였던 암브루아즈 파레가 전하는 카를 5세의 말은 숙고해볼 만하다. "황제께서 사람들이 어떻게 죽어갔는지, 그들이 신사였는지 혹은 중요한 인물인지를 물으셨다. 나는 그들이 모두 불쌍한 병사들이었다고 대답했다. 그러자 황제께서 그렇다면 해가 될 것이 없다고 말씀하셨다. 그들은 새싹들과 땅의 소산물들을 먹어치우는 벌레들, 해충들, 땅벌레들일 뿐이라는 것이다. 설령 부유한 사람들이었다고 해도, 그들은 한 달에 6리브르의 급료를 받고 황제의 군대에 들어온 사람들일 뿐이다."[292]

강도떼의 증가

16세기 말에는 강도가 급증했다. 여러 정치단위들이 모자이크를 이루는 이탈리아는 강도단의 천국이었다. 여기서 쫓기면 저기서 은신했다가 좀더 멀리 떨어진 곳에서 다시 나타났다. 서로에 대한 원한으로 인해서 약화되는 경우도 종종 있었지만, 상호 연계되어 있는 도적들 간의 지하 연락망이 이들을 돕기도 했다. 18세기의 뛰어난 역사가인 메카티는 1590년대 무렵에 이탈리아가 도적떼로 넘쳐났으며, 이들이 종종 자신들의 내부적 갈등을 교황파(Guelph)와 황제파(Ghibeline)의 대립으로 편리하게 위장하곤 했다는 사실을 잘 보여준다.[293] 이 모든 사태의 변함없는 배경은 굶주림이었다. 산악지대에서 내려와 마을을 급습하는 도적떼는 밀과 가축이 넉넉한 저지대 마을을 약탈하던 모로코의 잔악한 도적떼와 다르지 않았다. 바로 이것이 16세기 말 이탈리아를 지배한 분위기였다. 이탈리아의 전 지역이 기아에 시달렸고,[294] 시칠리아에서 알프스 산맥까지, 티레니아 해에서 아드리아 해에 이르는 모든 곳에서 도적떼는 해적들처럼 강탈, 방화, 살인 같은 일련의 수많은 잔학 행위들을 저질렀다. 모든 사람들이 이를 개탄했다. 나폴리의 경제학자인 안토니오 세라는 1613년에 나폴리가 이탈리아의 다른 어떤 지역보다 범죄와 약탈, 살인이 잦은 지역이었다는 것을 인정했다.[295] 시칠리아 섬과 교황령에서도 상황은 비슷했는데, 특히 공위(空位, interregnum) 기간들에는 도적들의 활동이 더욱 왕성했다.[296] 나폴리와 로마냐 지방의 경계 지역도 도적떼에게 천혜의 활동 공간을 제공했다.[297] 전문적인 살인자들, 농민들, 귀족들, 독신 서약을 깬 사제들, 교황청의 명령에 더 이상 복종하지 않으려는 수도사에 이르기까지 매우 잡다한 부류의 사람들이 도적단에 뛰어들었다. 우리는 교황청이 잔 안드레아 도리아에게 넘긴 갤리 선 노예들의 행렬을 통해서 이들을 상상해볼 수 있다. 이 사람들의 명단이 남아 있는 경우도 종종 있다. 사르데냐와 코르시카에서는 도적단의 수가 엄청났다. 토스카나 대공 프란체스코의 통치기(1574-1587)에 토스카나 공국이 겪은 곤란은 이들의 작품이었다.[298] 1592-1593년 이탈리아에서는 이들 골칫거리들을 처리하기 위해서 달마티아로 가서 베네치아 군대에 입대한다는 조건으로 대사면령을 내릴까도 고려했다.[299]

그러나 이탈리아 혼자만 이런 재앙과 싸은 것은 아니었다. 노상강도들이 사라진 적이 없었던 북부 아프리카에서 현명한 여행자들(예를 들면, 콘스탄틴의 상인들)은 단체로 이동했다. 아에도 같은 능란한 사람들은 마라부(Marabout)라는 이슬람교 수도사들과 동행했다.[300] 투르크 지역에서도 도적과 강도가 번성했다. 타베르니에에 따르면, 17세기에는 "투르크 전역이 큰 무리를 지어 다니며 노상에서 상인들을 기다리는 도적떼가 횡행했다."[301] 16세기에 이미 몰다비아와 왈라키아에서는 행상들이 스스로를 보호하기 위해서 카라반을 구성하여 집단적으로 야영하고, 큰 불을 피워 멀리서도 알아볼 수 있게 했다.[302] 이처럼 상품 포대들을 가지고 다니는 상인들은 바다의 라운드쉽 위에서만큼이나 육지에서도 위험했다.

16세기 말과 17세기 초의 수년간 에스파냐보다 도적떼의 활동이 극심했던 곳은 없었다. 늙은 왕이 엘 에스코리알 궁전에서 사망한 이후, 이 나라는 사치와 축제, 예술과 지성의 전성기인 황금시대를 경험했고, 벨라스케스와 로페 드 베가가 활약하던 신도시 마드리드는 너무나도 부유한 부자들과 너무나도 가난한 빈민들이 공존하는 이중적인 도시가 되었다. 귀족들은 거리모퉁이에서 망토를 둘둘 감고 자고 있는 거지들 위로 성큼성큼 걸어서 그들의 저택으로 들어갔다. 야경꾼들이 부자들의 집 앞을 지키는 가운데, 도둑들, 장교들, 굶주린 종들, 손때 묻은 카드를 만지작거리는 노름꾼들, 교활한 매춘부들, 대학으로 돌아갈 생각도 안 하고 기타 연주에 여념이 없는 학생들이 불온한 지하세계를 형성했다. 에스파냐 전역에서 올라온 사람들로 북적이던 이 도시로, 근방에 살던 농부와 아낙들이 아침마다 빵을 팔기 위해서 몰려왔다. 펠리페 2세 치하에서는 그라나다의 심각한 사태와 영국인들의 항구 습격 사건들을 제외하면 외국에서 부러워할 정도로 국내는 대체로 평화롭고 고요했다. 도적떼는 피레네 동부 지역에서만 카탈루냐의 소귀족들과 인근의 프랑스와 연계하여 대규모로 존재했다. 그런데 펠리페 2세의 통치 말기에 접어들면서, 도적떼의 활동이 이베리아 반도 전체에서 눈에 띄게 증가했다. 1580년 포르투갈과의 전쟁이 계기가 되어 바다호스[에스파냐 서남부]로 가는 길에 도적떼가 출몰하기 시작했다.[303] 발렌시아에서는 대귀족 가문들 간의 싸움이 격화되면서 살인사건으로 비화되었다. 1577년에는 위험이 너무나 분명해지는 바람에 국왕의 명령이 새로 마련되기도 했다.[304]

그러나 다른 곳들에서처럼 이곳에서도 문제를 해결할 만한 묘책은 없었다. 별 효과도 없는 정책들이 또다시 시도되었다. 1599년, 1603년, 1605년[305]에는 "금지된 무기를 가지고 이리저리 떠돌아다니며 왕국의 안정을 헤치는 (왕국의) 도시 강도들을 상대로" 국왕의 새 명령이 공포되었다. "악당들"[306]을 척결하는 문제는 1609년부터 1614년까지 진행된 모리스코의 대규모 추방 전야에도 중요한 문제였다. 이 사태가 악당들에게 좋은 기회를 제공했기 때문이다.[307] 하급관리들의 부패가 문제를 더욱 복잡하게 만들었다. 흔히 이들은 범법자들과 한패거리였다.[308]

노예들

마지막으로 지중해 사회들을 특별하게 만드는 또 하나의 특징이 있다.

근대성의 면모에도 불구하고 지중해는 동쪽이든 서쪽이든 노예제 사회였다. 과거에 대한 기묘한 애정일 수도 있고, 사치의 한 표현일 수도 있다. 왜냐하면 노예는 가격도 비쌌고, 책임도 뒤따랐으며, 이들을 대신할 만한 빈민들도 충분했기 때문이다. 이스탄불에서조차 그러했다. 신세계에서 고대의 노예제를 부활시킴으로써 역사를 광범위하게 후퇴시킨 것은 광산과 사탕수수 플랜테이션이 높은 수익성에 비해서 노동력이 부족했기 때문이다. 어쨌든 북유럽과 프랑스에서는 사실상 사라진 노예제가 서지중해,[309] 이탈리아, 에스파냐에서는 가내 노예의 형태로 분명히 존속했다. 1572년에 부르고스의 통상원이 제정한 조례는 신세계뿐만 아니라 포르투갈과 에스파냐로 보내진 흑인 노예들에 대한 보증 조건을 정했다.[310] 한 악당소설의 주인공인 구스만은 남편이 서인도 제도에 나가 있던 부인을 위해서 일하던 중 부인의 백인 노예와 사랑에 빠졌다. "나는 오랫동안 그녀가 자유인이라고 생각했다"고 항변했지만,[311] 이것이 큰 파문을 일으켰고, 그의 명예를 더럽혔다. 1555년경 아직 카스티야의 수도였던 바야돌리드에서는 부유한 집에 사는 노예들은 "부엌의 남은 음식들"로 든든히 먹을 수 있었고, 종종 주인들이 유언장을 통해서 이들을 해방시켜주기도 했다.[312] 1539년 루시용에서는 주인 없이 돌아다니던 한 투르크인이 물건을 훔친 죄로 체포되었고, 어느 공증인에게 노예로 팔려갔다.[313] 이탈리아에서도 가내 노예들이 계속 존속했다는 것을 보여주는 공증인 문서들이 많이 남아 있다. 주로 남부지역이 중심이기는 했지만, 다른 지역에서도 다수 존재했다. 나폴리에서도 노예들을 매각하는 공증인 문서들이 작성되었다[314](16세기 전반부에는 보통 "개"당 35두카트였다). 베네치아의 공증인 문서보관소에서도 이와 비슷한 언급을 찾아볼 수 있고,[315] 곤차가 가문의 서신에서도 궁정의 유흥거리를 위한 것인 듯한데, 어린 흑인 소년을 구입한 사례가 확인된다.[316] 리보르노에서도 흑인 노예들을 태운 배가 입항한 기록이 때때로 눈에 띈다.[317]

노예 거래는 끊이지 않고 계속되었지만, 그것의 온전한 모습은 예외적인 경우에만 드러났다. 1510년의 트리폴리 함락이 그 예이다.[318] 이때 시칠리아 시장에 수많은 노예들이 매물로 나왔고, 한 사람당 3-25두카트라는 헐값에 거래되었으며, 덕분에 서지중해 갤리 선들은 노 젓는 죄수들을 일거에 갈아치울 수 있었다. 1549년에는 토스카나 대공이 투르크인 노예들, 즉 모를라키(morlachi)를 사들이기 위해서 세냐에 사람을 보내기도 했다.[319] 게다가 이런 일을 한 사람이 토스카나 대공만은 아니었다. 16세기 말에 종교적 신앙심을 고양시키고 자선을 확대하기 위한 노력들이 확산되고 있었음에도 불구하고, 노예제는 가난한 사람들에게 가혹했던 이 지중해 사회의 현실이었다. 어쨌든 노예제는 대서양과 신세계의 전유물은 아니었다.

결론

느리고 강력한 하나의 근본적인 움직임이 1550년부터 1600년까지 지중해 사회를 조금씩 뒤틀고 변화시켰다. 그것은 길고 고통스러운 변신이었다. 점차 커져가는 사회 전반의 불안은 공공연한 반란으로만 드러난 것이 아니었다. 그것은 사회의 모습 전체를 바꾸는 사회적 성격을 가지는 격변이었음에 틀림없다. 장 들뤼모는 폴리오탄티(fogliottanti)라고 불리던 영원의 도시 [로마]의 "일지 작성자들"이 만든 수천 통의 급보들을 분석했다. 16세기 로마와 캄파냐 로마나에 관한 이 놀라운 연구 성과로 이 부분에 대한 마지막 의혹마저 사라졌음이 분명하다. 이 문서들을 재검토하더라도 우리가 찾아낸 결론을 바꿀 수 없을 것이다. 사회는 나날이 광대해지는 토지재산을 보유한 부유하고 강력한 대귀족 가문과 점점 더 늘어나는 대다수의 비참하고 가난한 사람들로 분명히 양극화되어가고 있었다. 불행하게도 가난한 "애벌레들이자 풍뎅이들," 인간 버러지들이 너무나 많아졌다. 과거의 사회에 깊은 균열이 생기면서 둘 사이를 벌려놓았다. 그 무엇도 이 균열을 메꿀 수 없었다. 반복하지만, 16세기 말에 일기 시작한 가톨릭 신자들의 놀라운 자선운동도 역부족이었다. 영국, 프랑스, 이탈리아, 에스파냐, 이슬람 지역에서 이 불행한 사태가 모든 것을 뒤흔들고 있었고, 이로 인한 상처와 고통이 치유되지 못하고 17세기를 짓눌렀다. 사회뿐만 아니라 국가와 문명 역시 점차 이 불행한 사태로 인해서 심각한 타격을 받았다. 이러한 위기는 사람들의 삶에 뚜렷한 흔적을 남겼다. 부자들이 스스로 경멸해마지 않던 사람들과 뒤섞이며 품위를 잃어갔다면, 그것은 이 사회가 가까이에서 서로를 마주 보는 강의 좌안과 우안을 가지고 있었기 때문이다. 한 쪽에는 하인들이 넘쳐나는 귀족들의 저택들이, 다른 한 쪽에는 피카르디아(picardia), 즉 암시장, 강탈, 방탕, 도박, 특히 극빈의 세계가 있었다. 가장 순수하고 드높은 종교적 열정이 가장 놀랍고 야만적인 저열함과 공존하는 것과 비슷했다. "바로크" 시대의 믿을 수 없을 정도로 신기한 모순들이 여기에 있었다. 그러나 그것은 바로크의 모순이 아니었다. 바로크를 만들었으나 그것을 잘 숨기지 못했던 사회의 모순이었다. 이 사회들의 핵심에는 냉혹한 절망만이 자리잡고 있었다.

이 모든 것은 지중해가 재화와 서비스, 부, 심지어는 삶의 기쁨을 분배하는 역할을 제대로 수행하지 못했다는 것에 대한 또 하나의 증거가 아니었을까? 과거의 번영과 영광은 모두 끝나버린 것일까? 지중해인들이 이 바다가 가진 마지막 남은 비축분까지 소진했다는 것이 가능할까? 우리가 다시 한 번 사료를 뒤져보면, 지중해를 포함한 전체 세계가 머지않아 17세기의 미증유의 침체 국면으로 접어든 진정한 이유에 대해서 알 수 있지 않을까? 프랑수아 시미앙의 연구는 과연 옳았던 것일까?[320]

제6장
문명

문명은 지중해에서 가장 복잡하고 가장 모순적인 존재이다. 역사가들은 한 문명의 성격을 특정한 방식으로 정의하고 나면 곧이어 이와 정반대되는 또다른 성격을 확인하게 된다. 문명은 형제애적이고 자유로운 듯하지만, 동시에 배타적이고 거칠다. 한 문명은 다른 문명을 받아들이지만, 곧 그것을 배척한다. 평화적인 듯하지만, 그에 못지않게 호전적이기도 하다. 믿을 수 없을 정도로 움직임이 없지만, 동시에 이동이 많고, 유랑민도 끊이지 않는다. 밀물과 썰물의 흐름과 회오리바람이 수면을 끊임없이 일렁이게 하면서, 수면의 미세한 입자들은 끊임없이 불규칙한 "브라운 운동"[1837년에 식물학자 브라운이 발견하고, 1905년에 아인슈타인이 그 원인을 규명한 액체 속의 입자 운동]을 했다. 따라서 문명은 보이지 않는 대지의 윤곽 위에 형성된 모래언덕과 같다. 모래 입자들은 바람이 부는 대로 가고 오고 날고 쌓이지만, 수없이 많은 움직임들의 변하지 않는 종합인 모래언덕은 늘 그 자리에 존재한다.

이 문제에 관한 마르셀 모스의 설명[1]은 문명들의 변화 가능성, 역동성에 주목했다는 점에서 장점이 있다. 그러나 그는 문명의 항구적인 지속성에 대해서 충분하게 강조하지는 않았던 것 같다. 문명이라는 존재 속에서 변화하는 것, 움직이는 것이 꼭 문명을 구성하는 전부도, 가장 좋은 면도 아니다. 결코 아니다. 문명 속에는 단기적인, 지속적인, 때로는 장기지속적인 콩종튀르와 구조가 있다. 하나의 문명이 다른 문명의 영역으로 의미 있는 침투를 하기 위해서는 의식적이든 의식적이지 않든 난폭한 무력을 사용하는 것만으로는, 혹은 역사의 사건들이 만드는 우연이라는 변수들만을 통해서는 가능하지 않다. 또한 아무리 폭넓게 전파되었고, 열렬히 수용되었다고 해도 선전선동만으로는 불가능하다. 하나의 패턴이 처음부터 너무나 굳건하게 정해져 있었다. 북아프리카가 서양을 "배신했다면," 그것은 1962년 봄이 아니라[2] 그보다 훨씬 오래 전인 8세기 중반부터,[3] 아니 그보다 훨씬 전인 예수 그리스도가 탄생하기도 전에, 심지어는 오리엔트의 딸인 카르타고가 건설되었을 때부터 이미 시작되었다.

1. 문명의 역동성과 안정성

변화와 불변은 서로를 보완하고, 서로를 설명한다. 어떤 방법을 택하건 문명들에 접근하는 길을 잃어버릴 염려는 없다. 언뜻 보기에 말이 안 되는 듯이 보일 수도 있지만, 생생하게 살아 있는 문명은 먼지같이 우연한 사건들과 잡다한 사실들을 통해서 모습을 드러낸다.

잡다한 사실들이 주는 교훈

장황한 설명보다 사소한 사실들[4]이 바람에 따라서 어떤 방향으로든 밀려갈 수 있는 변화무쌍한 지중해인들의 삶을 더 잘 이야기해준다. 1598년에 지중해에서 배를 운항하던 라구사 출신의 선장 한 명이 산타 마르게리타[이탈리아 북서부 항구]에서 온 제노바인 여행자를 돕게 되었다. 이 사람은 포 토시에서 사망한 한 부유한 라구사인의 유언 집행자로서 라구사의 먼바다에 떠 있는 섬인 메초에서 상속인들을 찾아내야 하는 임무를 수행하고 있었다. 당시 이 섬은 오래 전부터 라구사의 선원들과 항해사들을 많이 배출한 곳으로 유명했다. 그 선장 덕분에 불가능해 보이던 이 일이 실현되었다. 조사가 시작되었고, 상속자들이 발견되었던 것이다.[5] 우리는 블라스 프란시스코 코니치라는 또 한 사람의 라구사인 선장에 관해서는 잘 알지 못하지만, 그 역시 페루에 정착했으며, 그가 1611년 말에 산타 마리아 델 로자리오에 카트로키라는 배의 지분 절반을 소유하고 있었기 때문에 베네치아는 그에게 관심을 가졌고, 이 배를 보복 차원에서 압류 조치했다는 사실을 알게 되었다.[6] 또다른 사건 역시 라구사에서 일어난 것으로 사망 확인 절차와 관련된 것이다. 1596년 펠리페 2세가 영국을 상대로 투입한 무적함대와 함께 사라진 한 선장의 실종 사건이다. 법원 서류에는 출항하기 전에 이 실종자가 아내에게 보낸 편지 한 통이 들어 있었다. 편지는 리스본에서 10월 15일에 작성된 것으로 유언장 역할을 하게 되었다. "오늘 우리는 아일랜드를 향해 떠나오. 오직 신께서만 누가 돌아올 수 있을지 아실 것이오." 그리고 그는 돌아오지 못했다.[7] 또 하나의 사건이 이번에는 제노바에서 일어났다. 1601년 6월 8일, 폼페우스 바살루스 쿠온담 자코비라는 라틴식 이름으로 호적이 기록된 선장이 마테오 포르테 데 포르토피노의 사망 추정에 관해서 관대한 노예해방재판소 판사 앞에서 증언한 내용이다. "작년, 그러니까 5월부터 9월 11일까지 이집트에 있었을 때, 저는 그곳 사람들에게 알렉산드리아 바일로의 갤리 선에서 노예로 일하던 마테오 포르테가 살아 있는지를 묻고 다녔습니다. 왜냐하면 그 마테오라는 사람이 제 집 근처에 집을 한 채 가지고 있었는데, 제가 그 집을 구입하고 싶었기 때문입니다." 그런데 "그를 아는 사람들이 모두 제게 그가 몇 달 전에 죽었다고 그러는 겁니다. 그렇게 말한 사람들 중에는 라팔로에서 온 노예들도 있었습니다."[8]

알제에서 포로가 된 제로니모 캄포디멜료라는 제노바인의 이야기 역시 흔해빠진 시시한 사건들 가운데 하나이다. 1598년 볼랴스코[이탈리아 북서부 항귀에서 온 그는 대략 50세 정도였던 것 같다. 그가 포로가 된 정확한 날짜는 알 수 없고, 그의 전 주인이었으며 사망하면서 그에게 가게를 물려준 알제인의 이름도 확실하지 않다. 우리가 그를 목격하게 된 곳은 베스티토 데 투르코라는 거리에서이다. 어떤 사람의 말로는 그가 무슬림 여성과 결혼했다고 한다. "저는 그 사람이 개종했으며 다시 기독교로 돌아올 생각은 하지 않았던 것으로 알고 있습니다."[9] 이런 식으로 결론이 나는 이야기들이 우리의 예상보다 훨씬 더 많다. 당대인들의 말을 들어보면, 기독교인들이 투르크인이 되고 이슬람으로 개종하는 일이 수천 건은 되었던 것 같다.[10] 큰 문명들, 즉 강대한 나라들은 이를 막기 위해서 전력을 다했고 그들의 잃어버린 아이들을 되찾아오곤 했다. 그러나 대개 개인 차원에서는 이런 일에 훨씬 타협적인 태도를 보였다. 조금씩 사정이 변하면, 나중에는 이들 변절자에게 불리한 법령이 제정될 것이다. 그러나 16세기에 그들은 시민권을 박탈당하지 않았다. 튀니스의 어느 배교자는 시라쿠사에 있는 동생에게 그의 재산을 유증할 수 있었다.[11] 1568년에는 루이스 데 산도발이라는 수도사가 지중해 기독교인 제후들과 함께 대규모 구출작전을 주도하기도 했다.[12] 이 길 잃은 자들에게는 사면령이 내려졌고, 그들이 기독교에 대해서 행했던 수없이 많은 잘못들을 용서했다. 그러나 이 일이 있기 전에도 배교자들은 아무런 위험 없이 자신의 집에 돌아올 수 있었다. 예를 들면, 1572년에 키프로스의 정복자들에게 포로로 잡힌 가브리엘 추카토라는 베네치아인은 노예가 되었으나, 35년 후인 1607년에 베네치아로 돌아왔고, "가장 신성한 신앙을 가지고" 산사로(sansaro), 즉 중매업자의 자리를 청했다. 5현인회의는 그의 그리스어, 아랍어, 투르크어 능력—게다가 쓸 줄도 알았다—과 그의 딱한 사정을 감안하여 호의적으로 이를 검토했다. 그러나 그는 "투르크인이 되었기 때문에" 신앙을 버렸던 사람이다.[13]

어쨌든 지리적으로 가깝지만 서로를 적대시했던 이 두 문명은 상황에 따라, 경우에 따라 부침을 겪으며 끊임없이 교류했다. 1540년에 알제리인들이 지브롤터를 공격하다가 실패했을 때, 80명의 기독교인들이 해적들의 손에 넘어갔다. 위험한 상황이 끝나자, 전처럼 다시 사람들이 오가기 시작했다. 일종의 휴전협정이 체결되었고, 협상이 진행되었다. 알제리 선박들이

다시 항구로 들어왔고, 알제리 선원들이 배에서 내려 도시 이곳저곳을 돌아다니며 전에 자신들의 포로였거나 주인이었던 사람들을 찾아다녔고, 싸구려 선술집에서 식사를 했다. 그러는 동안 일반인 인부들은 이들 적함에 몇 톤의 마실 물을 선적하는 일을 도왔다.[14] 선의를 주고받고 친교를 나누면서도 화해를 말하는 데에는 주저했다. 참호전을 벌이던 군인들 사이의 우애처럼 말이다. 두 개의 적대하는 종교 사이에 견고한 방어막만 있었을 것이라고 상상하는 것은 현실적이지 않다. 사람들은 국경과 나라와 신앙에 상관없이 오고갔다. 항해와 교역은 필요했고, 경쟁과 전쟁의 위험성은 상존했으며, 상황에 따라서 얼마든지 공모와 배신이 가능했다. 이로부터 아주 다양한 삶이 펼쳐질 수 있었다. 예를 들면, 16세기 초 이슬람으로 개종한 멜렉 자사라는 라구사인이 인도에서 포르투갈인들에게 맞서 디우를 방어하는 책임을, 그것도 수년간 맡는 일도 있었다.[15] 또한 영국의 모스크바 회사에서는 2, 3년마다 한 번씩 작은 배 1척을 임대하곤 했는데, 1581년 아스트라한에서 귀환하던 길에 카스피 해의 데르벤트에서 3명의 에스파냐인들을 태운 적이 있었다. 이 사람들은 7년 전에 라 굴레트에서 포로가 되어 이슬람으로 개종했으나, 투르크군에서 탈영한 것이다.[16] 이런 삶이 가능했으리라고 누가 상상이나 할 수 있을까? 그런데 이와 아주 유사한 예가 또 있다. 1586년 헤라클레스라는 영국 배 1척은 해적 선장 드레이크가 서인도에서 풀어준 20명의 투르크인들을 그들의 고국으로 데려갔다. 이에 관한 자세한 이야기는 이 배의 레반트행 항해에 관한 이야기 속에 나온다.[17]

17세기 초에도 비슷한 모험 이야기들이 있다. 1608년 리스본의 산 훌리앙 다 바라 성에는 프란시스코 훌리앙이라는 사람이 수감되어 있었다. 그는 기독교 세례를 받았으나, 말린디[케냐의 남동부 도시]의 먼바다에서 투르크 함대를 지휘하다가 포로로 잡혔다.[18] 1611년에 페르시아인들은 무라트 파샤의 투르크 사병들 중에서 프랑스인 3명과 독일인 1명(이들이 어떻게 여기까지 오게 되었는지는 아무도 모를 일이지만, 어쨌든 이스탄불을 거쳤을 것이다), 그리고 키프로스 출신의 그리스인 1명을 사로잡았다. 이들은 포로들을 죽이지 않고, 이스파한의 카푸친회 수도사들에게 인계했다.[19]

마지막 예는 17세기가 끝나갈 무렵의 이야기이다. 콘스탄틴 파울콘이라는 그리스 모험가가 있었는데, 그는 자신이 베네치아 귀족의 아들이며, 시암[타이] 국왕의 총신이 되었다고 말했다. "모든 일이 그의 손을 통해서 이루어졌다."[20]

문화적인 것은 어떻게 전해지는가

사람이 이동하듯이, 문화도 이동한다. 가장 흔한 것들부터 가장 뜻밖의 것들까지 문화 재산은 여행자들과 함께 끊임없이 자리를 옮긴다. 어느 해에는 이곳으로 옮겨지고, 다른 해 혹은 한 세기 후에는 또다른 곳으로 다시 길을 떠난다. 끊임없이 이동하고, 버려지고, 다시 선택되며, 종종 낯선 여행자들의 손을 거치기도 한다. 그리스 정교 서적을 출간하기 위한 도나우 강 지역 최초의 인쇄술은 16세기 초 베네치아 혹은 베네치아령 나라에서 온 몬테네그로 출신 보부상들에 의해서 도입되었다.[21] 1492년에 에스파냐에서 쫓겨난 유대인들은 살로니카와 이스탄불에서 이곳에 없는 모든 물건들을 거래하기 시작했다. 이리하여 그들은 철물점을 열었고,[22] 라틴어, 그리스어, 헤브라이어 문자를 인쇄할 수 있는 최초의 인쇄소를 설립했다(아랍어 문자를 인쇄할 수 있는 인쇄기는 18세기에 처음 도입되었다[23]). 그들은 모직물과 화려한 비단을 생산하고,[24] 최초의 이동식 포가(砲架)를 만들어[25] 술레이만 대제에게 야전 포병부대를 선물함으로써 그의 위대한 성공을 가능하게 했다. 아마도 이들은 1494년 이탈리아 원정에서 샤를 8세의 포병부대가 끌고 온 포가를 모델로 삼았을 것이다.[26]

그러나 대부분의 문화의 이동은 전달자를 확인할 수 없는 방식으로 이루어진다. 너무나 많은 것들이 어떤 것은 빠르게, 어떤 것은 느리게 움직였고, 가는 방향도 제각각이었다. 어느 것도 한 곳에 머무는 법이 없어서, 이 거대한 상품들의 정거장에서 물건들을 식별하기란 불가능하다. 1,000개의 꾸러미 중 1개 정도만 정체를 확인할 수 있을 뿐이다. 대개는 꼬리표가 유실되거나, 때로는 내용물이나 포장지가 뜯겨나간 상태이다. 바이외 성당의 주춧돌[27]이나 시나이에서 발견된 카탈루냐 회화,[28] 이집트에서 확인된 바르셀로나의 철공예품, 16세기 아토스 산의 수도원에서 제작된 이탈리아나 독일풍의 진귀한 그림 같은 예술작품의 경우, 큰 어려움 없이 기원을 찾아낼 수 있다. 문자, 즉 지리적 명칭이나 일상의 어휘 같은 명백한 것들을 다룰 때에도 별 문제가 없다. 확실하게까지는 아니더라도, 어느 정도까지는 추적이 가능하다. 그러나 사상, 감정, 기술과 관련해서는 실수할 여지가 많아진다. 이슬람의 수피즘이 레이몽 륄의 자극적인 사상 등 여러 단계의 중계를 거치며 파생 발전한 형태가 16세기 에스파냐의 신비주의라고 추정할 수 있을까?[29] 또한 서양의 각운(脚韻)은 에스파냐 이슬람 교도의 시가에서 온 것이라고 말할 수 있을까?[30] 무훈시(武勳詩)는 이슬람 문화에서 비롯된 것일까?[31](그럴 가능성이 많다.) 문화적 전이(예를 들면, 우리의 음유시인들은 아랍으로부터 차용된 것이다)를 지나치게 잘 믿는 사람들이나 반대로 문명과 문명 사이의 차용을 전면적으로 거부하는 사람들을 모두 경계해야 한다. 지중해에서는 사람, 사상, 삶의 기술, 신앙, 사랑하는 방식 등 모든 것이 뒤섞였기 때문이다.

뤼시앵 페브르[32]는 헤로도토스가 오늘날 여행을 다시 한다면, 우리가 지중해 지방의 특징이라고 당연하게 여기는 식물군을 보며 얼마나 놀라워할까를 즐거운 마음으로 상상했다. 아랍인들이 극동 지역에서 가져온 오렌지, 레몬, 밀감 나무들, 아메리카에서 가져온 선인장, 오스트레일리아가 원산지인 유칼립투스 나무(이 나무는 포르투갈과 시리아 사이에 있는 전 지역에서 뿌리를 내리고 있고, 비행사들은 크레타 섬을 유칼립투스 숲으로 식별한다), 페르시아의 사이프러스, 페루의 토마토, 기아나의 고추, 멕시코의 옥수수, "아랍인이 가져온 축복"이라고 할 수 있는 벼, "중국 산악지대가 원산지이며 이란에 전해진" 복숭아나무, 그밖에 강낭콩, 감자, 바르바리의 무화과 나무, 담배는 이제 지중해에서 흔히 볼 수 있는 식물군이다. 이것이 전부는 아니다. 이집트가 원산지인 면화가 배를 타고 바다를 통해서 어떻게 이동했는지를 다루는 이야기도 끝이 없을 것이다.[33] 아메리카에서만 생산되던 옥수수가 어떻게 16세기 지중해에 전해지게 되었는지에 대한 연구도 환영이다. 18세기에 이그나시오 데 아소는 이 식물이 신세계에서 온 것은 분명하지만, 12세기에 아랍인들이 동인도 제도에서도 들여온 적이 있다며 옥수수의 원산지가 두 곳이라고 잘못 설명한 적이 있다.[34] 커피 나무는 1550년부터 이미 이집트에 있었다. 커피는 15세기 중엽 오리엔트 지방에 도입되었다. 어떤 아프리카 종족들은 커피 콩을 볶아서 그대로 먹었다. 이집트와 시리아에서는 이 시기에 커피를 음료로 마셨다. 아라비아에서는 수도사들의 음료로 정해졌기 때문에, 1556년 메카에서는 일반인에게 커피를 마시지 못하게 했다. 1550년경에는 커피가 이스탄불에 소개되었다. 베네치아인들이 1580년에 이탈리아로 수입했고, 영국에는 1640-1660년 사이에 알려졌다. 프랑스에서는 1646년 마르세유에 먼저 등장했고, 1670년경에 궁정에서 마시기 시작했다.[35] 담배는 에스파냐령 산토 도밍고로부터 도입되었고, 포르투갈을 거쳐 1559년에, 그러나 테베에 의하면 1556년에 "니코틴이 함유된 기묘한 식물"이 프랑스에 소개되었다.[36] 1561년 니코는 리스본에서 구한 담배가루를 두통약으로 쓸 목적으로 카트린 드 메디시스에게 보냈다.[37] 이 귀한 식물은 곧 지중해를 넘어서기 시작했고, 1605년경에는 인도에 도착했다.[38] 이슬람 국가들에서는 아주 빈번하게 흡연을 금지했으나, 1664년 타베르니에는 수피즘의 지도자가 파이프 담배를 피우는 모습을 목격한 바 있었다.[39]

이러한 소소한 사건들에 관한 흥미로운 이 이야기가 길어질 것 같다. 소아시아에서 자라는 플라타너스 나무가 이탈리아에 처음으로 나타난 것은 16세기였다.[40] 벼농사가 니스와 프로방스의 해안 지방에서 시작된 것도 16세기였다.[41] "로만"이라고 부르는 상추를 프랑스에 들여온 사람은 라블레라는 한 여행자였다. 아드리아노플에서 백합을 들여온 사람은 우리가 종종 그의 편지를 인용하기도 했던 뷔스베크라는 사람이다. 백합은 바람을 타고 빈 지방 전체에 번성하게 되었다. 그러나 이런 긴 목록은 하나의 중요한 사실을 더욱 분명히 할 뿐이다. 그것은 지중해 교류의 폭과 크기이다. 지중해라는 혼합의 영역 속에서 많은 문명 집단들이 번성했기 때문에 그 결과는 더욱 풍성했다. 한편으로는 문명 간의 교류와 새로운 요소의 유입이 다소 빈번하게 이루어지는 가운데에서도 각각의 집단들은 독자성을 유지했다. 다른 한편으로는 낭만파 작가들이 오리엔트의 항구를 그릴 때와 같은 분위기의 너무나도 혼잡한 항구들에서 문명들은 서로 뒤섞였다. 그것은 모든 인종과 모든 종교와 모든 종류의 인간들의 만남이었고, 헤어 스타일, 의상, 음식, 심성에 담겨 있는 지중해 세계의 여러 문화들의 만남이었다.

『콘스탄티노플로의 여행(*Voyage à Constantinople*)』에서 테오필 고티에는 각각의 기항지에서 펼쳐진 이 거대한 가면무도회의 광경을 세심한 필치로 묘사했다. 독자들은 처음에는 작가와 즐거움을 함께 나눈다. 그러다가 어느새 어느 곳에서든 유사한 묘사가 반복되고 있다는 것을 알게 되면서 그 부분을 건너뛰며 읽기 시작한다. 어느 곳에서든 그는 그리스인들, 아르메니아인들, 알바니아인들, 레반트인들, 유대인들, 투르크인들, 이탈리아인들을 똑같이 만났기 때문이다. 제노바, 알제, 마르세유, 바르셀로나, 알렉산드리아 항구의 생동감 넘치는—그다지 그림 같은 풍경은 아니었겠지만—거리들에서 우리는 문명이 매우 유동적이었다는 인상을 받게 된다. 그러나 복잡하게 뒤얽혀 있는 요소들을 하나하나 풀어보려다가는 실수하기 십상이다. 역사가들은 사라반드(saraband)가 에스파냐의 전통 춤이었다고 생각했으나, 이 춤이 고작해야 세르반테스 시대에 처음 출현했다는 것을 알게 되었다.[42] 역사가들은 참치잡이가 제노바, 나폴리, 마르세유, 혹은 코르시카곶 어부들만의 특별한 활동이었던 것으로 생각했다. 그런데 사실 이 기술은 10세기경에 아랍인들이 유럽인들에게 전수한 것이었다.[43] 결국 잡다하고 복잡한 항구들에서 북적이던 사람들은 사실상 하나의 지중해 민족을 구성하고 있었다는 가브리엘 오디시오[44]의 설명을 따라야 할지도 모르겠다. 큰 항구만 언급한다면 베네치아, 알제, 리보르노, 마르세유, 살로니카, 알렉산드리아, 바르셀로나, 이스탄불의 사람들이 다함께 지중해 민족을 구성했다는 것이다. 그러나 이것은 너무나 터무니없는 말이다. 혼합이란 구성 요인들의 다양성을 전제로 한다. 다양하다는 것은 모든 것이 하나의 덩어리 속에 녹아들어가지 않았다는 것을 뜻한다. 모든 것들이 절망적일 정도로 얽혀 있는 중심부에서 멀어지게 되면, 이 특수한 요소들을 알아볼 수 있을 것이다.

문화의 확산과 저항

자국 문화를 멀리 수출하고, 확산시킬 수 있는 문명들만이 살아 있는 문명이다. 사람, 사고방식, 생활방식을 외부에 전파하지 못하는 문명은 상상할 수조차 없다. 한때 아랍 문명이 있었다. 이 문명의 위대함과 쇠퇴에 관해서는 잘 알려져 있다. 그리스 문명도 있었다. 이 문명의 본질은 지금까지도 잘 보존되고 있다. 16세기에는 모든 문명들 가운데 바다를 장악하기 위해서 가장 노력했던 라틴 문명(나는 기독교라는 말을 쓰지 않겠다)이 있었다. 이 빛나는 문명은 지중해 전 지역으로, 유럽 대륙 깊숙한 곳까지, 마침내 대서양과 이베리아의 해외 영토까지 뻗어나갔다. 수세기를 거슬러올라가는 라틴 문명의 확산은 해양 선박 기술 분야에서도 나타났다. 이 분야에 정통했던 이탈리아인들은 포르투갈과 발트 해 국가들에까지 이 기술들을 전파했다. 견직물 기술을 알고 있었던 이탈리아인들은 이 기술의 시범자가 되었다. 회계 기술은 베네치아인, 제노바인, 피렌체인 같은 이 영원한 상인들이 북유럽 상인들보다 훨씬 먼저 사용해왔다. 이탈리아와 지중해 문화의 소산으로서 여러 단계를 거쳐 유럽 전역으로 퍼져나간 르네상스의 거대한 메아리 역시 이러한 문화 확산의 예이다.

살아 있는 문명이라면, 줄 수 있으면서 동시에 받을 수도, 빌릴 수도 있어야 한다. 빌린다는 것은 쉬운 일이 아니다. 기술을 빌린다고 해서 모든 문명이 그 기술을 원래의 주인처럼 잘 이용할 수는 없기 때문이다. 지중해 문명의 차용의 예들 가운데 가장 위대한 것은 독일인들이 이탈리아, 에스파냐, 포르투갈, 그리고 [인도의] 고아에까지 널리 알린 인쇄기이다.

그런데 대문명은 차용하기를 거부하거나 추종하기를 꺼리기도 하고, 또 그들에게 제시된 것들 혹은 그들이 경계하지 않거나 그들의 취향이나 기질에 크게 어긋나지 않는다면 그대로 수용되었을 수도 있는 것들 가운데 선택함으로써 저력을 보여주기도 한다. 몽상가들만이 종교들 간의 융합이 가능하리라고 생각한다(이런 사람들 가운데는 16세기에 기욤 포스텔[1510-1581, 프랑스 인문주의자] 같은 뛰어난 인물들도 있기는 하다). 그러나 종교는 문명 전체를 구성하는 자산과 힘, 체제의 복합체 중에서 가장 개인적이고 가장 저항적인 요소이다. 종교들의 부분적인 융합이나 특정 사상, 꼭 필요하다면 일부 교리나 의식을 한 종교에서 다른 종교로 이식하는 것은 가능하다. 그러나 종교들의 통합은 완전히 다른 문제이다.

문화 차용의 거부에 관한 가장 좋은 사례 하나를 16세기에서 찾아볼 수 있다. 백년전쟁 이후 가톨릭은 종교적 열정이 고조되는 시기를 경험했다. 그리고 그 열정의 무게에 눌려 가톨릭은 껍질이 잘게 쪼개진 나무처럼 부서졌다. 북유럽에서 종교개혁은 독일, 폴란드, 헝가리, 스칸디나비아 국가들, 영국, 스코틀랜드 전역으로 퍼져나갔다. 남유럽에서는 전통적으로 반종교개혁이라고 부르는 운동과 바로크라는 문명이 번성하게 되었다.

물론 북유럽과 지중해 세계는 항상 두 개의 다른 세계였다. 두 세계는 서로 견고하게 연결되어 있기는 했지만, 독자적인 지평과 심성, 종교적으로 표현하면 별개의 영혼을 가진 서로 다른 세계였다. 실제로 지중해에는 신앙심을 표현하는 독특한 방식이 존재했다. 그것은 당시 이탈리아에서 몽테뉴에게,[45] 에스파냐에서 외교관 생-구아르에게[46] 충격을 준 것처럼 오늘날에도 여전히 북유럽 사람들을 깜짝 놀라게 할 정도이다. 이 방식이 예수회와 카푸친 회라는 가난한 사람들의 예수회에 의해서 처음 소개되었을 때, 서유럽 전체가 큰 충격을 느낀 것은 당연했다. 남부지방의 새로운 신앙 행위로 등장한 회개자들의 행렬은 프랑슈콩테처럼 가톨릭적인 신앙심이 깊었던 지방에서조차 관능적이고, 극적이고, 과격한 면을 지닌 것으로 느껴졌기 때문에, 사색적이고, 사려 깊고, 이성적인 많은 사람들을 큰 충격에 빠뜨리게 되었다.[47]

그럼에도 불구하고 프로테스탄티즘은 오스트리아 알프스 산맥,[48] 프랑스 중앙 산괴, 프랑스 알프스 산맥, 베아른 지역의 피레네 산맥까지 세력을 확장했다. 그러나 어디에서도 지중해 지방의 경계를 넘는 데에는 성공하지 못했다. 망설임도 있었고, 실패를 더욱 두드러져 보이게 만들 뿐인 세력 확장도 있었지만, 결국 라틴인들은 "산너머 지역"의 종교개혁에 대해서 거부의 입장을 분명히 했다. 루터 그리고 이보다 뒤에 칼뱅의 사상들이 에스파냐와 이탈리아에서 추종자들을 얻을 수 있었다고 해도, 그것은 몇몇 개인들 혹은 제한된 소수 집단들의 관심사였을 뿐이다. 그들은 거의 항상 외국에서 오랫동안 살아본 적이 있는 사람들이거나, 성직자, 학생, 도서관 종사자들, 수공업 장인들 혹은 보따리에 금서들을 몰래 감추고 다니는 상인들이었다. 다시 말하면 마르셀 바타용이 『에라스무스와 에스파냐(*Érasme et l'Espagne*)』에서 설명했듯이, 이들은 어느 누구에게서도 빌려오지 않은 자신만의 독자적인 토양에 신앙의 뿌리를 내린 사람들이었다. 에스파냐에서 에라스무스주의자들이, 이탈리아에서 발도파가 그러했다.

피레네 산맥과 알프스 산맥 남부에서의 종교개혁 실패는 통치의 문제, 흔히 말하듯이 잘 조직된 억압의 결과였을까? 어느 누구도 오랫동안 추진된 체계적인 박해 정책의 효과를 과소평가하지 않는다. 알바 공작과 그의 후계자들이 추진한 엄정한 정책들로 인해서 상당수가 다시 가톨릭으로 돌아온 네덜란드의 예만 보더라도 그런 실수는 하지 않을 것이다. 그러나 에스파냐와 이탈리아 "이단들"의 범위에 대해서도 과장해서는 안 된다. 실제로 이들은 북유럽의 강력한 움직임과는 비교도 되지 않는다. 지중해 지역에서의 프로테스탄티즘은 많은 사람들을 움직이지 못했다. 그것은 엘리트의 관심사였으며, 에스파냐에서 종교개혁은 교회 내부의 문제였을 뿐이다. 에스파냐의 에라스무스주의자들도, 나폴리의 소집단인 발도파도 균열을 초래하지 못했다. 프랑스에서 마르그리트 드 나바르[나바르의 여왕, 재위 1544-1549년]의 파벌들도 마찬가지였다.

엠마누엘 로도카나키가 말했듯이, 이탈리아 종교개혁은 "진정한 종교 반란이 아니었다." 그것이 "초라하고, 사변적이고, 교황제에 대해서 어떤 공격성도 보여주지 않았다면," 그리고 폭력을 적대시했다면,[49] 이는 그것이 "종교개혁(Réforme)"이라기보다는 기독교의 갱신이었기 때문일 것이다. 개혁이라는 단어는 적합하지 않다. 몇몇 지역에서만 위험, 아니 위험 같은 것이 있었을 뿐이다. 피에몬테 지방(그런데 피에몬테가 이탈리아였던가?),[50] 르네 드 프랑스의 궁정이 있던 페라라, 부유한 견직물 제조업자 출신 귀족들이 1525년 종교개혁을 환영했던 루카,[51] 같은 시기에 몇 차례에 걸쳐 협의회가 소집되었던 크레모나,[52] 북유럽인들에 대해서 호의적이었고 1529년경 프란시스코 수도사들과 아우구스티누스 수도사들이 수공업 장인들을 다수로 하는 소모임들을 조직했던 베네치아[53]가 이에 해당한다. 이탈리아의 다른 곳에서도 종교개혁은 소수 개인의 문제였다. 한때 이탈리아의 저명한 기독교 설교자였고, 드 셀브에 따르면, 1547년 영국에 간 적이 있으며,[54] "독일인들의 새로운 생각"에 따라 개종하게 된 "건실한" 오키노의 이야기는 스캔들 거리에 불과했다. 그런 사람들 가운데는 떠돌이 설교사들이 많았다.[55] 그들은 여러 지역을 돌며 씨앗을 뿌렸다. 그러나 새싹이 제대로 나오는 경우는 드물었다. 대개 고립된 개인들이거나 생각으로만 그치는 사람들, 따라서 파급 효과를 기대할 수 없는 사람들이었다. 이런 사람들 가운데는 제네바에 정착한 움브리아인 상인으로서 제노바에 갔다가 체포되어 로마 종교재판에 회부되었고 결국 1569년 5월 25일에 화형에 처해진 바르톨로메오 바르토초라는 평범한 사람도 있었고,[56] 1600년 캄포 디 피오리에서 화형당한 조르다노 브루노[57]처럼 유명한 희생자도 있었다.[58]

마지막으로 가톨릭 교도, 교황청 혹은 에스파냐 당국의 눈으로 이탈리아에서의 프로테스탄트의 위험을 판단해서는 안 될 것이다. 그들은 그 위험을 과장하기 때문이다. 실제로 1568년 여름에는 프랑스의 위그노들이 이탈리아로 내려와 반도 내부에서 위험한 일들을 꾸밀까봐 걱정할 정도로 두려움이 대단했다.[59] 이것은 에스파냐에서의 프로테스탄트의 위험, 종교재판의 성과 혹은 잔학함을 곤살로 데 일레스카스, 데 파라모, 데 로렌테, 데 카스트로 혹은 J. 마크 크리의 저서를 읽고 판단하는 것과 같다.[60]

에스파냐에서도 "종교개혁"이라는 것이 있었다면, 이 현상은 세비야와 바야돌리드 두 지역에만 한정되었다. 그나마 1557-1558년의 탄압 이후에는 파급력이 없는 사건들만 발생했을 뿐이다. 에르난데스 디아스 같이 단순한 정신병자들인 경우도 많았다. 시에나 모레나 산맥의 양치기들로부터 세비야의 프로테스탄트들에 관한 이야기를 들은 이 사람은 1563년에 톨레도 종교재판소에 의해서 검거될 만한 요소들을 충분히 갖추고 있었다.[61] 그러나 그는 자기 집에서보다 감옥에서 고기를 더 많이 먹는다는 것을 자랑스럽게 진술하며 만족스러워했던 광인에 불과했다. 진짜 에스파냐 프로테스탄트들은 유럽 전역으로 은신처를 옮겨다녀야 했다. 미카엘 세르베투스[1511-1553]처럼 저명한 종교개혁가도 있었고, 1578년 제네바에서 "이단을 공부한" 사람들로 통하는 12명의 망명객들도 있었다. 사람들은 후안 데 바르가스 멕시아라는 외교관에게 이들 12명이 에스파냐에 돌아가서 설교를 하고 다니거나, 서인도 제도로 선동책자를 보낼 것이라며 고발했다.[62]

실제로 에스파냐는 이 길 잃은 영혼들을 상대로 음모를 꾸몄고, 이들을 혐오했다. 그곳에서는 이들에 대한 박해를 지지하는 분위기가 형성되어 종교재판의 인기도 높았다. 미카엘 세르베투스에 대한 종교재판소의 궐석 재판 과정은 세간의 이목을 집중시켰다. 그것은 국가의 명예가 걸린 일이었다!⁶³ 1546년에 알론소 디아스를 도나우 강변의 노이부르크까지 가게 한 것도 비슷한 감정이었다. 그는 이곳에서 부하에게 가문과 에스파냐 전체의 수치인 자신의 동생 후안을 살해하게 했다.⁶⁴ 이런 상황에서 에스파냐 종교 개혁에 관해서 말하는 것은 비현실적이다. 그것은 마치 1540년에 지옥도, 천국도 믿기를 거부했던 이단자, 프란시스코 차코를 통해서, 혹은 라구사 출신의 역사가로서 라치의 계승자였던 사람의 말에 따르면, 1507년에 모습을 드러낸 "프로테스탄트 성향"⁶⁵을 통해서 성 블라시우스의 도시인 라구사의 종교개혁을 일반화하는 것과 크게 다르지 않다. 그곳에서 프로테스탄티즘은 병을 고치기 위한 약이 아니라 병에 대한 내성을 기르기 위한 백신 같은 것이었다.

델리오 칸티모리⁶⁶라는 한 역사가는 이탈리아 종교개혁사가 여태껏 개별적인 인물에 관한 연구만 이루어졌을 뿐, 프랑스나 독일에서처럼 그것이 싹튼 사회적 배경 속에서 연구되지는 못했던 것이 아닌가 하는 질문을 던졌다. 옳은 지적이다. 오래 전에 에드가 키네⁶⁷도 마찬가지의 지적을 한 적이 있었다. 그러나 이 문제는 문화적인 측면에서 접근할 때 보다 선명하게 해결된다. 에스파냐처럼 이탈리아가 종교개혁을 거부한 것은 민속학적 의미에서의 외래문화의 차용에 대한 거부로서 문명이라면 꼭 가지고 있어야 할 주요한 특징이 아니었을까? 겉만 보고 판단하는 관찰자들이 주장하는 것처럼 이탈리아가 이교적이어서 그랬던 것이 아니다. 이탈리아와 지중해 주변의 기독교 지역들에서는 가톨릭이라는 오래된 나무의 진액이 이탈리아를 꽃피우고, 열매 맺게 했기 때문에 그러했던 것이다. 독일은 그렇지 않았다. 반종교개혁은 말하자면, **이탈리아의 종교개혁**이었다. 유럽 남부 지역은 북부지역 사람들처럼 구약성서 읽기를 좋아하지 않았고,⁶⁸ 16세기 말 독일 지역에서부터 알프스와 에스파냐 북부에 이르는 지역에서 유행했던 마법의 거대한 파도에 휩쓸리지도 않았다.⁶⁹ 아마도 오랜 다신교 전통이 잠재해 있었기 때문에 지중해 기독교 사회가 미신적으로 보일 수도 있는 성인 숭배에 더 집착했던 것 같다. 성인들과 성모 마리아 숭배가 외부로부터의 공격이 거세지던 순간에 오히려 더 강력해졌다면, 과연 이것이 우연이었을까? 이 것을 로마와 예수회의 책략으로 보는 것은 어리석은 일이다. 에스파냐에서 성자 요셉에 대한 숭배를 퍼뜨린 것은 갈멜 수도회였다. 도처에서 조직된 민중적인 로자리오 회는 성모 마리아에 대한 열렬한 숭배를 고무시켰다. 1564년에 성인들과 성물들을 포함한 많은 것들을 거부한다고 선언하면서 도 동정녀에 대한 믿음만은 고수했던 나폴리의 이단자, 조반니 미크로가 그 증인이다.[70] 에스파냐가 성 게오르기우스와 성 야코보를 빛나는 전사의 모습으로 완성한 것도 이 시기였다.[71] 성 에밀리아노, 성 세바스티안, 그리 고 농민 출신으로 그 명성이 카탈루냐 지방까지 자자했던 성 이시도로 역시 그 뒤를 따랐다.[72]

따라서 종교개혁에 대한 단호한 거부는 그들 스스로가 내린 결정이었다. 사람들은 "야만적인 게르만족이 그리스-로마 문명에 침입한 것처럼" 종교 개혁이 "플라톤적이고 아리스토텔레스적인 중세 신학 속에 난입한 것"이라 고 말한다.[73] 어쨌든 라틴인들의 바닷가에 남아 있던 로마 세계는 5세기 때 보다도 16세기에 더 잘 버텨냈던 것 같다.

그리스 문명

그리스 문명 그 자체는 16세기에도 여전히 살아 있었다. 그 증거로서 그 리스 문명 역시 로마 문명 못지않은 단호하고 극적인 "거부의" 능력이 있었 음을 들 수 있다. 죽어가고 있으면서도, 아니 더 정확하게 말하면, 15세기부 터 몰락의 위협을 받고 있으면서도 그리스 문명은 라틴 기독교와의 통합을 거부했다. 16세기에 다시 문제가 제기되었지만, 거부는 여전히 단호했다. 불행히도 우리는 이 시기의 그리스 정교 국가들을 투르크에 대해서보다도 더 모른다. 그러나 (베네치아에서 발견되어 라만스키가 출간한 매우 풍부한 자료집 속에 있는) 일련의 흥미로운 문서들이 역사가들의 주목을 수년째 기다리고 있다. 이 일련의 문서들이 로마 가톨릭과 마주한 16세기 그리스인들의 놀라운 상황을 알려줄 것이다.[74]

1570년에 크레타와 모리아의 한 그리스인 신사가 베네치아에 장문의 보고서 몇 건을 보냈다. 베네치아에 충성하던 그는 그리스 국가들이 투르크에 맞서 봉기를 일으켜야 할 때가 왔다고 보고했다. 이 봉기는 기독교 국가들, 특히 베네치아의 지지를 받아야만 가능했다. 그러나 그보다 먼저 그리스 세계에 대한 서방 기독교 세계의 이해가 필요했다. 그런데 기독교 세계는 그리스인들을 전혀 이해하지 못하고 있었다. 그리스의 주교들이 참을 수밖에 없었던 어리석은 분노들이 얼마나 컸었는지를! 베네치아령에 있던 가톨릭 성직자들은 그들에 대해서 줄곧 멸시의 태도를 보여왔다. 가령 어떤 의식은 강요하고 어떤 의식은 거부한다거나 혹은 교회에서 그리스 어 사용을 금지하는 등 이런 폭력적인 방법으로만 그리스인들을 "잘못"으로부터 구제하려고 했다. 그리스인들은 가톨릭 제례에 복종하느니 차라리 투르크인들에게 고개를 숙이는 것이 낫다고 생각했고, 실제로 그렇게 했다. 그들은 항상 투르크인들의 동맹군이 되어 베네치아, 서지중해의 해적들과 싸웠다. 왜 그랬을까? 이는 투르크인들이 대체로 관용적이었고, 지나치게 포교활동을 벌이는 법도 없었으며, 정교회의 예배를 방해하지도 않았기 때문이다. 이렇게 해서 그리스 성직자들은 베네치아와 서양의 가장 완강한 적의 부류에 들어가게 되었다. 이들은 이스탄불의 지배에 맞선 반란이 계획될 때마다 개입하여 사람들의 분노를 가라앉히기 위해서 노력했고, 그런 순응만이 그리스인들의 생존을 보장한다고 설명하곤 했다.

앞에서 언급했던 정보원의 설명을 계속 들어보면, 최근에 사람들이 봉기의 깃발을 올리려고 하는 이유는 1570년 이후 불관용의 기운이 오스만 제국을 휩쓸기 시작했기 때문이다. 교회들이 약탈당했고, 수도원이 불에 탔으며, 성직자들이 박해당했다.[75] 베네치아가 개입해야 할 순간이 왔으나, 성공하기 위해서는 반드시 해야 할 일이 있었다. 즉 총대주교들과 협력하고,

앞으로 가톨릭 성직자들에게 그리스 성직자들을 쓸데없이 괴롭히지 않도록 하는 명령을 내릴 것이라고 보장해야만 했다. 베네치아의 정보원은 정보 제공자의 역할을 계속하겠노라고 다짐하면서, 그 조건으로 베네치아가 약속을 지킬 준비가 정말로 되어 있는지를 알아야겠다고 주장했다. 그렇게만 된다면, 승리는 확실할 것 같았다.

그리스 교회가 품고 있던 불만의 실체를 확인하기 위해서는 열성적인 베네치아 수도사들과 사제들이 크레타나 키프로스에서 일으킨 수많은 사건 관련 문서들을 라만스키 선집에서 찾아 읽어보면 될 것이다. 그 선집에서 우리는 크레타인들과 에게 해 섬들에 사는 그리스인들의 "배신"과 공모에 대한 서양인들의 설명을 들을 수 있다. 물론 다른 설명들도 있다. 가족을 만나기 위해서 투르크 선박에서 내린 한 그리스인 선원은 이 지역을 이제 막 지나간 베네치아 선단에 관해서나 전날 기항지에서 휴식을 취했던 서지중해 해적선에 대해서 자세한 이야기를 들었을 수 있었다. 이 투르크 선박이 해적선이고 기항지가 베네치아령인 경우도 종종 있었는데, 이런 경우에도 비슷한 일이 발생했다. 그러나 근본적인 이유는 정교와 라틴, 이 두 문명 사이의 적대감이었다.

영속성과 문화적 경계

사실 문명들을 변질시키거나 전복시키는 변화들 너머로는 놀라운 영속성이 지배한다. 개인으로서의 인간들은 배신할 수 있다. 그러나 문명은 거의 변하지 않는 확고한 몇 가지를 고수하면서 계속 자신의 방식대로 살아간다.

산악지대가 만드는 장애물에 관해서 J. 츠비이치는 산은 "외부 민족의 침투보다는 인간의 활동이 초래하는 변화와 문명의 흐름을 막는 데에 더 큰 역할을 한다"고 설명했다.[76] 해석을 덧붙이고 아마도 약간의 수정을 가한다면 이 생각은 옳은 것처럼 보인다. 사람에게는 어떤 침입, 어떤 이동도 허용된다. 그가 혼자이고, 그가 자신의 이름으로 행동하기만 한다면, 어느 것도 그를 막을 수 없다. 정신적이건 물질적이건 상관없이 그가 가진 재산도 허용된다. 그러나 집단, 한 사회 전체라면 이동이 어려워진다. 문명은 그의 짐꾸러미 속에서 옮겨지지 않는다. 경계를 넘으면서 개인은 익숙했던 것을 바꾸어야 한다. 그는 자신의 문명을 "배신하고," 포기할 수밖에 없다.

사실 문명은 특정한 지리적 영역에 닻을 내리고 있으며, 이 공간이야말로 문명이라는 실체의 중요한 요소들 가운데 하나이다. 문명은 예술의 한 표현이기에 앞서—니체는 그러한 예술을 문명의 주요한 진리라고 생각했지만(아마도 그는 그 시대 사람들과 마찬가지로 진리[vérité]를 미[美: qualité]의 동의어로 보았던 것 같다)—근본적으로 사람들과 역사가 함께 일구고 조직한 공간이다. 따라서 지리적 영역은 문화적 경계이고, 더구나 뛰어난 영속성을 가지는 문화적 공간이다. 그곳에서 어떤 혼합이 일어나더라도 아무것도 바꾸지 못한다.

따라서 지중해는 크고 작은 여러 개의 문화적 경계들로 나뉘어 있으며, 그 흔적들은 결코 사라지지 않고 고유의 역할을 수행한다. J. 츠비이치는 발칸을 세 개의 문화 영역으로 구분했다.[77] 또한 이베리아 반도의 진정한 중심인 톨레도를 가로지르는 평행선을 기준으로 에스파냐 남쪽과 북쪽 지방이 뚜렷하게 보여주는 대조적인 모습을 깨닫지 못할 사람은 없을 것이다. 북쪽 지방에는 반(半)독립적인 소농들과 지방 도시들에 은거하고 있는 귀족들이 사는 척박한 땅이 자리했고, 남쪽 지방에는 사람들이 에스파냐의 전형적인 모습으로 쉽게 떠올리는 개척 식민지가 있었다. 그런데 이곳에서 사실 기독교도들이 재정복 과정에서 선진적인 농업기술과 잘 조직된 광대한 농장 그리고 근면한 많은 자작농들을 보았는데, 이들은 자작농의 놀라운 유산을 조금도 파괴하지 않고 그대로 유지하고 있었다.

그러나 지중해의 중심과 그 주변 지역에는 이보다 더 큰 경계가 있었다. 지중해 세계의 가장 주요한 경계선 가운데 하나는 로마 제국의 옛 국경, 즉 라인 강과 도나우 강을 따라가는 선이었는데, 16세기에 다시 확산되어가던 가톨릭 교회가 맞닥뜨린 강력한 저지선이기도 하다. 이곳은 예수회가 학교를 열고, 아치 모양의 돔 지붕을 가진 교회들을 세우며 새로 공을 들여 개척한 지역의 경계선이다. 로마 세계와 종교개혁의 세계 사이의 균열은 정확히 이 오래된 상처를 따라 나 있었다. 라인 강의 경계에 "장중한" 특성[78]을 부여했던 것은 국가들 사이의 갈등보다는 이러한 문화적 갈등이었다. 16세기 프랑스는 프로테스탄트가 그 가장자리를 밀고 들어온 피레네 산맥의 전선과 로마 제국의 전선 사이에 자리하고 있었기 때문에 두 파벌로 양분되었다. 프랑스의 운명은 다시 한번 지리적인 입지에 따라 결정되었다.

그러나 지중해 세계에 존재하는 가장 놀라운 경계는 이미 살펴본 바 있는 해양 경계 너머의 동지중해와 서지중해 사이의 분할선이었다. 자그레브와 베오그라드 사이를 미끄러져 내리는 이 경계선은 드린 강 하구에 있는 아드리아 해에 면한 도시 레체(알레시오)를 지나 달마티아와 알바니아 해안을 지나고[79] 나시[세르비아 중동부], 레메시아나, 라티아라라는 옛 도시들을 거쳐 도나우 강까지 간다.[80] 로마 제국의 서쪽 나라들에 의해서 정복된 고원지대의 넓은 계곡이 흘러들어가는 파노니아 평원으로부터[81] 이탈리아를 바라보는 해안과 도서 지역들에 이르기까지 디나르 알프스 산맥 일대는 라틴 문화의 영향권 아래에 들어왔다. "베글리아 섬[크레타 섬](또 섬이다!)에서 라틴어 방언을 말할 줄 알았던 최후의 가족"은 20세기 초의 10년 동안에 사라졌다.[82] 이질적인 문화유산들이 많이 뒤섞여 있는 크로아티아에서는 오늘날에도 여전히 이탈리아 생활방식들이 계속되고 있다.[83] 그것도 아주 오랜 옛날 이탈리아 방식 말이다.

하위 경계의 한 예 : 이프리키아

앞의 예보다 두드러지지는 않지만, 문화의 하위 구분선 역시 눈여겨볼 만하다. 지중해의 세 문명들, 즉 라틴, 이슬람, 그리스 문명은 사실 하위문명들의 집합체, 다시 말하면 공동 운명체로 묶여 있기는 하지만 뚜렷한 자율성을 가진 하위 문명들의 병렬이기 때문이다. 북부 아프리카에서는 어떤 문명도 고대 아프리카의 옛 도시국가, 즉 아랍인의 이프리키아, 그러니까 현재의 튀니지보다 더 경계를 분명하게 한 곳은 없다.

자연이 입지를 마련했다. 북쪽과 동쪽으로는 튀니지 평지가 바다에 면해 있었다. 남쪽으로는 쑥과 아프리카 수염새가 자라는 초원이 이어지며 사하라 사막으로 탁 트여 있었고, 이곳에서 유목생활을 하는 통제 불능의 방랑 집단을 길들이기 위해서 도시들이 온갖 노력을 기울였다. 서쪽의 물리적 환경 역시 매우 독특했다. 튀니지의 건조하고 뜨거운 평야 위로 구릉, 대지(臺地), 고원, 산맥 등 인간이 살기 힘든 음산한 지형들[84]이 이어지며 과거에 누미디아라고 불렀고 오늘날에는 추운 콘스탄틴 지역[85]까지 이어진다. 이곳의 지형은 여행자들에게 시칠리아 중부나, 산이 많은 안달루시아 또는 사르데냐 섬의 내륙을 떠올리게 만든다.

튀니지와 중앙 마그레브 사이를 경계 짓는 산악지대는 타쿠치 곶에서 시작하여 우에드 알 케비르, 우에드 쉐리프, 아인 베이다, 제벨 타프렌트, 겐티아를 지나간다. 샤를 몽시쿠르는 이 경계선의 양쪽에 형성된 지역들이 보이는 대조적인 모습을 잘 설명했다. 서쪽으로는 황새들, 물푸레나무, 느릅나무, 커다란 갈색 기와지붕이 거친 산악지대의 하늘 아래에 펼쳐진다. 동쪽으로는 평평한 지붕, 흰색의 쿠바스 돔이 늘어서 있어서 튀니지 도시들과 카이로나 베이루트 같은 오리엔트의 도시들과의 유대관계를 보여준다. "카이루안은 하나의 거대한 흰 육면체로서, 그 모습이 콘스탄틴과 대조를 이룬다." 콘스탄틴은 여러 가지 점에서 촌스럽고 그저 그런 집들이 운집한 샤우이아 족[베르베르 족]의 큰 마을에 불과했다.[86] 역사가 우리에게 보여주는 것은 고대로부터 근대에 이르기까지 이프리키아의 서쪽 경계는 항상 이곳이라는 것이다. 이 경계는 평화롭고 매혹적인 평원을 가로질러 오는 제국주의의 모험을 중단시키기도, 걸러내기도 때로는 방해하기도 했다.[87]

인구 밀도가 높은 이 농촌 지역이 정교한 튀니지 문명의 서쪽 가림막을 형성했다. 16세기에 튀니지를 여행하던 콘스탄틴 상인들[88]은 이곳에서 테라스를 갖춘 하얀 집들과 태양을 받아 빛나는 도시들을 만나게 되었고, 이곳이 알렉산드리아, 이스탄불과 정기적으로 거래하며 오리엔트와 잘 연결되어 있는 부유한 나라로서 아랍어가 도시와 농촌의 주요한 언어로 자리잡은, 질서정연한 지역임을 알게 되었다.

같은 시기에 중앙 마그레브는 틀렘센(알제리의 북서부 도시) 지역까지 신기할 정도로 문명이 발달하지 못했다. 알제리인들은 문명이 아직 싹도 틔우지 않은 처녀지로서, 낙타와 양, 염소를 치는 사람들만이 찾던 이곳에 자리를 잡았다. 반대로 레반트 지역은 오랜 전통을 가지고 있었다. 튀니지 하프시드 왕조의 마지막 왕들 가운데 한 명인 마울라이 하산은 아들에게 왕위를 빼앗기고 장님이 되어 1540년에 시칠리아와 나폴리로 망명했다. 그는 향수(香水)와 철학 애호가로서 아름다운 것에 대한 심미안을 가진 기품 있는 제후였다는 인상을 주위 사람들에게 남겼다. 당대인인 반델로에 따르면, 그는 "아베로에스주의자"였다.[89] 그런 철학자 왕은 마그레브 중앙지대에서는 물론, 심지어는 벼락부자들과 교양이 없는 자들의 도시인 알제에서는 결코 찾아볼 수 없었다. 따라서 투르크인들이 1534년과 1569년에 임시 주둔했고, 1574년부터는 완전한 의미의 합병을 단행했을 때에 튀니스인이 느꼈을 분노는 독실하고 아주 잘 질서가 잡힌 오래된 도시가 야만인들에 대해서 품는 혐오와 비슷한 감정이었다.

문명의 첫 번째 실체가 그곳에서만 어떤 식물들이 자라고 그 너머에서는 자라지 못하는 경계를 설정하는 지리적 공간이라는 것 외에 어떤 결론을 내릴 수 있을까? 문명은 공간이자 영역이다. 이때 공간이라는 말은 인류학자들이 양날도끼 혹은 깃이 달린 화살 지역이라고 말할 때에 사용하는 의미에서의 공간일 뿐만 아니라, 인간에게 한계를 부여하지만 그 인간에 의해서 끝없이 변화하는 공간이기도 하다. 사실 "튀니지"의 예는 판이한 성격을 가진 평야지대의 복합체와 산악지대의 복합체의 대립이 아니었겠는가?

변화와 전이의 느린 속도

지리적 입지에 강하게 결부되어 있는 문명들의 저항력은 변화가 왜 그리도 더뎠는지를 설명해준다. 변화는 분명히 일어난다. 그러나 오랜 기간에 걸쳐 그 과정을 느낄 수도 없는 속도로 변화한다. 빛은 멀리 있는 천체로부터 믿을 수 없을 정도로 오랜 시간 동안 여러 곳을 거쳐 도착한다. 중국으로부터 지중해로, 지중해로부터 중국으로, 인도와 페르시아로부터 지중해로 오는 여정처럼 말이다.

아라비아 숫자라고 부르는 인도 숫자가 원래의 고향을 떠나서 시리아, 아랍, 북아프리카, 혹은 에스파냐를 거쳐 서지중해까지 도달하는 데에 얼마나 오랜 시간이 걸렸을지 누가 알겠는가?[90] 위조하기가 더 어려운 것으로 알려졌던 로마 숫자를 제치기까지는 또 얼마간의 시간이 필요했을까? 1299년에 칼리말라 길드는 피렌체에서 아라비아 숫자의 사용을 금했다. 1520년에도 프라이부르크에서 "새로운 숫자"가 금지되었다. 안트베르펜에서는 16세기 말에 가서나 사용되기 시작했다.[91] 모리타니의 대서양 지역에서 오늘날에도 여전히 인기 있는 라 퐁텐의 우화집은 인도와 페르시아에서 전래되고 그리스와 로마 우화가들에 의해서 회자되던 우화들에서 소재를 가져온 것이다. 원래 중국에서 건너온 종이 7세기에 기독교도들에 의해서 받아들여져서 교회 꼭대기에 설치되기까지는 또 얼마나 오랜 세기가 흘러야 했을까?[92] 믿을 만한 정보에 따르면, 종루 그 자체도 소아시아에서 서양으로 전해지기까지 한참을 기다려야 했다. 종이의 전파 또한 오랜 시간이 소요되었다. 기원후 105년에 중국에서 발명된 식물성 종이의 제조 비법[93]은 751년에 사마르칸드에서 포로가 된 중국인들에 의해서 외부로 유출되었다. 그후 아랍인들은 나무를 헝겊으로 대체했고, 794년부터 바그다드에서는 헌옷으로 종이를 제작했다.[94] 이곳으로부터 종이는 다른 이슬람 지역으로 확산되었다. 11세기에 종이의 존재는 아라비아 반도[95]와 에스파냐에서 확인되지만, 사티바(발렌시아의 산 펠리페)에서 종이가 처음으로 제작되기 시작한 것은

12세기 중반 이후였던 것 같다.[96] 그리스에 종이가 알려진 것은 11세기였고,[97] 1350년경에는 서양에서 양피지를 대체했다.[98]

이미 앞에서 언급한 바 있지만, G. I. 브라티아누에 따르면,[99] 1340년경 프랑스에서 일어난 갑작스러운 의복의 변화, 즉 십자군들의 헐렁한 옷 대신 짧고 몸에 딱 맞는 누비조끼와 폭이 좁은 반바지 그리고 끝이 뾰족하고 기다란 풀랭(poulain)이라는 신발을 착용하는 방식은 1300년대의 에스파냐풍의 구레나룻, 턱수염과 함께 카탈루냐에서 들어온 새로운 유행이라고 알려져 있다. 하지만 사실 이런 패션은 이보다 훨씬 더 멀리서 유래한 것이었다. 카탈루냐인들이 동지중해를 자주 드나들면서 알게 된 이 방식은 사실 더 멀리 불가리아를 넘어 시베리아인들에게서 온 것이었다. 여성들의 의상, 특히 끝이 뾰족한 쓰개 역시 키프로스의 루시냥의 궁정에서 유래한 것으로 알려져 있으나, 사실은 이보다 공간적으로나 시간적으로 더 먼 당 왕조 시대의 중국에서 온 것 같다.

문물이 이동하고, 새로운 요소들이 이식되어 뿌리를 내리게 되기까지는 많은 시간이 필요하다. 반대로 문명의 오랜 그루터기는 놀라울 정도로 견고하고 단단했다. 에밀-펠릭스 고티에는 이슬람이 북부 아프리카와 에스파냐에서 고대 카르타고 문명을 차지함으로써 이를 기반으로 확장을 위한 토대를 마련할 수 있었다고 주장했다. 그의 주장은 다른 학자들에 의해서 반박당하고 있지만,[100] 내 생각에는 하나의 가설로서 검토해볼 만하다. 지중해와 지중해 주변 도처에 문명의 옛 흔적과 문화적 부흥의 예가 있지 않은가? 초기 기독교 시대의 종교 중심지였던 알렉산드리아나 안티오크의 영향권과 16세기에 아비시니아의 기독교도와 네스토리우스패[그리스도가 가지고 있는 신성과 인격 두 가지 위격을 구분하는 5세기의 이단] 기독교 권역이 일치한다. 이드리시에 따르면, 북아프리카의 가프사[튀니지 서부]에서는 12세기에도 여전히 아프리카식 라틴어를 사용했다. 북아프리카의 마지막 토착 기독교 공동체가 사라진 것은 1159년 압-달-무민의 박해 때였다.[101] 즉 이슬람의 정복 이후 4, 5세기 뒤인 1159년 말이다. 그러나 바로 똑같은 이 북아프리카 지역에서 14세기에도 여전히 이븐 할둔은 기독교 "우상 숭배자들"을 확인할 수 있었다.[102] 1962년 카빌리아[알제리]의 수맘 계곡과 그밖의 지역에서 민속학 연구를 진행한 장 세르비에는 이곳에 이슬람을 전한 것이 "오크바의 말을 탄 전사들이" 아니었으며, "그 2세기 후인 9세기에 부지에 정착한 시아파의 파티마 왕조에 의해서 뒤늦게 이슬람화가 이루어졌다"고 주장했다. "이란을 정신적인 중심으로 하며 이슬람 초기의 여러 흐름들을 풍부하게 보여주는 이 분파가 이곳에서 어쩔 수 없이 민간전승의 신비주의적인 상징주의의 영향을 받을 수밖에 없었다"는 말도 덧붙였다.[103] 20세기의 구체적인 현실에 깊은 관심을 두고 있는 이 시사적인 책은 민간전승과 수세기 전부터 굳건히 자리하고 있고, 현재도 매우 강력한 영향력을 발휘하는 이슬람에 관해서 거대한 그림을 제시했다. 이 종교에는 사제가 없다. 즉 가장인 "집안의 여주인들"이 "종교 의식을 집전하는 권력을" 가지고 있으며, "이를 통해서 자신의 영향력하에 있는 인간 집단을 지상에서 강하게 만든다."[104] 무엇보다도 성스러운 수호자가 된 죽은 자들에 대한 숭배가 이 종교의 특징이다. "성 아우구스티누스가 '우리의 아프리카는 성스러운 순교자들의 몸이 도처에 뿌려져 있는 곳이 아닌가'라고 말했을 때, 그는 산과 골짜기의 수호자들로, 후일 마그레브 이슬람교에 의해서 성자들로 인정받게 된 이 흰 무덤들의 존재에 관해서 알고 있었던 것일까?"[105]

이렇듯 문명의 전망대에 선 우리는 아주 멀리까지, 역사의 어둠 속을 뚫고 더 멀리까지 볼 수 있고, 보아야만 한다. 16세기를 연구하는 역사가로서 나는 『크토니아(Chthonia)』라는 최근에 창간된 원시시대에 관한 잡지[106]가 무엇보다도 지중해 알프스 지역과 지중해 북부지역의 고대 지층들에 대한 연구를 주요 주제로 삼고 있고, 특히 죽은 자에 대한 숭배와 같은 의식 속에서 고대의 특징들이 다시 출현하지는 않는지에 관해서 관심을 가지는 점에서 내 연구와 관련이 있다고 생각한다. 문명이란 오래 전부터, 아주 오래 전부터 존재해온 지배적인 생존방식이다. 따라서 문명도 지형, 토질, 물의 공급, 기후와 같은 중요한 문제들만큼이나 인간의 거주방식과 농경방식에 많은 영향을 미쳤다. 이것은 프로방스 지방을 연구한 한 지리학자가 그의 저명한 저서에서 주장한 내용이다. 역사가 가장 중요한 자리를 차지하는 "지리적 유전학"에 큰 관심을 두고 있는 로베르 리베에 따르면, 프로방스의 특징이라고 할 수 있는 고지대 거주 구조는 방어 입지 이론을 비롯한 여러 유명한 이론들로는 설명이 쉽지 않다. 그런데 이 현상을 그가 바위 **문명**이라고 이름했던 것과 관련지어보면 설명이 쉬울 듯하다. 바위 문명의 토대와 전통은 "로마 문명보다 시기적으로 앞서 있었던 오래된 지중해 문명들로까지" 거슬러올라간다. 이 문명적 특징은 로마 시대에 잠적했다가, 이후 서서히 깨어나더니 수많은 대변동이 프로방스의 인구에 큰 영향을 미쳤던 16세기 초에 생생한 모습을 되찾게 된다.[107] 현재 우리는 16세기와 시기적으로는 멀어져 있지만, 그 모습만은 우리에게서 멀어지지 않았다.

우리가 내린 결론은 무엇인가? 아마도 부정적인 답변이 나올 것 같다. 수없이 많은 사람들이 흔히 말하는 "문명은 죽는다"라는 말을 굳이 여기서 되풀이할 필요는 없다. 문명은 번영의 시기, 단기적으로 혼란을 가중시키는 창조의 시기, 경제적인 승리를 구가하는 시기, 단기적인 사회적 시련의 시기를 거치며 언제든지 죽을 수 있다. 그러나 토대는 그대로이다. 토대는 결코 파괴되지 않는다. 흔히 생각하는 것보다 적어도 천 배는 더 견고하다. 문명이 천 번을 죽는다고 해도 토대는 견뎌낸다. 수세기 동안 단조로운 이동이 계속되지만, 전체적인 토대는 변하지 않는다.

2. 문명들의 충적작용

이제 상대적으로 짧고, 변화의 속도도 빠르고, 인간적인 차원에서는 가장 중요한 의미를 가지는 역사 이야기로 되돌아가자. 이를 위해서 이웃 문명들 간의, (현 상태를 당연하다고 믿는) 승자와 (더 이상 이렇게 살지는 않겠다고 꿈꾸는) 피정복민들이 만드는 격렬한 충돌보다 더 흥미로운 사례는 없을 것이다. 16세기 지중해에서도 이런 일이 없지 않았다. 투르크 이슬람 교도들이 발칸의 기독교도들을 장악했다. 서쪽에서는 이사벨과 페르난도 공동 국왕이 통치하는 에스파냐가 이베리아 반도의 마지막 이슬람 거점이었던 그라나다를 함락시켰다. 각각의 정복자들은 어떤 일을 했을까?

동쪽에서는 투르크인들이 소수의 사람을 이용하여 발칸인들을 지배했다. 예전에 영국인들이 인도인들을 지배했던 방식처럼 말이다. 반면 서쪽에서는 에스파냐인들이 이슬람 교도인 신민들을 무자비하게 파괴했다. 두 승리자들은 문명들의 절대 명령에 생각보다 더 잘 따랐다. 즉 기독교 문명은 인구가 너무 많았고, 반대로 투르크 문명은 인구가 충분하지 않았다.

발칸 반도 동부 평야에서의 투르크인들

투르크의 이슬람 교도들은 발칸 반도에서 비잔틴 문명의 직간접적인 영향권 아래에 있던 지역을 차지했다. 북쪽으로는 도나우 강까지 뻗어 있었고, 서쪽으로는 한편으로 달마티아 해안에 있는 라구사나 크로아티아의 자그레브 주위에 형성되어 있던 라틴 경계와 마주보았고, 다른 한편으로는 J. 츠비이치의 표현을 빌리면, 가부장적인 문명이 지배적인 광대한 산악지대들이 버티고 있었다. 투르크의 지배가 광대한 지역에서 향후 약 500년간이나 지속되었다는 점에서 이보다 더 풍부하고 철저한 **식민지적** 경험을 상상이나 할 수 있겠는가?

불행히도 오스만 제국의 과거에 관한 연구는 여전히 부족하다. 발칸의 역사가들이나 지리학자들은 역사를 다룰 때, 엄밀한 과학적 태도를 유지하지 못하는 편이다. J. 츠비이치조차 그러하다. 함머와 진카이젠의 세계사는 시대에 뒤떨어졌고, N. 이요르가의 세계사는 혼란스럽다. 그뿐이 아니다. 오스만 투르크 시대는 의도적으로 외면당하고 있다. 과거에 에스파냐에서 이슬람 지배시기가 그랬던 것처럼 말이다. 우리를 당혹스럽게 만드는 이 세계(이곳은 진정 하나의 세계였다)가 제대로 연구되지 못하는 이유가 바로 여기에 있다.

그러나 투르크 지배의 영향을 과소평가해서도, 발칸 지역 전체에 투르크가 기여한 바를 외면해서도 안 된다. 오스만 제국은 심오한 문화적 족적을 남겼기 때문이다.[108] 발칸 전역에 너무나도 선명하게 남아 있는 아시아의 색채와 모습은 오스만 투르크 이슬람에서 비롯된 것이다. 투르크인들은 자신들이 직접 멀리 오리엔트 지역으로부터 받아들인 자산들을 보호했다. 그리고 그들에 의해서 도시와 농촌이 철저하게 오리엔트화되었다. 가톨릭의 요새였던 라구사—우리는 이곳이 얼마나 가톨릭을 열심히 신봉했는지 알고 있다—에서 16세기 이래로 결혼식 전에 약혼자가 약혼녀를 보지 못할 정도로 여성들이 철저히 얼굴을 베일로 가리고 집 밖 출입을 삼가게 된 것은 의미심장한 사실이다.[109] 변두리의 작은 곳에 하선한 서양 여행자들도 재빨리 이를 감지할 수 있었다. 이곳에서부터 완전히 다른 세상이 시작되었기 때문이다. 그러나 발칸 반도에 발을 내딛은 투르크인들 역시 그런 느낌을 받지 않았을까?

사실 투르크의 영향을 연구할 때, 발칸 지역을 두 지역으로 나누어 살펴볼 필요가 있다. 한 지역은 산맥들로 가로막힌 슬라브 서부 지역이고 다른 지역은 마찬가지로 산악지대인 그리스 남부 지역이다. 이 지역에 대한 투르크의 지배는 효과적이지 않았다. 디나르 산악 지역에서는 이슬람 교도들조차 순수 혈통의 투르크 족이 아니라 이슬람으로 개종한 슬라브 족이었다는 주장이 있는데, 이 말이 그리 틀린 것 같지는 않다.[110] 간단히 말하면, 발칸 반도 서쪽 지역 전체가 이슬람 문명에 의해서 크게 재편성되었던 것 같지는 않다. 이곳이 산악지대이기 때문에 그 기원이 무엇이던 간에 "문명의 침투"가 쉽지 않았을 것이기 때문에, 어쩌면 당연한 일인 듯도 하다. 종교적인 이슬람화에 관해서 우리는 이미 산악지대에서의 "개종"의 특정한 의미에

관해서 살펴본 바 있다.[111]

반대로 넓은 평원이 펼쳐진 트라키아, 루멜리아, 불가리아 같은 동부 지역으로 투르크인들은 많은 사람들을 이주시키고, 이곳에 그들의 문명을 두껍게 쌓아올렸다. 도나우 강과 에게 해 사이에 위치한 이 지역은 북쪽과 남쪽 두 방향 모두 열려 있어서 끊임없이 적들이 몰려들었다. 투르크인들의 노력이 성공적이었든 성공적이지 못했든, 그들이 자신의 것으로 만들려고 노력했던 곳은 바로 이 지역이었다.

오스만의 정복이 있기 전부터 이곳에서는 다양한 지역 출신의 여러 민족들이 하나의 동질화된 집단을 구성했다. 북방에서 가장 뒤늦게 침입한 불가리아인, 페체네그인, 쿠만인들은 훨씬 전부터 이곳에 정착해 있었던 트라키아인, 슬라브인, 그리스인, 아로마니인, 아르메니아인들과 조우했다. 그러나 이 모든 민족들은 잘 뒤섞였고, 새로 이주한 사람들의 경우 정교로의 개종이 동화를 위한 결정적인 단계일 때가 많았다. 이것은 그리 놀라운 일이 아니다. 이 지역은 비잔티움이 강력한 영향력을 행사한 지역이었기 때문이다. 이 지역 전체가 하나의 세력권에 묶여 있는 넓은 평야일 뿐이었다. 오직 로도페 산맥과 발칸 산맥, 특히 스레드나 고라 산맥만이 독립적인 산악 생활을 위한 고립된 지역들을 지키고 있었다. 지금까지도 이곳은 불가리아의 가장 초기 민족들 가운데 하나인 발칸인들의 삶의 터전이 되었다.[112]

투르크 정복 시기에는 몇몇 불가리아 영주들이 예속적인 생활을 피해서 큐스텐딜과 크라토보 지역의 이 산악지대로 도피했다. 평야에 사는 동족들은 예속 상태에 있었지만, 이들은 공물을 바치는 조건으로 결국 과거의 특권을 유지하는 데에 성공했다.[113] 그러나 이것은 일반적인 규칙에 존재하는 아주 사소한 예외일 뿐이다. 왜냐하면 투르크의 정복은 평지 지역 전체를 복속시켰기 때문이다. 그들은 귀족들을 죽이거나 아시아로 이송시키고, 교회를 불태우고, 농민들의 삶 속에 투르크의 전사 귀족이며 곧 토지 귀족으로 변모하게 될 시파히니크(Sipahinik) 체제를 이식하면서, 불가리아 공동체를 유지시킬 수 있는 것은 무엇이든 파괴했다. 이 토지 귀족들은 모든 것을 감내할 준비가 되어 있던 인내심 많고 부지런한 불가리아 농민들의 등에 올라타고 안락하게 살았다. 동시대의 사람들이 불가리아의 선량한 농민, 곧 바야 가네(Baja Ganje)를 묘사한 것처럼 이들 농민들은 평지에 거주하는 사람들의 전형적인 모습을 하고 있었으며, 귀족들의 노예로 전락한 그들은 순응적이고, 바보같이 일만 하고, 다음 끼니만 걱정하는 사람들이었다. 알레코 콘스탄티노프는 이들을 거칠고 "골수까지 야만적"이라고 표현했다. "불가리아인들은 게걸스럽게 먹고, 오직 먹는 데에만 온 신경을 쏟는다. 그들은 주위에서 300마리의 개들이 서로 물어뜯고 있어도 전혀 신경 쓰지 않는다. 이마에서 흐르는 땀방울이 지금이라도 곧 그들의 접시에 뚝뚝 떨어질 것 같다."[114] 1917년에는 한 전쟁 통신원이 거의 비슷한 느낌으로 농민들에 관해서 전했다. "그들은 훈련이 잘 되어 있는 매우 용감하고 뛰어난 군인들이다. 그러나 그들은 무모하지 않고, 완강하지만 열의에 넘치지 않는다. 그들은 행군가를 모르는 유일한 군대이다. 그들은 꾸준히, 묵묵히, 불평 한마디 없이 무심하게 진군한다. 잔인하지만 폭력적이지 않고, 승리 앞에서도 기뻐할 줄 모른다. 그들은 노래도 부르지 않는다. 그들의 일반적인 체격과 행동거지를 보자마자 나는 이들보다 더 둔하고, 무감각하고, 다듬어지지 않은 사람들이 없다는 것을 깨달았다. 이들은 미완성의 사람들이다. 말하자면, 그들은 한 개인으로 창조된 사람이 아니라 대대별로 대량 생산된 인간들 같다. 이해가 느리지만 근면하고, 참을성이 많지만 탐욕스럽고 너무나도 인색하다."[115]

이러한 편향적인 이야기들은 수없이 많다. 서쪽 산악지대 사람들에게 가서 낮은 지대에 사는 농부들에 관해서 묻게 되면, 이보다 훨씬 더 부당한 설명들을 찾아낼 수 있을 것이다. 서쪽 사람들은 이들을 경멸했기 때문이다. 그것은 큼직하고 두꺼운 거적때기를 입고 살며 두 발을 땅 속에 박고 평생을 힘을 합해 일해야 하는 이 무식한 농민들을 향한 자유로운 전사들의 조롱이었다. 이들에게 개인주의는 언제나 금기였고, 환상을 품거나 자유로운 삶을 선망하는 것도 허락되지 않았다. 만일 투르크의 공격으로부터 안전할 만큼 멀리 떨어져 있지 않았다면, 그리고 투르크가 몽골 유목민들의 급습에 대비해야 하는 처지에 있지 않았다면, 북부의 루마니아 지역 역시 똑같은 예속 상태에 빠졌을 것이다. 특히 토착민이라는 빵을 부풀리기 위해서는 카르파티아 산맥과 트란실바니아의 넓은 산악지대로부터 유입되는 이주민들이라는 효모가 필요했다.

불가리아 지역에서 오스만 정복자들은 농민들을 복종시키기 위한 특별 조치를 취할 필요가 없었다. 왜냐하면 이들은 이미 계속해서 노동할 준비가 되어 있는 예속적 농민들이었기 때문이다. 이들은 계속 일했다. 16-17세기의 여행자들은 불가리아를 부유한 지역으로 묘사했다.[116] 1595년에 파올로 조르주는 이곳이 투르크의 곡창이라고 확신했다.[117] 그러나 어떤 다른 곳에서보다도 더 잔인한 도적떼의 습격, 귀족들과 국가의 수탈, 그리고 분명히 나태해서가 아니라 가난해서 초보적인 수준의 농기구—그들은 롤로(rolo)라는 작은 목재 쟁기만 사용했다—밖에는 갖출 수 없었기 때문에 경작지 사이사이에는 넓은 황무지가 길게 뻗어 있었다. 무거운 중쟁기가 사용된 곳은 대농장뿐이었다. 그런 땅은 방목하는 데에 혹은 보통 밀이나 듀럼 밀을 경작하는 데에 이용되었다. 투르크인들에 의해서 15세기에 도입된 벼는 플로프디프[불가리아 중남부]와 타타르 파자르지크[불가리아 서남부]의 영지에서 그리고 카리브로드 지구에서만 소규모로 성공적으로 재배되었다. 16세기 불가리아의 생산량은 대략 3,000톤 정도로 추정된다. 마리차 평야에 참깨가 처음으로 소개되었고, 아드리아노플, 큐스텐딜, 마케도니아의 세레 인근에서 면화가 재배되기 시작한 것도 16세기 투르크에 의해서였다.[118] 이런 다양한 작물들 외에도 질이 낮은 소량의 포도주가 생산되었고, 도시 주변[119]에서는 채소, 대마와 장미가 재배되었으며, 위스쿠프[스코피에] 부근에는 과수원도 있었다. 여기에 새로운 작물 두 개가 추가로 도입되었다. 담배와 옥수수 재배가 시작된 것인데, 정확한 연대를 알기는 어렵다.

대부분의 경작지는 대농장 체제하에 들어가게 되었다. 투르크 방식(발칸 지역의 농경방식 가운데 가장 고된 것으로 알려진 치프틀리크)으로 조직된 대농장은 투르크의 대토지 소유제가 변형, 발전하면서 출현한 것이다. 그 결과 농민들의 인구 패턴이 크게 요동을 치면서, 더 낮은 평야지대로의 이 주가 진행되었다. 이주는 19세기에 대토지 소유제가 장악력을 잃게 된 뒤 에야 멈추었다.[120] 무엇보다도 이러한 변화는 투르크에 의한 완전한 지배로 이어졌다. 여기에는 수도와 인접한 거리로 인해서 강력한 행정력을 갖출 수 있었다는 점이 일조했다.

농민 사회에 대한 확실한 통제가 뿌리를 내리는 가운데 몇몇 집단들, 특 히 왈라키아인과 "아르바나시인"은 미개간지에서 목축업과 유목에 가까운 농업에 종사하면서 간단한 거처를 마련하고 임시로 마을을 이루어 살았다. 슬라브인들의 정착촌과는 크게 대조되는 모습이었다.[121] 따라서 이 집단은 어느 정도 독립성을 누렸던 것처럼 보일 수도 있다. 그러나 아주 빈번하게 아시아로부터 온 유목민들이 그들 곁에 머물거나 뒤섞이는 방식으로 그들 과 합류했다. 주기적으로 해협을 건너와 로도페 산악지대의 드넓은 방목지 를 장악했던 유르크인들이 가장 분명한 예이다. 그들은 포마크(pomak)라고 부르던 불쌍한 불가리아인들을 이슬람으로 개종시키고, 아시아 유목민 집 단의 대이동이 만드는 흐름에 휩쓸리게 했다.

이렇게 불가리아는 아시아의 침입을 받지 않은 곳이 없는 것처럼 보인다. 아시아 병사들과 그들의 낙타들은 나라 곳곳에 거대한 족적을 남기며 쳐들 어와서 (소수의 공범자들, 특히 밀고자들에게서 정보를 얻는 고리대금업자, 곧 악명 높은 코르바지[corbazi]의 도움을 받아) 한 민족을 침몰시켰다. 이 민족은 자신들의 혈통, 기원, 토지 어느 것 하나 제대로 지키지 못했다.

오늘날에도 여전히 불가리아에서는 강한 향기를 풍기는 이국적인 문명 의 영향을 찾아볼 수 있다. 오늘날에도 여전히 이 나라의 도시들은 자신들이 속했던 문명에 관해서 되풀이하여 말하고 있다. 그것은 오리엔트의 도시 그 자체이다. 그곳에서 우리는 창문도 입구도 없는 벽을 따라 길게 굽이치는 골목길과 목재 차양막이 처진 좁은 가게들로 가득찬 시장을 만날 수 있다. 상인들은 접어올린 차양막 밑에 웅크리고 앉아 손님을 기다리고 있다. 북쪽과 동쪽에서 불어오는 강한 눈바람이 내리치는 지역에서는 망갈 (mangal)이라는 화로 역시 필수품처럼 곁에 두고 있다. 16세기에 이 구멍가게에서는 대장장이들, 목수들, 안장과 마구 장인들 같은 소규모 수공업자들이 대상들을 상대로 작업했다. 사람들과 의복, 상품들이 넘쳐나는 정기시가 열리는 날에는 문 앞에 있는 포플러 나무 그늘 아래 있는 샘물 주위에서 낙타와 말들이 휴식을 취했다. 영지에 잠깐 들른 치프틀리크의 투르크인 영주들과, 콘스탄티노플의 파나르를 떠나 도나우 강 지역으로 가는 그리스인들, 그외에 향신료 상인들과 아로마니 대상들, 아무도 신뢰하지 않는 집시 출신의 가축 매매상들도 정기시에 빠지지 않고 나타나는 사람들이었다.

불가리아 민중으로 산다는 것은 바로 이러한 침투에 순응하는 것이었다. 그러나 불가리아는 불가리아인으로 남음으로써 본질적인 것을 지켰다. 이 오랜 동거 기간 동안 어떤 문화적 영향을 받았건 간에 투르크의 침투는 결코 이들을 무너뜨리지 못했다. 불가리아는 자신들의 고유한 종교와 언어를 보존했다. 종교와 언어야말로 그들이 장차 다시 일어날 수 있도록 보장하는 것이었다. 자신의 땅을 떠나지 않고 그들은 악착같이 흑토의 최고 지역에 남아 그것을 지켰다. 소아시아에서 온 투르크 농민이 그들의 곁에 정착했을 때, 그들은 숲이 우거진 경사진 땅, 버드나무들로 둘러싸인 습지, 비 (非)이슬람 교도의 투르크 신민이 남겨 놓은 유일한 땅인 공지에 만족해야 했다.[122] 마침내 투르크인들이 떠난 뒤, 불가리아는 여전히 옛 모습 그대로임을 확인하게 되었다. 5세기 전과 마찬가지로 농부들은 같은 하늘 아래에서 같은 말을 하고, 같은 교회에서 기도하며, 같은 땅을 경작하고 있었던 것이다.

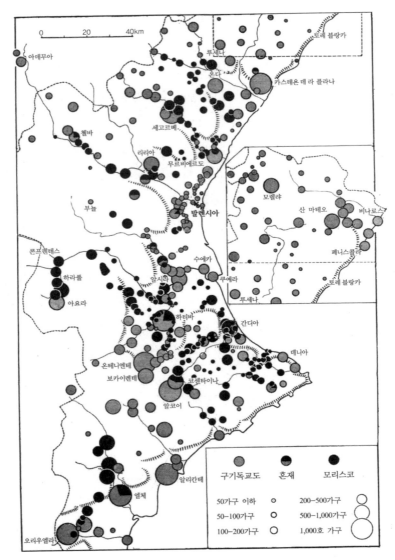

구기독교도   혼재   모리스코

50가구 이하   200–500가구

50–100가구   500–1,000가구

100–200가구   1,000호 가구

도표 61. I. 1609년 발렌시아에 거주하던 모리스코와 기독교도들

T. Halperin Donghi, "Les Morisques du royaume de Valence", in : *Annales E.S.C.*, avril-juin 1956.

이 지도는 발렌시아 지방의 상황이 북쪽에서도 계속되고 있음을 보여준다. 이 이례적일 정도로 훌륭한 지도에서 가장 흥미로운 점은 두 집단이 놀라우리만큼 뒤섞여 살았다는 사실이다. 이 현상은 인구가 전반적으로 상승하는 가운데 나타났다. 1565년부터 1609년까지의 시기에 나타난 인구 증가 현상을 보여주는 다음의 지도 역시 마찬가지의 사실을 증언하고 있다.

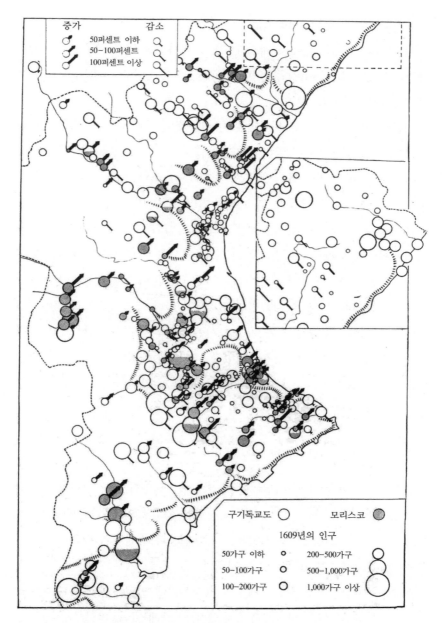

도표 62. II. 1565년부터 1609년까지 진행된 발렌시아에서의 인구 증가

에스파냐의 무슬림 : 모리스코

지중해의 다른 쪽 끝에서 에스파냐인들 역시 동화되기 어려운 사람들과 대립하고 있었으며, 이 갈등은 비극으로 끝났다. 이베리아 반도에서 이 보다 더 심각한 문제는 없었다.

이름이 이미 이 문제를 시사하듯이, 모리스코 문제는 종교 간의 갈등이었으며, 엄밀한 의미에서 말하면 가장 해결하기 어렵고, 장기간 지속될 수밖에 없는 문명 간의 갈등이었다. 모리스코(Morisco)라는 말은 기독교로 개종한 에스파냐 무슬림들의 후손을 뜻한다. 1501년 카스티야 지역에서, 1526년 아라곤 왕국에서 대대적인 개종이 진행되었다. 학대와 교화, 포용 사이에서 갈팡질팡하는 가운데에서도 늘 의심의 눈초리를 받았던 그들은 결국 1609-1614년의 대추방의 시기에 쫓겨났다.

이 문제를 다루는 것은 1492년의 그라나다 함락 이후에도 오랫동안 이베리아 반도에서 이슬람들이 생존했던 사실을, 아니 보다 정확하게 말하면 이들의 난파가 매우 느리게 진행되었다는 사실을 설명하는 것이다. 난파된 이후에도 심지어 1609년의 운명의 날 이후에조차 많은 사람들이 여전히 수면 위를 떠다니고 있었다.[123]

모리스코 문제들

모리스코와 관련해서 문제는 한두 가지가 아니었다. 에스파냐에서 쇠퇴 일로에 있던 모리스코의 사회와 문명이 같은 속도로 약화되고 파괴되지 않았기 때문이다. 재정복, 즉 레콩키스타와 개종과 관련된 일련의 사건들이 먼저 이 문제를 설명할 수 있을 것이다.

이슬람 치하의 에스파냐는 팽창의 최전성기에 있었을 때조차도 이베리아 반도의 일부분만을 장악했을 뿐이었다. 지중해 지역, 안달루시아, 타호 강 유역, 에브로 강 유역, 포르투갈의 남부와 중부 지대가 그들의 지배하에 있었다. 그들은 구카스티야의 척박한 지역들에 무관심했고, 피레네 산맥과 여기서 서쪽으로 뻗어 있는 칸타브리아 산맥 인근 지역에서는 작은 교두보도 확보하지 못했다. 기독교인들이 오랫동안 재정복을 위해서 세력을 결집해나간 곳이 바로 이 구카스티야의 사막 같은 지역이었다. 이곳에서 기독교인들은 경계태세를 갖춘 전쟁 도시들을 구축하기 위해서 필요한 모든 것을 가져와서 완전히 새로 건설해야만 했다. 그들이 이베리아 반도의 이슬람 요충지를 공격하여 승리를 거두기 시작한 것은 11세기에 가서야 가능했다. 톨레도의 탈환(1085)이 기독교인들에게 이 선망의 세계를 위한 길을 열었다. 이슬람 교도들에게도 역시 톨레도는 이베리아 반도의 중심으로서 전초기지 역할을 했던 곳이다.

아라곤, 발렌시아, 무르시아, 안달루시아 같은 인구가 밀집한 평야에 대한 기독교 왕국들의 정복은 아주 느린 속도로 진행되었다. 사라고사는 1118년, 코르도바는 1236년, 발렌시아는 1238년, 세비야는 1248년에 점령되었고, 그라나다는 1492년이 되어서야 함락되었다. 재정복은 수세기에 걸쳐 여러 단계를 거치면서 진행되었다.

1085년 이전의 재정복은 사람들이 살지 않는 미개척지를 찾아 기독교인들을 정착시키는 정도로만 진행되었다. 그러나 그 이후에는 이슬람 교도와 기독교도가 뒤섞여 살던 농촌 마을들과 상당히 이슬람화된 도시민들이 거주하는 지역들을 대상으로 했다. 따라서 정착을 위한 식민화의 단계에서 개발을 위한 식민화 단계로의 이행이 이루어진 셈이다. 이러한 이행은 즉시 정복민과 피정복민 사이의, 나아가 대립하는 두 문명 사이의 복잡한 관계를 풀어야 하는 과제를 제기했다.

이러한 논의가 기독교인에 의해서 재정복된 에스파냐의 여러 이슬람 지역들에서 동시에 시작된 것은 아니기 때문에, 16세기에는 문제가 더욱 다양하고 복잡했다. 따라서 에스파냐는 여러 가지 난해한 상황에 처하게 되었다. 게다가 이 상황들은 서로 긴밀히 연관되어 있었기 때문에 하나씩 따로 떼어놓고 해결할 수도 없었다.

차이점을 먼저 설명해야겠다. 예를 들면, 그라나다의 무어인들은 1499년 정부의 명령에 따라 개종했다. 이사벨과 페르난도 공동 국왕은 1492년에 도시를 정복하면서 시민들에게 종교의 자유를 약속했지만, 시스네로스 추기경은 이 약속을 깨고 지방 당국자들의 의견을 묵살하면서 개종 절차를 추진했다. 개종자들 몇 사람의 협조 하에 일정을 준비하던 그는 법령의 공포를 전후하여 코란과 아랍 문서들의 소각을 포함한 다양한 전시성 조치들을 취했다. 그 결과 그라나다의 토착민들이 거주하던 구역인 알바이신에서 소요사태가 발생했고, 베르메하 산맥에서도 진압에 오랜 시간이 소요된 반란이 일어났다. 1502년에 반란이 겨우 진압되자, 무어인들은 개종을 하거나 망명해야 했다. 공동 국왕들 역시 속은 것이라고 말하는 주장과 설명이 있지만, 이들이 톨레도 대주교의 정책에 동의했으리라는 데에는 의심의 여지가 없다. 국왕들과 대주교 둘 다 이 사태의 책임자들이었다.[124]

드디어 에스파냐에서 강제 개종이 시작되었다. 그라나다에서 취해진 조치가 카스티야 전역에도 적용되었다. 그러나 주목해야 할 사실은 이제 막 정복된 그라나다인들과 아주 오래 전부터 기독교인들과 함께 살아왔고, 여태껏 자유롭게 신앙생활을 해왔던 카스티야의 무어인인 무데하레스 (Mudejares)에게 이 조치는 결코 같은 의미로 다가오지 않았다는 점이다.

아라곤 왕국(아라곤, 카탈루냐, 발렌시아)에서도 이 조치는 완전히 다른 방식으로 적용되었다. 개종은 훨씬 느리게 건성으로 진행되었으나, 국가적 차원에서는 어떤 조치도 없었다. 이슬람 교도 이웃들에게 대규모로 세례를 강요한 사람들은 바로 구기독교인[유대인 출신으로서 기독교로 개종한 신기독교인과 달리 원래부터 기독교 신앙을 가지고 있던 사람들]이었다. 이곳에서 무어인들은 구기독교도들 사이에 흩어져 뒤섞여 살고 있었으며, 1525-1526년 헤르마니아[Germania : 직인조합]의 반란이라는 위기가 발생하자, 강제로 세례를 받게 되었다. 이런 정책이 효과가 있었을까? 이 문제는 멀리 로마에서까지 논란이 되었다. 이곳에서는 타협적인 해결책이 에스파냐에서

보다는 훨씬 높은 지지를 받았다.[125] 1526년에 카를 5세가 이에 대한 의견을 요구하는 사람들 앞에서 개종에 찬성하는 결정을 했다. 그라나다의 예를 따르고, 파비아에서의 승리의 영광을 신께 돌리기 위해서였다.[126] 그러나 그의 역할은 미미했다. 에스파냐의 두 얼굴인 그라나다와 발렌시아(전자는 카스티야, 후자는 아라곤)는 동일한 조건에서 "기독교도" 지역이 되지 않았다 (이들은 장차 모리스코라고 불리게 된다). 이제 우리는 모리스코와 관련하여 최소한 두 개의 문제 지역을 구분해야 한다.

에스파냐의 모리스코 지역

엄밀하게 살펴보면, 모리스코의 수가 많고 적음에 따라, 혹은 정복자의 문명에 어느 정도 통제를 받고 있었는지에 따라, 혹은 정복자의 문명에 얼마나 오래 전부터 소속되어 있었는지에 따라 구별이 분명해지고 지역이 분명해진다. 비스카야, 나바라, 아스투리아스 지역에서 모리스코는 낯선 사람들이 아니었다. 그러나 수공업자이거나 행상인, 혹은 화승총의 화약 소매상[127]일 수도 있는 이들이 수적으로 많지 않았다는 것은 분명하다. 모로인[무어인]의 후손들이 거주하던 나바라의 에브로 강 유역을 제외하면 말이다. 카스티야에서는 그들의 수가 더 많았고, 남쪽으로 내려갈수록 증가했다. 도시들마다 모리스코들이 있었다.[128] 15세기 말의 여행가인 히에로니무스 뮌처 박사는 "비베라하보다 크지도 않은" 마드리드라는 도시에 모레리아라는 무어인들의 게토가 두 군데나 있다고 적고 있다.[129] 톨레도와 그 너머 안달루시아처럼 모리스코의 수가 상당했던 곳에서는 그 비율이 더 커졌다. 아라곤에서 모리스코는 수공업자로서 도시의 밀집 지역에서 거주했고(사라고사에서 이들은 가죽을 가공하고, 무기와 화약을 제조했다[130]), 에브로 강과 피레네 산맥 사이의 고지대[131]에서는 더욱 많은 사람들이 활발하게 농업과 목축업 공동체를 형성했다.[132] 몇몇 대영주들이 보유하고 있던 상당 부분의 경작지에서도 모리스코들이 살고 있었다. 모리스코 아라곤에서 가장 소란스러운 지역들 가운데 하나인 엑스카의 푸엔테스 백작, 알모네질의 아란다 백작, 토레야스의 아란다 공작이 그런 대영주들이었다.[133]

반대로 카탈루냐에는 모리스코가 거의 없거나 아예 없었으며, 이슬람 에스파냐의 흔적조차 없었다. 구카탈루냐는 이슬람 권역 밖에 있었다. 실제로 타라고나와 에브로 강을 경계로 그 이남 지역에만 이슬람이 영향을 미쳤다. 1516년 구카탈루냐는 토르토사에 거주하던 모리스코들을 추방했다.[134] 따라서 바르셀로나 종교재판소가 모리스코를 심문하는 것은 극히 예외적인 일이었을 뿐이다.[135]

이보다 더 남쪽에 있는 발렌시아는 13세기에 아라곤 귀족들과 카탈루냐의 상인들에 의해서 식민이 이루어진 전형적인 지역으로서, 그 이후로 수많은 변동이 일어났고 지속적인 인구 유입이 나타났다. 앙리 라페르[136]는 발렌시아의 상황을 1962년 3월 이전의 알제리와 비교했다. 비율은 달랐지만, 두 민족은 서로 뒤얽혀 있었다. 툴리오 알페린 동기의 지도가 이것을 잘 보여준다.[137] 지리적 분포의 일반적인 특징은 매우 분명하다. 도시에는 주로 기독교인들이 거주하고 있었고, 모리스코는 근교에 거주하는 편이었다. 레가디오(regadio), 즉 관개시설이 되어 있는 경작지에서는 하티바와 간디아 주변을 제외하면 기독교인들이 우세했다. 반대로 세카노(secano), 즉 천수답 지역에서는 몇몇 산악지대를 제외하면 모리스코들이 두드러졌다. 그들에게는 고지대의 척박한 땅만이 허락되었던 것이다. "따라서 두 번의 큰 반란이 산악지대에서 발생한 것은 놀라운 일이 아니었다. 1526년에 에스파단 산계(山系)에서, 그리고 1609년 후카르 강 우안에 있는 무클라 데 코르테스와 간디아 남쪽에 있는 라구아르 계곡에서 일어난 반란이 그 예이다."[138]

1609년에 모리스코는 31,715가구를, 기독교인은 65,016가구를 이루어, 모리스코가 발렌시아 전체 인구에서 차지하는 부분은 약 3분의 1 정도였다.[139] 그러나 기독교인들이 지배적인 위치를 차지하고 발렌시아와 비옥한 토지를 완전히 장악하고 있었다.

이 모든 것은 지난 몇 세기에 걸친 장기적인 변화의 결과였음이 분명하다. 패배한 사회는 여전히 살아 있기는 하지만 미약한 존재로 격하되어 군데군데 찢겨져 나간 낡은 천조각이 되어버렸다. 실제로 패배한 빈민 무리들을 이끌 만한 귀족도 없었고, 이슬람 엘리트도 없었다. 따라서 조직화된 저항운동도 불가능했다. 도시와 농촌 어디에서든 모리스코는 승리한 사회에 의해서 굴복당했다. 모리스코 농부들의 가장 강력한 보호자는 그들의 기독교도 영주들이었다.[140] 이들은 마치 후일 미국 남부의 농장주들이 그들의 노예들을 보호했듯이, 모리스코를 지키려고 했다. 그러나 수세기에 걸친 기독교인들의 승리의 결과로서 구기독교 빈민들이 그들 곁으로 정착하기 시작했다. 도시와 농촌으로 몰려들기 시작한 그들은 미국 남부의 가난한 백인들을 연상시킬 정도로 완고한 광신도들이었다.

16세기의 그라나다는 13세기의 발렌시아를 떠오르게 만든다. 기독교 세력은 마침내 그라나다라는 부유한 왕국을 파괴하며 최종적인 승리를 거두었다. 이 왕국은 뚜렷한 내부적인 약점이 있어서라기보다는 포병부대가 없었기 때문에 패망했다.[141] 이슬람 사회가 아무런 피해를 입지 않은 것은 아니었지만—정복이 당장 아무런 참화를 부르지 않을 수는 없다—조직적으로 통제되고, 가장 높은 지대까지 경작되며, 뛰어난 비옥도를 자랑하는, 그야말로 아프리카 풍경 속의 열대 오아시스 같은 이곳에서 그 형태는 여전히 찾아볼 수 있었다. 1568년[모리스코 반란 당시] 모리스코의 옹호자로 활약한 후안 엔리케[142] 같은 기독교 귀족들이 이 풍요로운 땅에 정착하여 그라나다 평원에서 재산을 늘려나갔다. 관리들과 성직자들이 도처에서 몰려들었다. 이들은 청렴과는 거리가 먼 부류의 인간들로서 종종 독직과 부패를 일삼았고, 염치없이 이익을 탐했다. 어느 나라, 어느 시대에나 "식민주의"라고 할 수 있는 모든 것들이 재정복된 그라나다 왕국에서 나타났다. 공식 문서 자체가 이 문제에 관해서 선명한 언어로 말하고 있다. 예를 들면 우르타도라는 한 법학사(licenciado)[143]는 1561년 봄에 알푸하라스에서 조사를 행하면서 모리스코에 관해서 너무나도 선량한 품성을 가진 사람들이라고 기록하는 한편, 20년 전부터 이 지역에서는 정의는 사라지고 횡령과 불법, 악행과 약탈이 끊임없이 자행되어 이들에게 온갖 피해를 주고 있다고 보고 했다. 멱살을 잡혀야 마땅한 이 진짜 죄인들은 모리스코가 밀가루나 밀 같은 식량과 무기류를 쌓아두고 언젠가 폭동을 일으킬 준비를 하고 있으니 위험하다고 앞을 다투어 끊임없이 주장하지만, 이는 단지 그들의 용서할 수 없는 행동들에 대한 변명일 뿐이라고 덧붙였다.

그가 속아넘어간 것이었을까? 1568년 성탄절에 그라나다가 봉기를 일으켰을 때, 펠리페 2세의 프랑스 주재 대사인 프란체스 데 알라바는 마음의 부담을 덜기 위해서인 듯이 이와 비슷한 이야기를 털어놓았다. 1569년 10월 그는 국왕의 비서관인 사야스에게 장문의 편지를 썼다.[144] 그는 서신의 첫 행부터 자신이 지난 12년 동안 그라나다를 일고여덟 번 방문했고, 그때 민사, 군사, 종교 부문의 책임을 맡은 당국자들을 알게 되었다고 분명히 말했다. 따라서 그의 설명을 믿어야 할 이유는 충분하다. 도대체 그는 어떤 이유에서 당시 그렇게 멀리 떨어져 있었으면서도 이 불쌍한 악당들을 도우려고 했을까? 진실을 알리려는 것 외에 달리 어떤 이유가 있었을까?

그에 따르면, 반란을 일으킨 사람들은 모리스코였으나, 그들을 절망 속으로 몰아넣은 사람들은 구기독교인들이었다. 그들은 거만하고 무례한 태도로 절취를 서슴지 않았고, 모리스코 여인들을 농락했다. 성직자들조차 크게 다르지 않았다. 다음의 일화가 이를 명확하게 보여준다. 모리스코 마을 전체가 대주교에게 담임 사제를 고발하면서 불만 사항에 관한 조사가 이루어졌다. 마을 사람들의 요구 사항은 그 성직자를 전출시키든가 "그를 혼인시키라는 것이었다. 왜냐하면 모든 아기들이 그 사람과 똑같은 푸른 눈을 가지고 태어났기 때문이다." 이 사태에 크게 분개한 대사는 틀림없는 사실이고 결코 웃을 일이 아닌 이 이야기를 보고하는 것만으로는 만족하지 못하고 사적으로도 조사를 계속 진행했다. 그는 하급관리들의 횡령과 심지어는 자신들 역시 모리스코이면서도 다른 사람들만큼이나 동족을 착취하는 데에 여념이 없는 관리들의 악행을 확인할 수 있었다. 축일에는 교회에 들어가보기도 했다. 신성한 예배가 경건하게 치러질 수 있도록 어느 정도의 노력이 기울여지는지 확인하기 위해서였다. 그는 봉헌 예배 때에 면병과 술잔을 축성하는 사이에 성직자가 모든 남녀 토착민들이 무릎을 잘 꿇고 있는지를 감시하기 위해서 뒤돌아보는 것을 목격했다. 이는 신자들에 대한 경멸을 외치는 행위와 같은 것으로 "신을 섬기는 자세와는 너무나 거리가 먼" 행동이었다. 돈 프란세스는 "몸 구석구석에서 전율이 일어나는 것을 느꼈다"고 이때의 분노를 술회했다.

우리는 별 어려움 없이 기독교 에스파냐가 저지른 죄목들을 작성할 수 있다. 강탈, 절도, 불의, 살인, 대량의 불법적인 유죄 판결들. 그런데 모두들 돈벌이, 성직록, 땅, 일거리를 구하러 찾아가는 너무나도 풍요로운 이 남부 지방에서 국가의 이름으로 때로는 몰래, 때로는 드러내놓고 자행되던 이 범죄행위에 대해서 에스파냐가 알고는 있었는지는 의심스럽다. 1572년에 그라나다 종교재판소의 문서에 나와 있는 것처럼[145] 이곳은 플랑드르인들과 프랑스인들이 수공업자로 와서 정착하는 것조차 경멸했던 곳이 아닌가? 바로 여기에서 역사의 물리법칙이라고 할 수 있는 더 강한 자를 위한 냉혹한 법칙이 작동했다. 토착 마을이 있던 곳 옆[146]에 그곳과는 별개의 공식적인 기독교 마을이 1498년 이후[147] 성장했다. 알람브라 궁전 부근에 있던 이곳에 이 지역 군대의 총사령관이 거주했고, 1537년에는 대학이 설립되었으며, 1505년에 신설된 대법원은 1540년부터는 무소불위의 권력을 자랑했다.[148] 나는 이를 단죄하려는 것이 아니다. 역사를 이해하기 위해서는 지난날 알제리에서 프랑스가, 바타비아에서 네덜란드가, 캘커타에서 영국이 그랬던 것처럼, 당시에는 에스파냐가 서로 대립하는 문명들이 큰 소용돌이를 일으키며 격노한 물줄기들이 뒤섞이기를 거부하는 식민제국의 중심이었다는 것을 잊지 말아야 한다.

언제나 능수능란할 수는 없었던 에스파냐 식민주의에 대항하여 (발렌시아에는 없었던 혹은 더 이상 존재하지 않았던) 지배계층을 필두로 여전히 단결력을 유지하고 있었던 토착민 사회가 맞섰다. 이들 지배계층은 견직물로 지은 옷을 걸친 알바이신의 부유층이었다. 그들은 원예농민층이자 누에고치 생산자들 그리고 도랑을 파서 밭을 비옥하게 만들고 계단식 경작지의 돌담을 쌓는 기술을 가진 현명한 농부들을 신중하고 비밀리에 이끌었다. 이들은 또한 노새꾼들, 소상인들, 중개인들, 직조와 염색, 구두, 석조, 배관 장인들에게 영향력을 행사했는데, 특히 장인들은 북쪽에서 내려온 장인들을 상대로 제작방법과 원칙을 두고 다툼을 벌이곤 했다. 이 모든 가난한 하층민들은 면화로 옷을 지어 입었다. 알바이신의 귀족들이 굳건한 용기를 가지지는 못했음이 장차 분명해질 것이다. 그들은 자신들의 신상이 위태로워지고 카르메네스(carmenes)라는 그들의 농촌 별장을 잃게 될까 두려워했다. 게다가 그라나다의 일부 귀족들 아니 적어도 가장 저명한 귀족들은 그라나다가 함락되자마자 에스파냐를 떠났다. 어쨌든 이 통치계급은 전체적인 틀을 유지했고, 전통을 지켰으며, 대가문의 계보를 잇는 문제에 지나칠 정도로 집착했다. 1568년의 반란 시기에는 그라나다의 몰락을 재촉했던 것과 매우 유사한 가문들 간의 다툼이 다시 나타나기도 했다.

이렇게 살아남은 귀족들은 새로 유입된 기독교 귀족이 그들의 옆에서 혹은 그들보다 상층을 차지하며 성장하는 모습을 지켜보아야 했다. 이들 기독교 귀족들은 (발렌시아에서만큼 전면적이지는 않았지만) 땅을 두둑하게 하사받고 난 뒤에도, 선량해서 그만큼 착취하기 좋은 모리스코 농민들을 파렴치하게 이용했다. 그들은 모리스코 한 명의 음식 소비량이 기독교인의 절반도 안 된다고 생각했다. 이 사실은 속담들 속에서도 확인된다. "무어인을 데리고 있는 사람은 금덩이를 가진 셈이다." "무어인이 많으면 많을수록 이익도 많고, 노획물도 많다." 영주들에게 무어인은 금, 노획물, 돈벌이를 의미했다.[149]

558

기독교 귀족들은 모리스코 농민들의 보호자들이었고, 인근 지역에서 도망쳐나온 이들을 자신의 영지에 피신시킬 수 있는 권리까지 오랫동안 가지고 있었다. 이후 그라나다에서 사회질서를 회복하기를 원했던 국가는 이 권리를 폐지하고, 교회로의 도피만 며칠 정도 가능하도록 제한했다. 게다가 그 이전에도 나타나기는 했지만, 특히 1540년부터는 그라나다의 아우디엔시아(Audiencia : 법원)의 법관들이 대귀족과 그 수장들, 왕국의 지역 군대 총사령관들, 위세등등한 멘도사 가문의 유력자들이 가지고 있던 권리들을 침식하기 시작했다. 바로 이때부터 그라나다의 기독교 도시들과 이민자들에 기반을 둔 민간 행정체계가 멘도사가 이끄는 군사 귀족 통치기구에 맞서 성장하기 시작했다. 이러한 정치적, 사회적 위기는 그 자체만으로는 전쟁을 촉발하지 않았지만, 긴장과 혼란을 악화시켰다. 같은 시기에 새로운 조세 수입을 찾아나선 펠리페 2세 정부는 1559년 이후부터 소유권 자격을 문제 삼기 시작했다. 발렌시아에서처럼 그라나다에서도 마침내 인구가 늘어나기 시작하고 경제적 어려움까지 겹치면서, 산적떼들이 다시 출몰했다. 귀족의 저택이나 교회에서 더 이상 도피처를 찾지 못한 산적들―몬피에스(monfies)―은 산악지대로 숨어들었고, 마을을 급습하고 약탈할 때에만 잠시 내려왔다. 그럴 때면 마을의 불량배들이나 바르바리 혹은 투르크 해적들과 공모하기도 했다.[150] 1569년에 반란이 시작되고 몇 달 되지 않아서 알푸하라스에 대한 몬데하르 후작의 토벌부대가 파병된 직후, 다시 한번 귀족들의 중재가 이루어지면서 모든 문제가 처리될 수 있었다. 훌리오 카로 바로하가 그의 책에서 이 사실을 특별히 잘 지적한 바 있다.[151] 그렇다고 해서 문제가 다 해결된 것이었을까? 문명은 사회보다 유연하지 못하다. 잔인하고 용서를 모르는 문명의 분노는 오래 지속된다. 증오, 냉혹함, 편협함이 뒤섞인 이 무시무시한 얼굴을 잘 기억해두도록 하자. 전쟁이 초래하는 불행에 관해서는 나중에 다시 말할 기회가 있을 것이다.[152]

그라나다의 비극

모든 "식민" 전쟁은 폭력적이고 기만적이고, 맹목적인 열정들이 난무하는 문명 간의 충돌을 의미한다. 모든 합리적인 고려는 사라진다. 에스파냐의 정책이 1502년부터 그라나다에서 그리고 1526년부터 발렌시아에서 그리고 아라곤에서 언제나, 아마도 지나치게 잘 먹혀들면서 더욱 그렇게 되었을 것이다. 별 어려움 없이 에스파냐는 적들을 분열시켰고, 이 지역에서 저 지역으로 반란이 확산되는 것을 막아낼 수 있었다. 모리스코 문제가 동시에 발생한 적은 한번도 없었다. 모리스코 문제는 그라나다에서 1499-1502년, 발렌시아에서 1525-1526년과 1563년에 잠깐,[153] 아라곤에서 1575년[154](그러나 사태가 그리 심각하지 않았다), 카스티야에서 1580년,[155] 그라나다에서 1584년,[156] 그리고 발렌시아에서 1609년에 다시,[157] 카스티야에서 1610년, 아라곤에서 1614년에 발생하게 되었다. 에스파냐 정부는 국경을 밀착 감시하여 모리스코 도망자들이 피레네 산맥이나 지중해 쪽으로 국경을 넘지 못하도록 했다. 이러한 발 빠른 조치들이 도주를 막지는 못했지만, 어렵게 만들었던 것은 확실하다. 발렌시아 해안을 예로 들면 1550년 이후에는 도주가 힘들어졌다.[158] 에스파냐 입장에서 보면, 이것은 현명하고 경험이 많은 행정부만이 취할 수 있는 적절한 조처였다. 또한 현명하게도 국가 평의회와 군사 평의회에서는 모리스코 농민들을 거느리고 있는 귀족들을 기꺼이 초대하여 이들의 이야기를 청취하기도 했다.[159] 다른 지역에서와 마찬가지로 모리스코 지역에서도 에스파냐는 대귀족을 매개로 유지될 수 있었던 것이다.

그러나 좋은 정부의 현명한 정책 기조들도 위기의 시기에는 외면되는 법이다. 1568년과 1569년에 사람들은 몬데하르 후작의 충고를 무시하고, 에스피노사 추기경과 그라나다의 아우디엔시아의 광신적인 원장인 돈 페드로 데 데사의 열정을 따랐다. 두 사람은 재속(在俗) 사제와 법률가의 대표로서, 저항을 받지 않는 한 조금씩 그들의 규칙을 에스파냐에 강요해가게 될 것이다. 한 연대기 작가에 따르면, 완고한 추기경은 자신의 분야가 아닌 군사 부문에서도 결정권을 행사했다.[160] 정말이지 그들은 다가올 사태에 대해서는 거의 인지하지 못한 채 폭발을 일으킬 만한 모든 일을 했던 것 같다. 모리스코는 1526년의 헤르마니아 반란 이후 40년 이상을 평화롭게 지냈다. 화약고에 불을 당길 칙령이 1566년 11월 17일에 채택되었고, 1567년 1월 1일 공포되었다. 2년 넘게 이 문제는 사람들 사이에서 큰 논란거리가 되었다. 그 때문에 모리스코와 그들의 보호자들은 여전히 타협이 가능하고, 부득이한 경우에는 상당한 대가를 치러야 하겠지만 칙령을 유예시킬 수도 있다는 생각을 하게 되었다. 그런데 펠리페 2세의 자문관들이 서류상으로 결정한 것은 삶의 방식을 총체적으로 지배하는 한 문명 자체를 영구적으로 퇴출시키는 것에 다름 아니었다. 남녀 공히 모리스코 의상(여성들은 이제 거리에서 베일로 얼굴을 가릴 수 없었다)이 금지되었고, 이슬람 의식을 거행하는 은밀한 장소가 될 수 있다는 이유로 대문을 잠글 수 없었다. 공중목욕탕의 사용이 금지되었고, 마침내 아랍어 사용도 불허되었다. 간단히 말하면, 그라나다에 남아 있는 이슬람의 흔적을 모두 지워버리려고 했던 것이다. 그것은 또한 그들을 위협하고, 겁을 주기 위한 것이었다. 결국 논의와 협상이 오랫동안 계속되면서, 과격세력들은 음모를 꾸미고 반격을 준비할 만한 충분한 시간을 벌게 되었다. 모리스코들은 그라나다에서 여전히 유지되고 있던 그들의 병원과 부흥 형제회에서 비밀집회를 열었고, 자금을 모집했다.[161]

결국 1568년 크리스마스 저녁에 도적떼가 알바이신 지구에 침투하여 반란을 선동했다. 그 앞에 있던 알람브라 궁전을 지키던 사람들은 50여 명뿐이었다. 그러나 알람브라는 공격받지 않았고, 모리스코 구역은 반란을 일으키지 않았다. 그러나 내전은 일어날 수밖에 없었다. 민중의 분노와 잔인함이 뒤섞였고, 알푸하라스에서 기독교 신자들과 사제들이 대거 참살되었으며, 평야 지역에 대한 기습으로 곧 양측 모두에서 인간 사냥이 시작되었다.

제대로 된 길도 없는 야생의 광대한 공간 여기저기에서 무차별적이고 무질서한 대량학살이 광범위하게 발생했다. 마침내 국왕이 구기독교인들에게 캄포 프랑코(campo franco),[162] 즉 그들 뜻대로 약탈할 수 있는 권리를 허락하자, 전쟁은 갑자기 새로운 활력을 얻었고 극한 상태에 이르게 되었다. 가축을 훔치고, 견직물 보따리를 강탈하고, 감춰둔 재산과 보석을 약탈하고, 노예를 사냥하는 것이 전쟁의 일상적인 현실이 되었다. 군대의 병참관과 군인들의 농작물 노략질은 말할 것도 없었다. 알메리아 부근의 살다스에서 모리스코들은 "한 사람당 총 한 자루를 받고"[163] 기독교 포로들을 바르바리 해적들에게 팔았다. 반면 그라나다에서는 경매에 넘겨진 모리스코 노예들이 넘쳐났고, 기독교인들은 모리스코 구역을 기습하여 약탈을 자행했다.[164] 분노, 공포, 불안, 의혹과 같은 온갖 감정들이 뒤섞였다. 에스파냐 기독교인들은 승리를 거둔 뒤에도 오스만 제국이 쳐들어올까봐 공포에 떨어야 했다. 실제로 이스탄불에서 그러한 계획이 논의되기도 했다.[165] 에스파냐는 1568년 이전에도 그리고 그 이후에도 항상 이슬람의 위협을 과도하게 걱정했다.

그라나다 왕국을 재건하려고 했던 반란자들은 유령을 되살리려고 했을 뿐이었다. 그러나 이와 같은 시도, 즉 반란에서 옹립된 초대 왕의 즉위식, 알푸하라스 모스크의 건설, 교회의 약탈은 우리의 관점에서 매우 중요한 의미를 가지게 된다. 한 문명이 부활하려다가 다시 땅으로 곤두박질쳤기 때문이다.

돈 후안 데 아우스트리아(1569년 4월 13일 몬데하르 후작을 대신하여 군대의 지휘를 맡았다[166])가 값진 승리를 거두면서, 과격한 조치들이 우세해졌다. 반란자들의 집단적인 항복이 1570년 4월부터 시작되었다. 전쟁이 사실상 끝나면서, 반란군은 내부적으로 무너져내렸다. 직전 해인 1569년 6월부터 추방이 시작되어, 3,500명의 그라나다 모리스코(10세에서 60세 사이)가 수도에서 인근의 라만차 지방으로 이송되었다. 1570년 10월 28일에는 모든 모리스코에 대한 추방 명령이 내려졌다. 11월 1일에는 이 불행한 사람들은 긴 행렬을 이루어 죄수들처럼 사슬에 묶여 카스티야로 추방당했다.[167] 이제부터 반란세력은 지역 주민들의 지원을 기대할 수 없게 되었다. 이들 주민들은 겉으로는 온순해 보였지만, 사실 반란군과 공모하여 이들에게 보급품을 공급하는 역할을 해왔던 것이다.[168] 제노바 통신원의 말에 따르면, 산악지대에서 일어나는 반란은 기껏해야 산적들의 방법대로 수백 명 정도의 노상강도들이 이끄는 소규모 전투였을 뿐이다.[169] 모든 일이 완전히 끝난 것 같았다. 갈리시아, 아스투리아스, 카스티야 등지로부터 대략 12,000가구가 넘는 수많은 농업 이주민 집단이 그라나다의 버려진 마을을 찾아왔다. 패한 자들이 남긴 것들은 영주, 수도원, 교회에 경매로 팔려나갔고, 국왕은 이로부터 막대한 이익을 얻었다. 그러나 아무것도 해결되지 않았다. 농업 식민은 너무나 빠르게 대실패로 막을 내렸고,[170] 모든 모리스코가 불행한 왕국을 떠난 것도 아니었으며, 어떤 사람들은 되돌아왔다. 1584년에 다시 한번 추방이 추진되었고,[171] 1610년에 또다시 재개되었다.[172]

그라나다 이후의 그라나다

그라나다에서의 문제는 해결되었지만, 카스티야, 특히 신(新)카스티야에서는 이제 시작이었다. 서류 하나를 끝냈더니 또다른 서류가 열린 셈이다. 접목용 가지처럼 여기저기로 옮겨 심어진 그라나다 난민들은 곧 다시 증가하기 시작했고,[173] 부유해졌다. 그러자 다시 골칫거리가 되었다. 귀금속이 밀려들어오고, 일하는 것을 불명예로 여기는 이달고들이 넘쳐나는 이 나라에서 근면하게 일하는 사람들이 부유해지는 것은 당연한 일이 아닐까? 1580년경-1590년경의 20년도 되지 않는 기간 동안, 그라나다 문제는 희한하게도 카스티야와 안달루시아의 문제가 되어버렸다. 이 이야기는 에스파냐의 중심부로 위험이 더 가까이 다가왔다는 뜻이다. 여전히 모리스코가 남아 있던 그라나다뿐만이 아니라, 세비야, 톨레도, 아빌라가 문제 지역으로 떠올랐고, 새로 근본적인 해결책이 모색되었다. 1580년 여름 세비야에서 모로코와 연관되어 있는 중대한 음모가 발각되었다. 게다가 이 음모의 전말을 폭로한 사람들은 바로 에스파냐의 지원이 절실했던 샤리프의 외교 사절들이었다.[174] 1588년 봄에는 아라곤에서 문제가 발생했다.[175] 소요사태 는 7월 국가 평의회가 열릴 때까지 계속되었다.[176] 평의회에서는 먼저 수적 으로 계속 증가하는 내부의 적의 존재가 에스파냐에 위험요인이 될 것이라 는 사실이 거론되었다. 그리고 국왕은 1568년 그라나다에서의 실수를 되풀 이하지 않을 것이며, 즉각 반격에 나설 것임을 천명했다. 그런데 이 모든 경계심의 근간에는 구기독교인들과 주먹다툼을 한 후에 100여 명의 모리스 코들이 시위를 벌인 사건이 있었다.[177] 이 사태는 곧 진정되었던 것 같다. 나폴리의 부왕은 이 사실조차 거의 믿지 않았다. 그리고 5월에는 조금도 주저하지 않고 이러한 위험신호가 영국인들이 퍼뜨린 소문일 뿐이라고 주 장했다.[178]

아마도 이러한 경계심은 불안감의 표시이기도 했겠지만, 핑계거리였던 것도 같다. 왜냐하면 같은 해 11월에 에스파냐 교회가 다시 한번 개입을 시도했기 때문이다. 교회의 대변인인 톨레도의 추기경은 국가 평의회에 참 석하여 톨레도 종교재판소 위원인 후안 데 카리요가 작성한 보고서를 지지 했다.[179] 다음은 보고서의 내용이다. 이 도시에는 무데하레스라고 불리는 모리스코가 오래 전부터 거주해오던 구역이 있었으며, 1570년 그라나다 모 리스코들의 강제 이주로 강화되었다. 그라나다 모리스코는 여전히 자신들 끼리 아랍어로 말했지만, 톨레도 모리스코는 에스파냐어를 완벽하게 구사 할 수 있었고, 필사가로도 공공연하게 일하는 사람들이 생겼으며 고위직으 로 진입하기 위해서 노력했다. 두 부류 모두 상업으로 부유해진 사람들이 많았다. 그리고 이 두 악마 같은 불신자들은 결코 미사에 참석하는 법이 없었고, 성체 행렬을 따라 거리를 걸은 적이 없었으며, 제재가 두려울 때에 만 고해를 했다. 그들은 동족들끼리 혼인하고, 세례를 피하기 위해서 아이 들을 숨기곤 했으며, 세례를 받게 할 때에도 교회 문 앞에서 생전 처음 본 사람을 대부로 삼았다. 사망 직전의 위독한 상태에 이를 때에야 종부성사를 청했다. 이 불신자들을 감시하고 교육해야 할 사람들이 자신의 의무를 소홀히 했기 때문에, 그들은 마음대로 행동했다. 따라서 이 문제에 관해서 시급히 논의해야 하는 것이 국가 평의회의 의무였다.

1588년 11월 29일 화요일, 추기경의 발의에 따라 국가 평의회에서 논의가 시작되었다.[180] 카스티야, 특히 그들의 "궁전과 요새"가 있는 곳인 톨레도에서 모리스코의 수가 우려할 만큼 증가하고 있다는 사실에 대해서 그들이 계속해서 무관심했을 리가 없었다. 게다가 민병대로 소집할 수 있는 구기독교인들이 계속해서 감소하고 있었고, 무장 상태도 형편없었기 때문에 어느 날에든 기습을 당할 수도 있었다. 적어도 이 문제에 대해서는 만장일치로 의견을 모은 평의회는 조사원에게 최선을 다해 모리스코에 관해서 조사하고 인구 동향을 작성하도록 명령을 내렸다.

이처럼 공포라는 나쁜 조언자가 에스파냐의 중심으로 파고들었다. 다음 해인 1589년에 영국이 기습을 감행하자, 사람들은 세비야에 거주하는 많은 모리스코가 이 공격에 협조하지나 않을까 걱정했다.[181] 1596년 발렌시아에서도 모리스코가 외국의 적들과 결탁하지나 않을까 우려했다.[182] 에스파냐의 정치는 온통 내 집 한가운데를 차지한 적의 문제로 골머리를 앓고 있었고, 결국 정책의 방향이 바뀌게 되었다. 그들은 프랑스 말로는 심장에, 에스파냐 말로는 "신장"에 꽉 박혀 있었다.[183] 1589년에도 여전히 국가 평의회는 인구조사에 관해서만 논의했다. 그러자 곧 반응이 나타났다. 다음 해에 국왕은 이성을 잃은 듯한 여러 극단적인 정책 제안서들을 접하게 되었다. 가령 모리스코에게 일정 기간 동안 갤리 선에서 급료를 받고 복무하도록 하게 하자는 것이었다. 그러면 적어도 모리스코의 증가를 막을 수 있을 것이었다. 어떤 사람은 아이들을 가족으로부터 데려와서 영주나 사제 혹은 그들의 기술 교육을 담당할 장인들에게 맡기는 방법을 제안했다. 위험인물을 사형에 처하자는 의견도 있었다. 또는 카스티야에 정착한 그라나다인들을 그들의 원래 거주 지역으로 돌려보내 에스파냐의 신장에서 제거하자는 제안도 있었다.[184] 5월 5일부터는 가장 간단하고 깔끔한 방법인 추방이 논의되기 시작했다. 이사벨과 페르난도 공동 국왕이 유대인들에 대해서 이미 그와 같은 방법을 사용한 적이 있었고, 그 때문에 신성한 명망을 얻은 바 있었다.[185] 달갑지 않은 모리스코들은 모든 평의회 의원들에 의해서 정신적으로 유죄판결을 받았다. 그러나 이 죄인들은 꽤 오랫동안의 유예 기간을 누리게 되었다.

아마도 이는 네덜란드와 교전 중이고, 프랑스, 영국과 대립 중인 에스파냐에게는 해결해야 할 내부 문제 말고도 다른 일들이 많았기 때문일 것이다. 교수형에 처해진 사람을 밧줄 하나가 지탱하듯이 모리스코를 구한 것은 관용이 아니라 에스파냐의 제국 정책이 실패하면서 나타난 무능력이었다. 모리스코에 대한 분노와 증오가 끊임없이 부글거리고 있었다. 1596년 2월에 국왕에게 제출된 보고서는 이 불신자들에 대한 정부의 방임을 비판하고 그들이 가진 막대한 부를 상기시켰다.[186] 수입이 2만 두카트를 상회하는 사람들이 안달루시아와 톨레도 왕국에 2만 명이 넘는다는 것이다. 그런 일이 어떻게 용인될 수 있는가? 또한 보고서는 프란시스코 톨레다노라는 마드리드에 거주하는 톨레도 출신의 한 모리스코가 비스카야와 비토리아에서 무역을 주도하고, 무기와 총 거래로 이익을 남기는 현지 최고의 부유한 철 거래 상인이라는 사실을 비난했다. 마지막으로 이 자를 즉시 체포하고 그의 고객과 공모자가 누구인지 밝혀주기를 국왕에게 기대했다.

1599년, 끊임없는 논쟁이 국가 평의회에서 다시 시작되었다. 제기된 모든 의견들에 대해서 지체 없이 결정에 결정을 거듭 내린 끝에 다음과 같은 최종 결정이 내려졌다. 서명자들 가운데는 톨레도 추기경 외에도 D. J. 데 보리아, D. J. 데 이디아케스, 친촌 백작, 페드로 데 게바라가 있었다.[187] 시망카스에 보관되어 있는 이 논의와 관련된 방대한 문서 더미 속에서 모리스코에 대해서 우호적인 변론문은 단 한 건도 찾아볼 수 없었다.[188]

이 논의의 결말은 1609-1614년의 추방이었다. 여러 가지 상황이 적절히 맞아떨어지면서 추방이 가능해졌다. 먼저 평화협정(1598-1604, 1609)이 체결되었고, 갤리온 선과 갤리 선[189] 같은 에스파냐의 모든 함대가 조용히 동원되어 모리스코의 승선과 같은 작전을 확실하게 도모할 수 있었다. J. C. 바로하는 1609년 봄에 마라케시의 술탄이 페즈의 "왕"에게 승리를 거둔 것이 이 극단적인 결정이 실현되는 데에 크게 기여했다고 생각했는데, 이는 충분히 그럴 듯한 이야기이다.[190]

이렇게 오랫동안 계속된 이베리아 이슬람 교도의 동화작업은 결국 실패로 돌아갔다. 이 실패의 결과는 당시에도 이미 매우 분명하게 느껴졌다. "이제 누가 우리의 신발을 만들어줄까?" 그 역시 추방을 열렬히 찬성했던 발렌시아의 대주교가 추방을 지켜보며 한 말이다. 모리스코를 거느리던 영주들은 이제 누가 내 땅을 경작해줄 것인가를 고민했다. 추방이 심각한 상처를 남길 것이라는 점은 이미 예견되었다. 아라곤 왕국의 왕국 의원들은 추방에 반대 입장을 내놓기도 했다. 1613-1614년에 지도를 제작하기 위해서 왕국을 돌아보던 후안 바우티스타 로바나는 그의 노트에 여러 차례에 걸쳐 버려진 마을들의 황폐해진 모습을 기록했다. 롱가레스에는 1,000명의 거주민들 가운데 16명만 남았다. 미에다스에서는 700명 중 80명만 남았고, 알파멘에서는 120명 중 3명이, 클란다에서는 300명 중 100명이 남았다.[191] 그러나 역사가들은 시간이 흐르면서 이 모든 상처가 결국 치유되었다고 거듭 지적하고 있으며, 이는 분명한 사실이다.[192] 앙리 라페르는 전체 800만 정도의 인구에서 기껏해야 30만 명 정도만이 추방 대상자였음을 밝히기도 했다.[193] 이 수치가 과거 사람들이 남긴 허무맹랑한 수치에는 터무니없이 못 미친다고 하더라도, 그 시대와 에스파냐의 상황을 고려할 때 이것조차 많은 숫자임이 분명하다. 앙리 라페르[194] 역시 당장 입은 상처는 매우 심각했으며 17세기 인구 후퇴가 치유의 시기를 더 늦추었다고 생각했다.

그러나 가장 답하기 어려운 문제는 에스파냐가 추방령과 그로 인한 극단적인 정책들로 인해서 비싼 대가를 치렀는지, 그렇게 하는 것이 옳았는지의 여부가 아니다. 현재 우리의 감정을 가지고 재판을 다시 열자는 것도 아니다. 모든 역사가들은 당연히 모리스코 편이다. 에스파냐가 근면하고 생산성이 높은 모리스코 인구를 축출한 것이 잘한 일인지 잘못한 일인지는 중요하지 않다. 도대체 그들은 왜 그런 일을 했을까?

그 이유는 무엇보다도 모리스코가 동화되지 않았기 때문이다. 에스파냐는 인종적인 증오(이번 갈등에서는 거의 나타나지 않았던 것 같았다)가 아니라, 문명적 그리고 종교적 증오 때문에 그런 일을 벌였다. 증오의 폭발인 추방은 그들의 무능함을 고백한 것이다. 그 증거가 의복, 종교, 언어, 폐쇄적인 가옥, 무어식 목욕탕 등이다. 1, 2, 3세기가 흘렀지만 모리스코는 여전히 변함없이 과거의 무어인들로 남아 있었다. 그들은 모든 것을 보존했다. 그들은 서양 문명을 거부했다. 바로 이것이 문제의 본질이다. 종교적인 측면에서 몇 가지 두드러진 예외가 있기는 했지만—예를 들면, 도시에 거주하는 모리스코가 점차 승자들의 관습을 채택하기 시작했다는 부인할 수 없는 사실처럼[195]—그렇다고 해서 달라질 것은 없었다. 모리스코는 가옥 구조나 심성 면에서 유사하고, 신앙도 동일한 멀리 페르시아에까지 뻗어 있는 거대한 세계에 마음속 깊이 연결되어 있었고, 에스파냐 사람들도 그것을 알고 있었다.[196]

모리스코에 대한 모든 비난은 톨레도 추기경의 선언문으로 요약된다. 이들은 "알제인들만큼이나 진정한 무함마드주의자들이다."[197] 이 점에서 우리는 추기경에게 그의 불관용을 탓할 수는 있지만, 부당함을 말할 수는 없다. 평의회의 의원들이 제시한 해법들이 이를 증명한다. 그것은 결코 증오하는 한 인종을 파괴하겠다는 것이 아니라, 에스파냐 내부에 완고한 이슬람의 씨앗을 좌시할 수 없다는 것이었다. 그렇다면 어떻게 해야 하는가? 문명의 지지대인 사람을 제거함으로써 단번에 그것을 도려내는 것, 결국 이것이 에스파냐인들이 선택한 해결책이었다. 이것이야말로 어떤 희생을 치르더라도 동질성을 얻을 수 있는 방법이었다. 강제 세례만으로는 완수하기 어려웠던 과제이다. 어떤 이들은 큰 소란 없이 일을 진행시킬 수만 있다면, 아직 변형이 가능한 존재인 아이들만 에스파냐에 남기고, 어른들은 바르바리로 보내버리자는 방법을 제안했다. 데니아 후작 같은 사람은 아이들은 기독교식으로 키우고, 15세에서 60세까지의 남성들은 평생 갤리 선에서 노역을 하게 하며, 여성들과 노인들만 바르바리로 보내자고 제안했다. 또다른 사람은 모리스코를 구기독교인 50가구당 1가구 비율로 마을마다 분산시키는 것만으로 충분하다고 생각했다. 대신 그들에게 거주지 이동을 금지시키고 농업 외에 어떤 직업도 선택할 수 없도록 하자고 했다. 수공업, 수송업, 상업 등은 이동과 외부 세계와의 접촉을 조장할 우려가 있었기 때문이다.[198]

이 모든 선택안들 가운데 에스파냐는 가장 극단적인 방법을 선택했다. 땅에서 완전히 뿌리 뽑아버리는 것과 같은 강제 추방이 그것이다.

그렇다면 모리스코 전부가 에스파냐에서 사라졌을까? 분명히 그렇지 않다. 일단 모리스코와 모리스코가 아닌 사람을 구분하는 것이 쉽지 않았다. 모리스코와 구기독교인 간의 결혼은 추방령에서 이 문제를 고려해야 했을 정도로 많았다.[199] 몇몇 이해관계가 걸리면서 추방당할 수도 있는 많은 사람들이 구제되었다. 도시에 거주하던 모리스코는 거의 대부분 추방당했다. 왕령지에 거주하던 사람들은 이보다는 적었다. 영주령이나 산악지대, 고립된 지역에서 거주하던 모리스코의 경우에는 훨씬 더 많은 수가 잔류했다.[200]

결국 모리스코는 살아남았다. 에스파냐인들 사이에 파묻히고, 뒤섞이기는 했지만, 그 속에서 지워지지 않는 흔적을 남겼다.[201] 기독교인들 심지어 귀족들까지도 무어인의 흔적을 가지고 있었다. 아메리카를 연구하는 역사가들 역시 모리스코가 아메리카 정착에 일정한 역할을 했다는 사실을 여러 가지 방법으로 확증했다.[202] 한 가지 사실은 분명하다. 살아남은 모리스코와 에스파냐가 지난 수세기에 걸쳐 흡수해왔던 이슬람적 요소들이 이베리아 반도의 복합 문명 속에서 일정한 역할을 다하고 있었다는 것이다. 심지어 1609-1614년의 제거 수술 후에도 역할을 했다.

그러한 증오의 큰 파도가 이베리아의 토양 속에 깊이 뿌리를 내린 모든 것들을 쓸어버릴 수는 없었다. 안달루시아인들의 검은 눈동자, 수백 개의 아랍어 지명들, 에스파냐의 새로운 승자가 되기는 했으나 과거에는 패했던 사람들의 어휘 속에 굳게 닻을 내린 수천 개의 단어들이 그 예이다. 혹자는 과거의 유산일 뿐이라고 말할지도 모르겠지만, 에스파냐와 포르투갈의 일 상생활에서 요리법,[203] 몇몇 직종들, 지휘권을 가진 직분에서 아랍어의 영 향을 여전히 받고 있었다. 18세기 프랑스의 영향력이 위세를 떨치던 시기 에조차 이베리아 반도에서는 하나의 예술 전통이 생생하게 살아 있었는데, 바로 회반죽, 도자기 공예, 부드러운 푸른 빛깔의 타일에서 볼 수 있는 모리 스코 방식이었다.[204]

서양의 우위

그러나 모리스코 문제는 보다 큰 갈등을 배경으로 일어난 하나의 사건일 뿐이었다. 지중해에서는 오리엔트와 서양 사이에서 큰 게임이 벌어지고 있 었다. 서양의 입장에서는 영원한 "오리엔트 문제"라고 할 수 있는 이 끝없 는 다툼은 번갈아가며 양자 중 어느 한쪽이 유리하게 되는 문명 간의 갈등 이었다. 좋은 패가 이 손에서 저 손으로 오고 갔는데, 어느 쪽이 우세한가에 따라서 문화적인 주요 흐름이 보다 부유한 쪽에서 보다 가난한 쪽으로, 때 로는 서양에서 오리엔트로 때로는 오리엔트에서 서양으로 만들어졌다.[205]

첫 번째 역전은 서양의 승리를 이끌어낸 마케도니아의 알렉산드로스 대 왕의 업적에 의한 것이었다. 이 사건으로 헬레니즘이 근동과 이집트를 최초 로 "유럽화"했고, 이런 경향은 비잔티움 시대까지 지속되었다.[206] 로마 제국 이 몰락하고, 5세기에 게르만의 침입이 시작되면서 서양과 그 옛 유산은 무너졌다. 수세기 동안 이를 보존하고 그 부를 거둬들여 야만 상태의 서양 에 투사해준 것은 이번에는 오리엔트의 비잔티움과 이슬람이었다. 십자군

전에나 후에나 유럽의 중세는 오리엔트에서 온 것으로 가득 찼고, 그 빛으로 충만했다. "문명들은 군대를 통해서 뒤섞였다. 멀리 있는 세계에 대한 이야기들이 사람들 사이에서 퍼져나갔다. 중세 유럽의 성인전인 황금전설 (Légende Dorée)은 이 이야기들로 풍성하다. 성 유스타시오, 성 크리토파오로스, 성녀 타이스, 에페소스의 잠자는 7인, 바를람, 여호사밧의 이야기는 오리엔트의 우화들이다. 성배(聖杯)의 전설은 아리마티아의 요셉에 관한 기억에 결부되어 있다. 유온 데 보르도에 관한 이야기는 새벽과 아침의 정령인 오베론의 마술 주문들로 빛나는 환상적인 광경이었다. 성 브란단의 모험 여행은 선원 신드바드의 모험의 아일랜드 판본이었다."[207] 이러한 차용은 문명 간에 이루어진 수많은 교류의 한 부분일 뿐이다. 르낭이 말했듯이, "당시 모로코와 카이로에서 쓰인 작품이 파리나 쾰른에 알려지는 데에 걸린 시간은 오늘날 독일의 중요한 작품이 라인 강을 건너는 데에 필요한 시간보다 적었다. 중세사 연구는 13, 14세기에 학자들이 읽던 아랍어 저서들에 관한 통계 자료들이 만들어진 뒤에나 완전해질 수 있다."[208] 『신곡』의 원전에서 이슬람 문학이 발견되었다고 해서 놀랄 일인가? 단테에게 아랍인들은 따라야 할 큰 모범이었다.[209] 성 후안 데 라 크루스의 작품 속에는 이슬람 출신의 선구자들이 묘사되어 있는데, 그중에서도 이븐 아바드라는 론다의 시인은 성 후안 데 라 크루스보다 훨씬 전에 "어두운 밤(Nuit obscure)"이라는 주제를 발전시켰던 인물이다.[210]

십자군 시대부터 다시 한번 역전이 일어나기 시작했다. 기독교인이 바다를 차지했다. 이후 교통로와 무역의 장악이 의미하는 부와 우위가 기독교인들을 향했다. 알프레트 헤트너가 이러한 변화를 잘 보여주기는 하지만, 그는 16, 17, 18세기[211]에 서양과 오리엔트 사이의 접촉이 줄어들었다고 단정하는 명백한 오류를 범했다. 오히려 그 반대였다. "17세기 중반부터 18세기 말까지 유럽의 여행기는 유럽의 모든 언어권들에서 증가했다." 왜냐하면 "오리엔트로의 여행이 상주 대사관원들, 영사들, 상인들의 상관들, 경제 조사단, 과학 탐사단, 종교적 전도를 목적으로 한 파견단, 심지어는 대(大)투르크를 위해서 일하려는 모험가들에게까지 활짝 열려 있었기" 때문이다.[212] 바로 이때부터 서양의 오리엔트 침입이 시작되었다. 이때의 침략은 지배의 요소들로 가득 차 있었다.

16세기 서양으로 다시 돌아오기로 하자. 이 시기에 서양은 오리엔트를 훌쩍 뛰어넘었고, 크게 앞섰다. 페르낭 그르나르의 반대 주장이 있기는 하지만, 아마도 이는 틀림없는 사실인 듯하다. 게다가 그렇게 단정하는 것이 결코 현재의 문명들에 대해서 어떤 의미에서건 가치판단을 내리는 것은 아니다. 16세기에는 순서상 서양에 유리하게 상황이 움직였고, 보다 활력이 넘쳤던 서양 문명이 이슬람 문명을 그의 영향력 아래에 두었다.

인간의 이동만으로도 이러한 변화를 충분히 잘 읽어낼 수 있다. 사람들이 기독교 세계에서 이슬람 쪽으로 떼를 지어 이동했다. 이슬람 세계가 모험과 이윤의 전망을 제시하며 사람들을 유혹했다. 그리고 그들에게 보상을 주었다. 투르크는 국가를 부강하게 만들어줄 장인, 직조공, 조선 전문가, 능숙한 선원, 대포 주조공, "철"(금속) 노동자들을 필요로 했다. 몽크레티앙[213]은 다음과 같이 쓰고 있다. "투르크인들을 포함한 다양한 집단의 사람들이 이 사실을 잘 알고 있었다. 따라서 기회가 될 때마다 그들을 붙잡아 두려고 했다." 이스탄불의 한 유대인 상인이 트리폴리의 모라트 아가와 나눈 이상한 편지 한 통에는 유대인 상인이 벨벳과 다마스크 직물을 직조할 수 있는 기독교인 노예를 찾고 있다는 내용이 들어 있다.[214] 포로들은 동양의 노동력 공급에서 중요한 역할을 담당하고 있었기 때문이다.

기독교 세계가 오리엔트로의 인력 유출을 막으려고 하지 않았던 것은 유럽이 인구 과잉이었거나 아니면 아직 대서양 너머의 신세계가 사람들에게 충분히 열려 있지 않았기 때문이 아니었을까? 이슬람 국가와 접촉하게 된 기독교인들은 개종 문제로 혼란에 빠졌다. 아프리카의 에스파냐 요새에서는 주둔군들 사이에서 탈영이 전염병처럼 번지며 병력 수가 급감했다. 제르

572

바 섬 요새에서는 투르크인들에게 항복하기 전인 1560년에 수많은 에스파냐인들이 "신앙과 전우들을 버리고" 적진으로 넘어갔다.[215] 그후 얼마 지나지 않았을 때 라 굴레트에서도 이곳을 이교도에게 넘기려는 음모가 발각되었다.[216] 시칠리아에서는 배교자가 될 만한 사람들을 태운 작은 배들이 수시로 출항했다.[217] [인도의] 고아에서도 포르투갈인들 사이에서 마찬가지 현상이 나타났다.[218] 그 유혹이 너무 커서 성직자조차 비켜가지 못했다. 고국으로 돌아오는 프랑스 국왕의 대사와 동행한 어떤 "투르크인"은 원래 헝가리 사제였다. 그는 여행 도중에 그를 체포해야 한다는 자들에 의해서 에스파냐 관리들에게 고발당하기도 했다.[219] 이런 사례가 그리 드물지 않았음에 틀림없다. 1630년 카푸친회 수도원장인 조제프는 레반트에 거주하는 수도사들을 귀국시켜야 한다는 조언을 들었다. "이들이 투르크인으로 귀화할지도 모르기" 때문이었다.[220] 코르시카, 사르데냐, 시칠리아, 칼라브리아, 제노바, 베네치아, 에스파냐 등 지중해 세계의 모든 지역으로부터 이슬람으로 넘어가는 배교자들이 나왔다. 이와 비슷한 현상이 그 반대 방향으로는 일어나지 않았다.

아마도 무의식적으로 투르크는 문을 열어두었던 반면, 기독교는 닫았던 것 같다. 수적으로 많아지면서 생겼던 기독교의 불관용성이 사람들을 밀어냈다. 기독교도들이 그들의 영역에서 몰아낸 사람들—1492년 유대인, 16세기와 1609-1614년 모리스코—의 대열에 자발적인 이주자들이 합류했다. 이들 모두는 일자리와 돈벌이가 넘쳐나는 이슬람 세계를 향해 떠났다. 가장 좋은 증거가 유대인의 이주 열풍이었다. 특히 16세기 후반에 이탈리아와 네덜란드의 유대인들이 레반트로 가서 자리를 잡았다. 그 흐름이 어찌나 거셌던지 베네치아에 거주하는 에스파냐 주재원들의 눈에 띄지 않을 수가 없었다. 이 희한한 이주 행렬이 베네치아를 거쳐갔기 때문이다.[221]

이 사람들을 통해서 16세기의 오스만 제국은 서양의 모든 것을 배웠다. 1573년에 필리프 드 카네는 "투르크인들이 배교자들을 통해서 기독교 세계의 우위를 알게 되었다"고 쓰고 있다.[222] 그러나 모든 것이라고 말하기에는 과장이 심하다. 왜냐하면 투르크는 이제 막 한 가지를 배웠고, 곧 아직 배우지 못한 것이 더 있다는 것을 알았기 때문이다.

그것은 크건 작건 온갖 수단을 동원한 이상한 경주 혹은 이상한 전쟁이었다. 이번에 적이 원했던 것은 의사였다. 그 다음번에는 잘 훈련된 포병학교 출신의 포병을 요구할 것이고, 그 다음에는 지도 제작자나 화가를 찾을 것이다.[223] 아니면 활을 제작하기 위해서 필요한 주목이나 화약을 가지려고 할 것이다. 물론 주목은 흑해에서도 구할 수 있었지만(한때 베네치아는 이곳에서 주목을 사다가 영국에 되판 적도 있다[224]), 16세기 오스만 군대의 수요를 충당하기에는 턱없이 부족해서 독일 남부에서 수입해야 했다.[225] 1570년에 베네치아인들은 투르크인들에게 화약, 노, 특히 유대인 외과의사들[226]을 팔아넘긴다며—이 얼마나 아이러니한가—라구사인들을 비난했다. 정작 라구사인들은 이탈리아 의사들을 선호했다.[227] 16세기 말에 오리엔트에서 가장 중요한 영국의 상거래 품목들은 납, 주석, 구리였다.

뉘른베르크에서 주조된 대포들도 투르크로 팔려나갔던 것 같다. 이스탄불은 국경지대에서 라구사인들이나 트란실바니아의 작센 마을을 통해서 무기든, 사람이든 공급받았고, 왈라키아 제후의 편지에 나와 있는 것처럼, 의사와 조제약품도 수입했다.[228] 북서 아프리카의 바르바리 국가들 역시 마찬가지의 역할을 했다. 가난하고 실제로 "야만적인" 상태에 있기는 했지만, 이슬람 국가들 중에서는 서쪽의 선진적인 지역과 가장 인접해 있었기 때문이다. 이주민들의 정착과 대서양에 인접한 위치, 게다가 곧 네덜란드인들과 관계를 맺게 되면서, 바르바리 국가들은 새로운 기술들을 가장 처음으로 접하는 곳이 되었다. 그들은 풍부한 노동력을 갖추고 있었다. 여름마다 알제 해적들이 포로들을 풍부하게 조달했고, 그중에서도 특히 안달루시아인들은 에스코페트 화승총을 다룰 줄 알았을 뿐만 아니라 만들 줄도 아는 솜씨 좋은 장인들이었다.[229] 1571년 이후 투르크 함대를 재건하고 서양식

장비들(화승총이 활을 대신하게 되었고, 갤리 선에 장착되는 대포가 대규모로 보강되었다)을 들여온 것이 나폴리 출신으로, 알제의 해적들 사이에서 성장한 배교자 울루지 알리의 공적이었다면, 그것이 과연 순전히 우연이었겠는가?

그러나 문화적 차용이 언제나 가능했던 것은 아니다. 1548년에 투르크인들은 페르시아 원정 때에 시파히(輕騎兵)에게 권총을 제공하고 전통적인 무장을 교체하려고 했다("기병이 사용하는 작은 권총"이라고 뷔스베크는 밝혔다[230]). 그러나 이 시도는 한낱 우스갯거리가 되었고, 레판토 전투와 그 이후에도 시파히들은 계속해서 활과 화살로 무장했다.[231] 이 사소한 사례만으로도 투르크가 서양을 따라가는 것이 얼마나 힘들었는지를 잘 알 수 있다. 서양의 분열, 불화, 배신이 없었다면, 오스만 제국의 기사단과 그 일행들이 아무리 훈련이 잘 되어 있고, 종교적 열정에 넘치고, 무예가 탁월했다고 해도 서양에 대적할 수 없었을 것이다.

외부로부터의 기술과 문화의 유입[232]만으로는 투르크는 모든 난관으로부터 벗어날 수 없었다. 16세기가 끝날 무렵부터 이미 투르크는 침몰의 위기에 처했다. 이제까지 투르크는 전쟁을 통해서 필요한 재화와 인력, 기술, 이 기술을 이용한 생산물들을 확보할 수 있었고, 육지에서도 바다에서도 혹은 러시아-폴란드-헝가리가 경계가 되는 지역에서도 풍요로운 기독교 세계가 남긴 부스러기들을 차지할 수 있었다. 이스탄불의 국립조선소를 방문한 가소는 그곳에 가득 쌓여 있는 대포 부품들이 구매한 것도 직접 제작한 것도 아닌, 전리품이라는 것을 알게 되었다.[233] 전쟁은 문명 간의 균형을 회복시킬 수 있었을지도 모른다. 물론 확인해보아야 할 문제이기는 하지만 말이다. 그런데 1574년 시작된 지중해에서의 전쟁은 교착 상태에 빠졌고, 1606년에 헝가리 전투 역시 승부가 판가름이 나지 않는 상태에서 교착 상태에 빠져버렸다. 바로 그때 우열이 두드러져 보이기 시작했고, 열등한 쪽의 상황이 더욱 악화되어갔다.

17세기 초기 몇 년 동안에 많은 기독교인들은 투르크의 미래를 오해하고 있었고, 십자군 계획이 다시 나오기 시작했던 것은 사실이다.[234] 그러나 오스만 체국의 힘에 대한 환상을 만들어냄으로써 광대한 제국을 일시적으로 구한 것은 유럽의 분열과 30년전쟁[1618-1648]의 발발이 아니었을까?

3. 모두로부터 배척당한 한 문명 : 유대인들의 운명[235]

지금까지 논의된 갈등은 두 문명들 사이의 힘 겨루기에 한정되어 있었다. 그러나 유대인과 마주하는 경우, 모든 문명들은 항상 압도적으로 우위에 있었다. 문명들은 강력한 다수였고, 유대인은 거의 항상 소수의 적이었다.

그런데 유대인은 이상한 기회를 가지고 있었다. 한 제후가 그들을 박해하면, 다른 제후는 보호했다. 한 쪽 경제가 그들을 배신하면, 다른 쪽은 만족시켜주었다. 한 거대 문명이 그들을 거부하면, 다른 문명이 그들을 받아들였다. 1492년 에스파냐가 유대인을 추방하자, 오스만 제국은 그리스인들과 맞서 싸우는 데에 이용할 목적으로 그들을 수용했다. 포르투갈 유대인들이 충분히 그 예를 보여주었듯이,[236] 그들은 또한 다른 사람들로 하여금 자신들을 대신해서 압력을 행사하게 만들 수 있었다. 그들 유대인들은 돈으로 공범들을 샀고, 로마에서 그들의 문제를 헌신적으로 처리해줄 대사를 두었다. 리스본 정부가 그들에게 취한 조치들을 무력화시키는 것보다 더 간단한 일은 없었다. 그런 조치들은 예외없이 폐기되거나 효력을 잃었다. 1535년 12월에 루이스 사르미엔토가 카를 5세에게 설명한 바에 따르면,[237] 콘베르소(converso), 즉 개종한 유대인들은 그들의 과거의 잘못을 용서한다는 교황의 칙서를 받았으며, 바로 이것이 정부를 난처하게 만들었다. 게다가 포르투갈 국왕은 그들의 큰 채무자가 되었다. 플랑드르에서 "환어음으로" 결제될 나머지 돈을 제외하더라도 그 액수가 50만 두카트에 이르렀다. 그러나 민중들은 (가난한 사람들의 식품인) 말린 생선 장수들에 대해서 끊임없이 투덜거렸고, 베네치아의 통신원이 전한 바에 따르면, 1536년 포르투갈에서 종교재판소가 열린 지 반세기가 흐른 1604년 10월에도 여전히 그들을 격렬하게 비난했다.[238]

또한 약한 자들의 영원한 무기인 『탈무드』에서 배운 고귀한 품성인 인내심, 책략, 완강함, 용기, 영웅심이 있었다. 유대인 문제를 더욱 복잡하게 만들었던 것은 그들이 어디에 있든 간에 역사가들의 눈에 자신들이 주변 환경에 잘 적응하는 것처럼 보이게 만든다는 점이다. 어떤 문명과의 조우 기간이 길건 짧건 그들은 그 문명에 잘 적응하고 동화되었다. 유대인 예술가들과 작가들은 카스티야와 아라곤, 그밖의 어느 곳에서든지 간에 그곳을 진정으로 대표하는 예술가나 작가가 되지 않았던가? 가장 미천한 상황에서도 가장 훌륭한 상황에서도 그들은 그들에게 주어지거나 열려 있는 사회환경에 어느 누구보다도 빨리 적응했다. 이런 점은 그들을 문화적인 난파 직전 상태, 즉 자신들의 문화를 저버리게 하는 상태에 처하게 만들었던 듯하다. 우리는 그런 예를 많이 알고 있다. 그러나 그들은 보통 사회학자들과 인류학자들이 "기본 인격"이라고 부르는 것을 보전하고 있었다. 그들은 마음속 깊이 신앙을 간직했고, 그 무엇도 그들을 이 신앙의 세계로부터 몰아낼 수 없었다. 이러한 고집, 이러한 필사적인 거부가 그들의 운명을 만든 지배적인 특징이다. 기독교인들이 부유한 마라노(marrano : 유대인 개종자를 일컫는 경멸적인 표현[239])가 계속해서 비밀리에 유대교를 신봉하고 있다며 불평했던 데에는 근거가 있었다. 유대인 문명은 정말로 존재했다. 너무나 독특해서 진정한 문명의 성격을 갖추고 있었는지에 대해서조차 논란이 있지만 말이다. 그러나 유대인 문명은 빛을 발하고, 주변에 영향을 미치고, 다른 문명을 거부하기도 하고 받아들이기도 하면서 저항했다. 유대인 문명은 우리가 문명적 특징이라고 지칭했던 모든 것들을 가지고 있었다. 물론 이 문명은 한 곳에 뿌리를 내리지 못했다. 아니 뿌리를 내리는 데에 많은 어려움을 겪었다. 따라서 이 문명은 안정적이고도 변함없는 지리적인 영역 확보라는 지상명령을 충족시키지 못했다. 그러나 이것이 유일한 독자성은 아니었지만, 바로 이 문명이 가진 여러 두드러진 독자성들 가운데 하나였다.

틀림없는 하나의 문명

이 문명의 몸통은 사방에 흩어지고 흩뿌려졌다. 다른 문명들이 만들어낸 깊은 물 위에 떠 있는 작은 기름방울들처럼 결코 뒤섞이지는 않았지만 항상 다른 문명에 의존해야 하는 존재였다. 따라서 그들의 움직임은 다른 문명들의 움직임이었고, 결국 매우 예민한 "표시기(인디케이터)"의 역할을 했다. 유대인의 이주와 비슷한 예를 찾던 에밀-펠릭스 고티에는 그 자체로서는 초라한 예이기는 하지만 북아프리카의 모잠비크인들 역시 아주 작은 여러 거주지들에 흩어져 분포했었다는 사실을 밝혀냈다.[240] 마찬가지로 아르메니아인들을 생각해볼 수도 있다. 산악지대의 농민들이었던 그들은 유럽에서 르네상스가 일어났을 당시 필리핀에서 암스테르담까지를 장악했던 국제 상인들이 되었다. 인도의 파르시 교도나 아시아의 네스토리우스 기독교도들도 있었다. 중요한 것은 이방인들의 세계에서 잃어버린 섬들처럼 존재하는 디아스포라(diaspora) 형태의 문명들이 우리가 언뜻 생각하는 것보다 훨씬 더 많이 존재한다는 것을 받아들이는 일이다. 8세기 이슬람의 정복 이후 13세기의 알모하드 왕조[베르베르인의 무슬림 칼리프 왕조]의 박해 때까지 북부 아프리카에 있었던 기독교 공동체가 그러했다. 이 공동체는 종교 박해에 의해서 사라졌다. 마찬가지로 제3세계 국가들의 해방을 전후하여 존재했던 유럽인들의 식민지들도 그런 예에 속한다. 이미 살펴보았듯이 차가운 증오심을 드러내며 에스파냐인들이 잔인하게 추방한 이슬람 문명의 계승자인 모리스코의 예도 그렇다.

만일 이러한 섬들이 서로 교류를 했었다면, 모든 것이 많이 달라졌을 것이다. 중세의 에스파냐 지역에는 가혹한 14, 15세기의 박해까지 유대인들의 공동체가 거의 지속적인 하나의 조직을 형성하는 경향이 있었다. 그것은 일종의 종교적 민족으로서,[241] 투르크인들은 이를 두고 "밀레(millet : 국민)"라고 불렀고, 북아프리카인들은 "멜라(mellah : 유대인 마을)"라고 불렀다. 1492년에 포르투갈의 특징은 에스파냐로부터의 피난민 때문에 유대인 인구가 대규모로 증가했다는 점이다. 레반트 지역 역시 같은 이유로 같은 이주민들을 받아들였다. 폴란드에서도 근대 초인 15세기부터 갑작스럽게 유대인 수가 증가하면서 이들의 영향력이 증대되었다. 그러한 경향은 폴란드 안에서 거의 국가 속의 국가, 국민 속의 국민을 형성했으나, 1648년 흐멜니츠키 학살과 함께 17세기의 경제적 어려움과 무자비한 억압조치로 인해서 일소되었다.[242] 아직 인구가 많지 않았던 초창기의 브라질에서 유대인들에 대한 위협은 16세기 말까지는 다른 어느 곳에서보다 덜했다.[243] 언제나 유대인 인구 증가로 인한 상대적인 과밀 현상이 중요한 역할을 했다.

그러나 유대인의 수적 증가가 유대인 세력을 강화하거나 약화시키지 않았을 때조차 이 단위 공동체들은 교육, 신앙, 그리고 상인들과 랍비들, 떼로 몰려다니는 걸인들의 끊임없는 여행으로 서로 연결되어 있었다. 상거래를 위한 것이건, 친교 혹은 가족 간에 교환하는 것이건 간에 서신을 교환하면서 또는 책을 통해서도 연결 고리가 만들어졌다.[244] 출판은 유대인들 간의 다툼을 유발하기도 했지만, 그보다는 결속을 강화하는 경우가 더 많았다. 모든 책들을 단번에 몰수하거나 불살라버린다는 것은 불가능하다. 책은 너무나도 중요하고 너무나 쉽게 복제할 수 있었기 때문이다. 귀감이 되는 사람들의 유랑생활은 공동체의 결속을 다지는 이 중요한 움직임을 잘 보여준다. 야코보 사스포르타스는 17세기 초 에스파냐인들의 지배를 받던 오랑에서 태어났다. 그는 틀렘센, 마라케시와 페즈에서 랍비가 되었다. 감옥에 수감되기도 했지만, 그는 그곳을 빠져나와 암스테르담으로 갔고, 그곳의 핀토 가문의 아카데미에서 교수가 되었다. 그는 다시 아프리카로 돌아왔고, 1655년에는 런던 사절로 파견된 메나세 벤 이스라엘을 수행했다. 그는 다시 랍비가 되었고, 1666년부터 1673년까지는 함부르크에 있었다. 이후 다시 암스테르담으로 돌아왔고, 리보르노로 불려갔으며, 다시 암스테르담으로 돌아온 뒤에 그곳에서 사망했다.[245] 이러한 연결망이 유대인들 간의 결속을 강화했다. 요한 고트프리드 폰 헤르더는 『인류의 역사철학에 대한 이념(*Ideen zur Philosophie der Geschichte der Menschheit*)』(1785-1792)에서 "유대인들은 유럽에서 계속해서 아시아인으로 존재했고, 우리들의 세계에 대해서 이방인이었다. 그들은 저 먼 하늘 아래 살던 시절에 부여받은 고대 법에서 결코 벗어나지 못하는 포로들이다."[246]

그러나 유대인들은 하나의 인종이 아니었다.[247] 모든 학술적 연구물들이 이를 증명하고 있다. 유대인 집단은 그들이 수세기 동안 살고 있는 나라와 민족들에게 생물학적으로 연결되어 있었다. 생물학적으로 독일 유대인들, 즉 아슈케나짐(Ashkenazim)은 절반이 독일인이고, 에스파냐 유대인, 즉 세파르딤(Sephardim)은 절반이 에스파냐인이었다. 왜냐하면 혼혈이 빈번했고, 유대인 공동체가 종종 현지에서 이루어지는 유대교로의 개종에 의해서 만들어졌기 때문이다. 유대인 공동체는 결코 그들을 둘러싸고 있는 세계에 대해서 폐쇄적이지 않았고, 보통 넓게 열려 있었다. 게다가 매우 오랫동안 축적된 시간이 어떻게 혼합과 혼란을 가져오지 않을 수가 있었겠는가? 1492년에 시칠리아를 영원히 떠나야 했던 유대인들은 어쨌든 그곳에서 무려 1,500년 동안이나 살아왔던 사람들이었다.[248]

게다가 유대인들이 항상 외따로 거주하거나, 특별한 의상을 입는다든가, 노란 베레모 혹은 로텔라(rotella)라는 노란 배지(1496년 베네치아 문서에 "가슴 한가운데에 바퀴 모양의 황색 헝겊 표지"를 붙이고 있었다고 적혀 있다[249]) 같은 독특한 장식을 달고 다녔던 것은 아니었다. 그들은 또한 항상 게토(ghetto)라는 특정한 거리에 거주했던 것도 아니었다(게토는 베네치아에서 유대인들에게 할당한 거리의 이름으로서, 이 이름은 대포를 만들기 위해서 주물에 철을 부었던 이전의 주조소에서 유래한 것이다[250]). 예를 들면, 1540년 8월에 나폴리의 유대인들은 자신들에 대한 뿌리 깊은 적대감에 맞서 싸워 1년 후에 승리를 거두기는 했지만, 그 이후에도 여전히 "모여 살면서 특별한 배지를 달아야 한다"고 강제하는 명령에 맞서 싸워야 했다. 이것은 그들의 권리를 침해하는 것이었기 때문이었다.[251] 게다가 주거 분리가 이루어진 곳에서조차 위반 행위와 불복종 행위가 수없이 일어났다. 1556년 3월 원로원의 회의록에 따르면, 베네치아에 잠시 머무는 유대인들과 다른 유대인들은 "얼마 전부터 시내 전역에 흩어져서 기독교인들의 주택에 머물며 밤낮으로 근사해 보이는 곳으로 갔다." 이런 스캔들이 사라지게 하기 위해서는 그들에게 강제로 게토에서 머물도록 해야 하고, "그곳이 아닌 시내의 다른 곳에서는 여관에 들어갈 수 없도록 해야 한다."[252] 같은 시기에 투르크 출신의 유대인들은 이탈리아에 올 때 흰색 터번을 둘렀다. 유대인들은 노란색밖에 사용할 수 없었음에도 불구하고, 투르크인으로서의 특권을 내세운 것이다. 블롱 뒤 망에 따르면,[253] 이는 단연코 교활한 속임수였다. 그리고 서양 사회에 유대인들보다 더 잘 정착한 투르크인들의 명성을 부당하게 이용한 것이었다. 이것이 첫 번째 경고는 아니었지만, 1566년 밀라노의 유대인들은 노란색 모자를 착용하도록 강요받았다.[254]

거주지 분리가 정착되기까지는 시간이 많이 걸렸고, 종종 난항에 부딪혔다. 1599년에 베로나에서는 (사람들은 종종 이 일이 적어도 1593년 이후 벌어진 일이라고 말한다) "여기저기 흩어져 살던" 유대인들이 "도시의 광장 인근"에 주거지를 정해야 했다.[255] 이곳은 "포도주를 사고 팔던" 곳으로서, 사람들은 산 세바스티아노 교회까지 길게 이어지는 이 길을 흔히 헤브라이 인의 길(via delli Hebrei)이라고 불렀다.[256] 파도바에서는 1602년에 가서야 같은 조치가 취해졌다. 그 전까지만 해도 이곳에서는 "이스라엘인들이 도시 전역에 흩어져 살고 있었다."[257] 1602년 8월 만토바에서는 유대인들이 다른 사람들처럼 검정 베레모를 쓰고 거리를 거니는 문제로 작은 다툼이 발생했다.[258]

에스파냐와 포르투갈에서는 몇 세기 동안 공존이 일반적이었다. 포르투갈에서 가장 빈번했던 민중의 요구사항들 중 하나가 교황이 유대인에 대해서 내린 그들만의 특징적인 표지를 착용하라는 의무 규정과 그것을 지키지 않는 유대인들에 관련한 것이었다. 1481년의 신분의회에 따르면, 이는 유대인들이 기독교 여성들을 습관적으로 유혹하려고 하는 시도들을 막기 위한 것이었다. 유대인 재단사들과 구두공들은 자영농들의 아내와 딸들을 유혹했다고 종종 고발당했다.[259] 그러나 실제로 포르투갈에서는 유대인들이 평민들보다는 귀족들과 혼인하는 경우가 훨씬 더 빈번했다. 오스만 제국에서 유대인들은 기독교도 남녀 노예들을 소유하고 있었고, "아무런 어려움 없이 기독교인 여성 노예들과 관계를 가졌다. 그들이 유대인 여성들이기라도 한 것처럼 말이다."[260] 금지 내용이 무엇이었든지 간에, 유대인 공동체를 유지시켰던 것은 흔히 생각하듯이 혈통이 아니라, 유대인에 대한 반대편의 적개심과 반대편에 대한 유대인의 혐오감이었다. 이 모든 문제의 근원은 종교였다. 그것은 신앙, 습관, 관례, 다양한 전통, 심지어는 요리 관습까지 얽히며 단단해진 결속의 결과였다. 가톨릭 공동 국왕의 역사를 연구한 베르날데스는 개종한 유대인들에 관해서 다음과 같이 말했다.[261] "그들은 결코 유대식으로 먹는 습관을 버리지 않을 것이다. 고기를 양파, 마늘과 함께 기름에 넣고 볶아서 고기 요리를 준비하는데, 이때 돼지기름 대신에 올리브 기름을 사용한다." 이것은 오늘날의 에스파냐 요리법에 가깝다. 돼지기름을 사용한 요리법은 구기독교인들의 습관이었고, 살바도르 데 마다리아가의 말처럼 기름의 승리는 유대인의 유산이었으며, 문화적 변이였다.[262] 개종자, 즉 마라노는 토요일마다 집에 불 피우는 것을 짐짓 잊은 척하면서 배신을 했다. 한 종교 재판관은 어느 날 세비야 총독에게 다음과 같이 말했다. "각하, 개종자들이 어떻게 유대교의 안식일을 지키는지를 보고 싶으시다면, 저와 함께 탑 위로 올라가보시죠." 그들이 그곳에 다다르자, "자, 눈을 뜨시고 개종자들이 사는 집들을 모두 둘러보십시오. 아무리 추운 날이라도, 토요일에는 그들의 집 굴뚝에서 연기가 나오는 것을 보실 수 없을 것입니다."²⁶³ (1500년경) 이븐 베르가가 들려주는 이 이야기에서 우리는 진실을 느낄 수 있다. 한겨울 세비야의 한파는 너무나 생생하기 때문이다. 또 다른 증언들도 있다. 레반트에서 유대인들은 "투르크인이나 그리스인 또는 프랑크인이 준비한 고기는 절대로 먹지 않는다. 기독교인들과 투르크인들에게서 나온 기름에도 결코 입을 대지 않는다. 이들이 파는 술도 마시지 않는다."²⁶⁴

그러나 모든 유대인 공동체는 때때로 지배 문명의 전반적인 성격이 바뀌는 것과 같은 극적인 상황에서는 소통의 창구가 되도록 강요받기도 했다. 한때 에스파냐에서 이슬람 교도들이 기독교인들을 대체했고, 그후 기독교인들은 재정복 과정에서 뒤늦은 승리를 거두며 귀환했다. 따라서 아랍어를 쓰던 유대인들은 에스파냐어를 배워야 했다. 1593년부터 1606년까지 제국들의 침략이 이어지면서, 헝가리의 부다 지역의 유대인들은 신성 로마 제국과 오스만 제국이라는 이중의 공포에 시달리는 불행한 상황에 처하게 되었다.²⁶⁵ 이 모든 상황이 유대인들을 그들의 의지와는 상관없이 주변 문명들의 계승자로 만들었고, 이쪽저쪽으로 문명의 자산을 퍼뜨리도록 만들었다. 따라서 유대인들은 본의 아니게 서양을 상대로 해서 13세기까지 그리고 그이후에도 아랍의 사상과 철학, 수학, 의학, 우주학 등과 같은 학문의 중계자가 되었다. 15세기에 유대인들은 일찍부터 인쇄술에 높은 관심을 보였다. 포르투갈에서 최초로 인쇄된 책은 『모세 5경』이었다(1487년 파로에서 사무엘 가콘이 펴냈다). 독일인 인쇄업자들이 포르투갈에 나타난 것은 10여 년이 흐른 뒤였다.²⁶⁶ 독일인들이 에스파냐로 인쇄기를 가져온 해 역시 1475년보다 이르지는 않았다. 이러한 상황을 고려할 때, 유대인들이 성서를 얼마나 빨리 출판했는지를 알 수 있다. 그런데 1492년에 에스파냐에서 축출된 유대인들은 오스만 제국으로 인쇄기를 가져갔다. 1550년경 그들은 "모든 종류의 책들을 그들의 헤브라이어로 번역했다."²⁶⁷ 인쇄소를 설립하는 것은 신앙심의 발로였는데, 예를 들면, 낙소스 공작 요세프 미카스의 미

망인은 이스탄불 부근의 코레지스미 마을에 인쇄소를 세웠다.[268]

1573년에 베네치아는 1571년 12월 14일의 결정[269]에 따라서 유대인들을 추방할 준비를 마쳤다. 그러나 이미 레판토 해전 이후 상황이 바뀌었고, 때마침 소란초가 이스탄불에서 바일로의 임무를 마치고 돌아왔다. 한 유대인 연대기 작가가 10인 위원회에서 그가 한 발언 내용을 적은 것을 살펴보자.[270] "유대인을 추방하는 것이 얼마나 유해한 조치인지요. 이로 인해서 당신들이 치러야 할 대가가 얼마나 되는지 모르시겠습니까? 누가 오스만 제국을 그리도 강하게 만들었습니까? 에스파냐 국왕들이 추방한 유대인들이 아니었다면, 투르크인들은 다른 민족들에 맞서 싸우기 위한 대포, 활, 총탄, 검, 보호장비, 방패들을 어디에서 구할 수 있었겠습니까?" 1550년경, 이스탄불에 대한 프랑스인의 설명[271]에서 이미 그 비슷한 내용을 찾아볼 수 있다. "이들[마라노들]은 우리가 기계적으로 사용하는 것들을 거래하고 다루는 방법들을 투르크인들에게 알려주고 있습니다."

유대인들은 또다른 이점도 가지고 있었다. 오리엔트에 사는 유대인들은 모든 대화가 가능한 타고난 통역자여서, 그들이 없으면 그 어떤 사업도 가능하거나 쉽지 않았다는 것이다. 블롱 뒤 망[272]은 이것을 다음과 같이 설명했다. "에스파냐, 독일, 헝가리, 보헤미아를 떠난 사람들은 자녀들에게 이 나라들의 언어를 가르쳤다. 아이들은 또한 그들이 현재 살고 있는 나라의 언어를 배운다. 그리스 어, 슬라브 어, 투르크 어, 아랍 어, 아르메니아 어, 이탈리아 어 등이다." "오스만 제국에 살고 있는 유대인들은 대체로 4개 혹은 5개 언어를 말할 줄 안다. 그곳에는 10개 혹은 12개의 언어를 아는 사람들도 여럿 있다." 이런 사실을 알았던 그는 이집트의 로제타에서의 일을 떠올렸다. 유대인들은 "투르크인들이 지배하는 나라 곳곳에 너무나 많이 살고 있다. 그들이 살고 있지 않은 도시나 마을이 없을 정도이다. 그들은 또한 모든 언어를 말할 줄 알기 때문에 우리에게 매우 유용한 사람들이다. 통역자가 되어줄 수 있을 뿐만 아니라, 우리에게 그 나라의 사정에 관해서도 알려줄 수 있기 때문이다."[273]

언어적 측면에서 흥미롭게도, 독일에서 추방되어, 폴란드에서 상당한 부를 축적한 유대인들은 14, 15세기, 그리고 16세기에도 그들만의 독특한 독일어인 이디시어(Yiddish)를 사용했다.[274] 마찬가지로 1492년 이후 이스탄불과 살로니카에 대규모 정착지를 만들었던 에스파냐 유대인들도 르네상스 시대의 에스파냐어인 라디노어(ladino)라는 고유의 언어를 현지에서 사용하면서 에스파냐에 대한 진정한 애정을 간직했는데, 그 증거는 풍부하다[275](예를 들면, 사람은 신발에 고향의 흙을 묻히고 다닌다는 말이 있다). 이 거창한 사실들은 사소한 예들을 통해서도 드러난다. 오늘날 에스파냐 문학을 공부하는 연구자들은 모로코 유대인들로부터 중세 에스파냐 연가들의 멜로디와 단어들을 익힌다.[276] 어떤 역사가는 함부르크의 세파르딤 유대인[에스파냐인의 피가 섞인 유대인]이 독일어를 익히는 데에 많은 시간이 걸린다는 사실에 주목했다.[277] 메시나, 시칠리아, 풀리아, 칼라브리아 같은 살로니카의 유대인 공동체들 역시 출신 지역에 대한 강한 충성도를 보여주었다.[278]

이러한 충성심이 여러 가지 문제들을 야기했다. 특히 유대인들 간에 카테고리를 만들었다. 여러 유대인 집단들이 형성되었고, 때때로 서로 다툼을 벌이기도 했다. 따라서 베네치아는 1516년부터 1633년까지 구게토, 신게토, 최신 게토라는 3개의 게토를 연속해서 만들어야 했다. 이곳은 7층에 이르는 높은 집들이 모여 있는 작은 섬들과 같았다. 공간이 부족함으로써 도시에서 가장 인구밀도가 높은 지역이었기 때문이다. 레반트 유대인들의 거주지인 옛 게토는 1541년부터 상업 5현인 회의의 관할지역이었다. 카타베리 가문의 관할인 신게토에는 토데스키(todeschi)라는 독일계 유대인들이 모여 살았는데, 이곳에 모든 독일계를 수용할 수 없었기 때문에 일부가 구게토로 가서 살아야 했다. 캉브레 동맹[1508]시대에 받아들여진 토데스키는 고물상과 전당포를 운영했고, 베네치아의 몬테 디 피에타[Monte di Pietà]—"가난한 자들의 은행"—역시 이들 소관이었다. 포르투갈과 레반트 출신으로서 대규모 교역을 전문적으로 담당하면서 베네치아 정부의 애증의 대상이었던 유대인들은 아마도 1581년부터는 각각 독자적인 지위를 획득했을 것이다.[279] 그러나 1633년에 서지중해인(ponentini)을 포함한 모든 유대인들은 같은 게토로 통합되었다. 이때부터 집단수용소와 같은 인위적으로 만들어진 이 작은 세계에서 사회적, 종교적, 문화적 갈등이 나타났다.

그렇다고 해도 아널드 토인비가 말했듯이,[280] 이러한 차이가 생동감과 활기가 넘치는 단일한 유대 문명의 존재를 부정하게 할 수는 없다. 이 문명은 결코 생기를 잃은 것도, "화석화된" 것도 아니었다. 오히려 이 문명은 매우 활기차고, 공격적이고, 때때로 이상할 정도로 메시아 신앙에 사로잡히곤 했다. 특히 근대 초기에 유대 문명은 한편으로는 스피노자 훨씬 이전부터 회의주의와 무신론으로 연결되는 합리주의 사조, 그리고 다른 한편으로는 대중들의 미신과 근거 없는 종교적 광기 사이에서 갈팡질팡했다. 모든 박해는 그 반작용으로서 메시아 운동을 초래했다. 1525년부터 1531년까지의 카를 5세의 시대에는 가짜 메시아인 다비드 루베니와 디오고 피레스 같은 사람들이 나타나서 포르투갈 유대인들의 반란을 선동했다.[281] 17세기에도 오리엔트, 폴란드 등지에서 확산된 사바타이 제비의 메시아적인 선교활동이 거대한 파도를 일으켰다.[282]

그러나 이러한 심각한 위기들을 제외하더라도, 유대인들의 태도가 대체로 평화롭고 고통을 감내하는 편이었다고 가정하는 것은 잘못일 수 있다. 유대인들은 적극적이고, 포교활동에 열성적이며 때로는 전투적이었다. 게토는 유대인들을 가두는 감옥의 상징이었을 뿐만 아니라, 자신들의 신앙을 옹호하고 『탈무드』를 지키기 위해서 그들 스스로 은거한 성채이기도 했다. 유대인들에게 동정적인 모습을 보여주기도 했던 루치오 데 아제베도 같은 역사가는 16세기 초에 유대인이 보여준 불관용적인 태도는 "분명히 기독교인들보다 훨씬 더 강했다"고 주장했다.[283] 아마도 이는 지나친 발언일지도 모른다. 그러나 어쨌든 불관용의 태도는 분명하다. 그 자체로서는 터무니없기는 하지만, 1532년에 한 소문이 세간에 떠돌았다. 유대인들이 만토바에 체류 중이던 카를 5세를 모세 신앙으로 개종시키려고 한다는 것이었다![284]

도처에 존재하는 유대인 공동체

자청했건 자청하지 않았건 간에 유대인들은 문화 교류에서 큰 역할을 떠맡을 수밖에 없었던 것 같다. 그들은 어디에든 있었다. 추방되었다고 해서 금지된 지역을 반드시 떠나야 했던 것도 아니고, 다시 돌아올 수도 있었다. 영국에서는 1290년부터 크롬웰 시대에 입국이 다시 허용된 1655년까지 공식적으로는 유대인들이 존재하지 않았다. 실제로는 런던에 17세기 초에 이미 혹은 그보다 일찍부터 유대인 상인들이 있었다. 프랑스는 1394년에 유대인들을 영구적으로 추방했다. 그러나 유대인들은 루앙, 낭트, 보르도, 바욘 등지에서 겉으로는 기독교도의 모습을 한 개종자의 자격으로 곧 다시 나타났다. 이곳들은 포르투갈의 마라노들이 안트베르펜과 암스테르담으로 가는 도중에 관례적으로 들렀던 곳이었다. 프랑스의 국왕인 "앙리 2세는 만토바의 유대인 상인들에게 그의 왕국의 도시들에 출입하고 왕국 안에서 교역 활동을 하는 것을 허락했다. 또한 그들에게 세금을 면제해주었다. 그들이 왕에게 충성과 감사의 뜻을 드리러 찾아오자, 왕은 그해에 그들을 호의를 가지고 대했다."[285] 아마도 그해는 1547년이었던 것 같다. 이보다 중요한 일은 아니었겠지만, 보다 흥미로운 일이 벌어졌는데, 1597년 봄 파리와 낭트에 떠돌았던 소문이 바로 그것이다. 에스파냐 정보당국이 수집한 이 소문에 따르면, 프랑스 국왕이 "가장 기독교적인 국왕 루이 성왕[1214-1270]이 추방한 유대인들을 다시 불러들일" 생각을 하고 있다는 것이다.[286] 4년 후인 1601년에 비슷한 소문이 다시 돌았다. 프랑스 대사인 필리프 드 카네가 앙리 4세에게 다음과 같이 전했다는 것이다. "(포르투갈의) 유대인 지도자가 제게 말하기를, 전하께서 유대인들에게 프랑스에서 거주하도록 허락하신다면 이러한 결정으로부터 많은 편익을 보실 것이고, 왕국에는 5만 이상의 신중하고 근면한 가족들이 살게 될 것이라고 합니다."[287] 1610년경 프랑스로 들어온 모리스코 가운데에는 상당수의 유대인들과 포르투갈 마라노들이 섞여 있었다. 모리스코가 대체로 다른 곳에 가기 위해서 프랑스를 경유했던 것과는 달리 이들은 난민들에 섞여 "프랑스, 특히 오베르뉴에서 기독교인의 가면을 쓰고 정착했다."[288]

프랑스 남부 지방에는 유대인들이 거의 없었다. 1568-1570년경, 프로방스 도시들에서 추방당한 그들을 사부아에서 우호적으로 받아들였기 때문이다.[289] 도시 정책이 자주 바뀌었던 마르세유에서도 17세기 초에 이들은 소수였다.[290] 1492년에 에스파냐에서 축출당한 유대인은 랑그도크에 정착하고, 이곳에 머물며 "(프랑스인들이) 북서 아프리카 바르바리 지역과의 상거래에 익숙해질 수 있도록 도왔다."[291] 신기독교인의 가면을 쓴 그들은 몽펠리에에서는 약제사나 의사가 되었다. 펠릭스 플라터 역시 그들 중 한 사람의 집에 머물렀다. 세기 말 아비뇽에서는 교황의 비호 하에 500여 명의 유대인들이 살고 있었다. "도시 안에서건 밖에서건 집, 정원, 농지, 목초지 등 어떤 것도 구입할" 권리가 없었기 때문에, 이들은 헌옷 장사나 재단사의 일밖에 할 수 없었다.[292]

독일과 이탈리아에서는 동시에 모든 곳에서 한꺼번에 추방되기에는 유대인들이 너무 다양했다. 그러나 그들이 겪은 고생은 이루 말할 수 없었다. 한 도시가 그들에게 문을 닫아걸면, 다른 도시가 문을 열어주었다. 1597년에 밀라노가 많이 주저한 끝에 얼마 되지도 않는 "헤브라이인들"을 추방하자, 우리가 조사할 수 있는 한에서 살펴보면 이들은 베르첼리, 만토바, 모데나, 베로나, 파도바와 "그 인근 지역"으로 거처를 옮겼다.[293] 이 문에서 저문으로 옮겨다니는 모습은 성공하지 못할 때조차 희극적인 느낌을 준다. 제노바에서는 1516년에 공식적으로 추방당했던 유대인들이 1517년에 다시 돌아오는 희극적인 장면을 연출했다.[294] 베네치아와 라구사에서도 결국 유대인들이 다시 귀환하면서 비슷한 일이 벌어졌다. 1515년 5월 라구사는 한 프란체스코회 수도사의 선동으로 유대인을 추방했다. 그러나 유대인들이 풀리아와 모레아에서 성 블라시우스[라구사의 수호 성인] 공화국으로의 곡물 공급을 봉쇄하는 조치를 취하자(이들이 이 도시의 곡물 공급을 관장하고 있었다는 증거이다), 라구사는 다시 이들을 받아들여야 했다. 결국 1545년 술탄이 라구사인들에게 그런 명령을 내리기 전까지는 다시는 유대인을 추방할 생각조차 하지 못하게 되었다.[295] 1550년 이번에는 베네치아가 유대인 추방을 원했다. 그러나 이들 유대인들이 모직물, 견직물, 설탕, 향신료 등의 거래를 장악하고 있고 정작 베네치아인들은 이 물건들을 거래하면서 관례적인 수수료만을 받고 있다는 사실을 베네치아 정부는 잘 알고 있었다.[296] 실제로 프랑스, 에스파냐, 포르투갈에서 연달아 추방령이 내려지면서, 이탈리아에는 많은 유대인들이 모여들었고, 특히 교황령은 유대인들이 가장 선호하는 망명지였다. 안코나에서도 그들은 번성했다. 1555년과 1556년 파울루스 4세에 의한 대대적인 박해가 있기 전까지 안코나의 유대인 가정은 1,770명의 가장들이 이끌고 있었다. 그들은 원하는 대로 가옥과 포도밭 등 부동산을 구입할 수 있었고, "기독교인과 그들을 구분 짓는 어떤 표지도 착용하지 않았다."[297] 1492년 시칠리아에서 추방된 유대인은 4만 명이 넘었고,[298] 전해지는 바로는 그중 대다수가 평범한 수공업 장인들이었는데, 워낙 대규모 이동이어서 섬을 출발하는 것조차 쉽지 않았다. 반대로 이로부터 10여 년 후에 에스파냐의 지배를 받게 된 나폴리에서는 1541년까지도 유대인이 계속 살 수 있었다. 이들은 수도 많지 않았고, 아브라바넬 가문처럼 부유하고 활동이 대단했다.[299]

추방당한 유대인들과 도적떼를 비교하는 것은 적절하지 않겠지만, 헤브라이인들과 범법자들 둘 다 이탈리아와 독일에서 이 나라의 복잡한 정치를 유리하게 이용할 수 있었다. 게다가 독일 가까이에는 마차로 닿을 수 있는 폴란드라는 편리한 피신처가 있었다. 문제가 생길 경우 도망자들은 짐을 챙겨 그곳으로 갔다. 이탈리아 주위에는 바다와 레반트라는 편리한 도주 수단이 있었다. 1571년에 베네치아에서 유대인들을 추방하자는 논의가 시작되자, 일부 유대인들은 이미 베네치아를 떠나기 위해서 배에 오르기 시작했다. 그때 추방 명령이 철회되기는 했지만 말이다.[300] 물론 배로 떠나는 데는 여러 가지 위험이 뒤따랐다. 선장의 입장에서는 그들의 짐을 빼앗고, 그들을 팔아버리고 싶은 유혹이 컸기 때문이다. 1540년에 라구사 선박의 선장이 나폴리를 떠나는 유대인 승객들을 약탈하고, 마르세유에 유기했다. 프랑스 국왕 프랑수아 1세는 이 불쌍한 사람들을 자신의 배로 레반트로 보내주었다.[301] 1558년 페자로의 유대인 추방자들[302]은 라구사로 갔다가 레반트로 출항했다. 그런데 아마도 라구사인들이었던 것으로 보이는 선원들이 그들을 붙잡아 풀리아에서 노예로 팔았다. 1583년에는 그리스인 선원들이 53명의 유대인 가운데 52명을 학살했다.[303]

항상 "지친 발을 쉴 수 있는"[304] 도시들을 찾아다니던 유대인들은 결국 사방으로 흩어질 수밖에 없었다. 1514년에 키프로스의 렉토르[rector : 베네치아의 해외 영토 파견관]는 베네치아 정부로부터 유대인들이 노란 베레모 대신 검정 베레모를 착용하는 일이 없도록 하라는 명령을 받았다.[305] 초췌한 모습으로 이스탄불에 도착한 12명의 크레타 유대인들은 크레타에 "그런 유대인들이 500명이 넘는다"고 알려왔다.[306] 또다른 베네치아령 섬인 코르푸에서는 1588년에 400명의 유대인들이 도시들 여기저기에 흩어져 기독교인들 속에 뒤섞여 살고 있었다. 그들을 이렇게 흩어놓는 것이 양편 모두를 만족시키는 길일 것 같다고 우리의 사료는 기록하고 있다.[307] 실제로 코르푸의 유대인들은 베네치아 당국으로부터 항상 혜택을 누리고 있었다.[308]

지중해 전 지역과 세계 수준에서 유대인들의 이주를 확인하고 싶다면, 우리는 고아, 아덴, 페르시아에서 큰 어려움 없이 살아가던 유대인들의 모습을 찾아볼 수 있다. 반면 "레반트 전역에서 그들은 강압적인 분위기 속에서 비참하고 그늘진 삶을 살고 있었다." 그러나 이런 말은 1660년의 상황에

나 해당하는 말이다.[309] 세상은 바뀌고 또 바뀌었다. 실제로 1693년에 프랑스 문서에는 포르투갈과 이탈리아 유대인들이 레반트에 정착한 지 "40년"이 되었으며, "이즈미르"에서는 프랑스 영사의 보호를 받고 있다고 나와 있다. 유대인들은 또한 마르세유로 들어와서 "어느새 레반트 교역에서 중대한 몫을 차지하게 되었고, 사정이 이러하자 작고한 M. 드 세뉼레는 생전에 칙령에 따라서 이들을 마르세유에서 추방할 수밖에 없었다."[310] 그러나 이들은 레반트로 가서 거래의 다른 쪽 끝을 장악해버렸다. 유대인들은 마데이라 섬에도 있었고, 상투메 섬에도 많았다. (분명히 개종한 신기독교인들이었던) 그들은 곧 "공개적으로" 유대교를 섬기게 되었다.[311] 아메리카 대륙에도 그들은 가장 먼저 도착했고, 1515년부터는 쿠바에서 에스파냐 종교재판이 열리자 첫 번째 순교자가 되었다.[312] 종교재판은 그후로도 계속되었다. 1543년에는 에스파냐 왕국의 섭정이었던 펠리페가 카스티야령 서인도에서 유대인들을 축출했다.[313] 순전히 말뿐인 조치이기는 했지만 말이다. 유대인들은 북아프리카에도 많았고, 멀리 남쪽으로 사하라 사막까지 뻗어 있었다.

유대교와 자본주의

아르메니아인들처럼 원래는 농민이었던 유대인들은 수세기를 지나며 땅을 일구는 일에서 점점 멀어져갔다. 그들은 도처에서 금융자본가, 군납업자, 상인, 고리대금업자, 전당포 업자, 의사, 장인, 재단사, 직조공, 심지어는 대장장이의 일을 했다. 이들은 종종 매우 가난했고, 때로는 비루한 전당포 주인이기도 했다. 이들 가운데 가장 빈한한 사람들은 투르크 시장에서 손수건, 냅킨, 침대보 등을 파는 유대 여인들이었다.[314] 유대인들은 산을 넘고 계곡을 건너 끊임없이 여행했다. 랍비의 결정 기록을 보더라도, 발칸 반도 여기저기에 흩어져 살고 있던 유대인들 사이에서 가장 흔했던 직업들은 초라했으며, 이들이 벌인 분쟁들도 사소한 것들이었음을 알 수 있다.[315] 아무리 영세한 규모라도 전당포 주인은 굶주린 이 유대인 집단에서는 거의 부르주아급의 대우를 받았다. 이탈리아에서 이러한 전당포 주인들의 수가 증가했고, 그들의 직업은 농촌이나 소도시에서 유용했다. 1573년 9월에 카포디스트리아[코페르]의 행정장관[316]은 물가가 계속 오르면서 주민들이 30-40퍼센트의 이자를 받는 트리에스테의 고리대금업자에게 갈 수밖에 없게 되었기 때문에(이미 찾아갔다), 유대인 은행가를 데려와야 한다고 주장했다. 현지의 유대인 대부업자는 그 정도로 이자를 높이지 않는다는 것이다. 다음 해인 1574년 형편이 어려운 카스텔프랑코의 가난한 공동체는 베네치아 정부에 다음 사항을 요구했고, 4월 6일 승인되었다. "유대인 요세프에게 이 마을에서 은행을 열 수 있도록, 그리고 오직 동산에 대해서만 담보를 잡을 수 있도록 해주십시오."[317] 1575년에도 포르데노네 공동체는 "수많은 가난한 이들을 위해서" 유대인이 은행을 열 수 있도록 허가해달라고 요청했다.[318] 그러나 이것이 유대인 대부업자와 기독교인 채무자들 사이의 관계가 원활했음을 의미하지는 않는다. 예를 들면, 1573년에 치비달레 델 프리울 공동체[319]는 "이 도시의 가난한 사람들을 끝도 없이 괴롭히고 기진맥진하게 만드는 헤브라이인의 전당포로부터 벗어나야 한다"고 주장했다. 1607년 7월 코넬리아노에서는 한 헤브라이인의 전당포가 강도단에게 금품을 강탈당했다. 베네치아 정부의 헌병들(이 시기에는 카펠레티[capelletti], 17세기부터는 카라비니에리[carabinieri]라고 불린다)은 그들을 추적하여 노획물(5,000두카트 값어치의 보석과 저당물들)을 회수했고, 도적들 가운데 4명을 참수했다. 이들의 수급은 살아남은 2명의 도둑과 함께 트레비소로 이송되었다.[320]

단기간 돈을 빌려주는 소규모 대부업자와 고리대금업자들과 함께 큰 유대인 상인 가문들 역시 필요한 존재였다. 추방당했다가도 늘 다시 요청을 받으면 돌아왔으니 말이다. 그들은 신기독교인이라는 가면을 쓰고 있거나 혹은 부유하고 완벽한 기독교인일 수도 있었다. 어쨌든 리스본에서 우리는 히메네스, 칼데이라, 에보라 같은 상인 가문들을 목격할 수 있다. 그들 가운데는 혁신적인 상인들도 많았다. 레반트 출신의 베네치아 유대인인 미카엘 로드리게스(혹은 로드리가)는 스팔라토를 기항지로 삼는 방식을 구상했다.[321] 유대 상인들은 또한 사무엘 아브라바넬과 그의 부유한 가문처럼 막강한 권력을 가지고 있기도 했다. 이들은 국왕에게 막대한 자금을 빌려주고 마데이라의 설탕 교역과 란치아노 정기시들과 곡물 교역에 대한 이권을 가지고 있었기 때문에 수십 년 동안 나폴리 유대인들의 운명을 지킬 수 있었다.[322] 포르투갈의 멘데스 가문, 특히 이 가문의 조카로서 레반트에서 보낸 에스파냐 보고서에서 이야기한 후안 미카스(후안 밍게스 또는 후안 미케스)의 가족의 화려한 이력을 통해서 유대 상인들이 얼마나 큰 성공을 거둘 수 있었는지를 짐작해볼 수 있다.[323] 마라노인 그는 이스탄불에서 다시 유대교로 돌아갔고, "유대인의 왕"이 되어 성지에 나라를 세우는 것을 꿈꾸었으나(그는 티베리아스의 폐허[이스라엘]를 부흥시켰다), "키프로스의 왕"이 되는 것을 꿈꾸었으나, 술탄이 그에게 내린 낙소스 공작이라는 이름에 만족해야 했다. 그는 동방의 푸거 가문으로서 죽을 때(1579)까지 최고의 권세를 누렸다. 또한 적어도 역사가들이나 그에게 관심을 가진 전기작가들에게 그는 낙소스 공작이라는 이름으로 알려져 있다.

그러나 이러한 눈부신 성공은 전체적인 경제 상황에서 나온 것이었다. 16세기의 오스만 제국을 연구하는 역사가들은 유대 상인들의 승리를 (정확히 말하면, 너무 늦은 듯하지만) 주목했다.[324] 바로 이들이 그리스 상인들과 더불어 세수입의 징수와 부유한 대토지 소유자들의 지대 수금을 청부하고, 사업망을 제국 전체로 확장시킨 사람들이다. 블롱 뒤 망은 1550년경 이들에 대해서 다음과 같이 말했다. "그들은 투르크의 부와 수입 모두를 손에 쥐고 있다고 할 수 있을 정도로 투르크 상거래를 장악하고 있다. 염세(鹽稅)와 포도주를 비롯한 여러 물품들에 대한 선적세의 징수를 청부하면서 지방세 수입을 가장 높은 가격으로 낙찰받았기 때문이다." "유대인들의 서비스를 종종 이용해야 했고 그들과 자주 만나야 했기 때문에, 나는 유대인들이 이 나라에서 가장 영리하고, 영악한 사람들이라는 것을 쉽게 알 수 있었다."[325] 이처럼 많은 유대인들의 집단적인 자산이 없었다면, 낙소스 공작과 같은 성공적인 삶은 불가능했을 것이다. 마찬가지로 30년전쟁 당시 "궁정 유대인"[326]으로서 큰 활약을 보여준 독일 유대인 금융가들의 성공 역시 아우크스부르크 종교회의(1555) 이후의 평화 시기에 장차 있을 독일 유대인들에 대한 반격에 대비해서 모아둔 자금이 없었다면 불가능했을 것이다. 또한 16세기 말에 설탕과 향신료 거래를 지배하고 막대한 자금을 소유했던 포르투갈 유대인들 간의 네트워크가 암스테르담의 성공을 가능하게 했다. 아메리카 역시 그들의 넓은 사업망이 뒤덮고 있었다.

이러한 사실이 모든 유대인 상인들은 부유하고 어려움이 없었다는 것을 의미하지는 않는다. 또한 유대교가 가진 특별한 소명의식이나 독특한 윤리가 우리가 16세기 자본주의 혹은 전(前)자본주의라고 부르는 현상을 초래했다는 말도 아니다. "이스라엘이 태양처럼 유럽 전역으로 이동하면서 태양이 빛나는 곳에서는 새로운 삶이 싹텄고, 이들이 버리고 간 지역에는 활짝 피었던 꽃들도 모두 시들어버렸다"는 의미도 아니다.[327] 위의 사실들은 유대인들이 지리적 조건과 변화하는 경제 국면에 적응할 줄 알았다는 것을 뜻한다. 이스라엘이 "태양"이라면, 땅에서 원격조종되는 태양이었다. 유대 상인은 발전하는 지역으로 가서 그 지역의 발전에 기여하는 만큼 이익을 누렸다. 자본주의는 많은 것을 의미할 수 있다. 그것은 계산체계이자, 돈과 신용과 관련된 기술들을 사용할 수 있는 것이었다. 1099년 십자군의 예루살렘 함락 이전부터 유대인은 이슬람 세계에서 널리 사용되던 수프타야(suftaya)라는 환어음과 사크(sakh)라는 수표를 알고 있었다.[328] 여러 차례의 유대인 공동체의 강제 이주에도 불구하고 유대인은 이런 기술들은 계속 간직했다.

게다가 자본주의는 세계적인 수준의 상호 신뢰와 협력을 조직할 수 있는 네트워크를 의미한다. 낭트 칙령의 철회(1685)는 그 자체로서 16세기에 시작된 프로테스탄트계 은행의 성공을 초래한 것은 아니지만, 프랑스, 제네바, 네덜란드, 영국의 프로테스탄트들의 감시와 협력의 네트워크를 가진 은행의 대번영의 시대를 열었다. 그 뒤 몇 세기 동안, 유대인 상인들에 대해서도 똑 같은 설명이 가능하다. 그들은 도처에 세계 제1의 상인망을 구성했다. 후진 지역 혹은 저발전 지역에서 그들은 장인, 가게 주인 혹은 대부업자의 역할을 했고, 주요 도시들에서는 경제 성장과 무역의 호황을 위해서 자기 몫을 다했다. 그들의 수가 매우 적을 수도 있다. 1586년에 베네치아에서 유대인들의 수는 1,424명이었다.[329] 17세기 초 함부르크[330]에서는 100여 명에 불과했다. 1570년 암스테르담에서는 2,000명이 약간 넘었고, 안트베르펜에서는 400명이었다.[331] 16세기 말에 조반니 보테로[332]는 난민들의 주요 피난지였던 이스탄불과 살로니카에 족히 16만 명 정도의 유대인들이 살고 있다고 말했다.[333] 그러나 발로나[블로레]에서는 겨우 160가구, 산타 마우로에도 그 정도, 로도스 섬에 500가구, 카이로와 알렉산드리아, 시리아의 트리폴리, 알레포와 앙고라[앙카라]에 2,500명 정도가 살았다고 기록했다. 이 수치가 얼마나 정확한지에 대해서는 조심스럽다. 그러나 이스탄불이나 살로니카처럼 유대인들이 밀집해 있던 곳에서는 삶이 어려워질 수밖에 없었고, 벌이가 얼마 되지 않더라도 어떤 직업이든 가져야 할 필요가 있었다. 살로니카, 이스탄불 등지의 모직물 직조공과 염색공들, 농촌의 정기시들을 떠돌던 상인들, 양털이나 가죽 수집상들이 그들이다. 반대로 소규모 공동체는 무역이 융성한 지역적 특성 덕분에 부유해진 상인들로 이루어져 있었다. 이들은 종종 번창하는 무역에 이끌려 이곳으로 이주한 지 얼마 되지 않은 경우가 많았다.

13세기에 샹파뉴 정기시는 서양의 상업 중심지였다. 모든 종류의 상품들이 정기시로 흘러들어와 그곳에서 흘러나갔다. 유대인 역시 그곳으로 모여들었다. 샹파뉴 도시와 촌락[334]에서 상당수의 유대인들이 농업이나 더 흔하게는 수공업에 종사했고, 목초지, 포도밭, 부동산, 가옥을 가지고 있었으며,

사고 팔 수 있었다. 그러나 무엇보다도 그들은 상인들이었고, 고리대금업자였으며, "대부업이 상업보다 훨씬 더 인기가 있었던 것 같다." 대부는 주로 귀족들, 특히 샹파뉴 백작들과 수도원들을 대상으로 이루어졌다. 샹파뉴 정기시와 이곳을 휘감은 부에 매료되기는 했지만, 유대인들이 직접적으로 거래에 참여하거나 지배적인 위치를 차지했던 것은 아니다(예외가 없는 것은 아니었다). 그러나 접근로 몇 개는 확보해두고 있었다.

14세기 경기 후퇴기에 서양에서 유일한 경제적 안전지대는 이탈리아였다. 유대 상인들의 수가 나라 곳곳에서 크게 증가했다. 최근의 연구[335]는 이들 유대인들이 가장 하층의 고리대금업을 담당하면서 상업 세계의 가장 기초적인 차원에서 경쟁자를 몰아냈음을 보여주었다.

15세기와 16세기에 지중해 교역의 주요 흐름은 북아프리카 무역과 레반트 무역이었다. 1509년에 에스파냐의 개입이 틀렘센 민중에 의한 기독교 상인들의 학살을 야기했을 때, 유대인들 역시 그들과 운명을 함께 했다.[336] 그들은 또한 1510년 에스파냐인들이 정복한 부지와 트리폴리에도 있었다.[337] 1541년에 다시 틀렘센에 에스파냐 군대가 입성했을 때, "그곳에 있던 다수의 유대인들이 포로가 되었고, 승자에 의해서 노예로 팔렸다. 그들 중 일부는 오랑과 페즈에서 몸값을 지불하고 풀려났지만, 다른 사람들은 에스파냐까지 포로로 끌려갔고, 그곳에서 이스라엘의 불멸의 신을 저버리도록 강요당했다."[338] 몇 년 전인 1535년에 카를 5세의 튀니스 함락 때도 비슷한 상황이 벌어졌다. 의사인 요세프 하 코엔이 전하는 바에 따르면,[339] 유대인들은 "남자 여자 할 것 없이 너무나 다양한 곳에서 거래되었다. 그런데 나폴리와 제노바에 있는 이탈리아 공동체들이 그중 많은 사람들의 몸값을 지불했다. 부디 신께서 이 공동체들을 기억해주시기를!"

레오 아프리카누스의 증언에 따르면, 북아프리카에서는 유대인 공동체들이 16세기 초까지도 여전히 번창했고, 호전적이었다. 이들은 1668년까지 오랑의 에스파냐 요새가 호의적이지 않았음에도 불구하고,[340] 모든 상거래에 참여했다. 1626년 오랑 요새의 보고서[341]에는 사하라 사막을 건너온 낙타 대상들의 도착이 기록되어 있다. 이들 중 [모로코의] 타필랄트와 피기그에서 온 대상들은 "전쟁의 유대인들"을 이끌고 왔는데, 이들은 실제로는 단순한 상인들일 뿐이었다. 이슬람 국가들에서처럼 에스파냐에서도 요새 부근에 거주하는 신민들을 "평화의 무어인들"이라고 부르는 한편 불복종자들은 "전쟁의 무어인들"이라고 불렀다. 이와 비슷하게 평화의 유대인들과 전쟁의 유대인들로 구분한 것이다. 그런데 이 고대부터 이어져오는 교역로에 유대 상인들이 존재했다는 사실은 흥미롭지 않을 수가 없다.

레반트에서도 유대 상인들의 대대적인 경제 참여를 알려주는 증언들이 이어졌다. 그들은 알레포에서 그리고 (특히 포르투갈계 유대인이) 카이로에서 시장을 장악했고, 기독교인들에게 돈을 빌려주는 대부업자로 활약했으며, 대상 활동이 그들의 수중에 집중되어 있었음이 분명하다.

그밖에 무엇을 말할 수 있을까? 베네치아에서도 유대인은 계속 존재했다. 화해와 합의가 이루어진 뒤로도 자주 긴장과 다툼이 이어졌지만 말이다. 1497년에 아마도 부유한 마라노들을 대상으로 한 듯한 추방령이 내려졌다.[342] 이들이 베네치아인들에게 공급될 예정이던 시칠리아 곡물에 대한 투기를 도모한 후의 일이었다. 그러나 이들은 유대인들 가운데 아주 작은 일파에 불과했으며, 베네치아에 들어온 지 얼마 되지 않은 사람들이었다. 모든 증거들을 종합해볼 때, 이들은 다시 돌아온 듯하다(왜냐하면 1550년에 다시 이들을 추방하는 문제가 논의되었기 때문이다.[343] 게다가 16세기 말까지도, 또 그 이후로도 분명히 베네치아에서 이들의 존재를 확인할 수 있었다). 마찬가지로 1597년까지 밀라노와 인근 지역에서도 유대인들의 존재가 확인된다. 로마의 유대인들은 계속해서 다소 옹색한 삶을 살았지만, 안코나의 유대인들은 이 도시가 번창하는 한, 즉 17세기의 첫 몇 년 동안 승승장구했다. 리보르노에서 유대인들은 메디치 가문의 부활을 처음부터, 즉 1593년부터 도운 건설자들이었다.[344]

그들의 상황이 어떠했는가를 알 수 있는 도시는 단연코 세계 금융의 수도인 제노바일 것이다. 그런데 이와 관련된 쓸 만한 정보들이 턱없이 부족하다. 단 한 가지 확실한 것은 유대인들에 대한 적개심이다. 유대인 경쟁자들에 대한 제노바 장인들과 의사들의 시기심은 결국 1550년 4월 2일 유대인 공동체의 추방으로 귀결되었다. 한 증인에 따르면, 법령이 "트럼펫 소리와 함께 선포되었다." 1516년 "나의 아버지인 랍비 여호수아 하 코엔 시대에 그랬듯이 말이다." 우리의 증인인 요세프 하 코엔이라는 이 의사는 멀지 않은 곳인 제노바 공화국령 볼타조로 이주했고 그의 일을 계속했다.[345] 1559년 제노바에서 다시 한번 적대적인 태도가 확인된다. 적어도 유대인들의 "옆구리에 난 가시같이 사악한 인물"[346]인 네그론 데 네그리라는 제노바의 한 유명인사의 태도가 눈에 띈다. 그는 피에몬테 지방에서 유대인들을 쫓아내려고 했지만 실패했다. 1567년 6월 제노바인들은 다시 한번 유대인들을 그들의 공화국에서 추방했는데, 제노바에서 유대인들을 추방한 포고령 이후에도 이곳에서는 한동안 이들의 거주가 용인되어왔다. 의사인 요세프 하 코엔은 이때 볼타조를 떠나 "몽페라트 영토의 카스텔레토에" 정착했다. "이곳에서는 모든 사람들이 나를 기쁘게 맞아주었다."[347] 더 정확한 정보들을 찾을 수 없는 것이 아쉬울 뿐이다. 내가 생각하는 것처럼 부유한 유대 상인들이 피아첸차 정기시를 드나들 수 있었을지 의문이다.

마지막으로 꼭 염두에 두어야 할 사실은 지중해 모든 지역으로 마라노들이 퍼져나갔다는 사실이다. 이들은 홀란드인의 도래를 준비하고 세계사에서 암스테르담의 세기가 시작되었음을 알리게 될 것이다. 1627년 올리바레스 백공작은 포르투갈의 마라노들을 가장 중요한 아시엔토 계약(단기 대부 계약)에 밀어넣었다. 이로써 이미 시작되었던 새로운 금융 시대가 확실히 모습을 드러내게 되었다.[348] 많은 징후들이 이를 확인시켜준다. 1605년에 이미 1만 명의 유대인들에게 에스파냐 정착을 허가하는 문제가 논의되었다. 기독교도의 아시엔토 체제보다 에스파냐 왕실의 재정구조를 더 효과적으로 조직하기 위해서였다.[349] 증거는 또 있다. 17세기에 지중해의 번창하는 세 도시인 마르세유, 리보르노, 이즈미르에서 유대인들이 활동했다는 증거가 있다. 세비야와 마드리드, 리스본 같은 핵심 지역들 그리고 마침내 암스테르담에서까지 유대인들이 정착했다. 런던에는 이미 1630년과 1635년 사이에 "위대한 유대인" 안토니오 페르난데스 카르바할이라는 부유한 상인이 정착했다.[350] 내 생각에 증거들은 이것으로 충분한 것 같다.

유대인과 콩종튀르

유대인들의 순교의 역사에서 박해, 학살, 추방, 강제 개종 사건들을 시대순으로 배열해보면, 콩종튀르의 동향과 이 가혹한 조치들 사이의 상관관계를 확인할 수 있다. 후자는 항상 혹독한 경제 상황과의 관련하에 나타났다. 영국(1290), 독일(1348-1375), 에스파냐(1391년 세비야의 유대인 박해와 강제 개종), 프랑스(1394년 파리 유대인들의 완전한 추방)에서 서유럽 유대인들의 안락한 행복과 번영을 종식시켰던 것은 제후들이나 "사악한" 사람들만이 아니었다. 물론 이들의 역할을 부인하는 것은 아니지만, 그것이 전부는 아니었다. 가장 큰 죄를 지은 것은 서양 세계의 전반적인 경기 후퇴였다. 이 점에 관해서는 어떤 논란도 없을 듯하다. 에스파냐 유대인들의 추방(1492)만을 예로 들어보자. 베르너 좀바르트의 말을 빌리면, 이 세계적인 사건[351]은 긴 경기 후퇴의 시기에 뒤늦게 발생했다. 이 시기는 이사벨과 페르난도 공동 국왕의 지배 시기와 함께 시작되었고, 적어도 1509년, 아마도 1520년까지 계속되었다.

1350년부터 1450년까지의 한 세기간의 경기 후퇴가 유대 상인들을 이탈리아와 이 나라의 안정적인 경제 환경으로 밀어넣은 것과 같이,[352] 1600-1650년의 위기 때 역시 그들을 경제가 안정적이었던 북해 지역으로 가게 했다. 프로테스탄트 세계가 유대인들을 구하고, 이들에게 특별한 혜택을 베풀었다면, 역으로 이들 역시 프로테스탄트 세계를 구했고, 혜택을 베풀었다고 할 수 있다. 베르너 좀바르트가 지적했듯이, 아메리카나 인도, 중국으로 가는 해상 무역로와의 접근성에서 볼 때, 제노바는 함부르크나 암스테르담만큼이나 유리했다.[353]

그런데 콩종튀르와 유대민족의 흥망성쇠 사이의 일치는 큰 사건, 긴 국면에 대해서만 나타나는 것이 아니었다. 해마다 거의 날마다 나타날 수 있는 작은 위기들 속에서도 관찰된다. 사소한 사건 하나를 예로 들어보자. 1545년에 다른 지역들과 마찬가지로 라구사 역시 경제적 곤란을 겪게 되자, 공화국은 자연스럽게 유대인들을 추방하는 방법을 강구하게 되었다. 1559년부터 1575년까지 긴 후퇴기가 계속되는 동안에도, 특히 1570년부터 1573년까지 투르크와의 전쟁 동안에도[354] 베네치아가 섬과 육지 영토에서 유대인들에 대해서 너무나 쉽게 비슷한 조치를 취하게 된 것도 마찬가지 사정이었다. 레반트 출신의 유대인들은 체포되었고, 유대 상인들의 상품은 몰수당했으며, 엄격한 조건들이 베네치아 유대인 주거지를 유지하는 조건으로 부과되었다(1571년 12월 18일). 브레시아와 베네치아 자체에서 유대인들을 추방하는 계획도 마련되었다. 아드리아 해에서 포획된 젊은 유대인들은 "전쟁이 끝날 때까지" 갤리 선에서 노를 젓도록 결정되었다. 이 시대야말로 "야코보"의 수난시대였다.[355] 이 모든 일들이 경제 상황과 관련이 있었다. 1581년 페라라 유대인들에 대한 가혹한 박해 사건 역시 1580-1584년의 주기적 위기와 관련된 많은 사건 서류에 끼워넣어져야 한다.[356]

그러나 장기적인 경기 순환이 1575년부터 1595년까지 회복되면서 상황이 호전되자 지중해 전체의 경제 활동이 활발해졌고, 특히 어디에서건 유대인 공동체의 삶도 개선되었다(로마에서는 식스투스 5세[재위 1585-1590]가 이들을 보호했다).[357] 그후 해상무역에서 유대 자본주의의 역할이 끊임없이 증대했던 것 같다. 유대인들은 베네치아에서는 불가능했지만, 안코나[358]와 페라라[359]에서는 지배적인 세력으로 성장했다. "포르투갈"과 "레반트" 유대인들의 성공담들, 모로코 수수 강과의 연계와 설탕 정제업,[360] 스팔라토 항구의 건설,[361] 1587년 3월에 다니엘 로드리가 같은 영향력 있는 인물이 베네치아 세관 앞으로 같은 액수의 선금이 불입되는 조건으로 이스탄불의 베네치아 바일로 앞으로 2만 두카트를 예치하기로 한 것,[362] 1589년경 페라라 유대인들을 수용하기로 한 베네치아의 결정[363]이 모두 그 증거이다. 이 모든 계획과 활동 속에서 드러나는 자유는 달라진 분위기를 보여준다. 1598년 "레반트인(levantini)"과 "서지중해인(ponentini)" 유대인들에게 적용된 제도는 참으로 너그러운 것이었다. 10년 유효의 통행증이 그들에게 발부되었고, 기간이 만료되면 법적 고발을 당하지 않는 한 자동적으로 갱신되었다. 조건은 10년 전인 1589년과 같았다. 호의적인 작은 부가 규정 하나가 추가되었다. "베네치아 밖을 여행하는 유대인들은 검은 베레모를 쓰거나 관례적인 무기들을 휴대할 수 있다."[364] 실제로 이 당시 베네치아는 페라라에 피해를 주면서까지 이탈리아 전국의 마라노들이 모여드는 중심지가 되고 있었다. 이곳은 또한 이탈리아의 마라노들이 독일과 레반트 유대인들과 접촉하는 거점이기도 했다. 다음과 같은 명백한 증거도 있다. 베네치아가 유럽 지성들의 수도가 되면서, 마라노, 포르투갈, 에스파냐의 문학작품들이 베네치아 인쇄소에서 출간되었다. 이 역할은 암스테르담과 함부르크 인쇄업자들이 그 역할을 떠맡을 때까지 계속되었다.[365]

따라서 유대인 공동체는 암스테르담으로부터 리스본, 베네치아, 이스탄불에 이르기까지 성공을 아니 적어도 지위의 개선을 거두었다. 지중해에서 유대인들의 상품을 노리는 것은 쓸데없는 짓이나 하찮은 품팔이가 아니라, 많은 적들이 탐하는 상당한 돈벌이였다. 게다가 이런 약탈 위협은 오래 전부터 있어왔다. 1552년[366]에 처음 그리고 1565년[367]에 다시 청원서를 제출한 유대인들은 몰타의 "매우 사악한 수도사들"의 선박을 지목했다. 몰타는 "유대인들에게서 강탈한 전리품들을 쓸어가는 함정이자 그물"이었다.[368] 16세기 말에는 토스카나인, 시칠리아인, 나폴리인, 섬 출신의 그리스인들이 해적선에 합류했다.[369] 아마도 전리품이 상당했던 것 같다. 유대인들이 사업 재기에 성공했음을 보여주는 다른 징후들이 있다. 나폴리와의 교역을 재개하여 큰 수익을 올렸다는 것을 예로 들 수 있다. 1541년의 추방 이후, 유대인들은 란치아노와 루체라 정기시에만 드나들 수 있었던 것 같다. 그런 데 1590년부터 상업관계를 재개하는 문제가 거론되기 시작했고,[370] 1613년 9월에는 유대인의 교역권이 최종적으로 승인되었다.[371]

역사학자들이 푸거 가문의 "세기" 혹은 제노바인들의 "세기"를 이미 언급했지만, 1590-1600년에 시작해서 1621년경까지 혹은 1650년까지 계속되는 시기를 두고 유대인 대상인들의 "세기"라고 말한다고 해서 역사 연구의 현 상황에서 그리 터무니없는 일은 아닌 듯하다. 이 "세기"는 여러 가지 지적 인 색깔들을 선명하게 지니고 있었다.

에스파냐 이해하기

세계사의 맥락을 벗어나서 그리고 자본주의의 역사를 거론하지 않고 유 대인들의 운명을 다룰 수는 없다(유대인들이 자본주의의 발명자가 아니었 다고 단정 짓는 것은 너무 성급한 일이다. 아마도 이것이 사실에 가까울 것 같기는 하지만 말이다. 어느 한 집단이 자본주의를 발명했다는 것은 도 무지 가능하지 않기 때문이다. 그럼에도 유대인들이 자본주의의 출발에 전 적으로 참여했다는 것은 분명하다). 아마도 논의를 에스파냐의 사례로만 축 소시키면, 이야기가 보다 분명해질 것 같다. 유대인들의 운명은 에스파냐의 역사라는 거울 속에 다각적으로 비치고 있고, 동시에 에스파냐의 역사를 비추고 있기 때문이다.

한 가지 어려움이 있다면, 그것은 이미 뜨거워진 이 논란에 우리 시대의 감정, 언어, 논란을 개입시키지 않고, 선과 악, 흑과 백을 이분법적으로 나 누는 편협한 도덕가들의 단순한 논변에 휘둘리지 않는 것이다. 나는 에스파 냐를 이스라엘을 살해한 범인으로 모는 것을 거부한다. 과거에 한 번이라도 자기 자신보다 다른 사람들을 우선시했던 문명이 있었을까? 이스라엘이나 이슬람이 아닌 어느 누구였어도 마찬가지였을 것이다. 나는 20세기 사람으로서 특별한 감정 없이 이 문제를 다룰 것이다. 어쨌든 나는 자유를 침해당하고 신체, 재산, 신념을 공격당한 사람들의 편이 될 수밖에 없다. 따라서 에스파냐에 관해서 말할 때 나는 유대인, 개종자들, 프로테스탄트들, 알룸브라도스[alumbrados : 기도와 명상에 전념한 기독교 신비주의자들]를 동정한다. 그러나 벗어던질 수 없는 나의 이러한 감정들과 여기에서 우리가 다루는 문제는 관련이 없다. 16세기의 에스파냐에 관해서 "전체주의 국가" 혹은 인종주의 국가라고 말하는 것은 이치에 맞지 않는다. 물론 이 사태는 참담한 일이었지만, 사법 문서들을 살펴보면 같은 시기 프랑스, 독일, 영국, 베네치아에서도 비슷한 일이 있었다.

반복해서 말하지만, 에스파냐뿐만 아니라 투르크 혹은 세계사에 이제 막 진입한 신세계에서조차 콩종튀르라는 맹목적인 힘이 중요한 역할을 했다. 1492년 유대인들을 축출할 때, 에스파냐 국왕들은 혼자가 아니었다. 그라나다 공략에서의 승리가 언제나 사악한 조언자의 역할을 했고, 열악한 경제적 상황과 이로 인한 회복하기 어려운 상처들이 여기에 동조했다. 마지막으로 문명들 역시 문명들만의 고유한 장기간의 콩종튀르를 가지고 있으며 역사의 무게가 가리키는 방향으로 진행하는 거대한 움직임에 휩쓸리게 된다. 따라서 역사는 자체의 무게에 의해서 눈에 보이지 않는 경사로를 따라 점진적으로 진행되어가기 때문에 아무도 이를 의식하거나 책임질 수 없게 된다. 모든 문명들은 자기 자신을 "분할하고,"[372] 분할된 일부분에 고통을 전가하고, 선조의 유산과 자신들의 짐의 일부를 포기해야 하는 운명을 가지고 있다. 다시 말하면, 모든 문명은 끊임없이 자신의 과거로부터 유산을 물려받고, 이 가운데 일부를 선택해야 하며, 나머지 유산은 내려놓아야 한다. 그런데 어떤 문명도 스스로를 분리하고 일부를 버리는 것과 같은 일을 억지로 강요받지 않았다. 이사벨과 페르난도 공동 국왕 때부터 펠리페 4세에 이르는 전성기의 이베리아처럼 말이다. 나는 명백하게 이것을 **이베리아 문명**이라고 부른다. 왜냐하면 이 문명은 서양 문명의 독특한 한 부류로서, 그것의 전초기지이자 가장 끝에 위치해 있었고, 한때 외부 문명의 물결로 거의 온통 뒤덮인 적이 있었기 때문이다. "장기의" 16세기에 이베리아 반도는 다시 유럽에 편입되기 위해서 호전적인 기독교 세계로 변모했다. 따라서 반도는 불필요한 두 종교 집단, 즉 이슬람 교도들과 헤브라이인들을 버려야 했다. 반도는 아프리카나 오리엔트가 되기를 거부했다. 그 과정은 어떤 점에서는 현대의 탈식민화 과정과 비슷했다. 각각의 집단은 서로 다른 미래를 꿈꾸었다. 반도는 지리적인 위치나 수세기 동안 계속된 역사의 운명에 따라 유럽과 아프리카 사이를 연결하는 다리로 남을 수도 있었다. 반도는 다른 무엇이 될 수도 있었다. 그러나 다리는 이중 순환을 의미한다. 피레네 산맥과 대서양과 지중해 항로를 통해서 유럽이 반도를 정복했다. 그리고 이 경계 지역에서 재정복 전쟁의 승리와 함께 이슬람에 대해서 우위를 가지게 되었다. 아메리코 카스테로나 클라우디오 산체스 알보르노스 같은 이베리아의 역사가들이 말했듯이, "산 너머 사람들"이 승리했다. 유럽에 의한 에스파냐의 재정복이 이슬람 교도들의 땅에 대한 에스파냐 자체의 레콩키스타와 결합했다. 이후에 진행된 대항해 시대가 남은 일을 완수했다. 대항해 시대는 반도를 근대 세계의 중심으로 만들었고, 유럽에 의한 세계 정복의 중심으로 만들었다.

에스파냐가 유럽에 통합되지 말았어야 한다고 말하는 것은 하나의 견해로서 이미 제기된 바 있다.[373] 그런데 그것이 가능했을까? 1478년 에스파냐 종교재판과 1536년 포르투갈 종교재판은 이교 축출을 열망했던 정책가들이 단독으로 이룩한 성과가 아니라 광신적인 민중이 합세한 결과였다. 우리의 눈에 종교재판은 혐오스럽다. 희생자의 수(상대적으로 그리 많지 않다[374]) 때문이라기보다는 그 절차 때문이다. 그런데 종교재판소와 가톨릭 국왕들, 에스파냐와 포르투갈의 위정자들의 역할은 다수의 깊은 열망이 빚어낸 이 싸움에서 정말로 주요한 힘을 발휘할 수 있었을까?

19세기에 민족주의가 본격적으로 출현하기 전까지 사람들을 한데 묶어 준 끈은 종교적 소속감이었다. 이것은 문명이라는 말로 달리 표현할 수도 있겠다. 15세기 에스파냐의 거대한 통합은 오랫동안 다른 문명과의 대결에서 가장 약하고, 가장 덜 빛나고, 덜 지적이고, 덜 풍요로웠으나 어느 순간 갑자기 그 짐을 떨쳐버린 한 집단이 이룩한 것이다. 그들은 마침내 가장 강해지기는 했지만, 아직까지 스스로에 대한 내적인 확신도 힘에 대한 성찰도 가지지 못한 상태였다. 따라서 그들은 계속해서 싸웠다. 끔찍한 종교재판이 더 많은 희생자를 내지 않았던 것은 이 싸움이 상대할 적이 없는 가운데 진행되었기 때문이다. 이교 집단이 쉽게 동화되기에는 에스파냐는 적을 너무나 두려워했고, 너무나 호전적이었다. 그곳에는 에라스무스주의자들, 그 속셈이 의심스러운 개종자들, 프로테스탄트들을 위한 자리는 없었다.

문명 충돌이라는 맥락에서 볼 때, 레온 폴리아코프의 열정적이고 매력적인 주장은 내게는 그리 설득력이 있어 보이지 않는다. 그는 이 비극의 한 측면만을, 즉 이스라엘의 불만만을 보았고, 다른 시대의 에스파냐의 불만은 살피지 않았다. 그것이 사람을 현혹시키지도 기만적이지도 악마적이지도 않았는데 말이다. 기독교적인 에스파냐가 태어나는 중이었다. 그 무게에 떠밀린 빙하가 미끄러지며 도중에 만나는 나무들과 집들을 부수었다. 이 토론을 도덕적 논쟁으로 만들어 무위로 돌리기 위한 것이 아니라면, 이때 저지른 잘못들, 예를 들면 1492년의 추방, 너무나 많은 개종자에 대한 박해 그리고 1609-1614년에 모리스코에게 취해진 격앙된 조치들에 대해서 에스파냐가 큰 벌을 받게 되었다는 식으로 말해서는 안 된다고 생각한다. 어떤 사람들은 이러한 악행들과 열정이 에스파냐에게서 영광을 앗아갔다고 말하기도 한다. 그러나 에스파냐의 영광은 1492년에 시작해서 로크루아 전투(1643)가 있기 전까지는, 아니 잘해야 17세기 중반까지는 사라지지 않았다. 처벌은 그 시기를 언제로 보느냐에 따라서 이보다 한 세기 혹은 그보다 40년이 더 흐른 후에 있었다. 게다가 유대인들의 추방이 에스파냐로부터 왕성한 부르주아 계급을 사라지게 만들었다는 주장도 나는 도저히 받아들일 수 없다. 사실 부르주아 계급은, 펠리페 루이스 마르틴이 잘 보여주었듯이, 에스파냐에서 형성된 적도 없었다. 왜냐하면 위협적인 국제 자본주의가 에스파냐에 유입되면서, 제노바 은행가들과 그들의 동료들이 자리를 잡았기 때문이다. 자주 들리는 또다른 주장은 피의 순수성에 대한 비극적 집착이 에스파냐에게 내려진 시련이고 재앙이라는 것이다. 어느 누구도 이 비극이 초래한 끔찍한 고통과 여파 그리고 새로운 극적 전개를 부인하지는 못할 것이다. 그러나 서양의 모든 사회가 17세기부터 장벽을 세우고 사회적 특권을 신성시했다. 에스파냐에만 해당하는 특정한 이유들은 없었다.

모든 문명이 원하든 원하지 않든 자신의 운명을 향해 나아간다는 사실을 받아들이도록 하자. 내가 앉아 있는 기차가 역을 출발하면, 맞은편 기차의 승객은 종종 자신 역시 그 반대 방향으로 움직이는 듯한 느낌을 받게 된다. 문명들 역시 그들의 운명을 서로 스쳐지나갈 수 있다. 문명들은 서로를 이해할 수 있을까? 나는 그럴 수 있다고 생각하지 않는다. 에스파냐는 정치적 통일성을 향해 나아가고 있었다. 그리고 16세기의 에스파냐는 종교적 통일성 외에 그 어떤 것으로도 나타날 수 없었다. 반면 이스라엘은 디아스포라의 운명을 따랐다. 이 역시 그 나름대로 단일한 운명이라고 할 수 있으나, 그 무대는 세계 전체였다. 그것은 대양과 바다, 신생국가들과 오랜 문명들을 넘나들었다. 그것은 오랜 문명들에 맞섰고, 우위를 겨루었다. 그것은 시대를 극히 앞선 근대성을 보여주었다. 프란시스코 데 케베도 같은 명석한 관찰자조차 그것을 악마적인 속성을 가진 것으로 보았다. 악마는 항상 타자, 다른 문명이었다. 『모노팡테 섬(*L'île des Monopantes*)』(1639)은 올리바레스 백공작과 그의 측근인 마라노 은행가들을 겨냥한 팸플릿으로, 아마도 케베도의 작품은 아닌 듯하다. 모노팡테 섬의 유대인들이 말하기를, "루앙에서 우리는 에스파냐에 맞서는 프랑스의 돈줄인 동시에, 프랑스에 맞서는 에스파냐의 돈줄이다. 에스파냐에서 우리는 할례를 받은 사실을 몰래 감춘

채 국왕(여기서는 펠리페 4세)을 돕는다. 왕의 철천지 원수들이 사는 나라, 암스테르담에 있는 막대한 부를 가지고 말이다. 우리는 독일, 이탈리아, 이스탄불에서도 마찬가지의 일을 한다. 우리가 이 모든 말도 안 되는 음모를 꾸몄고, 원수의 지갑에서 나온 돈으로 모든 사람들을 도와주면서 전쟁의 원천이 되었다. 우리는 높은 이자를 받고 노름꾼에게 돈을 빌려주는 은행가이다. 노름을 하고 돈을 잃은 노름꾼에게 더 많이 잃도록 돈을 빌려준다."[375] 요컨대 이 팸플릿은 바로 자본주의에 대한 비판이다.

한 문명에 속하는 사람들이 다른 문명에 대해서 말할 때에는 기꺼이 그들 나름의 진실을 말한다. 이웃한 문명에 대해서 말할 때에는 결코 좋은 소리가 나오지 않는다. 확실한 것 한 가지는 이스라엘의 운명, 힘, 생존력, 고통은 다른 문명 속에서 희석되는 것을 거부했던, 즉 자신들의 문명을 충실하게 지키려고 했던 선택의 결과였다. 모든 문명은 인간의 천국이자 지옥이다.[376]

4. 문명의 전파

주는 자가 지배한다. 베풂의 이론은 개인이나 사회뿐만 아니라 문명에 대해서도 적용될 수 있다. 베풂은 장기적으로는 궁핍을 초래할 수도 있다. 그러나 베풂이 계속되는 한, 그것은 우위의 표지가 된다. 바로 이것을 확인하면서 우리는 이 책의 핵심적인 논지를 완성하게 될 것이다. 그것은 바로 콜럼버스와 바스코 다 가마 이후 한 세기가 흐른 뒤에도 지중해는 여전히 세계의 중심이었으며, 그 자체로서 강하게 빛나는 세계였다는 것이다. 왜냐하면 지중해가 다른 문명들을 가르치고 삶의 기술을 전수했다는 증거가 있기 때문이다. 다시 말하면, 이슬람 문명권에서건, 기독교 문명권에서건 지중해가 자신의 경계 너머로 자신의 빛을 발산한 것은 바로 지중해 세계 **전체**였다. 역사가들이 흔히 가난한 형제로 취급한 북아프리카 이슬람조차 남쪽으로 사하라 경계 지역에 그리고 심지어는 사막 너머 수단에까지 영향력을 미쳤다. 오스만 투르크 이슬람은 발칸 반도, 아프리카, 아랍화된 아시아, 중앙 아시아, 인도처럼 자신에게 반쯤 속해 있던 문화적 영역을 환하게 밝혀주었다. 이스탄불의 술레이마니에 모스크에서 절정을 이룬 오스만 제국의 예술은 멀리까지 빛을 비추며 오스만 제국의 패권을 확인시켜주었고, 건축은 그러한 광범한 문화적 확장의 한 요소였다.

서지중해 문명이 보여준 침투력은 훨씬 더 두드러졌다. 왜냐하면 서지중해 문명은 역사의 추세를 거스르며 퍼져나갔고, 곧 세계적인 힘의 중심으로 자리잡게 될 북유럽에까지 확산되었기 때문이다. 지중해의 라틴 문화와 유럽의 프로테스탄트 문화의 관계는 그리스 문화와 로마 문화 사이와 비슷했다. 지중해 문화는 또한 16, 17세기에 빠른 속도로 대서양을 건넜다. 이런 지리적 확장을 통해서 당시 아메리카 대륙에서 가장 번성했던 광대한 에스파냐—포르투갈 권역에 영향을 미쳤다. 훨씬 더 쉽게 확인하면, 야코프 부르크하르트에 의해서 편리하게 쓰이기 시작한 바로크(Baroque)라는 단어는 기독교권 지중해 문명을 가리킨다. 모든 곳에서 지중해 문화의 표지라고 할 수 있는 바로크가 발견된다. 가치 판단을 뒤로 미루면, 르네상스의 확산은 무게에서도 부피에서도 바로크의 거대한 폭발에 비견할 바가 못 된다. 르네상스는 이탈리아 도시들의 소산이다. 반면 바로크 문화는 신성 로마 제국의 거대한 영적인 힘과 에스파냐 제국의 거대한 세속적인 힘에 동시에 근거해 있었다. 바로크 문화와 더불어 새로운 빛이 빛나기 시작했다. 1527년과 1530년 이후 르네상스의 위대한 도시들인 피렌체와 로마가 슬픈 종말을 맞게 되면서 전체적인 색채가 바뀌었다. 영사기에서 나오는 빛이 갑자기 흰색에서 초록색으로, 붉은색에서 푸른색으로 넘어가는 영화처럼 말이다.

이런 말을 하는 것은 내가 독자들이 나의 사정을 이해해주기를 바라기 때문이다. 지중해에 관한 책을 쓰면서, 이 거대한 변화에 관해서 빠짐없이 말한다는 것은 불가능하다. 세계사를 쓰는 것이 아니라면 말이다. 하나의 예를 드는 것만으로도 지중해 세계의 영광과 이 책의 균형 잡힌 인식을 보여주기에 충분하리라고 생각한다. 아쉽게도 우리는 이슬람과 에스파냐-포르투갈령 아메리카, 그리고 브라질의 광산 중심지에 있는 우로 프레토라는 시기적으로는 조금 늦게 발달하기는 했지만 흔치 않은 한 화려한 도시에 관한 이야기는 접어두려고 한다. 서유럽이라는 그 자체로서 거대한 영역에서 바로크라는 이 까다로운 세계를 다루는 것만으로도 우리에게는 이미 충분할 수 있다.

바로크의 여러 단계들

야코프 부르크하르트 이후 바로크라는 단어를 성공적으로 안착시킨 독일 역사가들 가운데에는 H. 뷜플린, A. 리글, A. E. 브린크만, W. 바이스바흐 같은 사람들이 있다.[377] 그렇게 함으로써, 이들은 다른 많은 것들이 함께 타고 가야 할 배를 물에 띄운 셈이다. 원칙적으로 그들의 시도는 지질학에서 지층을 분석하는 작업이 그러하듯이 특정 예술의 지층을 분류하고, 평가하는 유용한 시도였다. 로마네스크, 고딕, 르네상스 시대의 뒤를 잇고 프랑스적인 영감이 가득한 고전주의 시대 앞에 올 네 번째 시대로 우리는 바로크 시대[378]를 추가할 것을 제안한다. 이 용어는 아주 선명하고 간단하게 개념화될 수는 없을 것 같다. 왜냐하면 3개 혹은 4개의 중첩된 단계들을 가진 구조물이기 때문이다.

바로크 초기 작품으로는 미켈란젤로가 1497년부터 1499년까지 성 베드로 성당을 위해서 조각한 "피에타"가 있으며, 라파엘로의 "스탄체," "보르고 화재," "사원에서 추방된 헬리오도로스"의 격렬한 움직임, 볼로냐에는 "산타 체칠리아"[프레스코화]가 있다. 에밀 말르에 따르면, 특히 이 마지막 작품은 그 속에 새로운 시대의 특성과 같은 것을 담고 있고,[379] "바로크 시대 특유의 언어"를 표현하고 있다.[380] 우리는 [레오나르도 다 빈치의] "앙기아리 전투" 밑그림 속에서, 혹은 (이탈리아 외부에서는) 뒤러의 판화 몇 점

속에서 이러한 초기적인 성향들을 찾아볼 수 있다. 바로크 예술의 아버지라고 부르기에 손색이 없는 사람들 가운데 한 사람이 파르마에 있는 "동정녀의 승천"을 그린 코레조[1494-1534]이다.[381] 온전한 바로크 예술가로 받아들여지기 위해서 그에게 필요한 것이 하나 있다면, 그것은 세속적인 즐거움과 나체의 아름다움에 대한 약간의 무관심과 경멸 정도였다. 미켈란젤로는 나체를 표현하기 위해서 많은 애정과 노력을 쏟았다. 그러나 미켈란젤로가 선호했던 주제인 장엄함과 비장함, 압도적인 힘은 라파엘로가 추구한 우아함 그리고 코레조가 표현한 동적인 힘과 빛의 움직임과 더불어 요람기의 바로크 예술이 받은 첫 번째 선물이었다. 이처럼 선한 요정들의 보살핌을 받은 아이는 빠르게 성장했다. 1534년에 코레조가 사망할 즈음에는 그리고 1541년에 미켈란젤로가 7년간의 노고를 쏟은 끝에 "최후의 심판"을 완성했을 때에는 확실히 바로크 예술이 성년을 맞이했다. 이 작품을 통해서 "중세의 공포"가 되살아났기 때문이다.[382]

1527년의 로마 약탈과 1530년의 피렌체 함락 이후 르네상스의 화려한 시대는 갑자기 막을 내렸다. "끔찍한 로마 약탈"[383]은 당대인들에게 신의 심판과 같았다. 그리고 도시는 기독교적인 사명을 다시 떠올리게 되었다. 클레멘스 7세[재위 1523-1534]가 산탄젤로 성에서 저항하는 동안 도시는 몇 달 동안이나 군인들과 농민 약탈자들의 먹잇감이 되었다. 그 무엇도 약탈의 피해를 비켜가지 못했다. 라파엘로의 제자들은 제각각 먼 곳으로 흩어졌다. 페니는 나폴리로, 피에리노 델 바가는 제노바로, 줄리오 로마노는 만토바로 가서 돌아오려고 하지 않았다. 이를 두고 스탕달은 다소 성급하게 "그리하여 라파엘로의 제자들은 그들의 제자를 두지 못하게 되었다"고 결론지었다.[384] 이렇게 예술가들과 지식인들의 삶이 얼마나 불안정했는지가 다시 한번 드러났다. "신의 두 번째 심판"인 피렌체 포위와 함락은 G. 파렌티가 잘 보여주었듯이, 피렌체 경제에 파란을 일으키며 1527년의 재앙을 1530년에 반복했다. 그때 "무엇인가가 죽었다. 순식간에 죽었다."[385] 줄리아노 데 메디치[1479-1516, 대(大)로렌초의 3남]가 아테네보다는 스파르타적이 될 것이라고 예상했던 새로운 시대가 자리를 잡았고,[386] 새로운 양식들이 승리를 거두었다. 죽은 것은 르네상스였고, 아마도 이탈리아 그 자신이었을 것이다. 승리한 것은 마니에라(maniera : 양식), 모방, 강조, 과장이었다. 이러한 것들은 여전히 왕성한 활동을 벌이던 라파엘로의 제자들의 작품 속에 넘쳐흘렀으며 그들의 아카데미즘은 한 흐름을 가지게 되었다.[387]

회화는 이러한 바람의 변화를 알린 첫 번째 분야였다. 마니에리슴(Maniérisme : 매너리즘)이 시작된 것이다. 이 사조의 정의(定義)와 목적에 대해서는 1557년 로도비코 돌체가 "마니에라"를 변호하면서 간략하게 소개했다. 1530-1540년대부터 이탈리아 전체가 마니에리슴에 휩쓸렸다.[388] 베네치아만이 예외였다. 그곳에서는 마니에리스트들 몇몇이 활동 중이었지만, 타협을 모르는 티치아노[1488?-1576]가 왕성한 활동을 벌이고 있었다.

마니에리슴은 20세기에 들어와 프레-바로크라고 새로 명명되고 있다. 프레-바로크 시대는 틴토레토[1518-1594]에 의해서 정형화된 뒤에 1590년에 그의 죽음과 더불어 종언을 고한 시기로 정의될 수 있다.[389] 마니에리슴 시대의 최후의 걸작은 1589년부터 1590년까지 그려진 "천국"이라는 거대한 작품으로 베네치아 대평의회의 대회의실에 있다. 곧이어 바로크 1세대가 무대에 등장했다. G. 슈뉘러에 따르면, 바로크 예술을 연 것은 우피치에 걸려 있는 "민중의 성모"라는 우르비노의 페데리코 바로치가 그린 유명한 작품이다.[390] 그는 1630년경까지 예술계를 지배했다. 그러나 이로써 최후를 맞이한 것은 아니다. 이탈리아식 "바로크"에서 파생된 한 예술 풍조가 스위스, 남독일, 오스트리아, 보헤미아에서 18세기, 심지어는 19세기까지 번성했고, 민중적인 풍성한 상상력이 가미되면서 이탈리아 시대에는 결코 가져보지 못한 생명력을 누리게 되었기 때문이다. 게다가 유럽 중부 지역에서는 바로크라는 단어가 (원래 기원이 무엇이었든 상관없이) 18세기에 사실상 이미 쇠퇴기에 접어든 한 예술 형태에 적용되기 시작했다. 이로써, 독일 학자들이 말하는 바로크＝독일의 등식이 성립되었다. 그러나 사료를 확인해 보면, 이 등식은 틀렸다.

논란

시기 설정과 그 이면에 존재하는 의도에 관해서는 언제나 논란이 있을 수밖에 없다. 왜냐하면 그것이 바로크 시대의 중요성을 강조하고 확장시키기 때문이다. 또한 바로크가 무엇인지 무엇이 아닌지에 관해서도 끝없이 논쟁을 벌일 수 있을 것이다. 구스타프 슈뉘러는 심지어 바로크를 하나의 문명, 나아가 신구교 모두를 아우르는 유럽에서 출현한 마지막 문명으로까지 생각했다. 사람들은 마지막이라는 표현에 대해서 각자 논변을 늘어놓을 수 있고, 나 역시 이 책의 초판에서 이 즐거운 논쟁에 빠져본 적이 있다. 그러나 이 문제들은 현재 우리가 다루고 있는 문제와는 사뭇 다르다. 이 문명의 정확한 본질이 무엇이건 간에, 그것은 지중해로부터 유래한 것이다. 지중해는 문명의 기부자이자, 전달자로서의 탁월한 능력을 보여주었다. 지중해가 주는 교훈, 삶의 방식, 기호가 지중해 해안에서 멀리 떨어진 지역에까지 널리 확산되었다. 여기서 우리가 관심을 두어야 할 것은 문명의 활력을 증명하고, 그것의 원천과 근거를 찾는 일이다.

지중해 문명 확산의 중심 : 로마[391]

로마는 문화 확산의 중심지였다. 유일하다고는 할 수 없지만, 가장 중요한 지역임에는 틀림없었다. 16세기 초에 로마는 그다지 두드러진 곳이 아니었다. 1532년에 로마로의 첫 여행에서 라블레는 그렇게 보았다. 마를리아니의 『지형도(*Topography*)』나 많은 다른 안내서들에서도 로마는 다음과 같이 서술되었다. 목가적인 삶이 주변을 에워싸고 있는 작은 도시, 혹은 반쯤 부서지고 심하게 변형된 과거 유적들이 흙과 잔해 밑에서 매몰된 채 도시 곳곳에 흩어져 있는 곳으로 말이다. 도시의 거주지역에서도 벽돌집과 불결한 골목길, 넓은 공터들을 볼 수 있었다.

16세기 동안에 그 도시는 변하기 시작했다. 도시는 활력이 넘쳤고, 대저 택들과 교회들이 세워졌다. 인구가 증가했고, 지중해가 침체기로 접어든 17세기에도 비슷한 인구 수준을 유지했다. 이렇게 로마는 거대한 공사장이 되어갔다. 모든 예술가들이 그곳에서 일거리를 찾았다. 먼저 석공 부대부터 이름을 말해보자. 시에나 출신의 발타사르 페루치(?-1536), 베로나 출신의 삼미첼리(?-1549), 피렌체 출신의 산소비노(?-1570), 이탈리아 반도 북부 출신의 비뇰라(?-1573)(거의 대부분의 위대한 이탈리아 건축가들은 모두 이곳 출신이다), 나폴리 출신의 리고리오(?-1580), 빈첸자 출신의 안드레아 팔라디오(?-1580), 볼로냐 출신의 펠레그리니(?-1592)가 그들이다. 올리비에리(?-1599)만이 예외적으로 로마 출신이었다. 예술가이자 건축가이자 석공이었던 그들 다음으로 화가 부대가 몰려들었다. 이들은 장식회화의 전성기를 구가했던 예술의 흐름에서 꼭 필요한 사람들이었다. 궁륭들과 천장들은 화가들에게 무한한 공간을 제공했다. 그들은 종종 엄격하게 정해진 주제들을 그리도록 강요받았다. "바로크"의 종교화는 무엇보다도 바로크 건축의 논리적 산물이었다.

산 피에트로 대성당이 완성된 것도 이 시기였다. 일 제수 성당은 1568년부터 1575년까지 자코모 비뇰라에 의해서 건축되었는데, 정작 그는 자신의 작품이 완성되는 것을 보지 못한 채 1573년에 사망했다. 이렇게 예수회 최초의 성당이 탄생했다. 이 성당은 늘 그런 것은 아니지만 자주 기독교 세계 전체에서 교회 건축의 모범이 되었다. 모든 기사단은 로마 시내와 외곽에 그들만의 교회를 짓고 싶어했고, 특별한 장식과 독특한 방식으로 신앙심을 표현하는 이미지들로 교회를 채웠다. 기하학적 간결성이 표현된 아치와 쿠폴라(cupola : 돔)를 가진 최초의 교회들이 이 영원의 도시에 그리고 서서히 기독교 세계 곳곳에 등장했다. 프랑스의 발 드 그라스 성당은 훨씬 후대에 지어졌지만, 이 시대의 양식을 그대로 따랐다.

로마의 이러한 경이로운 성장은 엄청난 지출을 요구했다. 스탕달은 이 문제에 관해서 다음과 같이 쓰고 있다. "권위를 세우는 일이라면, 그 무엇도 두려워하지 않을 수 있는 나라들만이 근대 회화, 조각, 건축의 위대한 걸작들을 주문할 수 있었다."[392] 여기서 교황청 재정의 역사에 관한 이야기로 되돌아가보자. 클레멘스 바우어는 이 문제를 새롭게 조명하는 뛰어난 논문을 발표한 바 있다.[393] 역대 교황들이 교황령으로부터 막대한 수입을 거둬들였고, 공공 신용을 유용하게 이용했다는 데에는 논란의 여지가 없다. 그런데 기독교 세계에서 이루어지는 교황청의 종교정책―혹은 단순한 정책―에 드는 지출액이 세속 국가들의 교회들보다는 적었다. 예를 들면, 프랑스와 에스파냐의 교회들은 국왕들의 탐욕을 충족시키고 재정 문제를 해결하는 데에 동원되었다. 우리의 연구와 관련된 50년 동안에는 교황청이 막대한 전쟁 비용을 지출한 경우가 드물었다(1557년과 신성동맹[1571년에 결성된 교황청–에스파냐–베네치아의 동맹]의 3년 동안이 전부였다). 따라서 교황청은 미술에 많은 예산을 배정할 수 있었다. 아메리카의 은이 지중해 세계로 유입된 것도 이러한 사치 정책들을 조장했다. 레오 10세[재위 1513-1521]와 율리우스 2세[재위 1503-1513]가 꿈꾸었던 일들이 이루어진 시기도 1560-1570년대 이후였다. 가톨릭적인 신앙심이 고양되면서 증가된 수도회들 역시 교황청의 정책에 힘을 보탰다. 로마는 이 작은 국가들의 자랑스러운 수도이기도 했기 때문에, 예수회, 도미니코회, 갈멜 수도회, 프란체스코회는 이곳에 재정적인 노력과 예술적인 재능을 보탰고, 로마 밖에서 수도의 가르침을 모방했다. 바로크 예술과 종교의 팽창은 바로 이러한 수도회들, 특히 성 이그나티우스의 수도회[예수회] 덕분이었다. 따라서 이 시기의 예술 팽창을 지칭할 때 바로크라는 수식어보다 예수회(Jesuit)라는 수식어가 더 적합해 보이는 것은 바로 이 때문이다. 물론 여러 가지 유보 조건들을 달아야 하지만 말이다.

여기서 수도원 제도의 확장 운동에 관해서 논함으로써 이러한 경향이 새로운 종교 시대가 거둔 첫 번째 승리인 트리엔트 공의회[1545-1563 : 종교 개혁에 의한 교회의 분열과 혼란 종식을 위한 공의회]보다 얼마나 앞서 있었는지를 살피는 일이 필요하다고는 생각하지 않는다. 어쨌든 로마에서는 1517년부터 하느님의 사랑의 오라트리오 수도회가 정착했다. 이 수도회는 제노바에서 15세기에 베르나르디노 다 펠트레가 창립한 것이다. 같은 해인 1517년에 레오 10세는 프란체스코회 수도사를 수도회칙 엄수파(Observant)의 수도사와 콘벤투알 파(Conventual)의 수도사로 나누는 것을 승인했다. 이들 프란체스코회 개혁파들 사이에서 1528년에 카푸친회가 나왔다. 그러나 예수회가 창립되던 1540년경에야 수도회 운동이 튼튼한 기반을 가지게 되었고, 따라서 이때를 진정한 시작이라고 간주할 수 있다.

그 3년 전인 1537년에 파울루스 3세가 소집한 추기경위원회의 분위기는 비관적이었다. 추기경들은 후일 새로운 수도사들과 함께 다시 번영을 누릴 수 있도록 하기 위해서라도 현재의 부패한 수도회들이 사라져가는 것을 방기해야 한다고 생각했다. 1540년대에 접어들면서 모든 전망이 밝아졌다. 첫 번째 판에서 승리했다. 수도회들의 창설과 개혁이 이어졌고, 수도회의 쇄신운동이 확대되었다. 트리엔트 공의회 이후에는 더욱 박차를 가했다. 1564년에는 성 필리포 데 네리가 오라토리오회를 설립했다. 1578년에는 성 카롤로 보로메오의 봉헌회, 1588년에는 제노바인인 조반니 아고스티노 아도르노와 성 프란체스코 가라촐로가 세운 작은 형제회(나폴리에 1589년에 최초의 수도회가 세워졌다), 그리고 3년 후인 1592년에는 아비뇽에 기독교 교리 신부회가 설립되었다.

프로테스탄트와의 싸움을 위해서 "진정한 수도 성직자들"의 수도회 계율과 합창대 생활이라는 오래된 구속에서 때때로 벗어나야 했던 수도회들이 교황에게 힘을 보탤 수 있으리라고 누가 상상이나 할 수 있었을까? 그들 덕분에 가톨릭 교회가 살아남을 수 있었다. 교회는 역사상 가장 놀라운 위로부터의 한 혁명을 로마로부터 이끌 수 있었다. 교회가 이끌었던 싸움은 신중하게 진행되었다. 교회가 전파한 문명—무엇이라고 이름하든지 간에 —은 전투적인 문명이었다. 예술은 이 싸움의 한 수단, 아니 그 이상이었다.

바로크 예술 역시 선전수단이었다. 그런 점에서 그것은 통제된 예술의 장점과 단점 모두를 가지고 있었다. 이 사실에 정통한 신학자들과 수도사들은 루벤스, 카라촐로, 도메니키노, 리베라, 주르바란 또는 무리요에게 자신들이 주문한 대로 종교적 영감이 가득한 그림을 제작해달라고 요구했고, 그림이 이에 미치지 못할 경우에는 퇴짜를 놓기도 했다. 화려한 교회와 성상들을 적대시했던 프로테스탄티즘에 맞서, 가톨릭 교회는 지상에서 가장 아름다운 신의 전당을 만들고 천국과 하늘의 이미지를 구현하려고 했다. 예술은 싸우고 교화하는 효과적인 수단이었다. 강력한 이미지를 제시함으로써, 성모의 순결한 신성성을 강조하고, 성자들의 영험한 힘과 성찬식의 권능과 실재성, 성 베드로의 수위권(首位權)을 설파하고, 신을 영접하며 법열을 느끼는 성인들의 모습을 재현할 수 있었다. 동일한 도상학적 주제들이 교회에 의해서 꾸준히 거론되고 교육되면서 유럽 전체에 확산되었다. "바로크"가 지나치게 과장하는 측면이 있고, 순교자들의 죽음과 고통을 현실성 없이 제시하는 경향을 보였으며, 17세기 에스파냐의 환멸과 비관주의에 탐닉하는 경향이 있었다면, 그것은 "바로크"가 관심을 끌고 충격을 줄 만한 비극적인 주제들을 추구했기 때문이다. 바로크 예술은 설득과 교화의 대상인 신자들을 목표로 한 것이었고, 논란이 되었던 연옥이나 성모 마리아의 무원죄 수태 같은 수많은 개념들의 정확한 진실을 구체적으로 가르치기 위한 것이었다. 그것은 극화된, 곧 의식적으로 과장되고 극화된 예술이었다. 연극은 예수회의 중요한 무기였고, 특히 독일 정복에 크게 도움이 되었다. 바로 이때부터 연기자들의 순회공연을 통해서 연극은 도처에 당당하게 자리를 잡기 시작했고 머지않아 고정된 무대를 세울 수 있었다.

따라서 바로크는 지중해 연안으로부터 북쪽으로, 도나우 강과 라인 강을 향해 그리고 프랑스의 중심인 파리를 향해 확산되어간 삶의 방식이자 신앙의 방식이었다. 그리고 17세기 초에 파리에서 수많은 교회와 수도원들이 세워지기 시작했다. 그것은 전형적으로 지중해적인 삶과 신앙의 방식이었다. 성체를 모시고 비테르보를 지나가는 피우스 2세에 관해서 야코프 부르크하르트가 말한 내용을 살펴보자. "그의 주위로 최후의 만찬, 악마와 싸우는 성 미카엘, 그리스도의 부활, 천사들의 인도를 받아 승천하는 성모의 승리를 생생하게 묘사하는 그림들이 늘어서 있다."[394] 우리는 또한 그리스도의 수난을 재연하며 스스로에게 고통을 가하는 에스파냐의 순례 행렬을 떠올릴 수 있다. 이탈리아에서 성행했던 성체성사의 신비를 그린 연극도 빼놓을 수 없다.[395] 이 모든 것들은 기독교의 가장 극적인 형태로서 북유럽 사람들에게 깊은 인상을 남겼다. 플랑드르 지방에서 진행된 에스파냐인들의 헌신적인 편타(鞭打) 고행은 사람들을 놀라게 하고 물의를 일으켰다.[396] 남유럽의 종교적 감수성을 자양분으로 삼은 바로크 예술은 북유럽에 많은 것들을 전달했다. 유럽 구석구석에까지 퍼져나간 신앙 행위에 대해서 그리고 일부 북유럽 지역의 종교적 분란에 열렬히 개입하여 결국 이 지역을 로마 교회의 품으로 되돌린 지중해 사람들의 역할에 대해서는 책 한 권을 쓸 수도 있을 것이다. 이런 일들을 염두에 둔다면, 어느 누구도 더 이상 지중해의 쇠퇴를 말하기 어려울 것이다. 문명을 확산시키는 강력한 힘을 문명 쇠퇴와 해체의 한 현상으로 돌리지만 않는다면 말이다.

문명 확산의 또다른 중심 : 에스파냐

빈에서 리옹으로, 그리고 툴루즈, 바욘을 향해 서쪽으로 눈을 돌리면 문명 확산의 또 하나의 중심지를 확인할 수 있다. 에스파냐가 바로 그곳이다. 빈과 뮌헨에서는 로마와 이탈리아(모든 이탈리아 국가들)가 승리했다. 로마와 이탈리아의 여행자들이 보여준 옷차림과 사고방식들이 프랑스 전역에서 크게 유행했다. 그러나 에스파냐의 영향도 이에 못지않게 강력했다. 피레네 산맥이 가진 문제점들 가운데 하나는 문명의 문이 양쪽으로 동시에 열리지 않았다는 것이다. 처음에는 프랑스가 영향력을 행사했고, 모든 것이 북쪽에서 남쪽으로 전해졌다. 11, 12세기부터 15세기까지의 일이다. 그런데 이후 횃불이 에스파냐로 넘겨졌고, 남쪽에서 북쪽으로 올라가는 흐름이 만들어졌다. 이때가 16, 17세기였다. 프랑스와 에스파냐의 전통적인 대화의 방향이 갑자기 바뀐 것이다. 18세기에 가서야 다시 한번 방향이 바뀔 것이다. 세르반테스의 시대에 프랑스는 그렇게도 비웃고, 모욕을 주면서도 두려워하고 또 경탄했던 이 이웃 나라의 유행과 사고 관념들을 따랐다. 반대로 에스파냐는 접촉을 끊고, 국경을 감시하고, 네덜란드의 신민들에게 프랑스 유학을 금지하고, 몽펠리에의 의학도들을 불러들였다.[397]

그것은 늘 그래왔듯이 애정이 없는 기묘한 대화였다. 네덜란드를 제외하면 프랑스보다 더 에스파냐인들을 웃음거리로 만든 나라도 없었을 것이다. 네덜란드 미델부르흐에서 출판된 시몬 몰라르드의 공상적인 풍자물 한 편이 1608년에 프랑스어로 번역되었다. 『에스파냐 신사들의 처신, 완벽함, 습관에 대한 상징(*Emblémes sur les actions, perfections et moeurs du Segnor espagnol*)』이 그것이다.[398] 불쌍한 신사들! 이 책에서 이들은 온갖 동물들에 비유된다. 가정집에 붙어 사는 악마, 식탁을 점령한 늑대, 침실의 멧돼지, 거리를 활보하는 공작새, 여성을 농락하는 여우 등등으로 말이다. "따라서 어디서든 신사들을 조심하세요"라고 이 팸플릿은 결론을 맺었다. 그러나 이렇게 놀림의 대상이 되기는 했어도 사람들은 그들을 부러워했고, 모방했다. 에스파냐의 영향력은 하나가 된 막강한 신민과 "해가 지지 않는" 거대한 제국, 그리고 프랑스보다 더 세련된 문명을 이룸으로써 가능했다. 프랑스에서 교양 있는 신사라면 에스파냐어를 알아야 했고, 실제로도 쓸 줄 알았다. 덕분에 이베리아 반도 사람들은 무르시아 태생의 암브로시오 데 살라자르처럼 마리 드 메디시스[1573-1642] 치하의 프랑스에서 문법 학자와 교사로서 제법 성공할 수 있었다. 카스티야의 어휘들이 프랑스어 속에 정착했고, 에스파냐어와 유사한 단어들을 일상적으로 사용했던 브랑톰은 에스파냐 애호가들 중에서도 최고의 인사였다.[399] 그는 discuter(논쟁하다)라는 프랑스어 대신 blasoner(과시하다), bourler(비웃다), busquer fortune(운을 좇다), habler(말하다)라는 프랑스어 같은 에스파냐어를 사용했고, '돌을 던지다'라는 뜻으로 lancer la pierre 대신 tirar를, '오르다'라는 뜻으로 monter 대신 trepar를 썼고, 그밖에도 care(안색), garbe(풍채), marcher à la soldade biarrement(군인처럼 용감하게 걷다)라는 말을 사용했다.[400] 이렇게 대화 중에 에스파냐어를 섞어서 쓰는 것이 크게 유행했는데,[401] 이 시대에는 이탈리아 애호가들만큼이나 그런 사람들이 많았다. 이런 식의 유행은 학습을 필요로 했으며, 이에 따라 수많은 교사들이 건너왔고 서적들이 수입되었다. 몽테뉴의 아버지는 안토니오 데 게바라라는 저명한 몬도네도 주교의 작품들을 읽었다. 그중에는 『낮익은 편지(*Epistolas familares*)』, 『마르쿠스 아우렐리우스 황제의 황금서(*Libro Aureo de Marco Aurelio*)』, 『군주의 지침(*Reloj des principes*)』, 『총신들의 충고와 궁정인들의 교훈(*Aviso de privados y doctrina de cortesanos*)』이 있었다.[402] 번역본들도 넘쳐났다. "파리에는 카스티야어 번역 대행업소가 있었다."[403] 세르반테스의 작품도 널리 읽혔다. 1617년에는 그의 책 『페르실레스와 지기스문트의 고난(*Los Trabajos de Persiles y Sigismunda*)』이 파리에서 카탈루냐어로 재출간되었고, 곧 이어 프랑스어로 번역되었다.[404] 악당 소설도 열렬한 독자들을 확보하고 있었다. 에스파냐 희곡을 프랑스식으로 각색한 작품들도 곧 소개되었다. 영국에서도 역시 이탈리아와 에스파냐 서적들이 번역되어 이 나라의 지적 유산이 되었다.

문학적 영향 외에도 살펴보아야 할 문화적 차용의 사소한 흔적들이 수도 없이 많다. 프랑스적이었던 만큼이나 에스파냐적이었던 루이 13세의 궁정이 이를 주도했다. 에스파냐 풍의 모든 것이 유행했다. 여성들은 "에스파냐 백분"과 "에스파냐 주홍분"으로 화장을 했다. 그렇다고 해서 이 제품들이 모두 멀리 에스파냐에서 들어온 것은 아닐 것이다. 여성들이 뿌리던 향수는 니스와 프로방스 것도 있었지만, 그중 가장 비싼—따라서 "평민들"에게는 금지된[405]—것은 에스파냐산이거나 이탈리아산이었다. 남성들도 역시 향수를 썼다. 브랑톰의 말을 믿는다면, 에스파냐와 이탈리아의 여성들은 "언제나 프랑스의 귀부인보다 향수에 더 관심이 있었고, 더 세련된 취향을 가지고 있었다."[406] 사람들은 몰리에르의 희극에 나오는 귀부인들의 비법만큼이나 복잡하고 희귀한 향수의 비밀과 아름다움의 비결을 알기 위해서 경쟁했다. 한 호색한은 여인에게 "에스파냐 가죽"으로 된 장갑을 사주겠다고 약속했다. 사실 이때에 이미 프랑스에서도 고급 제품들을 만들고 있었고 프랑스의 우아한 패션이 명성을 얻기 시작했음에도 불구하고, 부드러운 고급 가죽으로 만들어진 에스파냐 장갑, 코르도바의 유명한 화장수, 태피스트리에 사용되는 과다메실이라는 금박을 입힌 가죽은 오늘날 "파리산 제품"에 버금가는 명성을 누리고 있었다. 게다가 그만큼 값도 비쌌다. 시몬 루이스의 부인이 향기 나는 장갑을 에스파냐에서 피렌체로 수출하고 이탈리아산 제품들을 수입하려는 사업을 구상했을 때, 남편의 대리인인 발타사르 수아레스는 이 근엄한 부르주아의 도시에서는 그렇게 사치스러운 제품(한 켤레에 3에퀴)을 아무도 원하지 않을 것이라고 주장했다. 이때가 1584년이었다.[407] 이로부터 수십 년이 흐른 뒤 피렌체인들이 어떻게 생각하게 되었을지 궁금하다.

문학작품의 수입—가장 잘 알려진 분야이다—에만 국한시켜보면, 에스파냐의 영향은 루이 13세[재위 1610-1643] 치세 말이 되어야 수그러지기 시작했다.[408] 여기서 우리는 다시 1630-1640년대 무렵으로 되돌아간다. 이 시기는 금융사와 경제사의 큰 전환기이자, 세계적인 부의 역사에서 결정적인 시기에 해당한다. 에스파냐의 문명 확산을 위한 최고의 시기는 대체로 17세기 전반기였다. 16세기부터 수없이 문명들 간에 접촉이 이루어졌고, 프랑스는 에스파냐 제국 영향권 안에 별 이상 없이 포섭되었다. 그러나 16세기 말과 17세기 초의 수십 년간 다시 긴 평화의 시대가 찾아온 뒤에야 씨앗이 싹을 틔우며 꽃을 피웠다. 유럽 전역에 걸쳐 바로크의 "승리"를 가져온 것은 평화 시대의 도래였다.

지중해의 쇠퇴를 다시 한번 말하다

만일 지중해 문명이 르네상스 이후 힘을 잃었다는 오랜 믿음이 없었다면, 16세기 말과 17세기 초까지 지속된 지중해의 영향력에 대해서 벌써 오래전부터 광범한 연구가 진행되었을 것이다. 지중해 문명의 가치, 존속 혹은 영향력에 대해서 구태여 과장하려는 것은 아니다. 그래도 바로크가 유럽에 펼친 문화적 파장은 르네상스 때보다 더 깊고, 전면적이었고 지속적이었다. 바로크는 로마와 에스파냐라는 거대한 제국의 문명들이 만든 것이었다. 그러나 문제는 꼭 필요한 지도 한 장 없이, 어떻게 문화적 팽창과 외지에서의 파란만장한 모험을 확인하고 추적할 수 있는가 하는 것이다. 우리에게는 박물관 목록은 있지만, 예술 지도는 없다. 예술과 문학의 역사는 있지만, 문명의 역사는 없다.

어쨌든 지중해의 운명을 파악하기 좋은 곳은 소란스러운 중심보다는 역시 문명의 주변 지역들이다. 이곳에서 지중해의 풍성한 영향력을 느낄 수 있다는 것은 세계적인 큰 사건들이 펼쳐지는 경쟁과 교환의 소용돌이 속에서도 문명이 여전히 활력을 가지고 존재하고 있음을 말해준다. 이 사실은 고대 문명의 요람인 지중해가 17세기 초에도 우월한 위상을 과시했음을 강조하고, 근대 세계의 건설에서 지중해가 광범한 흔적을 남겼음을 시사한다.

제7장

전쟁의 여러 형태들

전쟁은 결코 문명의 반대 개념이 아니다.

역사가들은 전쟁의 본질에 대해서 잘 알지 못하고 알려고 하지도 않으면서 끊임없이 전쟁에 관해서 논한다. 물리학자들이 물질 구성의 비밀에 대해서 모르는 것과 크게 다르지 않다. 우리는 전쟁에 관해서 이야기해야 하고, 그래야만 한다. 왜냐하면 전쟁이 인간의 삶에 끊임없이 영향을 주기 때문이다. 연대기 작가들은 전쟁을 가장 우선적으로 이야기하고, 당대의 관찰자들은 전쟁을 재검토하고, 그것의 책임과 결과를 분석하는 일에 가장 큰 관심을 둔다.

각종 전투사의 중요성을 과장해서는 안 되겠지만 그렇다고 해서 사람들의 삶을 끊임없이 대혼란 속에 빠뜨리는 전쟁의 역사를 소홀히 할 수는 없다. 우리가 다루고 있는 50년 동안에도 전쟁은 시간의 문을 열고 닫으며 인간사의 리듬과 계절을 표시했다. 겉으로는 진정된 듯이 보여도 전쟁은 계속 음험한 압박을 가하며 존재해왔다.

나는 이 극적인 사건들을 연구하면서 전쟁의 "본질"에 대한 철학적인 결론을 내릴 생각은 전혀 없다. 전쟁학을 학문이라고 부를 수 있다고 해도 이것은 여전히 초보적인 단계에 머물러 있는 분야이다. 사건들을 넘어서는 긴 리듬과 규칙성, 상관관계를 파악하는 작업이 필요하다. 우리는 아직 그 단계에 이르지 못했다.

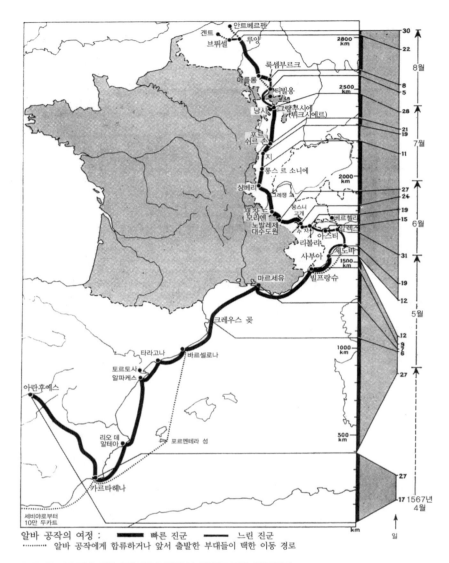

도표 63. 1567년 4월-8월 알바 공작이 플랑드르를 점령했다.

알바 공작과 그의 군대가 무려 3,000킬로미터 가까운 거리를 이동한 것은 평화롭게 진행되기
는 했지만, 대단한 업적이라고 하지 않을 수 없다. 바닷길을 이용해서 신속하게 이동한 점과
알프스 산맥을 넘어가는 데에 걸린 시간도 주목할 만하다. 프랑스라는 적진을 멀리 우회해야
했기 때문이다. J. J. 헤마르딘케가 측정과 고증 작업을 했다.

1. 함대들과 요새화된 국경들

지중해에서 벌어진 큰 전쟁들부터 이야기해보자. 갤리 선의 날렵하고 강력해 보이는 실루엣이 먼저 떠오를 것이다. 갤리 선은 여름에는 긴 해안을 따라 달리고 겨울에는 항구에 정박했다. 많은 사료들이 갤리 선의 항해와 보수, 위용을 유지하는 데에 드는 비용이 상당했음을 상세하게 전해주고 있다. 선박 수리, 식량 보급, 선원 충원 등에 얼마나 큰돈이 들었는지에 관한 전문가들의 보고서도 많다. 따라서 합동 작전을 펼치기 위해서 갤리 선들을 집합시키는 것이 어려웠다는 것을, 게다가 대규모 대형으로 이동할 때에 갤리 선은 상당한 보급품을 실은 라운드쉽을 동반해야 했기 때문에 더욱 이것이 힘든 일이었다는 것을 경험이 말해주고 있었다. 준비 기간은 길었지만, 배는 갑작스럽게 출항했고, 항해는 대개 신속했다. 해안 어느 지점이든 갈 수 있었다. 그러나 갤리 선 함대가 가진 공격력을 과장해서는 안 된다. 갤리 선에서 내린 부대가 해안에서 멀리 진격하는 법은 없었으니 말이다. 1535년 카를 5세는 튀니스를 점령하고도 거기서 한치도 나아가지 못했다. 1541년에는 알제를 공격했지만, 성공하지 못했다. 군사작전을 통해서 마티푸 곶에서 도시를 굽어볼 수 있는 높이까지만 갈 수 있었을 뿐이다. 1565년에도 투르크 함대는 몰타 포위에 성공했지만, 더는 움직이지 못했다. 레판토 해전 후 1572년에 노령의 가르시아 데 톨레도는 돈 후안 데 아우스트리아에게 승전국들이 레반트를 원정하려면 육지보다는 섬을 공격해야 한다고 조언했다.

전쟁 이야기에서 군대를 빼고 말할 수는 없다. 16세기에는 놀라우리만큼 병력이 크게 증가되었다. 따라서 병력을 이동시키고, 그 전에 그들을 모으는 일부터가 큰 문제였다. "산악지역을 넘어 불시에 출격하기 위해서" 프랑스 국왕은 리옹에서 용병을 모으고 대포를 확보하는 데에만 몇 달을 보내야 했다.[1] 1567년 알바 공작은 제노바에서 브뤼셀까지 군대를 이동시키는 큰 일을 해냈다. 그러나 이 경우는 큰 전투 없이 진행된 평화적인 진군이었다. 술탄의 군대를 콘스탄티노플에서 도나우 강까지 또는 콘스탄티노플에서 아르메니아까지 이동시키고 출발지에서 멀리 떨어진 곳에서 전투를 치르기 위해서는 투르크의 막대한 잠재력이 필요했다. 그것은 비싼 대가를 치른 유례가 없는 쾌거였다. 적과 맞서야 할 때마다 어떤 조치를 취하든 시간이 걸렸고, 평상시에 보여줄 수 있는 가능성의 한계를 넘어섰다.

마지막으로 떠올려야 할 것은 16세기에 이미 여기저기에서 세워지더니, 17세기에는 중요한 거점으로 자리를 잡은 요새이다. 투르크인들과 해적들에 맞서야 했던 기독교 세계의 국경에는 기술자들의 기술과 토목공들의 노력의 산물인 요새들이 촘촘히 세워졌다. 이 대규모 요새는 그 시대의 심성을 증언한다. 중국의 만리장성이 어떤 정신 상태의 표시였던 것처럼 말이다. 기독교 세계—이슬람 세계는 아니다—가 요새들로 에워싸여졌다는 것은 결코 소홀히 보고 넘어갈 내용이 아니다. 우리가 뒤에서 살펴보아야 할 중요한 특징들 가운데 하나이다.

그러나 이런 친숙한 모습들은 분명히 본질적인 중요성을 가지고 있었다고 해도 지중해의 전쟁에 관해서 모든 것을 이야기해주지는 않는다. 적어도 큰 전쟁에 관해서는 그러하다. 그런데 전쟁이 중단되고 나면 제2의 전투 형태들—해상 약탈, 지상에서의 강도 행위—이 그 뒤를 이었다. 이런 약탈 행위들은 물론 이전부터 존재했지만, 이때 더욱 기승을 부리면서 빈 자리를 차지했다. 마치 높이 자란 나무들이 벌채되고 나면 이보다 작은 나무들과 관목들이 초라한 모습이기는 하지만 그 자리를 메우는 것처럼 말이다. 따라서 전쟁에는 여러 "단계들"이 있었다. 역사가들과 사회학자들은 이 단계들 사이의 차이점들을 연구해야만 전쟁에 관한 연구를 진척시킬 수 있을 것이다. 변증법적 접근이 반드시 필요하다.

전쟁과 기술

전쟁은 항상 무기와 기술의 문제였다. 무기와 기술이 전쟁의 진행을 변화시키고 뒤바꾼다. 대포가 다른 곳들에서처럼 지중해에서도 전쟁 조건을 갑자기 변경시켰다. 대포의 출현, 확산, 개조—대포는 끊임없이 개조되었다—는 일련의 기술혁명이었다. 연대를 추정하는 일만 남았다. 언제 그리고 어떻게 대포는 갤리 선의 좁은 갑판을 차지할 수 있었는가? 언제부터 그것은 대형 갤리 선인 갤리어스의 특이하고 가공할 무기가 되었으며, 갤리온 선과 선체가 높은 라운드쉽들에는 언제부터 장착되었는가? 대포가 요새의 성벽과 발사대에 설치된 것은 언제부터인가? 부대가 이동할 때 대포는 어떻게 그 뒤를 따랐는가? 야전에서 대포를 사용하는 기술이 갑작스럽게 확산된 것은 술레이만 대제의 정복이 있기 전인 1494년 9월, 샤를 8세가 이탈리아를 급습하고 난 이후였다. 대포의 세대 교체—청동 대포, 철 대포, 강화된 대포—가 연속적으로 이루어졌고, 군수품의 생산지역이 계속 바뀌면서 지리적 시대 교체도 진행되었다. 가톨릭 왕 페르난도의 정책은 말라가와 메디나 델 캄포의 주조소에 좌우되었다. 각각 1499년과 1495년에 세워졌지만, 둘 다 곧 시대에 뒤처지게 되었다. 여기에서 만든 제품은 이탈리아에서는 더 이상 쓸모가 없어졌고, 프랑스와의 국경지대와 아프리카에서도 사용되지 않았다.[2] 밀라노와 페라라 주조소들의 시대는 이보다 길었다.[3] 그러나 머지않아 독일과 프랑스의 주조소가 앞서나갔고, 에스파냐와 포르투갈에 보급될 제품의 생산은 플랑드르에서 맡았다. 16세기 초반부터는 북유럽산 화약과 대포가 우위를 누렸다.[4] 이것은 매우 중요한 문제였다. 100여 문의 대포가 1566년 플랑드르에서 말라가에 도착했다는 소식[5]은 곧바로 외교관들의 통신문에 실렸다. 40문의 대포가 말라가에서 메시나로 운송되었다는 소식은 알제나 바르바리 지역의 트리폴리에 대한 원정의 시작을 알리는 것으로 토스카나 대사는 받아들였다.[6] 1567년에 푸르크보는 15,000개의 포탄이면 알제를 공략하는 데에 충분하다고 말했다.[7] 1565년에 몰타 섬이 투르크에 정복되지 않았다는 것을 감안한다면—이 문제가 야기한 신랄한 논쟁은 논외로 하고—이 숫자는 지나친 과장이 아니었다. 피렌체 공작이 200통의 화약을 그 전해에 그에게 양도했기 때문이다. 적어도 에스파냐의 한 정보원의 의견은 그러했다.[8] 이를 통해서 우리는 대포용 화약과 포탄, 화승총 도화선 제작에서 토스카나가 얼마나 중요한 위치를 차지했는지 짐작해볼 수 있다.

그러나 언제 이러한 변화가 일어났는지, 그 파급 효과는 또 언제 나타났는지를 알 수 있는 것은 여전히 어려운 문제이다. 우리가 확인할 수 있는 것이라고는 사건에 관한 몇 줄 정도의 설명뿐이기 때문이다. 우리가 막강한 베네치아 갤리 선 함대에 대포를 장착한 갤리어스 군함(기술에 관해서 말하자면, 레판토에서의 승리는 이것 덕분이다)의 출현을 1550년으로 잡는다고 해도,[9] 16세기 말에 투르크 군대가 콘스탄티노플에서 알렉산드리아로 가면서 갑자기 사용한 무장 갤리온 선이 지중해에서 언제부터 발달했는지에 관해서는 아는 바가 거의 없다.[10] 기독교 세계가 확실히 앞서 있었다고 해도 기술은 바다 이편에서 저편으로 전해지고, 기술은 같아지는 경향이 있어서 결국 이러한 혁신이 가진 정치적 영향력을 제한하기 때문이다. 대포는 그라나다와 북아프리카에 대한 기독교인들의 공격에서도 사용되었다. 또한 투르크가 모하치 결전[1526]에서처럼 발칸 반도를 공격할 때도,[11] 그리고 페르시아[12]와 북아프리카를 공격할 때도 대포를 이용했다.

전쟁과 국가

전쟁은 돈을 쓰는 일이다. 라블레가 처음 한 말은 아닌 것 같지만, 그는 "돈은 전쟁의 신경이다"라고 말한 바 있다.

전쟁과 평화는 선택할 수 있다는 것, 그 둘 중 어느 것도 겪지 않을 수 있다는 것은 이론상 강한 자들만이 누릴 수 있는 특권이다. 그러나 반전은 언제든지 가능하다. 모든 군주의 주위에서는 심지어는 그의 마음속에서도 두 가지 선택 사이에서 늘 의견이 팽팽하게 갈린다. 전쟁파와 평화파는 언제나 두 적대적인 진영을 이루며 종종 대립한다. 이러한 점에서 펠리페 2세 치하의 에스파냐는 1580년까지 그 전형적인 예를 보여준다. 평화파인 루이 고메스의 지지자들(수장이 사망한 후에도 여전히 파벌을 유지했다)과 강한 자의 미덕을 설교할 태세를 갖추고 있던 전쟁파인 알바 공작의 지지자들 가운데 누가 신중왕의 신임을 얻게 될 것인지가 이 시기의 중요한 문제로 대두되었다. 그러나 어떤 군주, 어떤 정치 지도자가 대립하는 파벌들이 완강하게 대변하는 이 두 선택안들에 지속적으로 직면하지 않을 수 있을까? 리슐리외조차 비극적인 해였던 1629년 말에 평화 애호자인 국새상서 마리야크의 반대에 직면하지 않았던가?[13] 둘 중 어느 쪽을 선택할지는 종종 우연한 사건들이 결정하고, 그 와중에 "시대가 요청하는 인물"이 전면에 부상한다.

막대한 전쟁 비용이 국가를 짓눌렀지만, 비생산적인 전쟁들이 너무나 많았다. 엘리자베스 여왕의 영광스러운 치세 말에는 아일랜드와의 소모적이고도 무가치했던 전쟁으로 인해서 재정이 파탄났고, 다른 무엇보다도 바로 이 문제 때문에 1604년의 평화협정이 서둘러 타결되었다. 지중해 세계에서 전쟁은 투르크에서나 에스파냐에서나 국가 파산이 줄을 이을 정도로 값비싼 것이었다. 펠리페 2세의 전비는 막대했다. 1571년에 마드리드의 한 인사가 계산한 바로는, 200척의 갤리 선, 100척의 라운드쉽, 5만 명의 수군으로 이루어진 연합 함대(베네치아, 교황청, 에스파냐 함대)를 유지하는 데에 매년 400만 두카트 이상이 들어갔다.[14] 움직이는 도시라고 할 수 있는 이 함대들은 자금과 보급품을 탕진했다. 1560년경 갤리 선 1척의 연간 유지비용 역시 6,000두카트에 이르는 건조비용만큼이나 많이 들었고,[15] 그 액수는 계속해서 증가했다. 1534년부터 1573년까지 수군을 유지하는 데 드는 군비는 낮게 잡아도 세 배 증가했다. 레판토 해전 당시에는 지중해에 투르크군과 기독교군의 갤리 선들이 각각 500-600척 활동하고 있었고, 15만-20만 명의 사람들(주에 제시된 수치를 참조하라[16])이 노꾼, 선원, 병사들로 승선하여 급변하는 선상 생활에 따라, 가르시아 데 톨레도의 말을 빌리면, 4원소—물, 불, 흙, 공기—의 조화에 따라서 모두들 언제 어떻게 될지 모르는 상황에 처하게 되었다. 이 네 요소 모두가 바다 사람들의 불안한 삶을 위협하고 있었기 때문이다. 1573년에 시칠리아에서 작성된 함대 보급목록(비스킷, 포도주, 염장 쇠고기, 쌀, 기름, 소금, 보리)은 그 비용만 50만 두카트가 넘었다.[17]

따라서 함대들의 전쟁은 막대한 돈과 인력이 투입되는 일이었다. 필요한 경우 옷까지 지급해야 할 정도로 누더기를 걸친 에스파냐 병사들, 볼차노를 경유하여 이탈리아까지 걸어와서 지나가는 갤리 선을 기다리기 위해서 라 스페치아에 모여들었던 독일 용병들, 탈영과 전염병으로 생긴 결원을 보충하기 위해서 이탈리아인 건달들이 함대에 동원되었다. 특히 기다란 대오를 이룬 죄수들의 행렬이 항구 쪽을 향해 움직였다. 그러나 갤리 선의 붉은 노를 잡기에는 이들의 수가 항상 충분하지 않았다. 따라서 빈민들에게 폭력을 행사하고,[18] 노예들을 포획하고, 지원자들을 모집해야 할 필요가 있었다. 베네치아는 보헤미아에까지 가서 그들을 찾아냈다. 투르크, 이집트에서는 강제 징병으로 주민들의 수가 감소했다. 자의이건 아니건 간에, 상당수의 사람들이 바닷가로 떠밀려갔다.

육군 역시 막대한 비용이 들었던 것을 감안한다면—16세기 말에 계산한 바에 의하면 에스파냐 테르시오(tercio, 보병) 연대(약 5,000명의 전투원으로 구성된다) 하나를 유지하는 데에 전투, 급여, 보급, 수송비용까지 모두 포함하여 120만 두카트의 비용이 들었다[19]—막대한 지출을 요구하는 전쟁과 지배자들의 수입 사이에 어떤 상관관계가 있었는지를 알 수 있다. 이 수입을 매개로 전쟁은 결국 인간의 모든 활동들과 연결되었다. 그러나 전쟁의 근대화와 발전은 정부의 돈줄을 끊고, 가장 견고한 수입원조차 파괴하며, 마침내 전쟁 자체의 작동을 멈추게 할 것이다. 평화는 바로 이러한 만성적인 불완전함과 거듭된 급여 지불 지연, 불충분한 무기의 결과였다. 이러한 고장 사태는 모든 정부들이 가장 두려워한 것이지만 또한 폭풍 같은 험한 날씨를 감내해야 하듯이 겪어야만 했던 것이다.

전쟁과 문명

모든 나라들이 이러한 갈등들을 경험했다. 그러나 전쟁은 거듭되었다. 지중해 세계의 전쟁 주역들인 문명들에 관해서 이야기하려면, 반드시 문명 내부에서 일어나는 "권내" 전쟁과 적대적인 세계들 사이에서 벌어지는 "권외" 전쟁을 구분해야 한다. 실제로 십자군과 지하드 그리고 기독교 내부의 혹은 이슬람 내부의 권내 전쟁을 따로 살펴야 한다. 왜냐하면 문명들은 끊임없는 내전, 가톨릭과 프로테스탄트, 시아 파와 수니 파 간의 동족상잔의 전쟁 속에서 스스로를 소진시켰기 때문이다.

이러한 구분은 매우 중요하다. 왜냐하면 그렇게 함으로써 지리적으로 명확한 경계가 드러나기 때문이다. 기독교와 이슬람은 대륙에서나 바다에서나 확실한 경계를 가진 명확한 세계이다. 이로부터 많은 것이 분명해진다. 또한 전쟁들을 구분하게 되면, 좀더 흥미로운 역사적 사실 하나가 보인다. 시간이 흐름에 따라서 "권외" 전쟁 시기에 뒤이어 "권내" 전쟁의 시기가 도래한다는 것이다. 물론 이것은 완벽한 오케스트라 공연도 아니었고, 세부적인 부분까지 잘 조율한 발레 공연도 아니었다. 그러나 전환은 분명히 일어났다. 그것은 혼돈의 시기를 새롭게 조망할 수 있는 새로운 시각을 제시함으로써 모든 것을 더 이상 피상적이지도 모호하지도 않도록 단번에 밝혀낼 수 있게 한다. 대립하는 이데올로기적 정세가 처음에는 확실하게 드러나다가 나중에는 다른 이념들로 대체된다. 문헌 조사가 더 잘 되어 있는 기독교 세계를 살펴보면, 십자군 전쟁, 즉 권외 전쟁의 기세는 1570-1575년경까지가 압도적이었다. 회피나 미온적인 태도, 거부—납세자들이나 냉철한 회의주의자들에게서 나타났다—의 경향이 없었던 것은 아니지만, 사람들은 어느 정도의 열정을 가지고 십자군을 지지했다. 그러나 십자군 전쟁은 항상 열렬한 옹호자와 비판자들을 가지고 있었다. 이견이 있었다는 것이 호전적인 종교적 감정이 16세기 기독교 세계에 만연해 있었다는 사실을 가릴 수는 없다. 특히 에스파냐에서는 이러한 경향이 뚜렷했다. 그것은 왕실의 타협적인 태도와 회피적인 술책에도 불구하고 프랑스에서도 마찬가지였다. 우리는 롱사르[시인, 1525-1585]에게서 헬레니즘적인 색채가 곁들여진 십자군 정신의 흔적을 쉽게 찾아볼 수 있다. "인간이 사는 세계의 눈"인 그리스를 구하라. 그리고 그리스도를 위해서 힘써라. 그러한 감정은 프로테스탄티즘으로 개종한 또는 개종 중이던 북유럽 지역에서도 마찬가지로 지속되었다. 멀리 남동쪽 전쟁터로부터 전해지는 투르크의 위협이 독일 전 지역에 울려퍼졌다. 울리히 폰 휘텐은 독일이 로마 교회의 착취로부터 벗어나야 한다고 요구하는 동시에, 그렇게 회수한 돈으로 제국의 힘을 키우고 투르크와 싸워서 영토를 넓혀야 한다고 주장했다. 루터 또한 항상 콘스탄티노플의 지배자들에 대한 전쟁을 적극적으로 시종일관 지지했다. 안트베르펜에서 사람들은 이교도들과의 전쟁에 관해서 이야기했고, 지중해에서 가톨릭의 승리를 항상 경계해왔던 영국조차 투르크의 패배를 기뻐했다. 레판토 해전은 영국인들에게 기쁨이자, 근심 거리였다.[20]

그러나 레판토가 끝이었다. 십자군의 쇠퇴는 오래 전부터 예고되었던 것이다. 1571년의 빛나는 승리가 착각을 불러일으켰을 뿐이다. 십자군 시대가 이미 지났는데도 여전히 십자군을 꿈꾸던 돈 후안 데 아우스트리아는 알카세르 키비르 전투[1578]의 영웅인 그의 조카 돈 세바스티안과 더불어 예외적인 경우에 불과했다. 그들의 꿈은 시대에 뒤처져 있었다. 이는 부분적으로는 적어도 1550년부터 종교개혁에 대한 가톨릭 측의 대응이 강화되었기 때문이다. 이데올로기적인 전선이 바뀐 것이다. 지중해 기독교 세계는 다른 전쟁을 벌이기 위해서 한 전쟁을 포기했다. 종교적 열정이 방향을 바꾼 것이다.

로마에서는 그레고리우스 13세(재위 1572-1585)가 교황으로 즉위하면서 독일의 프로테스탄트에 대한 적대감을 갑작스럽게 드러냈을 때, 이러한 변화를 분명히 감지할 수 있었다. 교황의 큰 사명은 더 이상 선대로부터 물려받은 빈사상태의 신성동맹이 아니었다. 신성동맹은 결국 베네치아의 배신으로 1573년 4월에 깨져버렸다. 로마 교회의 모든 정책은 북유럽으로 옮아갔다. 덕분에 에스파냐와 투르크 사이에 협상이 타결될 수 있었다. 펠리페 2세의 측근들은 1578년부터 1581년까지 매년 체결되던 술탄과의 협정 결과에 대해서 우려했지만, 교황청은 이 문제에 대해서 침묵했다. 이제부터 목표는 북유럽 프로테스탄트와의 싸움이었기 때문에, 교황은 에스파냐 국왕에게 아일랜드 문제에 나서도록 그리고 나아가 영국과 맞서 싸우도록 부추겼다. 늘 사태를 선도했던 신중왕이 이제부터는 반종교개혁을 기치로 내건 군대를 뒤따르는 모습을 보여주게 되었다. 따라서 이것은 신중왕의 달라진 모습을 볼 수 있는 기회이다.

이렇게 1570년대 이후 바람의 방향이 바뀌면서, 이슬람에 맞선 십자군을 외치는 주장이 힘을 잃어버린 것은 너무나 당연하다. 1581년에 에스파냐 교회는 투르크와의 전쟁을 중단한 것에 대해서가 아니라 이유 없이 세금을 징수하는 것에 대해서 항의했다.

그러나 1600년 이후에는 프로테스탄트와의 전쟁이 줄어들고 유럽 기독교 세계에 서서히 평화가 찾아오면서 십자군에 대한 생각이 지중해 연안 지역을 중심으로 다시 힘을 얻게 되었다. 1593-1606년의 오스만-신성 로마 제국 전쟁 때에 프랑스에서도 마찬가지였다. 한 역사가에 따르면,[21] "1610년 이후 투르크 혐오가 여론을 지배하면서 진정한 강박관념으로까지 발전했다." 계획과 희망을 담은 불꽃이 이때 점화되었다. 이 현상은 "권내" 전쟁인 프로테스탄트 전쟁[30년 전쟁]이 1618년에 다시 시작될 때까지 계속되었다.

이러한 전체적인 설명은 반박의 여지가 거의 없는 것 같다. 종교적 열정이 흐름을 주도한 것인지, 아니면 그것을 뒷받침한 것인지를 확인시켜줄 만한 상세한 연표를 제시할 수는 없어도 말이다. 내 생각으로는 종교적 열정은 방향의 전환을 자극하고, 북돋우고 마침내 행동으로 불타오르면서 그것을 주도하는 동시에 뒷받침하기도 했다. 그러나 교전 세력들 가운데 어느한 쪽에만 치우친 설명은 매우 불충분한 것이 되기 쉽다. 서양 쪽의 입장에서만 문제를 검토하는 방식은 우스꽝스러운 일이다. 왜냐하면 지중해의 나머지 반쪽 역시 그들의 역사를 만들며 살아갔기 때문이다. 새로운 한 연구[22]—간략하기 때문에 더욱 놀라운—는 오스만 쪽에서도 비슷한 주기를 가진 유사한 국면들이 있었음을 밝혔다. 기독교인은 전쟁을 단념하고 지중해를 등졌는데, 투르크인 역시 비슷한 시기에 비슷하게 행동했다. 그들은 헝가리 국경이나 지중해 해상 전쟁에 관심을 두었던 만큼이나 홍해, 인도, 볼가 강에 주목했다. 투르크의 무게 중심과 정책 노선은 시기에 따라, "세계" 전쟁의 양상 변화에 맞추어 달라졌다. 이 개념은 프레더릭 C. 레인이 대화 중에 내게 알려준 것이다. 지브롤터 해협, 네덜란드 운하로부터 시리아나 투르키스탄까지를 아우르는 전쟁사에서 모든 것은 서로 연관되어 있었다. 이 역사는 하나의 리듬을 가지고 있었고, 변화는 동일하게 나타났다. 어떤 시점에 기독교도들과 이슬람 교도들은 지하드와 십자군의 이름으로 맞붙었고, 이후 내부적인 갈등을 확인한 뒤에는 서로에게 등을 돌렸다. 그러나 이렇게 종교적인 감정이 일치하며 등식이 만들어진 것은 내가 제II부 결론 부분에서 말하려고 하는 바로서,[23] 16세기부터 하나의 단위로 존재하기 시작한 세계 전체에서 동일하게 나타나는 경제적인 콩종튀르의 완만한 리듬의 결과였다.

발칸 반도에서의 방어전쟁

지중해의 기독교 세계는 투르크인들의 공격에 대비하기 위하여 무수한 요새들을 만들었다. 그것은 전쟁의 지속적인 형태들 가운데 하나였다. 기독교 세계는 전쟁을 치르는 동시에, 저지선과 방어선을 지속적으로 넓히며 갑옷으로 무장했다. 그것은 본능적이고도 일방적인 정책이었다. 왜냐하면 다른 편에 있던 투르크인들은 효과 면에서나, 물량 면에서나 국경을 강화하는 일을 하지 않았기 때문이다. 알제리인들이나 아랍인들도 마찬가지였다. 기술 수준이나 태도에서의 차이가 있었기 때문일까? 즉 이 편에는 예니체리, 시파히, 갤리 선단이라는 막강한 군사력에 대한 믿음이 있었던 반면, 기독교 세계에서는 안보의 필요성과 전쟁 중에라도 군사력과 비용을 줄여야 할 필요성이 중요한 문제였기 때문이었을까? 마찬가지로 기독교 국가들은 레반트에서 대규모 정보 기관을 유지했다. 단지 두려워서가 아니라, 위험의 정도를 정확하게 측정해서 그에 걸맞은 방어 노력을 기울이기 위해서였다. 그런데 투르크인들은 오지 않았다. 그러자 모든 예비 병력들은 동원 해제되었고, 군 병력 충원 계획도 무산되었다. 반델로가 말했듯이,[24] 투르크 술탄이나 사파비 왕조가 무엇을 할지, 하지 않을지를 알기 위해서 머리를 싸매는 것은 어리석은 일이었다. 그의 말이 옳았다. 왜냐하면 그가 실제로 언급했던 대단한 논객들은 숨을 헐떡일 정도로 논쟁을 벌이면서도 정작 이러한 강력한 적들의 계획과 비밀들에 대해서는 전혀 모르고 있었기 때문이다. 그러나 지배자들에게는 이것은 다른 문제였다. 이 쓸데없는 일이 종종 방어전략의 범위를 결정했다.

따라서 지중해 기독교 세계는 이슬람에 맞서 "전방"을 요새화하면서 긴 방어선을 따라 일련의 "장벽"을 세웠고, 적의 기술적 우위를 의식하면서 그 방어선 뒤에서 안전하다고 느꼈다. 헝가리에서부터 지중해 경계까지 뻗어 있던 이 방어선은 두 문명을 서로 가르는 일련의 요새화된 지역들의 연쇄를 형성했다.

베네치아의 "요새선들"

유럽의 지중해의 변두리에서는 오래 전부터 베네치아가 경계를 늦추지 않고 있었다. 투르크인들에 맞서, 베네치아 정부는 이스트리아, 달마티아, 알바니아 해안을 따라 이오니아 제도와 그 너머의 크레타 그리고 키프로스에 이르기까지 요새와 해안 망루들을 건설했다. 1479년에 획득한 키프로스는 최후의 거점이었으며 1571년까지 베네치아의 속령이었다. 그러나 이 길고 좁은 해상 제국은 동부 해안의 기생식물이었고, 결국 투르크의 계속된 공격으로 타격을 입었다. 예를 들면, 굳이 오래 전으로 거슬러올라갈 필요도 없이, 1540년 10월 12일의 평화조약[25]으로 달마티아 해안에 있는 나디노와 라우라나[부라니에] 같은 소중한 기지들, 에게 해에 위치한 키오스, 파트모스, 카지노 같은 작은 섬들, 그리고 피사니 가문의 봉토인 니오스[이오스], 키리니 가문의 봉토인 스탐팔리아[아스티팔라이아 섬], 베르니에 가문의 봉토인 파로스 같은 "봉건 영주의" 섬들이 베네치아에서 떨어져나갔다. 베네치아는 또한 그리스에서 모넴바시아와 나폴리 디 로마니아의 중요한 거점들을 포기해야 했다. 33년 후인 1573년 4월에 단독 강화조약[베네치아-투르크]을 맺고, 1575년에는 까다로운 협정들을 통과시켰다.[26] 이에 따라 베네치아는 달마티아에 있던 기지들을 또 다시 양도하고, 전쟁 배상금을 지불하고, 1571년 사실상 빼앗긴 키프로스를 공식적으로 포기했다. 사람들은 종종 베네치아를 대영제국과 비교했다. 16세기 말의 베네치아는 수에즈 운하 동쪽 지역을 제외한 대영제국과 유사했다는 것이다. 그러나 이러한 비교는 오해의 소지가 있다. 베네치아의 국경 지역은 자그마한 기지들과 아주 오래된 요새들인 경우가 많았기 때문이다. 그곳의 도시와 섬들의 거주민들 또한 수천 명도 되지 않았다. 1576년에 자래[자다르]는 7,000명 정도였고,[27] 스팔라토[스플리트]는 4,000명이 조금 안 되었으며,[28] 카타로[코트르]는 1572년 전염병이 돌면서 겨우 1,000명 정도밖에 되지 않았고, 케팔로니아 섬은 겨우 2만,[29] 자킨토스 섬은 1만5,000,[30] 코르푸 섬은 17,517명이었다.[31] 20만 정도가 거주하는 크레타 섬만이 어느 정도 비중을 가지고 요충지 역할을 하고 있었다. 그러나 그리스 섬들은 1571년에 확인되었듯이, 믿을 만하지 못했고, 이는 1669년에 재차 확인될 것이다. 전체적으로 보았을 때, 150만 명 정도의 거주민이 살고 있었던 것으로 추산되는 베네치아와 테라 페르마, 즉 육지 영토 영토 속령과 비교할 때에 이 제국은 인구 면에서 중요하지 못했다.[32]

따라서 베네치아가 투르크의 계속된 침입을 막아냈다면, 그것만으로도 기적이었다. 1539년에도 결국 에스파냐인들이 발칸 반도에 있는 카스텔누오보[헤르체그노비]의 교두보를 장악하지 못했다는 사실을 기억한다면, 이 사실은 더욱 분명해진다.[33] 이렇게 비정상적일 정도의 베네치아의 견고한 방어력은 적응력의 승리이자 끊임없는 계산의 결과였다. 세심하게 전초 기지들을 유지하고, 최강의 공장이라고 할 만한 조선소가 긴장을 늦추지 않고 있었으며, 라운드쉽들과 갤리 선들이 끊임없이 순찰했다. 국경지대의 주민들의 애국심과 베네치아 정부의 이름으로 현지인들을 지휘했던 사람들의 높은 자질, 그리고 유형(流刑)에 처해진 사람들이 보여준 용기 또한 한몫을 했다. 여기에 실용성을 갖춘 포병 학교의 효율적인 운영과 혼란스러운 국경지대에서 알바니아인, 달마티아인 혹은 그리스인 거주민들의 징병이 용이하게 이루어졌다는 사실 또한 무시할 수 없다.

그러나 방어망의 양쪽 극단에 위치한 지역에서 베네치아는 많은 어려움을 겪었다. 동부 지역의 가장 끝에 위치한 키프로스는 방어가 쉽지 않았고, 주민들도 그리 믿을 만하지 않았다. 로도스 같은 섬은 소아시아 반도와 너무 가까워서 투르크의 공략에 취약하다는 문제가 있었다. 1571년의 패배로 크레타 섬에서 철수해야 했던 베네치아는 1572년에 곧바로 이 지역을 되찾기는 했으나, 그후로도 호시탐탐 이곳을 노리는 투르크의 위협을 고스란히 감수해야 했다. 방어망의 또다른 한쪽 끝에 위치한 북부의 이스트리아와 프리울리 국경지대에서 베네치아는 합스부르크 가문과 투르크 영토에 맞닿아 있었다. 따라서 이곳에서의 위협은 이중적이었고, 베네치아의 핵심 요지인 육지 영토 속령을 위협한다는 점에서 그 위협은 더욱 심각했다. 이미

1463년부터 1479년까지 투르크가 피아베 강까지 기습적으로 밀고 들어온 적이 있었다.[34] 합스부르크 영토 쪽으로도 1518년까지는 평화를 유지했지만,[35] 그렇다고 해서 국경에 대해서 양측이 공식적으로 승인한 것이 아니었기 때문에 아무런 문제가 없었다고 할 수는 없었다. 이 모든 위협들에 대비하여 베네치아는 세기 말에 거금을 들여 팔마[발레아레스 제도의 중심 도시]에 견고한 요새를 지었다.

이렇게 전초기지들이 한 줄로 늘어선 베네치아 제국은 대국인 투르크를 옥죄지는 못했어도 걸림돌 역할은 했다. 베네치아인들도 전초기지들의 취약성을 잘 알고 있었다. 콘스탄티노플 주재 베네치아 대사들과 바일로들은 투르크의 공격에 맞서 이 기지들을 지키기 위해서 뇌물도 건네고 회유도 하며 끊임없이 현지인들을 회유했다. 그러나 정치적이거나 상업적인 이유에서, 혹은 주변에서 일어나는 자잘한 사건들 때문에, 가령 허가 없이 곡물을 실은 선박, 제멋대로 행동하는 해적선, 지나칠 정도로 순찰권을 행사하는 베네치아 갤리 선들로 인해서 수시로 사건들이 발생했고 갈등이 격화되었다. 1582년 시난 파샤는 베네치아 정부를 상대로 싸움거리를 찾기 위해서 의도적으로 베네치아인들을 비난하고, "술탄국의 몸통에 붙은 발과 같은" 섬들을 돌려달라고 요구했다.[36]

그러나 베네치아 방어선은 그 취약성 덕분에 유지되었던 듯하다. 투르크는 이곳에 널찍한 통로를 마련하고, 서방으로 진출하기 위한 창문과 문을 열었다. 방어가 매우 허술했음에도 불구하고 베네치아의 모든 기지는 1572년에 극적인 포위 공격이 있을 때까지 버틸 수 있었는데, 1550년경 블롱 뒤 망은 이곳을 "투르크의 열쇠"로 생각했다. 반면 북부 전선에서는 나바리노가 1573년부터 요새화되었고,[37] 알바니아의 발로나는 전쟁이 끊이지 않는 지역들로 둘러싸여 있음에도 불구하고 서방의 바다와 기독교 세계로 가는 훌륭한 기지가 되었다. 요새선의 틈으로 인해서 기지로서의 기능이 현저히 떨어졌다는 것이 베네치아 요새들이 보다 오랫동안 버틸 수 있었던 비결이었을 것이다.

도나우 강 지대

오스만 제국은 발칸 반도 북부지역[38]에서 중요하기는 했지만 허술한 경계였던 도나우 강 유역에 도달했고, 결국 그 강을 넘어섰다. 그리고 숲과 산이 많은 트란실바니아의 확실한 지배자가 될 수는 없었지만, 도나우 강 지방을 어느 정도나마 장악하게 되었다. 그후 서쪽을 향해 크로아티아의 세로로 길게 뻗은 계곡을 건너 자그레브를 넘고 쿨파[쿠파], 사바, 드라바로 이어지는 전략적으로 중요한 협곡에 이르렀다. 이곳에서 투르크는 가난하고, 산이 많고, 접근하기 어려우며 절반 정도는 인적이 없던 지역을 만나게 되었는데, 바로 이곳이 디나르 산맥 지역이 거대한 알프스 산맥의 지괴(地塊)와 만나는 경계지역이었다. 따라서 발칸 북부 지역에 위치한 투르크 국경의 서쪽 끝과 동쪽 경계는 아주 일찍부터 굳어졌고, 양쪽 모두 지리적인 장애물들에 의해서 경계가 만들어졌다. 물론 민족들 역시 경계가 되었다. 몰다비아와 왈라키아의 동부 지역에는 막아내기도, 다른 곳으로 유인하기도 어려운 무법천지의 타타르 세력이 크게 성장하고 있었다. 서쪽의 독일 국경은 적어도 슬로베니아 땅에서는 사바 강 중류와 드라바 강 중류 지대 사이에 라이바흐의 육군대장의 지휘하에 군사화되었다. 이곳을 요새화하라는 황제의 명령이 1538년 린츠에서 내려졌다. 슬로베니아와 그 다음으로 크로아티아에는 카를 5세와 페르디난트 시대에 군사적인 국경 요새가 설치되었다. 1542년의 명령은 이 지역 전체를 조직화하도록 결정했다. 머지않은 1555년에 니콜라스 츠리니가 이야기했듯이, 이곳은 슈타이어마르크[오스트리아 남동부], 나아가 합스부르크 왕가의 세습영지들 전체를 지키는 방어벽이자 요새였다. 게다가 자체적으로 경비를 마련하여 공동 방어를 해야 할 필요성이 커지면서 지역들 간의 관계가 조금씩 견고해지더니 여태껏 소규모 정치체들과 다양한 정치단위들로 나뉘어 있던 합스부르크 왕가의 세습영지들을 하나의 매우 현실적인 단일체로 결속시키기에 이르렀다.[39] 1578년에 쿨파 강에 면한 카를슈타트[카를로바츠]의 견고한 요새가 축조되었다. 같은 시기에 한스 렌코비치는 크로아티아와 슬로베니아 국경지대를 다스리게 되었고, 그 관리는 브루크 칙령(1578)으로 새로 결정되었다. 가장 두드러진 특징은 자신의 땅을 버리고 투르크의 지배로부터 도망친 수많은 세르비아 농민들이 국경지대를 따라 정착한 것이다. 이 농민들은 땅과 면세 특권을 하사받았다. 그들은 대가족 단위로 조직되어 있었고, 연장자가 군사적, 경제적인 임무를 분배했다는 점에서 가부장적이고 민권적인 공동체를 이루었다.

따라서 여러 해가 지나가면서 군사적 경계가 강화되었다. 뷔스베크가 지적하고 있듯이,[40] 국경이 그처럼 안정적으로 정착될 수 있었던 것은 오랫동안, 적어도 1566년까지는 평화로웠기 때문이었다고 생각하는 것이 옳을 것이다. 그러나 평화와 안정은 부분적일 뿐이었다. 왜냐하면 국경의 양 극단에서는 전투 억제가 가능했다고 해도, 탁 트인 거대한 헝가리 평원을 관통하는 국경의 중심지대에서는 평화가 불안정해질 수밖에 없었기 때문이다. 이 불행한 나라의 재앙과 1526년 이후의 분할이 초래한 끔찍한 혼란, 전투, 동족상잔의 분할, 1541년에 거의 전 지역이 오스만 제국의 지배 하에 들어가게 된 사실에 관해서는 익히 잘 알려져 있다. 오스만 제국에 통합된 헝가리에서는 국경 부근의 아주 좁은 지대만이 기독교인들의 수중에 남겨졌다. 헝가리 평원과 수로, 특히 도나우 강이 공격을 받았다. 1529년 오스만의 빈 포위 이후, 게르만 세계의 성채였던 곳을 방어하기 위해서 육로와 수로를 따라 인공 장벽들을 증설해야 했다. 또한 1532년에 빈의 해군 조선소 책임자였던 제로니모 데 자라가 이미 제안한 것처럼, 100여 척으로 구성된 도나우 함대를 창설하고 유지해야 했다. 소금 수송을 위해서 운행되던 통상적인 바지 선들 외에 더 많은 배들을 건조하라는 명령이 그문덴 소금 감독국에 내려졌다. 사람들은 이 배를 Nassarnschiffe, Nassadistenschiffe라고 불렀다. 나사드(nassades)라는 말은 16세기의 프랑스 문헌에도 종종 나왔지만,

터키 어인 카이크(caïque)에서 나온 체이켄(Tscheiken)으로 불리는 경우가 더 많았다. 19세기까지도 도나우 강에는 체이켄 선원들이 탄 체이켄 선들이 다녔다. 1930년에 클로슈테르노이부르크에서 열린 회고전에서 오이겐 대공[1663-1736] 시대의 체이켄이 전시되었다.

16세기 말이 되자, 헝가리의 긴 국경지대는 안정을 찾았다. 그러나 완전하게 평화로웠던 적은 단 한번도 없었다. 끊임없는 약탈, 노예나 세금의 추적과 같은 작은 소란들은 결코 국경의 위치를 바꾸지는 못했다. 요새, 망루, 성채, 진지들이 조금씩 복잡하고 촘촘한 고리들을 만들며 네트워크를 형성해나갔다. 기습작전을 펴는 소규모 부대들은 고리 사이를 힘들이지 않고도 빠져나갈 수 있었지만, 정규군의 진군을 멈추게 하거나 방해할 수 있을 정도로 그물망은 촘촘했다. 크로아티아나 슬로베니아에서처럼 여기에서도 평화 시기에 특히 1568년 이후, 그리고 1574-1576년, 1584년에 갱신된 아드리아노플 협정 이후에 경계망을 설치할 수 있는 기회가 있었다. 이런 비교적 조용했던 평화 시기는 1593년에 깨졌지만, 25년간의 소강상태는 길고 유연한 경계를 만들기에 충분했다. 1567년 국경은 어느 모로 보나 아직 불안했다. 빈 출신의 샹토네는 "이곳 국경 쪽에서 기독교 세계의 방어 태세는 형편없다"고 적고 있는데,[41] 이는 푸르크보의 보충 설명에 따르면, 헝가리의 독일 병사들이 특히 약했기 때문이다. 투르크인들은 그들을 "여자들처럼 얕잡아 보았고, 필요하면 언제든 쉽게 격퇴할 수 있었다."[42] 1567년의 상황은 투르크와의 전쟁이 재개된 1593년에도 개선되지 않았고, 오히려 더 악화되었음이 분명하다. 그런데 1585년 봄, 라프[헝가리의 북서부]에서 노이트래[체코슬로바키아 남부]에 이르는 국경지대를 돌아본 자크 봉가르[43]라는 프랑스인은 기독교 세계의 방어를 위해서 취해진 수많은 대비책들에 관한 기록을 그의 『일기』에 남겼다. 그에 따르면, 라프 지구에만 12개의 요새들이 세워져 있었고, 평화 시에도 5,000명 이상의 보병들과 300명 이상의 기병대 주둔군이 배치되어 있었다. 코모른에는 요새 내부에 포탄과 총탄

사진 25. 아프리카의 어떤 요새의 점령

비첸테 카르두초의 판화에 의한다. 아마도 페논 데 카르두초의 그림인 것 같다(1564). 여러 타입의 배들이 아름답다. 마드리드. 성 페르난도 아카데미.

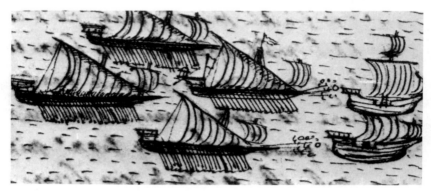

사진 26. 27. 28. 폭풍 속의 갤리 선, 항구의 갤리 선, 전투 중인 갤리 선
1560년경의 토스카나의 어떤 노꾼 죄수의 데생에 의한 것이다. 마르치아나 도서관의 사본, 베네치아

을 제조하는 공장이 설치되는 추가적인 조치가 취해졌다. 모든 요새에서 급습과 소규모 교전이 일상적으로 벌어졌다.[44]

지중해 중심에서 : 나폴리와 시칠리아 연안

나폴리와 시칠리아의 연안과 마그레브를 직접 연결하는 몰타 섬은 이제까지 우리가 살펴본 곳과는 전혀 다른 영역이었다. 이곳의 전략적 가치는 바다 중앙 축에 위치한 접점이라는 지리적 위치에서 비롯된다. "이곳은 투르크의 위협," 즉 알바니아와 그리스에 있는 투르크 측 망루에 맞서기 위한 "이탈리아 해상 전선이었다."[45] 이곳의 임무는 에스파냐 함대들에게 기지를 제공하고, 투르크 함대를 저지하며, 해적들의 공격에 맞서 자체 영토를 수호하는 것이었다.

브린디시, 타란토, 아우구스타, 메시나, 팔레르모와 나폴리는 모두 기독교 국가의 갤리 선들을 위한 집결지 역할을 했다. 브린디시와 타란토는 지나치게 동쪽에 치우쳐 있었고, 팔레르모와 아우구스타는 레반트보다는 아프리카 쪽으로 훨씬 더 치우쳐 있었던 반면에, 나폴리는 지나치게 뒤에 있었다. 위치 면에서는 메시나가 우세했다. 따라서 전운이 감돌면 메시나는 서양권의 가장 핵심적인 해상 기지가 되었다. 좁은 해협에서 매복하기에 유리한 위치, 시칠리아와 외국산 곡물을 보급받을 수 있다는 편의성, 나폴리와의 근접성이 메시나를 부유하게 만들었다. 인력, 배, 비스킷, 큰 통에 담은 포도주, 식초, 화약, 노, 도화선, 화승총, 철제 탄환들이 나폴리에서 이곳으로 쏟아져 들어왔다. 현재의 시각으로 도시의 입지를 판단해서는 곤란할 것이다. 투르크가 우세하던 시대에 이슬람 함대는 손쉽게 이 해협을 지나다닐 수 있었고, 위험과 손해를 감수한다면 해적들의 소형 선단이나 갤리 선들 역시 그런 일이 가능했다. 당시 대포들의 포격 능력으로는 도저히 감시가 어려울 정도로 해협이 넓었기 때문이다.

16세기 초부터 나폴리와 시칠리아에는 연안이나 내지 곳곳에 성채와 요새들이 포진해 있었다. 많은 곳이 오래 전에 지어졌고, 성벽이 무너져 있었다. 대포를 갖추고, 대포와 기병대를 위해서 큰 길을 닦고, 적의 대포 공격에 대비하여 성벽과 보루를 강화하고, 지상에 위험한 설치물들을 최소화하는 일은 아주 드물게만 이루어졌다. 시대에 뒤떨어진 요새를 허물거나 보강하고, 새로운 방어물들을 건설하는 작업은 수세대에 걸쳐 이루어졌다. 카타니아에서는 1541년부터[46] 중세의 성곽에 교차 사격을 할 수 있는 보루를 추가하기 시작했다. 이 작업은 75여 년간의 노력과 자금 투입 끝에 1617년에 가서야 완성되었다.

나폴리에서는 피에트로 디 톨레도, 시칠리아에서는 페란테 곤차가의 주도 하에 이탈리아 남부지역 전체에서 1538년경부터 대공사가 시작되었다. 1538년은 프레베자 해전이 있던 해로서, 이때부터 투르크 함대가 막강한 기세로 공격을 개시했다. 나폴리와 시칠리아의 연안에서는 이들을 막아내기조차 어려워지기 시작했다. 저자를 알 수 없는 『피에트로 디 톨레도의 생애(*Vita di Pietro de Toledo*)』[47]라는 책에는 나폴리 부왕인 디 톨레도가 레조, 카스트로, 오트란토, 레우카, 갈리폴리, 브린디시, 모노폴리, 트라니, 바를레타, 만프레도니아, 비에스테의 요새화 작업을 시작했고, 나폴리의 방어를 강화하기 위한 일도 추진했다고 적혀 있다. 이 시기부터 나폴리 해안을 따라 망루들이 건설되기 시작했던 것 같다. 1567년에는 313개의 망루가 왕국 곳곳에 세워져 있었다.[48] 피에트로 디 톨레도가 나폴리에서 한 일을 페란테 곤차가가 1535년부터 1543년까지 시칠리아에서 해냈다.[49] 그는 동부와 남부 연안에 137개의 망루를 건설했다.[50] 그동안 남부 연안이 다소 자연적으로 방어되는 반면, 동부 연안은 오스만의 공격에 완전히 노출되어 있었고, 곧 "오스만 제국에 맞선 허술한 군사 경계"로 전락했다.[51] 바로 이 전략적 급소인 시라쿠사에서 1532년부터 요새화 작업이 시작되었다.[52] 국왕에게 올리는 보고서에서 페란테 곤차가가 직접 쓴 바에 따르면,[53] 이곳은 섬에서 유일하게 외부로 노출된 곳이었다. 북쪽 해안은 산악 지역이었다.

남쪽 해안은 "지형이 험악하고, 파도가 심해서"[54] 적의 함대가 정박할 수 있는 곳이 전혀 없었다. 그러나 지대가 낮고, 비옥하고, 접근이 용이한 동부 해안은 경우가 달랐다. 이러한 이유로 시라쿠사 외에도 카타니아와 메시나를 요새화할 필요가 있었다. 1535년에 곤차가는 도착하자마자 이곳이 "외진 곳이라 어느 누구도 방어할 생각을 하지 않는다"는 것을 알았다.[55] 그러나 그가 떠날 때까지도 이곳은 여전히 요새화되지 못했다.

따라서 모든 일이 단번에, 부왕 한 명의 짧은 재임 기간 동안에 달라질 수는 없었다. 시칠리아에서는 페란테의, 나폴리에서는 피에트로 디 톨레도의 후임자들에 의해서 요새화가 진행되었다. 작업은 끝없이 계속되었고,[56] 종종 다시 시작되었지만, 결코 완료되지 못했고, 개시 명령과 중지 명령이 이어지며 작업은 중단되기 일쑤였다. 나폴리 사람들은 왕국의 20여 개 요새들(1594년에 정확하게는 19개)의 건설 문제에 직면했던 부왕들이 선임자가 했던 일을 망쳐놓았다고 말하곤 했지만,[57] 이들이 겪었던 어려움을 고려할 때, 그런 비난은 부당한 것 같다. 책임자들은 자금 부족에 시달렸다. 저쪽에서 작업을 시작하기 위해서 혹은 무너진 곳을 보수하기 위해서(1553년에 완공된 시칠리아 망루는 1583년부터 1594년까지 재정비를 해야 했다) 이쪽의 작업을 중단할 수밖에 없었는데, 모든 요새들을 순차적으로 수리하고 근대화해야 했다. 그후에는 공사장을 서쪽 방향으로 더 멀리까지 연장해야 했다. 서쪽으로부터의 위험이 증가했다는 증거이다. 북아프리카 해적들과 1558년 전까지의 투르크 함대들은 시칠리아와 나폴리를 배후에서 공격했다. 따라서 티레니아 해 쪽을 방어할 필요가 있었고, 팔레르모,[58] 마르살라,[59] 트라파니,[60] 소렌토,[61] 나폴리,[62] 가에타에서 방어작업이 필요했다.

그렇다고 해서 동쪽에서의 위험이 줄어든 것은 아니었다. 방어체계가 작동한 것은 특히 이쪽 방향에서였다. 1580년 나폴리를 예로 들어보자. 1년 전부터 페스카라,[63] 브린디시 섬, 타란토의 큰 마을을 요새화하기 위한 작업들이 진행되고 있었다.[64] 오트란토 만과 바리 내륙의 소규모 요새들의 수

비작업을 중단하라는 알바 공작(1557년에 나폴리의 부왕이었다)의 명령은 강행과 철회를 오가다 결국 취소되었다. 이에 따라 놀세타, 소베나초, 비젤라, 갈리냐노, 놀라라는 이 작은 도시들은 스스로 요새를 만들어 자체 방어를 해야 했는데, 포고령에는 그동안의 고된 작업과 불완전한 방어선에 관해서 상세하게 설명되어 있다. 여름이 다가오자, 이곳의 여러 요새들에 대한 보강 작업이 재개되었다. 나폴리 민병대에서 8,000-10,000명이 파병되었고, 필요에 따라서 2만 명으로 늘어날 수도 있었다. 군인들이 왕국을 횡단하고, 주민들 사이에서 숙박을 해야 했기 때문에, 이들이 외국인이 아니라 나폴리인이라는 것은 다행스러운 일이었다.[65] 이런 식으로 1560년 5월에 500명의 보병이 만프레도니아에, 700명이 바를레타에, 600명이 트라니에, 400명이 비스켈리에, 300명이 모노폴리에, 1,000명이 브린디시에, 그 외에도 3개 중대의 에스파냐인들이 요새에, 500명의 민병대가 타란토에, 800명이 오트란토에, 800명이 크로토네에 배치되었다. 게다가 1,000여 명의 병사들과 200명의 근위 경기병들이 풀리아에 주둔했고, 공격이 있을 경우를 대비한 예비 병력을 확보하기 위해서 6,000명의 이탈리아인들이 징집되었다.[66] 해안을 점유하고 요새의 수비를 강화하면서 당국은 비무장 도시, 즉 무방비의 해안 마을과 도시들로부터의 퇴거를 단행했다. 시칠리아에서는 1573년 섬 전체를 방어할 수 없었기 때문에,[67] 메시나, 아우구스타, 시라쿠제, 트라파니, 밀라초를 지키는 것으로 만족해야 했다. 타오르미나, 카타니아, 테라노바, 리카타, 지르젠티[아그리젠토], 샤카, 마자라, 마르살라, 카스텔라마레, 테르미니, 체팔루, 파티는 너무 취약했기 때문에 상당 기간은 방치할 수밖에 없었다.

바로 이런 일들이 나폴리와 시칠리아의 부왕들이 1580년대까지 그리고 그 이후에도 여름마다 취한 정책들이었다(겨울이 다가오면 모든 작업들을 접어야 했다). 이 시기에는 투르크의 위협이 덜 했기 때문에 이러한 군사적 부담이 더 무겁게 느껴졌을 것이다. 특히 기병대(산지가 많은 섬에서 꼭 필요한 수비대)가 왕국의 수입을 문자 그대로 먹어치우고 있었던 시칠리아에서는 더욱 그러했다. 어쨌든 이 교묘한 방어체계와 동원된 인원들의 규모, 복잡한 파발과 연락망, 그리고 시각적 신호장치들을 잠깐이라도 생각해본다면, 이 유연한 방어체계와 마주친 투르크인들이 느꼈을 호된 충격을 이해할 수 있을 것이다. 대체로 1538년이 방어체계가 구축되기 시작한 해였다면, 제대로 가동되기 시작한 것은 1558년부터였던 듯하다.[68] 이 체계의 효율성은 베네치아인들의 주목을 받았다. 1583년에 함대의 지휘관이었던 니콜로 수리아노는 다음과 같은 보고서를 작성했다. "얼마 전까지만 해도 산타 마리아 곶에서 트론토에 이르는 풀리아의 전 해안에는 망루가 설치되어 있는 곳이 거의 없었습니다. 따라서 투르크의 푸스타 선[돛과 노를 모두 사용하는 범선]이 선박과 영토에 큰 피해를 주면서 연안을 지나갈 수 있었고, 이곳에서의 승리에 만족하여 만 한가운데로 들어오지 않았습니다. 그런데 지금은 이 망루들 덕분에 주민들을 보호할 수 있고 작은 배들도 낮에는 매우 안전하게 운항되고 있습니다. 적선이 한 척이라도 나타나면 이들은 망루 밑으로 숨을 수 있고, 이곳에 설치된 대포가 안전하게 지켜주었기 때문입니다. 따라서 지금은 푸스타 선들이 안코나 산 너머[북쪽으로] 더 올라옵니다. 이곳에서라면 큰 위험을 무릅쓰지 않아도 좋은 먹잇감을 찾을 수 있으리라고 확신하고서 말입니다." 나폴리로 향하는 에스파냐의 선박들 대신에 해안을 따라 이렇게 높이까지 북상하여 베네치아의 선박들을 공격하고 있는 상황에서 교황과 페라라와 우르비노의 공작들은 나폴리 왕국의 것과 같은 망루 건설에 나서야 한다는 것이 그의 주장이었다. 그리고 그런 결론은 설득력이 있었다.[69] 따라서 에스파냐 부왕들의 노력은 결코 무시할 만한 것이 아니었다.

이탈리아와 에스파냐의 해안 수비

대체로 1574년까지는 몰타 섬의 강력한 기독교 기지로부터 라 굴레트[할크 알 와디] 에스파냐 요새가 견고하게 지키고 있었던 바르바리 연안으로까지 이어지는 나폴리와 시칠리아 방어선은 투르크 함대에 의해서 뚫리지 않았다. 방어선이 그들을 저지할 수 있었기 때문이 아니다. 전리품을 얻고 나면, 투르크인들은 더 멀리까지 진출하려고 하지 않았다. 그들이 원했다면, 그 무엇도 그들을 막지 못했을 것이고, 투르크와 바르바리 사이의 선박 운항을 저지하는 일도 불가능했다. 알제의 해적들도 활발한 활동을 벌였다. 따라서 기독교 세계는 아주 먼 곳까지 해안을 수비하고 망루와 요새를 갖추는 등 방어체계를 조직화해야 했다.

시칠리아의 방어 작업에서 보았듯이, 이러한 성이 하루아침에 올라간 것은 아니었다. 성을 쌓고, 옮기고, 근대화했다. 언제 그리고 어떻게에 대한 정확한 답을 말하기는 어렵다. 1563년에[70] 발렌시아의 오래된 탑을 허물고 대포를 설치한 새로운 망루를 세우는 문제가 논의되었다. 바르셀로나에서는 국왕, 도시, 상품 거래소 가운데[71] 누가 비용을 지불해야 하는지가 문제였다. 마요르카 섬에서는 1536년 8월에[72] 감시병들이 망루 꼭대기에서 적함의 돛을 확인했다. 따라서 이 시기 이 섬에는 망루가 있었던 것이다. 이 망루는 언제 지어진 것일까? 1543년에는 [마요르카 섬의] 알쿠디아에서 요새화가 시작되었다. 그런데 어떤 종류의 요새였을까? 마찬가지로 코르시카에서 원형의 망루가 건설되었을 때, 마을 요새에 있던 사각탑과는 어떻게 달랐을까?[73] 발렌시아에서 "점호"체계와 경보체계까지 갖추고 산타 에르만다[신성 형제단][74]를 모델로 한 해안 수비 요새가 세워진 것은 1519-1520년부터였을까? 그런데 더욱 놀라운 것은 이곳이 그리 대단하게 여겨진 곳이 아니었다는 것이다. 1559년에 펠리페 2세가 브뤼셀에서 알리칸테 요새를 지키는 자가 6명뿐이라는 사실에 놀라워했던 것을 보면 말이다.[75] 1576년에는 카르타헤나의 요새화를 위한 계획이 수립되고 있었다.[76] 반대로 1579년 그라나다에서는 산초 다빌라 대장(大將)의 지휘 하에 해안 경비 업무가 조직화되었다.[77] 아마도 이 지역이 특별히 더 위험해졌기 때문일 것이다. 사르데냐 역시 방어계획을 세워야 했고(1574년경에 작성된 섬의 요새화를 위한 상세한 계획안이 남아 있다),[78] 돈 미겔 데 몬카다 부왕의 관리 하에서 1587년경 망루를 건설했다.[79] 섬의 산호초 부근에서 작업하던 어부들이 이 망루 뒤로 피신할 수 있었고 방어를 위해서 대포를 이용했다.[80]

물론 이러한 작업들은 결코 끝이 나지 않았다. 불쌍한 선원들[81]과 연안 주민들을 보호하기 위해서 해야 할 일이 늘 있었다. 전체적으로는 우리가 앞에서 말했던 것보다 훨씬 더 작은 규모의 작업들이었다. 흔히 에스파냐 해안은 해적들, 특히 바르바리 해적들의 공격을 받았다. 그러나 콘스탄티노플 함대를 두려워할 이유는 없었다. 어쨌든 이 둘 사이에는 큰 차이가 있었다.

북아프리카 해안

역사가들에게 북아프리카의 방어 문제는 다른 곳보다 훨씬 더 선명하다.[82] 덜 복잡해서가 아니라, 더 잘 알려져 있기 때문이다. 요새들 간의 촘촘한 연결망은 이렇게 연결되는 지역들의 역사와 얽혀 있었다. 이곳은 두 문명이 만나는 곳이었다. 따라서 북아프리카에서의 에스파냐 이야기를 전체적으로 혹은 상세하게 보여주는 사료들이 많이 남아 있다. 가톨릭 왕 페르난도 시대, 특히 1509년부터 1511년까지 시기에 국경을 설정하기는 했지만, 이 지역은 역사가 깊었지만 분열되어 스스로를 방어할 수 없었다. 아마도 아라곤인들은 이탈리아가 가진 부에만 지나치게 관심을 쏟는 바람에 마그레브 지방 내륙 깊숙이까지 장악하지 못했던 듯하다. 그러나 잃어버린 기회는 결코 다시 돌아오지 않았다. 1516년부터 바르바로사 가문은 알제에 기틀을 마련했다. 1518년에는 술탄의 비호 하에 자리를 잡았고, 1529년에 그들의 도시는 에스파냐인들이 1510년부터 점령하고 있었던 작지만 말썽 많은 페논 요새의 지배로부터 해방되었다. 그 전부터도 알제는 마그레브 중앙의 불모지대 지역 전체에서 지배적인 위치를 차지하고 있었다. 이곳으로 재빠르게 군대를 파병하고, 주둔군을 배치하고, 이 광대한 중계 지역의 무역을 알제로 끌어들였다. 그때부터 내부적으로 단단한 결속력을 가지게 된 이 나라는 에스파냐인들과 맞섰고, 그들을 위협했다. 1535년 튀니스, 1558년 모스타가넴[알제리 북서부]에 대한 카를 5세의 대규모 원정은 상황을 바꾸지 못했다. 게다가 모로코인들과의 동맹이라는 원대한 계획을 포기했던 모스타카넴의 실패 이후에, 또다른 요새의 시대, 에스파냐 요새들의 제3시대가 이미 시작되었다.

펠리페 2세에 의해서 시작된 이 시대는 모험이 아니라 치밀한 계산에 의해서 이루어졌다. 물론 아프리카 원정을 위한 대규모 계획이 끊임없이 쏟아졌다. 그러나 논의는 활발했지만, 실행에 옮겨진 것은 드물었다. 특별히 약하다고 알려져 있거나 적어도 그렇게 생각되는 몇몇 지역들을 제외하고는 그러했다. 1560년 제르바에서의 재앙으로 끝이 난 트리폴리 원정이 그런 경우였다. 게다가 이 원정은 국왕이 주도했다기보다는 시칠리아의 부왕, 메디나 셀리 공작, 몰타 기사단장이 벌인 일이었다. 1564년에 100척이 넘는 갤리 선을 동원한 페뇬 데 벨레스 공략을 위한 대규모 원정 역시 떠들썩하기는 했으나, 결과는 실망스러웠다. 1573년 돈 후안 데 아우스트리아의 튀니스 재탈환 그리고 요새를 파괴하고 철수하기를 바랐던 동생과 조언자들의 건의를 묵살하고 이곳을 끝까지 지키려고 했던 그의 의지는 지나친 야심이 불러온 돌출행동이었다. 카를 5세 시대의 정신이 잠시 부활한 듯한 이런 시도는 신중왕 시대에도 여러 번 볼 수 있었다.

큰소리 없이 꾸준하게 지속된 그러나 장기적으로는 효과적이었던 정책으로 1560년대와 1570년대 사이에 진행된 요새들의 증강, 확장 작업이 있었다. 회반죽, 석회, 벽돌, 들보, 목재 널판지, 석재, 둔덕 조성 공사, 삽, 곡괭이 같은 말들이 요새와 관련된 편지들에서 자주 언급되었다. 현장을 지휘하는 중대장들을 보좌하기 위해서 "회계관" 또는 출납관에 준하는 관리관의 역할과 권한이 커졌고, 민간인인 축성 기술자들의 역할 역시 확대되면서 종종 마찰을 빚기도 했다. 예를 들면, 조반니 바티스타 안토넬리는 메르스 엘 케비르에서 공사를 책임졌고,[83] 역시 이탈리아인인 일 프라티노(펠리페 2세가 나바르에서 일을 맡겼던 사람)는 멜리야의 낡은 요새를 통째로 해체하여 석호 부근으로 옮겼다. 시망카스에 남아 있는 그의 설계도 두 장은 가파른 낭떠러지가 끊임없이 이어지는 해안가에 새로 좁은 정착지들을 마련하면서 교회 주변에 거주지를 집중시켜 소규모 단지를 조성하는 구상을 담고 있었다. 일 프라티노는 라 굴레트에서도 일한 적이 있었는데,[84] 알론소 피멘텔 총독과의 관계가 원활하지 못했다. 폐쇄적인 사람들 사이에서 전형적으로 나타나는 이 싸움은 살인이라도 할 듯이 험악해졌고 서로에 대한 고소 고발로 치달았다.[85] 그럼에도 불구하고, 요새는 계속 증강되었다. 1573년과 1574년의 판화를 보면, 원래 있었던 "구(舊)굴레트"의 사각형 요새 주위로 1573년 여름에 완성된 새로운 성벽들을 나타내는 물결 모양이 보인다.[86] 그 안에는 풍차 방앗간, 창고, 저수조, "축대들"이 설치되었고, 특히 축대 위에는 청동으로 만든 강력한 대포를 배치했다. 왜냐하면 대포는 아프리카 요새들의 힘이자, 존재 이유였기 때문이다.

펠리페 2세 시대에 요새들은 커졌고, 새로운 성벽들이 높이 솟았다. 종종 멀리서부터 운반되어온 건축 자재들 전부가 여기에 동원되었고(메르스 엘 케비르에서는 나폴리산 석회가 사용되었다), 새로운 "개척자들," 즉 공병들을 끊임없이 필요로 했다. 오랑과 메르스 엘 케비르에 있던 부대시설—1580년 이후 이곳은 이 분야에서 최고시설을 자랑했다—은 사람들이 부지런히 움직이며 활기가 넘쳤다. 따라서 16세기 말에 이곳은 단순한 요새가 아니라, 막대한 비용을 들이고 끊임없는 공사를 통해서 완성된 요새화된 지역이었다. 이곳에서는 군인들도 계급이 낮은 공병들과 마찬가지로 삽과 곡괭이를 들었다. 젊은 시절에 에스코리알 궁전에서 일했던 오랑의 군인이자 연대기 기록자인 디에고 수아레스는 완성된 건물을 칭송할 적절한 말을 찾을 수가 없었고, 결국 에스코리알 궁전처럼 훌륭하다고 말을 맺었다. 그러나 이 훌륭한 작품은 펠리페 2세 말에 가서야 완성되었으나, 1574년에는 붕괴될 뻔하기도 했다. 1575년에 에스파냐 정부는 펠리페 2세 즉위 이후 두 번째 파산을 앞두고 있었다. 튀니지에서 이제 막 튀니스를 점령한 돈 후안 데 아우스트리아는 계속해서 국왕의 지시에 따르지 않았고,[87] 그의 이런 고집이 1574년 8월과 9월의 참사로 이어져서 결국 투르크인들에게 라 굴레트와 튀니스 모두를 빼앗기게 만들었다. 이 이중의 실패는 본국으로부터 오는 보급품을 함께 나누어 썼던 두 요새가 결국 서로에게 피해를 주었다는 것을 보여준다. 오랑과 메르스 엘 케비르의 두 요새가 대포의 통행이 어려운 대략 1리그 거리의 형편없는 육로로 연결되어 있었던 것은 그 자체로서 실수였다고 생각하는 것이 논리적이다. 1574년 12월에 현지에서 조사를 벌인 베스파지아노 곤차가 대공[88]은 오랑을 포기해야 할 필요가 있다고 결론을 내렸다. 이곳의 요새를 해체하고 헐어버린 뒤, 위치도 낮고 좋은 항구까지 갖춘 메르스 엘 케비르에 강력한 요새를 건설하는 데에 그 자재를 쓰는 것이 옳다는 것이었다. 조사관의 기록에 따르면, "라 굴레트는 우리가 튀니스를 차지한 날에 버려졌다." 오랑에 거대한 도시를 세우지 않는 한, 세상의 어떤 건축가라도 그곳을 요새화하는 데에는 성공하지 못할 것이다. 그런데 위기가 지나가자, 에스파냐인들은 끈질기게 바위산을 뚫고 이 거대한 도시를 건설했다.[89] 바로 이렇게 만들어진 안전지대에 후일 "코르테 치카(Corte Chica, 작은 궁정)"라는 18세기에 사람들이 어떤 과장도 하지 않고 오랑의 작은 마드리드라고 부르게 되는 곳이 번성하게 되었다.

　1574년에 튀니지 방어기지들의 함락은 두려워할 만한 결과를 가져오지는 않았다. 시칠리아와 나폴리에 어떠한 연쇄적인 재앙도 일어나지 않았기 때문이다. 나폴리가 그들이 가진 무기인 갤리 선 함대를 사용해야 했던 것은 맞다.[90] 1576년에 산타 크루스 후작은 나폴리와 몰타 섬의 갤리 선단을 이끌고 튀니지의 사헬 연안을 따라 징벌적인 원정에 나섰다. 그 결과 케르켄나 제도에서 주민들을 납치하고 가축들을 대량 포획하고 가옥에 불을 지르는 등 2만 두카트어치 이상의 손실을 끼치며 약탈을 자행했다. 그러자 사헬 해안에 거주하던 사람들이 즉시 도망치기 시작했고, 갤리어스 선 무장선 한 척이 콘스탄티노플에 이 위험을 전했다.[91] 기동력이 좋은 함대는 좋은 성과를 냈다. 아마도 에스파냐인들은 이때 위험한 해안을 방어하는 가장 좋은 방법은 적을 기다리는 것보다 갤리 선단을 띄우는 것이라는 점을 깨달았던 것 같다. 1570년대 이전에 에스파냐인들은 메시나에서처럼 방어망을 완비하고 투르크의 공격을 기다렸었다. 튀니스가 함락된 이후 재정복을 위한 많은 계획들이 세워졌다. 1581년에 나온 계획들 가운데 하나는 다음과 같은 원칙을 제시했다. 먼저 바다에서 우위를 확보할 것![92] 그것은 결국 처음부터 새로 시작해야 한다는 것을 의미했다.

이 새로운 방식의 방어전략―공격에 의한―은 마그레브의 경제적 재건 덕분에 예전보다 더 수익성이 있을 것 같았다. 1581년의 에스파냐의 한 보고서[93]는 본[알제리의 안나베]이라는 도시를 양질의 도기를 생산하고 버터, 우유, 꿀, 밀랍을 수출하는 인구가 밀집한 곳이라고 묘사했다. 부지나 셰르셸은 배후지역에서 생산된 농작물의 수출항으로 설명되었는데, 그 양이 알제라는 거대한 상업도시조차 모두 흡수하지 못할 정도라고 했다. 그 증거로서 레이스의 도시, 즉 알제 가까이에 위치한 우에드 엘 하라슈 강의 어귀나 마티푸 곶에서 수많은 배들이 양모, 밀, 가금류 등을 싣고 프랑스, 발렌시아, 바르셀로나로 향한다고 썼다. 이러한 정확한 묘사는 1580년대 무렵 알제 항의 활기에 관해서 아에도가 설명한 것과도 일치한다. 따라서 마그레브 해안 지역을 따라 항해하게 되면 전과 달리 쓸 만한 전리품들을 많이 챙길 수 있었다. 게다가 이 방법이 요새를 세우는 것보다 더 경제적이었다. 1564-1568년에 작성된 한 재정 보고서[94]에서는 1564년 서쪽에서 되찾은 페논 데 벨레스로부터 라 굴레트(트리폴리는 1551년에 잃었고, 부지는 1555년에 알제인들에게 빼앗겼기 때문에 논의에서 제외한다)에 이르는 여러 요새들에 대한 손익계산서를 볼 수 있다. 여기에 적힌 주둔군들의 급료는 다음과 같다. 페논은 12,000두카트, 메리야는 19,000두카트, 오랑과 메르스 엘 케비르는 90,000두카트, 라 굴레트는 88,000두카트로, 총 209,000두카트였다.[95] 라 굴레트의 상대적으로 많은 지출액에 주목하자. 라 굴레트 주둔군은 정규군만 1,000여 명, 비상병력이 1,000여 명에 이르렀는데, 2,700명의 보병과 90명의 경기병이 주둔하는 오랑의 이중 요새만큼이나 많은 비용이 들었다. 이는 생활비가 낮다는 이유로 오랑 보병에게 더 적은 급료(한 달에 1,000마라베디)를 지급했기 때문이다.[96] 서쪽 지역에서는 페논 주둔군만이 이탈리아로부터 높은 임금을 받았다.[97]

20만 두카트는 인건비만을 계산한 것이고, 여기에는 아주 많은 액수의 다른 비용들이 추가된다. 먼저 군수품 보급과 요새 축성 비용이 있었다. 펠리페 2세는 라 굴레트를 건설하기 위해서 1566년에 5만 두카트를, 2년 후에 다시 5만 두카트를 보냈는데, 분명히 송금이 두 번에만 그치지는 않았을 것이다. 게다가 군수품 보급비용도 들었는데, 상당한 액수였다. 예를 들면, 1565년에 라 굴레트에만 탄환 200퀸탈(1퀸탈은 100킬로그램 정도), 소총 도화선 150퀸탈, 화약 100퀸탈(1퀸탈당 20두카트), 흙을 담기 위한 1,000장의 부대, 손잡이가 있는 삽 1,000개가 수송되었고, 운반비를 제외한 보급비용이 모두 합쳐 4,665두카트에 달했다.[98] 1560년에는 비슷한 규모의 보급품을 보내는데, 8척의 갤리 선을 이용해야 했다. 요새 축성을 위해서 각 요새는 자체 기금을 가지고 있었으며, 필요한 경우에는 나중에 갚기로 하고 미리 빌려 쓰기도 했다. 이러한 예산안은 좀더 정확하게 살펴보아야 한다. 그리고 (정복에 필요한 최초의 투자 자금, 예를 들면 1564년 페논 함락을 위해서는 함대 경비를 제외하고도 50만 두카트가 들었지만 이것과는 별도로) 작은 요새들을 끊임없이 여기저기 수리하고, 보강하거나 확장하고, 요새들에 물자를 보급하고, 식량을 지원하는 데에 쓰이는 막대한 비용에 대해서도 계산해보아야 한다.

비교를 위해서 같은 시기에 발레아스 제도의 방어에 들어간 비용은 (이 지역이 위태로웠음에도 불구하고) 36,000두카트 정도였고, 카르타고와 카디스 사이의 연안 수비에도 그 정도밖에 들지 않았다는 사실에 주목하자. 갤리 선 1척의 연간 유지비용은 7,000두카트였다. 1564년부터 1568년까지 요새 수비는 정규 주둔군 2,500여 명(2,850명)과 예비 병력 2,700명의 발을 묶었다(다시 말하면 이들은 봄에 배치되고, 겨울 초에 퇴역했다. 그러나 이것은 원칙일 뿐이었다. 왜냐하면 신병의 도착, 특히 교대는 지체되기 일쑤였기 때문이다). 병력 5,000명은 에스파냐 국왕이 나폴리 왕국 전체에 배치한 군인보다 많은 수였다![99] 제노바의 한 정보원에 의해서 언급된 바 있는 심사숙고한 계산과 분석을 보지 않더라도, 아프리카 요새를 지키는 것보다 30척의 갤리 선들을 유지하는 편이 더 낫다고 말할 수 있지 않을까? 어쨌든 이 수치는 의심할 여지없이 에스파냐가 바르바리 해안에 대해서 기울인 노력의 크기를 보여준다는 점에서 의미가 있다.

요새 : "차선의 선택"

로베르 리카르[100]는 "차선의 선택"이었던 이러한 해결책이 적절한 시기를 지나서까지 계속된 것은 아니었는지 의문을 던졌다. 멕시코에서 코르테스는 하선하면서 타고온 배를 불태웠다. 그에게는 승리 아니면 죽음이 있었을 뿐이다. 그러나 북아프리카에서는 신선한 물과 생선, 옷감, 혹은 병아리콩을 실은 공급선을 기대할 수 있었다. 당국이 계속 그들을 돌보았던 것이다. "대포를 가지고 방어할 수 있는 곳"에 요새를 세우고 요새를 유지할 수 있는 기술적 우위 덕분에 기독교인들은 보다 직접적이고 더 수익성 있는 노력을 기울이지 않아도 되었던 것일까? 어떤 점에서는 그러하다. 그러나 북아프리카는 그 광대함과 척박함 덕분에 스스로를 지킬 수 있었다. 아메리카 정복자들처럼 소와 돼지 무리를 앞세우면서 그곳에서 사는 것은 불가능했다. 당국에서는 사람들을 이주시키는 방법을 생각했다. 가톨릭 왕 페르난도 시절부터 카스티야의 모리스코들을 이주시켜 도시의 번영을 꾀하는 문제가 제기되었다. 1543년경에는 본 곳에 식민지를 개척하는 것이 논의되었다.[101]

그러나 이주자들을 어떻게 살게 할 것인가? 또한 신세계에 현혹되고 이탈리아의 훌륭한 음식에 매료된 에스파냐에서 어떻게 그런 사람들을 찾는다는 말인가? 당국은 또한 이 요새 도시들을 경제적으로 활성화해서 그들이 의지하고 살아야 할 광대한 내륙과 이들 도시들 간의 연결고리를 만드는 방법을 생각하기도 했다. 가톨릭 왕 페르난도와 그를 계승한 카를 5세 시대에는 북아프리카에 기항지를 개발하기 위한 독특한 경제 정책을 추진했다.[102] 그곳에 카탈루냐 선박들을 위한 중요 거점을 만들고, 베네치아 갤리선들로 하여금 그곳에 정박하지 않을 수 없게 만들려는 의도가 들어 있었다. 그러나 모두 허사였다. 1516년에는[103] 이베리아 반도의 지중해 쪽 항구들에서 관세를 두 배로 올렸는데도, 베네치아의 아프리카 교역 선박들이 오랑으로 향하게 할 수는 없었다. 마그레브의 상업의 흐름도 요새들을 우회하여 상품 출구로서 타주라, 라 미수라타, 알제, 본 등 모두 기독교인들의 통제에서 벗어난 항구나 해안가 방향으로 형성되어 있었다. 이 자유로운 항구들에서 이루어지는 막대한 규모의 거래는 에스파냐 국경 정책의 실패를 여실히 보여주고 있다. 16세기 말 모로코에서 라라슈, 살레, 구에 곶[아가디르 곶] 같은 모로코 항구들이 활성화되면서, 오랫동안 번창해왔던 포르투갈 상관 거점들의 붕괴가 더욱 두드러져 보였듯이 말이다. 에스파냐와 북아프리카의 교역[104]—내가 잘못 보지 않았다면 지중해 바르바리보다는 대서양 연안의 모로코 쪽으로 더 집중되는 경향이 있긴 했지만—은 1580년대 이후에나 다시 활성화될 수 있었다. 이 교역은 아프리카 해안으로 옷감(모직물, 견직물, 벨벳, 호박단, 그리고 농가 생산 모직물), 코치닐 염료, 소금, 향수, 옻, 산호, 사프란, 안을 덧댄 것도 있고 홑겹으로 되어 있기도 한 수천 개의 코르도바산과 톨레도산 모자류를 가져오게 했고, 바르바리 지방으로부터 설탕, 밀랍, 유지, 소나 염소 가죽, 금까지 실어나르게 했다. (세우타나 탕헤르를 경유하는 것을 제외한) 이 모든 거래는 요새들의 영역 밖에서 이루어졌다. 이러한 조건에서 군납업자들이나 종군 상인들과만 거래해야 했던 요새들은 번영할 수도 성장할 수도 없었다. 접붙이기를 위한 시도는 거의 성공하지 못했고, 죽지 않고 버티는 데에 만족해야 했다.

요새에서의 삶은 비참할 수밖에 없었다. 바다와 가까이 있었기 때문에, 식량은 쉽게 썩었고, 사람들은 열병으로 사망했다.[105] 병사는 1년 내내 배고 픔에 시달렸다. 보급은 오랫동안 바다를 통해서만 이루어졌다. 이후에는 오 랑만이 주변 지역으로부터 고기와 곡식을 공급받았다. 그것도 16세기가 거 의 끝날 무렵에서야 정기적인 보급이 이루어졌다.[106] 주둔군들의 삶은 대체 로 선원들과 다를 것이 없었으며, 돌발적인 위험 요소들도 없지 않았다.

말라가 조달청의 조달자들[107]은 때때로 카르타헤나의 지원을 받으며 서 부 지역, 즉 오랑, 메르스 엘 케비르, 멜리야의 보급을 담당했다. 업무상 과실이나 독직 행위가 분명히 있었을 것이고, 그에 대한 증거도 있다. 그렇 지 않았다면 오히려 그것이 더 놀라운 일일 것이다. 그러나 이런 경미한 사건들을 과장해서는 안 된다. 말라가에서의 거래량은 막대했다. 군수품, 보급품, 건축 자재, 군인, 갤리 선 강제 노역자, 토목업자, 창녀 등 아프리카 로 가는 모든 물품과 사람들이 이곳을 거쳐갔다.[108] 조달과 수송은 큰 문제 들을 야기했다. 곡물을 예로 들어보자. 곡물을 구입하고, 당나귀들을 이용 해서 내륙에서 수송해 와야 했는데,[109] 그 비용이 상당했다. 군대 경리부의 창고에서 항구로, 항구에서 요새로 수송하는 일은 또다른 작업이었고, 다시 많은 시간이 소요되었다. 바다는 해적들로 들끓었다. 따라서 위험을 무릅쓰 고 코르차핀 선(corchapin) 1척, 작은 배 두세 척, 삼각돛 한 개로 움직이는 작은 범선 1척, 게다가 마르세유나 베네치아 소유의 대형 갤리온 선을 수배 하여 군수품과 보급품을 오랑으로 실어 보내는 것은 해적들이 일을 쉬는 겨울이었다.[110] 마르세유나 베네치아의 갤리온 선에는 출항 금지를 명하고, 식량과 탄약을 운송하도록 했다. 보급선들은 여러 차례 테투안이나 알제의 소형 갤리 선에 의해서 나포되었는데, 해적들이 관례대로 팔콘 곶에 정박해 있을 때에 이들에게서 그 배들을 되살 수만 있다면 그나마 다행이었다. 따라서 서부 요새들에서 굶주림이 계속된 데에는 당국의 태만만큼이나 해적들 탓도 있었다.

라 굴레트에서의 상황도 다르지 않았다. 나폴리와 시칠리아로부터 빵, 포도주, 치즈, 이집트 콩의 무진장한 곡창을 지척에 두고 있는 행운아였음에도 그러했다. 시칠리아의 좁은 해협은 누구든지 언제든지 건널 수 있는 곳이 아니었다. 1569년에 피멘탈이 라 굴레트를 통치할 때, 요새는 빵도 포도주도 없이 치즈로만 버텼다. 이탈리아 당국은 이 문제에 대해서 어느 정도의 책임이 있었다. 그런데 주둔군이 에스파냐산 고급 가죽으로 된 2,000켤레의 신을 받았는데, 그것의 크기가 소녀들의 치수였던 것은 이탈리아의 잘못인가, 아니면 에스파냐의 잘못인가?[111]

게다가 내부 조직이 요새의 순조로운 보급을 어렵게 만들었다. 1564년에 메르스 엘 케비르에서 나온 결정 사항을 보면, 이 사실이 분명해진다.[112] 병사들에 대한 곡물 보급은 창고 관리자들의 주도 하에서 상품 운송 명세서에 책정된 값에 따라 이루어졌고,[113] 많은 경우 외상으로 진행되었다. 이는 병사들의 급료를 담보로 한 위험한 방식이었다. 지나가는 상인들에게서 늘 외상으로 물품을 구입하는 병사들의 경우 막대한 빚에 시달리게 될 가능성이 있었다. 곡물이 부족할 때나 지방 당국이 공모하여 물건 가격을 과도하게 올리는 경우도 있었다. 감당할 수 없을 만큼 늘어난 빚을 갚지 않기 위해서 병사들은 탈영하여 이슬람 진영으로 넘어갔다. 상황을 더욱 악화시킨 것은 이탈리아보다 아프리카에서 급료가 더 낮았다는 점이다. 그리고 한 가지 이유가 더 있었다. 요새로 배정된 군대를 배에 태울 때에 그들의 행선지를 미리 말해주지 않았고, 일단 도착하면 그들을 본국으로 돌려보내주지도 않았다. 이렇게 해서 디에고 수아레스는 몰래 갤리 선을 타고 도주하기 위해서 여러 차례 노력했음에도 불구하고 오랑에서 27년 동안을 보내게 되었다. 병자들만이 끔찍한 바닷가에서 벗어나 시칠리아와 에스파냐의 병원으로 후송될 수 있었다. 따라서 요새들은 국외 추방을 위한 장소였다. 귀족들과 부자들은 자신들의 죄를 씻기 위해서 그곳으로 갔다. 삼중결혼으로 바야돌리드에서 체포된 콜럼버스의 손자, 루이스는 10년간의 추방형을 선고받고 1563년에 오랑에 도착했다. 그리고 1573년 2월 3일, 그곳에서 사망한 것이 분명하다.[114]

"약탈"에 대한 찬반 논쟁

주둔 부대의 분위기가 어떠했을지 상상해보자. 각각의 요새는 대장(大將)의 봉토였다. 예를 들면 멜리야는 오랫동안 메디나 시도니아 가문의 봉토였고, 오랑은 오랫동안 알카우데테 가문의 봉토였다. 1513년에 트리폴리는 휴고 데 몬카다에게 평생 동안 양도되었다.[115] 총독은 가족 그리고 그 주변에 사는 귀족들과 함께 요새를 통치했다. 통치자들이 가장 즐겨하던 놀이는 약탈, 즉 스포츠와 일이 결합된 잘 계산된 출격이었다. 이것이 꼭 필요한 일이었다는 것을 인정해야 한다. 요새 주변에서 질서를 유지해야 했고, 어떤 사람들은 흩어놓아야 했으며, 어떤 사람들은 보호해야 했고, 담보물들을 확보하고, 정보를 수합하고, 보급품들을 탈취해야 했다. 필요한 일이었던 것은 맞지만, 재미로 벌인 일이기도 했다. 풍요로운 튀니스 부근에서 매복하고 있다가, 과일을 따거나 보리를 수확하러 오는 비무장의 농장주들을 습격했다. 오랑 인근에서도 첩자들이 고발한 한 농촌 마을(두아르)을 습격하기 위해서 소금으로 반짝이다가 물로 채워지곤 하던 사하라 인근의 염수 호수 너머까지 출격했다. 이것은 야생 짐승들을 사냥하는 것보다 더 흥미진진하고, 위험하면서도 벌이가 좋은 게임이었다. 각자가 자기 몫의 노획물을 가져갔고, 그것이 밀이든, 가축이든, 사람이든 대장은 군주의 특권인 "5분의 1세"를 선취했다.[116] 일상생활이 지겨워진 병사들 스스로가 금전적 이득이나 신선한 음식을 노리고 혹은 그저 재미로 모험에 뛰어들기도 했다. 따라서 약탈은 요새와 배후 지역 사이에 꼭 필요한 평화로운 접촉을 방해할 수밖에 없었다. 반면에 아마 그들이 원하는 바였을 테지만, 약탈은 에스파냐라는 이름이 주는 공포를 멀리까지 퍼뜨리는 데에도 기여했다. 이 문제에 관해서는 판단이 엇갈린다. 디에고 수아레스는 요새 주위에서 평화롭게 거주하는 무어인들이 어떤 의미에서는 요새를 지키는 순종적인 토착민들일 수도 있다고 주장하면서, 이들을 엄히 대해야 하는 것은 맞지만 동시에 이들과 화합해야 하고 이들의 수를 늘려나가야 한다고 말했다. 한 병사 출신의 기록자는 "……Cuantos mas moros, mas garnancia"라고 쓰고 있다. 흔히 쓰는 속담인 이 말은 무어인들은 많으면 많을수록 이익이 크다는, 즉 밀이나 일상 식량, 가축 등이 더 많아진다는 뜻이다.[117] 그러나 공격하고 위협을 가하면서도 이 귀중한 보급품 공급자들을 가까이 두는 것이 가능했을까? 그렇다고 약탈을 그만두는 것은 요새의 방어 패턴과 전통적인 생활 방식을 버리고, 에스파냐 요새에 꼭 필요한 그들의 영향력이 미치는 안전지대를 힘으로든 대화로든 늘려나가는 일을 포기하는 것이었다. 모로코의 포르투갈 요새에서도 이것은 꼭 필요한 일이었다. 그렇게 하지 않고는 요새는 더 이상 존속할 수 없었을 것이다.

그런 체계가 큰 말썽이나 심각한 실수 없이 유지될 수는 없었다. 1564년 8월과 9월에 약탈을 중단하라는 상부 명령이 에스파냐로부터 도착했다. 정식으로 이 사실을 통고받은 토착민들은 오랑으로 밀과 식량을 가져왔다. 그 사이에 오랑의 지휘관인 안드레스 폰제가 다시 약탈을 감행했고, 11명의 포로를 끌고 왔다. 그 정도 성과는 당시 시세로 계산하면 1,000두카트 정도의 가치로서 결코 적은 액수가 아니었다. 그러나 메르스 엘 케비르의 지휘관인 프란시스코 데 발렌시아는 약탈에 참여하기를 거부했다. 그가 오랑의 동료들을 좋아하지 않았다고 추측해볼 수도 있다. 어쨌든 그는 거부했고, 보고서를 작성했다. 그에 따르면 상부 명령에 대한 불복종이 오랑 요새에서 밀과 보리를 보급받지 못하는 상황으로까지 치닫고 있다고 했다. 주민들이 요새로 오지 않았기 때문이다. 보다 전체적인 맥락에서 그 결과를 정리하면, "전하께 아룁니다. 제 생각에 지금껏 이곳에서 이루어진 약탈은 틀렘센 왕국으로 투르크인들을 끌어들였을 뿐입니다."[118]

이것은 지나친 과장이다. 요새에서의 고립된 생활과 힘겨운 생활의 원인들 가운데 하나로 조직적인 약탈을 꼽는다고 해도, 약탈이 아프리카 땅에서 겪은 에스파냐의 최종적인 실패를 결코 설명할 수 없다. 누더기를 걸친 병사들의 굶주림도, 그리고 멜리야에서 갑자기 주임사제가 된 한 프랑스인처럼 사제 서품을 받은 적도 없는 것 같고, 게다가 무슨 기적인지 늘 얼큰히 취한 채로 살아가면서도 병사들의 마음을 사로잡은 이상한 설교가들로도 역시 이 문제를 설명할 수 없다.[119] 에스파냐의 한 중대장은 "세상에서 가장 거짓말을 잘 하는 사람들"이라고 말하고, 이탈리아인은 "세상에서 가장 못 믿을 사람들"이라고 한탄한 바 있는 토착민들이 가진 악감정도 원인이 아니다. 당대인들의 눈에 띄었던 이런 이유들은 역사적으로는 그리 중요해 보이지 않는다. 에스파냐가 아프리카 요새를 불충분하게 사용한 것은 합스부르크 왕가 더 나아가 가톨릭 세계의 정책적인 여러 특징들 가운데 하나일 뿐이다.

방어 심리학

이슬람에 대한 방어 문제로 초조해 있었던 기독교 세계의 모습은 하나의 큰 특징이자 중요한 증언이다. 다수의 기병을 함께 이용하여 돌격하는 공격전의 대가인 이슬람은 그런 조심성을 보여주지 않았다. 기욤 뒤 베르[120]가 투르크에 대해서 말했듯이, 그들은 "늘 적을 공격할 태세가 되어 있었다." 요컨대 두 가지 태도가 있었다. 에밀 부르주아[121]는 기독교 세계가 무슬림에게 발칸 지역과 콘스탄티노플 같은 광대한 지역을 내줄 때, 마치 그러한 팽창이 대서양 너머에서 일어난 듯이 무관심한 태도를 보인 점을 오래 전에 지적한 바 있다. 이슬람에 맞서 기독교 세계가 대포와 정교한 요새들을 가지고 가장 적은 비용으로 자신을 지키려고 노력하는 것보다 더 논리적인 것이 있을까? 이것이 바로 이슬람 세계에 등을 돌린 이유이다.

반대로 이슬람이 접촉을, 필요하다면 전쟁이라는 매우 유감스러운 접촉이라도 원했다면, 그것은 그들이 대화를 계속하기를 혹은 강제로라도 그렇게 하기를 원했기 때문이다. 그들은 적이 가진 우수한 기술에 접근하기를 바랐다. 그 기술이 없다면 자신의 위대한 발전도 없을 것이고, 기독교인들이 그들을 상대로 한 것과 같은 게임을 아시아를 상대로 벌일 수 없었기 때문이다. 예를 들면, 카르니올라 국경에서 서양의 총기를 경험한 후에 비록 실패하기는 했지만, 오스만의 시파히들은 페르시아인들을 상대로 위험천만한 피스톨을 사용해보려고 애썼다는 것이 이러한 사실을 증명한다.[122] 투르크인들과 기독교인들이 가진 해양 기술 관련 용어들이 유사하다는 사실은 이보다 더 결정적인 증거이다. 카드리가(갤리), 칼리오타(갤리어스), 칼리움(갤리온).[123] 동쪽 사람들이 차용한 것은 용어만이 아니었다. 16세기 말에 그들은 흑해를 항해하기 위해서 서양의 갤리어스 선을 본떠서 마온이라는 배를 건조했을 뿐만 아니라, 게다가 기독교 세계의 갤리온 선을 흉내내기도 했다.[124] 투르크인들은 1,500톤급 대형 수송선인 20여 척의 마온을 소유하고, 1575년 이후 25년간 이집트와 콘스탄티노플 노선에서 순례자들, 설탕, 쌀 등을 수송했다.[125] 육로로도 수송된 것이 분명한 금도 이 목록에 추가해야 할 것이다.

반대로 투르크인들은 페르시아인들을 상대로 하는 요새들을 건설했다. 사람은 자신보다 가난한 사람에게는 언제나 부자인 법이다.

2. 해적, 대규모 전쟁을 대체하다

1574년 이후, 함대와 원정군을 파견하고 대규모 포위작전을 수반하는 전쟁은 사실상 사라졌다. 1593년 이후 다시 나타날 조짐을 보이기는 했으나, 지중해 세계가 아닌 헝가리 국경에서만 나타났다. 대전쟁이 사라졌다는 것이 평화를 의미했을까? 반드시 그렇지는 않다. 왜냐하면 대개 그렇듯이 다른 형태의 교전들이 나타났고, 많아졌기 때문이다.

프랑스에서는 카토-캉브레지 평화조약 이후에 이루어진 대규모 동원 해제가 종교전쟁을 야기하는 데에 크게 기여했다. 이 분규는 나중에는 주요 전쟁들보다 훨씬 더 심각한 양상을 보였다. 반대로 독일은 1555년부터 1618년까지 잠잠했는데, 이는 그들이 부렸던 대규모 용병부대가 헝가리, 이탈리아 외에도 네덜란드, 프랑스로 가버렸기 때문이다. 17세기 초 외국과의 전쟁이 종료되자, 치명적인 결과가 나타났다. 조반니 보테로는 당대 프랑스에서의 전쟁과 에스파냐의 평화를 대비시키면서, 신기하게도 이러한 사실을 명확하게 인지하고 있었다. 프랑스는 외부에서의 활동을 중단하는 대가를 치렀던 것이고, 에스파냐는 세계 모든 전쟁에 한꺼번에 가담한 데에서 이득을 얻었다는 것이다.[126] 불만을 외부로 돌린 덕분에 자국에서 평화를 유지한 셈이다.

1574년 이후 지중해 세계에서 대규모 전쟁이 중단된 것은 분명히 정치적, 사회적 소요사태와 약탈행위들이 연쇄적으로 발생한 원인들 가운데 하나임에 틀림없다. 어쨌든 대국들 간의 전쟁의 종결은 전쟁의 하위 범주인 해적 행위를 해양사의 전면으로 부상시켰다.[127] 해적은 1550년부터 1574년까지의 시기에 이미 한 자리를 차지했고, 공식적인 전쟁이 사라진 시기에 자신의 존재를 과시했다. 1574-1580년 이후 그 어느 때보다 활발하게 움직였고, 그때부터 이전보다 교전 규모가 작아진 지중해 역사를 지배했다. 이제 전쟁의 새로운 중심지는 더 이상 콘스탄티노플이 아니라 알제였고, 마드리드나 메시나가 아니라 몰타, 리보르노, 피사였다. 신참들이 지친 거인들을 대신했고, 대규모 전쟁의 장소가 난투극의 현장이 되었다.[128]

해적 행위, 긴 역사를 가진 보편적인 산업

지중해에서 해적 행위는 인간의 역사만큼이나 오래되었다. 보카치오의 작품 속에서도 있었고,[129] 세르반테스의 작품 속에서도 나타났으며,[130] 호메로스의 작품에서도 이미 존재했다. 이러한 역사성은 지중해의 해적에게 다른 어느 곳에서보다도 더 자연스러운 (그리고 보다 인간답다고도 말할 수 있는) 모습을 부여했다. 16세기 대서양에서는 지중해에서보다 더 잔인해 보이는 해적들이 맹위를 떨쳤다. 사실 지중해에서는 적어도 17세기 초 이전까지는 해적질(piraterie)이나 해적(pirate)이라는 단어를 사용한 적이 거의 없다. 사략(私掠 : course)과 사략선(corsaire)이라는 말이 일반적이었는데, 법률적인 측면에서는 명백히 구분되는 이 차이는 근본적인 문제들을 달라지게 하지는 않더라도 중요한 의미를 가진다. 사략은 공식적인 선전포고에 의하거나, 보복적 나포 허가장,[131] 선박 통행 허가증, 위임, 혹은 훈령에 따라서 진행되는 합법적인 것이다. 이러한 설명이 우리에게는 매우 이상해 보이지만, 사략은 "그 나름의 법, 규칙, 살아 있는 관습과 전통"을 가지고 있었다.[132] 따라서 드레이크 선장이 위임장도 없이 신세계로 출발한다는 것은 그의 많은 동료들에게 불법적인 행동으로 보였을 것이다.[133] 실제로 16세기에 관습과 강제력을 갖춘 국제법이 없었다고 생각하는 것은 잘못이다. 이슬람과 기독교 세계는 사절단을 교환하고, 협정을 체결하고, 협정의 조항을 존중했다. 지중해 세계 전체가 전쟁 중인 두 인접한 문명들 사이의 지속적인 갈등 지역이었고 전쟁이 상존하는 현실로 자리잡았다는 점에서, 전쟁은 해적을 용인하고 정당화했다. 해적을 정당화한다는 것은 해적 행위를 사략 행위와 같은 나름의 고귀한 행동 범주로 분류했다는 뜻이다. 16세기 에스파냐인들은 두 개의 낱말을 모두 쓰게 되었다. 지중해 바르바리인들에 대해서는 사략이라고 하고, 대서양의 프랑스, 영국, 네덜란드인들에 대해서는 해적이라고 말이다.[134] 17세기에는 해적이라는 말이 지중해 사람들에게로 확대되었는데, 이는 에스파냐가 지중해에서의 강탈 행위를 비열한 행위로 낙인찍고, 사략이 해적 행위로 타락했음을 알리고자 했기 때문이며, 해적 행위는 더 이상 기독교 세력이 무역, 세력, 부를 지키기 위한 목적으로 치르는 전쟁의 은밀한 위장 행태가 아니었기 때문이다. 한 역사가의 말에 따르면,[135] 해적질(piraterie)이라는 단어는 에스파냐인들이 마르모라를 점령한 후(1614)에 이 지역의 사략선들이 근거지를 떠나 알제로 도피한 이후 알제 사략선(corsaire)을 가리키는 말로 사용되기 시작했다. 대서양 선박들과 함께 이 단어가 지브롤터 해협을 건넌 것이다. 그러나 자세한 내용은 확실하지 않다.

그러나 독자들은 사략과 해적이 같다고 생각할지도 모르겠다. 작전을 행동으로 옮기는 데에서 동일하게 나타나는 잔인함과 천편일률적인 강제성 그리고 포로들을 노예로 팔거나 강탈한 물건들을 매각하는 행동까지 말이다. 물론 그러하다. 그러나 한 가지 차이가 있다. 사략은 지중해 고유의 오래된 해적 행위로서 나름의 관례와 타협과 대화의 절차를 갖추고 있었다. 한 편의 완벽한 즉흥 가면 희극에서처럼 도둑과 피해자는 사전에 합의한 것은 아니지만 항상 대화를 나누고 타협할 준비가 되어 있었다. 이로부터 묵인과 공모를 위한 복잡한 중개자들의 네트워크가 나타났다(리보르노의 협조와 이곳의 개방적인 항구가 없었다면, 강탈된 물건들은 바르바리 항구에서 썩었을 것이다). 여기서 지나치게 순진한 역사가들은 수많은 함정과 과도한 단순화의 오류에 빠질 수 있다. 사략은 어느 한 쪽 해안에서만 일어나지 않으며, 어느 한 쪽 집단에 의해서, 어느 한 쪽의 책임으로 이루어지는 어느 한 쪽의 범죄가 아니라는 것이다. 비천한 사람[136]도 권력을 쥔 사람도, 부유한 사람도, 가난한 사람도, 도시, 영주, 국가도 모두가 바다 전체에 드리워진 사략 작전의 그물에 걸려 있었다. 과거 서양의 역사가들은 이슬람 해적들, 특히 바르바리 해적들만을 살펴보도록 우리를 유도했다. 알제의 부가 다른 지역의 부를 가로채서 얻은 것이라고 말이다. 그러나 이런 부를 누린 곳이 어느 한 곳만이 아니다. 몰타 섬, 리보르노는 기독교 왕국의 알제였다. 이 지역들은 그들만의 노예 감옥, 노예 시장, 천박한 거래체계를 가졌다. 게다가 알제의 부는 상당히 신중하게 다루어져야 한다. 특히 17세기에 활발해진 이들의 활동 배후에는 누가 숨어 있었고, 무엇이 작동했는가? 고드프리 피셔의 『바르바리의 전설(*Barbary Legend*)』은 우리의 시야를 열어준 뛰어난 책이다. 지중해 전체 지역에서 사람들은 납치되고, 감금되고, 거래되고, 고문당했고, "집단 수용소 세계"의 온갖 비참함과 공포를 경험했다.

그러나 해적에게는 조국과 종교가 없었다. 그것은 직업이었고 삶의 방식이었다. 해적들이 사냥감을 찾지 못하면, 알제는 굶주려야 했다.[137] 게다가 해적은 대상이 누구든, 어느 나라 사람이든, 신앙이 무엇이든 가리지 않고, 단순한 강도질로 돌변할 수 있었다. 세냐와 피우메의 우스코크인들은 투르크인들과 기독교인들 모두를 약탈했다. 포넨티니(ponentini)—레반트의 바다에서는 서양인들을 이렇게 불렀다—의 해적들의 갤리 선과 갤리온 선 역시 마찬가지였다.[138] 그들은 배에 실린 유대인들과 투르크인들의 상품들을 몰수한다는 명분을 내세워 베네치아 선박이든 마르세유 선박이든 그들의 권역에 들어오는 모든 배들을 나포했다. 베네치아와 교황이 항의해도 소용이 없었다. 특히 안코나의 보호자인 교황은 교황청 깃발이 항상 상품을 보호해주기를 바랐지만 허사였다. 그러나 남용되었건 남용되지 않았건 간에 수색권은 기독교 해적단의 고유한 권한이었다. 마찬가지로 투르크 갤리 선들은 시칠리아나 나폴리 상품들을 선상에서 탈취하기 위해서 이 권리를 이용했다. 어느 편에서건 그것은 핑계일 뿐이었다. 베네치아 갤리 선들이 종종 어느 국적이든 상관없이 해적들을 거세게 공격했음에도 불구하고, 이러한 만행은 계속되었다.

1536년 8월, 에스파냐 이비사 섬을 약탈한 배들은 프랑스의 것이었는가, 투르크의 것이었는가?[139] 이에 대한 정확한 답을 얻을 수 있는 방법이 하나 있다. 몇몇 지역에서 돼지기름을 훔쳐간 것을 보면, 아마도 프랑스 소속인 것 같기 때문이다. 기독교인들이건 이슬람인들이건 간에 그들은 자기들끼리도 약탈을 했다. 1588년 여름 아그드에서 몽모랑시의 병사들은 브리간틴 선을 타고 해적질을 하기 시작하여 만으로 들어오는 모든 배들을 약탈했다 (그들 말로는 급료를 지불받지 못했다고 한다).[140] 1590년에는 카시스의 해

사진 29. **튀니스의 광경(1535)** 베르메이엔에 의한 타피스트리. 가장 위쪽에는 라 굴레트와 운하, 튀니스 호수와 마을, 맨앞에는 갤리 선이 그려져 있다.

적이 프로방스의 소형 선박 2척을 약탈했다.[141] 1593년에 프랑스 선박인 제안 밥티스트 호(아마도 브르타뉴에서 온 배인 듯하다)는 메르쾨르 공작과 낭트의 에스파냐 대리인인 돈 후안 데 아길라가 발급한 모든 증명서와 통행증을 가지고 있었지만, 잔 안드레아 도리아에게 물건을 빼앗겼고 선원들은 사슬에 묶였다.[142] 1596년에는 프랑스, 정확히 말하자면 프로방스의 작은 배들이 나폴리와 시칠리아의 연안을 약탈했다.[143] 20여년 전인 1572년 여름에는[144] 마르세유 선박 생트-마리 호와 생-장 호가 앙투안 방뒤프 선장의 지휘 하에 알렉산드리아에서 짐을 가득 싣고 돌아오는 도중에 큰 사고를 당했다. 열악한 기상 조건 때문에 마르세유 선박들로 이루어진 소형 선단에서 떨어져나오게 되었는데, 발렌시아로 운반할 곡물을 시칠리아에서 싣기 위해서 크레타 섬을 출발한 라구사 상선 1척을 만난 것이다. 라구사 상선은 이 선박을 탈취하고, "약탈을 자행한 뒤 상품은 훔치고, 배는 가라앉히고, 선장, 항해사들, 선원들은 물에 빠뜨렸다." 바다의 세계는 종종 이러했다. 1566년에 프랑스 선박의 한 선장이 알리칸테에서 곤경에 빠졌다. 프랑스 선원들의 수많은 항의서들을 믿는다면, 에스파냐인들은 마음만 먹으면 얼마든지 엄청난 곤란한 일들을 일으킬 수 있는 사람들이었다. 그러나 선장은 파렴치한 사람이었고, 자기 배에 오른 사람들의 물건을 빼앗고, 도시의 성벽을 기어올라갔다.[145] 성공할 수만 있다면, 무엇이든 허용되는 세상이었다. 1575년에 프랑스의 배 한 척이 바르바리의 트리폴리에서 알렉산드리아로 가는 "다양한 연령대의 남녀" 무어인과 유대인들을 승선시켰다. 배의 선장은 주저하지 않고 승객과 화물을 나폴리로 몰고 갔고, 그곳에서 모두 팔아버렸다.[146] 그런 재앙들이 드물지 않았다. 예를 들면, 1592년에는 마르티그의 쿠튀르라는 사람이 로도스 섬에서 이집트로 가는 투르크인들을 배에 태웠고, 그들을 메시나로 끌고 가버렸다.[147] 단순한 강도질도 있었다. 1597년 여름 강도단들이 배 몇 척을 무장하고 제노바 해안에서 우연히 마주친 배들을 약탈했다.[148] 우리는 그동안 이런 이야기들을 어떻게 들어왔기에, 어느 나라 선원에게든 익숙했던 이 행태들이 그저 놀랍기만 한 것일까?

도시와 연결된 사략

주르댕 나으리[몰리에르 희곡 『서민 귀족(Bourgeois Gentilhomme)』의 주인공]가 멋모르고 태연히 일을 저지르듯이, 해적보다 더 해적처럼 행동하면

사진 30. 1563년의 알제

사진 31. 1499-1501년의 라구사

서도 사람들이 자신들을 사략선 선원으로, 나아가 해적으로 여긴다는 이야기를 듣고 경악했을 선원들도 많았을 것이다. 산초 데 레이바는 1563년에 시칠리아의 갤리 선을 타고 바르바리 해안으로 가서 노꾼으로 쓸 포로들을 잡아오자고 제안한 장본인이었다.[149] 그들은 이런 일을 어떻게 불렀을까? 함대들은 종종 갤리 선 몇 척을 보내 정세를 살피고 사냥감이 나타나면 약탈하게 했다. 왜냐하면 사략질은 공격의 또다른 형태였고, 사람들, 배, 마을, 촌락, 가축을 얻기 위해서 전투는 꼭 필요했기 때문이다. 그것은 강한 자로 살아남기 위해서 다른 사람의 음식을 먹는 것이었다. 1576년에 산타크루스 후작은 튀니지 연안을 순찰하러 갔다. 그런데 이를 두고 다른 사람들은 그가 가난한 케르켄나 제도를 약탈하러 갔다고 아주 간단하게 말했다.[150] 모든 사람들이 도둑질을 하는 데에는 선수들이었다. 1580년 이후 영국 상선들은 거의 항상 약탈을 자행했다. 이들은 무자비하고 양심도 없는 자들이라는 평판도 자자했다(지중해 선원들이 그들을 그렇게 평했다). 그러나 해적 행위에 가깝다고 해도 사략 행위는 사람들 사이에서 "바다에서의 관행"을 따른 것으로 간주되었다.[151] 국가의 정규 해군들도 사략단들과 거의 다르지 않았다. 사략 행위로 돈벌이를 했고, 수군들은 사략단 출신인 경우도 종종 있었다. 14세기 초 투르크군이 소아시아 반도 연안에 처음으로 출현한 것도 사략 행위를 하면서였다.[152] 투르크 함대가 벌인 서쪽 바다에서의 원정이 대규모로 진행된 "해적 행위"가 아니고 무엇이었겠는가?

사략—"진정한" 사략이라고 해야 할지도 모르겠다—은 도시들이 독자적으로, 즉 적어도 대국과는 큰 연관성 없이 저지르는 경우가 많았다. 이것은 16세기 이후 루이 14세 시대까지도 여전히 진실이었다. 루이 14세는 영국과 그의 동맹국들을 상대로 하는 정규전을 더 이상 지탱할 수 없게 되자, 사략에 의한 전투를 하도록 하거나 혹은 방조했다. 생말로와 됭케르크가 프랑스를 대신하여 전투에 나섰다.

16세기에 이미 디에프와 라로셸이 사략의 중심지였는데, 특히 라로셸은 사실상 도시 공화국에 가까운 모습을 하고 있었다. 지중해에서는 사략의 중심지들이 모두 중요한 도시들이었다. 기독교권에서는 발레타, 리보르노, 피사, 나폴리, 메시나, 팔레르모, 트라파니, 몰타, 팔마 데 마요르카, 알메리아, 발렌시아, 세냐[세니], 피우메[리에카]의 활동이 활발했고, 이슬람권에서는 발로나, 두라초, 바르바리의 트리폴리, 튀니스-라 굴레트, 비제르트, 알제, 테투안, 라라쉬, 살레가 있었다.[153] 이들 가운데 세 개의 신도시들이 두드러졌다. 1566년에 몰타 기사단이 세운 발레타, 어떤 점에서는 코시모 데 메디치가 재건했다고 할 수 있는 리보르노, 그리고 그 모든 도시들의 정점에는 알제라는 놀라운 도시, 그 모든 도시들의 축소판 같은 도시가 있었다.

물론 알제는 더 이상 16세기 초의 베르베르인의 도시가 아니었다. 이곳은 방파제, 등대, 오래되기는 했지만 견고한 성벽, 게다가 도시를 완벽하게 보호하기 위한 여러 가지 방어 장치들까지 갖추고 아메리카에서처럼 어느 날 갑자기 등장한 신도시였다. 사략은 이곳에서 안식처와 보급품을 확보할 수 있었던 것은 물론이고 유능한 인력과 직공, 주조공, 목수를 만날 수 있었고, 돛과 노를 구할 수 있었으며, 노획물을 유통시킬 수 있는 활발한 시장, 바다에서의 모험을 함께 할 선원과 노를 저을 노예, 그리고 자신들의 극한의 삶을 보상해줄 기항지에서의 환락의 기회를 얻었다. 사략 행위를 끝내고 돌아오던 알론소 데 콘트레라스는 결투와 기도의 도시로만 유명해진 것이 아닌 발레타에서 창녀들에게 금세 금화를 탕진했다. 모험을 끝내고 돌아온 알제의 레이스들은 그들의 도시 저택에서 혹은 세상에서 가장 아름다운 정원이 있다는 사헬의 농촌 빌라에서 성대한 주연을 베풀었다.

사략은 무엇보다도 거래처가 반드시 필요했다. 알제는 활발한 상업 중심지가 된 후에야 사략의 본거지로 성장할 수 있었다. 아에도가 1580년경 주의 깊게 관찰한 바에 따르면, 알제는 그 조건을 갖추고 있었다. 배의 의장을 갖추고, 식량을 구하고, 노획물을 팔기 위해서는 대상들과 외국 선박들,

포로의 몸값을 지불하러 오는 선박들, 기독교인들의 선박들, 곧 마르세유, 카탈루냐, 발렌시아, 코르시카, 이탈리아의 여러 도시들, 영국, 네덜란드의 배가 드나들어야 했다. 또한 무슬림이건 혹은 반(半)무슬림이건 간에 혹은 북유럽에서 온 사람이어도 상관없이 여러 나라들의 레이스들이 그들의 갤리 선이나 혹은 그들의 쾌속 사략선들을 타고 왔고, 북적댔던 것은 필연적이었다.

따라서 활동의 자유를 보장하는 강력한 도시인 알제는 바로 사략의 수도였다. 16세기의 모든 나라는 어쨌든 국제법에 깊숙하게 구속받고 있었고, 누구나 그들이 그것을 존중하리라고 기대했다. 그런데 사략의 도시들은 종종 이를 무시했다. 그 도시들은 주변부를 구성하고 있었다. 최고의 전성기를 누리던 1580년부터 1620년까지의 알제는 상황에 따라서 술탄의 명령을 따를지 말지를 결정했다. 콘스탄티노플에서 알제는 먼 곳이었다. 몰타 역시 자치를 주장하는 기독교 세계의 십자로였다. 예를 들면, 1577-1578년[154] 산 스테파노 기사단 단장이기도 한 토스카나 대공이 투르크와의 교섭에서 자신의 입장과 기사단의 입장을 구분하기 위해서 노력하는 모습이 이 사실을 잘 말해준다. 진정한 권위를 행사하고 있으면서도, 자신에게는 아무 힘도 없다고 항변하는 희한한 군주가 바로 여기에 있었다.

그러나 도시의 역할은 여기에만 그치지 않는다. 도시를 거점으로 하는 사략, 이 대사략 밑에는 좀도둑보다 나을 바가 없는 하급 해적들이 있었다. 작은 덩치의 야수들이 바다를 떠나지 않고 그리스 서쪽 해안을 따라 혹은 에게 해의 섬들 사이를 누비며 만만한 먹잇감을 찾아다녔다. 풀리아 해안에 설치된 망루에서 감시하는 것만으로도 그들을 이 위험한 구역으로부터 쫓아내고 동쪽 해안과 섬으로 돌려보내기에 충분했다. 이들은 변변한 야심도 없는 비천한 자들로서, 어부 한 명을 납치하고, 창고 하나를 털고, 곡물을 수확하던 사람들을 납치하고, 나렌타 강 어귀의 투르크 염전이나 라구사 염전에서 소금을 훔쳤다. 블롱 뒤 망은 에게 해에서 이들의 활동을 목격한 뒤 다음과 같이 썼다.[155] 이들은 "바다에 익숙하고 위험한 모험에 겁도 없이 뛰어든 가난한 사람들로서 소형 선박이나 프리깃 목조선, 기껏해야 무장도 제대로 갖추지 못한 브리간틴 선을 타고 다녔다. 그러나 그들은 부솔로 (bussolo)라는 항해용 컴퍼스를 가지고 있었고, 변변치는 않지만 전투를 위한 수단을 갖추고 있었다. 식량으로는 밀가루 한 자루, 비스킷, 기름, 꿀, 마늘과 양파 몇 다발, 그리고 한 달치의 소금이 있었다. 이런 것들이 준비되면, 그들은 모험을 떠났다. 바람 때문에 항구에 머물러야 한다면, 그들은 그들의 배를 육지로 끌어올리고 잔가지들로 가렸다. 지난날 전쟁에 나간 로마 병사들이 그랬듯이, 도끼를 가지고 나무를 베어 부싯돌로 불을 붙이고 밀가루로 둥근 빵을 만들었다." 17세기에 앤틸리스 제도 해상에서 활동하던 카리브 해적들도 그렇게 초라하게 시작했다.[156]

아무리 대수롭지 않다고 해도 이런 육식 동물들은 사람들에게 크건 작건 위해를 가했고, 그러다 보면 어느 정도 재산도 모을 수 있었다. 왜냐하면 사략은 기회의 땅 "아메리카"처럼 예측할 수 없는 풍요의 바람과 같았기 때문이다. 양떼를 몰던 사람도 그곳에서는 알제의 "왕"이 되었고, 될 수 있었다. 행운아들의 일대기는 바로 이런 놀라운 성공담들로 가득찼다. 에스파냐인들이 칼라브리아의 초라한 어부였다가 베르베르 시의 "왕"이 되었고, 술탄의 해군을 육성해서 곧 세상을 놀라게 한 울루지 알리를 1569년에 매수하려고 했을 때, 그에게 후작의 작위를 제시했다. 그런 제안은 근본이 미천한 자를 매수해야 할 때 종종 사용되었는데, 거부하기 어려운 제안이었다.

사략과 노획물

노획물 없는 사략은 없었다. 수익이 적은 경우도 종종 있었다. 1536년 베네치아 원로원에서 나온 이야기에 따르면,[157] 코르푸로부터 알바니아로 소금을 실어가고 이곳에서 다시 오배자를 실어오는 거래가 없었다면, 이 섬은 알바니아 해적들에게 끊임없는 피해를 당하지 않았을 것이다. 약탈자와 피해자들 사이의 관계는 피해자들이 스스로를 방어하기 시작하면서 다양해졌다. 아주 일찍부터 갤리 선 갑판 위에 설치되기 시작한 대포는 조작이 쉽지 않았지만, 머지않아 상선에도 장착되었다. 16세기 중반에 이르면 대포의 설치가 거의 완료되었다.[158] 1577년에 세비야를 출발하는 배들도 아무리 작은 규모라고 해도 청동제나 철제의 대포를 가지고 있었고, 대포들의 수는 배의 크기에 따라 정해졌다.[159] 해안 지역 역시 방어태세를 갖추었으며 점점 더 효과적으로 대처했다. 해적들이 배를 공격할지 해안을 약탈할지는 해마다 달랐다. 그것은 단순히 식량 보급과 그때의 상황에 따라서 결정되었다.

1560-1565년에 바르바리 출신의 해적들은 지중해 서쪽 전역을 황폐화시켰다. 서지중해가 폐쇄되었다고 말해도 그리 틀리지 않을 정도였다. 기독교 세계의 불만을 모두 모아보면 이 점을 (지나치다 싶을 정도로) 아주 정확하게 지적하고 있으며, 바르바리 해적들이 랑그도크와 프로방스 해안까지 공격했다는 이야기도 나온다.[160] 이는 해적들의 성공 그 자체가 전리품을 감소시켰기 때문에 나타난 현상이었다. 해적들은 노획물 없이는 살 수 없었으며, 동료들을 털어서라도 살아야 했다. 당시의 프랑스 사람들에게는 안 된 일이었지만 말이다. 알제는 17세기 초에도 여전히 번성했다. 이유는 무엇이었을까? 사람들은 알제 해적들이 오리엔트로까지 모험을 나섰다고 말했다(그러나 실제로는 소문처럼 많지는 않았다[161]). 그들은 아드리아 해로 몰려가서 마르세유의 소형 선박들을 사냥했고, 북유럽 출신 선원들의 도움을 받아 지브롤터 해협을 건너 대서양에서 활동했고, 1631년부터는 영국 해안을 약탈했다. 또한 짐을 가득 실은 포르투갈의 캐럭 선을 덮쳤고, 아일랜드, 신세계, 발트 해에서도 출몰했다. 혹시 이것이 정상적으로 얻을 수 있는 지중해에서의 노획물이 줄어들었다는 것을 의미하는 것은 아닐까? 해적 행위의 동태와 변동은 지중해 전체의 큰 변동을 직접적이고 빠르게 그들 나름의 방식으로 적용한 결과였다. 사냥꾼은 사냥감을 쫓아간다. 정확한 통계작업의 부족으로 인해서 하나의 "지표"로서 사략이 가지는 가치를 제대로 활용

할 수 없다는 것이 유감일 뿐이다. 묘사, 불평, 소문, 잘못된 보고서만으로는 정확한 수치화는 불가능하다.

사략의 역사

사략의 역사에서 중요한 해들이 있다. 1508, 1522, 1538, 1571, 1580, 1600년이 그러하다. 1500년경 베네치아를 제외한 지역들에서는 포로와 죄수 노꾼들이 갤리 선 의자에 앉게 되었다.[162] 그때까지는 자원한 선원들이 노 젓는 일을 거의 도맡아왔으나 얼마 전부터 그 수가 턱없이 부족해졌기 때문이다. 1522년, 로도스 섬의 함락은 이슬람의 대규모 해적단에 맞서는 마지막 동쪽 차단벽이 열린 해이다.[163] 1538년의 프레베자 해전으로 제해권이 이슬람에게 넘어갔다. 1571년에 레판토에서 승리한 뒤에야 기독교 세계는 제해권을 되찾게 된다. 1538-1571년에, 특히 1560년 제르바 전투 이후 1570년까지는 바르바리 사략이 첫 번째 도약을 하게 되는 시기이다. 이 시기에 몰타 섬의 포위공격을 제외하면 함대를 이용한 대규모 군사작전은 적었다. 1580년 이후에는 함대들의 활약이 사라지면서 기독교권과 이슬람권의 사략이 모두 번창했다. 마침내 1600년 이후에는 해상 기술을 완전히 일신한 알제 사략이 대서양으로 진출했다.

기독교도들의 사략

지중해에는 항상 기독교도들의 사략이 있었다. 그들은 가장 암울했던 시기조차 결코 일을 중단한 적이 없었다. 이 사략은 역사가들에게 충분히 주목받지 못했다. 부분적으로는 심리적인 이유 때문이고, 부분적으로는 브리간틴 선이나, 프리깃 선, 소형 선박 같은 아주 작은 배들이나 때로는 참으로 작은 배들을 이용했기 때문이다. 시칠리아 해안이나 에스파냐에서 아프리카 해안까지는 거리가 얼마 되지 않았기 때문에 이런 배들로도 활동이 가능했고, 노획물이 적었기 때문에 이런 배들을 쓸 수밖에 없었다. 투르크인들이 철통같이 수비했던 마그레브 연안은 사실상 황량한 산악지역이었다. 예전에는 그리고 아마도 15세기까지는 이곳에서의 해적 행위가 꽤 이문이 남는 일이었을 것이다. 1559년의 베네치아 보고서는 "예전과는 달리 바르바리 해안을 약탈할 수 없게 되었다"고 기록했다.[164] 1560년경 바르바리 해안에서 사람들은 무엇을 훔쳤을까? 토착 주민들, 고기잡이 배, 거친 모직물 바라칸이나 신맛이 나는 버터를 실은 브리간틴 선이 대상이 되었을 것이다. 이 정도의 볼품없는 노획물에는 볼품없는 해적이 제격이었다. 우연한 경우가 아니라면, 어떠한 문서도 이런 일을 언급하지 않았다. 이들에 관한 몇 안 되는 기록들 중에 아에도가 후안 카네테라는 발렌시아인의 행적과 무훈을 소개한 것이 있다.[165] 14명이 노를 젓는 브리간틴 선의 선장으로 마요르카에 본거지를 두고 바르바리에서 부지런히 해적질을 하던 그는 야밤에 알제 성문 앞까지 가서 성벽 밑에서 잠을 자고 있는 사람들을 납치했다. 1550년 봄,[166] 그는 밤이 되기를 기다렸다가 경비가 소홀한 푸스타 선과 갤리어스 선에 불을 지르기 위해서 과감하게 항구까지 침투했으나, 이 시도는 실패했다. 9년 후, 그는 형장에서 간수들에 의해서 처형되었던 것이 분명하다. 1567년에 또 한 사람의 발렌시아 출신 후안 가스콘이 이 계획을 실행에 옮겼다. 그는 자신의 브리간틴 선으로 오랑 요새에 보급품을 조달하는 일을 하고 있었고, 가끔씩 해적질에 뛰어들었다.[167] 후안 카네테보다 운이 좋게도 그는 항구에 침투하여 배 몇 척에 불을 질렀지만, 그 뒤에 알제의 레이스에게 바다 한가운데에서 체포되었다.

이런 시시한 이야기들만이 단편적이나마 남부 에스파냐 선원들의 삶을 보여준다. 그런데 우리는 이들이 1580년부터 활동한 것 같은 인상을 받는다. 이들이 우리의 문서에 훨씬 더 생생한 모습으로 나타나기 시작한 것이 바로 이때부터이기 때문이다. 그러나 사실 그들은 단 한번도 늑장을 부린 적이 없었다. 우리가 그들을 더 똑똑히 보기 시작했을 때, 그들은 예전과 다름없는 경무장의 작은 배와 높은 돛을 이용하고 있었고, 예나 지금이나 대담했다. 알제 탈주자들의 "안내인"이었던 후안 펠리페 로마노라는 사람의 세 번째 여행에 관한 이야기를 예로 들어보자.[168] 1595년 5월 23일, 그는 1년 전에 탈취한 바르바리의 프리깃 선을 타고 발렌시아의 항구를 출발했다.[169] 6월 7일, 그는 알제 부근의 작은 만에 도착했고, 약속 장소인 한 과수원으로 갔다. 그러나 첫날 저녁 그곳에서는 아무도 그를 기다리지 않았다. 그러자 그는 바다 한가운데로 가서 신호를 기다리라는 명령과 함께 부하를 배로 돌려보내고 자신은 육지에 남았다. 그 다음 날 과수원 주인과 그의 아내가 드디어 도착했다. 로마노는 그들과 오래 전에 이 문제에 관해서 협의한 적이 있었다. 과수원 주인은 마드리드 출신의 후안 아마도르라는 사람으로 1558년(즉 40년 전)에 모스타가넴에 수감된 적이 있었다. 그후 그는 개종까지 했으나, 그의 아내와 7개월 된 손녀와 함께 에스파냐로 돌아가기를 바랐다. 그날 밤 그가 승선한 배에는 무스타파의 딸인 "공주"와 그녀가 대동한 10명의 기독교인 포로, 흑인 노예 2명, 그리고 22세의 젊은 모리스코가 타고 있었다. 그밖에 마미 레이스의 아내들 중의 하나가 된 메노르카의 대위의 딸이 있었는데, 그녀는 기독교인 남성 4명, 기독교인 여성 1명을 데리고 배에 탔다. 알제의 열쇠 장인인 포르투갈인 1명이 아내와 두 아이들을 데리고 왔고, 그곳에 있다가 뜻밖의 행운으로 배에 타게 된 기독교인 노예들도 있었다. 로마노는 이렇게 모두 32명의 승객들을 발렌시아까지 아무런 사고 없이 데려갔다.

이것은 분명히 흥미로운 이야기이다. 그러나 그런 우연한 일은 예외적이었다. 이러한 수공업적인 해적질은 보잘것없는 수준에 머물렀다. 류텔리 선 (luitelli)에 탄 트라파니의 어부들의 해적 활동도 마찬가지였다.[170] 1614년 혹은 그보다 일찍 사르데냐의 에스파냐 정부는 이 정도 작은 규모의 해적 행위를 소소한 돈벌이로 용인했다.[171] 서쪽 바다에서 유일하게 큰 덩치의 사냥감은 알제 해적선들이었지만, 함대급의 대규모 갤리 선단만이 이 정도의 매우 위험한 먹이를 공격할 수 있었다. 반면 1580년경 알제 부근의 어선

들은 기독교의 프리깃 선을 두려워한 나머지 육지에서 너무 멀리 떨어지는 일이 없도록 했다.[172]

그러나 기독교 사략선들에게 가장 큰 수확을 올릴 수 있는 구역은 오리엔트였다. 기독교인들은 오리엔트에 무장을 강화한 갤리 선, 브리간틴 선, 갤리온 선, 프리깃 선[173]을 끊임없이 투입했는데, 이 배들은 모두 늦겨울이나 봄의 거친 바다에서 항해하기 좋은 쾌속 범선이었다. 그 이유는 항상 비슷했다. 해적들에게 오리엔트는 먹잇감이 풍부한 바다였다. 먹잇감들은에게 해 섬들이나 로도스 섬에서 알렉산드리아에 이르는 항로처럼 순례자들과 향신료, 견직물, 목재, 쌀, 밀, 설탕 화물이 오가는 항로에 널려 있었다. 그러나 이런 먹잇감들은 보호받고 있었다. 매해 봄이 시작될 때마다 투르크인들은 그들의 호위용 갤리 선을 바다에 배치했다. 이들은 해안을 지키는 일보다 바다의 배를 지키는 일에 더 치중했다.

세기 중반에 이르면 레반트 지역에는 몰타 갤리 선들, 토스카나 갤리 선들, 1561년에 혐의가 풀린[174] 제노바의 제독 치갈라[투르크 제독 치갈라의 아버지]의 갤리온 선 같은 쾌속 범선들, 그리고 시칠리아의 부왕에 의해서 1559년 무장을 시작한 갤리온 선이나 그 전해에 호세 산토 선장[175]이 무장을 꾸린 갤리어스 선 같은 시칠리아 선박만이 돌아다니고 있었다. 알레시오에서 15,000두카트 가치 이상의 투르크 선박 1척을 나포한 적이 있는 이 선장은 폭풍우로 인해서 베네치아로 피신해야 했다. 그러자 베네치아인들은 열일을 제쳐두고 이 배를 먼저 탈취했다. 이 사건들 덕분에 우리는 이 배의 존재를 알 수 있었다. 1559년에는 토스카나의 갤리 선 루파 호와 안드레아 도리아의 갤리어스 선이 해적질을 떠났다. 그런데 갤리어스 선은 로도스 섬의 해안 경비대에게 나포되었고, 갤리 선은 우여곡절 끝에 기진맥진한 채 키프로스의 베네치아 그물에 걸려들었다.[176] 투르크와 유사한 정책을 편 베네치아에 대해서 서유럽이 크게 분개했으리라는 사실은 쉽게 짐작할 수 있을 것이다. 피렌체 공작은 이 기독교인 선장이 베네치아 항구에

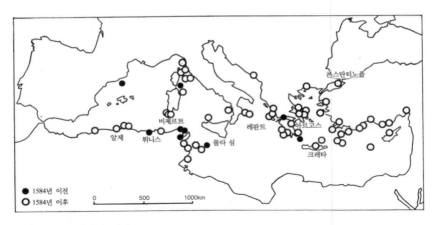

도표 64. 토스카나의 사략

G. G. 과르니에리의 책 336-337쪽 참조.

산 스테파노 기사단이 지휘하던 토스카나 갤리 선들의 1563년부터 1688년까지의 대모험을 지도에 담았다. 이 지도에 지나치게 큰 가치를 부여하지는 않더라도, 우리는 1584년 이전 토스카나인들의 활동이 지중해 동쪽보다는 서쪽에 치중되어 있었고, 그 이후 지중해 전역으로 확산되었음을 확인할 수 있다.

들어간 적도 없는데, 이슬람과 싸우러 가는 것을 막을 권리가 베네치아인들에게 과연 있는지 물었다. "바다는 모든 사람의 것이 아닌가?"[177] 난처해진 베네치아인들! 그런데 투르크인들은 또 서지중해인들을 제대로 막지 않는다고 베네치아인들을 비난하지 않았는가?[178] 오스만 정부가 발급하는 나포 허가장은 실제로 큰 효력을 발휘하여 오리엔트에서 평화롭게 오가던 모든 기독교 여행객들과 상인들을 위협했다.[179]

16세기 중반 서지중해에서 가장 대담했던 해적은 1554-1555년경에는 라 발레트,[180] 1560년경에는 로메가스가 이끌던 몰타 기사단이었다. 1561년에 로메가스는 나일 강 어귀에서 300명의 노예들과 제법 값이 나가는 화물을 약탈했다.[181] 1563년에는 2척의 갤리 선을 몰고 떠난[182] 그가 8척의 배를 탈취하여 사로잡은 500명 이상의 흑인과 백인 노예들 그리고 약탈한 화물들을 또다른 2척의 배에 나눠 싣고(나머지 배는 침몰시켰다) 파사로 곶[183]으로 돌아오는 모습을 목격할 수 있었다. 이 모습을 전한 서신들에 따르면,

이 노획물은 "알렉산드리아로부터 온 것들이기 때문에 매우 풍족할 수밖에 없었다." 1564년 로메가스는 노, 아마, 탄약을 싣고 바르바리에서 트리폴리로 가는 3척의 코르차핀 선과 113명의 흑인을 태우고 트리폴리에서 콘스탄티노플로 가는 1,300살마의 투르크의 나베 선 1척을 나포했다. 나베 선은 시라쿠사로, 코르차핀 선은 나폴리로 가져갔다.[184]

이 시기에 이미 토스카나인들이 두 번째 자리를 차지했고, 이로부터 얼마 지나지 않아 첫째 자리를 두고 기사단과 다툼이 벌어졌다. 1562년에 바키오 마르텔리[185]는 로도스 섬까지 진격하여 시리아와 바르바리 사이를 항해했고, 투르크인들과 에티오피아의 무어인들의 배를 포획했다. 특히 에티오피아인들의 배에는 보석, 황금 십자가, 기독교인들에게서 빼앗은 깃발들, 적당하게 베어 한 줄로 꿴 기독교인들의 코들과 같은 술탄에게 바치는 진상품들이 실려 있었다. 1564년[186] 산 스테파노 기사단은 4척의 갤리 선을 타고 첫 종교 원정에 나섰고, 레반트에서 2척의 투르크 선박을 포획했다.

아마도 우리가 작성한 사례의 목록은 불완전할 것이다. 그러나 이 시기에 레반트는 아직 무자비한 약탈이 이루어지던 곳이 아니었다. 1564년 초봄에 작성된 베네치아 보고서는 에게 해로 들어온 12척의 서지중해 갤리 선들을 언급하고 있다.[187] 결코 적은 숫자는 아니지만, 같은 시기에 이슬람 해적들은 20, 30척의 푸스타 선과 갤리어스 선을 타고 서지중해의 부를 게걸스럽게 물어뜯고 있었다. 동쪽과 서쪽에서의 약탈은 여러모로 큰 차이를 보였다.

레반트에서 자행된 기독교인들의 약탈

반대로 1574년경부터 레반트는 서지중해 해적들에게 활짝 열렸다. 몰타 기사단이 모두 동쪽으로 몰려가면서, 바르바리 부근 연안은 사실상 방치되다시피 했다. 토스카나의 갤리 선들 역시 눈에 띄게 늘었다. 이들은 항상 빠르고 강력한 네다섯 척의 배들이 떼를 지어 몰려다녔다. 1574년[188]에는 이탈리아에서 로도스 섬과 키프로스 섬까지 오가는 데는 29일밖에 걸리지 않았다(메시나 항구에서 8월 7일에 떠나면 9월 5일에는 카타니아에 도착했다). 그렇다고 해서 이들이 서쪽 바다에서의 기습을 중단한 것은 아니었다. 토스카나 대공의 갤리온 선 역시 종종 모험에 나섰다.[189] 이러한 야만적인 습격을 칭송했던 과르니에리의 생동감 넘치는 책조차 이 생생한 모험을 모두 전하지는 못했다.[190] 그럼에도 불구하고 이 책은 모험의 순간마다 나타나는 카라무살리, 파사 카발리, 제르베, 소형 선박, 브리간틴, 서부의 대형 범선들로 가득 찬 투르크 앞바다의 모습을 잘 보여준다. 피렌체 문서보관소에 있는 해적 보고서들 역시 꽤 정확하면서도 생생한 묘사들로 가득하다. 덕분에 우리는 베네치아인들이 갤리 선을 타고 체리고 섬과 체리고토 섬 사이에서 순찰 항해를 했고, 붉은색 십자가를 내건 갤리 선들을 발견하면 이탈리아를 향해 항로를 바꾸게 하고 어두운 밤을 이용하여 운항하도록 유도했음을 알 수 있었다.[191] 이 문서들은 사고 없이 곧장 목적지로 향하는 여행들을 다음과 같이 간단히 표현하고 있다. 배가 순풍을 타고 곧장 앞으로 나아가면 그들의 목적지인 곳이 갑자기 수평선 너머로 나타난다. 수많은 불빛들이 어둠 속에서 반짝거리거나 돛들이 보이면 육지가 가까이 있다는 표시이다. 그러나 많은 경우 선박들은 해안을 따라 이 급수장에서 저 급수장으로, 작은 만이나 사구(砂丘) 근처에 정박하면서 느리게 움직였다. 나포 사건도 일체의 감정 없이 간단히 표기되었다. 먼저 카라무살리 1척, 활대를 망가뜨리고 마스트를 꺾기 위해서 지휘함이 발포한 대포 수, 아군 사상자, 상대 사상자 수를 적었다. 그리스인들, 투르크인들, 말린 생선, 쌀자루들, 향신료, 양탄자 등 배에서 얻은 수확물을 그 다음으로 기록했다. 그런 뒤 바로 다음 사항으로 넘어갔다. 고전적인 수법들에 대한 간략한 소개도 나와 있다. 가령 에게 해로 들어가서 "투르크인들로 가장하고 연안을 항해하게 되면,"[192] 종종 싸움을 벌이지 않고도 사람들을 납치할 수도 있었다고 한다. 오스만 제국의 갤리 선인 줄 알고 배를 타기 위해서 부두로 나오기 때문이다. 해적질의 다음과 같은 행태들도 적혀 있다. 중요한 것을 챙기고 난 뒤에 쓸모없게 된 배들은 침몰시키라든지, 배에 유대인들과 투르크인들의 "물건"이 있다고 말할 때까지 발에 무거운 물건을 매달아 제노바 선장을 고문하고 그뒤 몸값을 결정하라는 등의 충고 말이다. 그후 무게 1리브르당 1에퀴 정도로 계산하여 1,000에퀴 정도로 협상했다고 치면,[193] 250리브르 정도의 견직물 꾸러미로 값을 치르는 것이 관행이라고 적었다. 또한 가능하다면 쌀이나 밀을 적재한 선박은 무장을 하라고 충고했다. 그리스 선원들을 배치한 후에 신과 성인들에게 항구에 잘 도착할 수 있게 해달라고 기도한 뒤에 시칠리아로 출항시키라는 조언도 있었다. 이런 식으로 전에 침몰시킨 배의 그리스인 선원들을 새로 탈취한 투르크 배에 배치했고, 거세게 항의하는 그리스 정교회 사제를 만나면 무조건 몰타 섬으로 끌고 갔다.[194]

이런 식의 폭력적인 항해를 제대로 이해하기 위해서는 해상 전투와 나포에 관한 보고서를 찾아내서 그런 특별한 종류의 상업 활동의 손실과 수익을 계산해보아야 하고, 몰타, 메시나, 리보르노에 존재했던 인신매매 시장과 해적들이 만든 특수한 시장들을 연구해야 한다. 몸값을 지불하기로 되어 있는 포로들의 목록(출생지가 언급되어 있는데, 페즈부터 페르시아, 흑해에 이르기까지 다양하다),[195] 나이와 출신 지역이 표기되어 있는 갤리 선의 노예들의 목록만으로도 산 스테파노 해적 기사단과 그들의 철두철미한 단장이 벌어들인 수익을 계산하는 데에는 충분하다. 또한 트리폴리인이나 알제인의 경쟁자들이 대공에게 보낸 수많은 편지들을 통해서도 그것을 가늠해볼 수 있다.[196] 대공은 그가 원하는 사람을 돌려받는 대신 자신이 확보한 포로를 풀어주려고 했을까? 그는 마메트 아르나우트의 아내가 대공 부인에게 보낸 정중한 청원서에 대답했을까? 어쨌든 대공은 선물로 보내온 말을 받기는 했던 것 같다.

이러한 점에서 세상은 바뀌고 있었다. 1599년에 붉은 십자가를 단 5척의 갤리 선들이 키오스 섬의 성채를 점령하고, 잠깐이지만 이곳을 지켰다.[197]

1608년에는 로도스 섬 부근에서 산 스테파노의 함대가 메카로 향하는 순례자들을 태운 투르크 선박들을 모조리 나포한 적도 있었다.[198] 콘스탄티노플 사람들은 이에 대한 복수를 계획했지만 강도가 약했다. 1609년 오스만 제국 어전회의에서는 예루살렘 순례를 금지하는 방안이 논의되기도 했다. 토스카나인들의 약탈 행위에 대한 기독교 세계의 분노를 불러일으키기 위해서였다.[199] 그렇다, 정말 세상이 많이 변했던 것이다. 1591년의 한 문서가 에게 해의 침입자들[200]이라고 부른 토스카나인들과 몰타인들만이 이런 사실을 알았던 것은 아니었다. 시칠리아인과 나폴리인 이외에도 바르바리인들[201] 같은 다른 해적 집단들도 레반트를 침입했다. 이 가난한 에게 해에서 남아 있는 것들까지 샅샅이 약탈하기 위해서 종종 수비대와 작당하기도 하는 적지만 무시할 수 없는 숫자의 레반트인들은 논외로 하고도 말이다. 나폴리인들은 (1575년부터 1578년까지의 시기 외에는) 16세기 말까지는 수적으로 그리 많은 것 같지는 않았다.[202] 베네치아에서 나온 정보들을 믿는다면 그렇다. 세기 말에는 부왕들은 공적인 수익을 위해서 혹은 개인적인 수익을 위해서 선박들을 해적선으로 무장시켰다. 이런 해적들 가운데는 섬들에 대한 약탈을 노골적으로 이야기한 알론소 데 콘트레라스와 파리에서도 음험하기로 유명한 프로방스 출신의 두 명의 선장들이 포함되어 있었다.[203]

반대로 시칠리아의 해적들은 1574년 이전부터 레반트로 침입하기 시작했다. 그들 가운데 유명한 사람들도 몇몇 있었다. 필리포 코로나, 조반니 디 오르타, 자코포 칼보, 줄리오 바티스타 코르바자와 피에트로 코르바자가 레반트 정찰 전문가인 체자레 리초 같은 사람들과 함께 레반트에서 활발한 활동을 벌였다. 체자레 리초는 경량급의 프레가티나 선(fregatina)에 돛을 과하게 달고 대규모 전투에 참전하여 전리품으로 투르크인들이 그 전해에 키프로스 섬에서 탈취해간 종을 손에 넣었고, 이것을 메시나의 성 니콜라 칼사 교구에 있는 산타 마리아 델라 그라시아 예배당으로 가져갔다.[204] 다른 이름들도 있었다. 예를 들면 코르푸 출신의 그리스인인 페드로 란차는 프리깃 선과 갤리어스 선으로 베네치아 선박과 베네치아인을 추적했는데, 1576-1577년에는 바리와 오트란토 총독인 리베라에게 고용된 적이 있었다.[205] 유명한 해적인 펠리페 카냐다스 또한 1588년에 베네치아 선박 사냥꾼인 시칠리아 갤리 선단의 사령관 페드로 데 레이바[206]의 추적용 갤리어스 선들 가운데 1척을 지휘한 적이 있었다.

16세기 말에 모든 해적들은 베네치아 공화국에 원한을 갚고 싶어했다. 베네치아의 갤리 선들이 아무리 경계를 강화해도 소용이 없었다. 타렌토에 사는 베네치아 상인들에게 과세하는 것 말고도 베네치아의 장악력을 느슨하게 만드는 방법은 여러 가지였다. 베네치아가 이에 대해서 피렌체와 마드리드에 외교적으로 항의했지만 큰 효과는 없었다. 펠리페 2세로부터 나폴리와 시칠리아의 사략 행위에 대한 금지 명령을 받아냈다. 나폴리 사람들은 어느 정도 이를 따랐다. 그러나 시칠리아에서는 부왕부터 여전히 이 수익성 있는 거래를 계속했다. 게다가 펠리페 2세의 금지령[207](1578년부터 시작되었다)은 베네치아인들을 위한 것이라기보다는 협상이 진행 중이던 투르크인들을 위한 배려에서 나온 것이었다. 베네치아인들은 다음과 같은 말을 반복하는 것 외에 별 도리가 없었다. 베네치아인들의 배에서 "유대인들과 투르크인들의 물건"을 탈취하는 것은 베네치아의 상업뿐만 아니라, 그와 연관된 에스파냐의 상업에도 피해를 주는 것이며, 에스파냐에서 쫓겨난 뒤에도 여전히 자신들을 에스파냐 국왕의 신민이라고 생각하고 투르크의 평화를 사랑하는 보잘것없는 상인이라고 여기는 "나라 없는" 불쌍한 유대인들을 박해하는 것이라고 말이다.[208] 마드리드에서는 베네치아가 겪는 어려움을 싫지 않은 눈으로 바라보고 있었다. 그들은 베네치아가 마드리드에 대해서 적개심을 가지고 있음을 알고 있었고, 이 도시가 수단과 방법을 가리지 않고 철저하게 평화를 유지하면서 부당하게 부유해졌다고 생각했다. 레반트에서는 투르크인들도 베네치아 선박들을 약탈했다. 따라서 사략의 전방위적인 증가는 베네치아와 라구사와 관련하여 주의 깊게 연구되어야 한다(라구사 선박들 역시 상선 수색 대상이었다). 역사가들은 서지중해 사략의 승리는 부분적으로 라구사와 베네치아가 극악무도한 "기독교 선박들"로 인해서 "괴롭힘을 당하고," "곤경에 빠지게 된" 바다와 섬들을 피해 아드리아 해의 보다 안전한 해로로 후퇴하게 된 이유가 아니었는지 의심하고 있다.[209] 이런 점에서 베네치아의 보험료는 시사적이다. 시리아로 가는 항해에 대한 보험료가 1611년에는 20퍼센트, 1612년에는 25퍼센트로 인상되었다.[210]

알제의 첫 번째 전성기

서쪽 바다에서도 무슬림 사략은 레반트 못지않게 융성했으며, 시작도 더 빨랐다. 사략의 중심지도 많았는데 그중에서도 알제의 눈부신 발전은 이들의 성공을 한눈에 보여준다.

1560년부터 1570년까지 서지중해는 바르바리의, 특히 알제의 해적들로 들끓었다. 이들 가운데 일부는 아드리아 해 쪽으로, 특히 크레타 해안까지 뻗어나갔다. 이 시기의 특징은 아마도 크게 무리를 짓는 방식으로, 때로는 함대급 규모로 주기적으로 공격하는 것이었다. 1559년 7월에는 안달루시아의 니에블라 부근에 14척의 해적선들이 나타났다.[211] 2년 후에는 세비야 앞 바다인 산 페드로 인근에 다시 14척의 갤리 선과 갤리어스 선이 출몰했다.[212] 8월에는 장 니코가 포르투갈 알가르베 지방에 "17척의 투르크 갤리 선들"의 출현을 보고했다.[213] 비슷한 시기에 드라구트는 시칠리아와 나폴리 앞에서 작전을 폈는데, 일망타진에 성공하여 8척의 시칠리아 갤리 선을 나포했다.[214] 또한 한여름에 35척의 범선으로 나폴리를 봉쇄한 적도 있었다.[215] 2년 후인 1563년 9월에 (추수가 끝난 뒤) 28척의 배를 지휘하며 시칠리아 주변을 맴돌던 드라구트 선장의 모습이 메시나 부근의 산 조반니 해구(海溝)에서 두 번이나 목격되었다.[216] 1563년 5월에는 12척이 출몰했는데, 그중 4척은 가에타에서까지 볼 수 있었다.[217] 8월에는 9척의 알제 선박이 제노바와 사부아 사이에서 나타났다.[218] 9월에는 코르시카 해안에 13척이,[219] 9월 초에는 칼라브리아 해안에 32척이 나타났다.[220] 이 배들은 아마도 나폴리 앞바다에 야간에 도착하여 폰차 섬에 피항해 있던 30여 척과 같은 배들이었을 것이다.[221] 계속해서 9월에는 8척의 배가 포추올리 앞바다를 통과하여 가에타로 향했고,[222] 25척의 범선들이 산토 안젤로 인 이스키아 부근에 돌연 모습을 드러냈다.[223] 1564년 5월에는 42척의 범선들로 이루어진 함대가 엘바 섬 앞바다에 나타났다는데,[224] 프랑스인의 편지에 쓰인 바로는 45척이었다고도 한다.[225] 이번에는 40척의 범선들이 랑그도크 해안에 나타나서 이탈리아 갤리 선들을 잡기 위해서 매복하고 있었다고 푸르크보가 1569년 4월에 알려왔다.[226] 한 달 뒤에는 25척의 해적선들이 시칠리아 연안에 나타났는데, 작은 배들과 큰 선박들을 추격하는 데에만 열을 올렸을 뿐, 해안지역에는 전혀 해를 입히지 않았다.[227]

해적들이 심각한 타격을 가했다는 것은 한 번에 8척의 갤리 선들을 나포했다든가, 말라가 앞바다에서 28척의 비스카야 선박들을 나포할(1566년 6월) 정도였다든가 하는 사실로 알 수 있다.[228] 오직 한 계절만에 해적들은 지브롤터 해협, 안달루시아와 알가르베 지방의 대서양 연안에서 50척의 배를 약탈했고,[229] 그라나다 지역 깊숙한 곳까지 급습하여 4,000명의 포로를 포획했다.[230] 기독교인들은 이 시기에 해적들의 대담무쌍함이 그 끝을 알 수 없을 정도였다고 증언했다.[231] 그들은 예전에는 밤에 활동했지만 지금은 훤한 대낮에 움직였다. 그들은 말라가의 우범지대였던 페르첼레스까지 쳐들어갔다.[232] 1560년에 카스티야 신분의회는 해안지역의 황폐화와 공동화를 우려했다.[233] 1563년 펠리페 2세가 발렌시아를 방문했을 당시에 대한 생-쉴피스의 기록에 따르면, "모든 대화는 마상시합, 창시합, 무도회와 그밖의 모든 신사들의 여가 활동들에 관한 것뿐이었다. 그러나 무어인들은 도시로부터 1리외(lieue : 약 4킬로미터) 내에 있는 배들을 모두 털어가는 등 할 수 있는 한 모든 것을 약탈하기 위해서 한순간도 쉬지 않았다."[234]

발렌시아가 위협받고, 나폴리 해상이 봉쇄되고(예를 들면, 1561년 7월에

500명의 사람들이 해적 때문에 나폴리에서 살레르노로 가지 못했다[235]), 시칠리아나 발레아레스 제도가 포위될 수 있었던 것은 이곳이 북아프리카 문전에 위치해 있다는 지리적인 입지로 설명될 수 있다. 그러나 해적들은 랑그도크, 프로방스, 리구리아처럼 지금껏 큰 문제가 없었던 해안 지역들까지 진출했다. 1560년 6월[236] 빌프랑슈 근방에서는 사부아 공작조차 가까스로 해적을 피할 수 있을 정도였다. 같은 달 제노바에서는 밀과 포도주가 수송되지 못하자 가격이 치솟았다. 주변을 맴돌던 23척의 해적선들을 두려워한 나머지 프로방스와 코르시카에서 포도주를 실어 나르던 소형 선박들이 감히 바다로 나가지 못했던 것이다.[237] 이런 일들은 어쩌다 한번 일어나는 일이 아니었다. 여름마다 제노바 영토가 약탈당했다. 1563년 8월에는 서쪽 해변인 첼레와 알비솔라 지역 차례였다. 제노바 공화국은 에스파냐 주재 대사 사울리에게 다음과 같은 편지를 썼다. "이 모든 일이 바다에 갤리 선이 없어서, 기독교인들의 쪽배 한 척 떠 있지 않아서 생긴 일이다."[238] 그 결과, 어느 누구도 더 이상 항해에 나서려고 하지 않았다. 다음해 5월 펠리페 2세가 친히 주석을 달았던[239] 마르세유로부터 온 통지문에는 알제 선박 50척, 트리폴리 선박 30척, 본 선박 16척, 벨레스(이 항구로의 진입을 막고 있었던 페논은 1564년 9월까지는 에스파냐인들에 의해서 점령되지 않았다) 선박 4척이 해적질에 나섰다고 쓰여 있다. 이 정보를 문자 그대로 받아들이면, 100척에 달하는 갤리 선, 갤리어스 선, 푸스타 선 등의 선박들이 바다에서 작업을 하고 있었던 셈이었다. 통지문에는 다음과 같은 말이 덧붙여져 있었다. "불쌍한 기독교인들이 알제에 비 오듯이 쏟아진다."

알제의 두 번째 전성기

1580년부터 1620년까지 알제의 두 번째 전성기가 모습을 드러냈다. 첫 번째 시기만큼이나 눈부시고, 훨씬 더 번창했음이 분명하다. 알제가 해적의 중심지로 떠오르기 시작했고, 결정적인 기술적 혁신도 있었다.

16세기 중반에 이르러 해적전이 다시 한번 함대 전투를 대신했다. 남쪽 섬들이 몇 주일, 몇 달 동안 포위되기도 했다. 시칠리아 부왕인 마르칸토니오 콜론나의 1578년 6월의 기록에 따르면, "해적들이 이 섬에서 망루가 세워지지 않은 여러 해안 지역들을 따라 큰 피해를 입혔다."[240] 1579년에는 바르바리의 푸스타 선들이 카프리에서 시칠리아 함대 소유의 갤리 선 2척을 탈취했다. 나폴리 갤리 선들이 뒤늦게 경계에 들어갔지만, 소용이 없었다. 나폴리의 갤리 선들은 항구에서 무장을 해제하고 병사들도 없었고, 갤리 선의 노꾼들은 상선에서 상품들을 하역하는 일이나 전투와 관련 없는 다른 작업들을 수행하느라 여념이 없었다.[241] 1582년에 시칠리아 부왕은 상황을 매우 비관적으로 보고 있었다. "바다에 해적들이 들끓는다."[242] 여러 해가 지나도 상황은 계속해서 나빠질 뿐이었다. 해적 행위가 지중해 북쪽 해안들에서 집요하게 계속되었다는 것은 그 자체로서 의미하는 바가 있다. 멀리 카탈루냐, 프로방스, 마르세유 역시 예외가 아니었다. 1584년 2월 11일, 마르세유 시의회에서 알제에 억류되어 있는 마르세유 포로들의 몸값을 지불하는 문제를 논의했다.[243] 1585년 3월 17일에 시의회는 "바르바리 해적들이 프로방스 연안에서 약탈을 자행하는 것을 막기 위한 가장 신속한 방법들을 강구하기로 결정했다."[244] 그러나 해결책을 찾지 못한 채 몇 해가 흘렀다. 1590년 겨울, 마르세유는 알제의 왕에게 포로의 몸값을 지불하기 위해서 특사를 파견하기로 결정했다.[245] 지리적으로 떨어져 있기 때문에 원칙적으로는 안전하다고 볼 수 있었던 베네치아에서도 1588년 6월 3일에 알제로 파견하기 위한 영사가 선출되고, 특히 베네치아인 노예 문제를 해결하라는 임무가 그에게 부여되었다.[246]

해적들은 이 끔찍한 시기에 도처에 도사리고 있었다. 지브롤터 해협에서도 이들과 싸워야 했고, 카탈루냐 해안이나[247] 로마 지역 해안들에서도 거의 매일같이 싸움이 일어났다. 그들은 안달루시아와 사르데냐의 다랑어잡이 어부들을 공격했다.[248] 그러나 1579년에 아에도는 다음과 같이 한탄했다. "알제에서 한꺼번에 62명의 성직자들이 포로가 되었는데, 이런 일은 바르바리에서 한번도 없던 일이었다!"[249] 그러나 이런 일은 나중에라도 분명히 다시 일어날 수 있었다.

알제의 전성기가 다시 찾아온 사실은 여러 가지 방법으로 설명될 수 있다. 가장 먼저 전반적인 해상무역의 번창이 이것을 가능하게 했다. 반복하지만, 상선이 없다면 해적도 없다. 이는 고드프리 피셔가 줄기차게 주장하는 사실들 가운데 하나이다. 적어도 1648년 이후까지는 무슨 일이 있었다고 해도 지중해는 계속해서 상업적으로 번창했고 경제적 활력을 유지했다.[250] 따라서 우리는 수많은 설명과 불평이 해적 행위가 초래하는 파국적인 결과를 이야기했지만, 사실은 이와 달랐다고 결론을 내릴 수 있다. 왜냐하면 이러한 적대적인 행위들이 늘어났음에도 불구하고, 경제가 계속 번성했기 때문이다. 사실 해적과 경제 활동은 연관되어 있어서, 경제가 좋아지면 해적은 그 발전에 상응하여 이익을 얻는다. 간단히 말하면, 해적 행위는 지중해 전체에서 이루어지는 강제 교환의 한 형태였다. 또다른 설명[251]은 갈수록 심화되는 대국들의 뚜렷한 무기력 현상과 관련된 것이다. 투르크는 레반트의 바다를, 에스파냐는 서쪽의 바다를 방치했다. 1601년에 잔 안드레아 도리아가 알제에 대한 공략을 시도한 것은 하나의 과시적인 표현이었을 뿐 그 이상은 아니었다.[252] 알제의 역동성은 빠르게 성장하는 하나의 신도시가 가진 활력을 보여주었다. 리보르노, 이즈미르, 마르세유와 더불어 알제는 바다의 신흥 세력을 형성했다. 알제에서의 모든 삶은 해적의 활동 규모와 성공에 달려 있었다. 도시의 가장 가난한 노새꾼이 먹는 그날그날의 식사,[253] 많은 노예들의 노동의 대가인 청결한 거리, 더 중요한 이유에서 건설 현장, 호화로운 이슬람 사원, 부자들의 별장, 안달루시아 난민들의 노동 덕분에 가능했던 수도 공사 등이 모두 그러했다. 그러나 일반적인 생활 수준은 그리 높지 않은 경우가 많았다. 많은 예니체리들이 장사에 뛰어든 것은 사실이지만, 모두가 상업으로 돈을 벌지는 못했다. 거대한 산업으로서의 사략은 알제를 일체화시켰고, 항구를 지키는 일이나, 바다, 육지, 노예들을 이용하는 데에서도 놀라울 정도로 일관성 있게 움직이게 했다. 알제는 질서가 잘 잡혀 있는 도시였다. 사법체계가 엄격했고, 도시 병영에 주둔하고 있는 부대가 질서와 치안을 책임졌다. 아마도 알제 거리에 울리는 예니체리들의 장화의 편자 소리가 평생 아에도의 귓가를 맴돌았을 것이다. 또한 해적 활동이 다른 분야들을 자극하고, 인도하고, 조직하고, 식품과 상품을 알제로 끌어들이는 역할을 했으리라는 것도 분명하다. 이 하얀 도시 주변에서는 아주 멀리 떨어져 있는 산악지대나 고원지대에서까지 평화가 지켜졌다. 그 결과 도시의 외관과 사회적 현실의 변화를 수반했던 비정상적일 정도의 빠른 성장이 도시에서 이루어졌다.

1516-1538년에 알제는 베르베르인과 안달루시아인의 도시이자, 개종한 그리스인들의 도시이자, 투르크인들의 도시였고, 이 모든 사람들이 잘 섞여 지냈다. 이 시기는 알제에서는 바르바로사 일족의 창조적인 시대였다. 1560년부터 1587년까지 울루지 알리의 치하에서 알제는 점점 더 이탈리아적이되었다. 1580년부터 1590년까지의 시기 이후 그리고 1600년경에는 영국인, 네덜란드인을 비롯한 북유럽 사람들까지 찾아왔다. 예를 들면, 시몬 단세[254](이탈리아어와 프랑스어로 된 문서에는 Dansa라고 표기되어 있다), 즉 무용가인 그의 진짜 이름은 시몬 시몬센이었고 도르트레히트 출신이었다. 알제 주재 영국 영사는 1609년에 그가 뤼베크에서 건조된 대형 선박을 타고 이곳에 도착하는 모습을 보았다. 이 배는 선원들이 투르크인, 영국인, 네덜란드인들이었고, 그해에만 30여 차례의 나포를 자행한 경력이 있었다.[255] 그후 아내와 자식들이 있는 마르세유의 기독교 세계로 돌아와서, 도시의 상업에 종사하고, 체포되고, 그후 몇 년이 지나 1616년 2월에 튀니지에서 데이(Dey : 태수)의 명령으로 아마도 처형되었으리라고 추정된다. 그러나 그의 삶에 관한 상세한 이야기는 확실하지 않다.[256] 따라서 더 많은 설명과 논의, 조사가 요구되지만 과연 그런 작업이 필요할까? 그런데 금발머리의 침입자들은

빈 손으로 오지 않았다. 돛, 바닥 널, 송진, 화약, 대포 등을 가득 싣고 왔는데, 범선 그 자체가 최고의 상품이었다. 대서양을 누비던 그들의 범선은 이베리아인들의 거대한 캐럭 선과 갤리온 선을 웃음거리로 만들 정도였다. 같은 시기에 리보르노도 범선을 받아들였다. 그러나 알제가 범선을 더 잘 이용했다. 가볍고 선체가 가는 코그 선 형태의 이 범선은 선체가 길고 가는 갤리 선이나 가볍고 홀쭉한 전통적인 갤리어스 선을 대체했다. 이 배에서는 대포, 수하물, 바닥짐이 아니라 죄수 노꾼들이 더 큰 비중을 차지했다. 이들 노꾼들은 풍랑이 심한 바다를 헤치고 가기 위해서 그리고 기독교인들의 무거운 갤리 선들 앞에서 속도의 이점을 유지하기 위해서 고통을 견뎌야 했다. 이 죄수 노꾼들이 알제의 레이스의 힘의 기반이었다. 알제는 빠른 속도와 기습이 가능한 이 가벼운 범선을 택했다.

1580년에 알제는 아마도 35척의 갤리 선과 25척의 프리깃 선, 여기에 상당수의 브리간틴 선과 소형 선박들을 보유하고 있었을 것이다. 1618년경에는 아마도 100여 척의 범선을 갖추게 되었을 텐데, 그중 가장 작은 선박조차 18문에서 20문의 화포를 갖추고 있었다. 1623년에는 (골든 혼에서 영국의 이해관계를 대변하던 토머스 로 경이 제기한 보다 믿을 만한 수치에 따르면) 75척의 범선과 수백 척의 다른 작은 배들이 있었다. 당시 바르바리 해적은 거의 전적으로 알제에 집중되어 있었다. 그 무섭다는 트리폴리 해적 (1580년경 이탈리아에서는 바다로 떠나는 사람에게 "신께서 당신을 트리폴리 갤리 선으로부터 지켜주시기를"이라고 말했다)은 1612년에 겨우 2척의 범선만을 가지고 있었고, 튀니스는 1625년에 7척을 보유하고 있었다.[257] 서쪽 지역의 다른 항구들에서도 사정은 비슷했던 듯하다.[258] 따라서 1610년과 1614년에 에스파냐인들은 큰 어려움 없이 라라슈와 마르마라 섬을 차지할 수 있었다. 어쨌든 알제는 발전했고, 부가 넘쳐났다. 한 포르투갈 포로의 이야기에 따르면,[259] 1621년과 1627년 사이에 알제에는 약 2만 명의 포로가 있었는데, 그중 절반은 포르투갈, 플랑드르, 스코틀랜드, 영국, 네덜란드,

아일랜드, 헝가리, 슬라브, 에스파냐, 프랑스, 이탈리아의 "독실한 기독교 세계" 출신들이었다. 나머지 절반은 시리아인, 이집트인, 심지어는 일본인이나 중국인, 누에바 에스파냐 거주민, 에티오피아인 등 이단자들이거나 우상 숭배자들이었다. 배교자들의 출신 국가도 가지각색이었다. 이 증언의 부정확성을 감안하더라도, 알제에 각양각색의 사람들이 모여 있었다는 사실은 부인할 수 없을 것이다. 어쨌든 알제의 해적들은 지중해 바다를 가득 채웠고, 그들의 도시는 지중해 전체를 지배할 정도로 성장했다. 1624년 알제인들이 알렉산드레타를 약탈하고 프랑스와 네덜란드 소속의 2척의 배를 포획했다.[260] 그들은 또한 지브롤터 해협 너머로 진출하여 1617년에 마데이라, 1627년에는 아이슬란드를 약탈했고, (이미 말한 바 있듯이) 1631년에는 영국에 나타났으며,[261] 그때부터 (특히 1630년부터 1640년까지[262]) 대서양 일대에서 해적질을 자행했다. 이슬람 해적단은 대서양의 해적단과 동맹을 맺었다. 그리고 아마도 1601년부터 항해가 어려운 지브롤터 해협을 신속하게 통과하는 법을 알제인들에게 가르친 사람은 다름 아닌 시몬 단세(다른 이름으로는 시몬 레이스[Simon Re'is])였을 것이다.[263]

결론은?

알제의 해적 행위에 관한 서술은 제대로 정리되지 못한 탓에 선명한 결론을 이끌어내지 못했다. 나는 이러한 알제의 활동을 아직은 파국적인 국면으로까지 치닫지 않은 지중해의 전반적인 콩종튀르와 관련시켜 말하고 싶다. 고드프리 피셔의 참신한 저서는 이러한 나의 추정과 어긋나지 않는다. 오히려 그 반대이다. 그러나 그는 이유가 없는 것은 아니지만 여러 가지 단서들을 달고 있다. 그가 보기에, 이슬람 해적 전체의 역할을 그리고 알제 해적들의 역할을 파괴적이라고 설명하는 것은 지나친 과장이다. 서구인들은 특히 알제 해적의 역할을 사악하다고 보았다. 기독교 세계의 적들 역시 기독교도들만큼이나 선량한 신념을 가지고 있었다. 이러한 점에서 어느

"재판관"도 그들에게 죄를 물을 수는 없을 것이다. 역사는 그러한 판단을 거부한다. 그와 더불어 지중해 해적의 활동 전체가 과대평가되었다는 영국 역사가들의 이야기 역시 받아들일 필요가 있다. 역사가들은 지중해 연안에 거주하는 기독교도들의 불만 가득한 주장들을 너무 많이 듣고, 너무 성급하게 결론을 내렸다.

해적은 번영하는 바다에 신이 내린 재앙이 아니었다. 보다 나은 결론을 내리기 위해서 피셔는 몇몇 수치들을 재검토했다. 그는 알제의 범선이 100여 척에 달했다는 것은 지나치다고 보았다. 사실 우리는 정확한 수치를 알지 못한다. 게다가 수치는 해마다 달라졌다. 또한 이러한 범선들은 톤수가 작았고, 속도를 높이기 위해서 대포의 수를 줄였음이 분명하다.[264] 그들은 대개는 뉴펀들랜드나 그밖의 지역에서 잡은 생선 통들을 훔쳤을 뿐이다. 1631년에 영국 해안에 그들이 나타났을 때, 사람들을 놀라게 한 것은 "새로움"이었지, 실제적인 위험은 아니었다.[265] 그들이 받은 고통은 단순히 핀에 찔린 정도에 지나지 않았을 뿐이다.

그런데 우리는 피셔의 이런 결론을 받아들여야 할까? 어떤 점에서는 그래야 할 것 같다. 왜냐하면 과거 역사가들이 이 문제를 너무 성급하게 한 목소리로 결론을 내렸기 때문이다. 그리고 알제는 단지 이슬람 혹은 북아프리카가 아니라 세계적이고 국제적인 중요성을 가진 도시였기 때문이다. 그러나 그렇다고 해도 피셔가 이용한 증거들과는 다른 증거들이 또다른 목소리를 내고 있다는 점에서 피셔의 결론은 재검토되어야 한다. 알베르토 테넨티의 연구[266] 같은 또다른 연구들은 수많은 해적들에 의한 심각한 피해 상황을 전하고 있기 때문이다. 물론 1592년부터 1609년까지의 시기에 베네치아를 오가는 선박들에 대한 테넨티의 연구를 지중해 전체로 일반화시킬 수는 없다. 그러나 베네치아가 모든 해적들의 표적이었기 때문에, 그의 연구를 엄밀하게는 지엽적이라고 말할 수도 없다. 이 짧은 기간 동안 해적의 공격을 받았고 우리가 그 배들의 사고 지점을 지도에 표시할 수 있는 250척에서 300척의 선박들 가운데 총 90건에 대해서는 공격자의 정체를 비교적 정확하게 확인할 수 있다. 이슬람교도들이 44건, 북유럽인들(영국인과 네덜란드인)이 24건, 에스파냐인들이 22건의 해적 행위를 했다. 기독교 출신과 이슬람 출신이 거의 비슷한 것이다. 나포 건수가 250에서 300건이었던 것과 견주어, 난파는 360건이었다. 인간이 자연만큼 피해를 주었던 것이다.[267] 베네치아의 교역량이 지중해 전체 교역량의 10분의 1 수준이었다는, 너무 신뢰해서는 안 될 이 수치를 잠깐만 받아들인다면, 모든 조건들이 동일할 때에 1592년부터 1609년까지 18년 동안 2,500에서 3,000건 정도의 해적 행위가 지중해에서 발생했으며, 매년 평균 138에서 166건 정도의 나포가 있었다는 계산이 된다(해안지역에서 약탈당한 사람들, 상품들, 물건들은 계산에서 제외한다). 그리 높은 수치는 아니다. 그러나 이 불확실한 수치를 너무 믿지 않는 것이 좋겠다.[268] 또한 해적선 함대의 장비가 그리 대수롭지 않았다는 것도 신중하게 다루어야 한다. 아주 작은 배들이 수없이 많이 다니고, 효과적인 순찰이 이루어지지 않았던 바다에서 발생할 수 있는 정도의 저항만 굴복시키면 충분했기 때문이다. 해적 행위는 배를 상대 배에 붙이고 치르는 백병전이었고, 대포 사격보다는 화승총 사격이 더 효과적이었다. 만일 우스코크 해적들의 소형선을 무장 상태만 가지고 판단한다면, 위협 요소가 될 수 있다고 상상조차 하기 힘들 것이다. 그런데도 그들은 정말 위협적이었다!

중요한 것은 해적 행위와 지중해 경제 사이에 분명히 적극적인 상관관계가 있었다는 점이다. 나는 분명히 적극적이라고 말했다. 양자는 함께 좋아졌고, 함께 나빠졌다. 해적 행위가 평화로운 거래에 약간이라도 악영향을 미쳤다면, 그것은 아마도 먹잇감이 충분하지 못했기 때문일 것이고, 지중해가 후퇴기에 접어들었기 때문일 것이다. 이를 확증하기 위해서 우리에게는 수치가 필요하다. 그런데 이 수치가 우리에게는 부족하다. 해적선이 총 몇 척이나 되었는지, 노획물의 양은 얼마나 되었는지, 포로는 모두 몇 명이나 되었는지 정확히 알 수가 없다. 그러나 이 모든 수치가 계속 늘어나고 있었던 것 같기는 하다.

몸값과 포로 석방

기독교 세계 도처에서 가난한 사람들의 몸값을 지불하기 위한 기관들이 만들어졌다. 잘 알려져 있다시피, 부자들은 몸값을 스스로 마련했다. 1581년에 교황청이 모범을 보였다. 그레고리우스 13세는 "노예구제 자선회"를 창설했고, 오래 전에 세워져서 활발한 활동을 벌이고 있던 로마의 "곤팔로네 대형제회"와 병합했다. 이에 따라서 첫 번째 몸값 협상이 1583년에 이루어졌고, 첫 번째 사절단이 1585년 2월에 알제에 도착했다.[269] 1596년에 시칠리아에서는 팔레르모의 산타 마리아 누오바 교회에 본부를 둔 "포로 석방 대형제회"가 세워졌다. 16세기 이전에 이미 활동한 적이 있었던 옛 기관들을 재가동시킨 경우도 있었다.[270] 1597년 10월 29일[271] 제노바에는 "노예구제 관리국"이 세워졌다. 이 기관은 1403년까지 연원이 거슬러올라가는 "자선 관리국"을 계승한 곳이다. 또한 행정기관과 사법기관들도 필요했다. 일시적으로 시민권을 상실한 포로들의 경우 해결하기 어려운 상황이 발생할 수 있었기 때문이다. 너무 오래 전에 실종되었거나 배교자가 된 사람들에게는 해결되지 못한 너무나 많은 문제들이 있었다. 비록 가족들이 개입하여 공식적으로 실종 처리를 하고, "포로부(捕虜部)"가 실종자들의 권리와 수입을 지키기 위해서 나섰다고 해도 쉽지 않았다. 포로들의 생생한 이야기가 아니라 정확한 역사를 알고자 하는 사람들을 위해서는 엄청난 양의 제노바 문서가 기다리고 있다.

포로를 구하는 일은 여러 모로 좋은 일이었다. 무엇보다도 중요한 것은 그들의 영혼을 구하는 일이었다. 따라서 수도회들은 열정을 가지고 이 위대한 과업에 전념했다. 그것은 포로 석방 문제를 조율한다는 그럴듯한 구실로 슬그머니 바르바리 지역으로 들어가서 구호 조직들과 협의하고, 로마, 에스파냐, 제노바 등으로부터 통행증과 자선 헌금을 받는 것을 의미했다. 이 어려운 협상들의 실제 모습을 알기 위해서는 카푸친 수도회의 암브로시오 다 손치노 수도사가 마르세유에서 1600년 12월 7일에 제노바의 "노예 구제 관리국"에 보낸 편지를 읽어보면 될 것이다. 카푸친 수도회는 알제에서, 카르멜 수도회는 테투안에서 영적인 사명을 수행했다. 그러나 한 번 여행할 기회를 얻는 데에도 이런저런 협상이 끝없이 계속되어야 했다. 이에 지친 수도사는 "영혼을 구제하는 데에 필요한 시간, 우리가 바라는 것은 오직 이것뿐, 다른 것은 없었다"고 말하며 이 상황을 비통해했다.[272]

몸값 지불과 포로 석방과 더불어 사람과 상품의 교환이 새로운 시장과 거래망의 형성으로 이어졌다. 포로 구조자들의 여행이 늘어났고, 그들은 배에 정식으로 보험을 든 현금이나 상품을 싣고 갔다.[273] 튀니스에서 1574년부터 시행된 관례에 따라서 1579년 이후 알제에서는 이 모든 것들이 프랑스의 영사관에 등재되었다. 1600년대부터는 타바르카가 또다른 송환 협상의 활발한 중심지로 부상했고,[274] 튀니스나 비제르트와의 거래를 다루었다. 석방된 사람들이 귀국할 때면, 행진과 감사 기도회와 대규모 축하식이 베풀어졌다. 일찍이 1559년[275]에는 이미 석방된 포로들이 리보르노에서 수용소에서의 유일한 식량이었던 짙은 갈색 빵 조각들을 꼬챙이 끝에 끼우고 무리를 지어 도시 곳곳을 행진했다. 노획물, 포로 송환 협상과 석방이 얼마나 많은 접촉과 인적 연결망을 만들었을까? 상호간에 일어난 해적 행위가 상황을 복잡하게 만들었다. 튀니지의 프랑스 영사관에 보관되어 있는 한 문서[276]에는 에스파냐 왕의 노예였던 마메트 아르나우트의 아내 역시 사르데냐 출신의 사제를 노예로 부리고 있었다는 이야기가 실려 있다. 이러한 복잡한 관계들이 상호교환을 신속하지는 않지만 현실적으로 가능하게 만들었다.

다른 한편, 감옥에 포로들이 많아지면서 탈주도 늘어났다. 우리는 프리깃 선을 타고 알제의 수용소 포로들의 탈출을 돕는 단골 안내인인 펠리페 로마노라는 한 발렌시아인의 무훈을 다룬 적이 있다. 포로들 스스로 탈주를 조직하는 등, 그들의 집단 탈출은 매우 흔한 현상이었다.[277] 어느 때는 푸스타 선을, 또 어느 때는 갤리 선을 탈취한 그들의 항해 성공 여부는 운에 달려 있었다. 그래도 이 순간이야말로 그들의 불행한 삶 속에서 가장 행복한 순간들 중 하나였다. 도주가 쉬웠던 것은 반은 무슬림, 반은 기독교도인 혼혈인들의 수가 늘어났기 때문이다. 그들은 두 세계의 경계에서 인척관계를 맺고 살고 있었으며, 국가가 막지 않았다면 훨씬 더 분명하게 모습을 드러냈을 것이다. 이렇게 친교를 나누는 일은 개종의 결과였을 수도 있고 (이것은 가장 멋진 풍경은 아니었지만, 가장 흔한 사례였을 것이다), 몸값이나 상품 거래의 결과였을 수도 있다. 콘스탄티노플에서 이런 일은 이탈리아 배교자들의 전문 분야였다. 알제에서는 코르스 곶의 선원들, 레이스나 감옥 소장과 친분이 있는 사람들, 때로는 산호 채집자들도, 그리고 밀랍, 모직물, 가죽 운반자들이 그런 일을 했다. 튀니스에서는 프랑스의 영사들이 이 분야를 거의 독점했다. 사람들은 이들이 자신들의 마음에 드는 사람만 빼내주거나, 종종 돈을 대가로 요구했기 때문에 어떤 포로들은 영영 빠져나올 수 없었다고 비난했다.[278] 이 모든 곳에서 유대인들이 중개인으로 활동했다.

이러한 거래들은 좋은 돈벌이가 되었다. 한 제노바 상인은 알제에서 거래를 성사시키면 30퍼센트 정도의 수익이 남았다고 답했다. 에스파냐에서는 알제로 금지된 품목을 가져가고, 그곳에서 노획물을 구입하고,[279] 해적들의 물건을 사는 것 역시 불법이라고 수없이 공표했다. 그러나 해적들은 이탈리아나 리보르노에서 쉽게 고객을 만날 수 있었다. 17세기에도 이러한 유통망은 계속 존재했다. 1621년에 포르투갈 선박이 나포되자, 알제의 레이스들의 수중에 "이탈리아 전체가 부유해졌을 정도"의 다이아몬드들이 들어가게 되었다고 소식통은 보고했다.[280] 투르크인들은 귀금속을 잘 모르던 터라 이것을 싼 값에 팔아버렸다. 그러나 우리는 이런 일상적이고 특별하지 않은 거래들에 관해서는 아주 단편적으로만 알고 있을 뿐이다. 알제만큼, 어쩌면 그 이상으로 튀니스는 은밀한 거래의 중심지였다. 한 시칠리아 역사가가 말했듯이, 그곳은 16세기의 상하이였다.[281] 아마도 그의 말이 맞을 것 같다.

한 전쟁이 끝나면 또다른 전쟁이 온다

따라서 1574년에 지중해에서 전쟁이 종결되었다고 말할 때에는 어떤 전쟁을 말하는 것인지 명확히 해야 한다. 영토국가가 권위주의적인 팽창을 계속하며 막대한 비용을 들여 치르는 대규모 정규전은 언젠가는 끝이 나게 마련이었다. 그러나 (1588년에 베네치아 만의 장군인 필리포 파스쿠알리고라는 베네치아의 한 통찰력 있는 인물이 주목한 바에 따르면) 정규전이 줄어들면서 함대로부터 더 이상 충분한 수입을 기대할 수 없게 되자, 여전히 기운이 넘치는 군인들은 결국 모험을 찾아 떠날 수밖에 없게 되었다. 함대의 대오를 벗어난 갤리 선의 수병들, 심지어는 갤리 선 그 자체, 병사들 혹은 정상적으로는 군인이 되었어야 할 사람들, 크고 작은 야망을 품은 모험가들이 지상이나 해상에서 벌어지는 비정규전에 다시 가담했다. 전쟁 하나가 끝나니 또다른 전쟁이 찾아온 셈이다. 고비용의 근대적이고 온갖 기술이 동원되는 대규모 전투가 북유럽과 대서양 지역으로 이동한 반면, 지중해 지역에서는 열등한 형태의 부차적인 전투들만이 벌어졌다. 지중해의 사회, 경제, 문명들도 최선을 다하여 이러한 지상의 게릴라 전투와 해적에 의한 해전에 적응해갔다. 사실 이러한 전투들이 그들이 가진 힘, 후회, 양심의 가책, 복수, 반격을 흡수해나갔다. 도적떼들의 출몰이 사회적 전쟁이 표면화되는 것을 사전에 막은 셈이다. 해적들의 전쟁이 십자군(혹은 지하드)으로 향했을 열정을 소진시켰다. 십자군과 지하드 그 어느 것도 정신병자나 성자를 제외하고는 사람들의 관심을 끌지 못했다.

전반적인 평화의 도래(1598, 1604, 1609)와 더불어 북유럽과 대서양에서 정규전이 사라지자, 전쟁의 그림자가 다시 지중해에 드리워졌고, 전쟁의 위협, 계획, 꿈들이 되살아났다. 전쟁은 다시 시작될 것인가? 아니었다. 오수

도표 67. 콘스탄티노플로 향하는 기독교인 포로들.
1639년 S. Schweigger의 데생에 의한 것이다.

나 공작과 에스파냐가 베네치아를 대상으로 계획한 전쟁이 좌절되었다는 것이 그 증거이다(1618-1619). 전쟁은 없었다. 이것은 또한 지중해가 더 이상 전쟁의 무게를 감당할 수 없었다는, 즉 전쟁비용을 치를 수 없었다는 증거였다. 그렇다고 해서 지중해에서 폭력이 완전히 사라진 것은 아니었다.

　여기까지 와서 우리는 비관적인 결론을 내릴 수밖에 없을 것 같다. 16세기 지중해에서의 폭력의 역사가 거짓이나 환상이 아니라면, 전쟁은 탈바꿈과 위장, 부활과 퇴화를 통해서 속성상 영원한 것임을 증명했을 것이다. 전쟁의 길잡이들은 결코 모든 것을 한꺼번에 파괴하지 않는다. "전쟁은 만물의 아버지이다"라는 고대의 격언은 16세기의 사람들에게 친숙한 말이 되었다. 전쟁은 만물의 아버지이고, 만물의 자식이며, 수많은 수원을 가진 강이고, 해안이 없는 바다였다. 전쟁은 모든 것의 창조자이지만, 평화 그 자체의 창조자는 아니었다. 많은 사람들이 염원하는 평화는 도달하기가 지극히 어려웠다. 각각의 시대는 각자의 전쟁 혹은 그 시대 특유의 전쟁들을 창조한다. 지중해에서는 레판토 해전[1571] 이후 공식적인 적대행위가 사라졌다. 이제 대전쟁은 대서양을 따라 북쪽과 서쪽으로 자리를 옮겼고, 전쟁의 거점은 세계의 심장이 뛰는 그곳에서 수세기 동안 머물렀다. 길게 말할 필요도 없이, 이러한 이동 자체가 지중해의 후퇴를 말해주었고, 두드러지게 보여주었으며, 확고하게 만들었다. 1618년에 30년전쟁의 첫 포성이 울려퍼지고, 대전쟁이 발발했을 때, 그 장소는 지중해에서 멀리 떨어져 있었다. 지중해는 더 이상 세계의 격렬한 중심이 아니었다.

제8장

결론을 대신하여 : 콩종튀르와 콩종튀르들

지중해의 경제, 정치, 문화, 전쟁에 관한 이야기의 뒤를 이어 콩종튀르를 논하는 것은, 정확히 말하면 종합적인 결론을 내리는 일이라기보다는 새로운 연구 방향을 제시하는 일이다.

앞에서 우리는 변하는 것들과 거의 변하지 않는 것들 사이의 대화가 결코 끊어진 적이 없었음을 확인했다. 그러나 우리의 시야를 좁혀서 변화와 운동에만 초점을 맞추게 되면, 그림은 완전히 달라진다. 수학을 예로 들어보자. 수학에서 하나의 차원을 배제하게 되면 입체기하학에서 평면기하학으로 바뀌는 것과 같은 이치이다. 후자가 전자보다 더 단순해지는 것은 당연하다. 이런 경우 서술은 개별적인 양상들, 국면들, 단계들, 위기들, 전환기만을 다루는 데에 그친다. 이것은 나름의 비장함과 손쉬운 논리를 가지고 있지만 오류에 빠지기 쉽다. 왜냐하면 그 무엇보다도, 가장 명백하고 잘 알려져 있는 경제적 콩종튀르야말로 자체의 고유한 언어와 정밀함을 가지고 다른 것들을 주도하고 압도하기 때문이다. 신물질주의(néo-matérialisme)는 하나의 매력적인 길이다. 하나의 접근법으로서 이것은 어느 정도로 유효할까?

주의할 점

이제 우리가 해야 할 일은 물질생활의 리듬과 삶의 다양한 파동들 사이의 상관관계를 포착하고, 설명하는 것이다. 왜냐하면 일련의 다양한 역사들이 서로 중첩되면서 하나가 아닌 **여러** 개의 콩종튀르들이 만들어지기 때문이다. 복합적인 상황들을 하나의 큰 흐름으로 귀착시키는 것은 지나치게 단순하고 터무니없는 일이다. 게다가 그런 일이 가능하겠는가? 독자적인 법칙과 논리적인 귀결을 가지는 하나의 경제적 콩종튀르는 불가능하다. 프랑수아 시미앙 역시 조수의 움직임 속에서도 파도들 고유의 움직임이 나타난다고 설명하면서 콩종튀르를 적어도 두 개로 구분했다. 그런데 현실은 이런 선명한 그림처럼 그렇게 단순하게 나타나지 않는다. 경제세계를 만드는 다양한 진동들 속에서 역사가들은 시간적 길이에 따라서 구분되는 10여 개의 움직임들을 별 어려움 없이 포착할 수 있다. "장기적인 변동 중에서도 가장 장기적인 것"이라고 할 수 있는 100년을 주기로 하는 **트렌드**(추세), 장기적인 콩종튀르(콘드라티에프의 50년 주기, 이중 주기 혹은 하이퍼사이클, 중간 주기[1]), 짧은 콩종튀르에 해당하는 10년 주기, 그리고 계절적 주기가 있다. 이렇게 다소 인위적인 분석을 통해서 모든 것들이 뒤얽혀 있는 경제적 흐름으로부터 상반되는 여러 주기들을 구분해볼 수 있다.

지나간 시간 속에서 사건들의 인과관계를 찾기 위해서 경제 주기를 이용하고자 할 때, 10개 때로는 20개나 되는 다양한 주기들을 확인하고, 그만큼 다양한 사건들의 인과관계를 분석해야 할 수도 있다. 그러면 역사는 또다시 서로 꼬이며 복잡해지고, 불확실해질 수 있다. 진동과 시간의 파도들—시계 속의 초, 분, 시, 날짜 장치들처럼 서로 중첩되어 있는—을 모두 이해하려고 들면, 전체적인 맥락이 손가락 사이로 새어나가는 것을 보게 될 것이다.

이렇게 이론적인 논의를 계속하는 것보다는 구체적으로 적용시켜보는 편이 더 나을 것이다. 우리의 눈앞에는 장기의 16세기를 살고 있는 지중해 전체가 있다. 우리는 지금껏 이 세계를 복원시키려고 노력해왔다. 지금까지의 조심성과 의구심을 잠시 내려놓고 백 년 단위의 **트렌드**(trend séculaire), 장기적인 콩종튀르라는 기준에 따라서 이 세계를 측량해보자. 단기의 계절

704

적인 변동들은 잠시 제외하기로 한다.

백 년 단위의 트렌드

경제의 백 년 단위의 상승은 아마도 1470년경에 시작하여 도중에 중단되거나 완화되기도 하면서 1590-1600년대에 최고치를 기록했으나, 그 이후로도 1650년까지 그럭저럭 계속되었다. 1470년(혹은 1450년), 1590년, 1595년 혹은 1600년, 1650년이라는 연도는 대략적으로 확인된 지표에 불과하다. 장기적인 상승운동은 주로 곡물 가격의 변동에 근거하여 확인된다. 그리고 곡물 가격이 가장 선명하고 확실한 수치들임은 의심의 여지가 없다. 임금 곡선이나 생산 곡선으로부터 출발하게 되면, 시기적으로 다소 상이한 운동 패턴이 나타날 수도 있지만, 이 역시 밀 가격 곡선과의 비교 분석이 꼭 필요하다. 그만큼 밀 가격 곡선은 절대적인 기준의 역할을 한다.

어쨌든 장기의 16세기 내내 계속된 완만한 가격 상승은 물질생활과 이와 관련된 모든 분야의 도약을 도왔다. 그것은 일종의 경제적 건강을 유지하는 비결이었다. 언젠가 얼 J. 해밀턴이 내게 말했듯이, "16세기에는 모든 상처가 치유되었다." 매번 보완이 이루어졌다. 산업에서 한 분야가 쇠퇴하면 다른 분야가 상승했다. 상업 세계에서도 한 종류의 자본주의가 기울기 시작하면, 다른 종류의 자본주의가 바통을 이어받았다.

이러한 잠재적인 활기는 16세기 말 어느 날 갑자기 사라지지 않았다. 사실 후퇴는 매우 늦게 나타났다. 루제로 로마노[2]의 의견에 따르면, 1619-1623년의 단기의 구조적인(즉 깊이 진행된) 위기 이전까지는 괜찮았다. 카를로 M. 치폴라[3]의 의견 역시 거의 비슷했다. 또한 엠마누엘 르 루아 라뒤리,[4] 르네 배렐,[5] 알도 데 마달레나,[6] 펠리페 루이스 마르틴[7]은 1650년대 전까지도 후퇴는 없었다고 말한다. 최선을 다해 연구를 진행한 끝에 나 역시 점점 더 이쪽으로 결론을 내리게 된다. 왜냐하면 가장 먼저 충격을 받아 하향세가 시작된 것으로 생각되는 농업 분야에서조차 그런 트렌드가 잠시 주춤하기도 하고 두드러지게 회복되기도 했기 때문이다. 펠리페 루이스 마르틴은 내게 보낸 편지에서 "1582년의 위기 이후 시작된 에스파냐 농업의 후퇴는 흔히 말하듯이 그렇게 심각하지 않았습니다. 하향 트렌드가 이어지는 동안에도 1610년부터 1615년까지, 그리고 1630년대에 한 번 더 주기적인 (즉 단기의) 회복기가 있었습니다. 1650년 전까지는 파국은 없었습니다"라고 쓰고 있다.[8]

이런 논의를 한마디로 정리하기는 힘들다. 게다가 유럽의 여러 지역들 사이에 콩종튀르의 시간적 차이가 나타날 수 있기 때문에 문제는 더욱 복잡해진다. 이 점에서도 나는 북유럽과 지중해의 콩종튀르를 대비시키면서 북유럽보다 지중해에서 17세기의 백 년 단위의 경제 후퇴가 훨씬 더 빨리 시작되었다고 보는 것은 문제를 지나치게 단순화시키는 것이라고 생각한다. 그러나 토론은 아직 끝나지 않았다. 사실 지중해 역사가들의 입장에서 볼 때, 이 지역의 때이른 쇠퇴라는 잘못된 생각으로부터 벗어날 필요가 있을 것이다. 나는 이 책의 초판을 출간할 당시에는 쇠퇴의 시기를 1600년 이후, 혹은 이보다 늦은 1610-1620년 정도로 잡은 바 있었다.[9] 그런데 지금은 그 시기를 30년 정도 더 뒤로 늦추어야 할 것 같다.

그런 의미에서 오래 전에 경제학자들이 장기간의 상승 트렌드의 끝을 17세기 중반으로 잡았다는 것은 주목할 만하다. 세기의 전반기에 성장 속도의 감속이 확연히 나타났음에도 불구하고 말이다.

반대로 경기 상승의 출발 시기를 언제로 잡아야 할지에 대해서는 어떤 합의도 나오지 않았다. 우리는 다음의 두 수치들 가운데 하나를 선택할 수 있다. 첫째는 마리 케뤼엘의 수치[10](1470년 혹은 심지어 1450년)로서 나는 이 의견을 따르고 있다. 둘째는 제니 그리지오티 크레치만의 수치[11](1510년)이다. 이 두 수치 모두 근거를 가지고 있다. 둘 중 더 이른 시기인 1470년은 명목상의 가격 곡선으로부터 연역된 것이고, 더 늦은 시기로 잡은 수치는 은 가격으로부터 연역된 것이다. 나는 르네 배렐처럼 명목가격으로 계산한 수치를 선호한다. 그러나 더 이상 이 논쟁에 개입하고 싶지는 않다.

아마도 다른 자료들의 도움을 받을 수 있는 미래의 역사가들은 이 논란을 차차 해결해갈 수 있을 것이다. 베네치아에 대한 상세한 연구를 진행하던 나는 이곳에서 1450년부터 신축공사와 도시 미화작업이 증가하고, 대운하의 목조 다리를 석조 다리로 교체하고,[12] 1445년 8월, 산타 마리아 디 브롤리오 교회 부근에 대형 우물을 파고,[13] 1459년 5월, 리보알토에 새로운 주랑을 건설하고,[14] 두칼레 궁전까지 가는 길을 확장하기 위해서 직조공들의 가게를 철거했음을 알고 놀란 적이 있었다. 1494년의 한 문서[15]에는 "도시가 날마다 아름다워지고 있다. 사람들이 이 아름다움을 지켜나가기를!"이라고 적혀 있다. 1504년 3월에는[16] 산 마르코 광장—이곳에는 1495년부터 거대한 시계탑이 세워져 있었다[17]—에서 석공들이 세운 오두막들과 그 곁에 심은 나무들과 포도밭을 철거하라는 명령이 내려졌다. "더 나쁜 것은 이곳에 사람들 모두가 함부로 소변을 보는 화장실이 만들어졌다는 것이다." 물론 이러한 주장들(건설작업은 콩종튀르를 **반영한** 것인가 아니면 그에 **역행한** 것인가?)은 베네치아에 대해서도 그리고 지중해 전체에 대해서도 아무것도 증명하지 못한다. 그러나 1450년부터 1650년까지의 이 활기찬 시기를 "장기의 16세기"라고 부르도록 부추기고, 장 푸라스티에[18]와 그의 제자들이 주장하는 바와 같이 경제의 첫 번째 도약을 아메리카로부터의 귀금속 유입과는 무관한 것으로 보게 만든 것은 바로 이러한 증거들이다. 베네치아 같은 도시를 "지표"로 삼아 조사하는 것은 타당한 것 같다. 왜냐하면 가격 곡선들이 알려주는 것보다 아마도 더 정확하게 일반적인 경제 상황을 보여주기 때문이다. 그리고 바로 이것이 질 카스테르가 생각하고 있었던 것이며, "1460-1470년 툴루즈에 다시 활기가 돌았다"라고 말했는데, 툴루즈 같은 도시조차 한 세기 내내(1460-1560,[19] 즉 장기의 16세기 상반기)의 번영을 누렸다고 주장하면서 말하고자 했던 바였다. 이런 증거들이 더 많이 모인다면 유용하게 쓰일 것이다.

1450년부터 1650년까지의 200년을 하나의 단위로 하기 위해서는 상당한 설명이 필요하다. 원인이었건 결과였건 간에, 확실한 것은 큰 폭의 인구 성장이 지역별로 그리고 연도별로 다소 차이가 나기는 했지만 두 세기 내내 이어졌다는 것이며, 우리가 아는 한 결코 중단된 적이 없었다는 것이다. 그러나 이미 살펴보았듯이, 상승 트렌드가 있었다고 해서, 반드시 생활수준이 높아진 것은 아니었다. 적어도 18세기까지 경제적 전진은 항상 "사회적 학살"[20]을 통해서, 즉 여러 번에 걸쳐 점점 더 많은 사람들의 삶을 피폐하게 만들면서 진행된다.

100년 단위의 이러한 상승의 압력이 영토국가 나아가 제국의 등장을 도왔으리라는 것은 부인할 수 없다.[21] 그리고 경제적 급변은 이들을 큰 곤란에 처하게 만들었을 것임에 틀림없다. 경제 성장은 여러 차례의 격변을 통해서 사회를 상대적으로 개방적으로 만드는 데에 도움을 주었다. 앞에서 이미 살펴보았듯이, 귀족은 "부르주아지"의 쇄도 속에서 재구성되었고, 부르주아 계급은 번영을 계속하며 크게 성장했다. 사업이 번창했다는 것은 경제, 적어도 수많은 사업들에서 도약이 있었기 때문에 가능했다. 그리고 세기적인 후퇴의 트렌드와 더불어 사회적 교착상태가 일어날 것이다. 그러나 이 부분에서 납득할 만큼 정확한 연도를 추정하기에는 우리의 연구가 부족한 편이다.

장기 변동

경제 사가들[22]은 일련의 저점들—1460, 1509, 1539, 1575, 1621년—과 고점들—1483, 1529, 1595, 1650년—사이에서 나타나는 장기 변동의 존재에 대체로 동의한다. 이 연도들에서 1, 2년 정도의 편차가 있을 뿐이다. 어쨌든 이런 식으로 우리는 4개의 연속되는 "파도들"을 확보한 셈이다. 밀물과 썰물로 이루어진 각각의 파도 가운데 첫 번째 것은 49년, 두 번째 것은 30년, 세 번째 것은 36년, 마지막 것은 46년이 걸렸다. 이러한 규칙성은 세 번째 파도가 일어나는 1539년부터 1575년까지의 밀물과 썰물이 다른 파도처럼 선명하지 않았다는 사실을 감추고 있다. 참으로 16세기(1500-1600) 중반에 한 번의 마비 내지 중지가 있었는데, 그 영향은 에스파냐에서는 곧 사라졌지만—세비야를 기준으로 하면 1550년부터 1559-1562년까지[23]—프랑스, 영국, 네덜란드를 비롯한 여러 국가들에서는 훨씬 길었다. 이런 식으로 16세기 전반기(금이 풍부한 시기)는 16세기 후반(은이 풍부한 시기[24])과 서로 달랐고, 두 시기 사이의 접합은 순조롭지 못했던 것 같다.

　장기의 16세기에 (유사하면서도 차이가 나는) 다양한 자본주의들이 연속해서 출현한 것과 결핍과 풍족의 수준을 오가는 임금 패턴이 나타났던 것은 (무엇보다도) 바로 이런 이유 때문이 아니었을까? 피에르 쇼뉘는 안트베르펜에서 두 번의 자본주의적 팽창 국면을 확인했다. 그에 따르면, "1470-1490년대의 대기근의 시기—노동자들의 생활수준 하락—는 상인 계층이 안트베르펜의 번영을 위한 기반을 닦을 수 있도록 한 시기였다. 안트베르펜의 전성기는 1520년부터 1550년까지의 빈민층의 두 번째 기근의 시기에 해당한다. 1566년부터 1585년의 안트베르펜의 붕괴는 사회적 혼란에서 비롯된 것이기도 했지만, 조금 과장해서 말하면 안트베르펜 프롤레타리아의 두 번째 풍요한 시기와 맞물려서 나타난 현상이었다."[25] 얼 J. 해밀턴의 고전적인 주장과도 상통하는 이러한 설명은 아마도 지중해에도 적용될 수 있다. 이 현상을 각각의 이윤 변동과 연관지어 설명할 수는 없지만, 나는 그곳에서 연속되어 나타난 자본주의의 3단계를 확인할 수 있었다. 1530년 이전의 상업자본주의, 세기 중반의 (상인 주도의) 산업자본주의, 그리고 16세기 말에 나타난 금융형 자본주의가 있었다.[26] 세기 말에는 베네치아에서 임금 노동자들의 "풍요의" 시기가 있었다.[27]

　이러한 매우 불완전한 도식은 몇 가지 자료들로부터 나온 것인데 당연히 논의의 여지가 있다. 가장 문제가 되는 것은 세기 중반에 이어진 정체 기간이다. 길게는 1529년부터 1575년까지로 볼 수 있겠지만, 아마도 1539년부터

1575년까지가 맞을 것 같다. 어쨌든 이러한 정체는 지중해에서 북유럽 선박의 항해가 사라진 것과 시기적으로 일치한다. 이 점은 분명한 것 같다.[28]

에스파냐의 파산과 콩종튀르

앞에서 상당히 길게 논의한 바 있는[29] 에스파냐의 파산은 이러한 잠정적인 도식에 아주 잘 들어맞아서 그 속에서 저절로 설명된다. 첫 번째 파산 (1557, 1560)은 세 번째 파도의 정점 부근에서 일어났고, 1596년의 세 번째 파산은 네 번째 파도의 정점에서 일어났다. 중간 주기의 상승 국면이 끝나는 지점이 파산으로 이어지게 된다. 요컨대 이 파산은 정상적인 파산들이었다. 그것은 외부의 압력으로 인해서 발생한 것이었고 어떤 점에서는 논리적인 귀결이었다. 1575년, 1607년, 1627년의 파산은 이 도식에 따르면, 비정상적이고, 경제적인 악천후에서만 기인한 것이 아니라(분명히 작용하기는 했다), 내부의 압력 역시 작용했던 것이다. 그것은 심사숙고하여 준비되고 의도적으로 수용된 것이다. 적절한 때에 제노바인들을 제거하는 것이 가능하다고 믿었던 펠리페 2세와 그의 참모들에 의해서 결정된 1575년의 결정적인 위기에 관해서 우리는 이미 설명한 바 있다. 이러한 계획은 결국 50년 뒤인 1627년의 파산으로 실현되었다. 1607년의 파산은 펠리페 3세와 펠리페 4세 치하의 황금 세기가 시작될 무렵의 에스파냐 재정이 낭비에 가까운 지출을 한 결과였다.[30]

따라서 어느 정도 의도적인 측면이 있는 파산과 어느 정도 외부 상황에 의해서 발생한 파산을 구분할 필요가 있다. 겉으로 보이는 모습이 같을지라도 그것을 동일하게 보지 않도록 주의해야 한다.

내전과 국제전

전쟁은 분류하기에 더 편리하다. 우리는 (기독교 세계나 이슬람 세계) 내부에서 벌어진 것인지 또는 외부에서, 즉 두 적대적인 세계의 경계에서 벌어진 것인지에 따라서 전쟁을 구분했다.[31] 이슬람 성전과 기독교 십자군 전쟁은 언제나 경제적으로 상황이 어려워질수록 더 활발해졌다고 말할 수 있다. 반면에 기독교인들 간의 또는 이슬람인들 간의 골육상잔의 전쟁들은 경제적 상승의 "파도"에 의해서 일어나고, 하강 국면이 시작되면 중지되는 규칙성을 보인다. 예를 들면, 기독교 세계에서 외교적인 큰 평화 조약—1529년의 "귀부인들의 평화(Paix des Dames)," 1559년 카토-캉브레지 평화 조약, 1598년 베르방 조약—은 경제 성장 그래프의 정점이나 혹은 바로 그 부근에서 이루어졌다. 반대로 투르크와 기독교도 사이의 큰 전쟁들—1538년 프레베사 해전, 1571년 레판토 해전—은 논리적으로 예상할 수 있는 시점, 즉 썰물 국면에서 발생했다. 나는 이러한 상관관계가 완전했다거나 불가피했다고 주장하지는 않을 것이다. 투르크에 의한 베오그라드 함락은 1521년에 있었고, 모하치 전투는 1526년 여름에 있었는데, 둘 다 어려운 시기에 발생했다. 1494년 9월에 샤를 8세가 알프스 산맥을 넘은 일도 시기적으로 힘든 때였다. 우리의 진단에 따르면, 이탈리아 전쟁은 아냐델로 전투가 있었던 해인 1509년 전까지는 일어나서는 안 되었다. 이러한 시간표가 샤를 8세나 루이 12세 치하의 프랑스의 행동에는 잘 들어맞지 않는다고 하더라도, 이사벨과 페르난도 공동 국왕의 에스파냐의 정책에는 정확하게 부합한다. 즉 1483-1509년에는 그라나다 재정복을 완성했고, 북아프리카에 대한 공격을 진행했다. 북아프리카에 대한 공략은 1509년부터 1511년까지 다시 활발하게 진행되다가, 이탈리아 전쟁의 새로운 국면과 함께 서둘러 종결되었다.[32]

나는 이런 주장을 지나치게 옹호하고 싶지도 않고, 반대되는 증거들을 밀어내지도 않을 것이다. 다만 이탈리아 전쟁이 1494년에 일어난 것은 사실이지만, 전쟁의 발발이 순조롭지 못했다는 것을 지적하고 싶을 뿐이다. 마찬가지로 1521년과 1526년이 헝가리를 투르크에게 잃은 해라는 것은 사실이다. 그러나 역사가들은 헝가리가 나중에야 점령되었고 정복 과정은 매우 느리게 진행되어 1541년경에야 완수되었다고 주장한다.

반대로 16세기 말, 정확히 말하자면 1595년 이후에야 투르크에 대한 반감이 고개를 들기 시작했다는 사실도 지적해야 한다. 이때 십자군이 계획되었는데, 실행에 옮겨지지는 않았다. 그러나 상호적인 사략전은 지중해 전체를 뒤덮었고, 비정상적으로 격렬해졌다. 기술적인 이유를 넘어 경제적인 이유와 개인적인 모험심이 개입했기 때문이다. 열정이 여기에 나름의 역할을 했다. 에스파냐에서 30만 명의 모리스코 추방은 1609년부터 1614년까지 진행되었는데, 이것은 역사상 가장 잔혹한 전쟁들 중의 하나에 속한다. 위기의 해인 1621년경에는 1618년에 보헤미아에서 발발한 전쟁이 다시 시작되었고, 중부 유럽의 중심부가 강타당했다. 바로 이것이 비극적인 30년전쟁으로서 이 전쟁 역시 바로 이 시기에 위치해 있다.

이러한 일치는 중요한 의미를 가진다. 좋은 시기에는 가족 싸움이 우세하지만, 시기가 나빠지면 이교도와 전쟁을 벌인다. 이 규칙은 이슬람에도 해당한다. 레판토 해전 직후부터 1593년 독일과의 싸움이 재개될 때까지 오스만은 아시아에 전념하며 페르시아를 상대로 치열한 전쟁을 벌였다. 이러한 관찰로부터 대규모 전쟁들에 존재하는 심리학적인 기제를 파악할 수 있다.

기독교 세계 안에서 나타나는 모든 반유대주의적 움직임들은 외부 세계와의 전쟁의 콩종튀르에 좌우되었다. 유대인들은 경기 쇠퇴의 시기에 기독교 세계 도처에서 박해를 받았다.

콩종튀르와 전체사

앞의 설명들은 한 치의 틀림도 없다고 말할 수는 없다. 게다가 나는 어느 주기를 택하느냐에 따라서 느슨하기도 촘촘하기도 한 콩종튀르들의 망을 역사 전반에 교묘히 밀어넣지도 않을 것이다.[33] 콩종튀르를 이용한 설명은 아무리 여러 주기를 상정한다고 해도 완벽할 수도 없고, 논란의 여지가 없지도 않다. 다만 필요한 설명들 가운데 하나이고, 유용한 설명 틀이다.

우리는 경제적 콩종튀르와 비경제적 콩종튀르를 분리해야만 한다. 후자 역시 시간의 길이에 따라서 측정되어야 하고, 위치가 정해져야 한다. 세기적인 트렌드와 유사한 것으로는 장기적인 인구 변동, 국가와 제국의 크기 변화(간단히 말하면 지리적인 콩종튀르), 한 사회에 존재하는 사회적 유동성의 유무, 산업 성장의 강도가 있다. 장기적인 콩종튀르의 위치를 점하고 있는 것은 산업화, 국가 재정, 전쟁 등이다. 여러 단계의 콩종튀르를 구축하는 일이 역사라는 집을 더 잘 짓는 길이다. 그러나 여전히 많은 연구와 세심한 주의가 필요하다. 분류도 간단한 일이 아니어서 신중한 자세가 요구된다. 예를 들면, 문명들의 장기간의 변천과 전통적인 의미에서의 문명의 전성기는 여전히 우리를 당황시키고, 좌절시킨다. 1480년부터 1509년까지의 르네상스는 명백하게 주기적인 후퇴의 시기에 해당한다. 위대한 로렌초의 시대는 경제학적으로 말하자면 불황기였다.[34] 에스파냐의 황금세기와 유럽 도처에서 심지어는 콘스탄티노플에서까지 나타난 17세기의 영광은 백 년 단위의 첫 번째 대후퇴 국면 이후에 나온 것이다. 이런 상황을 설명하기 위한 가설을 하나 제안해보면—이것이 얼마나 유효할지는 장담할 수 없다—, 경제 발전이 둔화되면, 부자들의 수중에 있는 많은 자금이 갈 곳을 잃는다는 것이다. 투자할 만한 곳을 찾지 못한 자본의 상대적인 낭비가 풍요로운 시기와 황금세기를 낳는다.

이러한 답변은 문제를 낳지만, 그것을 해결하지 못한다. 더구나 그것은 르네상스나 바로크 시대 같은 뒤늦은 문명의 개화와 이런 시대를 낳은 혼란스러운 사회에 대해서 우리가 가지고 있는 친숙한 이미지와도 거리가 멀다. 르네상스와 바로크는 이 사회의 병적인 산물이라고 할 수 있다. 르네상스와 더불어 도시국가들이 마침내 최후를 맞이했고, 바로크와 더불어 거대한 제국이 역풍을 맞이하기 시작했다. 한 문명의 방종은 경제적 실패의 징후인 듯하다. 이 모든 문제들은 장기적이든 단기적이든 간에 콩종튀르의 협소한 테두리를 벗어나는 것들이다. 그러나 콩종튀르는 그런 문제들에 접근할 수 있는 유용한 하나의 통로일 것이다.

단기적인 위기들

지금껏 나는 일상적으로 더 분명하게 모습을 드러내는 단기적인, 즉 10년 주기의 위기들을 논의에서 배제해왔다. 단기적인 위기의 역사는 분명히 전염력이 강했고, 막을 수도 없었다. 우리도 종종 인용한 적이 있었던 R. 로마노가 1619-1623년의 국제적인 위기에 관한 논문에서 이 문제를 상세히 다룬 바 있다. 투르크 지역과 신세계에서도 이 위기가 나타났을까? 내 생각에는 나타났을 것 같지만, 지금까지 이 문제를 확실하게 입증해줄 만한 증거는 없다. 펠리페 루이스 마르틴의 연구의 뒤를 이을 만한 1580-1584년의 단기적인 위기에 관한 세밀한 연구가 필요하다. 나는 처음 이 위기가 에스파냐와 이 나라의 재원을 포르투갈로 흘러가게 만드는 진동의 결과라고 가정했었다. 그러나 그 때문만은 아닌 것 같다. 그것은 이베리아 반도 전체를 강타했던 곡물 위기 때문이기도 했다. 이 위기로 인해서 이베리아 반도는 북유럽 국가들에게 막대한 양의 정화를 지불해야 했고, 이렇게 북유럽은 또다시 에스파냐의 "적이지만 꼭 필요한 존재"가 되었다. 이 대변동은 에스파냐, 베네치아, 피렌체, 심지어는 프랑스에서까지 가격 변동을 일으켰고, 교역량에도 영향을 미쳤다. 베네치아에서는 티에폴로 피사니 은행이 파산했다. 단기적인 위기, 경제생활의 극심한 혼란, 혼란의 전파와 변화무쌍한 성격이 지중해의 경제 변화의 새로운 지표가 될 것이다. "사건들"에 관한 이러한 깊이 있는 연구는 역사가들에게 큰 가치가 있다. 그러나 아직 연구해야 할 것들이 많다. 이제까지 연구된 바에 따르면, 적어도 16세기의 경제적 콩종튀르가 서양과 비슷했던 것 같은 투르크 지역을 연구에 포함시키는 일이 가장 큰 어려움으로 남아 있다.[35]

주

문서보관소 약어

1. A.C. 코뮌 문서보관소
2. A.Dép. 도립 문서보관소
3. A.d.S. Archivio di Stato
4. A.E. 파리 외교부 문서보관소
5. A.H.N. 마드리드 국립 문서보관소
6. A.N.K. 파리 국립 문서보관소, K 계열
7. B.M. 런던 대영박물관
8. B.N. 국립 박물관, F(피렌체), M.(마드리드), 다른 설명이 없으면 (파리)
9. C.S.P. 영국 공문서 기록부
10. CODOIN 에스파냐 역사 관련 미간행 문서집
11. G.G.A. 알제리 Ex-Govenment Général de l'Algérie
12. P.R.O. 런던 공문서 기록소
13. Sim. 시망카스
14. Sim. E° 시망카스 국가 계열

제II부

1. Gabriel Audisio, *Seldelamer*, 1936, p. 177 et *sq.*
2. 장 베이에는 다음의 논문에서 자신의 관점을 잘 설명하고 있다. "Les préférences nationales de structure et le déséquilibre structural" in: *Revue d'Économie politique*, 1949. 또한 다음의 저작들에서 여러 차례 이를 재검토했다. 특히 *Problèmes d'Économie Internationale*, vol II, 1950과 *L'Économie internationale depuis 1950*, 1965. 그의 견해가 잘 요약되어 있는 책으로는 공동 저작인 다음의 저서가 있다. *Sens et usage du terme structure dans les sciences humaines et sociales*, 1962, Mouton, p. 148 et *sq.*

제1장

1. *Le problème de l'incroyance au XVIe siècle. La religion de Rabelais*, 1re édition, 1942, 2e édition, 1947, p. 361 et *sq.*
2. 1568년 5월 28일, *CODOIN.*, XXVII, p. 6.
3. 1558년 7월 19일, *Lettres de Jean Calvin*, p.p. Bonnet, 1854, p. 207.

4. Antonio de Guevara, *Epistres dorées, morales et familières traduites d'espagnol en français par le seigneur de Guterry*, 1558, pp. 40, 63, 79. 에스파냐어로 된 것은 *Biblioteca de autores españoles* (*B.A.E.*), 1850, vol. XIII, pp. 86, 96, 103.

5. A.N., K 1337, B 38, no. 15, copie.

6. 1561년 12월 21일. 펠리페 2세에게 보낸 편지(Poissy), A.N., K 1495, B 13; no. 105, original.

7. 1570년 1월 30일 로마에서 작성된 편지, B.N., Paris, Fr 17 989, f°142.

8. 1567년 1월 5일 작성된 편지, *Dépêches de Fourquevaux*, III, p. 31.

9. 제노바인들을 말한다.

10. 1585년 12월 8일 바르바스트로에서 롱글레가 빌레루아에게 보낸 편지. ed. Albert Mousset, *op. cit.*, p. 211.

11. 1584년 2월 1일 마드리드에서 롱글레가 빌레루아에게 보낸 편지, *ibid*, p. 17.

12. 1584년 1월 31일 파리에서 빌레루아가 J. B. de Tassis에게 보낸 편지. 원본은 A.N. K 1563.

13. 1612년 11월 19일 마드리드에서 프리울리가 베네치아 도제에게 보낸 편지, A.d.S. Venise, Senato Dispacci Spagna.

14. Belon du Mans, *Les observations*……, p. 78.

15. Eugène Halphen, *Lettres inédites du roi Henri IV à M. de Villiers*, 1887, p. 25.

16. 혹은 1548년 5월 28일 볼로냐에서 국왕에게 보낸 Fr. Jorge de Santiago의 이 편지. "편지는 우편이기에 더 짧게 걸리는 플랑드르 경유 편으로 전하께 이 편지를 드립니다……", *Corpo dipl. port.*, VI, p. 254. 1561년 5월 28일 리스본에서 J. Nico가 프랑스 국왕에게 쓴 편지 몇 줄을 인용해보면, "플랑드르로 오는 소식은 알렉산드리아를 경유합니다. 그리고 그곳에서 여기까지 도착하기 전에 서인도 제도에서 큰 소요, 반항이 있었다고 합니다." E. Falgairolle, *Jean Nicot, ambassadeur de France au Portugal au XVIe siècle, Sa Correspondence inédite*, 1887, p. 148.

17. 1587년 11월 28일 파리에서 B. 멘도사가 펠리페 2세에게 보낸 편지. A.N., K 1566, 펠리페 2세의 자필 노트.

18. 하루에 얼마의 속도를 내는지를 추론하는 것은 쉽지 않다. 왜냐하면 정확한 경로를 거의 알지 못하기 때문이다. 나는 바다에서는 새가 날듯이 직선거리로, 육지에서는 오늘날의 여정을 따라 거리를 계산하는 방식으로 이 문제를 피해갔다. 이런 방법은 분명히 실제 이동 거리를 축소시키는 결과를 보여줄 것이다.

19. 로마에서 베네치아까지의 400여 킬로미터에서 진행된 놀라운 주파는 예외적인 경우에 해당한다. 피에르 사르델라가 지적하는 1496년부터 1530년까지 3회로 이루어진, 로마에서 베네치아까지의 400여 킬로미터를 하루 반나절로, 즉 시속 10 내지 15킬로미터로 이동한 놀라운 주파를 제외한다. 평균적으로는 이 거리의 항해에는 4일이 걸렸다. 피에르 사르델라의 표와 우리가 그의 책에서 인용한 표(25쪽)를 참고하라.

20. 제III부 제4장 참조. 1572년 6월 25일 바르셀로나에서 노빌리가 왕자에게 쓴 편지. A.d.S. Florence, Mediceo, 4903.

21. 1572년 6월 30일 마드리드에서 G. 델 카시아가 왕자에게 보낸 편지. A.d.S., Florence, Mediceo, 4903.

22. 1570년 12월 21일 마드리드에서 레오나르도 도나가 원로원 앞으로 보낸 보고서. *La corrispondanza da Madrid dell' ambasciatore Leonardo Donà*, 1570–1573, Mario Brunetti & Eligio Vitale, 1963, I, p. 167.

23. L. Femandez de Retaña, *Cisneros y su siglo*, 1929–1930, I, p. 550. 1485년 10월에 베네치아 갤리 선은 오랑에서 발렌시아까지 같은 속도로 이틀 만에 갔다. A.d.S., Mantua, Genova 757, 1485년 11월 3일.

24. *Op. cit.*, p. 93 v° 다양한 사례들이 있다. A. Thomazi, *Histoire de la navigation*, 1941, p. 26; Victor Bérard, *Pénélope……*, *op. cit.*, p. 181 ; 1567년 7월 16일 소브레 데니아에서 G. 데 톨레도가 왕에게 쓴 편지에는 다음과 같은 내용이 나온다(Sim. E°149, f°22) "바닷길이 육지 길보다 훨씬 더 짧기 때문에……." 이러한 믿음 때문에 D. 가르시아는 시칠리아에서 에스파냐로 출발할 때, 육상 우편으로 국왕에게 알릴 필요가 없다고 생각했지만, 그것은 실수였다. 6월 27일 출발한 그가 7월 16일에야 겨우 데니아에 도착했기 때문이다. 육로 운송비가 더 높았다는 점에 관해서는 오늘날의 예를 통해서 살펴보면 쉽게 알 수 있다. 똑같은 상품이라면, 아메리카에서 제노바까지의 해상 운송비가 제노바에서 이탈리아 내의 육로로 최단거리 코스로 운반하는 것보다 더 저렴하다.

25. E. Hering, *Die Fugger*, 1940, p. 66. 투른-타시스 우편회사에 관해서는 지도 102를 보라. *Zur Geschichte der deutschen Post (1506–1521).* in: Putzger's *Atlas*.

26. 1572년 9월 14일에 마드리드에서 생 구아르가 샤를 9세에게 보낸 편지. B.N., Paris, Fr. 16105. 파리-바르셀로나: 1,001킬로미터; 파리-마드리드: 1,060킬로미터.

27. 1570년 12월 19일 마드리드에서 푸르크보가 국왕에게 보낸 편지. *Dépêches……*, II, p. 307.

28. R. Merriman은 11월 8일이라고 말했지만, 아닌 것 같다(R. B. Merriman, *The Rise of the Spanish Empire*, NewYork, 1918, IV, p. 145) ; C. Douais, *Dépêches de Fourquevaux*, II, p. 97 ; 1571년 11월 16일 노빌리가 공작에게 보낸 편지. A.d.S., Florence, Mediceo, 490.

29. 1573년 4월 4일 베네치아에서 G. 데 실바가 국왕에게 보낸 편지. Sim. E° 1332.

30. 1573년 4월 7일, *CODOIN*, CII, p. 72–81 ; 1573년 4월 8일, Sim. E° 1332 ; 1537년 4월 17일, Palmerini B. Com. Palermo, Qq D 84 ; 4월 23일, A. Vat. Spagna 7, f° 198–199; 칸디아, 4월 25일, Capi del C° dei X Lettere Ba 285, f° 165 ; 1573년 4월 25일 마드리드에서 펠리페 2세가 G. 데 실바에게 보낸 편지, Sim. E° 1332 ; 5월 22일 콘스탄티노플에서 발표된 강화조약 소식, G. Mecatti, *Storia cronologica della Città di Firenze*, Naples, 1755, II, p. 753.

31. *Voyage faict par moy Pierre Lescalopier*, f° 41 & 64 v°.

32. Londres, P.R.O. 30/25 f°65 : 1610년 1월 26일 도버에서 프란체스코 콘타리니가 베네치아 도제에게 보낸 편지.

33. Londres, P.R.O., 30/25 f°46 : 프란체스코 콘타리니의 콘스탄티노플 여행.

34. Tommaso Alberti, *Viaggio a Constantinopoli*, p.p. Albert Bacchi della Lega, Bologna, 1889, p. 13.

35. Belon, *op. cit.*, p. 93 v°.

36. *Ibid.*, p. 85.

37. Ragusa Archives. Diversa di Cancellaria 146, f°46 v°, 1561년 1월 8일.

38. 1564년 1월 25일-2월 3일-4월 10일-4월 27일. Simancas E°, 1393.

39. 1562년 4월 16-22일. Simancas E° 1052, f°26.

40. A.d.S., Florence, Mediceo 2079, f°212, 271, 274, 296, 297, 302, 304, 308, 311, 320, 323, 333, 405, 408. 그러나 1595년 12월의 에스파냐 문서(B.N., Madrid, MS 10454. f°34)에는 시칠리아에서 아프리카까지 몇 시간 만에 갈 수 있다고 적혀 있다. J. A. 도리아의 갤리 선은 라비냐나에서 라 굴레트까지 하루 만에 갔다(제III부 제4장 참조). 그러나 이런 기록은 모두 갤리 선이라서 가능한 것이었다.

41. N. de Nicolay, *Navigations, pérégrinatons et voyages* ……, Anvers, 1576, p. 12.

42. A.d.S., Florence, Mediceo 2079, f°s 305, 306, 345.

43. 카디스, 1561년 6월 2일. Simancas E° 140.

44. 1561년 6월 2일. Simancas E° 140. 이것은 하루에 80킬로미터를 이동했다는 뜻이다.

45. Dr. Sottas, *op. cit.*, p. 183.

46. 제I부 322쪽을 참조하라.

47. 항구에서 선박과 상품의 도착을 기록한 문서.

48. A.d.S., Florence, Mediceo 2080.

49. *Nouvelles et spéculations à Venise*, 1948.

50. 이 장의 마지막에 있는 편지의 사본을 확인하라.

51. 앞의 계산은 1589년부터 1597년까지 작성된 베네치아에 거주하는 에스파냐인들의 편지에 따른 것이다. 이 편지들은 전에는 국립 문서보관소, K 1674, 1675, 1676과 시망카스 E° 1345에 보관되어 있었다. 한두 가지 사례는 베네치아 국립 문서보관소 12 ter에 보관되어 있는 상업 편지에서 알아낸 것이다. 라구사-콘스탄티노플 구간은 겨울에는 한 달이 걸렸음을 기억하자. 콘스탄티노플에서 카타로로 가는 여름 항해는 16, 17일 정도가 걸릴 것이라는 당시의 계산에 의한 평균은(A.d.S., Venise, Papadopoli, Codice 12, f°26 v°, 1587) 지나치게 낙관적인 것이다. "카타로에서 베네치아로 평범한 프리깃 선을 타고 가게 되면 날씨에 따라서 다르겠지만 빨리 가면 8일이 걸린다.' 따라서 다 합하면 24, 25일이 걸렸다. 베네치아-마드리드 구간은 마드리드에 거주하는 베네치아의 두 대사들, 즉 프리울리와 그리티가 보낸 편지를 보면 알 수 있다. 1612년 11월 19일 프리울리는 60일째 아무런 소식을 받지 못했다. 1612년 12월 5일과 9일 드디어 마드리드에서 편지를 받았는데, 이 편지들의 배송 시간은 각각 18일과 27일이었다. 둘 다 베네치아에서 급행으로 보낸 것이다. 1616년과 1617년에 그리티가 받은 편지는 배송에 33, 45, 21, 27, 26, 20, 20일이 걸렸다. A.d.S., Venise, Senato Dispacci

52. 제II부 24쪽 및 주 48을 보라.

53. A.d.S. Modena, Cancellaria Ducale d'Este, Venezia, 77. VI/10. 1522년 1월 19일 베네치아

에서 J. Tebaldi가 페라라 공작에게 보낸 편지.

54. K. O. Müller, *Welthandelsbräuche 1480–1540*, 2판, 1962, p. 29.

55. 예외가 규칙을 확신시켜주는 경우가 여기 있다. 제노바인들은 마드리드에서 안트베르펜으로 편지를 보냈는데, 안트베르펜에서 "선심(善心)"을 이용하여 돈을 벌기 위해서였다. V. Vázquez de Prada, *op. cit.*, I, p. 36.

56. Simancas *Consejo y Juntas de Hacienda*, 28 ; 샹토네의 1560년 7월 14일 경비 내역서.

57. 1567년 3월 6일 프란체스 데 알라바가 국왕에게 보낸 편지. A.N., K 1507, nº 70, 다음의 책에 인용됨. H. Forneron, *Histoire de Philippe II*, 1881, vol. II, p. 219, n. 1. 이 편지는 네덜란드 반란군에 의해서 당시 에스파냐에 있던 몽티니에게 전달되었다. V. Vázquez de Prada, *Lettres marchandes d'Anvers*, 1960, I, p. 40 참조.

58. Henri Lapeyre, "El Archivo de Simón y Cosme Ruiz", in: *Moneday Credito*, juin, 1948.

59. British Museum, Add. 14009, f°38, Consulto de Consejo de Italia, Madrid, 1623년 10월 2일.

60. V. Vázquez de Prada, *Lettres marchandes d'Anvers*, I, pp. 241–242.

61. 프랭크 스푸너는 나의 지도하에 이러한 계산을 도출했으며, 지도를 제작했다. 16세기의 리옹으로부터의 상대적 거리의 지도 역시 제작이 가능하다. R. Gascon, *op. cit.*, 특히 p. 308 참조.

62. *Mémoires du Duc de Sully* (개정판), 1822, I, p. 68.

63. R. Gascon, *op. cit.*, p. 318(타자체 인쇄본).

64. A.d.S., Venise, 1605년 8월 8일 콘스탄티노플에서 베네치아 바일로가 도제에게 보낸 편지.

65. R. Gascon, *ibid.*, p. 308, 이 책은 다음과 같이 16세기의 평균 속도를 제시하고 있다. 상품 수송의 경우 하루에 17에서 44킬로미터를 간다(리옹에서 아미앵을 경유하여 네덜란드로 가는 노선에서는 44킬로미터씩 갈 수 있었고, 중앙 산괴를 경유하여 부르고스로 가는 노선에서는 17킬로미터를 움직였다); 손 강을 따라 거슬러올라갈 때에는 14에서 25킬로미터, 론 강을 따라 내려갈 때에는 최고 90킬로미터에 달했다. 로안에서 투르 구간은 빠른 교통수단을 이용하여 65킬로미터가 가능했다. 말을 타고 가는 여행자들은 매일 40킬로미터, 우편마차는 90킬로미터를 이동할 수 있었다. 이탈리아로 가는 특급 우편은 매일 170에서 200킬로미터를 간다.

66. Yves Renouard, "Comment les Papes d'Avignon expediaient leur courier", in: *Revue historique*, 1937. 특히 59쪽의 표(별쇄)를 보자. 저자에 따르면 이 속도는 "우리가 아는 한 그 시대에서 가장 빠른 것이다." 같은 책, 29쪽에 명기된 높은 가격도 살펴보자. 우리와 비슷한 결론을 내린 저서로는 Sapori, *Studi di storia economica*, 3e éd., 1955, pp. 635–636.

67. Frederic C. Lane, *Andrea Barbarigo, merchant of Venise (1418–1499)*, 1944, p. 199 et *sq.*

68. Ferdinand Fried, *Le tournant de l'économie mondiale*, 1942, pp. 67–68.

69. *Ibid.*, pp. 66–67.

70. *Tour du monde d'un sceptique*, 1932, p. 37.

71. G. Botero, *op. cit.*, II, p. 8 et *sq.*

72. A.d.S. Venise, *Annali di Venezia*, f° 185, 1578년 9월 26일.

73. 리모주 주교가 로렌 추기경에게 보낸 1560년 7월 27일 보고서. *Négociations……relatives au règne de François II*, I, p. 49.

74. *Ibid.*, p. 562, 리모주 주교가 로렌 추기경에게 보낸 1560년 9월 26일 보고서.

75. Martin Philippson, *Ein Ministerium unter PhilipII, Kardinal Granvella am spanischen Hofe, (1579-1586)*, 1895, p. 76.

76. Memorie politiche dal 1576 al 1586, Marciana, 7299, 1584년 3월 18일. "에스파냐 국왕은 그랑벨 추기경과 돈 후안 디(이디아케스)와 같은 새로운 것을 원하는 많은 대신이 있었다."

77. A.d.S., Venise, Papadopoli collection, Codice 12, f° 26 v°(1587), 당시 한 통계학자에 따르면, 베네치아 대사의 편지가 콘스탄티노플에서 카타로까지 배송되는 데에 걸린 평균 시간이 이러했다.

78. Londres, P.R.O., 30/25, 21, 베네치아, 1686년 12월 14일.

79. Florence, Laurentiana, Ashb. 1484. "이름이 드높은 베네치아 공화국의 대형 범선을 억류하는 것……."

80. 페골로티에 관한 보다 정확한 내용을 언급한 곳은 W. Heyd, *Histoire du commerce du Levant*, II, p. 120, n. 3.

81. 1561년 7월 3일. B.N., Paris, Fr. 16103, f°3 v°: "이곳에서는 모든 협상들이 느리게 진행됨", 1566년 3월 20일 마드리드에서 G. 데 노빌리가 공작에게 보낸 편지, A.d.S. Florence, Mediceo 4898, f° 41.

82. 1587년 7월 16일 파리에서 B. 멘도사가 J. 이디아케스에게 보낸 편지. A.N., K 1448.

83. *Lettere edite e inedite di Filippo Sassetti*, ed. Ettore Marcucci, Florence, 1855, p. 279.

84. 이 사건에 대해서는 시망카스에서 여러 증거 문서들을 찾을 수 있다 : 6월 2일, J 576, K 1541 ; 1576년 10월 3일, K 1542 no. 4 A ; 10월 3일, *ibid.*, no. 3 ; 10월 4일, *ibid.*, no.4 ; 1576년 10월 8일, *ibid.*, no.11 ; 1576년 10월 12일, *ibid.*, no.15 ; 10월 13일, *ibid.*, no.16 ; 10월 14일, *ibid.*, no.17 ; 10월 15일. *ibid.*, no.19 ; 10월 17일. no.20 ; 10월 18일, no.21 ; 10월 18일, no.22 ; 10월 21일. K 1542 ; 10월 23일, no.30 ; 10월 25일, 30일. no.35 ; 1576년 11월 18일, 12월 19일, (no.64) ; 1577년 4월 3일, 29일 아장에서 (나바르의) 앙리가 펠리페 2세에게 보낸 편지들, K 1543, no.38A ; 1577년 4월 8일 펠리페 2세가 방돔에게 보낸 편지, K 1542, no.62 ; 7월 2일, no.52 ; 7월 12일, no. 45, 8월 2일, K 1542; 1577년 8월 4일, no.59, 8월 12일. no. 61 ; 8월 17일. no.62 ; 8월 19일, no. 69.

85. K. O. Müller. *op. cit.*, p. 39. 소요된 일수는 편지가 도착한 다음부터 계산한 것이다.

86. J. G. da Silva, *Stratégie des affaires à Lisbonne entre 1595 et 1607*, 1956, p. 92, planche V.

87. Federigo Melis, *Aspetti della vita economica medievale*, 1962, p. 455 et *sq.* 이 책은 14세기 말의 문제를 다루고 있다. 그러나 16세기에도 상황은 크게 달라지지 않았다.

88. 제I부 254-255쪽을 확인하자.

89. K. O. Müller, *op. cit.*, p. 49.

90. Ragusa Archives, Diversa di Cancellaria 131, f^{os}1 to 6.

91. 1590년 3월 30일 피렌체에서 B. 수아레스가 시몬 루이스에게 보낸 편지. Archivo Ruiz, Archivo histórico provincial, Valladolid.

92. Arringhe varie, Museo Correr, 1999(날짜 표시 없음).

93. F. C. Lane, *op. cit.*, p. 101-113.

94. 제I부 295쪽 주 274 참조.

95. Hermann Van der Wee, *op. cit.*, II, p. 319 et *sq.*

96. Museo Correr, Cicogna, 1933, f° 162 & 162 v$^{o.}$ 1602년 7월 30일.

97. A.d.S. Venise, Dispacci Spagna, 1614년 9월 22일 마드리드에서 F. 모로시니가 베네치아 도제에게 보낸 편지.

98. *Diario de Gregorio Martin de Guijo, 1648-1664*, ed. M. R. de Terreros, 1953, 2 vols, t. II, p. 76. "동인도"로의 긴 여행에 관해서는 17세기 초에 프랑수아 피라르가 쓴 것이 있다. "고아에 대형 캐럭 선이 4척 도착했다. 리스본에서 출발할 때만 해도 배는 모두 5척이었다. 그러나 그들은 다섯 번째 배가 어떻게 되었는지는 모르고 있었다.…… 각각의 캐럭 선에는 1,000명까지 승선해 있었다. 그러나 고아에 도착했을 때에는 각 배마다 고작 300여 명이 채 되지 않았다. 그나마 절반은 병이 들어 있었다." *Voyage de François Pyrard, de Laval, contenant sa navigation aux Indes orientales……*, 1619, II, p. 385 (*sic pour* 285). 이 글과 거의 다르지 않은 용어를 사용한 또다른 판본을 다음의 책에서 인용하고 있다. Stefan Stasiak, *Les Indes portugaises à la fin du XVIe siècle d'après la Relation du voyage fait a Goaen 1546 par Christophe Pawlowski, gentilhomme polonais*, Lwow 1926, p. 33, n. 122. *Lusiads* V, 81-82 참조.

99. A.d.S., Mantua, A^{o} Gonzaga, Série E, Venezia 1431, 1464년 3월 17일 베네치아에서 조반니 데 스트리기가 만토바 후작에게 보낸 편지.

100. Huguette and Pierre Chaunu, *Séville et l'Atlantique*, III, p. 36.

101. 1563년 2월 15일 세비야에서 예로니모 데 바야돌리드가 시몬 루이스에게 보낸 편지. A. P. Valladolid.

102. Simancas, Consejo y Juhta de Hacienda, 46, 1562년 7월 2일 세비야의 수도원장과 영사들이 국왕에게 올린 상서.

103. 예를 들면, 샹파뉴 정기시들, 그리고 다른 많은 정기시들에 관해서는, Robert Henri Bautier, "Les foires de Champagne", in: *Recueils de la Société Jean Bodin*, V, *La foire*, 1953, pp. 97-145 참조.

104. 라 센사 정기시가 외국 상인들을 끌어모았다. 이 점은 M. Sanudo, *op. cit.*, I, Colonne, 959(1498년 5월)와 만토바의 편지에 언급되어 있다. A.d.S., Mantua, Venezia 1431, 1461년 5월 10일 베네치아에서 스트리기가 후작에게 보낸 편지. 베네치아 역사가들은 이 사실을 과소평가하는 듯하다.

105. Museo Correr, Donà delle Rose 181 f°62, (리알토의) "은행 거래액 일지"의 보고서 Giovan Battista Pereti (?), 1604년 7월: "et il più delle volte non vi e un quatrino di contat

i······"

106. Corrado Marciani, *Lettres de change aux foires de Lanciano*, 1962.

107. Armando Sapori, *Studi di storia economica medievale*, 1946, p. 443 et *sq.*, "La fiera di Salerno del 1478."

108. Giuseppe Mira, "L'organizzazione fieristica nel quadro dell'economia della Bassa Lombarda alla fine del Media Evo e nell' eta moderna", in: *Archivio storico lombardo*, 1958.

109. Giulio Mandich, "Istituzione delle fiere veronesi (1631–1635) e riorganizzazionc delle fiere bolzanine", in: *Cultura Atesina*, 1947.

110. Robert Brunschvig, "Coup d'oeil sur l'histoire des foires à travers l'Islam", in: *Recueils de la Société Jean Bodin*, V, *La foire*, 1953, pp. 58, 59.

111. J. Cvijić, *op. cit.*, pp. 196–197, 그리고 Mehlan, "Die grossen Balkanmessen in der Türkenzeit", in: *Vierteljahrschrift für Sozialgeschichte*, 1938.

112. 주 122 참조.

113. Virginia Rau, *Subsidios para o estudo das feiras medievais portuguesas*, 1943.

114. Corrado Marciani, *op. cit.*, p. 4.

115. 1581년 5월 프란체스코 콘타리니의 항해에 관해서는, P.R.O., 30, 25, 157, f° 66 v°.

116. A.d.S., Naples, Sommaria Partium 566, f° 216 v° & 217, 1567년 9월 2일.

117. A.d.S., Naples, Sommaria Partium, 528, f° 204.

118. 작은 리본과 같은 것.

119. Corrado Marciani, *op. cit.*, pp. 1 & 9–10.

120. R. Gascon, *op. cit.*, p. 284, A. Communales Lyons, BB 101 f° 58.

121. Jacob van Klaveren, *op.cit.*, p. 198 & Regla, in: *Historia Social de España*, by J. Vicens Vives, III, p. 351.

122. Noël Salomon, *La campagne en Nouvelle Castille à la fin du XVIe siècle, d'après les 'Relaciones Topograficas'*, 1964, pp. 119–120.

123. J. Caro Baroja, *Los Moriscos del Reino de Granada*, 1957, p. 95, note. 189, 견직물과 직물들로 가득한 알케세리아에 대한 묘사는 Bermúdez de Pedraça의 저서에서 가져온 것이다.

124. M. le Lannou, *op. cit.*, p. 56.

125. M. le Lannou, *op. cit.*, p. 13, 다음 책에서도 인용됨. Alberto della Marmora, *Voyage en Sardaigne ou description physique et politique de cette île*, 2nd ed. 3 volumes, Paris, Turin, 1839–1860.

126. Miguel Battlori, "Ensenyament i finances a la Sardenya cincentista", in: *Historic Studies in Honour of I. Gonzales Llubera*, Oxford, 1959, 별쇄본, pp. 4, 5.

127. J. Albitreccia, in: P. Leca, *Guide*······, p. 16.

128. A. Marcelli, *Interno af cosidetto*······, pp. 415–416 ; 1573년 12월.

129. A. P. Filippini, *Istoria di Corsica*, 1re éd., Turnon, 1594 ; 2e éd. Pisa, 1827–1831, 5 vols., Livre XII, vol. 5, p. 382, 다음의 책에 인용됨. F. Borlandi, *op. cit.*, p. 70, n. 9.

130. Hans Hochholzer, "Kulturgeographie Siziliens", in: *Geogr. Zeitschrift*, 1935, p. 290.

131. E. Albèri, *op. cit.*, II, V, p. 477, 1574.

132. Ignacio de Asso, *op. cit.*, pp. 53-58.

133. 이 보고서에 관해서는 다음의 개설서를 참조하라. J. Ortega Rubio, *Relaciones topográficas de España*, 1918. 특히 과달라하라 지방과 관련된 출판물들(J. C. Garcia and M. Villamil, 1903-1915)과 쿠엥카 교구 연구서(P. J. Zarcos Cueva, 1927)가 도움이 될 것이다. 또한 다음의 중요한 저서를 언급해야 할 것 같다. Carmelo Viñas y Mey and Ramón Paz, *Relaciones de los pueblos de España ordeñadas por Felipe II*, I, Madrid, 1950 ; II, Toledo, 1951 ; III, Toledo, 1963. 전체적으로 살펴보고 싶다면 이미 인용한 바 있는 Noël Salomon의 책을 보라. 주 122 참조.

134. Jesus Garcia Fernández, *Aspectos del palsaje agrario de Castilla la Vieja*, 1963, p. 4 et *sq*.

135. E. Albèri, *op. cit.*, I, III, p. 267.

136. Tommaso Alberti, *Viaggio a Costantinopoli, 1609-1621*, Bologna, 1889, p. 6.

137. 불가리아 지방들에 관해서는 I. Sakazov, *op. cit.*, p. 212.

138. *Op. cit.*, I, p. 201. 거의 1세기가 지난 뒤 타베르니에는 벨그라드의 풍요로움에 관해서 적고 있다. 14명이 하루에 2에퀴면 살 수 있었다(생활비가 오르기는 했지만, 빵, 포도주, 고기, 모든 것이 훌륭하다. "그리고 이 도시에서는 거의 돈이 들지 않는다"). *Histoire générale des Voyages de John Green*, traduction et continuation de l'Abbé Prévost, X, p. 118.

139. Fabio Canal이 10인 위원회에 보낸 편지, Spalato, 1582년 1월 21일, A.d.S., Venise, Lettere ai capi del Consiglio dei Dieci, Spalato, Busta, 281, f° 67.

140. 제I부 253쪽, 주 116 참조.

141. Leopold Chatenay, *Vie de Jacques Esprinchard Rochelais et Journal de ses voyages au XVIe siècle*, 1957, p. 148 : "여행객들은 폴란드 여관에⋯⋯침구⋯⋯고기, 음료수, 양초까지 가져가야 했다."

142. 1532년 2월 22일 루앙에서 G. 안토니오 베니에가 베네치아 도제에게 쓴 편지. B.N., Paris, Ital., 1714, f° 189, copie ; M. Sanudo, *op. cit.*, LVI, col. 244-245, 1532년 4월 15일.

143. John Buchan, *Oliver Cromwell*, Londres, 1934, p. 22.

144. P. Boissonade, "Le mouvement commercial entre la France et les Iles Britanniques au XVIe siècle", in: *Revue Historique*, mai-sept., 1920.

145. 제I부 193-194쪽 참조.

146. *Col. de doc. in ed. del Archivo General de la Corona de Aragon*, vol. XXXIX, p. 281; Ignacio de Asso, *op. cit.*, p. 384 ; Aloya Schulte. *op. cit.*, I, p. 308 et *sq*.

147. Ignacio de Asso, *op. cit.*, pp. 57-58.

148. *Ibid.*, p. 263.

149. 16세기에도 여전히 하카에서 모직물이 생산되었다. I. de Asso, *op. cit.*, p. 208.

150. F. Felda y Pérez de Nueros, *FelipeII*, *op. cit.*, p. 30 et *sq*.

151. Lazlo Makkai, "Die Entstehung des gesellschaftlichen Basis des Absolutismus in den

Ländern der österreichischen Habsburger", in: *Études historiques*, p.p. Commission Nationale des Historiens hongrois, 1960, tome I, pp. 627–668.

152. Giuseppe Parenti, *Prime ricerche sulla rivoluzione dei prezzi in Firenze*, 1939, 특히 p. 76 : 피렌체 시가 음식을 조달하는 정상적인 범위는 30밀리아(miglia)를 넘지 않았고, 종종 그보다 범위가 좁았다. p. 94.

153. A.d.S. Florence, Misc. Medicea 51.

154. B. Bennassar, *op. cit.* 특히 제II부 제2장, *Les moyens de l'économie*(타자체 인쇄본).

155. 1444년부터 그러했다. A.d.S. Venise, Notatorio di Collegio, 8, f° 1, 1444년 7월 10일: 소형선들이 "카살리 마조레, 베실로 그리고 롬바르디아 지방에서 치즈와 계란을 베네치아에 가지고 왔다.……"

156. Museo Correr, Donà delle Rose, 451.

157. Alberto Tenenti, *Christoforo da Canal,* 1962, p. 176.

158. J. A. Van Houtte, "Bruges et Anvers, marchés *nationaux ou internationaux* du XIVe au XVIe siècle?", in: *Revue du Nord*, 1952.

159. 베네치아 역사를 증언하는 고전적인 사료들들 가운데 하나로 종종 재출간되곤 한다. 예를 들면, 다음의 책을 참조하라. *Bilanci Generali,* 1913, vol. I, tome I, p. 577 et *sq.*

160. Corrado Barbagallo, *Storia Universale,* III, 1935, p. 1107.

161. A.d.S. Mantoue, A° Gonzaga, B1431, 1472년 5월 16일 베네치아에서 Johannes de Strigys가 후작에게 보낸 편지 및 그 다음의 편지들.

162. *Ibid.* 1472년 6월 6일 같은 사람이 같은 사람에게 보낸 편지.

163. A.S.V. Venise, Brera 51, Cronaca Veneta, f° 105 v°, 1448년 3월 1일. 1453년 5월 22일 타나의 황폐화된 모습에 관해서는 A.d.S. Venise, Senato Mar, 4, f° 181. 1460년 3월 28일에 "타나의 영사"가 임명된 사실에 관해서는 *ibid.,* 6, f° 163 ; 1474년 7월 2일 카파에서 구입한 여자 노예의 거래에 관해서는 A.d.S. Mantoue, A° Gonzaga, Série E, Levante et Corte Ottomana, 795.

164. 1489년 9월 12일 베네치아에서 A. Guidoni가 모데나 공작에게 보낸 편지, A.d.S. Modène, Venezia VII-54, II-8. 이 수치들은 소문에 불과하다. 알렉산드리아와 베이루트 행 갤리 선들이 귀환할 때에 200만 두카트를 싣고 돌아온다는 "베네치아인들의 말"을 전하는 편지도 있다. 1471년 2월 28일 베네치아에서 Giovanni di Strigi가 만토바 후작에게 보낸 편지, A.d.S. Mantoue, Série E, Venezia, B 1431.

165. M. Sanudo, *op. cit.,* I, col. 734.

166. *Ibid.,* I, 885–886. 사치스러운 남성복에 관해서는 Senato Terra 15, f°s 86 v° & 87, 1506년 1월 7일 ; 식탁의 사치에 대한 비판적인 입장에 관해서는 *ibid.,* f° 42, 1504년 11월 21일 ; 여성들의 사치스러운 의상에 반대하는 글을 보려면, *ibid.,* f°s 190 & 191, 1508년 1월 4일, 축하연에 대한 비난의 글을 보려면, M. Sanudo, *op. cit.,* I, col. 822. 그러나 사누도는 베네치아의 축하연에서 맛보았던 값비싼 음식들을 만족스럽다는 듯이 열거했다.

167. A.d.S. Venise, Senato Mar, II, f° 126, 1446년 2월 21일.

168. 제I부, 395쪽부터 참조.

169. 1522년 5월 31일 제노바에서 Jacobo di Capo가 페라라 후작에게 보낸 편지, A.d.S., Mantoue, A° Gonzaga, Série E. Genova 758 ; 1522년 6월 8일 베네치아에서 J. Tebaldi가 모데나 공작에게 보낸 편지, A.d.S., Modène, Venezia 15-77, VI, 67.

170. Jean d'Auton, *Chronique*, I, p. 55, 1499 "겔프파도 기벨린파도 지금 당장 순종적인 프랑스인이 되지는 않았다." 밀라노가 이제 막 정복되었다.

171. Federico Chabod, "Stipendi nominali e busta paga effettiva dei funzionari dell'amministrazione milanese alla fine del Cinquecento", in: *Miscellanea in onore di Roberto Cessi*, Rome, 1958, pp. 187-363.

172. F. Braudel, "Les Espagnols et l'Afrique du Nord de 1492 à 1577", in: *Revue Africaine*, 1928.

173. 62쪽의 표를 보라. 1525년 바르바리 항해가 중단되었다. Jacques de Mas Latrie, *Traités de paix et de commerce*, 1868, p. 273 (1518년 5월 22일). 바르바리와의 교역 쇠퇴에 관해서는 다음의 책도 참조하라. M. Sanudo, *op. cit.*, XXV, col. 338.

174. 418쪽의 그래프 참조.

175. Museo Correr, Donà delle Rose, 26, f° 191 & 194 (1588). 비교한다는 의미에서, 1671년 7월 6일(Marciana VII, MCCXVIII, 18), 조폐국은 은화로 100만 두카트 이상을 주조했다.

176. Clemens Bauer, *op. cit.*, p. 151, 위의 주 47 참조.

177. A.d.S. Naples, Sommaria Partium, 591, f° 225-235, 1569년 12월 22일.

178. Archives des Bouches-du-Rhône IX B 171, f° 6 v°, Alger, 1579년 5월 7일.

179. 1605년 600만 두카트 ; 1609년 조폐국의 대(大)창고의 금고들 속에 900만 두카트가 있었다. 조폐국의 여러 문서들에서 이 문제를 언급하고 있다. F. Braudel, in: *La civiltà veneziana del Rinascimento*, Fondazione Giorgio Cini, 1958, p. 101.

180. 제I부, 382-383쪽.

181. 다음의 문서를 잘 분석해보면, 아마도 1575-1580년부터 그랬던 듯하다. Museo Correr 161, f° 2, 1593년 12월 14일 : 환어음과 역환어음의 거래는 외국 환전상들(특히 다수의 피렌체인들)에 의해서 베네치아 시장에 도입된다.

182. E. Magatti, "Il mercato monetario veneziano alle fine del secolo XVI", in: *Archivio Veneto*, 1914, pp. 289-292.

183. Museo Correr, Donà delle Rose, 42, f° 27 v°(날짜 미상, 16세기 말).

184. *Ibid.*, 181, f° 61 & 65 v°, "거래액 일지"에서의 발췌에 따르면, 총액은 2,979,090두카트 17데나리였다. 또다른 일지는 조사원이 이서되지 않은 환어음의 목록에 관해서 말하고 있다고 한다.

185. Maurice Carmona가 17세기 토스카나 지방에 대해서 연구한 바에 따르면 그러하다.

186. 15세기에 살았던 한 피렌체 상인의 말을 들어보자. A. Monteil, *Histoire des Français*, VII, pp. 424-425. "당신들 프랑스 상인들은 소매상, 중개상인들일 뿐이오."

187. 제I부, 426쪽 및 주 234 참조.

188. Ruggiero Romano, "Tra XVI e XVII secolo. Una crisi economica : 1619-1622", in: *Rivista Storica Italiana*, 1962, pp. 480-531, et "Encore la crise de 1619-1622", in: *Annales E.S.C.*,

1964, pp. 31-37.

189. 1590년 1월 15일 피렌체에서 발타사르 수아레스가 시몬 루이스에게 보낸 편지. "*Cierto es gente que les parece todo el mundo es poco para barcarle*", Archivio Provincial, Valladolid.

190. 자본주의의 "양극성" 문제에 관해서 연구하려는 사람들에게 다음의 책을 권한다. Federigo Melis, "Il commercio transatlantico di una compagnia fiorentina stabilitata a Siviglia a pochi anni dalle imprese di Cortes e Pizarro", *in: : V. Congreso de historia de la Corona de Aragon*, 1954, 특히 183쪽 이하 참조. 멜리스는 16세기 초 세계의 중심이 피렌체였다고 생각했다. 그러나 내 생각에는 그 역할을 한 도시는 리옹이었던 것 같다. Felipe Ruiz Martín & J. Gentil da Silva의 연구가 곧 출간될 예정이다.

191. 191쪽부터 참조.

192. A.d.S., Gênes, Materie politiche, privilegi, concessioni, trattati diversi et negoziazioni 15-2734, n° 67. Trattato di commercio stipulato tra il Soltano Hacmet Han, imperatore degli Ottomani e la Republica di Genova.

193. 오스만 제국 인구와 관련된 모든 문제는 오메르 루트피 바르칸과 그의 제자들에 의해서 새롭게 조명되었다. 16세기 오스만 제국에서의 인구조사와 관련된 모든 문서들을 조사하고 분석하는 작업이 거의 완료되었다. 콘스탄티노플에 있는 동료 역사가의 허락 덕분에, 나는 388쪽에 실린 지도로 요약될 수 있는 미간행 연구 결과를 이용할 수 있었다. 이 연구의 의미와 진행과정에 관해서는 다음 논문을 참조할 수 있다. Ömer Lütfi Barkan, "La Méditerranée de F. Braudel", in: *Annales E.S.C.*, 1954. "Quelques observations sur l'organisation économique et sociale des villes ottomanes des XVIe et XVIIe siècles", in: *Recueils de la Société Jean Bodin*, VII, *La Ville*, 1re partie, 1955, p. 289 et *sq*. 심화 연구를 위해서는 고등연구원에서 행한 바르칸 교수의 강연의 개요를 참조하라.

194. 이 분야를 총체적으로 보여주는 가장 좋은 연구물은 다음과 같다. Julius Beloch, "Die Bevölkerung Europas zur Zeit der Renaissance", in: *Zeitschrift für Socialwissenschaft*, III, 1900 ; 이탈리아에 대해서는 이 위대한 독일 역사가의 유작인 다음의 책으로 보충할 수 있다. *Bevölkerungsgeschichte Italiens*, t. I,1937 ; t. II, 1939 ; t. III, 1961. 프랑스에 대해서는 Levasseur의 오래된 책을 능가할 만한 것이 없다. *La population française*, 1889-1892. 포르투갈 인구가 100만이었다는 데 대해서는 Lucio de Azevedo와 다른 포르투갈 역사가들이 모두 동의한다. G. Freyre, *Casa Grande*, 1946, p. 166 ; R. Konetzke, *op. cit.*, p. 271. 논란이 많은 에스파냐에 대해서는 다음의 연구를 참조하라. Konrad Haebler, *Die wirtschaftliche Blüte Spaniens*, 1888(J. Beloch가 논문에서 반박했지만 여전히 비판의 소지가 많다) ; Albert Girard, "Le chiffre de la population de l'Espagne dans les temps modernes", in: *Rev. d'Histoire moderne*, 1928(정확한 사실들에 대해서 많은 정보를 주고는 있지만, 결론에 대해서는 반박의 여지가 있다 ; 같은 저자, "La répartition de la population en Espagne, dans les temps modernes", in: *Revue d'hist. écon. et soc.*, 1929, pp. 347-362. 나는 다음 저서의 가치를 높게 평가하지 않는다. Fuentes Martiañez, *Despoblación y repoblación de España (1482-1920)*, Madrid, 1929. 왜냐하면 이 책은 가톨릭 공동 국왕 시대의 에스파

냐 인구수를 지나치게 높게 보고 있기 때문이다. 가구당 인구수를 정하기는 쉽지 않지만, 내 생각에는 J. Beloch와 비슷하게 4.5 정도가 적당한 것 같다. 적어도 근거가 있어 보이기 때문이다. 16세기 말에 800만이라는 수치는 Fuentes Martiañez가 제시한 것이다. 카스티야의 인구수만 보려면, Tomás González의 고전적인 연구가 제시했고 내가 표를 통해서도 보여준 수치를 참조하라. 나는 Simancas, E° 166에서 문서 하나를 찾아냈다. *Consulta del Consejo de Guerra sobre la introduccion de la milicia de 30 U hombres en estos reynos,* 13 janv. 1589, copie. 이 문서에서는 카스티야 왕국의 주민을 150만 가구로 평가했고, 4.5라는 계수를 적용해보면 인구가 6,750,000명이 된다. R. Konetzke의 수치는 너무 낮다(*op. cit.,* pp. 260-261).

이 모든 연구에서 인구수 계산에 확실한 근거가 있었던 것은 아니다. 내가 아는 한 자주 인용되지는 않지만, G. Botero의 저서가 가장 신뢰할 만한 것 같다(*op. cit.,* II, a, pp. 64-65). Botero에 따르면, 이탈리아는 900만 이하, 프랑스는 1,500만, 시칠리아는 130만, 독일은 1,000만, 영국은 300만, 에스파냐는 이탈리아보다 많지 않은 정도였다. Botero는 또다른 수치들도 제시했다(*Dell'isole,* pp. 62 & 79). 그는 코르시카 인구를 7만5,000, 키프로스 인구를 16만으로 보았다. 특히 기독교 세계는 인구 과다로, 이슬람 세계는 인구 부족으로 보며 두 세계를 비교했다.

S. Pugliese의 계산에 반대하며 A. Fanfani가 15세기 밀라노의 인구를 지나치게 높게 계산한 것을 그대로 받아들이는 것은 위험하다. 이사벨과 페르난도 공동 국왕 시대의 에스파냐에 대해서도 그러하다. 세금 조사 보고서로부터 인구수를 조사한 우리의 시도에 대해서도 같은 말을 할 수 있다. K. J. Beloch가 이 점을 정확하게 지적했지만, 그렇다고 그만의 새로운 수치를 제시한 것은 아니다. 속임수도 존재한다. Antonio Serra(*Breve trattato delle cause che possono far abondare li Regni d'oro e argento⋯⋯con applicatione al Regno di Napoli,* Naples, 1613, p, 38)는 1613년경 나폴리에는 "정규 주민과 유민이" "대략 계산하여" 100만 정도였다고 서술했다.

195. Konrad Olbricht, "Die Vergrosstädterung des Abendlandes zu Beginn des Dreissigjährigen Krieges", in: *Pet. Mit.,* 1939, p. 349. 참고 문헌과 지도도 참고하라.
196. 행정구역들의 수와 경기병이나 갤리 선 노꾼으로 충원된 신병들의 수를 비교해보면 그러하다. 1594년 갤리 선 노꾼을 충원하는 데에 응해야 할 가구수가 "나톨리아"에서는 478,000가구였고, 그리스에서는 358,000가구였다. E. Albèri, *op. cit.,* III, V, p. 402, Matteo Zane의 보고서. 1591년 2월 6-26일 사이에 콘스탄티노플에서 보낸 보고서들(A.N., K 1675)에는 가구수가 100만이라고 되어 있다. 그런데 이것은 그리스에서만 그렇다는 것인지 혹은 그리스와 아시아를 합쳐서 그렇다는 것인지 알 수가 없다.
197. 북아프리카 지역에 관한 한 우리가 아는 것은 전무하다(이 지역은 16세기에 큰 시련을 겪었다). 따라서 이집트에 대해서는 다음 저서에서 밝힌 19세기 초의 인구수—최고치일 것 같기는 하지만—를 그대로 받아들였다. Richard & Quétin, *Guide en Orient,* 1852, p. 303(2,213,015). 이집트와 북아프리카의 인구수를 동일하게 잡는 것이 터무니없어 보일지도 모르겠다. 확실한 증거가 있는 것은 아니지만, 1830년 알제리 한 곳에서만 해도 거주민이 200만 명이나 되었다. 비례를 이용하여 인구수를 계산하면 총인구는 400만-500만 정도

가 될 것이다. J. C. Russel, "Late ancient and medieval population", in: *The American Philosophical Society,* juin 1958, p. 131. 이 논문은 북아프리카 인구를 350만 명으로 계산했다(튀니지 인구만 100만 명). 그의 이러한 주장은 다음의 자료에 근거하고 있다. Elie de la Primaudaie, in: *Revue Africaine,* 1877.

198. 이 수치들은 다음 저서에서 인용된 것이다. Adolphe Landry, *Traité de démographie,* 1945, p. 57.

199. 이 수치는 Richard & Quétin(le *Guide*)이 제시한 것보다 높다. 나는 대략적으로 계산하여 5,000만보다는 4,000만에 가까운 것으로 보았다.

200. A. Landry, *op. cit.,* 참조. 여러 권으로 이루어진 다음의 책도 도움이 된다. Vidal de la Blache et Gallois, Géogr. Universelle.

201. *Art. cit.* "La Méditerranée……", p. 193.

202. J. Beloch, *Bevölkerungsgeschichter,* I, p. 234. 예전 논문에서 사용된 수치는 54명이었다.

203. *Ibid.,* p. 235.

204. J. Beloch, *op. cit.,* III, p. 379 et *sq.*

205. J. Beloch는 프랑스의 인구를 과장하는 경향이 있다(*art. cit.,* p. 783). 프랑스 인구수에 관한 추정치는 매우 불확실한 편이다.

206. *Ibid.*

207. Vitorino Magalhães Godinho, *Historia economica e social da expansão portuguesa,* I, 1947, p. 145 et *sq.*

208. *Art. cit.,* "La Méditerranée……", p. 193, "…… 오스만 제국 인구는 2,000만에서 2,200만(F. Braudel의 수치) 정도에 그치지 않고, 3,000만 어쩌면 3,500만 정도에 이르렀을 것이다."

209. *Op. cit.,* II a, pp. 64-65.

210. B.M. Mss Add. 18287, Ps 5633.

211. 이 문단에서 인용된 예들 외에 더 많은 주와 참고 문헌들을 다음에서 확인할 수 있다. 오스만 제국의 "대사막"에 관해서는 E. Albèri, *op. cit.,* III, III, p. 387(1594) ; 15세기 북아프리카 지역의 야생 동물들에 관해서는 R. Brunschvig, *op. cit.,* I, p. 267 ; 시리아 황무지에 관해서는 G. Berchet, *op. cit.,* p. 60(1574년 4월 16일, 이 지방의 8/10이 사람이 살지 않는 지역이었다 ; I. de Asso, *op. cit.,* p. 176 ; *Actas de las Cortes……,* I, pp. 312-313(1548) 프로방스에 관해서는 G. Botero, *op. cit.,* p. 35 ; G. Niemeyer, *op. cit.,* pp. 51, 57, 62(1767년 안달루시아 사람이 살지 않는 지역의 지도) ; C. Bernaldo de Quirós, *Los reyes y la colonización interior de España desde el siglo XVI al XIX,* Madrid, 1929 ; Marc Bloch, "Les paysages agraires : essai de mise au point", in: *Ann. d'hist. éc. et soc.,* mai 1935, p. 47 ; Arqué, *op. cit.,* p. 172, Albitreccia, *op. cit.,* p. 18. "산들과 황무지를 거쳐" 톨레도에 도착한 이 배교자에 관한 톨레도 종교재판에 관해서는 L° 191, n° 1, F. Rodríguez Marín, *El ingenioso Don Quijote,* 1916, IV, p. 99, n. 7.

212. A. Siegfried, *op. cit.,* p. 106. Jules Sion, *France méditerranéenne,* p. 159 et *sq.*

213. Francesco Guicciardini, *Diario del viaggio in Spagna,* Florence, 1932, pp. 79 ; 54, 55, 56에도 유사한 내용이 언급되어 있다.

214. *Op. cit.,* p. 5 v°.

215. Davity, *Les estats, empires et principautez du monde,* Paris, 1617, p. 141.

216. I. de Asso, *op. cit.,* p. 180 et *sq.*

217. *Op. cit.,* p. 232.

218. Fortunato de Almeida, *História de Portugal,* III, pp. 242-243.

219. B. M. Sloane, 1572, f° 48 v°, 1633(6월 혹은 7월).

220. Louis Gachon, in: *Nouvelles Littéraires,* 1940년 2월 10일.

221. Roger Livet, *op. cit.,* 특히 p. 428.

222. *Op. dit.,* I, pp. 138-139.

223. Léon L'Africain, *Description et l'Afrique, tierce partie du monde, édit.* 1896, II, p. 308 et *sq.*

224. *Le Loyal Serviteur,* p. 2.

225. 코르시카의 야생 동물에 관해서는 Giuseppe Micheli, "Lettere di Mons. Bernardi (1569)", in: *Arch. st. di Corsica,* 1926, p. 187.

226. Fernand Braudel, "Dans l'Espagne de Charles Quint et de Philippe II", in: *Annales E.S.C.,* 1951. 1581년 9월 세고비아의 숲과 목초지에 관한 보고서, P.R.O. 30.25.57, f° 87.

227. Carmelo Viñas & Ramón Paz, *op. cit.* II, p. 90, 메나살바스에서 "가장 많은 동물은 여우와 늑대들이다." 1534년 5월 카를 5세는 4-5일 동안 톨레도 부근에서 사냥에 나섰고, "멧돼지와 늑대를 죽였다." A.d.S., Mantoue Spagna 587, Gio. 1534년 4월 3일 톨레도에서 Agnello가 후작에게 보낸 편지.

228. 예를 들면, 1597년 8월 펠리페 2세는 늑대 사냥을 위해서 4일 동안 궁을 떠나 있었다. A.d.S., Gênes, Spagna 12, 1596년 8월 7일 마드리드에서 Cesare Giustiniano가 제노바 정부에 보낸 편지.

229. M. Alemán, *Guzmán de Alfarache, op. cit.,* I, 1re partie, VIII, p. 140.

230. 알제리의 G. G.의 원고, f° 13, 1574년경.

231. Pedro de Medina, *op. cit.,* p. 172.

232. B.N., Florence, Capponi Codice, V, f° 343 v°-344(튀니지 함락 보고서).

233. 1561년 5월 16일 라굴레트에서 Alonso de la Cueva가 펠리페 2세에게 보낸 편지.

234. G. Botero, *op. cit.,* I, p. 185. 더 도움이 될 만한 참고 문헌은 Diego Suárez, *op. cit.,* pp. 45, 49, 50.

235. *Op. cit.,* p. 77.

236. *Décaméron,* Nouvelle III.

237. *Op. cit.,* III, p. 337.

238. Quiqueran de Beaujeu, *La Provence louée,* Lyon, 1614, pp. 221, 225, 226, 261.

239. F. Benoit, *op. cit.,* p. 180.

240. P. Lescalopier, *Voyage……,* p. 27.

241. *Op. cit.,* II, p. 21 et *sq.*

242. Belon du Mans, *op. cit.,* p. 135.

243. *Ibid.*

244. *Op. cit.*, II, p. 31.

245. 메시나, 확실히 돈 후안 데 아우스트리아이다. 1571년 12월 4일, Simancas, E° 113.

246. F. Braudel, "La démographie et les dimensions des sciences de l'homme", in: *Annales E.S.C.,* mai-juin 1960. 특히 497쪽 참조.

247. 다음 논문을 참조하라. René Grandamy, "La grande régression, hypothèse sur l'évolution des prix réels de 1375 à 1875", in: Jean Fouratié, *Prix de vente et prix de revient,* 13e série, Paris, 1964, pp. 3-58.

248. 484쪽 이하 참조.

249. Édouard Baratier, *La démographie provençale du XIIIe au XVIe siècle,* Paris, 1961, p. 121. 이러한 증가가 어느 정도로 인구를 회복 혹은 보충했는가가 Roger Livet가 설명하고자 한 바이다. *op. cit.,* pp. 147-148.

250. *Op. cit.,* Part 2, ch.II.

251. J. Nadal et E. Giralt, *La population catalane de 1553 à 1717,* 1960, p. 198.

252. Henri Lapeyre, *Géographie de l'Espagne morisque,* 1959, pp. 29, 30.

253. Tomás González, *Censo de la población de las provincias y partidos de la Corona de Castilla en el siglo XVI,* 1829.

254. 특히 그라나다 왕국이 그러하다. 따라서 표의 마지막 수치를 71,904가구가 아닌 48,021 가구로 고쳐야 했다. Felipe Ruiz Martín과 Alvaro Castillo Pintado의 연구서가 곧 출간될 예정인데, 여기에 이에 관한 증거가 제시될 것이다.

255. 88-89쪽과 주 313와 314를 보라.

256. *CODOIN,* XIII, pp. 529-530.

257. Simancas E° 166, f°3, 1589년 1월 13일.

258. 세비야 문제는 다음 사료를 보라. Simancas, Expedientes de Hacienda, 170.

259. *Op. cit.,* pp. 43-44.

260. Pierre Chaunu, *op. cit.,* I, p. 247 et *sq.*

261. Alvaro Castillo Pintado가 진행하고 있는 연구에 따르면 그러하다.

262. Karl Julius Beloch는 1929년 사망했다. 그의 연구서, *Bevölkerungsgeschichte italiens*는 모두 3권으로 이루어져 있다. 1권 1937, 2권 1940, 3권 1961.

263. K. J. Beloch, *Bevölkerungsgeschichte,* I, p. 152.

264. *Ibid.,* p. 215.

265. 나는 이와 똑같은 인구 조사서를 다음 문서보관소에서 확인했다. Simancas, S. P. Naples 268. 그러나 연도가 1652년이다.

266. K. J. Beloch, *op. cit.,* III, p. 352.

267. *Ibid.,* p. 351. 1561년 피렌체와 토스카나 인구는 87만 명이었다. Vicenzo Fedeli, *Relatione di sua ambasciata in Firenze nell'anno 1561,* f° 15, Marciana.

268. 주 267과 같음.

269. Daniele Beltrami, *Storia della popolazione di Veneia dal secolo XVI alla caduta della*

Republica, 1954, pp. 69-70.

270. K. J. Beloch, *op. cit.*, III, p. 352. 벨로흐는 1557년에 대해서는 1,863,000명, 1620년에 대해서는 1,821,140명이라는 수치를 제시했다. 1548년에는 1,650,000명이 거주했다고 주장했다(*art. cit.*, p. 178).

271. Francesco Corridore, *Storia documentata della popolazione di Sardegna*, 1902, 2e édit., p. 12.

272. *Ibid.*, pp. 19, 20.

273. K. J. Beloch, *op. cit.*, III, p. 352.

274. Ömer Lutfi Barkan, *art. cit.*, pp. 191-193.

275. *Ibid.*, table, 1, p. 292.

276. K. J. Beloch, *art. cit.*, p. 767.

277. Carmelo Viñas et Ramón Paz, *Relaciones de los pueblos de España ordenados por Felipe II, Reino de Toledo*, IIe partie, t.2, Madrid, 1963, p. 767.

278. Carmelo Viñas et Ramón Paz, *op. cit., passim* et II, p. 299.

279. Luca Michel, A.d.S., Venise, Relazioni Bᵃ 63, f° 286 verso.

280. 여러 개의 판본이 있다. 그중 쉽게 볼 수 있는 책은 다음과 같다. G. García Mercadal, *Viajes de extranjeros por España y Portugal*, t. I, 1952, pp. 259-305 ; *Viaje del noble bohemio León de Rosmithal de Blatina por España y Portugal hecho del anno 1465 a 1467*.

281. Alonso de Herrera, *Libro de Agricultura*, 1513, 특히 f° 3 v° & f° 5

282. 1539년, 1598년에 다른 판본이 출간된 적이 있다. 1620년에 출간된 판본(Madrid), B.N. Paris, Rés 379.

283. 1550-1602년 시기 이탈리아의 특징은 밀 가격이 큰 폭으로 요동쳤다는 점이다. Dante Zanetti, *Problemi alimentari di una economia preindustriale*, 1964, p. 93.

284. Bartholomé Bennassar의 출간되지 않은 논문. 이미 인용된 바 있는 이 논문의 제8장, "Les hommes du siècle."

285. Guilhermo Herrero Martínez de Azcoitia, *La poblacion palentina en los siglos XVI y XVII*, 1961.

286. Giuseppe Aleati, *La popolazione di Pavia durante il dominio spagnuolo*, 1957.

287. Athos Bellettini, *La popolazione di Bologna dal secolo XV all'unificazione italiana*, 1961.

288. Ruggiero Romano, Frank Spooner, Ugo Tucci, *Les prix à Udine*, 출간 예정.

289. D. Beltrami, *op. cit.*, 위의 주 269 참조.

290. Earl J. Hamilton, "The decline of Spain" in: *The Economic History Review*, 2 mai 1938, pp. 169, 171, 177.

291. *Ibid.*, p. 177. 1560-1570, 1599, 1600, 1648-1649, 1677년 안달루시아에서 발생한 전염병에 대해서는 G. Niemeyer, *op. cit.*, p. 51.

292. Ruggiero Romano, Frank Spooner, Ugo Tucci의 미출간 연구.

293. 85쪽 그래프 참조.

294. 아래의 상세한 설명은 B. Bennassar의 미출간 연구서(이미 인용된 바 있음)에서 가져온

것이다.

295. G. Herrero Martínez de Azcoitia, *La población palentina en los siglos XVI y XVII*, 1961, p. 39. 흑사병 직후인 1599년부터 계수가 50퍼밀로 급상승했고, 60퍼밀을 넘어선 적도 있었으며, 최고 66.87퍼밀까지 올라갔다.

296. 이 수치들은 Athos Bellettini의 연구에서 인용한 것이다(*op. cit.* p. 136).

297. B. Bennassar의 미출간 저서 참조.

298. 조사 보고서를 전체적으로 살펴보고자 한다면, N. Salomon, *op. cit., supra.* n. 122 참조.

299. 분실된 문서.

300. Correr, Donà delle Rose 192.

301. Sanudo, *op. cit.,* XL, 25, 콘스탄티노플, 1525년 8월 24일. Correr Donà 21(1542). A.d.S., Venise. Capi del Cons° dei X. Lettere Bª 285 f° 88, 크레타, 1557년 9월 30일, 대공, 선장 및 자문관이 10인 위원회에 보낸 편지, 크레타 인구가 크게 증가했다. Correr 1586 ; P.D. 975, 1636.

302. Athos Bellettini, *op. cit.,* p. 9, n. 9. Galiani, *Cronaca di Bologna* (Marciana 6114. C III-5). 1596년 볼로냐 인구는 58,941명이었다. 그중 수도사와 수녀의 수는 4,651명, 남성 15,595명, 여성 18,079명, 소년 7,626명, 소녀 6,166명, 하인 2,760명, 하녀 4,064명이었다.

303. *Op. cit.*, p. 80 et *sq.*

304. 1492년 1월 31일 시칠리아에서의 추방(9월 18일, 12월 18일 법령의 시행) ; 1539년 나폴리에서의 추방에 관해서는 Giovanni di Giovanni, *L'ebraismo della Sicilia,* Palerme, 1748, in-8°, 424 p., 특히 Felipe Ruiz Martín, "La expulsion de los judios del Reino de Nápoles" in: *Hispania,* t. XXXV, 1952 ; Léon Poliakov, *Les banchieri juifs et le Saint-Siège du XIIIe au XVIIe siècle,* 1965.

305. G. Pariset, *L'État et les Églises de Prusse sous Frédéric Guillaume Iᵉ,* 1897, p. 785.

306. 272쪽과 주 127, 128을 참조하라. 이 수치가 결코 많다는 뜻은 아니다.

307. G. Rovelli, *Storia di Como,* 1803, III, 2, pp. 116-117, 145-147 참조. A. Fanfani, *op. cit.*, p. 146에서 인용.

308. F. Borlandi, *Per la storia della popolazione della Corsica,* 1940, pp. 66, 67, 71, 74, 82 ; A. Fanfani, *op. cit.,* p. 146에서 인용.

309. U. Forti, *Storia della tecnica italiana,* 1940.

310. 영국에서도 마찬가지였다. A. Fanfani, *op. cit.,* p. 146.

311. 1550년부터 시작된 니베르네 도기의 기원에 관해서는 Louis Guéneau, *L'organisation du travail à Nevers aux XVIIe et XVIIIe siècles,* 1919, p. 295.

312. 이탈리아인들의 이주에 관해서는 출간되었건 출간되지 않았건 간에 자료들이 엄청나다. 우리는 두 연구를 통해서 광대하게 이루어진 이주에 관해서 알게 되었다. 리스본으로의 이주에 관해서는 Peragallo, *Misc. di st. ital.,* 1944 참조 ; 제네바로의 이주에 관해서는 Pascal, "Da Lucca a Ginevra" in: *Rivista storica italiana,* 1932. 두 연구 모두 훌륭하다. 군인들의 이주에 관한 연구가 필요하다. 바로크 예술의 발전에서 티치노 계곡과 코모 지방의 거주민들의 역할에 관해서는 J. Burckhardt, *Die Renaissance, op. cit.,* pp. 16-17 ;

이탈리아 건축기술자들에 관해서는 Fratino 혹은 Jean-Baptiste Toriello라는 이름을 다음의 저서 색인에서 찾아보라. Douais, *op. cit.*, II, 110 et etc.

313. Wilhelmy in: *Geographische Zeitschrift*, 1940, p. 209.

314. B. M. Add. 18287.

315. G. Nadal et E. Giralt, *La population catalane de 1553 à 1717*, 1960.

316. A. N., K 1690, 1536년 8월 20일 페르피냥에서 F. de Beaumont이 왕비에게 보낸 편지. "이 마을은 프랑스인들로 가득 찼습니다. 프랑스인들은 현지인보다도 훨씬 더 많습니다." 동일한 정보를 다음 편지에서도 확인할 수 있다(B. M. Add. 28368 f° 23 v°), 1575년 6월 16일 마드리드에서 F^oo de Salablanca가 국왕에게 보낸 편지 : 페르피냥은 "모든 가난한 사람들과 대부분의 프랑스인" 주민들을 잃었다.

317. "Voyage de Barthélémy Joly En Espagne, 1603-1604", p.p. L. Barrau Dihigo, in: *Revue Hispagnique*, 1909, 별쇄본, p. 29.

318. *Ibid.,* pp. 21, 29.

319. *Ibid.,* pp. 21, 29.

320. 리트레 사전에는 gavache(무뢰한, 남루한, 외국인)이라는 단어가 gavacho라는 에스파냐어에서 왔다고 적혀 있다. 따라서 문제는 확실하게 해결되지 않는다.

321. "Voyage de Barthélémy Joly……", p. 82.

322. *Ibid.*

323. *Ibid.*

324. *Ibid.*

325. T. Halperin Donghi, "Les Morisques du Royaume de Valence au XVIe siècle" in: *Annales E.S.C.*, 1956, p. 164.

326. Ernst Schäfer, *Geschichte des spanischen Protestatismus,* 3 t. en 2vol., 1902, vol. 1, t. 2, pp. 137-139.

327. J. Nadal et E. Geralt, *op. cit.,* p. 198.

328. P. de Marca, *Histoire du Béarn,* 1640, p. 256-257, Henri Cavaillès, *La Vie pastorale et agricole dans les Pyrénées des Gaves de l'Adour et des Nestes,* Bordeaux, 1932, pp. 137-138에서 인용.

329. *Response de Jean Bodin à M. de Malestroict,* éd. Henri Hauser, *op. cit.,* p. 14.

330. 이 책 제I부 제3장 참조.

331. 『지중해』, 초판, 342쪽 이하.

332. F. Braudel & R. Romano, *Navires et marchandises à l'entrée du port de Livourne,* p. 101. 인용할 만한 상세한 정보들이 너무나 많다. 1563년부터 1566년까지 나폴리 왕국 밖으로 수출되는 나폴리산 포도주들의 평균량을 인용해보자. 라틴 와인 23,667상자, 그리스의 달고 맛좋은 와인 2,319상자(Sommaria Consultationum 2, f° 223, 1567년 10월 2일). "해마다 풀리아에서는 양모 약 8만 루비오가 팔려나간다", *ibid.* f° 75, 1564년 8월 8일. Savary de Brèves가 계산한 바에 따르면 17세기 초 레반트에서의 프랑스 무역액은 3,000만 리브르였고, 1624년에는 그것의 절반으로 떨어졌다. E. Fagniez, *op.*

cit., p. 324. 제노바 대상인들의 재산 규모를 보면, 많은 사람들이 50만 두카트를 넘었고, 토마소 마리노는 그보다 훨씬 많았으며, 아다모 첸투리오네는 거의 100만 두카트에 육박했다. Museo Correr Cigogna……, f° 2 & 2 v°. 에스파냐 국왕의 총수입은 1572년에 1,100만 금화 두카트였다. Marciana 8360 CVIII-3, f° II v°. 15세기 말 유럽에서의 화폐 유통량은 10억(리브르)였다. P. Raveau, *L'agriculture et les classes paysannes,* 1926, p. II, n. 1(아쉽게도 단위가 정확하게 표시되지 않았다).

333. A.d.S. Naples, Sommaria Consultationum, 1, f° 216, 1559년 4월 28일.

334. 내가 어림짐작으로 셈을 할 때, 특별한 언급도 없이 두카트를 사용한다고 해서 독자들이 놀라지 않기를 바란다. 두카트에는 물론 여러 종류가 있다 : 베네치아, 제노바, 피렌체, 나폴리, 에스파냐……. 그리고 각각의 두카트는 고정되지 않은 고유의 가치를 가졌다. 시간이 지나면서 두카트는 모두 계산화폐가 되었다. 따라서 두카트가 아니라 그 값에 해당하는 금화나 은화로 표현하는 것이 옳다. 그런데 당대인들은 값을 계산할 때, 정확한 단위 표시 없이 "금화 100만"이라고 쓰면서 100만 두카트를 의미하는 경우가 많았다. 에스파냐 재정 당국의 문서에서 두카트를 쓸 때는 축약해서 세모, 그리스 문자 델타 Δ, 실제 화폐인 금화 에스쿠도를 쓸 때는 역삼각형 모양으로 표시했다. 에스파냐에서 두카트 : 에스쿠도 교환비율은 오랫동안 350마라베디(두카트. : 400[에스쿠도])였다. 물론 사업가들은 수요와 공급에 따라 변화하는 (여러 종류의) 두카트와 에스쿠도 사이의 상호 가치에 주의를 기울였다. 그러나 우리가 수 계산을 할 때는 두카트를 하나의 유효한 단위로 받아들이는 것이 좋다. 지역에 따라, 상황에 따라 달라지는 가치를 고려하지 않고 말이다. 따라서 이런 식의 불확실한 계산법에서 오류는 있을 수밖에 없다.

335. Maurice Carmona, "Aspects du capitalisme toscan aux XVIe et XVIIIe siècles", in: *Revue d'histoire moderne,* 1964, p. 85, n. 5.

336. 특히 J. Gentil da Silva, "Villages catillans et types de production au XVIe siécle", in: *Annales E.S.C.,* 1963, pp. 740-741. 이 책에서는 카스티야 농촌 마을의 연간 밀 소비량이 2퀸탈이었다고 추정했다. 이러한 평균치에 대해서는 논란이 길게 이어질 수 있다. Sundborg에 따르면, 1891-1893년 이탈리아에서의 소비량이 1인당 1.2, 에스파냐에서는 1.5, 프랑스에서는 2.5퀸탈이었다. D' Armand Gautier, *L'alimentation et les régimes chez l'homme sain et chez le malade,* 1908, p. 296 ; André Wyczanski는 1571년에 코르치나라는 폴란드 국왕 직할령에서 1인당 2.2퀸탈의 호밀을 소비했다고 적었다. *Kwartalnik historii Kultury materialej,* VIII, 1960, pp. 40-41 ; I. Bog, *Die bäuerliche Wirtschaft im Zeitalter des Dreissigjährigen Krieges,* Cobourg, 1952, p. 48. 뉘른베르크에서의 소비량은 2.5퀸탈이었다. 16세기 나폴리에서의 소비량은 1.9였다. W. Naude, *Getreidepolitik der europäischen Staaten vom 13. bis 18, Jahrhundert,* Berlin, 1896, p. 156. 프랑스의 곡물 소비량에 대해서 Vauban은 3.4퀸탈(3스티에), Expilly 신부(1755-1764)는 2.7퀸탈이라고 썼다.

337. 베네치아에서의 밀 가격에 대해서는 319쪽 참조.

338. F. Ruiz Martin이 계산한 값이다.

339. Museo Correr, Donà delle Rose, 217, f° 131, 1604년 7월 1일. *Ibid.,* 218, f° 328 [1595], 468,000스타이오.

340. A.d.S., Venise, Dispacci Spagna, 1621년 2월 11일 마드리드에서 Alvise Correr가 베네치아 도제에게 보낸 편지.

341. Carmelo Viñas et Ramón Paz, *op. cit.*, II, pp. 99, 132, 140, 169, 272, 309, 342-343, 348, 397-398, 408, 426, 470.

342. 1960년에 재출간.

343. G. Coniglio, *op. cit.*, p. 24.

344. A.d.S. Naples, Sommaria Consultationum 7, f° 204, 1580년 1월 18일.

345. *Censo*, p. XIII.

346. *Ibid.*

347. G. Luzzatto, "Il Mediterraneo della seconda metà del Cinquecento", in: *Nuova Rivista Storica, 1949.*

348. 『지중해』, 초판, 1949, 450쪽 이하.

349. L. Mendes de Vasconcellos, *Do sito de Lisboa*, 1608, éd. Antonio Sergipe, p. 114.

350. 이것은 18세기에도 여전히 해당된다. R. Romano, *Commerce et prix du blé à Marseille au XVIIIe siècle*, 1956, pp. 76-77.

351. Museo Correr, Donà delle Rose, 217.

352. 예를 들면, 크레타산 증류주가 있었다. A.d.S. Venise, *Cinque Savii* 1, f° 14, 1601년 10월 6일 & 1602년 3월 14일, 증류주와 레몬 주스, "일반적으로 서지중해로 운반되었다." 증류주는 16세기의 마지막 몇 년 동안에 베네치아 세관 관세 장부에 모습을 드러냈다.

353. 제I부, 426쪽과 주 234 참조.

354. V. Magalhães Godinho, "O milho maiz—Origem e difusão", in: *Revista de Economia*, vol. XV, fasc. I.

355. R. Romano, F. Spooner, V. Tucci, *Prix à Udine*[미간행본], 앞에서 인용됨.

356. Hans Telbis, *Zur Geographie des Getreidebaues in Nordtirol*, 1948, p. 33.

357. J. F. Bergier, *op. cit.*, p. 82 et *sq.* ; 83쪽에서 인용.

358. Miguel Caxa de Leruela, *Restauración de la abundancia de España*, 1713, p. 50.

359. Luis Valle de la Cerda, *Desempeño del patrimonio de S.M. y de los reynos sin daño del Rey y vassalos, y con descanso y alivio de todos*, 1618, 다음 저서에서 인용. J. Vicens Vives, *Historia economica de España*, 1re partie, s.d., p. 300.

360. J. C. Toutain, "Le Produit de l'agriculture française de 1700 à 1958", in: *Cahiers de l'Institut de Science Éonomique appliquée*, no 115, juillet 1961, 특히 212쪽.

361. 앞의 주 342 참조.

362. René Baehrel, *op. cit.*, p. 152. 다음은 1헥타르당 종자 1퀸탈을 사용한다는 전제하에 계산한 값이다.

363. J. C. Toutain, *art. cit.*, p. 36.

364. Biblioteca Casanatense, Rome, Mss 2084, f° 45 et *sq.*

365. A.d.S. Naples, Sommaria Consultationum, no 2, f° 140, 1563년 3월 13일, 1 : 20의 산출량.

366. 322쪽의 도표 51과 330쪽의 도표 52 참조.

367. 제I부, 374-375쪽 참조.

368. E. Le Roy Ladurie, *Les paysans de Languedoc, op. cit.*

369. Carlo Poni, *Gli aratri e l'economia agraria nel Bolognese dal XVII al XIX secolo,* 1963. 아쉽게도 이 명저는 18세기부터 다루고 있다. 피오 쟁기는 기록상 1664년에 처음 등장하는 것 같지만, 그보다 빨리 출현했을 것이다. 그러나 기록은 명확하지 않다.

370. 제I부 83쪽부터 참조.

371. B. Bennassar, *op. cit.*

372. Felipe Ruiz Martín이 자신의 저서 *Lettres échangées entre Medina del Campo et Florence, op. cit*의 서문에서 설명한 내용. 제노바인들이 채무를 공채로 상환할 수 있게 되자, 채권자들은 자신들이 입은 손실을 다른 사람들에게 전가했다. 제노바인들의 채권자들 가운데는 토지 소유자들이 많았다.

373. E. Le Roy Ladurie, *Les paysans de Languedoc, op. cit.*

374. John U. Nef, "Industrial Europe……", p. 5.

375. R. Romano, "Aspetti economici degli armamenti navali veneziani nel secolo XVI", in: *Rivista.*

376. Museo Correr, Donà delle Rose 42, f° 77 v° [1607], 이들 중 3,300명이 직조공이었다. 주인 1명당 2명씩의 노동자들이 일했다.

377. 모직물 장인과 인원수가 같다는 것인데, 분명히 과장된 수치일 것이다.

378. R. Romano, "La marine marchande vénitienne au XVIe siècle", in: *Actes du IVe Colloque International d'Histoire Maritime,* 1962, p. 37.

379. A.d.S. Venise, Senato Terra 53, 1569년 5월 7일.

380. A.d.S. Venise, Senato Terra 2, 1545년 9월 17일.

381. Lucien Febvre et Henri Jean Martin, *L'apparition du livre,* 1958, pp. 280, 286, 287, 293.

382. 주 385 참조. *Cinque Savii,* 140, f°ˢ 4-5, 1598년 3월 11일. "가족과 아들들의 노동을 계산에 넣으면 20,000명 이상이 될 것이다."

383. J. van Klaveren, *op. cit.,* p. 182 [1573].

384. Carmelo Viñas et Ramón Paz, *op. cit.,* II, p. 217. 예를 들면, Peña Aguilera라는 가난한 마을에서는 탄광 노동자들과 채석공들 "그리고 모직물 노동자들"이 살고 있었다.

385. 마라카테리아라는 마을에서는 농민의 직물과 통널을 제작했다. 128쪽과 주 491 참조.

386. T. Halpérin Donghi, *art. cit.,* in: *Annales E.S.C.,* 1956, p. 162 : 견직물, 도자기, 즈크라는 신발, 에스파르토(아프리카 수염새 풀)로 만드는 일용품, 대마로 만드는 고급품을 제작했다.

387. Jacques Heers, *op. cit.,* p. 218 et *sq.*

388. 제2장의 주 49 참조.

389. A.d.S. Naples, Sommaria Consultationum, 이미 많이 인용된 바 있는 다음의 문서들을 참조하라: 13, f°ˢ 389-390 ; 21, f°ˢ 51 ; 31, f°ˢ 139-146, 180-184 ; 37, f°ˢ 41 v°, 42…….

390. A.d.S. Venise Senato Terra 30, Vérone, 1559년 3월 1일.

391. Carmelo Viñas et Ramon Paz, *op. cit.,* II, p. 448.

392. S. Schweigger, *op. cit.* [1581], p. 329.

393. E. Le Roy Ladurie, *Les paysans de Languedoc, op. cit.*

394. R. Gascon, *op. cit.* 출간 예정.

395. 분명한 예로서는 다음을 참조하라. François Dornic, *L'industrie textile dans le Maine et les débouchés internationaux 1650-1815*, 1955.

396. Roger Dion, *Histoire de la vigne et du vin en France, des origines au XIXe siècle*, 1959, p. 26.

397. 『지중해』, 초판, 345쪽 이하 ; Giuseppe Aleati, *op. cit.*, p. 125. 파비아, 크레모나, 코모, 그리고 밀라노의 위기는 높은 생활비 때문이었다.

398. R. Romano로부터 이에 관한 정보를 얻었다.

399. Museo Correr, Cicogna, 2987, 1576년 8월, 30명이 이곳에서 일하고 있었다.

400. A.d.S. Venise, *Cinque Savii*, 1, 139, 1603년 4월 20일.

401. *Censo*, tableau 3. 1799년 에스파냐에서 산업 생산물과 자연의 생산물 간의 비율은 4.448 : 1이었다.

402. *Op. cit.*, p. 328.

403. F. Ruiz Martín의 선구적인 카스티야 연구들을 참조하라. *op. cit.* : John U. Nef, "The progress of technology and the growth of large scale industry in Great Britain, 1540-1660", in: *The Economic History Review*, 1934. Henri Hauser의 논평, in: *Annales d'histoire économique et sociale*, 1936, p. 71 et *sq.*

404. J. Hartung, "Aus dem Geheimbuche eines deutschen Handelshauses in XVI, Jahrhundert", in: *Z. für Social-und Wirtschaftsgeschichte*, 1898.

405. 기술(영국의 석탄)의 차이와 수단의 차이에도 불구하고, 대체로 비슷한 점이 더 많다.

406. M. Keul, in: *Annales E.S.C.*, 1963, 주 3 참조.

407. 『지중해』, 초판, 342쪽. H. Sieveking, "Die genueser Seidenindustrie im 15. und 16. Jahrhundert. Ein Beitrag zur Geschichte des Verlags-Systems"(훌륭한 논문이다), in: *Jahrbuch für Gesetzgebung, Verwaltung und Statistik im Deutschen Reiche*, 1897, pp. 101-133.

408. 다음의 주를 보라.

409. A.d.S. Venise, Senato Terra 30, 1559년 11월 11일, 1497년 12월 12일의 부분을 다시 한번 상기시킨다.

410. 1530년 12월 1일 베네치아에서 Rodrigo Nino가 카를 5세에게 보낸 편지, Simancas, E° 1308.

411. A.d.S., Senato Terra 29, 1559년 8월 16일.

412. Archivio Comunale, 572, Gênes, 1582.

413. Diego de Colmenares, *Historia de la insigne ciudad de Segovia*, 2e édit., Madrid, 1640, p. 547.

414. 이 설명은 다음 저서의 "서문"에서 가져온 것이다. Felipe Ruiz Martín, *Lettres marchandes de Florence, op. cit.*

415. 예를 들면, A.d.S., Venise, Senato Terra 74, 1578년 4월 18일 ; 106, 1584년 3월 7일 ; 112, 1589년 11월 24일. 1564년 이후 Negrin de Negrini는 1,884필의 모직물을 제조했다. 몇몇 기업가들의 혁신적인 생각에 관해서는 *ibid., Cinque Savii,* 15, f° 21, [1609년] 2월 7일.

416. Alfred Doren, *Wirtschaftsgeschichte Italiens im Mittelalter,* trad. ital., 1936, p. 491.

417. Maurice Carmona에 따르면 그러하다. 제I부, 제5장의 주 341 참조. 1608년 전염병(점상 피부 출혈)이 발생하여 많은 노동자들이 사망했다. 그러자 왕자의 결혼식에 필요한 최고급 직물을 제작하기 위해서 밀라노에서 노동자들을 초빙했다. Haus-Hof-und Staatsarchiv, Vienne, Staatskanzlei Venedig, Faszikel 13, f° 359, Venise, 1608년 5월 9일.

418. A.d.S. Venise, Senato Terra, 35, 1561년 12월 15일.

419. Museo Correr, Donà delle Rose 160, f°s 53 et 53 v°.

420. A.d.S. Venise, Senato Secreta Signori Stati, 1610년 3월 23일 볼차노에서 Tommaso Contarini가 베네치아 도제에게 보낸 편지.

421. A.d.S., Venise, *Cinque Savii* 1, 200, 1614년 5월 27일.

422. *Ibid.,* 16, f° 53, 1611년 11월 15일.

423. J. Gentil Da Silva의 17세기 이탈리아 정기시들에 관한 연구(미간행) 참조.

424. Jean Delumeau, *op. cit.* 특히 132, 133쪽의 그래프 참조.

425. R. Gascon, *op. cit.,* p. 89 ; Clemens Bauer, *op. cit.,* p. 9. 안트베르펜에 관한 참고 도서로 적당하다. 이 책은 Goris와 Strieder의 저서보다 늦게 출간되었다.

426. Andrzej Wyrobisz, *Budownictwo Murowane w Malopolsce w XIV i XV wieku* (14-15세기 소폴란드에서의 건축업), 1963(프랑스어 요약본, 160-170쪽).

427. Émile Coornaert, *op. cit.,* p. 493 et *sq.,* 도표 v 2 참조.

428. Pierre Sardella, *art. cit.,* in: *Annales E.S.C.,* 1947.

429. Domenico Sella, *art. cit.,* in: *Annales E.S.C.,* 1957.

430. Ruggiero Romano, "A Florence au XVIIe siècle. Industries textiles et conjoncture", in: *Annales E.S.C.,* 1952.

431. Aldo de Maddalena, "L'industria tessile a Mantova nel 1500 e all'inizio del 1600", in: *Studi in onore di Amintore Fanfani,* 1962.

432. A. Zanelli, *Delle condizioni interne di Brescia⋯⋯,* p. 247 참조. 이 연구는 1550년경 직물 생산량이 18,000필로 정점을 찍었다고 보았지만, 내 생각에는 1555년경이 맞을 것 같다. 모든 일이 베네치아 세관에서 취한 평가에 달려 있었다. Venise, Senato Terra 1, 1545년 5월 20일. 그 이후로는 회복이 어려웠던 것 같다. 주인들이 도시를 떠났고 다시는 돌아오지 않았다.

433. Felipe Ruiz Martin의 연구(미간행)에 따르면 그러하다.

434. 제I부, 162쪽 참조 ; Senato Mar 7, f° 26 v°, 1461년 8월 18일.

435. 고등연구원에서 개최된 원로 학자 Ömer Lutfi Barkan의 초청 간담회.

436. A.d.S. Florence, Medico 4279. 한 유대인 상인은 트리폴리에서 벨벳이나 다마스쿠 직물을 짤 수 있는 기독교인 노예들을 구입하려고 노력했다.

437. I. S. Emmanuel, *Histoire de l'industrie des tissus des Israélites de Salonique,* 1935.

438. S. Schwarzfuchs, "La décadence de la Galilée juive du XVIe siècle et la crise du textile du Proche-Orient", in: *Revue des Études juives,* janvier-juin 1962.

439. 242쪽부터 참조.

440. A.d.S., Venise, Senato Terra 4, f° 71, 1458년 4월 18일 : "현재 이 마을에서는 양모 공업이 시작되어 모든 종류의 모직물과 직물 생산을 열심히 하게 되었다.……"

441. *Ibid.* Senato Terra 15, f° 92, 1506년 1월 23일 : "……내 땅의 많은 사람들의 생활의 근원이 되었던 양모 산업은 이제는 축소되지 않으면 안 될 정도로 커졌다.……"

442. P. Sardella의 주와 D. Sella의 논문(이미 인용함)을 참조하라. 베네치아 자체의 어려움에 대해서는 Senato Terra 15, f° 93 et *sq.* 1506년 2월 9일 ; 이 사실을 더 분명히 보여주는 문서는 A.d.S. Venise, Consoli dei Mercanti, 128, 1517년 9월 29일.

443. *Ibid.*

444. Émile Coornaert, *op. cit.,* p. 48.

445. A.d.S. Naples, Sommaria Consultationum, 7, f°ˢ 33-39. 1578년 2월 28일 : 1576년에는 26,940칸네(canne)의 견직물이 생산되었다.

446. 브레시아의 모직물 산업 역시 관세 검사로 인해서 위태로웠다. 이 산업은 베르첼리로부터 원료를 공급받을 수 없었다. Senato Terra 1, 1545년 5월 20일.

447. François Simiand의 설명을 참조하라. François Simiand, *Cours d'Économie Politique,* 1928-1929, II, passim et p. 418 et *sq.*

448. L. F. de Tollenare, *Essai sur les entraves que le commerce éprouve en Europe,* 1820, p. 3. 상품은 "완전하지 않다. 소비자에게 가까이 갈 수 없다면 온전한 교환가치를 획득할 수 없기 때문이다. 따라서 상품에 마지막 손질을 가하는 것은 상업이다."

449. 16세기 말에 내기는 귀족들뿐만 아니라 상인들의 삶 속에서도 중요한 자리를 차지하고 있었다. 모든 것이 내기거리가 될 수 있었다. 승진하는 추기경이 몇 명이나 될지, 어떤 유명인이 살지 죽을지 혹은 태어날 아이의 성별조차 내기의 대상이 되었다. 프랑스가 파비아를 점령한다는 예측이 25퍼센트나 우세했던 베네치아에서 에스파냐인 Calzeran은 그 반대 의견에 판돈을 걸겠다고 우겨댔다. 아마도 그가 Lannoy나 Pescaire와 연락을 취하고 있던 덕분이었을 테지만, 어쨌든 그는 이 내기에서 큰돈을 벌었다. A.d.S. Modène, Venezia 8, 16, 77, VIII, f° 66, 1525년 5월 15일 베네치아에서 J. Tebaldi가 공작에게 보낸 편지.

450. Cité par R. Gascon, *op. cit.* p. 177, Claude de Rubys, *Histoire véritable de la ville de Lyon,* 1604, p. 499.

451. Museo Correr, Donà delle Rose 181, 1603년 7월, f° 53.

452. Giulio Mandich, *Le pacte de ricorsa et le marché italien des changes,* 1953.

453. Jacques Heers, *op. cit.,* pp. 75, 79 et *sq.*

454. F. Braudel, "Le pacte de ricorsa au service du Roi d'Espagne……", in: *Studi in onore di Armando Sapori,* II, 1957.

455. A.d.S., Florence, Mediceo 4745, 번호 없음. 1589년 1월.

456. Modesto Ulloa, *op. cit.*, p. 108.

457. Felipe Ruiz Martín에 따른 것이다.

458. Modesto Ulloa, *op. cit.*, p. 132.

459. Alvaro Castillo Pintado, "El *servicio de millones* y la población del Reino de Granada in 1591", in: *Saitabi*, 1961.

460. Albert Chamberland, "Le commerce d'importation en France au milieu du XVIe siècle", in: *Revue de Géographie*, 1894.

461. B. Porchnev, Congrès des Sciences historiques de Stockolm 1960, t. IV, 137.

462. G. von Below(*Über historiche Periodisierungen mit besonderem Blick auf die Grenze zwischen Mittelater und Neuzeit*, Berlin, 1925, pp. 51–52)에 따르면, 이 시기가 경제적으로도 예술적으로도 정점에 이른 시기였다. Lucien Febvre에 따르면, 1560년 이후 "슬픈 사람들"의 시대가 오기 전인 이 시기가 행복한 시절이었다. Franz Linder, "Spanische Markt-und Börsenwechsel", in: *Ibero-amerikanisches Archiv*, 1929, p. 18. 그는 심지어 1550–1600년을 *Ricorsa-Wechselgeschäft*로 보았다.

463. Jacques Heers, in: *Revue du Nord*, janvier–mars 1964, pp. 106–107.

464. J. Finot, "Le commerce de l'alun dans les Pays-Bas et la bulle encyclique du Pape Jules II en 1506", in: *Bull. hist. et philol.*, 1902 ; Jean Delumeau, *L'alun de Rome, XVe–XIXe siècle*, 1962 ; "The Alun Trade in the fifteenth and sixteenth Centuries and the beginning of the Alun Industry in England", in: *The collected papers of Rhys Jenkins*, Cambridge, 1936 ; L. Liagre, "Le commerce de l'alun en Flandre au Moyen Age", in: *Le Moyen Age*, 1955, t. LXI (4e série, t. X. ; Felipe Ruiz Martin, *Les aluns espagnols, indice de la conjoncture économique de l'Europe au XVIe siècle* (à paraître. ; G. Zippel, "L'allume di Tolfa e il suo commercio", in: *Arch. soc. Rom. Stor. patr.*, 1907, vol. XXX.

465. 증거가 될 만한 문서들이 많다. A.d.S., Naples, Sompparia Partium, 96 ; 1521, f°s 131 v°, 133 v°, 150, 153, "빠르게 그들의 여행을 할 수 있었다"(제노바 선박), 166 v°(카탈루냐), 177(오랑), 175 ; 1522, f°s 186 v°, 199, 210, 221, 224–5, 228 v° & 229, 232, 244, 252 v°.

466. Felipe Ruiz Martín에 따르면 그러하다. 제3장의 주 311 참조.

467. 326–327쪽 참조.

468. 곧 출간될 예정이다.

469. *Ibid.*

470. 제3장의 주 164 참조. Micheline Baulant, *Lettres de négociants marseillais : les frères Hermite, 1570–1612*, 1953.

471. F. Ruiz Martín, *Lettres marchandes échangées entre Florence et Medina del Campo*, 1564, 서론, XXXVI–XXXVII.

472. Maurice Carmona, "Aspects du capitalisme toscan aux XVIe et XVIIe siècles", in: *Revue d'histoire moderne*, 1964, p. 96, n. 2.

473. Archivo Ruiz, 117. 다음 책에서 인용. Felipe Ruiz Martín, *El siglo de los Genoveses*

(출간 예정).

474. 이 문제의 검토에 관해서는 Clemens Bauer의 명저(앞에서 인용됨) 참조.

475. *Op. cit.,* p. 580 et *sq.*

476. 특히 인도에 대항하는 에스파냐-포르투갈 전선(前線)과 독일과 네덜란드 상인들에게 도움이 될 만한 정보원들의 역할에 주목하자. Hermann Kellenbenz, *Studia,* 1963, pp. 263-290.

477. 다음의 저서에 나오는 내용과 비교해보자. R. Romano, "Per una valutazione della flotta mercantile europea alla fine del secolo XVIII", in: *Studi in onore di Amintore Fanfani,* 1962.

478. J. Kulischer, *op. cit.,* II, p. 384.

479. R. Konetzke, *op. cit.,* p. 203.

480. 생 구아르가 국왕에게 보낸 편지, 마드리드, 1572년 5월 21일, B.N., Fr 16104, f°s 88 *sq.*

481. S. Lilley, *Men, Machines and History,* Londres, 1948.

482. S. Lilley, *Ibid.,* p. 72.

483. Museo Correr, Donà della Rose, 271, f° 46 v°, 1605년 3월 7일. 다음의 저서도 참조하라. Alberto Tenenti, *Naufrages, corsaires et assurances,* p. 563 et *sq.*

484. Iorjo Tadić, "Le port de Raguse et sa flotte au XVIe siècle", in: Michel Mollat, *Le navire et l'économie maritime du Moyen Age au XVIIIe siècle, Travaux du Deuxième Colloque International d'Histoire Maritime,* 1959, pp. 15-16.

485. B.M. Add. 28478, f° 238, 1594년 4월 : "⋯⋯물가 상승을 고려하지 않으면 안 된다."

486. 제I부, 381쪽부터 참조.

487. 이 문서를 살펴봐준 Ugo Tucci에게 감사한다.

488. A.d.S., Venise, Senato Zecca, 39, 1638년 6월 12일.

489. A.d.S., Naples, Regia Camera della Sommaria, Reg. 14, 1594, 1623-1637.

490. 제I부, 385쪽부터 참조.

491. José Luis Martín Galindo, "Arrieros maragatos en el siglo XVIII", in: *Estudios y Documentos,* n° 9, 1956.

492. Alcala de Henares의 사례를 살펴보고자 한다면, Pedro de Medina, *op. cit.,* p. 209.

493. Archives de Brigue, Papiers de Stockalper, Sch 31 n° 2939, Genève, 1650년 7월 10일 & n° 2942, 1650년 7월 14일 : 수확과 관련된 칙령. 이러한 정보는 M. Keul이 준 것이었다. 가을 파종 관련 칙령, *ibid.,* n° 2966, 1650년 9월 18-28일.

494. 이 정보는 Felipe Ruiz Martín이 제공한 것이다.

495. B. Bennassar, *Valladold et ses campagnes au XVIe siècle.* 출간 예정(1967년에 출간됨).

496. 413쪽 도표 56, 418쪽 도표 57, 419쪽 도표 58 참조.

497. *Op. cit.* (이탈리아 번역본), I, p. 174.

498. Ruggiero Romano, *art. cit. in : Rivista Storica Italiana,* 1954.

499. Ali Sahili Oglu는 오스만 제국에서의 화폐 주조에 관한 연구를 했으나, 그의 연구는 아직 출간되지 못했다.

500. 물론 스톡홀름 은행(1672)이나 암스테르담 은행(1609)이 먼저 세워졌다는 사실은 잘 알고 있다. 그러나 이런 은행들은 무엇보다도 도시의 은행들이었다. 사실, 영국 은행은 본부가 런던에 있었다.

501. 최초의 시도는 1576년으로 거슬러올라간다. Felipe Ruiz Martiín이 이 문제와 관련된 중요한 문서에 관해서 내게 알려주었다. Simancas, E° 659, f° 103.

502. Jacques Heers, *Revue du Nord,* 1964.

503. Ömer Lutfi Barkan, "L'organisation du travail dans le chantier d'une grande mosquée à Istanbul au XVIe siècle", in: *Annales E.S.C.*, 1961, pp. 1092-1106.

504. 석조 작업, 납과 기중기의 사용과 관련하여 상세한 사항들은 이런 기술들이 사용된 에스코리알 궁전과 이 궁전의 건설을 기념하기 위해서 조성된 박물관을 방문해보면 알 수 있다.

505. Paul Herre, *Papsttum und Papstwahl im Zeitalter Philipps II,* Leipzig, 1907, p. 374의 지적 참조.

506. 이것은 Alvaro Castillo Pintado가 계산한 수치이며, 419쪽의 도표 58 역시 그가 작성한 것이다.

507. A. Poirson, *Histoire du règne de Henri IV,* 1866, IV, pp. 610-611.

508. *Bilanci Generali, op. cit.,* vol. I, t. I, p. 466 et Museo Correr Donà delle Rose 161, f° 144.

509. Ömer Lutfi Barkan, "Le budget turc de l'année 1547-1548 et le budget turc de l'année 1567-1568"(터키어로 되어 있음), in: *Iktisat Fakültesi Mecmuasi,* Istanbul, 1960.

510. *Op. cit.,* p. 128.

511. 이에 관한 글은 *Cambridge Economic Hisory*[1967년 출간. 프랑스어 원본은 *Écrits sur l'Histoire II,* Flammarion, 1990]에 게재할 예정이다.

512. *Op. cit.,* p. 42.

513. J. A. Shumpeter, *op. cit.,* I, 특히 476쪽, n. 1 ; Jacques Heers, Raymond de Roover……

514. *Op. cit.* p. 128.

515. Carlo M. Cipolla, "La prétendue révolution des prix. Réflexions sur l'expérience italienne", in: *Annales E.S.C.,* 1955, p. 513 et sq.

516. Museo Correr, Donà delle Rose, 181.

517. Morineau가 내게 알려준 홀란드와 관련 증거에 따르면, 이 중요한 시기에 밀수입된 양이 생각보다 훨씬 더 많았던 듯하다.

518. Museo Correr, Donà delle Rose, 181, f° 62, 정기시 1회당 300-400만 에퀴가 거래되었다.

519. Gino Luzzatto, *Storia economica dell'età moderna e contemporanea,* I, 1932, p. 179 et sq.

520. Ömer Lutfi Barkan이 들려준 이야기에 따르면 그러하다.

521. Simancas, Expedientes de Hancienda, 122, 1559. 메디나 델 캄포(1561)의 사례와 다음의 훌륭한 논문을 참고했다. B. Bennassar, "Medina del Campo, un exemple des structures urbaines de l'Espagne au XVIe siècle", in: *Revue d'histoire économique et sociale,* 1961.

베네치아 공식 문서에서는 빈민층(les poveri), 걸인들(les mendicanti), 비참한 사람들(les miserabili)을 구분하고 있다. 빈곤에도 정도 차이가 있다고 본 것이다. Ernst Rodenwaldt, *Pest in Venedig, art. cit.,* p. 16.

522. 다음 저서에서 Hektor Ammann은 이와 같이 추정했다. *Schaffhauser Wirtschaft im Mittelalter,* 1948. 306쪽의 표 참조.

523. 제I부, 336쪽, 주 135 참조.

524. Museo Correr, Donà delle Rose 23, f° 23 v°.

525. Heinrich Bechtel, *op. cit.,* p. 52, n. 6. 그에 따르면, 1511년 에르푸르트에서 세금 납부자들의 54퍼센트가 0-25플로린을 소유한 최하위 집단에 속했고, 15퍼센트가 "재산이 전혀 없는 사람들(*ohne jedes Vermögen*)"이었다.

526. *L'Unterschicht,* colloque franco-allemand de 1962. 출간 예정.

527. A.d.S., Venise, Senato Terra 22, 트레비소, 1555년 7월 22일; 트레비소, 1555년 7월 30일 ; 티초의 화재에 관해서는 브레시아 1555년 8월 11일.

528. A.d.S. Naples, Sommaria Consultationum 2, f⁰ˢ 68 v° & 69, 1564년 7월 27일.

529. *Ibid.,* f° 59 v°, 1549년 5월 22일.

530. Noël Salomon의 개설서 참조. 672쪽 주 122에서 인용.

531. J. Gentil da Silva, "Villages castillans et types de production au XVIe siècle", in: *Annales E.S.C.,* 1963, n° 4, pp. 729-744.

532. A.d.S., Naples, Notai Giustizia 51, f° 5, 1520년 10월 17일, 새로운 모직물 구입에 36두카트를 지불해야 함 ; *Ibid.,* f⁰ˢ 177 v° & 178, 1521년 8월 24일. 12세의 흑인 노예는 36두카트 ; *Ibid.,* 66, f⁰ˢ 151 v° & 152, 말 한 필의 가격은 33두카트.

533. *Ibid.,* Sommaria Partium, 595, f° 18, 1569년 1월 28일, 30세의 흑인 노예는 레체에서 60두카트로 매매되었다.

534. *Ibid.,* Sommaria Consultationum, 9, f° 303-305, Naples, 1587년 6월 18일.

535. A.d.S., Venise, Senato Mar 145, 1600년 3월 24일.

536. J. Mathiex, "Trafic et prix de l'homme en Méditerranée aux XVIIe et XVIIIe siècles", in: *Annales E.S.C.* 1954, pp. 157-164.

537. Simancas Napoles E° 1046, f° 25, 1554년 9월 17일 나폴리에서 수도 기사 지롱이 국왕에게 보낸 편지.

538. Museo Correr, Donà delle Rose, 46, f° 65, 1487년 3월 11일: 모레아에서 고용된 스트라디오트(stradiot)라는 경기병 집단에 관한 이야기이다. 이들에 관한 카를 5세의 이야기를 참조하라(507-508쪽). 1522년 예니체리는 하루에 3-8악체를 받았다. 1두카트가 50악체이므로, 한 달에 적어도 2두카트에서 5두카트를 받았다는 이야기이다(Otto Zierer, *op. cit.,* III, p. 29). 1533 자라에서 화포 포수는 1년에 40두카트를 받았다. 그러나 화포 포수는 전문가였다.

539. 라구사 문서보관소에서 얻을 수 있는 수치들은 매우 명확하다. 나는 Diversa di Cancellaria 기록부에 보관되어 있는 주인과 하인들이 맺은 수많은 계약서들을 빠르게 검토할 수 있었다(ainsi vol. 98, 122, 132, 146, 196). 하나의 독립적인 카테고리로 묶일 수

있는 도제들의 경우 모든 훈련을 끝냈을 때, 지급되어야 할 급료가 공식적으로는 언급되지 않았지만 이 분야의 관례상 새로운 기술자는 옷 한 벌, 새 신발, 작업 도구들을 받았다. 다른 사람들의 경우 금전적인 보상이 계약(2년에서 5, 6, 7, 10년까지)이 끝날 때에 주어졌고 여기에 현물들이 추가로 지급되었다(주거지, 의복, 음식, 병이 났을 경우에 치료). 급료는 해마다 조금씩 인상되었다. 1505-1506년에 1-2두카트 금화 ; 1535년에는 2.5두카트 ; 1537-1547년에는 3.4-4.5두카트; 1560-1561년에는 3두카트를 살짝 오르내렸다. 1607년에는 4두카트, 1608년에는 8-10두카트. 두카트의 가치 하락을 고려한다면, 상황은 거의 나아지지 않은 셈이다. 구조적인 상한선이 있었던 것이다.

540. 앞에서 인용했던 Hektor Ammann의 책에 나온 표를 참조하라. 주 522를 보라.

541. A.d.S., Venise, Senato Terra 15, f° 106.

542. Museo Correr, Donà delle Rose 26, f° 46 v°.

543. *Ibid.,* f° 48 v°.

544. *Ibid.,* f° 100.

545. 제빵업자들의 요구로 1572-1601년 사이에 이러한 임금 인상이 확실히 자리잡았다. 봉급은 그 사이에 두 배로 올랐다. Museo Correr, Donà delle Rose, 218, f° 302.

546. A.d.S., Senato Mar 23, f°s 36 & 36 v°, 1534년 9월 29일. 1년에 63두카트를 살짝 넘겼다.

547. Museo Correr, Donà delle Rose, 161, f° 80, 1606. 베네치아 조폐국에는 72명의 직원들이 있었다(은화 제작에 54명, 금화 제작에 18명). 총 연간 5,280두카트의 급료를 받았으며, 이는 1인당 평균 72두카트를 받았다는 뜻이다. 은화를 담당하는 사람들의 임금이 평균적으로 더 높았다. 때로는 한 사람이 두 가지 업무를 담당하기도 했다.

548. Museo Correr, Donà delle Rose, 161, f° 208 v°, 1586. 서기관은 모두 28명이었고, 총 급여는 2,764두카트였다.

549. A.d.S. Venise, Senato Terra 23, Venise, 1556년 3월 20일.

550. Juan Regla, in: J. Vicens Vives, *H. Social de España*, III, p. 300.

551. Frank C, Spooner, "Régimes alimentaires d'autrefois, proportions et calculs en calories", in: *Annales E.S.C.,* 1961, n° 3, pp. 568-574.

552. A.d.S. Naples, Sommaria Consultationum 3, f° 204 et *sq.,* 1571년 3월 8일.

553. Piri Re'is, *Bahrije,* éd. par Paul Kahle, 1926, *Introduction,* II, p. XLII.

554. Foulquet Sobolis, *Histoire en forme de journal de ce qui s'est passé en Provence depuis l'an 1562 jusqu'à l'an 1607,* 1894, p. 245.

제2장

1. Mathias de Saint-Jean, *Le Commerce honorable……,* 1646, p. 102; W. Petty, *Political Arithmetic,* 1699, p. 242에 따르면 금화와 은화가 일반적인 부의 척도였다.

2. Museo Correr, Donà delle Rose, 161, f°s 239v° et 240. 1600년경.

3. A. de Montchrestien, *op. cit.,* p. 94.

4. J. van Klaveren, *art. cit.,* p. 3에서 반대 주장을 하지만, 그 주장은 옳지 않다.

5. Museo Correr, Donà delle Rose, 161, f° 2. 1593년 12월 14일.

6. 그것은 일반적인 흐름과 다른 예상하지 못한 이동이었다. 후안 바티스타 포레티는 1603년 정부에 제출한 보고서에서 이에 대해서 놀라움을 표현했다. Museo Correr, 181, f° 53v°.

7. *Ibid.*, Cicogna 1999(undated). 베네치아에서 관세는 은으로 납부했다.

8. *Ibid.*

9. Antonio della Rovere, *La crisi monetaria siciliana (1531-1802)*, ed. Carmelo Trasselli, 1964. 일반적으로 그리고 특히 30쪽 이하 참조. 금화에 대한 수요는 항상 있었다. 페리하 공작의 통치 시기였던 1602년부터 1606년까지 때 아닌 동화 발행에 대한 요구가 있었다. L. Bianchini, *op. cit.*, p. 336.

10. 후안 바티스타 포레티가 위의 주 6에서 인정하고 지적했듯이, 금화의 가격이 높아지자 은화가 시장에서 퇴출되었고, 그 결과 은화에 연동되어 있었던 전반적인 물가 상승을 막았다. 그것은 프랑크 스푸너가 우리가 함께 저술한 『케임브리지 경제사』 제4권에서 제시했던 이론이다. 포레티는 금화에 연동된 환어음 가격은 상승할 수밖에 없었고, 상승했다고 주장한다. 예를 들면, 베네치아에서 환율은 계산화폐인 두카트를 기준으로 하고 있었다. 금(이 경우에는 제키노 화)의 가격이 오르면 계산화폐인 두카트가 은행권처럼 평가절하된다. 그래서 브장송 정기시에서 에퀴 드 마르 금화를 구입하기 위해서 더 많은 두카트(환율의 인상 때문에)가 필요해진다. 게다가 그러한 환거래를 이용하여 구매한 모든 상품들(에스파냐 양모, 염료)의 가격 또한 올라갈 수밖에 없었고, 실제로 올라갔다.

11. 마지막 지역들에 대해서는 John U. Nef, "Industrial Europe……", *art. cit.*, p. 7를 보라.

12. André Piganiol, Rome, p. 389.

13. G. I. Bratianu, *Études……*, p. 80.

14. W. Heyd, *op. cit.*, I, p. 1 et *sq.*

15. 이 주제에 관해서는 주세페 미라의 정확한 지적을 참조하라. Giuseppe Mira, *Aspetti dell'economia comasca all'inizio dell'età moderna*, Como, 1939, p. 244 (1587).

16. *Op. cit.*, p. 165. 물론 이 수치는 매우 과장되어 있다.

17. Pierre Belon, *Op. cit.*, p. 100 v°.

18. *Ibid.*

19. Museo Correr, Donà delle Rose, 181, f° 53v°.

20. Tavernier, *Les Six Voyages*, I, p. 270.

21. Marciana 5729, *Relazione d'Egitto*, 1668.

22. 이 주제에 관해서는 1579년 3월 26일 베네치아에서 이디아케스가 몬데하르 자작에게 쓴 편지를 참조하라. A. N., K 1672, G 1, note 33. 베네치아에서 콘스탄티노플에 대한 신용 대여 서류를 찾아보는 것은 불가능했다. 그것이 단순한 몸값을 위한 것일지라도 말이다. 두 도시 사이에는 적은 금액의 환어음만이 사용되었을 뿐이다. N. Iorga, *Ospiti……*, pp. 38, 46, 62, 79, 80, 84-85, 88, 90, 92, 97-98, 100, 109, 121(1587-1590년의 베네치아에서의 왈라키아의 환어음). 라구사 상인들은 발칸 반도에서 콘스탄티노플로 들어오는 라구사 상품, 즉 오스만 제국의 유럽 부분 영토에서 활동하는 자국인 소유의 상품에 대한 관세를 환어음으로 납부했다. 메디나 델 캄포나 제노바 정기시에서 환어음으로 정산할 수밖에 없었던 것은 바로 정화의 부재나 부족 때문이었다. J. Kulischer, *Op. cit.*, II p. 345.

23. Ragusa Archives, Diversa de Foris, XI, f°75 et *sq*. G. Bonda와 Stephan di Cerva가 25명의 유대인 대부업자들에게 지불한 지불명세서. 1573년 3월 3일부터 1573년 10월 10일까지 총 10회 상환되었다. 합의된 대부금의 상환 기간은 1개월에서 4개월이었다.

24. 1596년 2월 16일. G. Berchet, *op. cit.*, p. 87.

25. A.d.S. Venise, Busta 105 C. 838. 1585년 11월 24일.

26. Museo Correr, Donà delle Rose 26. f° 54. 1562년 5월 26일. 1605년 12월 2일 가게나 집에서 이런 종류의 환거래를 모두 금지했다. *Cinque Savii*, 12, f°105-106.

27. J. B. Tavernier, *Les Six Voyages*……, Paris, 1681, I, p. 73.

28. 1583년 5월 29일 알레포에서 존 뉴베리가 런던의 레너드 푸어에게 쓴 편지. R. Hakluyt, *op. cit.*, II, pp. 246-247.

29. 최근에 고디뉴는 뛰어난 연구에서 이 문제를 조사했다. V. Magalhães Godinho, *L'économie de l'Empire portugais aux XVIe et XVIIe siècles*, 1958 (typescript thesis, Sorbonne) vol I, pp. 1-241.

30. J. Carcopino, *Le Maroc antique*, 1943, p. 139.

31. Roberto S. Lopez, *Studi sull'economia genovese nel medio evo*, 1936, Marc Bloch에 의한 서평. *Mélanges d'hist. soc.*, I, 1942, pp. 114-115.

32. 931년. 좀더 이른 시기인 875년 안달루시아 지방으로부터 온 선원들이 알제리 해안에 테네스를 건설했다.

33. P. Béraud-Villars, *L'Empire de Gao*……, 1941, p. 220.

34. 참고할 만한 기본 문헌은 Jacques de Mas-Latrie, *Traités de paix et de commerce divers concernant les relations des Chretiens avec les Arabes, en Afrique septentrionale au Moyen Age*, 1866이다.

35. B. Coudray, "Les étrangers a Tlemcen", in: *Journal de l'Algerie nouvelle*, 1897. 또한 나는 같은 주제에 대해서 같은 저자가 저술한 원고를 읽고 활용할 기회를 얻었다.

36. 그래서 이 조르조 그레고리오 스텔라는 1470년 알제리의 콘스탄틴에서 양모와 린넨을 구입했다. Robert Brunschvig, *La Berbérie*……, I, p. 269.

37. Laurent-Charles Féraud, *Annales tripolitaines*, 1927, p. 16.

38. 카스티야의 산초 4세와 아라곤의 하이메의 계획. 몰루야 강 양안 지역. 엔리케 3세의 계획. 1400년경의 테투안[모로코 북부] 파괴. R. Konetzke, *op. cit.*, p. 84.

39. Robert Brunschvig, *La Berbérie Orientale sous les Hafsides des origines à la fin du XVe siècle*, 1940, I, p. 269은 이 중요한 연관성을 지적했다. 또한 베네치아가 1440년경 "바르바리 행 갤리 선단"을 운영하기 시작했다는 사실은 언급할 가치가 있다. *ibid.*, I, p .253. 포르투갈이 모로코에서 한 행동과 비교할 때에 이것은 평화로운 진출이었다.

40. R. Gandilhon, *Op. cit.*, p. 29.

41. 이러한 연관성을 보여주는 출판되지 않은 수많은 문서들이 라구사 문서보관소에 남아 있다.

42. G. La Mantia, "La secrezia o dogana di Tripoli", in: *Arch. It. sic.*, XLI, pp. 476-477, note I. 1438년 트리폴리의 두플라 화 혹은 두블레 화(dupla 혹은 duble)에 관해서. "그리고

요즘도 은과 상품은 대부분이 주로 바르바리 지방으로 수출되고 그곳으로부터 두플라 화가 들어온다. 여러분들이 알다시피 그 화폐는 정당한 가치 평가를 쉽게 못 받기 때문에 우리 국민들에게 큰 피해를 준다." (국왕 알폰소가 메시나의 "사령관"에게 보낸 편지.) 따라서 두카트 화를 주조하여 거래의 기초로 했다. 북아프리카의 이슬람 국가들에서 두플라 화는 16세기에도 여전히 금화였다. R. Hakluyt, *op. cit.*, II, p. 176, 1584.

43. 다음을 참조하라. A. d. S. Mantua, Aº Gonzaga, Genova 757. 1485년 1월 5일. 1485년 7월 7일. 에스파냐 585. 1486년 12월 6일. 1486년 11월 7일. Genova 757. 1487년 7월 21일 (페데리코 크리벨리의 환어음). 1487년 8월 25일(튀니스로 발행된 환어음). 1487년 8월 25일. 1487년 9월 11일 튀니스 200도비(dobie)는 220두카트였다. 1487년 10월 15일. 기타.

44. C. Trasselli, "Transports d'argent à destination et à partir de la Sicile", in: *Annales E.S.C.*, 1963, p. 883.

45. Richard Hennig, *Terrae incognitae*, III, 1939; Lefèvre, "Il Sahara nel Medioevo e il viaggio a Tuat del genovese Malfante", in: *Riv. delle Colonie*, 1936; C. De La Roncière, "Découverte d'une relation de voyage du Touat décrivant, en 1447, le bassin du Niger", in: *B. de la Section de Géogr. du Comité des Travaux Historiques*, 1919. 이 주제에 관해서는 다음 연구를 참조하라. G. Piersantelli, P. Schiarini, R. Di Tucci.

46. *Op. cit.*, I, p. 194.

47. 그것을 "티바르(금이라는 뜻)의 금(or de tibar)"이라고 하는 것은 중복 어법이다. 주 81을 참조하라.

48. R. Hennig, *op. cit.*, III, p. 286.

49. Leo Africanus, *History and Description*…… trans. Pory, 1896 ed., vol III, p. 827 et P. Béraud Villars, *op. cit.*, p. 90.

50. G. Balandier, *L'Afrique ambiguë*, 1957, p. 67 et *sq.*

51. V. Magalhães Godinho, *op. cit.*, part II, chap. 1, p. 671 et *sq.* 초고.

52. 아마 좀더 이른 시기일 것이다. A.d.S. Venise, Senato Dispacci Spagna. 1583년 2월 14일에 마드리드에서 자네가 도제에게 보낸 편지. "에스파냐 국왕은 150명의 병사를 태운 배에 많은 대포를 탑재하여 포르투갈 왕국령에 있는 상당한 양의 금을 탈취하기 위해서 미나로 보냈습니다. 금은 포르투갈 왕실 소유입니다."

53. Carmelo Trasselli, "Un aureo barbaresco battuto in Sicilia", in: *Numismatica*, 1963.

54. Simancas, Venecia, Eº1308, fº2. 1484년 12월 23일 베네치아에서 도제가 가톨릭 공동 국왕에게 쓴 편지.

55. 1497년부터 1511년까지 작성된 이 귀중한 편지들은 다시 분류되었다. A. d. S., Venise, *Lettere Commerciali*, XV, 9.

56. A.d.S. Venise, Senato Mar 19, fº 101.

57. *Ibid.*, fº 166vº.

58. *Ibid.*, fº152 vº. 1520년 9월 17일.

59. R. Gandilhon, *op. cit.*, p. 254에서 관련 각주를 참조하라. 마르세유와 북아프리카 간의 무역이 소수의 상인들의 손에 집중되어 있었다는 점에 관해서 Jacques Raymond Collier,

Histoire du commerce de Marseille, 1951, vol III, p. 123을 참조하라.

60. Museo Correr, Donà delle Rose, 26, f° 23 v° et *sq.* 1532년 7월 16일(Consiglio di X con le Zonta에 수록). 이 문서는 1524년 화폐 주조를 독려하는 조폐국 감독관을 두었다는 것을 언급하고 있다. 빌릴 수 있는 은이 부족한 것에 관해서는 A. d. S. Mantua, A° Gonzaga, Venezia, 1456. 1533년 9월 14일 베네치아에서 잠바티스타 말라테스타가 1526년 금값 상승에 관하여 후작에게 보낸 편지. A. d. S. Venise, Senato Zecca, 36.

61. Musco Correr, Donà delle Rose, 26. 이전 각주를 참조하라.

62. A. d. S. Venise, Senato Zecca, 36.

63. Vitorino Magalhães Godinho, *op. cit.*, H. van der Wee, *op. cit.*, II, pp. 124–127.

64. Jean-Pierre Berthe, "Las minas de oro del Marqués del Valle en Tehuantepec(1540–1547)", in: *Historia Mexicana*, 1958, n. 29.

65. Alvaro Jara, 미간행.

66. Henri Lapeyre, *op. cit.*, p. 257.

67. John U. Nef, "Silver production in Central Europe", in: *Journal of Political Economy*, 49, 1951.

68. *L'économie mondiale et les frappes monétaires en France 1493–1680*, 1956, pp. 8–9.

69. 이 표현은 야콥 판 클라베렌이 한 것이다. *op. cit.*, p. 3.

70. *Ibid.*

71. Roberto Simonsen, *Historia economica do Brasil, 1500–1820*, São Paolo, 1937, 2 vols.

72. F. Braudel, "Les Espagnols et l'Afrique du Nord, 1492–1577", in: *Revue Africaine*, 1928.

73. 이전 각주를 참조하라. R. B. Merriman, *The Rise of the Spanish Empire, vol. III, The Emperor*, p. 292. Francisco Lopez De Gomara, "Cronica de los Barbarrojas", in: *M.H.E.*, VI, pp. 371–379.

74. J. Denucé, *L'Afrique au XVIe siècle et Anvers*, p. 9.

75. 1533년에도(더 나중에는 의심의 여지없이) 여전히 베네치아가 북아프리카와 교역하고 있었다는 사실은 카펠레티가 인용한 사건에 의해서 암시된다. G. Cappelletti, *Storia della Repubblica di Venezia*, 1852, VIII, pp. 119–120. 그러나 조금씩 드러나기는 했지만 교역은 점진적으로 쇠퇴했다. A. d. S. Mantua, Genova 759. 1534년 3월 3일 제노바에서 스테파노 스피놀라가 자작에게 보낸 편지. 제노바 시장에서 더 이상 바르바리 지방의 과일을 찾을 수 없게 되었다.

76. D. de Haëdo, *op. cit.*, pp. 24 and 24 v°.

77. 1584, R. Hakluyt, *op. cit.*, II, p. 184.

78. D. de Haëdo, *op. cit.*, p. 27 v°.

79. B. N., Madrid, ch. 34.

80. D. de Haëdo, *op. cit.*, p. 27 v°.

81. 비서관 후안 데 소토가 보낸 보고서. 1574년 6월 20일자 사본. Simancas E° 1142. 물론 티바르(tibar 혹은 tivar)는 금을 의미한다.

82. 1568년 11월 4일과 8일. Simancas E° 1132.

83. 그러나 기독교 점령 기간 동안 트리폴리는 금 교환 도시로서의 역할을 상실했다. M. Sanudo, *op. cit.*, XI, col 112; Rossi, *op. cit.*, p. 17.

84. 그 표현은 카르멜로 트라셀리가 한 것이다. "Note preliminari sui Ragusei in Sicilia", 출판 예정(1965년 Economia e storia에서 출간).

85. Emilio Garcia Gómez, "Españoles en el Sudan", in: *Revista de Occidente*, 1935.

86. D. de Haëdo, *op. cit.*, p. 27 vᵒ.

87. D. de Haëdo, *op. cit.*, p. 27 vᵒ ; J. Gentil da Silva, *op. cit.*, p. 89. 많은 네덜란드의 선박들이 기니 만을 따라서 금 수송에 참여했다.

88. 나는 에스파냐, 리보르노, 베네치아와 마그레브 사이에 교역이 이루어졌다고 생각한다. 이를 증명하는 풍부한 자료가 있다. 콘스탄티노플 주재 베네치아 바일로의 중재로 베네치아와 알제 사이에는 교역이 이루어졌음을 상기하자. *Cinque Savii* 3, fᵒ 721. 1600년 5월 29일과 6월 22일 알제의 부왕은 8내지 10척의 베네치아 선박에게 통행증을 발급했다. 그 선박들에는 모직물, 밀랍, 가죽이 선적되어 있었다. 모로코 왕과 토스카나 사이에 체결된 통상 조약에 관해서는 A. d. S., Florence, Mediceo 4274, 1604.

89. Jean Cassou, *Les conquistadors*, pp. 213-214. 새로운 아말감 기술을 개발하기 이전에는 구멍이 뚫려 있는 작은 용광로를 사용했다. *ibid.*, p. 211. Gerolamo Boccardo, *Dizionario universale di economia politica e di commercio*, 1882, I, p. 160. P. Rivet, and H. Arsandaux, *La métallurgie en Amérique precolombienne*, 1946, p. 21. 1571년의 경우 핵심적인 사료는 Lizárraga, *Hist. de Indias*, II, p. 556이다.

90. 이런 언급은 L. von Ranke에 의한다(Platzhoff, *op. cit.*, p. 17에서 인용).

91. *Correspondence de Granvlelle*, ed. Piot, VII, p. 2, quoted by R. B. Merriman, *op. cit.*, IV, p. 438, note 2.

92. *Op. cit.*, p. 159.

93. *Actas*, I, p. 285.

94. B.N., Madrid, 9372, fᵒ41.

95. *Circa* 1569, Paris, *op. cit.*, I, pp. 339-340.

96. *Op. cit.*, p. 66.

97. P. Ségusson de Longlée, *op. cit.*, pp. 128, 129; Requête……, 1585, A. N., K 1563.

98. 1588년 3월 18일. Simancas Eᵒ 336, fᵒ 153 et (날짜가 없음) Eᵒ 336, 154.

99. 1567년 5월 6일, 데 알라바가 펠리페 2세에게 보낸 편지. A.N., K 1508, B 21, note 6.

100. E. Albèri, *op. cit.*, p. 405.

101. 이전에는 독일 출신 사프란 상인들도 금 수출에 참여했었다. A. Schulte, *op. cit.*, I, p. 354. 밀수는 리스본 쪽에서 있었다.

102. 로마, 1554년 6월 20일, *Corp. dip. port.*, VII, p. 360. 제노바 상인들의 다른 밀수 사례들 (1563년)에 관해서는 Simancas Eᵒ 1392; 1578년 6월 10일 잉글랜드 상인의 밀수에 관해서는 *CODOIN*, XCI, pp. 245-246.

103. 합법적으로 항상 수출 허가를 받을 수 있었다. 예를 들면, 1597년 4월 조르조 바도에르

가 수출 허가를 요청한 사례처럼 말이다. A.N., K 1676. 통상적으로 수출 허가는 수송비용을 고려해서 부여했다.

104. 플랑드르로 가는 환어음. Simancas E° 500.

105. *Ibid.*

106. Simancas E°502.

107. Simancas E°504.

108. 1551년 모로지니와 바도에르가 도제에게 보낸 편지. G. Turba, *Venet. Depeschen*……, vol I, 2, p. 517, note.

109. 그 사실은 R. Ehrenberg, *op. cit.*, t, pp. 63, 160에 의해서 지적되었다.

110. K. Häbler, *Die wirtschaft. Blüte*……, p. 53, R. Ehrenberg, *op. cit.*, II, pp. 63, 150 155, 155 note 92. 푸거 문서보관소에서 푸거 가문의 은의 움직임에 관한 기록.

111. R. Ehrenberg, *op. cit.*, t, p. 158.

112. Salzman, *op. cit.*, p. 5.

113. 1557년 환어음 거래 축소. Simancas E° 514-515. 주재원 후안 로페스 델 갈로가 환어음과 화폐 공급에 관해서 언급한 편지. *ibid.*

114. H. van Houtte, "Les avvisi du Fonds Urbinat", 1926, pp. 369-370.

115. 1558년 6월 13일. A. E. Esp. 290, 사본.

116. B. N., fr. 15, 875, f°s476 et *sq.*

117. 1554년 10월 6일 고메스가 프랑코 데 에라소에게 보낸 편지. A. E. Esp. 229, f° 85.

118. 1554년 5월. R. Ehrenberg, *op. cit.*, II, p. 64.

119. *CODOIN*, LXXXIX, p. 3. 1564년 9월 4일. 1568년 말 엘리자베스는 여전히 안트베르펜에서 돈을 빌리고 있었다. *CODOIN*, XC, p. 152. 1568년 11월 6일 런던.

120. 안토니오 루메오 데 아르마스는 다시 한번 자신의 역작인 *Piraterias y ataques navales contra las islas Canarias*, 1947, I, p. 335 et *sq.*에서 이를 보여주었다.

121. *Documents concerning English Voyages to the Spanish Main*, p.p. I. A. Wright, 1932, p. XVII.

122. 1568년 12월 18일, *CODOIN*, XC, p. 160.

123. 윌리엄 세실 경은 자신의 예금을 함부르크에 예치했다. *CODOIN*, XC, p. 227. 1569년 5월 9일 런던.

124. 1569년 8월 14일 런던에서 그레셤이 윌리엄 세실 경에게 보낸 편지. R. Ehrenberg, *op. cit.*, II, p. 34. 1576-1577년에 비슷한 조치가 취해졌는데, 그것은 스틸야드 폐쇄였다. 그러나 이러한 민족주의도 해외 환거래소들, 적어도 1575년 쾰른 환거래소에 의존하는 것을 막지는 않았다. *CODOIN*, XCI, 1575년 12월 10일.

125. *CODOIN*, XC, p. 184, 1569년 2월 14일.

126. *Ibid.*, p. 185, 1569년 2월 14일.

127. *Ibid.*, p. 254, 1569년 7월 1일.

128. *CODOIN*. XC, p. 173 et *sq.*, p. 178 et *sq.*; *CODOIN*, XXXVIII, p. 11.

129. O. de Törne, *Don Juan d'Autriche*, I, p. 109 et *sq.* 상인의 생활, 나포된 선박, 1568년

안트베르펜 시장의 첫 봉쇄 그리고 1572년에서 1577년의 두 번째 봉쇄 등의 세부적인 내용들에 관해서는 Y. Vázquez de Prada, *op. cit.*, I, pp. 55 *et sq.*, 58 *et sq.*를 참조하라.

130. 1567년 이후 알바 공작이 군대, 돈과 환어음을 가지고 제노바, 사부아 그리고 프랑슈콩테 지방(Lucien Febvre, *Philippe II et la Franche-Comté*, p. 520 *et sq.*), 로렌 그리고 룩셈부르크 지방을 경유해서 플랑드르로 갈 수밖에 없었다는 사실은 시대의 징후를 암시한다. 그것이 보여주는 세부적인 내용은 다음과 같다. 1568년 알바 공작에게 송금할 15만 에퀴가 라인 강변에서 팔라틴 백작에 의해서 압수당했다. 수송 책임을 맡은 제노바 상인 루치아노 첸투리오네와 콘스탄티노 젠틸레는 배상금을 지불하고 압수된 돈을 되돌려 받았다. 1568년 3월 24일 샤를 9세가 푸르크보에게 보낸 편지, p. 169; 1568년 4월 6일 마드리드에서 푸르크보가 샤를 9세에게 쓴 편지. C. Douais, *op. cit.*, I, p. 345; 1568년 3월 7일 브뤼셀에서 보낸 보고서. H. van Houtte, *art. cit.*, p. 437.

131. 1572년 7월 31일 안트베르펜, A. d. S., Genoa, Olanda, Lettere Consoli, 1265.

132. 플랑드르로 출항하기 위해서 산탄데르로 모인 선단. Simancas E° 561; C. Duro, Armada española, II, p. 288 *et sq.*

133. Antonio de Guarasto가 Zayas에게 보낸 편지. 런던, 1575년 11월 29일, *CODOIN*, XCI, p. 108.

134. R. Ehrenberg, *op. cit.*, I, pp. 180-181, 213, 215.

135. 1588년 9월 7일 산 로렌소[에스코리알 궁전 안에 있는 수도원]에서 펠리페 2세가 파르마 공작에게 보낸 편지. A. N., K 1448, M.

136. 부르고스의 상인은 1577년 이후 활동하지 않았다는 에렌베르크의 주장은 옳지 않다. *op. cit.*, I, pp. 362-363.

137. 1589년 3월 17일 펠리페 2세가 멘도사에게 보낸 편지. A. N., K 1449.

138. *Ibid.*, 1589년 5월 6일과 1589년 6월 14일 산 로렌소에서 국왕이 멘도사에게 보낸 편지.

139. Bart. Benedetti, *Intorno alle relazioni commerciali……di Venezia e di Norimberga*, Venise, 1864, p. 30.

140. L. Batiffol, *La vie intime d'une reine de France au XVIIe siècle*, Paris, 1931, p. 18.

141. 1579년 3월 26일 베네치아에서 이디아케스가 몬데하르 후작에게 보낸 편지. A. N., K 1672. G 38, 사본. 이디아케스는 자신이 제노바 주재 대사로 있을 당시의 상황을 상기했는데, 그 시대의 불안을 기억했다.

142. 1590년 이탈리아로부터 온 6대의 우편마차는 바젤 근처에서 안트베르펜에 있는 암브로시오 스피놀라에게 전달할 5만 에퀴를 도난당했다. 마차 한 대는 1만 에퀴의 금화를 수송할 수 있었다. V. Vázquez de Prada, *op. cit.*, I, p. 37.

143. 1572년 플랑드르에서 거둬서 프랑스로 보낼 현금을 어떻게 수송할지에 대해서 이야기하는 이소아르도 카렐포의 기록. A. N., K 1520, B 33, note 49, 사본.

144. 1569년 1월 13일 마드리드에서 푸르크보가 샤를 9세에게 보낸 편지. C. Douais, *op. cit.*, I, p 46.

145. 1571년 6월 7일 브뤼셀에서 알바 공작이 펠리페 2세에게 보낸 편지. A. N., K 1523. B 31, note 78.

146. C. de Montdoucet., *op. cit.*, I, pp. 71-72, 1572년 10월 21일 브뤼셀.

147. 1572년 9월 21일 마드리드에서 델 카차가 왕자에게 보낸 편지. A. d.S., Florence, Mediceo 4903. G. Mecatti, *op. cit.*, II, p. 750. 따라서 Lavisse(*op. cit.*, VI, I, p. 123)는 틀렸다.

148. 1572년 9월 25일 마드리드에서 펠리페 2세가 디에고 데 수니가에게 보낸 편지. A. N., K 1530, B 34, note 65.

149. 1572년 9월 26일 마드리드에서 생 구아르가 샤를 9세에게 보낸 편지. B. N., Paris, fr. 16, 104.

150. *Op. cit.*, II, p. 136, note I, B.N., Paris, fr.127, f^os, 181-182.

151. 1576년 12월 1일 파리에서 디에고 데 수니가가 펠리페 2세에게 보낸 편지. A. N., K 1542, B 41, orig. D.

152. *Op. cit.*, II, p. 215.

153. *C.S.P., Venet.*, VII, p. 565, 1577년 10월 19일.

154. R. Ehrenberg, *op. cit.*, I, pp. 362-363.

155. 1577년 12월 12일 파리에서 바르가스가 펠리페 2세에게 보낸 편지. 21일 수령. A. N., K 1543, B 52, note 113, D.

156. 1578년 7월 11일 파리에서 바르가스가 펠리페 2세에게 보낸 편지. A. N., K 1545, B 43, note 9, D.

157. 1578년 7월 27일 바르가스가 펠리페 2세에게 보낸 편지. *ibid.*, note 22, D.

158. *Ibid.*

159. O. de Törne, "Philippe II et les Guises", in: *Revue Historique*, 1935.

160. 1582년 8월 20일 리스본에서 펠리페 2세가 J. B. 데 타시스에게 보낸 편지. A. N., K 1447, p. 186.

161. 1585년 5월 3일 사라고스에서 롱글레가 앙리 3세에게 보낸 편지. *Dépêches de M. de Longlée*, p.p. A. Mousset, p. 186.

162. A. d. S. Mantua, Series E, Genova 759, 1532년 10월 15일.

163. R. Ehrenberg, *op. cit.*, I, p. 343.

164. 1551년 11월 1일 로마에서 대주교가 국왕에게 보낸 편지. *Corpo dipl. port.*, VI, p. 38.

165. *Op. cit.*, I, p. 155.

166. 1564년 1월 28일 제노바. Simancas E° 1393.

167. 1565년 펠리페 2세가 페드로 데 멘도사에게 보낸 편지. Simancas E° 1394.

168. 1566년 2월 4일. C. Douais, *op. cit.*, I, p. 50.

169. 1566년 5월 11일 마드리드에서 왕자에게 보낸 편지. A. d. S., Florence, Mediceo, 4897 *a*.

170. 1567년 4월 27일 카르타헤나에서 알바 공작이 펠리페 2세에게 보낸 편지. A. E. Esp. 4, f°357.

171. 1565년 6월 13일 마드리드에서 가르체스가 공작에게 보낸 편지. Mediceo 4897, f° 122v°. 1566년 4월 30일 나폴리 부왕이 펠리페 2세에게 보낸 편지. Sim. E° 1055, f°116, f°137, 184.

172. *Op. cit.*, I, p. 153.

173. 1567년 6월 18일 마드리드에서 노빌리가 토스카나 공작에게 보낸 편지. A d. S., Florence, Mediceo 4898, f° 68v°· 69.

174. 1567년 5월 30일 마드리드에서 노빌리가 토스카나 공작에게 보낸 편지. *ibid.*, f° 60v°.

175. *Ibid.*, f° 64.

176. *Ibid.*, 1567년 9월 20일, 1567, f° 99v°.

177. Ragusa Archives, Diversa di Cancellaria, 127, f°s 106, 106v°, 1539년 10월 3일.

178. Ragusa Archives, Div. di Cancellaria, 139, f°s 23 et *sq.*

179. *Ibid.*, 146, f° 34.

180. *Ibid.*, 145, f° 23v°.

181. *Ibid.*, 146, f° 145, 1560년 8월 20일.

182. Vuk Vinaver, "Der venezianische Goldzechin in der Republik Ragusa", in: *Bolletino del'Istituto della Società e della stato veneziano*, 1962, pp. 140‑141.

183. *Ibid.*, p. 141.

184. 1561년 5월 4일 바르셀로나. Simancas E° 328.

185. Simancas E° 1055, f° 137.

186. 1572년의 은 수송을 위한 용선료는 1.5퍼센트였다. 1572년 4월 27일 마드리드에서 잔 안드레아 도리아가 제노바 공화국에 보낸 편지. A. d. S., Genoa, L. M. Spagna 5.2414.

187. 1566년 2월 7일 나폴리 부왕이 펠리페 2세에게 보낸 편지. Simancas E° 1055, f° 29.

188. 1572년 3월 25일 마드리드에서 펠리페 2세가 그랑벨에게 보낸 편지. Simancas E° 1061, f° 208. 1572년 4월 21일 그랑벨이 펠리페 2세에게 보낸 편지. Simancas E° 1061, f° 27. 1572년 12월 19일 마드리드에서 데 카차가 토스카나 공작에게 보낸 편지. Mediceo 4903. 제노바 앞으로 발행된 50만 에퀴 상당의 환어음.

189. 앞의 주에 대해서는 다음을 참조하라. Mediceo 4903.

190. R. Ehrenberg, *op. cit.*, II, p. 215.

191. *Ibid.*, p. 214.

192. *Ibid.*, p. 179. 1576년 100만 에퀴가 바르셀로나 갤리 선에 의해서 제노바에 있는 돈 후안에게 수송되었다. O. de Törne, *op. cit.*, II, p. 30.

193. 1577년 7월 16일 산 로렌소에서 펠리페 2세가 수도원장 에르난도 데 톨레도에게 보낸 편지. Simancas E° 335. 제독은 선장과 함께 승선할 예정이었다. 게다가 선장은 4척의 갤리 선을 이끌고 항해할 예정이었다. 1577년 8월 27일 바르셀로나에서 수도원장 데 톨레도가 펠리페 2세에게 보낸 편지(31일 수령). Simancas E° 335, f° 402.

194. 1582년 12월 23일 리스본에서 펠리페 2세가 대공에게 보낸 편지. Simancas E° 1451.

195. 좀더 자세한 내용에 관해서는 Felipe Ruiz Martín, *Lettres marchandes……* *op. cit.*, p. LXXXIV, et *sq.* 참조.

196. Dépêches de M. de Longlée, p.p. A. Mousset, Paris, 1912, p. 9.

197. *Ibid.*, p. 19.

198. *Ibid.*, p. 42.

199. *Ibid.*, p. 77.

200. *Ibid.*, pp. 76–77.

201. *Ibid.*, p. 87.

202. 당시 플랑드르 군대를 이끄는 총관리관(veedor general)이었다. 이탈리아로 보낸 692,722에퀴 중 10만 에퀴가 1585년 7월 23일 J. B. 타시스에게 보내졌다. A. N., K 1583.

203. *Dépêches de M. de Longlée, op. cit.*, p. 120.

204. *Ibid.*, p. 129

205. *Ibid.*, p. 139.

206. *Ibid.*, p. 147.

207. *Ibid.*, p. 149.

208. *Ibid.*, p. 175.

209. *Ibid.*, p. 242.

210. *Ibid.*, p. 269.

211. *Ibid.*, p. 312.

212. *Ibid.*, p. 315.

213. 1586년 3월 29일 마드리드 주재 제노바 대사가 공화국에 보낸 편지. A. d. S., Genoa, L.M. 9–2418.

214. 1589년 6월 17일 산 로렌소에서 펠리페 2세가 대공에게 보낸 편지. Simancas Eº 1452.

215. R. Ehrenberg, *op. cit.*, I, p. 351. 1590년 3월 3일 롱글레의 주석에 나오는 스피놀라에 관한 언급과 비교하라. *op. cit.*, p. 391.

216. Antonio Dominguez Ortiz, "Los estrangeros en la vida española durante el siglo XVII", in: *Estudios de historia social de España*, 1960, p. 304, note 10.

217. 공식적인 증거는 Ralph. de Turri, *Tractatus de cambiis*, Disp. 3. Qu. 13. No. 78에서 찾을 수 있다. 1602년 12월 16일과 30일, 바야돌리드에서 콘타리니가 베네치아 도제에게 보낸 편지(A. d. S., Venise, Senato Dispacci Spagna); *Lettres missives de Henri IV*, VI, p. 16. 1603년 1월 18일 프랑스 국왕 앙리 4세는 드 보몽에게 보낸 편지에서 "에스파냐 국왕은 1,100만 에퀴 상당의 대부계약을 체결했네. 여기에 다시 100만 에퀴가 더해졌다는 사실을 나는 보고 받았네"라고 이야기한다. 계약은 3년간이었다. 매년 300만 에퀴는 플랑 드르 지방으로 보내고, 그리고 200만 에퀴는 왕실 소비를 위한 것이었다. 이 수치는 실제 수치에 상당히 가까웠다. 1602년 12월 31일 바야돌리드에서 체결된 아시엔토 계약은 정확 히 720만 에스쿠도(플랑드르 지방에서 36회로 나눠서 상환할 액수) 그리고 마드리드와 세비야, 리스본, 시망카스에서 36회로 나눠서 상환할 240만 에스쿠도였다. Simancas Contadurias Generales, 1º 96. 1951년 내가 개인적으로 조사했던 이 아시엔토 계약서 전체 는 바로 이 시리즈에 속해 있다. 알바로 카스틸로 핀타도가 이에 대한 후속 연구를 맡았고 이를 완수했다. 이 책 430쪽의 도표 59를 참조하라. 완벽한 수치를 보여주는 이 그래프에 의해서 나는 이에 관한 모든 관련 자료를 열거하는 것이 소용없는 일이고, 그리고 이 거대 한 문제를 제기하기만 했던 오래된 나의 이전 연구의 결과물을 수정하는 것이 소용없는 일이라는 생각을 하게 되었다.

218. 1587년 4월 4일 산 로렌소에서 펠리페 2세가 후안 데 라스투르에게 보낸 편지. A. N., K 1448, minute.

219. Amadeo Pellegrini, *Relaz. inedite di ambasciatori lucchesi*……, Rome, 1901, pp. 13-14. 1592년 콤파뇨 회사의 항해에 관해서는 1척의 갤리 선이 난파한 겨울 항해를 참조하라 (120명의 노꾼들이 익사했다). 선단은 600에서 800에퀴에 이르는 현금과 동전 상자들을 수송하고 있었다. 갤리 선들을 이용하여 에스파냐에서 제노바로 돈을 송금했던 이 제노바 상인에 관해서 그리고 갤리 선이 카르타헤나를 출발하게 된 계기에 관해서 세르반테스가 언급한 것이 정확한지를 확인할 필요가 있다. Cervantes, *La Gitanilla*, I, p. 64. 상선들은 합법적이건 불법적이건 간에 에스파냐의 현금을 수송했고, 예를 들면 알리칸테와 이비사 에서 화물을 선적한 산 프란시스코 호는 1585년 3월 3일 2만1,700레알 화를 싣고 리보르 노 항에 도착했다. A. d. S., Florence, Mediceo 2080.

220. 1583년 4월 17일 메디나 델 캄포에서 시몬 루이스가 수아레스에게 보낸 편지.

221. A. d. S., Venise, Senato Dispacci Spagna. 1614년 1월 18일 마드리드에서 페데리코 모로지니가 도제에게 보낸 편지.

222. 다른 견해의 경우, 이미 인용한 에밀 코르네르의 서평을 참조하라. Émile Coornaert, in: *Revue du Nord*.

223. Émile Coornaert, *op. cit.*, pp. 28-29. 1569년까지의 상승에 관해서는 30쪽을 참조하라. "1580년에 이미 많은 사람들이 떠났다.……"

224. R. B. Merriman, *op. cit.*, IV, pp. 285-286. 1585년 네덜란드에서 일어난 화폐 변조는 하나의 귀결, 쇠퇴의 마지막 단계가 아닐까?(Émile Coornaert, *op. cit.*, p. 46)

225. 1579년 안트베르펜 시장에는 에스파냐의 경우 꽤 이름 있는 상사 1개, 루카는 4개, 제노바는 5개, 이탈리아는 14개, 포르투갈은 10개의 상사만이 남아 있었다. R. Ehrenberg, *op. cit.*, II, p. 192.

226. A. Vaticanes, Spagna 27, *Le cause per le quale if sermo Re di Portogallo*……, 1573, f°s 161 to 162. 1565년부터 1567년까지 세비야에서 발생한 예금 인출 소동.

227. V. Vázquez de Prada, *op. cit.*, I, p. 28, note 30.

228. A. von Reumont, *op. cit.*, I, p. 355에 따르면 여전히 리옹에 자리잡고 있었던 몇몇 피렌체 상사들이 리옹을 포기하고 브장송, 샹베리, 아비뇽으로 이주하게 된 것은 1575년 이었다. R. Ehrenberg, *op. cit.*, I, p. 306는 1575년에 소수의 이탈리아 상인들만이 리옹에 남아 있었고 나머지는 파리로 떠났다고 한다. 1592년 카포니 은행만이 유일하게 살아남았 고, 1594년 유명한 루카 출신의 잠베티는 이 은행을 이어받았다. 이 방대한 주제에 관해서 는 파리에 자리잡은 이탈리아 은행가들을 연구한 L'Hermite De Sollier, *La Toscane française*, Paris, 1661를 참조하라. 토스카나 상인의 입장에서 리옹의 쇠퇴는 1576년 이후 에스파냐와 토스카나의 관계가 더욱 긴밀해진 결과가 아닐까? 토스카나 경제가 에스파냐 에 더욱 치중하게 된 것에 관해서는 R. Galluzzi, *op. cit.*, III, p. 505 et *sq.*를 참조하라.

229. R. Ehrenberg, *op. cit.*, II, p. 191.

230. *Ordenanzas del Consulado de Burgos de 1538*, p.p. Eloy Garcia de Quevedo y Concellon, Burgos, 1905. 긴 서문에서 1556년부터 쇠퇴했다는 것을 논한다(p. 71). 이 날

짜는 내게는 매우 정확한 것 같다. 1965년 3월 21일자 한 노트에서 나에게 자신의 견해를 피력했던 마리 엘머(Marie Helmer)에 따르면, 쇠퇴의 징후는 1566년경에 나타났다. 1568년, 1570년과 1572년에 위기가 있었다. 1573년에는 이미 몰락이 시작되었고, 그 결과는 되돌릴 수 없었다.

231. A. de Capmany, *op. cit.*, IV, p. 337 (1594). Cf. 1609년 바르셀로나에서 환전업을 대규모로 하는 누에보 방코가 설립되었다. A. P. Usher, *op. cit.*, p. 437.

232. 1575년 5월 8일에서 13일 사이에 베네치아에서 뒤 페리에가 앙리 3세에게 보낸 편지. E. Charrière, *op. cit.*, III, p. 595.

233. Simancas E° 343(1595).

234. D. de Haëdo, *op. cit.*, p. 24 and 24 v°; R. Hakluyt, op cit., II, p. 176(1584).

235. R. Busquet, "Les origines du consulat de la nation française à Alger", in: *Inst. hist., Provence*, 1927.

236. P. Grandchamp, *op. cit.*, 예를 들면, I, pp. 17, 18, 23, 87, etc. 그 사실은 이미 A. E. Sayous, *Le commerce des Européens à Tunis depuis le XIIe siècle*, 1929에 의해서 지적되었다.

237. D. de Haëdo, *op. cit.*, p. 177 v°.

238. A. d. S., Florence, Mediceo 2080, 1578년 7월 26일, 1585년 3월 3일.

239. Ragusa Archives, D. de Foris, VIII, f°172, 1599년 8월 24일.

240. *Ibid.*, f°s 113v° to 115v°.

241. A. N., K 1676, 1599년 1월 2일 이니고 데 멘도사가 펠리페 2세에게 보낸 편지.

242. Ragusa Archives, D. di Cancellaria, 192, f°139, 1604년 5월 30일.

243. 제I부 258-259쪽을 참조.

244. A. d. S., Florence. Mediceo 5032. 1598년 6월 27일 제노바에서 자노비 카르네스키가 피사 대주교에게 보낸 편지.

245. Felipe Ruiz Martín, *Lettres marchandes*⋯⋯, p. 48.

246. Tanteo general B.N., Madrid, 1004, Felipe Ruiz Martín에 의해서 인용, *ibid.*

247. 시몬 루이스와 피렌체 있는 그의 주재원들이 서로 주고받았던 편지는 F. Ruiz Martin, *op. cit*에 나온다. 발타사르 수아레스의 편지들 중에서도 특히 관심을 끄는 것은 1590년 2월 24일자 편지이다. 그 편지는 리옹에 있는 본비시 가문에 관한 것이었다. "그들은 이제는 채권이 아니라 채무를 원하고 있습니다. 요즘에는 환어음은 돈을 가진 사람이 돈을 빌리는 사람이 원하는 방식대로 만들어주어야 하기 때문입니다." 흥미를 끄는 또다른 편지는 1591년 9월 9일자 편지이다.

248. *Ibid.*,. 1590년 3월 30일자 편지.

249. 1591년 9월 9일 피렌체에서 발타사르 수아레스가 시몬 루이스에게 보낸 편지.

250. A. d. S. Sommaria Consultationum 22, f°s 9-10, 1608년 2월 8일.

251. 이 수치는 Turbolo, *Discorso*⋯⋯, pp. 3 et 4, Naples, B. di Storia Patria XXVIII, D. 8에 따른 것이다. 그리고 1548년부터 1587년까지 1,050만 두카트, 대략적인 수치로 매년 26만 두카트가 주조되었고(A. d. S. Naples, Sommaria Consultationum, 9, f° 168, 1587년

1월 29일), 반면 1599년부터 1628년까지 매년 40만 두카트가 주조되었다. 두카트의 평가 절하를 고려하더라도 이것은 주조량이 꽤 크게 증가했음을 보여준다.

252. Antonio della Rovere, *op. cit.*, p. 43, note 40 *bis*.

253. Ubaldo Meroni (ed.) *I 'libri delle usate delle monete' della Zecca di Genova, dal 1589 al 1640*, Mantua, 1957.

254. 내가 제시하는 다음의 참고 문헌은 문단 뒷부분에 언급된 수치와 일치한다. Marciana 7299(1584년 6월 2일); Correr, Donà delle Rose, 26, f° 93, 1584년 6월 2일; *ibid.*, f° 93v°, 1584년 7월 13일; *Ibid.*, f° 95, 1585년 12월 5일; *ibid.*, f° 104, 1591년 6월 14일. A. d. S. Venise, Senato Zecca 2(1591); *ibid.*, 1595년 12월 4일; 1596년 1월 3일; *ibid.*, 1597년 3월 26일; *ibid.*, 1605년 3월 19일.

255. A. d. S., Naples, Sommaria Consultationum, 9, f° 168, 1587년 1월 29일.

256. 이 주장들은 거의 확실하다. 프랑스에 관해서는 이 책 제II부 제1장의 주 460에 언급된 A. 체임벌랜드의 고전이 된 논문을 참조하라. 독일과 네덜란드의 경우 베네치아와 피렌체 에서 북유럽으로 송금할 수 있었다는 단순한 사실에 주목하자. 피렌체와 에스파냐 사이의 수지 불균형에 관해서는 F. Ruiz Martín, *Lettres marchandes*……을 참조하라. 수지 균형 이라는 개념은 16세기에는 아직 낯선 것이었다. 하지만 나는 에스파냐 정부의 물음에 대 한 사업가들의 답변에서 다음과 같은 중요한 구절을 확인했다(1575, B. M. Harl. 3315, f°155). "이 왕국에서 큰 일은 나가는 상품보다 들어오는 상품이 더 많다는 것이다. 이 좋지 못한 사정은 거의 고려할 필요가 없다."

257. 그것은 반 클라베렌이 제시한 날짜이다. J. van Klaveren, *Op. cit.*, p. 3. Jean Meuvret, "La conjoncture internationale de 1660 à 1715", in: *Bulletin de la Société d'Histoire Moderne*, 1964. 장 뫼브레는 여기에서 단기간의 인플레이션이 시작되었음을 확인했다. "이것은 진정한 회복이었을까?" 1604-1609년 이후 아메리카 은의 일부가 북유럽으로 들 어오고 있었다는 사실에 주목하자.

258. 이것은 사무엘 리카르의 표현이다. 다음의 주를 참조하라.

259. Samuel Ricard, *Traité général du Commerce*, 2nd ed., 1706, p. 371.

260. Marciana 5729, Relazione d'Egitto, 1668.

261. 그것은 펠리페 루이스 마르틴의 견해이다. F. Ruiz Martín, *Lettres marchandes*…….

262. A. d. S. Genoa, Spagna 38. 1647년부터 1650년 사이의 자료들.

263. 이후 지면들에서 나는 펠리페 루이스 마르틴의 두 저작을 참고했다. Felipe Ruiz Martín, *Lettres marchandes échangées entre Florence et Medina del Campo*. 이 책은 시몬 루이스와 나중에 그의 조카 코스메 루이스가 1577년부터 1606년까지 피렌체에서 보냈거나 받은 편지들이었다. 이 편지들의 도입부는 길고 훌륭하다. 출판되기 전에 내가 미리 볼 수 있었 던, 그의 두 번째 저작 *El siglo de los Genoveses en Castilla (1528-1627): capitalismo cosmopolita y capitalismos nacionales*는 내 생각에 출판되지 않은 라몬 카란데의 고전적인 연구 성과 이후에 16세기 에스파냐를 다룬 가장 훌륭한 저서인 것 같다.

264. 나는 16세기 말에도 여전히 많은 양의 은이 제노바로 유입되고 있었다는 사실에 놀랐 다. 1670년 이후에 관해서는 제노바 주재 프랑스 영사 콩팡의 통신을 참조하라. A. N.,

Affaires Étrangères, B 1 511, Gênes. 주 253에서 인용한 U. 메로니의 저작에 나오는 제노바 조폐국의 주조량 곡선을 참조하라(이 책의 제II부 제2장 주 32 참조).

265. Ramón Carande, "Sevilla fortaleza y mercado", in: *Anuario de Historia del Derecho español*, II, 1925 (발췌본) p. 33, 55 et *sq.* Jacques Heers, *op. cit.* 색인에 세비야라는 단어와 관련된 자료는 많다.

266. 프랭크 스푸너는 이 혼란스러운 시기에 제노바인들이 금 값 상승으로 이익을 얻었다고 지적했다. *op. cit.*, p. 21.

267. Renée Doehaerd, *Études anversoises*, I, 1963, p. 33.

268. Cf. F. Ruiz Martín, *Lettres marchandes* …… p. 29 et *sq.* and Alvaro Castillo Pintado, "Los juros de Castilla apogeo y fin de un instrumento de credito", in: *Hispania*, 1963의 훌륭한 논문. 저당권은 판매되지 않았다. 은행가들은 당시 양도 가능한 공채 또는 그들이 잘 알고 있었던 담보를 확보하려고 에스파냐 안과 에스파냐 밖, 특히 이탈리아에서 공적인 저축을 활용했다. 저축을 한 자에게 판매되는 담보는 아시엔토 계약의 청산 시기에 이자를 제공하는 채권으로 상환받았다. 그래서 제노바 상인들은 이자율, 채권의 성격과 배당금에 따라서 달라지는, 아직 조율이 잘 되지 않은 다양한 형태의 국채 시장의 주인 역할을 했다. 그러나 감수해야 할 위험부담이 있었다. 1575년처럼 양도 가능한 채권에 대한 투기로 인해서 살레르노의 군주였던 니콜로 그리말도는 떠들썩한 파산을 했다. Alvaro Castillo Pintado, *art. cit.*, p. 9.

269. Felipe Ruiz Martín, *Lettres marchandes* ……, p. XXXII.

270. Simancas Consejo y Juntas de Hacienda, 37, Decreto sobre la paga de las mercedes y otras deudas, 톨레도. 1560년 11월 14일.

271. *Ibid.*

272. Felipe Ruiz Martín, *Lettres marchandes* ……, p. XXXII.

273. V. Magalhães Godinho, *op. cit.*, p. 420. 1435년 1퀸탈은 3,072레아이스에 해당했고, 1564년에는 33,421레아이스였다. 1568년 구리 가격은 폭락했다.

274. B.N., fr. 9093, f° 78(1640).

275. A. d. S., Venise, *Cinque Savii*, Riposte, 1602-1606, f°s 189v° to 195. 1607년 1월 6일.

276. 1597년 4월 2일. A. d. S., Genoa Spagna 12.

277. 특히 *Lettres marchandes* ……, Chapter II, "L'argent vassal de l'or", p. LIII et *sq.*를 참조하라.

278. 플랑드르 파견군 출납관이었던 프란시스코 데 릭살데가 인쇄한 회계 장부에 따른 것이다. 이 장부는 1567년 3월 12일자부터 시작된다. 이것은 다음의 제목으로 되어 있다. *Tanteos tomados en Flandes al pagador Francisco de Lixalde hoja de catorze meses antes que falleciese*, Simancas, p, 26. 라흐팔은 라틴어 판본을 이용해서 동일한 책을 출판했다. M. F. Rachfahl, *Le registre de Franciscus Lixaldius, trésorier général de l'armee espagnole aux Pays-Bas, de 1567 à 1576*, 1902 187 p., in-8°.

279. L. Goldschmidt, *Universalgeschichte des Handelsrechtes*, 1891, p. 127.

280. G. Luzzatto, *op. cit.*, p. 180.

281. 뤼시앵 페브르는 브장송 시의 기록에 따르면(1566년 7월 27일 토마스 도리아가 도시 행정관에게 했던 청원), 신성 로마 제국 직할시 브장송이 제노바 은행가들을 받아들이기 시작한 것은 1534-1535년이었다고 나에게 말했다. 브장송으로 오기 이전에 "제노바 은행가들은 리옹과 몽뤼엘을 떠나 롱스 르 소니에 시로 이주한 바 있었다." 이 정기시들에 관해서는 다음을 참조하라. Castan, "Granvelle et le Saint-Empire", in: *R. Historique*, 1876, vol. I, p. 113, note; P. Huvelin, *Droit des marchés et des foires*, 1907; 콘타리니의 연설, 1584년, in: A. Lattes, *La libertà delle banche a Venezia*, Milan 1869, p. 121; R. Ehrenberg, *op. cit.*, I, p. 342, II, p. 227; Jacques Savary des Bruslons, *Dic. universel de Commerce, Copenhagen*, 1760, V, "Foire", II, pp. 679-680; L. Goldschmidt, *op. cit.*, p. 237.

282. 이전 이야기에 관해서는 Domenico Gioffré, *Gênes et les foires de change: de Lyons à Besançon*, 1960, pp. 115-119 참조.

283. Lucien Febvre, *op. cit.*, p. 22, note 4, p. 110, note 3. 나는 1568년 8월 13일 폴리니에서의 정기시 개최 허가권을 요구하는 제노바 은행가들의 청원서를 발견했다(Archives du Doubs, B. 563). R. Ehrenberg, *op. cit.*, II, p. 227.

284. J. Savary des Bruslons, *Dictionnaire universel de Commerce*; II, p. 227.

285. 특히 펠리페 루이스 마르틴과 호세 젠틸 다 실바의 연구.

286. 뒤이어 나오는 문단 전체는 펠리페 루이스 마르틴의 위에서 언급한 두 저서의 설명에 근거하고 있다. 이 책 제II부 제2장의 주 263 참조.

287. *Actas*, IV, pp. 225-226, 316, 411.

288. 출판 예정인 J. Gentil da Silva의 초고 24쪽에 따른 것이다.

289. *Ibid.*, p. 21.

290. Henri Pirenne, *Histoire de Belgique*, IV, 1927, p. 78.

291. A. d. S., Genoa, Spagna 6.2415. 1576년 7월 17일 마드리드에서 사울리와 레르카로가 제노바 공화국에 보낸 편지.

292. 다음에 나오는 세부 내용은 호세 젠틸 다 실바의 미출간 저서의 설명에 근거하고 있다.

293. *Op. cit.*, under the article "Foire", vol. II, Copenhagen, 1760, col. 68.

294. 적어도 1권. Catalogue of Kress Library, p. 23 참조. 나는 한 권으로 되어 있는 1682년 베네치아 판본을 이용했다(Gio: Giacomo Hertz).

295. Gino Luzzatto, *op. cit.*, p. 180.

296. *Ibid.*

297. R. Ehrenberg, *op. cit.*, I, p. 350.

298. J. Gentil da Silva, "Realites economiques et prises de conscience", in: *Annales E.S.C.*, 1959, p. 737(1568년 2월 11일).

299. Musco Correr, Donà delle Rose, 26.

300. Felipe Ruiz Martín, *Lettres marchandes*……, p. XXXIX에서 인용함.

301. Museo Correr, Donà delle Rose, 181, f°53.

302. H. 반 데르 베의 훌륭한 논문을 참조하라. H. van der Wee, *Annales E.S.C.*, vol. 22, 1967, p. 1067, "Anvers et les innovations de la technique financière aux XVIe et XVIIe

siècles".

303. J. Gentil da Silva, *Stratégie des affaires à Lisbonne entre 1595 et 1607*, 1956, p. 50. 1596년 11월 22일 리스본. 27일 리옹.

304. Felipe Ruiz Martín, *El siglo de los Genoveses*. 나는 매우 근거가 있고 독창적인 그의 훌륭한 분석을 따랐다.

305. J. Gentil da Silva, *op. cit.*, p. 51. 1596년 11월 27일.

306. *Ibid.*, p. 50 and Victor von Klarwill, *The Fuggers News Letters*, London, 1926, II, p. 283, no. 573, 1596년 10월 25일.

307. A. N., K 1676 (G.S.), 1597년 1월 4일 베네치아에서 이니고 데 멘도사가 국왕에게 보낸 편지.

308. Felipe Ruiz Martín, *El siglo de los Genoveses*.

309. A. d. S., Genoa, Spagna 11.2420. 1597년 1월 20일 마드리드에서 체사레 주스티니아노가 도제에게 보낸 편지.

310. A. d. S., Genoa, *Relazione delle cose di Genova*, 1591, f° 26.

311. J. Gentil da Silva, *op. cit.*, p. 52. 1596년 12월 30일.

312. 정확한 관련 기록은 분실되었다.

313. A. d. S., Genoa, Spagna 11.2420. 1596년 11월 25일 마드리드에서 H. 피카밀리오가 도제에게 보낸 편지. 그러나 주스티니아노에게서 온 1596년 12월 25일자 편지에는 조속한 결제가 가능할 것이라는 기대가 쓰여 있었다.

314. *Ibid.*, 그것은 1596년 12월 7일 피카밀리오의 표현이었다.

315. 1597년 1월 31일 마드리드에서 체사레 주스티니아노가 도제에게 보낸 편지.

316. *Ibid.*, 1597년 1월 20일 마드리드.

317. *Ibid.*, 1596년 12월 24일 마드리드.

318. J. Gentil da Silva, *op. cit.*, et references, p. 53, 1597년 1월 25일.

319. A. d. S., Genoa, Spagna 11.2420. 1597년 2월 5일과 2월 22일 마드리드에서 C. 주스티니아노가 도제에게 보낸 편지. 토마스 체르크가 한 역할에 관해서는 1597년 3월 2일 주스티니아노가 도제에게 보낸 편지 참조.

320. Ibid., 1597년 1월 5일과 2월 22일.

321. *Ibid.* 1597년 2월 22일.

322. *Ibid.*

323. 예를 들면 Ernst Horing, *Die Fugger*, Leipzig, 1940, p. 301 et *sq.* 참조.

324. J. Gentil da Silva, *op. cit.*, et references, p. 55, 1597년 6월 12일.

325. 나는 앞에서 인용한 Felipe Ruiz Martín, *op. cit*의 텍스트를 따른다.

326. 이러한 결제에 대해서는 체사레 주스티니아노의 편지 전체를 인용할 필요가 있다.

327. 펠리페 루이스 마르틴의 제시한 정보에 따르면, 1607년 파산에 관해서는 제노바인들의 편지가 분명히 쓸모가 있지만, 펠리페 루이스 마르틴의 저서에 나오는 내용에 더해 새로 추가로 제공하는 것은 거의 없거나 전혀 없다. 그는 카스티야의 경제사와 재정사의 맥락에서 위기를 진단했다는 장점을 가지고 있다(A. d. S., Genoa, Spagna 15.2424).

328. *Ibid.*

329. *Ibid.*

330. *Ibid.*

331. 이 책 제II부 제6장 "모두로부터 배척당한 한 문명" 참조.

332. 가장 체계적인 자료는 Carlo M. Cipolla, "La prétendue 'révolution des prix', réflexions sur l'"expérience italienne'," in: *Annales E.S.C.*, Octobre-Decembre, 1955, pp. 513-516이다.

333. Gaston Zeller, *La Vie économique de l'Europe au XVIe siècle*, Lecture at Sorbonne, p. 3 et *sq.*

334. St. Hoszowaski, *Les prix à Lwow(XVI-XVIIe siècles)*, 1954, p. 60. 생활비는 1451년부터 1500년까지보다 1521년부터 1525년까지의 시기에 더 낮았다.

335. O. d'Avenel, *Hist. économique de la propriété*……, 1898, III, p. 246.

336. C. Alonso Herrera, *op. cit.*, f° 353.

337. 그에 관한 요약은 Earl J. Hamilton, *op. cit.*, p. 283 et *sq.*에 있다.

338. *Actas*……, V, pp. 472-474. Earl J. Hamilton, *op. cit.*, p. 286에서 인용.

339. 세부 내용은 Karl Marx in *Zur Kritik der politischen Oekonomie*, (Marx/Engels *Werke*, Berlin, 1961, vol. 13, p. 107)에서 인용했다.

340. 신분의회의 항의에 관해서 펠리페 루이스 마르틴은 가격이 오른 상품은, 특히 제노바 상인들이 구매한 상품들이었다고 지적했다.

341. E. Albèri, *op. cit.*, II, V, p. 470.

342. *Gobierno de Vizcaya*, II, p. 406.

343. *Literaturnachweis über Geld und Münzwesen*, pp. 9-14.

344. Josef Höffner, *Wirtschaftsethik und Monopole*, 1941, Berlin, 1892, p. 110.

345. E. J. Hamilton, *op. cit.*, p. 292.

346. Henri Hauser, ed., *La response de Jean Bodin à M. de Malestroit*……, (영역판. A. E. Monroe ed., *Early Economic Thought*, Cambridge, Mass., 1924에서) and *Paradoxes inédits du Sieur de Malestroit touchant les monnoyes*, ed. Luigi Einaudi. Turin, 1937.

347. 1585년, p. 125.

348. P. 43 v°.

349. Eli F. Heckscher의 고전이 된 저서 *La época mercantilista*, 1943, p. 668, ed. allemande, 1932, II, p. 207에서 인용.

350. "Encore la révolution des prix au XVIe siècle", in: *Annales E.S.C.* 1957, p. 269 et *sq.*; *Structure Économique et théorie monétaire*, 1956.

351. *Recherches anciennes et nouvelles sur l'histoire des prix*, 1932, pp. 403-420, 457-478, 492, 546.

352. *Paradoxes inédits*……, p. 23.

353. B. N., Paris, fr. 10766, f°100(날짜 없음).

354. x와 y가 1500년의 금과 은의 양을 나타내고 금과 은 사이의 균형, 즉 x톤의 은은 12y톤의 금에 해당한다고 한다. 만약 1500년부터 1650년 사이 대략 18,000톤이 은과 200톤의

금이 추가되었다면 두 번째 방정식은 다음과 같을 것이다. x + 18,000 = 15 (y + 200).

355. 추정치에서 출발해서 이 추정 값을 주어진 인구에 적용하면 다른 화폐 축적량의 규모를 비례해서 계산할 수 있을 것이다. 1587년 초 300만 이상의 인구가 거주하던 나폴리는 70만 두카트 정도를 보유하고 있었다. 이런 비율에 근거하면 유럽은 2,000만 두카트 이상을, 지중해는 1,400만 두카트를 보유하고 있었다. 처음 보기에 이 추정치는 저평가된 것처럼 보인다. 경제학자들은 자주 화폐 보유량이 이전 시기 30년 동안 주조된 화폐량과 일치한다고 가정한다. P. 부아소나드(*art. cit.*, p. 198)는 16세기 잉글랜드의 화폐 보유량이 400만 파운드 스털링이었다고 말하며, 르네 베렐("Economie et histoire a propos des prix", in: *Homage á Lucien Febvre. Éventail de l'histoire vivante*, Paris, 1953, vol. I, p. 309, no. 72)은 18세기 말 프랑스가 200만 리브르의 화폐를 보유하고 있었다고 말한다. 관련 수치 자료가 너무 적고 그렇게 신빙성이 있지도 않기 때문에 모든 추정치는 불완전하다. 그러나 추정치들은 우리로 하여금 과거의 경제체제를 좀더 잘 이해하고, 그 모형을 정교화시키고 그래서 실제 모습에 좀더 가까이 갈 수 있게 도와준다. 설득력은 떨어지지만 신선한 베렐의 주장을 참조하라. R. Baehrel, *op. cit.*, *passim* and p. 40, note 26. 가능하다면, 가난한 사람들의 화폐인 저가 화폐에 대한 수량적인 연구 없이는 어떤 의미 있는 설명 틀을 제시하기는 어려울 것이다. 은화와 금화에 비해서 저가 화폐의 주조량은 얼마 되지 않았다. 연간 200만 두카트까지 주조했던 베네치아에서 1604년 저가 화폐인 베치[bezzi : 은화 또는 동화]는 6만 두카트가 주조되었고, 1606년 가제타(gazetta)와 그로세토(grossetto)는 15,000두카트가 주조되었다. A. d. S., Venise, Senato Zecca, 9.

356. Pierre Chaunu, *L'Amérique et les Ameriques*, 1964, p. 93 et *sq.*

357. 이 책의 224쪽의 도표 47 참조.

358. J. Kulischer, *op. cit.*, I, pp. 280-281.

359. *Ibid.*, p. 281.

360. G. Parenti, *op. cit.*, p. 224.

361. *Op. cit.*, p. 351 v° à 352.

362. L. Bianchini, *Della storia economico-civile di Sicilia*, Naples, 1841, I, p. 331 et *sq.*

363. In *Bollettino Stor pavese*, VIII, 1945.

364. Alfred Morel Fatio, *Études sur l'Espagne*, 4th series, 1925, p. 373.

365. 1559년 7월 13일 후아나 공주가 펠리페 2세에게 보낸 편지. Simancas E° 137, f° 22. 세비야 근처에 1,500개의 영지가 있었고, 그 총액은 15만 두카트였다.

366. *Vie de Benvenuto Cellini*, édit. Crès, II, p. 598 et *sq.* 완전히 다른 지역(아를의 농지)에서는 16세기 반분 소작제와 4분 소작제가 시행되고 있었다. Quiqueran De Beaujeu, *op. cit.*, pp. 400-401.

367. 어떤 역사가도 이것을 마리오 시리보다 더 명확하게 보여주지 못한다. Mario Siri. *La svalualzione della moneta e il bilancio del Regno di Sicilia nella seconda metà del XVI secolo*, Melfi, 1921 in-16, p. 22.

368. Albert Despaux, *Les dévaluations monetaires dans l'histoire*, Paris, 1936, p. 362에 따른 것이다.

369. A. d. S., Florence, Mediceo 3083, f° 417v°. 1583년 3월 27일.

370. Marciana, Chronique de Girolamo Savina, f° 361v°.

371. A. Silvestri, "Sui banchieri pubblici napoletani nelle prima metà del Cinquecento" in *Bollettino dell'Archivio storico del Banco di Napoli*, 1951, "Sui banchieri pubblici napoletani dall'avvento di Filippo II al trona alla costituzione del monopolio", *ibid.*

372. L. Bianchini, *op. cit.*, I, p. 340; G. Luzzatto, *op. cit.*, p. 183은 설립연도를 1553년으로 잡는다.

373. G. Luzzatto, *ibid.*

374. *Ibid.*

375. L. Bianchini, *op. cit.*, p. 341.

376. 나는 지노 루자토가 제시한 1587년을 받아들인다. 나는 연구 노트에서 1584년 6월 28일 베네치아 원로원이 은행 설립을 허가했음을 알게 되었다.

377. G. Luzzatto, *op. cit.*, p. 188.

378. H. Kretschmayr, *op. cit.*, III, p. 187. 1582년이라고 말하기도 한다.

379. Simaocas, Napoles, S. P. 4. 1580년 10월 7일 마드리드.

380. 1532년 9월 23일 로마에서 몰타 기사단 단장이 에스파냐 국왕에게 보낸 편지. *Corpo dipl. port.*, VII, pp. 172-173.

381. G. Luzzatto, *op. cit.*, p. 186. 비슷한 생각의 맥락에서 보면 1593년 4월 제노바에서 마르세유 출신의 질 에르미트가 자신의 형제에게 보낸 편지(Fonds Dauvergne, note 47)에 나오는 모든 상세한 내용들은 소형 선박의 선장이 8레알 은화 300개를 수송했음을 보여준다. 선장은 "우리가 합의한 대로 당신에게 4레알 은화와 8레알 은화로 상환해야 하며 다른 화폐로 동일한 금액을 상환할 수 없다."

382. G. Parenti, *op. cit.*, p. 235.

383. M. Siri, *art. cit.*, 위의 주 367 참조.

384. L. Bianchini, *Della storia delle finanze del Regno di Napoli*, 1839, p. 315 et *sq.*

385. R. Konetzke, *op. cit.*, p. 197.

386. R. B. Merriman, *op. cit.*, p. 443; Häbler, *op. cit.*, p. 122.

387. R. Konetzke, *op. cit.*, p. 199.

388. *Ibid.*

389. J. de Salazar, *Politica Española*, 1617, p. 18.

390. Memoria de las rentas y patrimonio del Rey de España de 1562, A.E.Esp. 234.

391. 1563년, 1608년, 1621년 이자율이 낮아졌다. *Nueva Recop. libr*, X. XIV.

392. R. Merriman, *op. cit.*, IV, p. 443.

393. E. Albèri, *op. cit.*, I, V, p. 294.

394. 1561년 9월 5일 마드리드, 사본. B. N., Paris, fr. 16103, f° 45.

395. 이 책 193쪽을 보라.

396. R. Konetzke, *op. cit.*, p. 199.

397. 1563년 9월 13일 마드리드에서 라 콘타두리아가 펠리페 2세에게 보낸 편지. Simancas

E° 143, f°ˢ 59, 60.

398. *Actas* III, p. 357.

399. C. Pereyra, *Imperio español*, pp. 27–31.

400. 1581년 이베리아 반도에서 거둔 펠리페 2세의 재정 수입은 650만이었고, 지출은 700만이었다. E. Albèri, *Op. cit.*, I, V, p. 294.

401. A. Segre, *Storia del commercio*, I, p. 492, note 3.

402. Jerónimo Conestaggio, *Dell'unione del regno di Portogallo alla corona di Castiglia*, Genoa, 1585, p. 14.

403. 1587년 1월 8일 파리에서 데 멘도사가 펠리페 2세에게 보낸 편지. A.N.,K 1566.

404. 주 268 참조. A. Castillo, *art. cit.*, p. 14 et *sq.* 발췌 인쇄.

405. H. Longchay, *art. cit.*, p. 945.

406. Earl J. Hamilton, *Op. cit.*, p. 62.

407. *Ibid.*, p. 65.

408. *Placcart et décret* ······, 1597, B.N., Paris, Oc 241, in-12.

409. 1612. p. 43 v°.

410. Simancas, *Guerra Antigua*, IV. f° 108 (1538년경).

411. 언급된 모든 이유에 관해서는 Earl J. Hamilton, *Op. cit.*, p. 36 et *sq.*

412. *Ibid.*, p. 37.

413. François Chevalier, *La formation des grands domaines au Mexique. Terre et Société aux XVIe et XVIIe siècles*, 1952. p. 235.

414. Alice Pilfer Cannabrava, *O commercio português no Rio de Plata 1580–1640*, Sao Paolo, 1944.

415. Pierre Chaunu, *Les Philippines et le Pacifique des Ibériques XVIe–XVIIIe siècles*, 1960, p. 41.

416. Albert Girard, *Le commerce français à Séville et a Cadix au temps des Habsbourgs*, 1932, p. 7.

417. B. M., Add. 18287, PS 5633.

418. Émile Coornaert, *op. cit.*, p. 46; 나는 1591년에 출판된 *Baja de la moneda*는 읽지 않았다. Sim. E° 601.

419. 1574년 2월 10일, 펠리페 2세가 카스티야 대공에게 보낸 편지. E° 561, f°ˢ 16 and 65.

420. Sim E° 561. 플랑드르에서 에스파냐로 유입된 가짜 화폐.

421. 1609년에 국가 평의회가 왕에게 보낸 편지. A. N., K 1426, A 37, no. 110.

422. *Ibid.* 1607년 11월 27일, 1607, A. N., K 1426.

423. 1613년 4월 26일. A. N., K 1428, A 39, note 28; *ibid.*, K 1478, A 78, note 173; *ibid.*, K 1479, A 80, 1624; *ibid.*, K 1456, 1622; Sim. E° 628 1614년 플랑드르에서의 화폐 가치.

424. B. N., Paris, Esp. 127, f°ˢ 8v° et 9.

425. G. Berchet, *op. cit.*, p. 133.

426. P. 492 et *sq.*

427. *Op. cit.*, VI, p. 213.

428. Ami Boué , *op. cit.*, III, p. 121; M. Siri, *art. cit.*, I. W. Zinkeisen, *op. cit.*, III, p. 798 et *sq.*

429. Philippe de Canaye, *op. cit.*, p. 42, note 4.

430. *Op. cit.*, p. 158 v°.

431. G. d'Aramon, *op. cit.*, p. 42.

432. *Ibid.*

433. Cantacuscino, *Commentaria*, II, p. 102, Luigi Bassano di Zara in Francesco Sansovino, *Dell'historia universale dell'origine et imperio de Turchi*, Bk 3, Venise, 1564, f° 43r° et v°; S. Schweigger, *Reissbeschreibung ······*, *op. cit.*, p. 267.

434. *Op. cit.*, p. 158 v°.

435. *Ibid.*

436. Geminiano Montanari, *Zecca in consulta di stato ······*(1683), p. 253.

437. J. W. Zinkeisen, *op. cit.*, III, p. 800.

438. J. von Hammer, *op. cit.*, VI, p. 5.

439. 1564년 4월 21일 페라에서 다니엘 바도에르가 도제에게 보낸 편지. A. d .S., Venise, Senato Secreta, Cost. Filza 4/D.

440. 1561년 5월 6일 페라에서 페로가 도제에게 보낸 편지. A.d. S. Venise, Senato Secreta ······3/C.

441. 날짜가 없는 문서(1577), Simancas E° 1147, 사본.

442. 콘스탄티노플 1580년 3월 16일. Simancas E° 1337.

443. J. W. Zinkeisen, III, p. 800.

444. R. Hakluyt, *op. cit.*, II, p. 247.

445. 이 책 제III부 제6장 "투르크의 재정 위기"를 보라.

446. *Op. cit.*, p. 211 et *sq.*

447. B. Vinaver, "La crise monétaire turque 1575-1650", in: *Publications historiques de l'Académie des Sciences de Belgrade*, 1958에 따른 것이다.

448. 오스만 제국이 주조한 화폐에 관해서는 아직 출판되지 않은 알리 사일리 오글루의 논문에 따랐다. 프랑스어로 출판되지 않았지만, 현재 프랑스어로 번역 중이다.

449. D. de Haëdo, *op. cit.*, p. 24 v°.

450. *Memoria escrita sobre el rescate de Cervantes ······*, Cadiz, 1876, 8°, 23 p.

451. R. Hakluyt, *op. cit.*, II, p. 176.

452. *Le Loyal Serviteur, op. cit.*, p. 34.

453. R. B. Merriman, *El Emperador Carlos V*, p. 131. 이것은 메리만의 방대한 저서 *The Rise of Spanish Empire in the Old World and in the New*, 4 vol.의 1918-1934년 제3권의 번역본이다.

454. Simancas E° 504, 1551년 12월 17일.

455. A. d. S., Venise, Senato Dispacci Spagna, 1586년 9월 27일.

456. Mueso Correr, Donà delle Rose, 161, 1593년 11월 26일.

457. V. Magalhães Godinho, *op. cit.*, 미출간 원고, p. 422.

제3장

1. J. Kulischer, *op. cit.*, II, p. 235; Johann-Ferdinand Roth, *Geschichte des Nürnberger Handels*, Leipzig, 1800–1802, I, p. 252; Carl Brinkmann, "Der Beginn der neueren Handelsgeschichte", in: *Historische Zeitschrift*, 1914; A. Schulte,*op. cit.*, II, p. 117 et *sq.*; W. Heyd, *op. cit.*, II, pp. 525–526; J. Falke, *Oberdeutschlands Handelsbeziehungen zu Südeuropa im Anfang des 16. Jahr.*, p. 610.

2. H. Kretschmayr, *Geschichte von Venedig*, II, p. 473에서 인용.

3. A. Schulte, *op. cit.*, p. 118.

4. 사누도에 따르면 1499년과 1500년 사이 오스만 제국과 베네치아의 전쟁으로 인해서 베네치아 상인들은 베이루트와 알렉산드리아 항구에서 향신료를 선적하지 못했다. 1504년과 1506년에도 선적이 이루어지지 않았다. 1506년 향신료 공급 부족에 관해서는 J. Mazzei, *op. cit.*, p. 41을 참조하라. W. 아에도에 따르면, 1502년 갤리 선들은 베이루트 항구에서 단지 후추 4자루를 선적했을 뿐이다. A. Fanfani, *Storia del lavoro……*, p. 38. 1512년 베네치아 교역량의 감소에 관해서는 A Fanfani, *op. cit.*, p. 39를 참조하라. 이러한 어려운 문제들에 대해서 일반적으로 만족스럽지 못한 방식으로 접근했고, 이에 대한 해결책도 타협의 여지가 없이 단호했다. 나는 이 문단을 작성하는 데에 고디뉴가 제시한 표를 활용했다. V. Magalhães Godinho, "Le repli vénitien et egyptien de la route du Cap", in: *Hommage à Lucien Febvre*, II, 1953, p. 287 et *sq.*

5. E. Prestage, *Portuguese Pioneers*, London, 1933, p. 295.

6. Tawney and Power, *Tudor Economic Documents*, II, p. 19는 다음의 책자에서 인용. L. F. Salzman, *English Trade in the Middle Ages*, Oxford, 1931, pp. 445–446; Dr. Sottas, *Op. cit.*, p. 135.

7. A. Schulte, *Op. cit.*, II. p. 118.

8. *Ibid.*, I, p. 279.

9. J. Kulischer, *Op. cit.*, II, p. 234.

10. A. Navagero, *Op. cit.*, p. 36.

11. A. d .S., Venise, *Cinque Savii alla Mercanzia*, Busta 2. 1503년 6월 20일.

12. A. d. S., Venise, Senato Mar 18. 1514년 5월 3일.

13. Dr. Sottas, *Op. cit.*, p. 136. 1524년 국영 갤리 선단의 독점권을 향후 10년 동안 유지하고 그후 영구적으로 폐한다는 법령을 반포했다.

14. W. Heyd, *Op. cit.*, I, p. 531, 538; Goris, *Op. cit.*, p. 195 et *sq.* ; J. Kulischer, *op. cit.*, II, p. 234.

15. Visconde de Soveral, *Apontamentos sobre as antiguas replaçoes politicas e commerciaes do Portugal com a Republica de Veneza*, Lisbon, 1893, pp. 6, 7.

16. 고디뉴에 따르면, 적어도 1514년에는 회복되었다. 1517년, 1519년, 1523년, 1529년 교역

은 반쯤 중단되었다. 1531년에는 충분한 양이 선적되었다.

17. Simancas E° 564, f° 10.

18. R. Hakluyt, *op. cit.*, II, pp. 223–224. 로렌초 티에폴로의 보고서, 1554, p. 21.

19. G. Atkinson, *op. cit.*, p. 131에서 인용함; Père Jean Thénaud, *Le Voyage*……, 날짜 없음. B. N., Rés. O², f° 998. 마찬가지로 Samuele Romanin, *Storia doc. di Venezia*, VI, p. 23 (1536)도 참조하라; A. d. S., Venise, *Cinque Savii alla Mercanzia*, Busta 27. 1536년 1월 26일.

20. 제I부 234쪽 이후를 보라.

21. 고디뉴는 *Os descobrimentos e a economia mundial*, II, 1963, p. 487 et *sq.*에서 이러한 문제를 다시 제기했다.

22. R. B. Merriman, *op. cit.*, III, p. 299를 보라.

23. A. B. de Bragança Pereira, *Os Portugueses em Diu*, pp. 2, 83 et *sq.* N. Iorga, *op. cit.*, II, p. 365; A. S. de Souza, *Historia de Portugal*, Barcelona, 1929, p. 129; F. de Andrada, *O primeiro cerco que as Turcos puzerão na Fortaleza de Dio, nas partes de India*, Coimbra, 1589.

24. *Corpo diplomatieo port.*, VI, pp. 70–71.

25. A. B. de Bragança Pereira, *op. cit.*, p. 2; J. Corte Real, *Successos do segundo cerco de Dio*, Lisbon, 1574; J. Tevins, *Commentarius de rebus in India apud Dium gestis anna MDXLVI*, Coimbra, 1548.

26. 1547년. J. von Hammer, *op. cit.*, VI, p. 7.

27. *Ibid.*, pp. 184–186.

28. *Ibid.*, p. 186.

29. J. Denucé, *L'Afrique et Anvers*, p. 71; M. Sanudo, *op. cit.*, LVIII, col. 678. 1533년 9월.

30. J. Denucé, *op. cit.*, p. 71.

31. *Prohibicion de introducir especeria en Francia*, Simancas E° 497 et 498.

32. 1541월 5월 2일 앙부아즈에서 도나토가 도제에게 보낸 편지. B. N., Paris, Ital., 1715, 사본.

33. Archives de Bouches-du-Rhône, Amirauté de Marseille, IX *ter*.

34. Paul Masson, *Les Compagnies du Corail*, 1908, pp. 123–125.

35. P. Boissonade, "France et Angleterre au XVIe siècle", *art. cit.*, p. 36.

36. R. B. Merriman, *op. cit.*, IV, p. 441.

37. 메디치 문서보관소(Mediceo 2080)와 귀차르디니 코르시 문서보관소.

38. 1591년 11월 29일 바야돌리드에서 발타사르 수아레스가 시몬 루이스에게 보낸 편지. Archivo Ruiz.

39. Wilken, p. 44은 F. C. Lane, "The Mediterranean Spice Trade", in: *American Historical Review*, XLV, 1940, p. 582에서 인용됨.

40. 1538년부터 1540년까지 벌어진 오스만 제국과 베네치아의 전쟁을 고려하지 않더라도, 시리아와 다마스쿠스에서 겪었던 어려움에 관해서는 다음을 참조하라. A. d. S., Venise,

Cinque Savii, Busta 27, 1543년 1월 23일, 1543년 7월, 1544년 6월 14일, 1548년 12월 7일, 1548 12월 19일.

41. Lorenzo Tiepolo, *Relatione* ······ (1554), p.p. Cicogna, pp. 15–16.

42. F. C. Lane, *art. cit.*, p. 580.

43. 예컨대 1556년, 1563–1564년.

44. 예를 들면, 1562년, L. Tiepolo, *Relatione* ······, p. 40.

45. 1557년 9월 15일, 트리폴리에서 메시나에 있는 고체와 안드레아 디 카타로에게 보낸 편지. Ragusa Archives, D. di Canc., f°s 37 et *sq.*

46. A. d. S., Venise, Relazioni, B. 31. 1557월 7월 10일 알레포에서 G. B^a B 바사도나 시리아 주재 베네치아 영사가 베네치아 정부에 보낸 편지.

47. L. Tiepolo, *op. cit.*, p. 30.

48. A. d. S., Venise, Senato Secreta, Costant. Filza 4/D.

49. L. Tiepolo, *op. cit.*, p. 39.

50. Pierre Belon, *op. cit.*, p. 124.

51. Sonia E. Howe, *in: quest of spices*, London, 1946, p. 99.

52. Pierre Belon, *op. cit.*, p. 131.

53. *Ibid.*, p. 132 v°.

54. *Ibid.*, p. 120.

55. R. Hakluyt, *op. cit.*, II, pp. 207–208. 1586년 무렵.

56. L. Tiepolo, *op. cit.*, p. 21; D. Barbarigo, in: E. Albèri, *op. cit.*, III, II, pp. 3–4.

57. *Ibid.*, p. 21.

58. Pierre Belon, *op. cit.*, p. 134

59. 50킬로그램 정도이다. 여기에서의 무게는 모두 경(輕)퀸탈(포르투갈 퀸탈)로 표시한 것이다.

60. L. Tiepolo, *op. cit.*, p. 20.

61. F. C. Lane, *art. cit.*, p. 581.

62. *Corp. dipl. port.*, IX, pp. 110–111; F. de Almeida, *op. cit.*, III, p. 562; F. C. Lane, *art. cit.*, p. 581.

63. F. C. Lane, *op. cit.*, p. 586.

64. *Ibid.*,

65. *Ibid.*

66. R. Ehrenberg, *op. cit.*, I, p. 14는 10,127자루의 후추가 리스본에 도착했다고 말한다. 그 후추는 후추 계약을 따낸 아파이타티 가문의 소유였다.

67. E. Charrière, *op. cit.*, II, p. 776 et note; Pierre Belon, *op. cit.*, p. 158 v°.

68. Ernest Babelon, *Les origines de la monnaie considerées au point de vue économique et historique*, 1897, p. 248는 Alfred Pose, *La Monnaie et ses institutions*, 1942, I, pp. 4–5에서 인용함.

69. J. Kulischer, *op. cit.*, II, p. 258.

70. 1552년 1월 23일. *Corp. dipl. port.*, VII, p. 108.

71. 카이로에서 L. 티에폴로가 도제에게 보낸 편지. Collegio Secreta, Busta 31.

72. 1559년 11월 14일. Senato Secreta. Cost. Filza 2/A, f° 190v°.

73. 1560년 1월 3일 베네치아에서 G. 에르난데스가 펠리페 2세에게 보낸 편지. Simancas E° 1324, f° 27.

74. F. C. Lane, *art. cit.*, pp. 581–583.

75. Jean Nicot, *Sa correspondance diplomatique*, pub. by Ed. Falgairolle, 1897, 1561년 4월 12일, p. 127.

76. F. C. Lane, *art. cit.*, p. 585.

77. *Corp. dipl. port.*, VII, pp. 215, 238, 258, 277; VIII, pp. 79, 97, 115, 250, 297, 327; IX, pp. 110–111는 F. C. Lane, *art. cit.*, p. 585에서 인용함.

78. J. Nicot, *op. cit.*, p. 127, 1561년 4월 12일.

79. 제I부 250쪽 이후를 보라.

80. J. Nicot, *op. cit.*, p. 31, pp. 107–108, XXXIII et *sq.*

81. J. Nicot, *op. cit.*, 1559년 12월 12일, p. 39.

82. F. C. Lane, *op. cit.*, p. 588.

83. E. J. Hamilton, *op. cit.*, pp. 232–233.

84. *Ibid.*, p. 233, note 2.

85. R. di Tucci, *Relazioni* ……, p. 639.

86. J. Nicot, *op. cit.*, 1561년 7월 28일, pp. 63–64.

87. 1561년 9월 16일 페라에서 H. 페로가 도제에게 보낸 편지. Senato Secreta, Cost., Filza 3/D.

88. 1563년 7월 5일 콘스탄티노플에서 조반니 아고스티노 질리노가 제노바 공화국에 보낸 편지. A. d. S., Genoa, Costantinopoli, 1558–1565, 1–2169. 1563년 7월 10일 베네치아에서 G. 에르난데스가 펠리페 2세에게 보낸 편지. Simancas E° 1324, f° 221. 1564년 4월 22일 콘스탄티노플에서 페트레몰이 샤를 9세에게 보낸 편지. E. Charrière, *op. cit.*, II, pp. 748–750; 1564년 5월 6일 페라에서 다니엘 바도아로가 도제에게 보낸 편지. A. d. S., Senato Secreta, Filza 4/D.

89. E. Charrière, *op. cit.*, II, pp. 748–750.

90. 위의 주 88을 보라.

91. Simancas E° 1053, f° 10.

92. H. Fitzler, *art. cit.*, pp. 265–266.

93. 1569년 11월 21일과 1569년 11월 23일, 펠리페 2세가 알바 공작에게 보낸 편지. Simancas E° 542, f°ˢ 9 et 22.

94. 1567년 11월 13일. C. Douais, *op. cit.*, I, p. 288; 코르푸로부터 온 1567년 9월 27일자 보고서. Simancas E° 1056, f° 86.

95. 1568년 5월 22일 베네치아에서 J. 데 코르노사가 펠리페 2세에게 보낸 편지. Simancas E° 1326.

96. 제III부 제3장 "2. 그라나다 전쟁의 전기"를 보라.

97. *Ibid.*, 제III부 제5장의 주 19, 20 참조.

98. R. Hakluyt, *op. cit.*, II, p. 219.

99. *Leis e provisões de el Rei D. Sebastião*, Coimbra, 1816, p. 68 et *sq.*는 F. de Almeida, *op. cit.*, III, p. 562에서 인용함.

100. 1560년 2월 14일. *Corp. dipl. port.*, VIII, p. 355.

101. B. N., Paris, Fonds portugais, n° 8, f° 197.

102. A. d. S., Venise, *Cinque Savii*, Busta 3. 1570년 11월 25일.

103. Fonds Dauvergne n° 113, 115(연로한 만리히에 관하여) 117, 118, 122–125. 벨라딘 생강이나 메카 생강.

104. O. Berchet, *op. cit.*, p. 61.

105. 1574년 11월 5일 베네치아에서 G. 다 실바가 펠리페 2세에게 보낸 편지, Simancas E° 1333.

106. Lettere commerc., 12 *ter,* A.d.S., Venise.

107. Simancas, E° 1331.

108. A. d. S., Venise, Busta 538, f° 846 et v°.

109. 1679년 7월 8일 베네치아. A. N., K 1672, Gl, n° 84.

110. 1575년 11월 10일 세비야. Simancas E° 564, f° 10.

111. G. Vivoli, *op. cit.*, III. p. 155. 이 사건에서 자코모 바르디와 그의 대리인 시로 알리도 시오가 한 역할. B. N., Paris. Fonds Portugais. n° 23. f° 570 et 571 v°.

112. 1577년 9월 11일 베네치아에서 Ch. 데 살라사르가 국왕에게 보낸 편지. Simancas E° 1336.

113. 1576년 11월 26일 피렌체에서 아베 브리세뇨 신부가 국왕에게 보낸 편지. Simancas E° 1450.

114. R. Galluzzi. *op. cit.*, IX, p. 108; G. Parenti, *op. cit.*, pp. 80 et 90.

115. 1576년 1월 23일 펠리페 2세가 레케센스에게 보낸 편지. Simancas E° 569, f° 60.

116. 1584년 달롤모의 보고서와 비교하라. 주 118을 보라.

117. Simancas E° 1339.

118. *Informazione sul commercio dei Veneziani in Portogallo e sui mezzi di ristorarlo*, 1584, p.p. B. Cecchetti, *Nozze Thiene da Schio*, 1869.

119. A. Bragadino and J. Foscarini, *Parere intorno al trattato fra Venezia e Spagna sul traffico del pepe e delle spezierie delle Indie Orientali*, 1585, p.p. Fr. Stefani, *Nozze Correr-Fornasari*, 1870.

120. *Ibid.*, pp. 1, 12–13.

121. *Ibid.*, p. 14.

122. *Ibid.*, p. 15.

123. *Ibid.*, p. 10

124. *Ibid.*

125. H. Kretschmayr, *op. cit.*, III, p. 179.

126. *Ibid.*

127. *Ibid.*

128. U. Tucci, "Mercanti veneziani in India alla fine del secolo XVI", in: *Studi in onore di Armando Sapori*, 1957, II, pp. 1091–1111.

129. 1587년 3월 12일 나폴리에서 P. 리카르디가 메디치 추기경에게 보낸 편지. *Archivio storico italiano*, vol. IX, pp. 246–247.

130. R. Konetzke, *op. cit.*, p. 126; F. Dobel, "Über einen Pfefferhandel der Fugger und Welser, 1586–1591", in: *Zeitschrift des hist. Vereins f. Schwaben u. Neuburg*, XIII, pp. 125–138; Hedwig Fitzler, *art. cit.*, pp. 248–250.

131. 1587년 11월 8일. H. Fitzler, *art. cit.*, p. 266.

132. *Ibid.*, p. 267.

133. 1591년 8월 24일 아우크스부르크에서 푸거 가문이 오티 가문에 보낸 편지. *ibid.*, p. 268.

134. *Ibid.*, p. 274.

135. 크렐에게 보낸 편지. H. Fitzler, *ibid.*, p. 265가 이 편지를 언급했다.

136. 바야돌리드 시립 도서관, 루이스 문서보관소.

137. B. N., Paris, Fonds Dupuy, n° 22, f° 89 et *sq.*, 1610. 네덜란드 사람들이 인도에서 행했던 교역 때문에 포르투갈의 재정 수입은 12년 내지 13년 전부터 감소했다.

138. Cl. Heerringa, *op. cit.*, I, pp. 154–155는 J. Denucé, *op. cit.*, p. 71에서 인용함.

139. G. Berchet, (1625), *op. cit.*, p. 163.

140. *Ibid.*, p. 162.

141. G. Atkinson, *op. cit.*, p. 128.

142. Fonds Dauvergne, n°111, 1578년 7월 23일.

143. 1579년 1월 마르코 루비에게 보낸 편지 A. d. S., Venise, lett. com., 12 *ter.*

144. 1579년 6월 18일 베네치아에서 J. 데 코르노사가 펠리페 2세에게 보낸 편지. A. N., K 1672, Gl, n° 73.

145. *Ibid.* 1579년 7월 10일 베네치아에서 J. 데 코르노사가 펠리페 2세에게 보낸 편지.

146. *Ibid.* 1579년 9월 9일 베네치아에서 J. 데 코르노사가 펠리페 2세에게 보낸 편지.

147. Mediceo 2077, f° 590

148. 추아네 발비아니에게 보낸 편지. A. d. S., Venise, Lettere Com., 12 *ter.*

149. 1583년 7월 30일 베네치아에서 Ch. 데 살라사르가 펠리페 2세에게 보낸 편지. Simancas E° 1341.

150. R. Hakluyt, *op. cit.*, II, 347.

151. Fonds Dauvergne, n° 28. 질 에르미트는 자신의 동생에게 아름다운 여자 옷에 관해서도 언급했다. 1584년 인도 여행 계획에 관해서는 n°ˢ 32, 34, 35를 참조하라.

152. R. Hakluyt, *op. cit.*, II, p. 268.

153. *Ibid.*, I, pp. 176–177.

154. *Ibid.*, II, pp. 250–265, 1583–1591.

155. A. B. de Bragança Pereira, *Os Portugueses em Diu* (날짜 없음) p. 277 et *sq.*

156. B. N., Madrid, Ms 3015, f° 149 et *sq.* 육로로 인도를 다녀왔던 아우구스티누스 수도회 소속 수사인 아고스티노 다세베도가 제출한 인도와 모노모타파 왕국에 관한 보고서(날짜 없음).

157. 고디뉴는 J. 헨틸 다 실바가 발견한 그 문서를 나에게 알려주었다. 그 문서가 제공하는 포르투갈령 인도에 관한 상세한 정보에 따르면, 그 날짜는 1584–1587년이었다.

158. 그 문서가 베네치아인들이 알렉산드레타 항구를 이용했다는 사실을 언급했기 때문이다.

159. Lettres marseillaises, series HH, 1591년 3월 29일, 4월 5일, 1594년 5월 7일, 5월 11일 A. Com., Marseilles.

160. 1588년 12월 24일 베네치아에서 알비제 쿠치나가 A. 파루타에게 보낸 편지. Lettere Com. 12 *ter.*

161. A. d. S., Venise, *Cinque Savii⋯⋯*, Busta 27, 1586년 6월.

162. G. Berchet, *op. cit.*, p. 77.

163. *Ibid.*, pp. 79–80.

164. *Ibid.*, p. 32(1611).

165. H. Fitzler, *art. cit.*, pp. 254–255.

166. 1589년 4월 10일과 8월 10일. A. N., K 1674.

167. 1589년 2월 8일 베네치아에서 J. 데 코르노사가 국왕에게 보낸 편지. A. N., K 1674.

168. 1590년 5월 12일 베네치아에서 F. 데 베라가 국왕에게 보낸 편지. *ibid.*

169. 1598년 5월 16일과 7월 4일 베네치아를 경유하여 보낸 이 편지들에 관해서는 Memoria para las cartas⋯⋯, 1598년, 1598년 7월 25일과 8월 24일, 1599년 5월 15일 호르무즈, 1601년 8월 14일 베네치아. A. N., K 1678; 1609년 3월, 6월 6일, 11월 28일, 1610년 2월 19일, 3월 27일, 6월 4일. A. N., K 1679.

170. *Op. cit.*, II, p. 530 et *sq.,* p. 556.

171. E. J. Hamilton, *op. cit.*, p. 347.

172. H. Kellenbenz, *art. cit.*, p. 447.

173. G. Berchet, *op. cit.*, p. 81.

174. *Ibid.*, 1599년 12월 12일, p. 103.

175. A. Paruta, *Relazione di Andrea Paruta⋯⋯*, p. p. L. Baschiere, Venise, 1893, p. 9 et *sq.*

176. A. d. S., Venise, *Cinque Savii⋯⋯*, Busta 26, 1600년 4월 21일.

177. G. Berchet, *op. cit.*, 1603년 2월 17일, p. 122. 귀족 상인들의 소유였던 50만 두카트 어치의 화물을 실은 베네치아 선박이 바다에 침몰했고, 이에 관한 소문은 1609년에도 여전히 떠돌았다. 1609년 5월 1일 베네치아에서 알론소 데 라 케바가 펠리페 3세에게 보낸 편지. A. N., K 1679.

178. A. P. Meilink Roelofsz, *Asian trade and European influence in the Indonesian*

Archipelago between 1500 and about 1640, The Hague, 1963. C. R. Boxer, *The great ship from Amacon, Annals of Macao and the old Japan trade, 1555–1640*, Lisbon 1959; F. Glamann, *Dutch Asiatic Trade, 1620–1740*, The Hague. 1958; V. Magalhães Godinho, *L'économie de l'Empire portugais aux XVe et XVIe siècles. L'or et le poivre, route de Guinée et route du Cap*, publications of École Pratique des Hautes Études Paris, 1969; and by the same author, *Les finances de l'État portugais des Indes orientales au XVIe et au debut du XVIIe siècle*, 미출간 원고, Paris, 1958, 소르본 도서관.

179. M. Sanudo, XL, cols. 530–1, 1530년 8월 7일.

180. *Op. cit.*, 미출간 원고, p. 1035 et *sq.*

181. F. Ruiz Martín, *op. cit.*

182. Museo Correr, Donà delle Rose, 26, f° 38.

183. *Ibid.*, 26, f° 45v°–46.

184. *Ibid.*, 26, f° 48.

185. *Bilanci Generali*, serie seconda, vol. I, Venise, 1912, pp. 595–596.

186. Museo Correr, Donà delle Rose, 26, f° 56.

187. J. van Klaveren, *op. cit.*, 74.

188. 1563년 1월 8일 팔레르모에서 시칠리아 부왕이 펠리페 2세에게 보낸 편지. A. N., AB IX, 596, 사본.

189. G. Parenti, *op. cit.*, pp. 78 et 79.

190. *Arch. st. ital.*, vol. IX. p. 251.

191. 1550년 5월 7일. *ibid.*, p. 217.

192. 1559년 9월 19일 베로나에서 H. 자네가 10인 위원회에 보낸 편지. A. d. S., Venise, B 594, f° 139.

193. 1562년 8월 25일 베네치아에서 G. 에르난데스가 펠리페 2세에게 보낸 편지. Simancas E° 1324, f° 156.

194. Philippe de Canaye, *op. cit.*, p. 184. 1573년 자킨토스 섬의 기근.

195. *Ibid.*, pp. 166–167.

196. Lo que D. Alonso Pimentel scrive……, 1570년 11월 30일. Simancas E° 1133.

197. A. Fortunato de Almeida, *op. cit.*, III, p. 313.

198. *Arch. Guicciardini–Corsi*, V, VII, 7.

199. *Ibid.*, 1588년 6월 4일, 23일, 25일, 10월 21일, 1599년 7월 2일자 편지.

200. 1599년 7월 2일자 편지.

201. *Arch. storico italiano*, IX, p. 218, note 1.

202. 1573년 5월 23일 베네치아에서 실바가 국왕에게 보낸 편지. Simancas E° 1322.

203. 1522년 후고 데 몬카다에게 제공한 보상금. J. E. Martiniz Ferrando, *Privilegios ortogados por el Emperador Carlos V……*, 1943. p. 172. n° 1543.

204. Notamento di tratte……, 1578, Simancas E° 1148. 계약에는 32타리가 소요되었다.

205. 1566년 2월 20일 마드리드에서 노빌리가 토스카나 공작에게 보낸 편지. Mediceo 4897

bis.

206. 1566년 2월 28일. Simancas S. R. Napoles I.

207. P. Egidi, *op. cit.*; pp. 135–136.

208. Consulta, Palermo, 1586년 1월 10일, B. Com. Palermo, 3 Qq E 70.

209. 1562년 5월 1일 페라에서 안드레아 단돌로가 도제에게 보낸 편지. A. d. S., Venise. Senato Secreta, Cost. Filza 3/C.

210. 이 책 제I부 434쪽 이하 참조.

211. I de Asso. *op. cit.*, p. 108 et *sq.* 안달루시아와 누에바 카스티야 지방에서 포도 재배의 발전에 관해서는 E. J. Hamilton, *Op. cit.*, p. 242; K. Häbler. *op. cit.*, p. 40을 참조하라.

212. 1560년 10월 12일 톨레도에서 펠리페 2세가 시칠리아 부왕에게 보낸 편지. B. Com. Palermo, 3 Qq Z 34, f° 7.

213. L. Bianchini, *op. cit.*, I, p. 359

214. I. de Asso, *op. cit.*, p. 77.

215. 1540년 나폴리. *Arch. st. ital.*, vol. IX, p. 105.

216. *Confronto della ricchezza dei paesi*……, 1793.

217. *Ibid.*, p. 17.

218. J. Nicot, *op. cit.*, p. 127, 1561년 4월 12일.

219. 1561년 8월 19일 마드리드에서 펠리페 2세가 시칠리아 부왕에게 보낸 편지. B. Com., Palermo, 3 Qq E 34.

220. 1561년 10월 16일 팔레르모에서 시칠리아 부왕이 국왕에게 보낸 편지. Simancas E° 1126.

221. 1561년 8월 27일 페라에서 H° 페로가 도제에게 보낸 편지. A. d. S., Venise, Dispacci Sen° Secreta Cost .Filza III/C.

222. *Ibid.*, 1561년 3월 3일.

223. 1561년 4월 10일 코르푸 섬. Simancas E° 1051, f° 51.

224. 1561년 5월 29일 페로가 도제에게 보낸 편지, 1561년 9월 8일 베네치아에서 G. 에르난데스가 국왕에게 보낸 편지. Simancas E° 1324, f° 15 et 16.

225. 다음의 주를 보라.

226. Simancas E° 1087, f° 209, 1584년 12월 5일.

227. 1578년 9월 11일 나폴리에서 영사 가르바리노가 제노바 공화국에 보낸 편지. A. d. S., Genoa, Lettere Consoli Napoli, 2.2635.

228. 베네치아에서 판매된 양질의 상품에 관해서는 1473년 5월 20일 베네치아에서 줄리아노 데 피케나르디가 만토바 후작에게 보낸 편지. Arch. Gonzaga, B 1431.

229. M. Sanudo, *op. cit.*, II, col. 87: 301, 1498년 11월 9일 키프로스에서 피사로 수송할 밀을 선적했다. A. d. S., Venise, Senato Mar, f° ˢ54(1515), 116v°(1516). Museo Correr, Donà delle Rose, 46, f° 43v°(1519), 47(1535).

230. 1570년 3월 10일 선단장이었던 백작 안드레아 미키엘이 10인 위원회에 보낸 편지. A. d. S., Venise. Lettere di Capi del Consiglio dei Dieci, Spalato, 281, f° 60.

231. 1555년 3월 7일. B. N., Paris, Esp. 232, f° 89.

232. Simancas E° 1293, *Sobre los capitulos que dieron las personas*……(1564).

233. *Actas*, III, pp. 373–374.

234. 1587년 8월 21일. V. Riba y Garcia, *op. cit.*, pp. 317–318.

235. *Ibid.*, pp. 288–289.

236. 이전 알제리 총독이 쓴 필사본, p. 471.

237. 1565년 3월 12일 메르스 엘 케비르에서 현지 밀 구입. Simancas E° 486.

238. R. Hakluyt, *op. cit.*, II, p. 176, 1584년경. 1579년에는 기근이 심각해져서 노꾼 죄수들 마저도 풀어주어야 했다. 1579년 7월 7일 베네치아에서 J. 데 코르노사가 펠리페 2세에게 보낸 편지. A. N., K 1672.

239. G. Mecatti, *op. cit.*, II, p. 693.

240. *Ibid.*; 시에나의 전쟁과 밀을 차지하기 위한 호전적인 관행을 생각해보자. *ibid.*, p. 683.

241. 1584년 10월 5일 나폴리. Simancas E° 1087.

242. Simancas, Secretarias Provincales, Napoles I.

243. G. Parenti, *op. cit.*, p. 82.

244. 1559년 1월 21일 말라가에서 F. 베르두고가 펠리페 2세에게 보낸 편지. Simancas E° 138, f° 264.

245. A. d. S., Venise, Secreta Archivi Propri Polonia, 마르코 오토본이 식량조달관에게 보낸 편지, 빈, 1590년 11월 24일.

246. E. Levasseur, "Une méthode pour mesurer la valeur de l'argent", in: *Journal des Économistes*, 1856년 5월 15일. "최근(1856년) 알제리의 경우, 100리터의 밀이 알제에서는 29프랑, 오랑에서는 21프랑 50상팀에 판매되었다. 반면 티아레트와 세티프에서는 10프랑 밖에는 하지 않았다."

247. G. Parenti, *op. cit.*, p. 83; A. Doren, *Storia econ. dell'Italia*……, 1936, p. 366.

248. Matteo Gaudioso, "Per la storia……di Lentini", in: *A. st. per la Sicilia Orientale*, 1926–27, p. 83.

249. E. J. Hamilton, *op. cit.*, p. 257, note 4.

250. E. Charrière, *op. cit.*, III, pp. 244–249.

251. I de Asso, *op. cit.*, pp. 108–109.

252. Mediceo 2079 et 2080.

253. Ragusa Archives, Diversa de Foris, XI, f°ˢ 56 et *sq.* ; 피우메와 스팔라토에서 베네치아에 이르는 단거리 밀 교역에 관한 많은 자료들이 있다. 1601-1602년에 파스쿠알 체르바가 들었던 보험 기록.

254. 1575년 12월 10일 베네치아에서 G. 다 실바가 국왕에게 보낸 편지. Simancas E° 1334.

255. 곡물 항 살로니카에 입항했던 베네치아 선박은 하나도 없었다. 1561년 2월 16일 H. 페로가 도제에게 보낸 보고서. A. d. S., Venise, Senato Secreta Cost. Filza2/B, f° 334.

256. Ragusa Archives, Lettere di Levante, 33, f°ˢ 11v° to 13v°· 라구사 지방장관이자 참사관인 비아초 보도피아는 조반니 파스쿠알레 소유의 선박에 화물을 대량으로 선적하여 레반

트로 보냈다. 에게 해의 선적 항구의 전체 명단(메텔리노, 마르가 해협, 카발라, 살로니카, 볼로스, 조토네)이 열거되어 있다. 그러나 판매용 밀을 실은 카라무살리 선이 어디에나 꼭 있어야 하는 것은 아니었다.

257. E. Albèri, *op. cit.*, 1574, II, V, p. 477.

258. L. Bianchini, *op. cit.*, J, p. 346.

259. G. M. Amari, *op. cit.*, III, 3, p. 831.

260. La Mantia, *art. cit.*, p. 487.

261. L. Bianchini, *op. cit.*, I, p. 241.

262. 1577년 테라노바 공작에게 일어났던 사건에 관한 보고서. Simancas E° 1146.

263. *Ibid.*

264. E. Alberi, *op. cit.*, II, V, p. 243 (1574).

265. M. Siri, *art. cit.*

266. L. Bianchini, *op. cit.*, I. p. 337.

267. 베네치아로 수송할 곡물을 시칠리아에서 선적하기 위해서 입항한 베네치아 선박들에 관한 보고서. 선박들은 곡물을 선적할 수 없었다. Simancas E° 1139.

268. *Op. cit.*, I, p. 337.

269. *Memoria del governo del Reyno di Sicilia* (날짜 없음), Biblioteca Comunale, Palermo, Qq F 29.

270. B. Bennassar, Valladolid, *op. cit.*

271. 1559년 8월 26일 칙령. 61호의 4번 조항. 나폴리에서도 행해졌던 구두계약에 관한 좀더 정확한 평가는 G. Coniglio, *op. cit.*, p. 21 et sq.를 참조하라. 상인들은 농민들에게 선금을 주고, 농민들은 자신의 밀을 미래의 시세에 맞춰 구두로 판매했다.

272. L. Bianchini, *op. cit.*, I, p. 356.

273. Karl Otto Müller, *Welthandelsbräuche, 1480–1540*, 2nd impression Wiesbaden, 1962, p. 54.

274. *Relatione*, p. p. Cicogna, p. 24.

275. 카프마니가 제시한 척도 대조표에 따른 것이다. A. de Capmany, *op. cit.*, IV appendix, p. 63. 그것은 페골로티의 책에서 나온 것이다.

276. 이 책 322쪽의 도표 51을 참조하라.

277. 32마이디니(maidini)와 45마이디니는 콩 1리베바(rebeba)에 해당한다. 곡물의 경우는 두 카트로는 41, 48, 그리고 60마이디니이고, 살마당 두카트로는 1.2, 1.7, 그리고 2.4이다.

278. K. O. Müller, *op. cit.*, p. 275.

279. E. Charrière, *op. cit.*, II, p. 717, note.

280. 1580년 7월 15일 술탄이 프랑스 국왕에게 보낸 편지. *Recueil*, p. 21.

281. R. Hakluyt, *op. cit.*, II, p. 308, 1594.

282. 1560년 10월 6일 페라. A. d. S., Venise, Senato Secreta, 2/B, f° 274.

283. 1563년 1월 4일 크레타 섬에서 10인 위원회에 보낸 편지(f° 102, 1월 7일(f °103)); Capi del Cons° dei X, Lettere Bª 285.

284. 1563년 4월 6일 자킨토스. A. d. S., Venise, Senato Secreta, 3/C.

285. A. d. S., Venise. 1562년 3월 22일 페라에서 베네치아 대사가 도제에게 보낸 편지.

286. Baron de Tott, *op. cit.*, IV, p. 88.

287. Giuseppe Pardi, *art. cit.*, p. 85.

288. B. N., Paris, Esp., 127, f° 52.

289. 이 책 96쪽을 보라.

290. A. d. S., Venise, Senato Terra 120. 1591년 6월 16일.

291. Gilberto Freyre, *Casa Grande e Senzala*, 1946, I, pp. 411–412.

292. 비토리노 고디뉴의 표현이다.

293. 1546년 4월 18일 로마, *Corpo dipl. Port.*, VI, pp. 35, 36.

294. Braacamp Freire, "Maria Brandoa", in: *Archivo historico portuguez*, VI, 1908, p. 427.

295. *Correspondance de Jean Nicot, op. cit.*, p. 5.

296. British Museum, Sloane, 1572.

297. Simancas E° 171. 1558년 3월 30일 리스본에서 D. J. 데 멘도사가 국왕에게 보낸 편지.

298. Archivo Simón Ruiz, Valladolid, Legajo I, f° 75–76. 1558년 8월 27일 리스본에서 베네데토 우곤케리가 시몬 루이스에게 보낸 편지와 그밖의 다른 많은 편지들.

299. 위의 주 297을 보라.

300. A. N., K 1490. 1557년 8월 4일 카디스.

301. 1541년 알람브라에서 몬데하르가 카를 5세에게 보낸 편지. Simancas *Guerra Antigua*, XX, f° 96.

302. R. Carande, *Carlos V y sus banqueros*, pp. 24–25.

303. 1539년 12월 2일 알람브라에서 몬데하르가 카를 5세에게 보낸 편지. Simancas *Guerra Antigua*, XVI, f° 145.

304. *Ibid.*

305. 1551년 5월 바야돌리드. Simancas *Guerra Antigua*, XLI, f° 247.

306. 1553년 8월 말라가에서 텐디야 백작이 후안 바스케스 데 몰리나에게 보낸 편지. Simancas, *Guerra Antigua*, LIII, f° 43.

307. 1553년 11월 23일 말라가에서 F. 데 디에고가 F. 데 레데스마에게 보낸 편지. Simancas, *Guerra Antigua*, LIII, f° 40.

308. 1561년 8월 7일 세비야 시가 국왕에게 보낸 편지. Simancas Consejo y Juntas de Hacienda, 28.

309. 개인들이 발의한 법령에 관해서. Simancas E° 1389 (1564).

310. J. van Klaveren, *op. cit.*, p. 155, note 1.

311. F. Ruiz Martín, *op. cit.*, p. CXXXV 그리고 note 4.

312. *Les caractères originaux de l'histoire rurale française*, 1931.

313. Emilio Sereni, *Storia del paesaggio agrario italiano*, Bari, 1961.

314. *Loyal Serviteur, op. cit.*, p. 102.

315. Public Record Office, 30, 25, 157, Giornale autografo di Francesco Contarini da Venezia

a Madrid, Lisboa……

316. Noël Salomon, *La Campagne de la Nouvelle Castille à la fin du XVIe siècle d'après les Relaciones Topograficas*, 1964, p. 95, note 2.

317. *Ibid.*

318. 바로톨로메오 벤나사르의 미출간 학위 논문에 따른 것이다. Bartolomé Bennassar, *op. cit.* 이 문단에서 언급된 바야돌리드에 관한 모든 것은 1967년 출판된 그의 연구에서 나온 것이다.

319. N. Salomon, *op. cit.*, p. 302 et *sq.*

320. 펠리페 2세가 나폴리 부왕에게 보낸 편지. Biblioteca Comunale Palermo, 3 Qq Z, 34, f 7.

321. Joachim Costa, *Colectivismo agrario en España* (Buenos Aires edition, 1944), p. 214 et *sq.*

322. N. Salomon, *op. cit.*, p. 48 et *sq.*

323. 이것은 펠리페 루이스 마르틴의 차기 저작의 핵심 논제이다.

324. 1492년(1494년?) 6월 20일 F. 데 사프라가 에스파냐 국왕에게 보낸 편지. *CODOIN*, LI, pp. 52–53.

325. 이 "경기"에 관해서는 에스파냐 지리학자들의 뛰어난 연구를 참조하라. 예를 들면, Alfredo Floristan Samanes, *La Ribera tudelana de Navarra*, 1951가 있다.

326. 1556년 10월 1일 리스본에서 D. 루이스 사르미엔토가 후안 바스케스 데 몰리나에게 보낸 편지. Simancas, Diversos de Castilla, n° 1240.

327. 이 문단 전체는 모리스 에마르의 연구 업적에 근거한 것이다. 우리는 그의 책에서 장 제목 중의 하나를 빌렸다. 이 장에서 관련 참고 문헌이 없는 자료들은 그의 연구 업적에는 나와 있다. *Venise, Raguse et le commerce du blé dans la seconde moitié du XVIe siecle*, Paris, publication of École Pratique des Hautes Études, 1966.

328. Marciana, Italian Manuscript, 8386, 1550년.

329. A. d. S., Venise, Senato Mar 31, f° 153. 1551년 12월 23일.

330. Museo Correr, Donà delle Rose, 46, f° 45v° et 46.

331. M. Aymard, *op. cit.*, p. 177. 1561년 4월 4일.

332. 1563년 3월 31일부터 4월 6일까지의 자킨토스의 보고서. Simancas E° 1052, f° 148.

333. A. d. S., Florence, Mediceo 2972, f° 551는 A.Tenenti, *Cristoforo da Canal*, p. 113, note 52에서 인용함

334. M. Aymard, *op. cit.*, p. 178.

335. *Ibid.*, p. 185.

336. *Ibid.*

337. R. Busch-Zantner, *op. cit.*,. 이 책 제II부 제5장 "사회"를 보라.

338. 그것은 에이마르의 연구의 핵심 주제 중의 하나이다.

339. 그것은 1564년 12월 20일 알레포 주재 베네치아 영사 안드레아 말리피에로가 한 이야기와 같은 말이었다. A. d. S., Venise, Relazioni……, B 31. "이곳에 심각한 곡물 위기가

감지됩니다. 그것은 매우 보기 드문 일입니다." 이 이야기는 내게 매우 중요해 보인다.

340. M. Aymard, *op. cit.*

341. 1589년 4월 30일 제노바에서 제노바 곡물 담당관이 코르시카 주재 아고스티노 사울리와 조반니 바티스타 레르카로에게 보낸 편지. A. Civico, Genoa.

342. Museo Correr, Donà delle Rose, 217, f° 131.

343. A. d. S., Venise, Senato Terra, 120. 1591년 6월 6일 베르가모 지방 감독관들에게 보낸 편지. 기장이 썩어가고 있었기 때문에 1579년 말에 구입해야 했다. 기장을 생산하는 베네치아 식민지들에 관해서는 Museo Correr, D. delle Rose, 42, f° 39v°, 1602를 참조하라.

344. Marciana, 9611, f° 222.

345. A. d. S., Venise, Senato Terra 43, 1565년 1월 14일.

346. Marciana, 지롤라모 사비나의 연대기, f° 325 et *sq.*

347. Marciana, *ibid.*, f° 365 et *sq.*

348. Marciana, *ibid.*

349. M. Sanudo, *op. cit.*, vol. XV, col. 164, 1512년 9월 30일.

350. Museo Correr, Donà delle Rose, 217, f° 131; 218, f° 328.

351. "Futainiers et futaines dans l'Italie du Moyen Age", in: *Hommage à Lucien Febvre, Éventail de l'histoire vivante*, 1953, vol. II, p. 133 et *sq.*

352. E. Sereni, *op. cit.*, 그리고 이 책에 관해서는 Georges Duby, "Sur l'histoire agraire de l'Italie", in: *Annales E.S.C.*, 1963, p. 352 et *sq.*의 긴 서평을 참조하라.

353. *La historia d'Italia, op. cit.*, (Venise, 1587), p. 1 v°를 보라.

354. *Journal de voyage d'Italie*, "Collection Hier", p. 227.

355. R. Romano, "Rolnictwo i chlopi we Wloszech w XV i XVI wieku", in: *Przeglad historyczny*, LIII, n° 2, pp. 248–250; 그리고 C. M. Cipolla, "Per la storia della terra in Bassa Lombardia", in: *Studi in onore di Armando Sapori*, 1957, I, p. 665 et *sq.*도 참조하라.

356. E. J. Hamilton, "American treasure and the rise of capitalism", in: *Economica*, November, 1929.

357. 이 책의 제II부 제5장의 "3. 가난과 강도질" 참조.

358. Jacques Heers, "L'expansion maritime portugaise", *art. cit.*, p. 7을 참조하라. 각각 5,000 칸타라(총 470톤)를 2척의 바스크 선박이 미들부르그에서 제노바로 밀을 수송했다.

359. W. Naudé, *Die Getreidehandelspolitik der europäischen Staaten vom 13, bis rum 18. Jahrhundert*, Berlin, 1896, p. 167.

360. R. Ehrenberg, *op. cit.*, I, p. 299. "플랑드르 아니면 브르타뉴로부터."

361. 1539년 10월 12일 안트베르펜에서 바티스타 크르테제가 만토바 후작에게 보낸 편지. A. d. S., Mantua, Gonzaga Archives, Series E, Fiandra 568.

362. 이 책 『지중해』, 초판, p. 469, 참고 문헌 분실.

363. W. Naudé, *op. cit.*, p. 142.

364. 리카르도 리카르디와 히에로니무스 지랄디는 1590년 9월 3일 단치히에 도착했다. 단치히에서 이루어지는 상품 교역과 환 거래에 관한 보고서(1590년 12월). 보고서에는 암브로

시오 레리체의 서명이 있다. A. d. S., Venise, Secreta Archivi Propri Polonia 2.

365. *Ibid.*, 그리고 이 책 제I부 252쪽 이후를 참조하라.

366. 1591년 2월 26일과 12월 28일 피렌체에서 발타사르 수아레스가 시몬 루이스에게 보낸 편지. Ruiz Archives Valladolid. 로마에서의 상황은 매우 심각했다.

367. 적어도 1591년 말에는 그러했다. 1591년 5월 29일 피렌체에서 발타사르 수아레스가 시몬 루이스에게 보낸 편지. *Ibid.*, "암스테르담과 함부르크로부터 들어온 밀은 제노바에서 살마당 24에스쿠도에 팔리고 있습니다. 일찍이 이렇게 높은 가격은 없었습니다. 많은 양의 밀이 들어오리라고 기대하고 있기 때문에 가격이 내려가는 것은 의심하지 않습니다." Arc. Simón Ruiz.

368. 1591년 6월 17일 피렌체에서 카밀로 수아레스가 시몬 루이스에게 보낸 편지. *ibid.*

369. 1591년 9월 19일. *ibid.*

370. F. Braudel and R. Romano, *Navires et marchandises à l'entrée du port de Livourne*, pp. 106 et 117.

371. A. d. Stato, Florence, Mediceo 2080.

372. W. Naudé, *op. cit.*, p. 142.

373. *Ibid.* 그리고 G. Vivoli, *op. cit.*, III, pp. 182, 317, 350도 참조.

374. Ruiz Archives, Valladolid.

375. 이미 앞에서 인용한 마르코 오토본의 편지. 이 책 제I부 제3장의 주 116 그리고 A. d. S., Venise, Papadopoli, Codice 12, f° 18, 1591년 10월 16일 문서도 참조하라.

376. 1591년 2월 26일 피렌체에서 발타사르 수아레스가 시몬 루이스에게 보낸 편지. "이 거래로 그들은 큰 돈을 벌었습니다. 그렇게 말할 수 있는 것은 그들이 3배나 번 것이 확실하기 때문입니다", Ruiz Archives, Valladolid. 1590년 베네치아는 80만 두카트가 넘는 공적 자금을 투자했다. 투자된 막대한 자금에 관해서는 Marciana, Memorie di Malatie……, 8235 CVIII, 5, f° 198v° et *sq.*를 참조하라.

377. Archivio Civico Genoa, Abbondanza Lettere 1589–1592.

378. 우디네의 물가에 대해서는 미출간의 R. Romano, F. Spooner, Ugo Tucci의 연구를 참조하라.

379. 이 책의 초판, 1949, pp. 466–467.

380. 이 책의 제I부 441쪽을 보라.

381. "Carestia di frumenti del 1591", B. Comunale Palermo, Qq N 14 a, f°ˢ 144–147.

382. "Kulturgeschichte Siziliens", in: *Geogr. Zeitschrift*, 1935.

383. 나의 부탁으로 나의 친구이자 동료인 펠리페 루이스 마르틴은 16세기와 17세기에 관한 문서들을 꼼꼼하게 분석했다.

384. Vienna Archives, Collectanea Siciliana, fasc, 6.

385. 펠리페 루이스 마르틴의 목록에 따른 것이다(주 383을 보라).

386. 펠리페 루이스 마르틴의 목록에 따른 것이다.

387. Vienna Archives, Collectanea Siciliana, fasc. 6. 나는 의도적으로 1619년이라고 했다. 호흐홀처가 말한 1640년은 아니다. 왜냐하면 수출관세의 변화도 고려해야 하기 때문이다.

388. 나는 부자들이 특히 흰 빵을 선호했다는 점에 관해서 생각하고 있다.

389. A. d. S., Venise, Relaz. Ambasciatori, B. 31. 1564년 12월 20일.

390. 이 책 제I부 391-392쪽과 412-413쪽을 보라.

391. J. Heers, "Le commerce des Basques en Méditerranée au XVe siècle", in: *Bulletin Hispanique*, n° 57, 1955, pp. 292-320.

392. J. Heers, *Gênes au XVe siècle*, op. cit., p. 496.

393. E. Albèri, *op. cit.*, I, p. 1, Relation de Nicolo Tiepolo 1532.

394. 이 책 제I부 294-295쪽을 보라.

395. Pierre Chaunu, *op. cit.*, vol. VIII, pp. 254-256.

396. R. Collier, *H. du Commerce de Marseille*, op. cit., III, p. 118.

397. A de Capmany, *op. cit.*, IV, appendix, p. 43, 1526.

398. R. Collier, *op. cit.*, III, p. 155.

399. K. O. Müller, *op. cit.*, p. 55. 커민(cumin) 선적. 69퍼센트의 이익을 거두었다.

400. S. Razzi, *op. cit.*, p. 116.

401. A. d. S., Naples, Sommaria Consultationum, 96, f° 136, 1521년 9월 3일 f° 151v°, 1521년 10월 24일.

402. *Ibid.*, 121, f° 160, 1526년 11월 1일.

403. Ibid., 123, f° 36v° et 37, 1527년 1월 18일.

404. A. d. S., Mantua, A. Gonzaga, Series E, Genova 759. 1530년 7월 25일 제노바에서 조반니 바티스타 포르나리가 만토바 후작에게 보낸 편지.

405. M. Sanudo, *op. cit.*, LVI, col. 238. Palermo, 1532년 4월 5일.

406. Domenico Gioffrè, "Il commercio d'importazione genovese, alla luce dei registri del dazio, 1495-1537", in: *Studi in onore di Amintore Fanfani*, 1962, V, p. 164.

407. 나는 정어리를 선적하기 위해서 바르셀로나, 발렌시아 그리고 세비야로 가려고 했던 갈리시아 선박들에 관해서 생각했다. 1538년 2월 20일 갈리시아의 코레히도르가 국왕에게 보낸 편지. Simancas, *Guerra Antigua*, XI, f° 200.

408. A. d. S., Mantua, A. Gonzaga, Series E, Spagna, 588. 1535년 5월 3일 바르셀로나에서 조반니 아넬로가 만토바 후작에게 보낸 편지. 4월 28일 포르투갈 선단이 바르셀로나 항구에 입항했다. "성대한 의식과 함께 포르투갈인이 입장했습니다."

409. M. Sanudo, *op. cit.*, II, col. 138. 1498년 11월 18일.

410. A. d. S., Mantua, A. Gonzaga, Series E, Venezia 1439. 1501년 10월 1일 베네치아에서 프랑코 트레비자노가 만토바 후작에게 보낸 편지.

411. Jacques Heers, "L'expansion maritime portugaise à la fin du Moyen Age: la Méditerranée", in: *Revista da Faculdade de Letras de Lisboa*, n° 2, 1956, p. 18.

412. Vincente Almeida d'Eça , *Normas economicas na colonizacão portuguesa*, Lisbon, 1921, p. 24.

413. Domenico Gioffrè, *art. cit.*, p. 130, note 38, 그리고 동일 저자, "Le relazioni fra Genova e Madera nel 1° decennio del secolo XVI", in: *Pubblicazioni del civico Istituto Colombiano*,

Studi Colombiani, 1951, p. 455, note 25. 1아로바 = 11.5킬로그램.

414. 이런 설탕 교역의 성장은 D. Gioffrè, *art. cit.*, p. 130 et *sq.*에 잘 나와 있다. 9척의 캐러벨 선들이 베네치아로 설탕을 수송했다. M. Sanudo, *op. cit.*, I, col. 640. 1497년 6월 4일; *ibid.* 포르투갈 상인에 관해서는 I, 1032 et II, 138을 참조하라.

415. 1535년 12월 5일 에보라에서 루이스 사르미엔토가 샤를 5세에게 보낸 편지. Simancas, *Guerra Antigua*, VII, f° 42.

416. J. Billioud, *H. du commerce de Marseille*, III, p. 228.

417. A. d. S., Venise, *Cinque Savii*, 3, 1549.

418. Michel Mollat, "Aspect du commerce maritime breton à la fin du Moyen Age", in: *Mémoire de la Société d'Histoire et d'Archéologie de Bretagne*, vol. XXVIII, 1948, pp. 16–17.

419. R. Collier, *H. du commerce de Marseille*, III, pp. 146–147.

420. M. Sanudo, *op. cit.*, I, col. 471.

421. M. Mollat, *art. cit.*, p. 10.

422. *Saco de Gibraltar, op. cit.*, p. 93.

423. *Correspondance de Fourquevaux*, I, pp. 178–179. 1567년 2월 13일.

424. 프랑스 대사가 에스파냐 국왕에게 한 항의(1570년 혹은 1571년), A. N., K 1527, B 33 n° 41.

425. Jean Delumeau, *L'alun de Rome XVe–XIXe siècle*, 1962, p. 241.

426. E. Gosselin, *Documents authentiques et inédits pour servir à l'histoire de la marine marchande et du commerce rouennais pendant les XVIe et XVIIe siècles*, Rouen, 1876, pp. 8–11.

427. M. Mollat, *op. cit.*, p. 241.

428. 1535년 2월 4일. Simancas, *Guerra Antigua*, VII, f° 59.

429. E. Gosselin, *op. cit.*, p. 43.

430. *Ibid.*, pp. 42–43. 1535년 10월 2일.

431. *Historie du Commerce de Marseille*, III, p. 221.

432. E. Charrière, *Négociations dans le Levant*, II, pp. 631–632. 1560년 10월 30일 콘스탄티노플.

433. 1561년 3월 16일 모레에서 샹토네가 펠리페 2세에게 보낸 편지. A. N., K 1494, B 12, n° 60. 1561년 3월 23일 샹토네가 펠리페 2세에게 보낸 편지. *ibid.*, n° 62.

434. A. d. S., Florence, Medieeo 2080.

435. 이 책 제II부의 343-345쪽 참조.

436. Ragusa Archives, D. di Cancellaria, 146, f°ˢ 27–29, 1560년 6월 17일. 우르크 선, 즉 북유럽의 선박.

437. 1566년 6월 6일 마드리드에서 노빌리가 왕자에게 보낸 편지. Mediceo 4897 bis. C. Douais, *op. cit.*, I, pp. 90, 92를 참조하라.

438. 1571년 2월 13일 안트베르펜에서 알바 공작이 F. 데 알라바에게 보낸 편지. A. N.,

K 1519, B 29, n° 18.

439. R. Doebaerd and Ch. Kerremans, *op. cit.*, 1952, pp. 139 et 143.

440. Eleonora Carus-Wilson, *Mediaeval Merchant Venturers*, 1954, p. 64 et *sq.*

441. Jacques Heers, "Les Génois en Angleterre: la crise de 1458–1466", in: *Studi in onore di Armando Sapori*, II, p. 810.

442. Hektor Ammann, *art. cit.*, in: *Vierteljahrschrift für S. u. W. G.*, vol. 42, 1955, p. 266.

443. *Ibid.*

444. Domenico Gioffrè, "Il commercio d'importazione genovese alla luce dei registri dei dazio, 1495–1537", in: *Studi in onore di Amintore Fanfani*, 1962, V, p. 113 et *sq.* W. Cunningham, *The growth of English Industry and Commerce*, 1914, I, p. 373.

445. D. Gioffrè, *art. cit.*, pp. 121–122.

446. A. de Capmany, *op. cit.*, III, pp. 225–226; IV, appendix, p. 49.

447. D. Gioffrè, *art. cit.*, pp. 122–123. 카디스 항구를 중간 기항지로 이용했다는 점을 고려해야 한다.

448. R. Hakluyt, *op. cit.*, II, p. 96 et *sq.*

449. Philip Argenti, *Chius vincta*, 1941. p. 13.

450. R. Hakluyt. *op. cit.*, II. p. 96.

451. R. Hakluyt, p. 98. 1544년 콘스탄티노플의 잉글랜드 상인들에 관해서는 *Itinéraire……of Jérôme Maurand*, ed. Dorez, p. 126.

452. R. Hakluyt, II, p. 98.

453. *Ibid.*, II. 로버트 세실 경에게 대한 헌사. 페이지 번호는 없다.

454. *Ibid.*, II, pp. 99–101.

455. James A. Williamson, *Maritime Enterprise*, Oxford, 1913, p. 233.

456. R. Hakluyt, *op. cit.*, II, pp. 101–102.

457. Alfred C. Wood, *A History of the Levant Company*, London, 1935, p. 3은 키프로스 정복 연도와 동일한 1570년(이 또한 오류이다)을 투르크가 키오스 섬을 정복한 해로 잘못 간주하고 있다.

458. Inna Lubimenko, *op. cit.*, pp. 20 et 27.

459. R. Hakluyt, *op. cit.*, I, p. 243.

460. R. Romano, "La marine marchande vénitienne au XVIe siècle", in: *Les sources de l'histoire maritime en Europe du Moyen Age au XVIIIe siècle*, 1962.

461. I. Tadić, *art. cit.*, p. 15.

462. 라구사 문서보관소에 소장된 몇몇 관련 자료. 1516년 11월 17일. 런던과 라구사 사이를 운항했던 라구사 선박에 관해서는 A. de Raguse, Diversa di Cancellaria 106, fᵒ 247 : 1515년 3월 10일 제노바. 키오스에서 직항으로 잉글랜드까지 항해한 라구사 선박에 관해서는 *ibid.*, fᵒ 180 : 1538년 2월 21일 카디스. 사우샘프턴에서 선적을 완료한 라구사 선박 1척이 카디스, 팔레르모 그리고 메시나로 항해한 것에 관해서는 *ibid.*, 122, fᵒ 24.

463. 1547년 12월 12일 셀브가 국왕에게 보낸 편지. *Correspondance……* p.p. G. Lefevre-

Portalis, p. 252.

464. *Ibid.*, p. 321.

465. Moscow Archives, Fonds Lamoignon, 3, f° 128.

466. R. Häpke, *op. cit.*, I, p. 512.

467. A. d. S., Venise, Senato Terra 67, f° 8.

468. J. Delumeau, *op. cit.*, p. 241.

469. A. d. S., Venise, *Cinque Savii*, 17, f° 10.

470. A. d. Stato, Genoa, Spagna, Negoziazioni, 2747. 1557년 12월 3일.

471. M. François, *Le Cardinal François de Tournon*, 1951, p. 366.

472. A. d. S., Florence, Mediceo 2080.

473. Marciana, Ital., 8812, CVI, 3, f° 10v°: 마게이트는 템스 강 하구에 있다.

474. *CODOIN*, XC, p. 288.

475. *Calendar of State Papers, Venetian*, VII, pp. 430, 441, 445–447, 454, 456; *CODOIN*, XC, pp. 236–237, 254, 288, 327.

476. *CODOIN*, XC, pp. 236–237. 1569년 5월 23일.

477. 1569년 8월 8일 브뤼셀에서 알바 공작이 국왕에게 보낸 편지. *CODOIN*, XV, p. 170.

478. *CODOIN*, XC, pp. 236–237.

479. 실망스럽다. 나는 라구사 문서보관소의 "수송료와 보험(Noli e Sicurtà)"이라는 항목에서 라구사 선박의 운항을 언급한 사례를 두 번밖에 찾지 못했다. 하나는 1563년 젤란드에서 리보르노로의 항해였고, 다른 하나는 1565년 7월 4일 안트베르펜에서 라구사로의 항해였다. 그러나 6개월 내지는 12개월의 항해를 위해서 체결된 많은 보험증서들에는 항로에 대한 정보가 없다. 게다가 라구사 이외의 지역으로 항해했던 라구사 선박들도 있었다. 반면 제노바 문서보관소(*Securitatum 1564–1571*, A.d.S., Genoa)에는 풍부한 자료가 있다. 리스본을 출발해서 지중해 밖으로 운항하거나 지중해로 들어오는 3차례의 운항 사례, 10차례의 카디스로의 운항 사례, 대서양에서의 5차례의 운항 사례(루앙, 안트베르펜, 잉글랜드, 플랑드르). 1569–1570년 이후 대서양 지역으로의 항해는 증가했고, 특히 제노바 항구에서 보험을 든 베네치아 선박들이 유리해졌다. 제노바는 베네치아가 오스만 제국과의 전쟁으로 어려움을 겪고 있던 상황에서 이득을 보았을까?

480. Jean Delumeau, *L'alun de Rome*, *op. cit.*, p. 241.

481. 제비 호. Mediceo 2080. 문단에 언급된 나머지 선박들에 관해서도 동일한 참고 문헌.

482. 1580년 2월 26일 팔레르모에서 마르칸토니오 콜론나가 국왕에게 보낸 편지. Simancas E° 1149. 이 자료는 그가 베르나르도 데 멘도사로부터 받은 정보를 전한 것이다.

483. 미란다 백작은 1591년 7월 13일 나폴리에서 펠리페 2세에게 보낸 편지에서 이에 관해서 "꼭 필요한 공급"이라고 말했다. Simancas E° 1093.

484. R. Hakluyt, *op. cit.*, II, pp. 145–146.

485. G. Vivoli, *op. cit.*, III, p. 155.

486. Cf. L. Stone, *An Elizabethan: Sir Horatio Palavicino*, 1956.

487. 1578년 9월 23일. *CODOIN*, XCI, pp. 287–288.

488. *CODOIN*, XCI, p. 297

489. *Ibid.*, p. 398. 사건의 전말에 관해서는 pp. 275, 287–288, 360, 375, 387–388, 393을 보라.

490. *Bilanci generali*, Second series, vol. I, tome I, p. 439, note 1.

491. 1582년 11월 29일. *CODOIN*, XCII. p. 436.

492. A. d. S., Venise, Lettere Com., 12 *ter*, 1589년 10월 20일.

493. 나는 두 가지의 사소한 고찰은 제외했다. 1. 디에프와 마르세유 항해사들은 잉글랜드인들이 지중해로 다시 돌아오는 과정에서 안내자 역할을 했다. 실제로 잉글랜드 선박들은 1573년부터 1584년까지 리보르노 항구를 오갔으며 디에프(1574년 2월 4일자 1회 언급), 칼레(5회의 언급: 1574년 2월 3일, 1576년 1월 25일, 1576년 2월 2일, 1579년 1월 14일 2회), 프랑스(1회 언급: 1579년 1월 12일), 플랑드르(1회 언급: 1584년 1월 10일), 젤란드(1회 언급: 1581년 10월 24일)에서 화물을 선적했다고 기록했다. A. de Montchrestien *op. cit.*, 1615, pp. 226–227에 언급된 문서는 결정적인 논거처럼 보인다(그러나 실제로는 그렇지 않다). "40년 전에는(따라서 대략 1757년 무렵) 잉글랜드인들이 투르크나 바르바리 지방과는 교역하지 않았지만, 오직 자신들의 휴식처인 함부르크와 슈타데만은 빈번하게 오갔다. 아직 활기가 넘쳤던 선장 앙투안 지라르와 장 뒤랑이라는 마르세유 청년이 잉글랜드인들에게 런던에서 지중해로 진출할 수 있는 첫 기회를 제공했다. 게다가 이 두 사람은 잉글랜드 선박의 첫 지중해 출항을 안내하고 이끌었다. 당시까지 지브롤터 해협을 경유해서 잉글랜드로 향신료와 기타 상품들을 공급한 것은 마르세유 선박이었다. 그러나 이제는……" 2. 건포도를 둘러싼 베네치아와 잉글랜드 간의 분쟁은 4반세기 이상 지속되었다(C.S.P. Venetian, VII, pp. 542, 544, 545, 548, 549, 550, 552). 그 분쟁은 런던에서 활동하는 루카의 한 상인이 잉글랜드에 대한 건포도 수입 독점권을 부여받았던 1576년에 시작되었다. 1580년, 1591년, 1592년, 1602년 협상과 관세 보복이 잇따랐다. 1609년에 타협이 이루어졌다(이 책 『지중해』, 초판, pp. 482, 487–488 참조). 이러한 어려움에도 불구하고 베네치아 선박들은 계속해서 잉글랜드를 오갔다.

494. 관련 참고 문헌은 R. B. Merriman, *Op. cit.*, IV, p. 154, note 3에 있다.

495. R. Hakluyt, *op. cit.*, II, pp. 136–137.

496. *CODOIN*, XCI, p. 439. 1579년 11월 28일.

497. 1580년 9월 5일 베르티에의 지시. *Recueil*……, p. 36.

498. 잉글랜드와 맞서 그들은 베네치아인들과 연합했다. 1583년 7월 27일 에로 드 메스가 국왕에게 보낸 편지. A. E., Venise 31, f° 103v° et *sq*.

499. *CODOIN*, XCI, 1580년 11월 13일, p. 523.

500. *CODOIN*, XCI, pp. 334, 396, 399, 409; R. Hakluyt, *op. cit.*, I, pp. 453–454; I. Lubimenko, *op. cit.*, p. 51.

501. R. Hakluyt, *op. cit.*, II, p. 165.

502. *Ibid.*, II, p. 157.

503. *Recueil*……, p. 36.

504. 1583년 3월 15일. Simancas E° 1154.

505. 1583년 6월 21일 베네치아. A. E., Venise, 31, f° 15 et 15v°.

506. 1583년 9월 5일 페라에서 헤어본이 리처드 포스터에게 보낸 편지. R. Hakluyt, *op. cit.*, II, pp. 172–173.

507. A. C. Wood, *op. cit.*, p. 17.

508. *Ibid.*, p. 20.

509. *Ibid.*, p. 23.

510. *Ibid.*, p. 23.

511. *Ibid.*, p. 23.

512. A. C. Wood, *op. cit.*, p. 36.

513. *Ibid.*, p. 39.

514. 1601년 마르세유는 여전히 1,000척 정도의 선박을 보유하고 있었음을 인정해야 한다. Paul Masson, *Histoire du commerce français dans le Levant au XVIIe siècle, op. cit.*, p. 31.

515. Paul Masson, *ibid.*, p. XVI.

516. A. C. Wood, *op. cit.*, pp. 33–35.

517. *Ibid.*, p. 31.

518. A. d. S., Florence, Mediceo, 2079, f° 210 et 210 v°.

519. R. Hakluyt, *op. cit.*, II, p. 290.

520. *CODOIN*, XCII, pp. 455–456

521. R. Hakluyt, *op. cit.*, II, p. 271.

522. A. Com., Marseilles, BB 52, f° 24 v°.

523. A. d. S., Genoa, L. M. Spagna 10 2419(날짜 없음).

524. R. Hakluyt, *op. cit.*, II, pp. 289–290.

525. 프랑스인들을 상대로 한 해적질에 관해서는 셀 수 없을 정도로 많은 관련 자료들이 있다. P. Masson, *op. cit.*, p. XXIV; 라구사인들을 상대로 한 해적질은 Archives de Ragusa, D. de Foris, VII, f° 36(1598년 5월 26일 메시나)을 참조하라. 로레토의 성모 마리아 호를 나포하고 불을 지름; 1594년 3월 8일 칼리아리 앞바다에서 잉글랜드인들의 또다른 공격. D. de Foris, II, f°, 127v° et *sq.*; 자킨토스 근처에서 "삼위일체와 세례자 요한호" 나포에 관해서는 D. de Foris, V, f° 88, 1595년 5월 12일.

526. *Recueil*……, p. 53; R. Hakluyt, *op. cit.*, II, pp. 145–146; *CODOIN*, XCII, pp. 60–61(1581년 6월 24일).

527. 1601년 2월 22일. A. N., K 1630. 1601년 제노바에서 한 라구사인에게 자신의 배 로열 머천드 호를 빌려준 잉글랜드인 리처드 코캐인의 이상한 모험. 당시 선박의 선장은 투르크인을 상대로 해적질에 나섰다. Mediceo 1829, f° 258.

528. R. Galluzzi, *op. cit.*, III, p. 270.

529. A. d. S., Genoa, *Giunta di Marina*, 잉글랜드 대사관에 관한 기록(날짜 없음).

530. W. Naudé, *op. cit.*, pp. 142–143, 331.

531. Élie Luzac, *Richesse de Hollande*, I, *op. cit.*, p. 63.

532. Johannes Comelis de Jonge, *Nederland en Venetie*, Gravenhague, 1852, pp. 299–302.

533. H. Wätjen, *op. cit.*, II, p. 5.

534. G. Vivoli, *op. cit.*, III, p. 181.

535. *Ibid.*, p. 317, 갈루치와 론디넬리에 대한 언급, p. 318.

536. *Ibid.*

537. 독일 선박의 지중해 진출에 관해서는 세 개의 라구사 문서를 참조하라(Diversa de Foris, XV, f° 123v° à 124). 1596년 10월 24일 베네치아, 함부르크 출신의 한스 에멘스가 선장인 초승달 호가 가입한 수송 보험의 세부 내용. 초승달 호는 함부르크에서 베네치아로 밀을 수송했다; 1596년 11월 28일 베네치아, 함부르크 선적의 안티니오(?) 루더가 선장인 삼위일체 호의 수송 보험. 삼위일체 호는 베네치아로 밀을 수송했다; 1596년 12월 24일 베네치아, 지라르도 베스트레부올라가 선장인 "날아가는 행운 호"와 관련된 비슷한 종류의 보험의 세부 내용. "날아가는 행운 호"는 함부르크로부터 밀을 싣고 왔다. 대서양과 베네치아 사이를 오가는 긴 항해 중에 종종 사고가 발생했다. 1597년에는 단치히에서 밀을 선적한 (루카 네린기아와 자코모 네린기아가 선장인) 두 척의 선박은 리스본에서 화물을 약탈당했다. 이 선박들은 리스본에서 다시 화물을 선적하고 베네치아로 수송했다; 이들은 먼 지역에서 밀을 싣고 베네치아로 들어온 선박에게 입항세를 면제하는 것처럼 자신들에게도 입항세를 면제해달라고 요청했고, 그들의 요청은 받아들여졌다. A. d. S., Venise, *Cinque Savii*, Busta 3, 1597년 7월 29일.

538. *Der deutsche Seehandel im Mittelmeergebiete bis zu den napoleonischen Kriegen*, Neumünster, 1933.

539. 1600년에도 여전히 함부르크로부터 이탈리아로 들어온 선박들이 있었다. Simancas E° 617.

540. G. Berchet, *op. cit.*, pp. 157–159.

541. J. Denucé, *op. cit.*, p. 17.

542. *Ibid.*, p. 71. 그러나 "영사 증명"은 잉글랜드인들에 의해서 행사되었다.

543. G. Berchert, *op. cit.*, p. 103.

544. J. Denucé, *op. cit.*, p. 68.

545. Bernardo Gomez De Brito, *Historio tragico-maritima*, Lisbon, 1904–1905, II. pp. 506–507. 1604년경.

546. H. Wätjen, *op. cit.*, p. 55.

547. R. Galluzzi, *op. cit.*, III, p. 270; G. Vivoli, *op. cit.*, IV, pp. 7–10. 나는 하나의 의문을 상세하게 언급하고자 한다. 아마 포르투갈 선박으로 추정되는 한 선박(산토 안토니오 호, 선장은 발타사르 디아스였다)이 브라질에서 화물을 선적하고 460칸타라나 되는 많은 양의 브라질 우드를 싣고서 1581년 11월 29일 리보르노 항구에 입항했다. 토스카나 공국이 브라질에서 시도했던 식민 계획에 관해서는 G. G. Guarnieri, *art. cit.*, p. 24, note 1의 충분하지는 않지만 호기심을 끄는 각주를 참조하라.

548. A. d. S., Florence, Mediceo 2079, f°ˢ 337 et 365. 이들 선박들 중 첫 번째 배 *Nuestra Señora do Monte del Carmine* 호는 고아로부터 4,000칸타라의 후추를 싣고 1610년에 돌

아왔다. 더 이상의 자세한 내용은 없다. 1610년 8월 14일 *Nostra Signora di Pietà* 호가 동인도로부터 4,170칸타라의 후추, 귀금속과 145칸타라의 인도산 직물을 가지고 왔다.

549. A. d. S ..Venise, *Cinque Savii*. Busta 6, 1596년 11월 15일 사본.

550. A. C. Wood, *op. cit.*, p. 43.

551. 제I부 제5장 395쪽을 보라.

552. L. von Pastor, *op. cit.*, 독일어 판본, vol. X, p. 306.

553. "Influences de L'Angleterre sur le déclin de Venise au XVIIe siècle", in: *Decadenza economica veneziana nel secolo XVII*, Giorgio Cini Foundation, Venise, 1961, pp. 183–235.

554. 이 주제에 관해서는 제I부 제5장 400쪽을 보라. *C. S. P., East Indies*, I, p. 107. 1600년 10월, 5척의 배가 동인도로 떠났다. 총선적량은 1,500톤이었고, 선원은 500명이었다. R. Davis, *art. cit.*, p. 215: 베네치아 바일로의 이야기에 따르면, 1628년 "잉글랜드인들은 전투를 위한 충분한 공간을 확보하면서 더 많은 선원과 포격수를 싣고 왔다."

555. R. Davis, *art. cit.*, p. 215(*C. S. P.*, Venetian, 1627년 10월 2일).

556. F. Braudel, 'L'économie de la Méditerranée au XVIIe siècle' in *Economia e Storia*, Avril–Juin, 1955, reproduit in *Cahiers de Tunisie*, 1956, p. 175 et *sq.*

557. B. M. Sloane, 1572(1633년경).

558. C. R. Boxer, *op. cit.*, p. 76, note 150에서 인용. 문서는 Pedro de Baeza가 작성한 것이다.

559. 관련 참고 문헌은 이 책 『지중해』, 초판 493쪽을 보라.

560. J. H. Kernkamp, *Handelop den vijand 1572–1609*, 2 vols, Utrecht, 1931–1934는 여전히 가장 핵심적인 참고 문헌이다. 이러한 조치들이 빈번하게 별 효과가 없었던 점에 관해서는 V. Vázquez de Prada, *op. cit.*, (1596–1598), I, p. 63을 참조하라.

561. 나는 그 표현을 Germaine Tillion, *Les ennemis complémentaires*, 1960에서 차용했다. 여기에서 문제가 되었던 것은 1955년부터 1962년까지의 프랑스인들과 알제리인들에 관한 것이다.

562. 1550년 이후에 관해서는 V. Vázquez de Prada, *op. cit.*, I, p. 48을 참조하라.

563. *Ibid.*

564. A. N., K 1607 B (B. 89).

565. 이 책 제II부 제2장 168–169쪽을 보라.

566. Simancas E° 569, f° 84, 날짜 없음.

567. 세비야가 서서히 "수동적이 되어갔던 것"에 관해서는 J. van Klaveren가 *op. cit.*, 특히 111쪽 이하에서 훌륭하게 설명했다. 나는 그의 저서에서 많은 것을 차용했다.

568. 1594, Simancas E° 174.

569. Simancas E° 174.

570. 1595년 8월 18일. *ibid.*

571. 이 부분에서 나는 Jacob van Klaveren, *op. cit.*, pp. 116–117의 설명을 따랐다.

572. 1591년 5월 20일 피렌체에서 안토니오 구티에레스가 시몬 루이스에게 보낸 편지. Correspondance de Simón Ruiz, Archivo Provincial de Valladolid.

573. 1591년 5월 20일 피렌체. *ibid.*

574. 1591년 6월 17일 피렌체.

575. 1590년 12월 31일 피렌체.

576. 1591년 9월 9일 피렌체. *ibid.*

577. 1591년 6월 26일 피렌체.

578. 1591년 8월 12일 피렌체.

579. 1608년 5월 30일 베네치아에서 돈 알론소 데 라 쿠에바가 국왕에게 보낸 편지. A .N., K 1678, 43 b.

580. A.d.S., Venise, *Cinque Savii,* 141, f° 44, 1602년 5월 22일.

581. *Ibid.,* 22, f° 52, 1598년 11월 20일과 1602년 8월 16일.

582. 이 책 제II부 제6장 600–602쪽과 685쪽을 보라.

583. *Op. cit.,* Vol. I. p. 63 and 501. 그 책은 사실 엘리에 뤼작의 저서이다. 그러나 좀더 정확하게 말하면 자크 아키리아스 드 스리온이 1765년 암스테르담에서 출판한 초기 저서를 뤼작이 수정 출판한 것이다.

584. Johannes Hermann KEMKAMP, "Straatfahrt, niederländische Pionierarbeit im Mittelmeergebiert", in: *Niederländischen Woche der Universität München,* 1964년 7월 15일.

585. Simon HART, "Die Amsterdamer Italienfahrt 1590–1620", in: *Wirtschaftskräfte und Wirtschaftswege, II, Wirtschaftskräfte in der europäischen Expansion, Festchrift für H. Kellenbenz,* Nuremberg, 1978.

586. Richard Tilden RAPP, "The Unmaking of the Mediterranean trade hegemony: international trade rivalry and the commercial revolution", in: T*he Journal of Economic History,* 1975, pp. 499–525; *Industry and economic decline in seventeenth century Venise,* 1976.

587. *Civilisation matérielle, économie et capitalisme, XVe–XVIIIe siècles,* 1979, 3 volumes.

제4장

1. 이 책 제I부 448쪽을 참조하라.

2. 나는 민족국가(État national)라는 말을 의도적으로 쓰지 않았다.

3. A. Siegfrid, *op. cit.,* p. 184.

4. H. Kretschmayr, *op. cit.,* II, p. 382.

5. Enrico Perito, d'E. Carusi, de Pietro Egidi의 연구를 참조하라(Sánchez Alonso의 참고 문헌에서 2625, 2630, 2626번).

6. A.d.S., Modène, Venezia VIII, 1495년 7월 31일 베네치아에서 알도브란디노 귀도니가 공작에게 보낸 편지.

7. M. Seidlmayer, *op. cit.,* p. 342.

8. 이 말을 처음 사용한 사람은 피렌체에서 1561년에 출간된 *Galateo*의 저자 조반니 델라 카사 추기경인 것으로 알려져 있다. *Orazione di Messer Giovanni della Casa, scritta a Carlo Quinto intorno alla restitutione della città di Piacenza,* p. 61. 이 문제를 폭넓게 다룬 책으로는 다음의 저서가 있다. F. Meinecke, *Die Idee der Staatsräson in der neueren*

Geschichte, 1re édit., Munich, 1925.

9. Pierre Mesnard, *L'essor de la philosophie politique au XVIe siècle,* 1re édit., 1936, pp. 39-53, 특히 pp. 51-52를 보라.

10. A. Renaudet, *Machiavel,* p. 236.

11. G. M. Trevelyan, *op. cit.,* p. 293.

12. Baudrillart(Mgr.), *Philippe V et la Cour de France,* 1889-1901, 4vol. 서론, p. 1.

13. 이 책 제II부 제4장 394쪽 이후를 참고하라.

14. Gaston Roupnel, *Histoire et destin,* p. 330.

15. 투르크의 위대함에 관해서는 R. de Lusinge, *De la naissance, durée et chute des États, 1588,* 206 p. Ars, 8° H 17337(J. Atkinson, *op. cit.,* pp. 184-185에서 인용. 오스만 제국에 관한 미간행 외교 보고서(1576), Simancas. E° 1147을 참조하라.

16. Fernand Grenard, *Décadence de l'Asie,* p. 48.

17. 이 책 제I부 320쪽 참조.

18. *Annuaire du monde musulman,* 1923, p. 323.

19. 이 말은 두브로브니크의 고문서 학자인 B. Truhelka가 이 주제에 관해서 나와 자주 토론할 때에 사용하던 표현이다.

20. Christo Peyeff, *Agrarverfassung und Agrarpolitik,* Berlin, 1927, p. 69; I. Sakazov, *op. cit.,* p. 19; R. Busch-Zantner, *op.cit.,* p. 64 et *sq.* 그런데 D. Anguelov의 논문(*Revue Historique* [bulgare], IX, 4, pp. 374-398)을 보면, 오스만 제국에 대한 불가리아의 저항은 우리가 생각한 것보다 더 격렬했던 것 같다.

21. Jos. Zontar, "Hauptprobleme der jugoslavischen Sozial-und Wirtschaftsgeschichte", in: *Vierteljahrschrift für Sozial-und Wirtschaftsgeschichte,* 1934, p. 368.

22. J. W, Zinkeisen, *op. cit.,* II, p. 143; R. Busch Zantner, *op. cit.,* p. 50.

23. R. Busch Zantner, *op. cit.,* p. 65.

24. *Ibid.,* p. 55.

25. *Ibid.,* p. 65. 그리고 K. Jirecek와 Sufflay의 연구를 언급한 부분을 참조하라.

26. *Ibid.,* p. 23.

27. W. Heyd, *op. cit.,* II, p. 258.

28. *Ibid.,* II, p. 270.

29. *Ann, du monde musulman,* 1923, p. 228.

30. H. Hochholzer, *art. cit.,* p. 57.

31. J. Zontar, in: *Vierteljahrschrift für Sozial-und Wirtschaftsgeschichte,* 1934, p. 369.

32. G. Atkinson의 책 179쪽에 인용됨.

33. *Ibid.,* p. 211.

34. *Ibid.,* p. 397. 1544년에 Jerôme Maurand도 같은 생각을 쓰고 있다. Jérôme Maurand, *Itinéraire de……d'Atibes à Constantinople*(1544), Léon Durez(간행), 1901, p. 69. 투르크의 승리는 기독교인들이 저지른 죄에 대한 벌이었다.

35. F. Babinger, *op. cit.,* pp. 446-447. 이 책의 서지 사항은 이 책 제II부 제4장 주 93에

나와 있다.

36. J. W. Zinkeisen, *op. cit.*, III, p. 19.

37. J. W. Zinkeisen, *op. cit.*, III, p. 20, note 1에서 인용. Anton von Gevay, *Urkunden und Actenstücke zur Geschichte der Verhältnisse zwischen Österreich, Ungarn und der Pforte im XVI. und XVII. Jahrhundert*, 1840-1842, p. 31에 먼저 인용됨.

38. *Op. cit.*, p. 42.

39. *Op. cit.* VIII, p. 305.

40. F. Grenard, *op. cit.*, p. 86.

41. Émile Bourgeois, *Manuel historique de Politiaue étrangère*, t. I, 1892, Introduction, p. 2 et *sq.*

42. "······하나의 에피소드이며 전혀 사건은 아니다", p. 22.

43. V. Hassel, *op. cit.*, pp. 22-23.

44. F. Grenard, *op. cit.*, p. 79.

45. 이 책 제I부 232쪽.

46. J. Dieulafoy, *Isabelle la Catholique, Reine de Castille*, 1920 ; Fernand Braudel, "Les Espagnols······", in: *Revue Africaine*, 1928, p. 216, note 2.

47. *Mémoires*, IV, p. 47.

48. Brockelmann, *Gesch. der islamischen Völker*, 1939, p. 262.

49. J. Mazzei, *op. cit.*, p. 41.

50. *Annuaire du monde musulman*, p. 21.

51. 18세기가 되어서야 술탄이 칼리프(Caliph)라는 호칭을 공식적으로 사용하게 되었다. Stanford J. Shaw, "The Ottoman view of the Balkans", in: *The Balkans in transition*, éd. par C. et B. Jelavich, 1963, p. 63.

52. J. W. Zinkeisen, *op. cit.*, III, p. 15.

53. Brockelmann, *op. cit.*, p. 242.

54. Stanford J. Shaw(*art. cit.*, p. 67)는 새로 정복된 아랍 지역에서 광신적인 울레마(ulema, 이슬람교 법학자)가 어떤 역할을 했는지와 베네치아와 합스부르크 가문이 발칸 반도에 파견한 프란체스코회의 전도사들에 대해서 투르크가 어떻게 대응했는지를 분석했다.

55. 이 책 제I부 143쪽과 주 43을 참조하라.

56. Stanford J. Shaw, "The Ottoman view of the Balkans", in: *The Balkans in transition*, *op. cit.*, pp. 56-80.

57. Angel Ganivet, *Idearium español*, éd. Espasa, 1948, p. 62 et *sq.*

58. Pierre Vilar, *La Catalogne*······, I, p. 509 et *sq.*

59. *Imperio español*, p. 43.

60. R. Konetzke, *op. cit.*, p. 245 ; Erich Hassinger, "Die Weltgeschichtliche Stellung des XVI. Jahrhunderts", in: *Geschichte in Wissenschaft und Unterricht*, 1951. 이 책에서 Hassinger는 다음의 책을 언급했지만, 정작 이 책은 아메리카를 다루지 않았다. Jacques Signot, *La division du monde*······, 1re éd., 1539(다른 판본들이 나왔다. 5판은 1559년에 나왔다).

61. 다음의 책에 잘 설명되어 있다. Angel Gabinet, *Idearium español,* éd. Espasa, 1948, pp. 44-45.

62. 나폴리는 적어도 1532년부터 적자 상태가 되었다. E. Albèri, *op. cit.,* I, 1, p. 37. 카를 5세 때부터 국가의 통상적인 지출은 전비를 제외하고도 세수입에서 200만 두카트나 초과 했다. Guillaume Du Vair, *Actions oratoires et traités,* 1606, pp. 80-88.

63. Ch. Monchicourt, "La Tunisie et lEurope. Quelques documents relatifs aux XVIe, XVIIe et XVIIIe siècles", in: *Revue Tunisienne,* 1905, tirage à part, p. 18.

64. Gustav Turba, *Geschichte des Thronfolgerechtes in allen habsburgischen Ländern⋯⋯,* 1903, p. 153 et *sq.* (발췌 인쇄)

65. 1560년 10월 6일 브뤼셀에서 그랑벨이 펠리페 2세에게 보낸 편지, *Papiers⋯⋯,* VI, p. 179.

66. *Ibid.*

67. F. Braudel, "Les emprunts de Charles Quint sur la place d'Anvers", in: *Charles Quint et son temps,* Paris, 1959 ; graphique p. 196.

68. E. Albèri, II, *op. cit., III,* p. 357(1559).

69. *Ibid.*

70. 이 문제에 관한 유용한 논쟁을 살펴보고 싶다면, R. Menendez Pidal, *Idea Imperial de Carlos V,* Madrid, 1940 ; 관련된 문제들을 폭넓게 살펴보고 싶다면, Ricardo Delargo Ygaray, *La Idea de imperio en la politica y la literatura españolas,* Madrid, 1944.

71. E. Hering, *op. cit.,* p. 156에서 인용.

72. *op. cit.,* 제8장 전체, 395쪽 이후 참조.

73. R. Konetzke, *op. cit.,* p. 152 인용.

74. 이 책 제III부 제1장 "뮐베르크 전투의 직후와 그 이후" 참조.

75. G. Micheli가 도제에게 1563년 1월 30일에 보낸 편지, G. Turba, *op. cit.,* I, 3, p. 217.

76. *Ibid.,* p. 217, note 3.

77. 1564년 1월 13일, 생-쉴피스, E. Cabié, *op. cit.* p. 216. Cabié가 쓴 날짜가 정확한지는 모르겠다.

78. 1583년 6월 6일에 베네치아에서 H. de Maisse가 국왕에게 쓴 편지. A. E. Venise 81, f°28 v°. 1584년 2월 12일 펠리페 2세는 이탈리아에서 황제의 대리직을 요구할 생각이었던 것 같다. Longlée, *Dépêches diplomatiques⋯⋯,* p. 19.

79. Jules Gounon Loubens의 의견을 쓴 것이다. 이 책 제I부 496쪽과 주 404 참조.

80. *History of economic Analysis,* Londres, 1954, 이탈리아어 판 : *Storia dell'analisi economica,* 3 vol., 1959, I, pp. 175-181.

81. *op. cit.,* I, p. 176, note 3. 나는 이탈리아어 판본을 인용했다.

82. *La Chine et l'Occident, Le commerce à Canton au XVIIIe siècle (1719-1833),* 4vol., 1964, t.I, p. 429 et *sq.*

83. fonctionnaire, 즉 공직자 혹은 공무원이라는 용어는 분명히 시대착오적인 표현이다. 나는 이 용어를 편의상 사용했을 뿐이다. 사실 "officier"라는 표현은 프랑스에만 적용되는 표현

이다. "letrado"라는 표현도 에스파냐에만 해당될 뿐이다. Julio Caro Baroja가 "bureacratie (관료제)"라는 말을 제안하기도 했는데, 이 호칭 역시 시대착오적이기는 마찬가지이다. Julio Baro Baroja, *op. cit.*, p. 148 et *sq.*

84. *Geistliches und Weltliches aus dem griechisch-türkischen Orient*, p. 179, Brockelmann, *op. cit.*, p. 284에서 인용.

85. F. Lot, *op. cit.*, II, p. 126.

86. *De la guerra de Granada comentarios por don Diego Hurtado de Mendoza*, p.p. Manuel Gómez Morendo, Madrid, 1948, p. 12.

87. *Ibid.*

88. B. M. Add. 18287.

89. Eloy Bullon, *Un colaborador de los Reyes Católicos : el doctor Palacios Rubios y sus obras*, Madrid, 1927.

90. R. Konetzke, *op. cit.*, p. 173. Grégorio Marañon, *Antonio Perez*, 2 vol., 2e éd., Madrid, 1948, I, p. 14 et *sq.* Angel Gonzalez Pencia, *Gonzalo Perez, secetario de Felipe II*, 2 vol., Madrid 1946. 이 책은 이 문제를 언급하지 않는다.

91. Cuenca, 1594년 5월 13일, 사본, B. Com. Palerme, Qq G 24, f° 250.

92. P. Achard, *op. cit.*, p. 183 et *sq.*

93. Franz Babinger, *Suleiman der Prächtige (Meister der Politik)*, 1923, p. 461.

94. F. Babinger, *op. cit.*, *ibid.*

95. R. Mantran, *op. cit.*, p. 107, note 2.

96. Stanford J. Shaw의 훌륭한 설명을 참조하라. Stanford J. Shaw, *art. cit.*, p. 67 et *sq.*, "Decline of the Mimar System and Triumph of the Devshirme Class."

97. 많은 예들을 베네치아 귀족들, 기술자들, 혹은 군인들의 전기에서 가져왔다. 투르크의 관리들 사이에서도 이와 비슷한 이동 사례를 확인할 수 있었다.

98. 그에 관한 기록은 Simancas E° 137에 있다. 이 기묘한 사람은 펠리페 2세에게 장문의 보고서를 쓴 적이 있다(1559년 10월 바야돌리드, E° 137). 이 책 제III부 제1장의 "정치적 불안"에서 다시 이야기하게 될 것이다.

99. 1595년 12월 21일 낭트에서 Mendo de Ledesma가 펠리페 2세에게 보낸 편지. A.N., K 1597, B 83.

100. Pedro de Medina, *op. cit.*, pp. 204 à 205 v°.

101. *Recopilación de las leyes destos reynos hecha por mandado del Rey*, Alcala de Hénarès, 1581, 3 vols. fol. : B.N. Paris, Fr. 4153-4155.

102. Camara de Castilla, série VIII, Renuncias de oficios.

103. 1558년 6월 9일, A.H.N. 바르셀로나 종교재판소, Libro 1, f° 337.

104. Manuel Danvila, *El poder civil en España*, Madrid, 1885, V, pp. 348-351.

105. *Recopilación*, I, f° 77.

106. *Ibid.*, f° 73 & 73 v°.

107. *Ibid.*, f° 79 v°(톨레도 법, 1480).

108. *Ibid.*, 권리양도를 받은 날로부터 30일이었다(부르고스 법, 1515년; 라코루냐, 1518년; 바야돌리드, 1542년). 평의회(regimiento)에 신청하는 것은 60일이었다(1501년 9월 14일 그 라나다 칙령), 같은 문서. 그러나 이것이 같은 경우였는지는 확실하지 않다.

109. *Actas,* I, p. 339.

110. *Ibid.,* pp. 345–346.

111. *Recopilación*, I, f° 79(과달라하라, 1436).

112. *Ibid.,* 73 v°, 바야돌리드, 1523.

113. 언제부터 관직이 상품처럼 거래되었을까? 이 문제는 Georges Pagès의 큰 관심사였지만, 답을 구하기는 쉽지 않다. 그러나 1494년 마드리드 칙령(I, f 72 & 72 v°)에서 돈을 받고 자신의 (시정) 관직을 양도하는 사람들이 문제가 되었던 것은 분명하다.

114. 국가의 관직 판매 행위와 개인의 관직 판매 행위가 서로 교묘하게 중첩되어 있었다. 예를 들면, 말라가 법관직의 사례가 그러했다. 1559년 1월 18일 D. Sancho de Cordova가 펠리페 2세에게 보내는 편지(Sim. E°137, f°70) 참조. 1591년 세고비아에서(Cock, *Jornado de Tarrazona*, p. 11) "기한을 넘기고서도 양도되지 않을 경우에는" 국왕이 매각하고 양도 했던 시정 관직들도 마찬가지였다.

115. R. B. Merriman, *op. cit.*, IV, p. 325.

116. *Actas,* I, pp. 345–346(1563).

117. *Op. cit.,* I., pp. 453–454. 중간층 사람들…….

118. Jacob van Klaveren, *op. cit.*, pp. 47, 49 et *sq.*

119. 위의 주 50 참조.

120. J. W. Zinkeisen, *op. cit.,* III, p. 100, note 1.

121. Jean Sauvaget, *Alep. Essai sur le développement d'une grande ville syrienne des origines au milieu du XIXe siècle,* 1941, pp. 212–214.

122. 아냐델로 전쟁 이후 베네치아에서는 공화국 의회가 관직을 팔기로 결정했다(1510년 3월 10일). 그 주목할 만한 결의안은 *Bilanci Generali*, 2e Série, vol. I, tome I, p. CCIV. 그후 전쟁들이 계속되자 관직 판매량은 늘어났다.

123. L. von Ranke, *Die Osmanen und die spanische Monarchie*……, Leipzig, 1877, p. 74, d'après Businello, *Relations historiques touchant la monarchie ottomane,* ch. XI.

124. "마치 승리의 날인 듯했다", 1612년 5월 1일. H. Wätjen, *op. cit.,* p. 61에서 인용.

125. E. Albèri, I, III, p. 254.

126. 1577년 6월 10일 팔레르모, Simancas E° 1147. Matadores는 암살자라는 뜻이다. 이 도시 에 대해서는 다음의 책을 보라. 나의 이 책보다 뒤에 출간되었지만 유용하다. Massimo Petrocchi, *La rivoluzione cittadina messinese del 1674,* Florence, 1954.

127. B. N. Paris, Dupuy, 22, f° 122 et *sq.*

128. Jakob van Klaveren, *op. cit.,* p. 49, note 5에서 인용.

129. 다음의 책에 있는 같은 저자의 논문들을 참조하라. *Vierteljahrschrift für Sozial-und Wirtschaftsgeschichte,* 1957, 1958, 1960, 1961.

130. B. M. Add., 18 287, f° 23.

131. E. J. Hamilton, "The Foundation of the Bank of Spain", in: *Journal of Political Economy,* 1945, p. 97.

132. 61쪽 참조. J. W. Zinkeisen, *op. cit.,* III, p. 368에서 인용.

133. Gerlach에 따르면 그러하다. J. W. Zinkeisen, *op. cit.,* III, pp. 366-368에서 인용.

134. 브장송에서 체류한 사실은 Lucien Febvre가 언급한 것이다.

135. J. Reznik, *Le duc Joseph de Naxos,* 1936은 지위 회복에 관한 책인데, 읽기가 쉽지 않다. 최근에 저서 한 권이 나왔다. Cécile Roth, *The Duke of Naxos,* 1948. Abraham Galante의 연구에 대한 뛰어난 논문도 있다. I. S. Revah, "Un historien des 'sefardim'", in: *Bul. Hisp.,* 1939.

136. Bernard Schnapper, *Les rentes au XVIe siècle. Histoire d'un instrument de crédit,* 1957.

137. 이 책 제II부 제2장 233-234쪽 참조.

138. *Novelas Ejemplares, op. cit.,* I, p. 29.

139. Gustav Fremerey, *Guicciardinis finanzpolitische Anschaungen,* Stuttgart, 1931.

140. R. Galluzzi, *op. cit.,* p. 482.

141. Clemens Bauer, *art. cit.,* p. 482.

142. *Ibid.,* p. 476.

143. 로마의 몬테에 대한 이러한 문제에 관한 내용은 다음의 책에 상세히 설명되어 있다. J. Delumeau, *op. cit.,* II. p. 783 et *sq.* 나는 그의 설명을 요약했다.

144. *Ibid.,* p. 476.

145. "Note sulla storia del saggio d'interesse, corso e sconto dei dividendi del banco di S. Giorgio nel secolo XVI", in: *Economia Internazionale,* 1952, pp. 13-14.

146. 정보의 출처는 Halil Sahillioglu.

147. Aser Hananel & Eli Eškenazi, *Fontes hebraici ad res œconomicas socialesque terrarum balkanicarum sœculo XVI pertinentes,* I, Sofia 1958(훌륭한 연구서이다).

148. "그들의 대리인들의 이름으로 50만 에퀴 이상이……", *Traité de la République,* 1577, p. 623. J. Atkinson, *op. cit.* p. 342에서 인용.

149. 가장 좋은 예는 Anthony Sherley이다. Xavier A. Flores, *"El peso politica de todo el mundo" d'Anthony Sherley ou un aventurier anglais au service de l'Espagne,* Paris, 1963.

150. *Op. cit.,* 서지 사항은 이 책 제I부 제2장 주 6 참조하라.

151. 서지사항은 이 책 제I부 제1장 주 182 참조하라.

152. Ammintore Fanfani, *Storia del Lavoro……,* p. 32.

제5장

1. 수평적인 이동은 그 자체로서 개방적인 사회라는 증거이다. Gaston Roupnel, *La ville et la campagne au XVIIe siècle. Étude sur les populations du pays dijonnais,* 1955, 2e éd., p. 99 ; "16세기 사람들은 걸인들을 [도시에서] 쫓아내기 전에 먹을 것을 주거나 돌보아주었다. 17세기 초에는 머리를 깎아버렸다. 그후에는 매질을 했고, 세기 말에 이르면 강제노동을 시킴으로써 억압적인 사회의 모습을 적나라하게 드러냈다."

2. Henri Drouot, *Mayenne et la Bourgogne*, 1937, I. 특히 48쪽. "한 세기 내내 낡은 사회 질서를 뒤흔들던 법관들은 1587년경에 이르면 이미 보수적인 집단이 되어 있었다. 그들은 자신들의 신분상승을 용이하게 했던 체제와 자신들의 미래를 보장해줄 빵을 지키려고 했다. 또한 사회 상층에서 배타적인 계급을 형성하고자 했다."

3. 이 책 제II부 제7장 708쪽부터 보라.

4. 제I부만 출판, 마드리드, 1963.

5. Lucien Romier, *Le Royaume de Catherine de Médicis*, 1925, I, 3e édit., p. 177.

6. *Ibid.*, pp. 207–208.

7. *Ibid.*, p. 207.

8. *Ibid.*, pp. 193–203 ; Henri Drouet, *op. cit.*, I, p. 40.

9. François de Ramel, *Les Vallées des Papes d'Avignon*, 1954, p. 142.

10. Josef A. Schumpeter, *op. cit.*(이탈리아어 번역본), I., p. 177.

11. Carl J. von Hefele, *Le Cardinal Ximénès*, p. 364.

12. R. Russo, *art. cit.*, p. 421.

13. E. Le Roy Ladurie, *op. cit.*. 내 생각에 이곳에는 귀족과 소농 외에도 이들 모두에게 적대적인 제3의 집단, 즉 부농층이 있었던 것 같다. E. Le Roy Ladurie의 말에 따르면, 1550년부터 1600년 사이에 승리한 사람들은 바로 이 부농들이었다.

14. P. Vilar, *op. cit.*, I, p. 575 et *sq.*

15. Antonio Dominguez Ortiz, *op. cit.*, I, p. 364.

16. Dr L. Merle, *La métairie et l'évolution agraire de la Gâtine Poitevine de la fin du Moyen Age àla Révolution*, 1959.

17. Lucien Febvre, *Philippe II et la Franche-Comté*, 1912, p. 201 et *sq.*

18. Gabriel Debien, *En Haut-Poitou : défricheurs au travail(XVe-XVIIe siècles)*, "Cahiers des Annales", 1952.

19. Manuel Torres-Lopez, "El origen del Señorio Solariego de Benameji y su *cartapuebla* de 1549", in: *Boletin de la Universidad de Granada*, 1932, n° 21 ; Marc Bloch의 서평을 참조하라: *Annales hist. écon. et sociale*, 1934, p. 615.

20. Robert Livet, *op. cit.*, pp. 147, 148.

21. *Ibid.*

22. R. Aubenas, *Chartes de franchises et actes d'habitation*, Cannes, 1943.

23. L. Bianchini, *op. cit.*, I, p. 260 et *sq.*

24. 1585년 10월 8일, A. N. K 1563.

25. 이 책 제I부 100쪽 참조하라.

26. *Op. cit.*, p. 354.

27. G. Niemeyer, *op. cit.*, p. 51.

28. Aldo de Maddalena, "Ibilanci dal 1600 al 1647 di una azienda fondiaria lombarda", in: *Rivista internazionale di Scienze economiche et commerciali*, 1955.

29. 『솜마리아 문서』는 수백 개의 사례들 가운데 하나이다. A. d. S., Naples, Sommaria

Partium 249, f° 181, 219 v°, 220, 247(1544년과 1545년).

30. A. de Maddalena, *art. cit.,* p. 29, 귀족집단의 "철저한" 추락은 1634년부터 나타났다.

31. Fr. Saverio Provana di Collegno, "Notizie e documenti d'alcune certose del Piemonte", in: *Miscellanea di storia italiana,* 1901, t, 37, série 3, vol. 2, pp. 393-395.

32. 후작의 신민들은 1566년에 다시 한번 반란을 일으켰다(Simancas E° 1395, 1566년 2월 7일). 이 반란은 1568년까지 계속되었다(*op. cit.,* 1568년 1월 11일).

33. Carmelo Viñas Y Mey, *El problema de la tierra en los siglos XVI-XVII,* Madrid, 1941, p. 30. 이 책은 귀족의 수입 증가가 전반적인 물가 상승보다 더 느렸다고 주장한다.

34. Henri Drouot, *op. cit.,* II, p. 477.

35. *Correspondance de Saint-Sulpice,* p.p. E. Cabié, p. 37.

36. *Dépêches de Fourguevaux,* I, p. 365.

37. R. B. Merriman, *op. cit.,* IV, p. 365.

38. L. Pfandl, *Philippe II,* p. 315 ; S. Minguijón, *Historia del derecho español,* Barcelone, 1933, p. 370.

39. A. Dominguez Ortiz, *op. cit.,* p. 222.

40. 노빌리와 델 카시아가 공작에게 보낸 편지, 마드리드, 1572년 3월 12일, A.d.S., Florence, Mediceo 4903.

41. *C.S.P., Venetian,* VII, p. 178.

42. *Lettres de Fourguevaux,* I, p. 295.

43. E. Albèri, *op. cit.,* I, III, p. 263.

44. *Ibid.,* I, V, pp. 19-20.

45. 이 책 제I부 제5장 주 86 참조.

46. Richard Konetzke, *op. cit.,* p. 146.

47. E. Albèri, *op. cit.,* I, III, pp. 338-339.

48. 학사인 폴로마레스가 쓴 보고서를 참조하라(이 책 제II부 제4장 주 98).

49. Simancas E° 137, f°213, 1559년 6월 9일.

50. *Ibid.,* 1559년 7월 13일.

51. A.d.S., Florence, Mediceo 4903, 1571년 9월 29일.

52. *Ibid.,* 1572년 6월 19일.

53. A.d.S., Florence, Mediceo 4911, 1580년 2월 15일.

54. A.d.S., Venise, Senato Dispacci Spagna, 1582년 4월 21일 마드리드에서 Matteo Zane가 베네치아 도제에게 보낸 편지.

55. A.d.S., Genoa, Sapagna 15, 1608년 12월 27일 마드리드.

56. 나폴리, 조국의 역사 도서관, XXVIII, B 11, f°114 v°, 1621년 4월 30일.

57. A. Morel Fatio, *L'Espagne au XVIe et au XVIIe siècle,* Heibronn, 1878, p. 177.

58. A.d.S., Florence, Mediceo 4903, 1571년 1월 22일.

59. A. Navagero, *op. cit.* p. 6.

60. Baltasar Porreño, *Dichos y hechos del señor rey don Philipe segundo, el prudente* ……,

Cuenca, 1621, p. 6.

61. R. Recouly, *Ombre et Soleil D'Espagne*, 1934, p. 97.

62. Théophile Gautier, *Voyage en Espagne*, 1899, p. 39.

63. *Ibid.* 특히 피수에르 강 부근의 베나벤테 백작 저택에 대해서는 229 v° 참조.

64. L. Pfandl. *op. cit.*, p. 132.

65. Victor Hugo, *William Shakespeare*, 1882, p. 25. 이 책에는 El Puño en rostro 카바레에 관한 언급이 나온다.

66. A.d.S., Naples, Farnesiane 48, 1607년 9월 7일 마드리드에서 Canobio가 공작에게 보낸 편지 : "여기에서 넉 달 동안 관습에 반하는 일이 일어났습니다만, 마드리드에서는 300명 이상이 살해되는 그런 일은 지금까지 한번도 일어나지 않았습니다. 마치 이유도 없이 사람들이 살해되는 것 같습니다."

67. E. Albèri, *op. cit.*, I, I, 35-36, 1525년 11월 16일.

68. *Ibid.*, I, III, p. 263.

69. *Ibid.*, I, V, p. 288.

70. Felipe Ruiz Martín, *Introduction aux lettres de Florence, op. cit.*

71. B. Bennassar, *op. cit.*, 타이프 인쇄.

72. A. Dominguez Ortiz, *op. cit.*, p. 215 et *sq.* : ch. III, *La posición economica de la nobleza* 참조.

73. L. Pfandl, *op. cit.*, p. 313 & A. Dominguez Ortiz, *op. cit.*, p. 215 et *sq.*

74. A. Dominguez Ortiz, *op. cit.*, p. 168.

75. Théophile Gautier, *op. cit.*, p. 27.

76. A. Dominguez Ortiz, *op. cit.*, p. 224.

77. *Ibid.*, p. 255 et *sq.*

78. *Ibid.*

79. *Ibid.*

80. *Ibid.*, p. 270.

81. *Ibid.*, p. 277.

82. *Ibid.*, p. 263.

83. *Ibid.*, pp. 262-3

84. Lucien Romier, *Le Royaume de Catherine de Médicis*, 3e édit., 1925, I.

85. Pierre Vilar, *La Catalogne dans l'Espagne moderne*, 1962, I, p. 573 짧은 설명. A. Dominguez Ortiz, *op. cit.*, p. 303 et *sq.* 카탈루냐 귀족 가문은 수가 적었다.

86. A.d.S., Genoa, Spagna 6, 2415, 1575년 8월 4일 마드리드에서 작성한 편지.

87. A.d.S., Venise, Senato Dispacci Spagna, 1616년 4월 27일 마드리드에서 Vico가 베네치아 도제에게 보낸 편지.

88. E. Albèri, *op. cit.*, I, V, p. 276.

89. *Ibid.*, II, V, p. 464.

90. *Ibid.*, p. 316.

91. *Arch. storico italiano,* IX, p. 247.

92. L. Bianchini, *op. cit.,* II, pp. 249, 252–3, 260, 299.

93. *Op. cit.,* p. 249.

94. 다음의 뛰어난 논문들을 참조하라. Rosario Villari, "Baronaggio e finanze a Napoli alla vigilia della rivoluzione del 1647–1648", in: *Studi Storici,* 1962; "Note sulla rifeudalizzazione del Regno di Napoli alla vigilia della rivoluzione di Masaniello", in: *Studi Storici,* 1963.

95. *Storia di Milano,* X, *L'età dei Barromei,* 1957, p. 353부터 참고하라. 사회 문제들이 간접적으로 다루어졌다.

96. 이 책 제II부 제5장 475쪽 참조.

97. Vito Vitale, *Breviario della storia di Genova,* 1955, I, p. 235 et *sq.*

98. James C. Davis, *The decline of the Venetian Nobility as a Ruling class,* Baltimore, 1962.

99. J. Delumeau, *op. cit.,* II, p. 433 et *sq.*

100. P. Milioukov, Charles Seignobos et Louis Eisenmann, *Histoire de Russie,* 1932, I, p. XIII ; Henri Pirenne, *Les villes du Moyen Age*……, p. 52 ; Henri Sée, *Esquisse d'une histoire du régime agraire aux XVIIIe et XIXe siècles,* 1921, p. 180.

101. Ömer Lutfi Barkan, *Aperçu sur l'histoire agraire des pays balkaniques,* 발췌본, p. 141 et *sq.*

102. Nicoara Beldiceanu, "La région de Timok–Morava dans les documents de Mehmed II et de Selim Ier", in: *Revue des Études Roumaines,* 1957, pp. 116 & 119. V. Papacostea의 논문 참조.

103. R. Busch-Zantner, *op. cit.,* pp. 60–61. 그리고 참고 문헌 참조.

104. Stanford J. Shaw, in: *The Balkans in transition, 1963,* p. 64.

105. *Ibid.,* pp. 64–65.

106. 이런 상세하고 정확한 설명은 다음의 논문에서 구한 것이다. Bistra A. Cvetkova, "L'évolution du régime féodal turc de la fin du XVIe siècle jusqu'au milieu du XVIIIe siècle", in: *Études historiques* (불가리아 과학 아카데미), *à l'occasion du XIe Congrès International des Sciences Historiques,* Stokholm, août 1960. 코스투르에 대한 상세한 설명은 176쪽 참조. 이 여성 역사가의 문헌들을 보려면 다음을 참조하라. *Journal of Economic and Social History of the Orient,* 1963, pp. 320–321. 특히 다음의 논문이 중요하다. "Nouveau documents sur la propriété foncière des Sipahis à la fin du XVIe siècle", in: *Académie des Sciences de l'U.R.S.S., Institutum Populorum Asioe, Fontes Orientales,* 1964, pp. 220–221, 프랑스어 초록.

107. J. W. Zinkeisen, *op. cit.,* III, pp. 146–147.

108. Bistra A. Cvetkova, *art. cit.,* p. 173.

109. 이 책 『지중해』의 초판, p. 639 : "급여가 없는 시파히의 봉건적 군대는 13만 이상의 기병이었다."

110. Bistra A. Cvetkova, *art. cit.,* p. 172.

111. *Ibid.,* pp. 173–175.

112. Bistra A. Cvetkova, "Sur certaines réformes du régime foncier au temps de Méhemed II", in: *Journal of Economic and Social History of Orient*, 1963.

113. J. W. Zinkeisen, *op. cit.*, III, pp. 154-158.

114. 이 책 제II부 제3장 313쪽 참조.

115. 이 책 제II부 제2장 242쪽 이하 참조.

116. Bistra A. Cvetkova, "L'évolution du régime féodal……", p. 177.

117. *Ibid.*, p. 184.

118. *Ibid.*

119. *Ibid.*, p. 184 et sq.

120. *Ibid.*

121. *Ibid.*

122. Bista A. Cvetkova, "The System of Tax-farming(iltizam) in the Ottoman Empire during the 16th-18th Centuries with Reference to the Bulgarian Lands", in: *Izvestia na institouta za pravni naouki*, Sofia, XI-2, 불가리아어 논문, 영문 초록.

123. Bista A. Cvektova, "L'évolution du régime féodal……", p. 184. 이 논문에 나온 설명과 결론은 다음 논문에서 확인되었다. Ömer Lufti Barkan, *Leçons*(타이프 인쇄, École des Hautes Études, VIe section, Paris).

124. J. W. Zinkeisen, *op. cit.*, III, pp. 153-154 및 J. von Hammer, *op. cit.*, I, p. 372 참조.

125. Franz Babinger, *Encyclopédie de l'Islam*, II, p. 1116.

126. Ludwig von Thalloczy, "Eine unbekannte Staatsschrift eines bosnischen Mohammedaners", 이 논문은 R. Busch-Zantner, *op. cit.*, p. 15에서 인용.

127. 예를 들면, 베네치아인 L. Bernardo가 1592년에 이런 상황을 목격했다. B. A. Cvetkova, *art. cit.*, p. 193 그리고 J. W. Zinkeisen, *op. cit.*, III, p. 167, note 1 참조.

128. R. Busch-Zantner, *op. cit.*, p. 60.

129. *Aus dem Grundherr wurde der Gutsherr, op. cit.*, p. 84.

130. Carl Brinckmann, in: *Vierteljahrschrift für Sozial-und Wirtschaftsgeschichte*, 1939, pp. 173-174 ; Marc Bloch, in: *Mélanges d'histoire sociale*, I, p. 120.

131. Traian Stoyanovitch, "Land Tenure and Related Sectors of the Balkan Economy", in: *Journal of Economic History*, 1953, pp. 338 et 401.

132. *Ibid.*, p. 401.

133. R. Busch-Zantner, *op. cit.*, p. 86.

134. A. Boué, *op. cit.*, II, p. 273.

135. R. Busch-Zantner, *op. cit.*, pp. 80-90.

136. G. I. Bratianu, *op. cit.*, p. 244.

137. T. Stoyanovitch, "Land tenure……", p. 403.

138. Antonio Dominguez Ortiz, *op. cit.*, pp. 173 et 174.

139. *Op. cit.*, III, pp. 280-281.

140. *Ibid.*, p. 497.

141. *Op. cit.,* p. 168.

142. Julio Caro Baroja, *La sociedad criptojudia en la Corte de Felipe IV* (역사 아카데미 취임 강연), 1963, p. 33 et *sq.*

143. 관료 귀족(nobleza de letras)은 전혀 존중받지 못했다. A. Dominguez Ortiz, *op. cit.,* p. 194.

144. A. Dominguez Ortiz, *ibid.,* p. 266, note 38.

145. *Ibid.,* p. 195.

146. 이 사람에 관해서는 다음의 논문을 참조하라. Traian Stoyanovitch, "Conquering Balkan Orthodoxe Merchant", in: *Journal of Economic History* 1960, pp. 240-241.

147. 이 책 제III부 제5장 "돈 후안의 시대" 참조.

148. 이 책 제II부 제6장 601쪽 참조.

149. 이 책 제I부 제1장 60쪽 참조.

150. Hermann Hefele, *Geschichte und Gestalt. Sechs Essays,* 1940 ; 1e chapitre, "Zum Begriff der Renaissance", p. 294 et *sq.* 논문 형태로 출간되었다. *Hist Jahrbuch,* t. 49, 1929.

151. Alfred von Martin, *Sociologia del Renacimiento,* 1946, p. 23.

152. Marcel Brion, *Laurent le Magnifique,* 1937, p. 29 et *sq.*

153. 1572년 9월 23일 피렌체에서 Antonio de Montalvo가 Simón Ruiz에게 보낸 편지. Archives Ruiz, Valladolid, 17, f° 239. 다음 책에서 인용. F. Ruiz Martín, *Introduction……, op. cit.*

154. Benedetto Croce, *Storia del Regno di Napoli,* 3e édit., Bari, 1944, pp. 129-130.

155. Matteo Gaudioso, "Per la storia……di Lentini", *art. cit.,* p. 54.

156. 이 책 제I부 제5장 주 337 참조.

157. D. Beltrami, *op. cit.,* p. 72; 1586년 5.1퍼센트 ; 1624년 7.4퍼센트.

158. F. Ruiz Martín, *Introduction……, op. cit.*

159. Tome II, nouvelle n° XX, p. 47 et *sq.*

160. *Ibid.,* VIII, nouvelle n° LX, pp. 278-279.

161. *Ibid.,* p. 280.

162. Marciana, ital. 6085, f° 42 et *sq.,* 1556.

163. Francisco Mendoza y Bobadilla, édition de 1880 : *El Tizon de la Nobleza española.*

164. 이것은 대가문의 부적합한 결혼을 열거한 비밀문서에 붙여진 이름이다. A. Dominguez Ortiz, *op. cit.,* p. 163, note 11.

165. Albert A. Sicroff, *Les controverses des statuts de "pureté de sang" en Espagne du XVe au XVIIe siècle,* 1960.

166. *Op. cit.,* p. 379.

167. Lucien Romier, *op. cit.,* I, p. 184.

168. *Ibid.,* pp. 185-186.

169. *Ibid.,* p. 186. Noël du Fail을 따랐다.

170. L. Bianchini, *op. cit.,* I, p. 151.

171. B.N., Paris, Esp. 127.

172. Lucien Febvre, *Philippe II et la Franche-Comté*, 1911, p. 275.

173. 15세기부터 시작되었다. A. Tymienecki, "Les nobles bourgeois en Grande Pologne au XVe siècle, 1400-1475", in: *Miesiecznik Heraldyczny*, 1937.

174. *Revue d'histoire comparée*, 1946, p. 245.

175. F. de Almeida, *op. cit.*, III, p. 168 et *sq.*

176. G. Schnürer, *op. cit.*, p. 148.

177. 1586년 4월 16일 세비야에서 Orgaz 백작이 Matheo Vazquez에게 보낸 편지, B. M. Add. 28 368, f° 305.

178. *Actas*, III, pp. 368-369, 청원서 XVI, 1571.

179. Simancas E° 156.

180. *Correspondance de Jean Nicot*, p. 117.

181. 1561년 11월 28일 마드리드에서 리모주 주교가 왕비에게 보낸 편지, B.N., Paris, fr. 16103, f° 104, 사본.

182. *Traité d'économie politique*, 1615, p.p. Th. Funck-Brentano, 1889, p. 60. 다음 책에서 인용. François Simiand, *Les Fluctuations économiques à longue période et la crise modiale*, 1932, p. 7.

183. Lucien Romier, *op. cit.*, I, p. 187.

184. Rosario Vilari, *art. cit.*, in: *Studi Storici*, 1963, p. 644 et *sq.*

185. Jean Delumeau, *op. cit.*, I, p. 458 et *sq.*

186. Lytton Strachey, *Elisabeth and Essex*, 2e édit., 1941, p. 9.

187. Pierre Goubert, *Beauvais et le Beauvaisis de 1600 à 1730*, 1960, *passim*, & p. 214 et *sq.*

188. M. Andigala, 실제로는 Guarnix의 연설문, Public Record Office, 30/25, n°168, f°133 et *sq.*

189. Marciana, G. Baldinucci, *Giornale di Ricordi*, 1650년 4월 10일.

190. "Intento de rebellión social durante el siglo XVI", in: *La Nacion*, août, 1935.

191. Gregorio Marañon, *Antoinio Ferez*, Madrid, 1957, 2e édit.

192. José Antonio Maravall, "Las communidades de Castilla, una primera revolution mderna", in: *Revista de Occidente*, 1963년 10월 19일.

193. Pierre Vilar가 카탈루냐의 도적질에 대해서 다루며 품었던 여러 가지 의문점들을 생각해보라. *op. cit.*, p. 243.

194. Pino Branca, *op. cit.*, p. 243.

195. *Archivio storico italiano*, t. IX, pp. 193-195.

196. Palmerini, B. Communale Palermo, Oq. D. 84.

197. Luciano Serrano, *Correspondancia diplomatica entre España y la Santa Sede*, Madrid, III, 1914, p. 94, 1569년 6월 29일.

198. 1571년 3월 15일 J. de Zuñiga가 Alcala 공작에게 보낸 편지. Simancas E° 1059, f°73.

반란은 1573년 2월에도 계속되고 있었다. 1573년 2월 7일 베네치아에서 Silva가 펠리페 2세에게 보낸 편지. Simancas E° 1332. 6,000여 명이 대포로 무장하고 반란을 일으켰지만, 공작은 문제를 해결할 수 있다고 자신했다. 그의 나라는 평온을 유지했다.

199. Jean Héritier, *Catherine de Médicis*, 1940, p. 565.

200. A. N., K 1566, 1587년 1월 8일

201. Simancas E° 109, 1598년 10월 6일 피옴비노 총독이 펠리페 2세에게 보낸 보고서, R. Galluzzi, *op. cit.*, III, p. 28 et *sq.*

202. Léon Blanchet, *Campanella*, 1920, p. 33 et *sq.*

203. J. Civijić, *op. cit.*, p. 131.

204. B.N. Paris, Ital., 1737, 1588년 5월 11일 파리에서 조반니 모체니고가 베네치아 도제에게 보낸 편지, 사본.

205. A.d.S., Venise, Senato Terra 16, f° 92, 1506년 1월 29일.

206. *Ibid.*, 15, f° 188, 1507년 12월 16일.

207. *Ibid.*, 37, Portogruaro, 1562년 3월 9일.

208. J. Delumeau, *op. cit.*, II, p. 551.

209. *Diario Fiorentino di Agostino Lapini dal 252 al 1596*, p.p. G. O. Gorazzini, 1900, p. 310. 그는 1월 11일 피렌체에 도착했다.

210. *Ibid.* p. 314.

211. *Ibid.*, p. 315, note.

212. *Les soulèvements populaires en France de 1623 à 1648*, 1963.

213. *Le Loyal Serviteur, op. cit.* (éd. de 1872), p. 179. 바야르는 프랑스 헌병대를 해체하여 이들을 독일인 용병부대에 배치하여 돌파구를 열게 하라는 막시밀리안 황제의 요구를 따를 생각이 없었다. "황제께서는 그 많은 귀족들을 보병들과 함께 위험에 처하게 하는 것이 당연하다고 생각하고 계시는가? 구두 수리공, 대장장이, 제빵공, 기계공 같은 자들이 신사들처럼 고귀한 명예를 가지고 있다는 것인가?" 이 문장은 Giuliano Procacci, "Lotta di Classe in Francia sotto l'Ancien Régime(1484-1559)", in: *Società*, septembre 1951, pp. 14-15에 의해서 유명해졌다.

214. M. Sanudo, *op. cit.*, XL, colonne 59, 1525년 10월 9일.

215. Bernardino Cirillo, *Annali della città dell'Aquila*, Rome, 1570, p. 124 v°.

216. *Orazioni politiche*, choisies et p.p. Pietro Dazzi, 1866, 조반니 귀디치오니가 루카 공화국에서 한 연설, p. 72 et *sq.* 이 연설은 실제로 행한 것이 아닌 것 같다.

217. Massimo Petrocchi, *La rivoluzione cittadina messinense del 1674*, 1954.

218. *Weltgeschichte*, III, p. 251.

219. A. Communales, Marseille BB 41, f° 45.

220. Federico Rahola, *Economistas españoles de los siglos XVI y XVII*, Barcelone, 1885, pp. 28-29, B.N., Paris, Oo 1017, in-16.

221. M. Aleman, *Guzmán de Alfarache, op. cit.*, I, II, p. 254 : "행복을 가득 실은 당나귀 뒤에서" 마드리드에 도착한 가난한 사람들; 마드리드는 한 재산을 모을 수 있는 도시였다.

Pedro de Medina, *op. cit.,* p. 204 et *sq.*

222. Fernand Braudel, "Vers l'Amérique", in: *Annales E.S.C.,* 1959, p. 733.

223. Stefan Zweig, *Les heures étoilées de l'humanité,* Paris, 1939, p. 53.

224. *Novelas Ejemplares,* p.p. Francisco Rodriguez Marín, 1943, II, p. 87 et *sq.*

225. pp. 604 et *sq.*

226. *Gobierno de Viscaya,* II, pp. 64-65, 1579년 8월 4일.

227. B.N. Paris, esp. 60, f° 55(출판되어 있다).

228. *Ibid.,* art. 60.

229. *Ibid.,* art. 61.

230. A.d.S. Venise, Senato Dispacci Spagna, 1586년 7월 24일, 사라고사에서 Gradenigo가 베네치아 도제에게 보낸 편지.

231. *Ibid.* 1581년 10월 30일 마드리드에서 Zane가 베네치아 도제에게 보낸 편지.

232. *Novelas Ejemplares,* p.p. Francisco Rodriguez Marín, 1948, I, p. 133 et *sq.*

233. 이탈리아에서 Giacinto Nobili(본명은 Rafaele Frianoro)의 책이 큰 성공을 거둔다. 그의 책은 *Il vagabundo,* Venise, 1627.

234. Simancas E° 1157, 팔레르모, 1590년 2월 24일.

235. Marciana, Memorie politiche dall'anno 1578 al 1586, 1585년 4월 23일.

236. *Archivio Storico italiano,* t. IX, p. 264.

237. A.d.S., Mantoue. A. Gonzaga, série E 1522, 1590년 3월 17일 로마에서 Aurelio Pomponazzi가 공작에게 보낸 편지.

238. A.d.S., Venise, Senato Terra 1, 1545년 3월 26일.

239. *Ibid.,* Brera, 51, f° 312 v°, 1540.

240. *Traité d'économie politique,* p.p. Funck Brentano, 1889, p. 26.

241. 영국에서처럼 구빈법이 가난한 사람들을 도시에서 내몰았다. G. M. Trevelan, *op. cit.,* p. 285.

242. *Mercure de France,* 1939년 7월 15일, "파시스트가 집권하기 직전의 시칠리아는 중세 자크리의 난에 버금가는 일을 경험했다."

243. G. Buzzi, "Documenti angioni relativi al comune di Auila dal 1343 al 1344", in: *Bollettino della Regia Deputazione Abruzzese di storia patria,* 1912, p. 40.

244. E. Albèri, *op. cit.,* II, V, p. 409.

245. L. von Pastor, *op. cit.,* X, p. 59.

246. 이 책 제III부 제3장 "헝가리 전쟁의 재개" 참조.

247. A.d.S., Florence, Mediceo 4898, 1567년 1월 24일 바르셀로나에서 Scipione Alfonso d'Appiano가 대공에게 보낸 편지.

248. *Ibid.,* Mediceo 4897, 1565년 6월 1일, f° 110 v° et 119. 통행이 끊기는 또다른 예들을 보고 싶다면, 이 책 『지중해』, 초판, p. 650, note 3.

249. *Ibid.*

250. P. George, *op. cit.,* p. 576.

251. D. Peres, *Historia de Portugal,* V, p. 263.

252. 본문에 나와 있는 것처럼 피렌체가 아니다. 국가에 대한 투쟁, "농민" 문명의 자기 방어, 이런 주제들에 관해서는 다음의 명저를 참조하라. Carlo Levi, *Le Christ s'est arrêté à Eboli,* Paris, 1948.

253. Stendhal, *Abbesse de Castro,* éd Garnier, 1931, p. 6.

254. *Ibid.,* p. 7.

255. *Ibid.*

256. Lanza del Vasto, *La barrone de Carins,* "Le Génie d'Oc", 1946, p. 196.

257. *Op. cit.,* p. 320.

258. Armando Zanetti, *L'ennemi,* 1939, Genève, p. 84.

259. Baron de Busbec, *op. cit.,* I, p. 37.

260. 1561년 7월 21일, 리모주 주교의 보고서, B.N. Paris, fr 16110, fᵒ 12 vᵒ & 13.

261. Simancas Eᵒ 1058, fᵒ 107, Notas de los capitulos……(1570–1571).

262. Simancas Eᵒ 1338.

263. 1580년 5월 29일 베네치아에서 Salazar가 펠리페 2세에게 보낸 편지, Simancas Eᵒ 1337.

264. Simancas Eᵒ 1077.

265. L. von Pastor, *op. cit.,* X, p. 59 et *sq.*

266. Dollinger, *op. cit.,* p. 75, 로마, 1547년 6월 5일.

267. 1578년 1월 3일 나폴리 부왕이 펠리페 2세에게 보낸 편지, A.N., K, Simancas Eᵒ 107.

268. *Sumario de las provisiones que el Visorey de Napoles ha mandado hacer;* s.d., *ibid.*

269. 1578년 4월 9일 나폴리 부왕이 펠리페 2세에게 보낸 편지(5월 29일 수신), Simancas Eᵒ 1077.

270. 1578년 2월 17일 나폴리 부왕이 펠리페 2세에게 보낸 편지. *ibid.*

271. E. Albèri, *op. cit.,* II, V, p. 469

272. B.N., Paris, esp. 127 fᵒ 65 vᵒ–67.

273. 1555년 3월 28일, V. Lamansky, *op. cit.,* p. 558.

274. 1585년 6월 22일, L. von Pastor, *op. cit.,* X, p. 59.

275. A. Marcelli, "Intorno al cosidetto mal governo genovese", *art. cit.,* p. 147, 1578년 9월과 1586년 10월.

276. 이 책 제I부 제1장, 123–126쪽 참조.

277. 1583년 6월 20일 베네치아에서 H. de Maisse가 국왕에게 보낸 편지. A. E., Venise, 31, fᵒ 51 & 51 vᵒ.

278. *Ibid.,* fᵒ 56 vᵒ, 1583년 7월 11일.

279. G. Schnürer, *op. cit.,* p. 102.

280. R. Galluzzi, *op. cit.,* II, passim, & III, p. 44 et *sq.* 이 책 제II부 제5장 488쪽을 보라.

281. *Ibid.,* III, p. 44

282. *Ibid.,* III, p. 53

283. *Ibid.,* II, p. 443.

284. L. Bianchini, *op. cit.*, I, p. 60.

285. Marciana, 5837, Notizie del mondo, 나폴리, 1587년 3월 5일.

286. E. Fagniez, *L'Économie sociale de la France sous Henri IV*, 1897, p. 7에서 인용됨.

287. R. Busch-Zantner, *op. cit.*, p. 32.

288. Gilberto Freyre, *Sobrados e mucambos*, p. 80 et sq.

289. Simancas E° 1283, 1597년 8월 25일 밀라노에서 카스티야 총사령관이 펠리페 2세에게 보낸 편지.

290. R. Galluzi, *op. cit.*, II, p. 441.

291. *Diario fiorentino di Agostino Lapini*⋯⋯, 1591, p. 317. 이 책은 Giacomo Galli라는 포를리 지역의 도적들에 의해서 선출된 Giacomo Galli와 같은 교황에 관해서 이야기하고 있다. 그들은 그가 진짜 신성한 교황이기라도 한 듯이 그에게 충성했다. 나중에 이 사람은 황금색의 모자를 쓴 채 교수형을 당했다. 이 일화는 종교적 성격만큼이나 정치적 성격을 띠고 있다. 이런 종류의 상세한 기록을 찾기는 어렵다. 신분질서를 지키려는 사람들은 도적들이 신의 법과 인간의 법을 위반했다고 말했으나, 그것은 흔히 하는 말일 뿐이었다.

292. Ambroise Paré, *Œuvres complètes*, 1598, p. 1208.

293. G. Mecatti, *op. cit.* II, p. 780. 피우스 5세 시대 교황령에서의 파벌 싸움을 살펴보려면, L. von Pastor, *op. cit.*, p. XV을 참조하라.

294. *Ibid.*, p. 782.

295. *Op. cit.*, p. 145.

296. 1592년 3월 28일, Simancas E° 1903, f° 12 ; G. Mecatti, *op. cit.*, II, p. 781(1590).

297. G. Mecatti, *op. cit.*, II, p. 784(1591 ; Amedeo Pellegrini, *Relazioni inedite di ambasciatori lucchesi alla corte di Roma, sec. XVI-XVII*, Rome, 1901 : 1591년 로마와 나폴리 경계지역에 산적이 크게 늘어났다는 점과 이들을 근절하기 위한 조치가 큰 효과를 보지 못했다는 점이 적혀 있다.

298. H. Wätjen, *op. cit.*, p. 35.

299. G. Mecatti, *op. cit.*, II, pp. 786-787.

300. *Op. cit.*, p. 32.

301. J. B. Tavernier, *op. cit.*, I, p. 2.

302. Angelescu, *op. cit.* I, p. 331.

303. 1580년 10월 11일, *CODION* XXXIII, p. 136.

304. B.N. Paris, Esp. 60, f° 112 v°-123 v°(s.d.), 1577.

305. *Ibid.*, f° 350-359.

306. 발렌시아의 악당들, 1607-1609, Simancas E° 2025.

307. A.d.S., Venise, Senato Dispacci Spagna, 1610년 10월 21일 마드리드에서 프리울리 신부가 베네치아 도제에게 보낸 편지.

308. Jacob van Klaveren, *op. cit.*, p. 54, note 16.

309. Georg Friederici, *op. cit.*, I, p. 307. Sancho Panza는 흑인 노예들을 어떻게 했을까? 당연히 팔아버리려고 했다. 가내 노예들에 관해서는 다음의 책들을 참조하라. R. Livi, *La*

schiavitù domestica nei tempi di mezzo e nei moderni, Padoue, 1928. Charles Verlinden, *L'esclavage dans l'Europe médiévale,* I, *Peninsule ibérique,* France, 1955. 뒤의 책은 15세기 까지의 이야기를 다루었다. 그라나다에서의 흑인 가내 노예에 관해서는 Luis de Cabrera, *op. cit.,* I, p. 279 ; 지브롤터에 대해서는 *Saco*……, pp. 51, 77, 79를 참조하라. 노예제는 13세기 이후 프랑스에서 사라지기 시작했다. Pardessus, *op. cit,* V, p. 260 ; Gaston Zeller, *Les institutions de la France,* 1948, p. 20 ; 시칠리아에서 상품처럼 팔린 노예에 관해서는 Pardessus, *op. cit,* V, p. 437을 보라.

310. E. Garcia de Quevedo, *Ordenanzas del Consulado de Burgos,* 1905, p. 206, note.

311. *Op. cit.,* II, III, VII, p. 450.

312. Villalón, *Viaje de Turguia,* 1555, p. 78.

313. Archives Départementales Pyrénées Orientales, B. 376 "por esser latru e sens amo."

314. A.d.S., Naples, Notai, Sezione Giustizia, 51, f° 5(1520년 흑인 노예 1명당 36두카트); f° 244(1521년 흑인 노예 1명당 35두카트).

315. Alberto Tenenti, "Gli schiavi di Venezia alla fine del Cinquecento", in: *Rivista storica italiana,* 1955.

316. A.d.S. Mantoue, E. Venezia, 1499년 6월 16일.

317. A.d.S., Florence, Mediceo 2080.

318. Sanuto, *op. cit.,* XI, col. 468, 1510년 9월 3일 팔레르모에서 작성된 문건.

319. A.d.S., Florence, Mediceo 2077, f° 34, 1549년 4월 9일.

320. 철학자이자, 사회학자, 경제학자, 역사가인 프랑수아 시미앙(1873-1935)은 프랑스 역사학자들에게 큰 영향을 끼친 스승이고, 마르셀 모스와 더불어 이 나라의 사회과학 발전에 기여한 사람이다. 그의 주요 저작은 다음과 같다. *Cours d'économie politique,* 3 vol., 1928-1930; *Le salaire, l'évolution sociale et la monnaie,* 3 vol., 1932; *Recherches anciennes et nouvelles sur le mouvement général des prix du XVe au XIXe siècle,* 1932; *Les fluctuations économiques à longue période et la crise mondiale,* 1932.

제6장

1. "Civilisation, éléments et formes", in: *Première Semaine Internationale de Synthèse,* Paris, 1929, pp. 81-108.

2. "trahison(배신)"이라는 표현은 1937년 10월 뤼시앵 페브르가 부에노스아이레스 대학 강연에서 쓴 것이다.

3. Charles-André Julien, *Histoire de l'Afrique du Nord,* 1931, p. 20.

4. 이런 이야기들은 어느 문서보관소에서든 찾을 수 있지만, 특히 라구사에서는 *Diversa di Cancellaria et Diversa de Foris* ; 제노바에서는 *Magistrato del Riscatto dei Schiavi* ; 베네치아에서는 *Quarantia Criminale* 참조하라.

5. A. de Raguse, *Diversa de Foris,* VII, f° 62-66, 1598년 10월

6. A.d. S. Venise, Dispacci Senato Spagna, 1611년 12월 3일, 마드리드에서 P. 프리울리가 베네치아 도제에게 보낸 편지.

7. Archives de Raguse, *Diversa de Foris*, V, f° 152 v° & 153, 1596년 10월 15일 리스본.

8. 1602년 6월 8일, A.d.S. Gênes, Atti 659.

9. *Ibid.*, Atti 659.

10. H. Porsius, *Brève histoire*, Arsenal 8° H 17458, J. Arkinson, *op. cit.*, I, I, 1. pp. 8-9

11. 1595년 9월 25일, P. Granchamp, *op. cit.*, I, p. 73. Guzman de Alfarache 신부가 남긴 가공의 이야기 참조. M. Aleman, *op. cit.*, I, I, 1, pp. 8-9.

12. A.d.S. Florence, Mediceo 5037, f° 124, 1568년 8월 1일 세비야에서 수도사 Luis de Sandoval이 토스카나 대공에게 보낸 편지.

13. A.d.S. Venise, *Cinque Savii*, Riposte, 142 f° 9 v° & 10, 1607년 5월 25일.

14. *Saco, op. cit.*, p. 101.

15. V. L. Mazuranic, *art. cit.*, 이 논문을 요약한 것으로는 Zontar, *art. cit.*, p. 369. 1571년 11월 10일 배교자에 관한 복잡한 이야기에 관해서는 L. Serrano, *op. cit.*, IV, pp. 514-515.

16. R. Hakluyt, *op. cit.*, II, p. 382.

17. *Ibid.*, II, pp. 282-285.

18. *Boletim de Filmoteca Ultramarina Portuguesa*, n° 16, p. 692, 1608년 5월 8일 마드리드에서 작성된 문건.

19. B. M. Royal, 14 A XXIII, f° 14 v° et *sq.*

20. Prévost 신부, *Historie générale des voyages*, IV, pp. 135-136. *le voyage de Tachard*(1685)에서 인용함.

21. N. Iorga, *Ospiti Romeni*……, p. 24.

22. Belon du Mans, *op. cit.*, p. 182.

23. *Annuaire statistique du monde musulman*, 1923, p. 21. 원고를 필사하여 생활비를 버는 이슬람 사제들에 관해서는 Belon du Mans, *op. cit.*, p. 194 참조.

24. 이 책 제II부 제1장 112쪽 참조.

25. J. W. Zinkeisen, *op. cit.*, III, p. 266.

26. *Ibid.*, note 2.

27. 1943년 비문(碑文)과 문예 아카데미에서 한 Marcel Aubert의 강연.

28. Conyat Barthoux, *Une peinture catalane du XVe siècle trouvée au monastère du Sinaï.*

29. 다른 통로를 통해서 발전하는 것도 가능했다. Ibn Abbad의 주장과 Jean de la Croix의 주장을 비교하기 위해서는 Asin Palacios, "Un précurseur hipano-musulman de San Juan de la Cruz", in: *Al Andalous*, 1933 ; J. Baruzi, *Problèmes d'histoire des religions*, p. 11 et *sq.* 그러나 여전히 여러 문제들이 남아 있다. 과연 이것은 파생된 것인가, 연관관계가 있는 것인가, 아니면 단순한 우연인가? J. Berque, "Un mystique……", *art. cit.* p. 759, n. 1.

30. Abbé Massieu, *Histoire de la Poësie françoise avec une défense de la Poësie*, 1739, *Journal de Trévoux*, 1740년 2-3월호의 주석, pp. 277-314, 442-476. Viardot, *op. cit.*, II, pp. 191-193. A. Gonzalez Palencia, "Precedentes islamicos de la leyenda de Garin", in: *Al Andalous*, I, 1933. Maxime Rodinson, "Dante et l'Islam d'après des travaux récents", in: *Revue de*

l'histoire des religions, oct.-décembre, 1951.

31. J. Sauvaget, *Introduction,* p. 186; 상반된 견해를 개진하는 저서로는 R. Konetzke, *op. cit.,* p. 64.

32. "Patate et pomme de terre", in: *Ann. d'hist. soc.,* janv. 1940, II, p. 29 et *sq.* ; 이 논문은 다음의 저서에 다시 실렸다. *Pour une Histoire à part entière,* Paris, 1962, pp. 643-645.

33. A. Philippson, *op. cit.,* p. 110.

34. *Ibid.,* p. 110.

35. J. Kulishcer, *op. cit.,* II, pp. 26-27. 커피에 관한 자료가 풍부해서 더 이상의 조사가 필요 없을 정도이다. 그러나 정확한 시기를 설정하는 문제는 아직 명확하게 해결되지 못했다. A. Franklin, *Le café, le thé, le chocolat,* 1893; William H. Ukers, *All about Coffee,* New York, 1922; Jean Leclant, "Le café et les cafés de Paris(1644-1693)", in: *Annales E.S.C., 1951*; Günther Schiedlausky, *Tee, Kaffee, Schokolade, ihr Eintritt in die europäische Gesellschaft,* 1961.

36. Olivier de Serres, *Le Théâtre d'Agriculture,* Lyon, 1675, pp. 557, 783, 839; Otto Maull, *Geographie der Kulturlandscaft,* Berlin, Leipzig, 1932, p. 23.

37. 샤랑트 전문가인 Robert Gaudin의 연구에 따르면 그러하다.

38. Otto Mauli, note 36 참조.

39. *Op. cit.,* I, p. 451.

40. 1534년 8월 31일 리옹에서 Rablais가 Jean du Bellay에게 보낸 편지. *unicam platanum vidimus ad speculum Dianae Aricinae.*

41. Quiqueran de Beaujeu, *op. cit.,* p. 329.

42. *El celoso extremeño, Novelas ejemplares,* II, p. 25.

43. R. Lacoste, *La colonisation maritime en Algérie,* Paris, 1931, p. 113.

44. *Jeunesse de la Méditerrannée,* 1935, pp. 10, 15, 20······; *Le sel de la mer, op. cit.,* p. 118.

45. *Voyage en Italie, op. cit.,* pp. 127-128.

46. *Sources inédites······du Maroc,* France, I, p. 322, 1572년 4월 14일 마드리드에서 Saint Gouard가 샤를 9세에게 보낸 편지.

47. 뤼시앵 페브르의 주 참조.

48. G. Turba, *op. cit.,* 1562년 1월 1, 3, 12일.

49. *La Réforme en Italie,* p. 3.

50. 1561년 Emmanuel Philibert는 발도 파와 휴전 협정을 체결했다. Borromée는 다음과 같이 썼다. "······잠정적인 협정과 같은 것." J. Susta, *op. cit.,* I, p. 97. 1552년부터 발도 파는 바젤의 종교개혁파, 도피네와 프로방스 지역의 프랑스 종교개혁파와 연결되었다. F. Hayward, *Histoire de la Maison de Savoie,* 1941, II, pp. 34-35. 1565년에 발도 파에게 공작이 또다시 양보한 사실에 관해서는 1565년 11월 7일 아비뇽에서 Nobili가 공작에게 보낸 편지를 참조하라. Mediceo 4897. f° 152. 1600년경, 외국인, 특히 프랑스 이단자들이 들어와서 가톨릭 교도들과 수도회들을 공격하면서 새로운 소요 사태가 발생했다. 카르투

지오 수도회는 1600년경 몬테베네데토에서 반다 지역으로 이동하기 위한 허가를 요청했다. Fra Saverio Provana di Collegno, "Notizie e documenti d'alcune certose del Piemonte", in: *Miscellanea di Storia Italiana*, 1901, t. 37, série 3, vol. 2, art. cit., p. 233.

51. Arturo Pascal, "Da Lucca a Ginevra", 탁월한 논문, in: *Riv. st. ital.*, 1932–1935, 1932, pp. 150–152.

52. Federico Chabod, *Per la storia religiosa dello stato di Milano*, Bologna, 1938, p. 292. 색인에 있는 수많은 참고 문헌들을 보라.

53. A. Renaudet, *Machiavel*, p. 194.

54. 1547년 11월 23일, p. 258.

55. *Archivio storico italiano* IX, pp. 27–29. 1535년경; 1609년 10월 17일 베네치아에서 Alonso de la Cueva가 펠리페 3세에게 보낸 편지, A.N., K. 1679.

56. M. Rosi, *La riforma religiosa in Liguria e l'eretico umbro Bartolomeo Bartoccio, Atti della Soc. Ligure di storia patria*, 1892, 서평은 *Bol. della Soc. umbra di storia patria*, I, fasc. II, 1895, pp. 436–437.

57. G. 브루노에 관해서는 다음을 참고하라. Virgilio Salvestrini, *Bibliografia di Giordano Bruno*, 1581–1950, 2e éd. posthume, p.p. Luigi Firpo, Florence, 1958. 우리가 조사한 바에 따르면, 해당 시기에 관한 한 이 책에 실린 참고 문헌은 매우 훌륭하다. 다음은 1950년 이후 나온 연구물을 새로 충원한 것이다. Paul Henri Michel, *Giordano Bruno, philosophe et poète*, 1952(*Collège philosophique : Ordre, désordre, lumière* 발췌본; A. Corsano, *Il Pensiero di Giordano Bruno nel suo svolgimento storico*, Florence, 1955; Nicola Badaloni, *La Filosofia di Giordano Bruno*, Florence, 1955; Adám Raffy, *Wenn Giordano Bruno ein Tagebuch geführt hätte*, Budapest, 1956; John Nelson, *Renaissance Theory of Love, the context of Giordano Bruno's "Eroici furori"*, New York, 1958 ; Augusto Guzzo, *Scritti di storia della filosofis*, II, *Giordano Bruno*, Turin, 1960; Paul Henri Michel, *La Cosmologie des Giordano Bruno*, Paris, 1962.

58. 이런 이단들에 대해서는 간단한 사법 조치들이 종종 있었다. 예를 들면 교황은 프랑스의 보호하에 살루치에서 망명생활을 하던 Alonso Biandrato를 인계해주기를 원했다. 1658년 12월 9일 로마에서 랑부예 추기경이 카트린 드 메디시스에게 보낸 편지. B.N. Fre. 17.989, f° 29 v°-30v°, 필사본.

59. 1568년 6월 2일 아란후에스에서 펠리페 2세가 피렌체 대공에게 보낸 편지, Sim. E° 1447; 1568년 6월 10일 카르타고에서 카스티야 총사령관이 펠리페 2세에게 보낸 편지, Sim. E° 18 & 19; 1568년 6월 10일 카르타고에서 돈 후안 데 아우스트리아가 펠리페 2세에게 보낸 편지, *ibid.*, f° 17.

60. E. Schäfer, *op. cit.*, I, pp. 134–136.

61. *Ibid.*, I, pp. 34–36.

62. 1578년 12월 29일, 1579년 1월 21일 J. de Vargas Mexia가 국왕에게 보낸 편지들에 관한 이야기, A.N. K 1552, B 48, n° 15.

63. Marcel Bataillon, "Honneur et Inquisition, Michel Servet poursuivi par l'inquisition

espagnole", in: *Bulletin Hispanique,* 1925, pp. 5-17.

64. R. Konetzke, *op. cit.,* p. 146 ; Marcel Bataillon, *Érasme et l'Espagne,* p. 551.

65. *Op. cit.,* p. 258.

66. "Recenti studi intorno alla Riforma in Italia ed i Riformatori italiani all'estero, 1924-1934", in: *Rivista storica italiana,* 1936, pp. 83-110.

67. Edgar Quinet, *Les Révolutions d'Italie,* Bruxelles, 1853, p. 235 et *sq.*

68. Herbert Schoffler, *Abendland und Altes Testament,* 2e édit., Francfort-sur-le-Main, 1943.

69. 이 주제에 관해서는 엄청나게 많은 참고 문헌들이 있다. 특히 G. Schnürer, *op. cit.,* p. 266.

70. E. Rodocanachi, *op. cit.,* I, p. 24.

71. Gilberto Freyre, *Casa Grande, op. cit.,* p. 298.

72. 이 책 제I부 제2장 208-209쪽 참조.

73. Julius Schmidhauser, *Der Kampf um das geistige Reich,* 1933, cité par Jean-Édouard Spenlé, *La pensée allemande de Luther à Nietzsche,* 1934, p. 13, note 1.

74. 특히 Gregorio Malaxa의 장문의 보고서를 참조하라. V. Lamansky, *op. cit.* p. 083 et *sq.* (증거 서류 번호).

75. *Ibid.* p. 87.

76. *La Péninsule balkanique,* p. 27.

77. *Ibid.,* 지중해 혹은 이탈리아 지역, 그리스 혹은 비잔틴 지역, 총대주교 관구 지역. 다음 연구자의 비판은 그리 합당해 보이지 않는다. R. Busch Zantner, *op. cit.,* pp. 38-39.

78. 이것은 스탈 부인의 표현이다.

79. A. Philippson, "Das byzantinische Reich", *art. cit.,* p. 445.

80. Konstantin Jirecek, *Die Romanen in den Städten Dalmatiens,* 1902, p. 9.

81. A. Philippson, 주 79 참조.

82. J. Cvijić, *op. cit.,* p. 89.

83. H. Hochholzer, "Bosnien u. Herzegovina", *art. cit.,* p. 57.

84. A. E. Mitard, "Considérations sur la subdivision morphologique de l'Agérie orientale", in: *3e Congrès de la Fédération des Sociétés Savantes de l'Afrique du Nord,* pp. 561-570.

85. 콘스탄틴 산 지역에 대해서는 R. Brunschvig, *op. cit.,* I, p. 290 et *sq.*

86. 시골풍의 지붕과 테라스가 만드는 대조적인 모습은 에스파냐 남부, 알메리아와 알푸하라 배후지에서도 나타난다. 이것을 어떻게 설명할 수 있을까? Julio Caro Baroja, *Los Moriscos del Reino de Granada,* Madrid, 1957.

87. *Revue africaine,* 1938, pp. 56-57.

88. Léon l'Africain, édit. 1830, II, p. 11.

89. M. Bandello, *op. cit.,* IX, p. 48.

90. Lucien Febvre, *La religion de Rabelais,* 1942, 2e éd., 1947, p. 423.

91. J. Kulischer, *op. cit.,* II, p. 297.

92. Gal Brémond, *op. cit.,* p. 339.

93. Friedrich C. A. J. Hirth, *Chinesische Studien,* Munich, t. I, 1890, p. 266.

94. 다른 날짜를 제시하는 책으로는 다음의 책을 보라. G. Marçais, *Histoire Générale de Glotz, Moyen Age,* t. III, 1944, p. 365.

95. *Chimie et industrie,* 1940년 8월.

96. Berthold Bretholz, *Latein. Palaeographie,* Munich, 1912, 3e éd., 1926, p. 16.

97. 위의 주 95 참조.

98. *Ibid.*

99. *Études byzantines,* 1938, p. 269 et *sq.*

100. Ch. André Julien, *Histoire de l'Afrique du Nord,* 1er édit., pp. 320-7.

101. Robert Brunschwig, *op. cit.,* I, p. 105.

102. Gal Brémond, *op. cit.,* p. 372, note 1.

103. Jean Servier, *op. cit.,* p. 17.

104. *Op. cit.,* p. 21.

105. *Op. cit.,* p. 20.

106. 제1호, 1963년 7월, Herder의 논설, 바르셀로나.

107. *Op. cit.,* p. 221.

108. R. Busch Zantner, *op. cit., passim,* 특히 p. 22; Otto Mauli, *Südeuropa,* p. 391.

109. Davity, *op. cit.,* 1617, p. 637.

110. J. Cvijić, *op. cit.,* p. 105 ; H. Hochholzer, *art. cit.*

111. 이 책 제I부 제1장 43쪽 이하 참조.

112. J. Cvijić, *op. cit.,* p. 121.

113. I. Sakazov, *op. cit.,* p. 192.

114. *Baba Ganje,* p. 42. J. Cvijić, *op. cit.,* p. 481에서 인용.

115. J. Cvijić, *op. cit.,* p. 487에서 인용.

116. I. Sakazov, *op. cit.,* p. 197.

117. Antoine Juchereau de Saint-Denis, *Histoire de l'Empire ottoman, depuis 1792 jusqu'en 1844,* 4 vol., 1844, I, p. 36.

118. F. de Beaujour, *Tableau du commerce de la Grèce,* 1800, I, p. 54 et *sq.*

119. Besolt, *Voyageur du XVIe siècle* (I. Sakazov, *op. cit.,* p. 172에서 인용).

120. J. Cvijić, *op. cit.,* p. 172.

121. R. Busch Zantner, *op. cit.,* p. 59; J. Burckhardt, "Die thrakische Niederung und ihre anthropogeographische Stellung zwischen Orient und Okzident", in: *Geogr. Anz.,* 1930, p. 241.

122. Herbert Wilhelmy, *Hochbulgarien,* Kiel, 1935; R. Busch Zantner, *op. cit.,* p. 28; Wolfgang Stubenrauch, *Zur Kultur-geogr. des Deli Orman,* Berlin, 1933.

123. 『지중해』의 초판이 나온 이후 출간된 모리스코 관련 중요 연구들: Tulio Halpérin Dongh, *Un conflicto nacional : Moriscos y Christianos viejos en Valencia,* Buenos-Aires, 1955; "Recouvrements de civilisations: les Morisques du Royaume de Valence au XVI

siècle", in: *Annales E.S.C.*, 1956 ; Henri Lapeyre, *Géographie de l'Espagne Morisque*, 1959. 이 책은 모리스코 추방과 관련된 어려운 통계 문제를 해결했다. 이미 인용한 바 있는 다음의 명저는 내가 아는 한 역사 및 문화인류사 분야에서 가장 뛰어난 책들 가운데 한 권이다. Julio Caro Baroja, *Los Moriscos del Reino de Granada.*

124. 이는 H. Hefele나 F. de Retana의 주장과는 상반된다. 회고적인 서술 방식이기는 하지만 나와 정확히 일치되는 의견을 제시한 책은 다음의 책이다. Diego Hurtado de Mendoz, *De la guerra de Granada*, éd. de Manuel Gómez-Moreno, Madrid, 1948, p. 8 et *sq.* 그리고 민감하게 다루어진 것으로는 J. Caro Baroja, *op. cit.*, p. 5 et *sq.*

125. 1609년에도 여전히 클레멘트 8세는 모리스코의 추방에 반대했고, 후일 성자로 축성된 발렌시아의 대주교 Juan de Ribera의 열정적인 정책을 저지하려고 했다. G. Schnürer, *op. cit.*, p. 196.

126. R. Konetzke, *op. cit.*, p. 57.

127. *Gobierno de Vizcaya*, II, p. 357. 1582년 사람들은 무어인에 대한 근본적인 대책을 요구했다(*Ibid.*, II, p. 223). 1585년에는 특별법에 의한 금지조치가 시행되었다. 인근의 나바라에서는 1572년에 이미 금지조치가 시행 중이었다. Antonio Chavier, *Fueros de Navarra*, 1686, p. 142.

128. Simancas Patronato Real, 아레발로와 메디나 델 캄포의 경우는 1543년 8월 15일.

129. L. Pfandi, *Philippe II*, Madrid, pp. 310-311에서 인용. "사라센인이 많이 사는 무어인 거리가 두 곳 있다."

130. I. de Asso, *op. cit.* pp. 219-220.

131. Cabrera 지역, R. Menendez Pidal, *op. cit.*, I, p. 122에서 인용.

132. 전체 아라곤 인구의 20퍼센트. H. Lapeyre, *op. cit.*, p. 96.

133. 아라곤 부왕이 취한 모리스코에 대한 금지조치의 기록들. Simancas E° 335, s.d. (1575년 3월경).

134. *Geografia General de Catalunya*, *op. cit.*, p. 343.

135. A. H. N. *Inquisition de Barcelone*, Libro I, f° 21, 1543년 12월 20일.

136. H. Lapeyre, *op. cit.* p. 27.

137. 이 책 제II부 제6장 548-549쪽의 도표 61과 도표 62를 보라.

138. H. Lapeyre, *op. cit.*, p. 26.

139. *Ibid.*, p. 30

140. 이와 관련된 증거들이 매우 많이 남아 있다. 예를 들면, 발렌시아와 몬테사 기사단장에 관해서 1569년 3월 15일 마드리드에서 Castagna가 Alessandrino에게 보낸 편지. L. Serrano, *op. cit.*, III, p. 5. 모리스코는 "거의 대부분이 토지를 경작하고 있기 때문에 이 나라의 모든 영주들의 보호를 받고 있습니다."

141. J. C. Baroja, *op. cit.*, p. 2 et *sq. passim.*

142. *Ibid.*, p. 154.

143. Simancas E° 328. 1561년 6월 29일 알푸하라스에서 우르타도 학사가 국왕에게 보낸 편지.

144. 1569년 10월 29일 투르에서 F. 데 알라바가 사야스에게 보낸 편지. A.N., K 1512, B 24, n° 138 b orig. dup. n° 138 a.

145. A.H. N. Inquisition de Grenade, 2602, 1572년 3월 20일, 5월 28일, 7월 17일 그리고 1573년 9월 7일.

146. 그라나다의 "식민적인" 성격에 대해서는 Pedro de Medina, *op. cit.,* p. 159 v°을 보라.

147. J. C. Baroja, *op. cit.,* p. 13.

148. *Ibid.,* p. 142.

149. *Ibid.,* p. 23.

150. *Ibid.,* p. 166.

151. *Ibid.,* p. 193 et *sq.*

152. 이 책 제III부 제3장의 "그라나다 전쟁의 전개" 참조.

153. Manuel Danvila Y Collado, "Desarme de los Moriscos en 1563", in: *Boletin de la Real Academia de la Historia*, X, 1887, pp. 275-306.

154. Simancas E° 335.

155. 1580년 7월 6일, A. E. Espagne, f° 333, 카스티야 모리스코에게 포르투갈 입국을 금지 시켰다.

156. H. Lapeyre, *op. cit.,* p. 127.

157. *Ibid.,* p. 162 et *sq.*

158. *Ibid.,* p. 29.

159. J. C. Baroja, *op. cit.,* p. 154.

160. *Ibid.,* p. 151. L. 카브레라 데 코르도바가 이런 표현을 사용했다.

161. *Ibid.,* p. 169.

162. *Ibid.,* p. 196.

163. *Ibid.,* p. 188

164. *Ibid.,* p. 199.

165. 이 책 제III부 제3장의 "그라나다 전쟁의 전개" 참조.

166. *Ibid.,* p. 199.

167. H. Lapeyre, *op. cit.,* 122.

168. A.d.S., Florence, Mediceo 4903, 1571년 1월 22일 마드리드에서 노빌리가 대공에게 보낸 편지.

169. A.d.S., Genoa, Spagna……, 1571년 1월 11일 마드리드에서 사울리가 제네바 공화국에 보낸 편지. "산적들"이 2,500명이 넘었다.

170. H. Lapeyre, *op. cit.,* p. 122, note 4.

171. *Ibid.,* p. 127.

172. *Ibid.,* p. 162 et *sq.*

173. 톨레도 추기경에 따르면, 1570년 톨레도 지역에서는 난민이 1,500명이었으나 1608년에 는 13,000명으로 크게 늘었다. J. C. Varoja, *op. cit.,* p. 214.

174. A.d.S., Florence, Medicea, 4911, 1580년 6월 27일 마드리드에서 대공의 대사 Bernardo

Canigiani는 처음에는 이것이 꾸며낸 이야기라고 생각했다. 그러나 그후 세비야 상인들의 편지에 의해서 이 이야기가 사실임을 알게 되었다.

175. 1588년 3월 마드리드에서 롱글레가 국왕에게 보낸 편지, *Correspondance*, p. 352.

176. Simancas E° 165, f°347, Consulta del Compagnie de Est, 1588년 7월 5일.

177. 1588년 6월 5일, 롱글레가 국왕에게 보낸 편지, p. 380.

178. Simancas E° 1089, f° 268, 1588년 5월 6일 나폴리에서 Miranda가 국왕에게 보낸 편지.

179. 모리스코에 대한 국가 평의회 논의, 1588년 11월 14일, Simancas E° 165, f° 34.

180. 1588년 11월 30일, 카스티야 지역에 거주하는 많은 신기독교도들. Simancas E° 165, f° 348.

181. A.d.S., Florence, Mediceo 4185, f°171-175, 성명 미상의 보고서.

182. 1596년 8월 3일 발렌시아에서 Marqués de Denia가 국왕 펠리페 2세에게 보낸 보고서.

183. 1590년 5월 22일 마드리드, Simancas E° 165.

184. 1590년 5월 22일, 위의 주(주 183) 참조.

185. 1590년 5월 5일, Simancas E° 165.

186. Arch. de l'ex-Gouvernement Général de l'Algérie, Registre 1686, f° 101.

187. Consulta del C° de E°, 1599년 2월 2일, Simancas E° 165, f° 356. C° de E°가 국왕에게 보낸 편지, 1600년 8월 10일, A.N., K 1603.

188. H. Lapeyre, *op. cit.*, p. 210. 저자는 이에 관해서 나오는 약간 다른 판단을 하고 있다. "기독교 문명을 거부했던 완고한 모리스코에 대해서는 그러했다. 그러나 '올바르게 생각하는 사람들'이라고 불리던 모리스코에 관한 변호들은 꽤 많이 찾아볼 수 있다."

189. J. de Salazar, *op. cit.*, pp. 16-17; Gal Brémond, *op. cit.*, p. 304.

190. J. C. Baroja, *op. cit.*, p. 231.

191. I. de Asso, *op. cit.*, p. 338.

192. E. J. Hamilton, *American treasure……*, pp. 304-305.

193. H. Lapeyre, *op. cit.*, p. 204.

194. *Ibid.*, pp. 71 & 212.

195. J. C. Baroja, *op. cit.*, p. 127.

196. *Ibid.*, p. 107.

197. Simancas E° 165, 1590년 8월 11일.

198. 1599년 2월 2일. 앞의 주 188 참조.

199. Gal Brémond, *op. cit.*, p. 170.

200. "이 주제에 관한 어느 역사학파의 감상적인 평가를 이제는 떨쳐버릴 때가 된 것 같다. 이 학파는 이 일을 '에스파냐 모리스코의 야만적이고 추악한 추방'이라고 불렀다. 놀라운 것은 위대한 히메네스 추기경의 충고에도 불구하고, 사람들이 국내외에서 언제든 반란을 꾀하고 있었던 100만여 명의 모리스코들을 무려 100년 동안이나 인내했다는 것이다." Henri Delmas de Grammont, Relations entre la France et la Régence d'Ager au XVIIe siècle, Alger, 1879, 1ere partie, pp. 2-3.

201. 훌륭한 관찰자인 여행자들이 알아차릴 수 있듯이, "이 사람들 속에는 아랍의 피가 흐르

고 있다." Le Play, 1833, p. 123 ; Théophile Gautier, *Voyage en Espagne,* pp. 219-220 ; Edgar Guinet, *Vacances en Espagne,* p. 196 등.

202. 에스파냐 아메리카를 연구한 C. Pereyra에 따르면 그러하다. 브라질에 대해서는 N. J. Dabane, *L'influence arabe dans la formation historique et la civilisation du peuple brésilien,* Le Caire, 1911.

203. 포르투갈에 대해서는 Domingos Rodriguez, *Arte de Cozinha,* 1652 (Gilberto Freyre, *Casa Grande e Senzala,* I, p. 394에서 인용). 이 책 덕분에 나는 18세기에 대한 간략한 그림을 완성할 수 있다. 16세기까지 아니 그 이후까지도 톨레도에서는 "모리스코식" 건물과 장식이 계속 만들어졌다. Royall Tyler, *Spain, a Study of her Life and Arts,* Londres, 1909.

204. 모리스코에 관해서는 아직도 많은 문서들이 미간행 상태이다(Simancas, E° 2025 프랑스로 건너간 모리스코, 1607-1609). 모리스코 피난민들과 그들의 가축들을 싣고 운항한 마르세유의 선박들에 관해서는 다음을 보라. A. des B. du Rhône, Amirauté B IX, 14, 1610년 5월 24일. 깜짝 놀랄 만한 문서 하나가 다음의 책에 묻혀 있다. Eugenio Larruga, *Memorias políticas y economicas,* t. XVII, Madrid, 1792, pp. 115-117. 추방된 모리스코들이 에스파냐로 돌아온 경우도 있었다(1613년). 여성이나 아동은 동반하지 않은 채 성인 남성만 돌아왔다. 알마덴 수은 광산에서 그들을 고용했던 것일까? 그런 것 같지는 않다. 따라서 우리는 이 광산 채굴 전문가들을 갤리 선 노꾼들 사이에서 찾아보아야 할 것 같다. 갤리 선 노꾼들보다 더 죄질이 나쁘고 자백하지 않는 자들을 대신 승선시켰다. "왜냐하면 그들은 배교자로서 대역죄를 지었기 때문이다."

이슬람 문명의 잔존에 관해서는 Julio Caro Baroja의 열정적이고 때때로 독창적인 주장들을 살펴보라(*op. cit.,* 758 et *sq.*). 모리스코의 추방 그 자체와 이 사태가 의미했던 대규모 수송작전에 관해서는 Henri Lapeyre, *op. cit., passim.* 이 명저는 통계적인 측면에서만 이 문제를 다루었다. 그러나 이 문제는 에스파냐의 정치, 사회, 경제, 국제관계 모든 측면에서 총체적으로 연구되어야 한다. 따라서 여전히 작업이 불완전한 상태로 남아 있다. "모리스코 추방은 쇠락하는 국가가 저지른 짓이 아닌 것 같다"(*ibid,* p. 213). 이 주장은 그럴 듯하지만 아직 검증이 되지 않았다. 인구 압력 역시 한몫을 했을 듯하다(*ibid,* p 29 et *sq.*). 수공업자와 번성하는 상인 계급에 대한 증오 역시 중요했다. 그러나 나는 더 많은 연구가 진행되기 전까지는 종교가 모든 문제의 출발점이었다는 전통적인 설명방식을 따를 것이다(이 책 제II부 제6장 568쪽).

1977년에 발간된 Louis Cardillac의 저서, *Morisques et Chrétiens, un affrontement polémique(1492-1640)*는 에스파냐 연구 분야에서 Marcel Bataillon의 기념비적인 저서, *Erasme et l'Esagne* 만큼의 가치를 가진다. Cardillac는 에스파냐 땅에서 일어난 이슬람교도와 기독교도 사이의 갈등을 놀라울 정도로 풍요롭게 새로 조명했다. 예전의 설명방식들과 맥을 같이 하면서도 두 종교 사이에서 증오가 점증되고, 극도의 흥분 상태가 계속된 사실만을 강조하는 것은, 공존하는 두 문명 사이의 긴장관계만을 보는 것이다. 그러나 그것은 으르렁대고 고통스러워하면서도 서로가 서로에게 적응하는 하나의 방식이었다. 그러나 적응은 분명 관용과는 다른 것이다. 결국 모든 것이 폭발로 끝이 났다.

205. Alfred Hettner, *art. cit.,* p. 202. 혹은 다음의 책은 놀라운 언급을 하고 있다. André

Malraux, *La Lutte avec l'Ange*, 1945.

206. 이 거대한 질문에 대해서는 다음의 계몽적인 저서를 참조하라. E. F. Gautier, *Moeurs et coutumes des Musulmans*(1955년 재출간)

207. Louis Gillet, *Le Dante*, 1941, p. 80.

208. Louis Gillet, *Ibid.*, p. 94.

209. Fernand Grenard, *Grandeur et décadence de l'Asie*, p. 34.

210. Louis Gillet, in: *La Revue des Deux Mondes*, 1942, p. 241.

211. *Ibid.*, p. 202.

212. J. Sauvaget, *Introduction*, pp. 44-45.

213. *Op. cit.*, p. 51.

214. A.d.S. Florence, Mediceo, 4279.

215. 1563년 1월 19일 Paolo Tiepolo의 편지, E. Albèri, *op. cit.*, I, V, p. 18.

216. *Ibid.*

217. 1596년에도 그러했다. 1596년 9월 15일 아프리카에 대해서 팔레르모에서 쓴 보고서. Simancas E° 1158.

218. J. Atkinson, *op. cit.*, p. 244.

219. 1569년 9월 4일, Simancas E° 1057, f° 75.

220. E. de Vaumas, *op. cit.*, p. 121.

221. 1590년 11월 23일 베네치아에서 Francisco de Vera가 펠리페 2세에게 보낸 편지, A.N., K 1674.

222. *Op. cit.*, p. 120.

223. 15세기부터, 피사넬로 때부터 그러했다.

224. B. N., Paris, Fr 5599.

225. Richard B. Hief, "Die Ebenholz-Monopole des 16. Jahrhunderts", in: *Vierteljahrschrift für Sozial-und Wirtschafts-geschichte*, XVIII, 1925, p. 183 et *sq.*

226. L. Voinovitch, *Histoire de Dalmatie*, 1934, p. 30.

227. 1593년 3월 8일 총독들(베네치아가 레반트 식민지에 파견한 총독들)이 나폴리 주재 라구사 영사인 Marino di Bona에게 보낸 편지. A. de Raguse, L. P VII, f° 17. 갈라타에 있던 한 "롬바르드인" 의사에 관해서는 다음을 보라. N. Iorga, *Ospiti romeni*, p. 39.

228. N. Iorga, *Ospiti romeni*, pp. 37, 39, 43.

229. 이 사실은 다음 책에서도 종종 다루어진다. M. Bandello, *op. cit.*, IX, p. 50.

230. *Epist.* III, p. 199.

231. J. W. Zinkeisen, *op. cit.*, III, pp. 173-174.

232. 가톨릭이든 프로테스탄트든 유럽인들의 침투에 관해서는 G. Tongas, *op. cit.*, p. 69; H. Wätjen, *op. cit.*, p. 69; 카푸친 수도회와 예수회 사이에서 양분된 베네치아의 역할에 관해서는 E. de Vaumas, *op. cit.*, p. 135를 보라 ; 1625년 성지 사건에 관해서는, *ibid.*, p. 199; 시릴 라스카리스 총대주교의 파란만장한 이야기에 관해서는 K. Bihlmeyer, *op. cit.*, III, p. 181; G. Tongas, *op. cit.*, p. 130. 이 십자군이 전투 없이 도착한 북아프리카에

대해서는 다음을 보라. R. Capot Rey, "La Politique française et le Maghreb méditerranéen 1648-1685", in: *Revue Africaine,* 1934, pp. 47-61.

233. Jacques Gassot, *Le discours du voyage de Venise à Constantinople,* 1550, 2e éd., 1606, p. 11. 1544년 페라 주조소에는 40-50명 정도의 독일인들이 "대포를 제작했다." *Itinéraire de J. Maurand d'Antibes à Constantinople,* p.p. Léon Duriez, 1901, p. 204.

234. 아래의 주 236 참조, L, Poliakov, p. 4.

235. 이 책의 참고 문헌보다 더 많은 참고 문헌을 보고 싶다면 다음을 보라. Attilio Milano, *Storia degli ebrei in Italia,* Turin, 1963; Julio Caro Baroja, *Los Judios en la España moderna y contemporanea,* Madrid, 3 vol., 1961. 이 분야에서는 역사가가 어떤 입장을 취할 것인지 가 여전히 중요한 문제로 남아 있다. 이 비극을 이야기하면서 Julio Caro Baroja가 그랬던 것처럼, 순전히 관찰자로 남는 것이 가능할까? 미슐레는 이런 입장을 취하지 않았다.

236. Léon Poliakov, *Histoire de l'Antisémitisme,* II, *De Mahomet aux Marranes,* Paris, 1961, p. 235 et *sq.*

237. Simancas. Guerra Antigua 7, f° 42, 1535년 12월 5일 에보라에서 Lus Sarmiento가 카를 5세에게 보낸 편지.

238. A.d.S. Venise, Senato Dispacci Spagna, 1604년 10월 4일, 바야돌리드에서 Contarini가 베네치아 도제에게 보낸 편지, Simancas, E° Portugal 436(1608-1614. "Licenças a varios judeus e cristãs novos de Portugal para sairem do reino"). 포르투갈 당국과 타협을 하는 일이 이 시기까지는 여전히 가능했다는 증거가 있다. 1600년 새 기독교도들에게 출국을 허락했다가, 1610년에 철회했다. K. Lucio de Azevedo, *Historia dos christãos novos portugueses,* 1922, p. 498.

239. 이 표현(Les Marranes : 마라노)에 대해서는 I. S. Revah, "Les Marranes", in: *Revue des Études Juives,* 3e série, t. I, 1959-1960, pp. 29-77; 유대교의 관행을 지키려는 태도에 관해 서는 J. Caro Baroja의 저서 모든 곳에 그에 관한 증거들이 나와 있다. 덜 중요한 마요르카 사례에 관해서는 Francisque Michel, *Histoire des races maudites de la France et de l'Espagne,* Paris, 1847, t. II, p. 33 et *sq.*

240. *Moeurs et coutumes des Musulmans, op. cit.,* p. 212.

241. Léon Poiakov, *Histoire de l'antisémitisme.* II, *De Mahomet aux Marranes,* pp. 127 et *sq.* 에스파냐에 살던 유대 민족에 관해서는 이 성실하고 지적인 저서에서 많은 것을 빌려왔다.

242. *Ibid.,* I, *Du Christ aux Juifs de Cour,* 1955, p. 266 et *sq.,* 특히 p. 277 et *sq.*

243. Plinio Barreto, "Note sur les juifs au Brésil", in: *O Estado de São Paulo,* 31 octobre 1936 ; 이 주제에 관해서는 Gilberto Freyre, Lucio de Azevedo의 고전적인 저서들을 필두로 좋은 참고 문헌들이 많다. 필수적인 문서 자료는 *Primeira Visitação do Santo Officio as Partes do Brasil pelo Licenciado Heitor Furtado de Mendoça⋯⋯, deputado do Sto Officio : I. Confissões da Bahia 1591-92. Introducção de Capistrano de Abreu, São Paulo,* 1922 ; *Denunciacões de Bahia, 1591-93. Introducção de Rodolpho Garcia, São Paulo,* 1929. 포르투갈 에 대해서는 Léon Poliakov, *op. cit., De Mahomet aux Marranes,* p. 235 et *sq.*

244. Léon Poliakov, *Du Christ aux Juifs de Cour,* pp. VI-XII ; *De Mahomet aux Marranes,*

p. 139 ; Joseph Ha Cohen, *Emek Habakha ou la Vallée des Pleurs ; Chronique des souffrances d'Israël depuis sa dispersion,* 1575, et à la suite *Continuation de la Vallée des Pleurs,* 1602, p.p. Julien Sée, Paris, 1881, p. 167(이제부터 이 책은 Joseph Ha Cohen이라는 이름으로만 적을 것이다).

245. Hermann Kellenbenz, *Sephardim an der unteren Elbe. Ihre wirtschaftliche und politische Bedeutung vom Ende des 16. bis zum Beginn des 18. Jahrh.,* 1958, p. 45.

246. J. Lucio de Azevedo, *op. cit.,* p. 52에서 인용.

247. Léon Poliakov, *op. cit.* I, p. 307 et *sq.*

248. A. Milano, *op. cit.,* I, p. 221.

249. A.d.S., Venise, Senato Terra 12, f° 135 & 135 v°, 1496년 3월 26일. M. Sanudo, *op. cit.,* I, col. 81, 1496년 3월 26일.

250. Giuseppe Tassini, *Curiosità veneziane,* Venise, 1887, p. 319.

251. Simancas, E° Napoles 1031, f° 155, 1540년 8월 25일. 이 서류에는 유대인들에 대한 언급이 수없이 나온다.

252. A.d.S., Venise, Senato Terra 31, 1556년 3월 29일.

253. Léon Poliakov, *op. cit.,* p. 181.

254. 1566년 9월, Joseph Ha Cohen, *op. cit.,* p. 158.

255. *Ibid.,* p. 207.

256. Lodovico Moscardo, *op. cit.,* p. 441. 이 게토 계획은 1593년까지 거슬러올라간다.

257. Joseph Ha Cohen, *op. cit.,* pp. 215-216.

258. Museo Correr, Cicogna 1993, f° 261, 1602년 8월 16일.

259. J. Lucio de Azevedo, *op. cit.,* p. 10.

260. Belon du Mans, *op. cit.,* pp. 180, 193 v°.

261. Léon Poliakov, *op. cit.,* II, p. 180에서 인용.

262. *Ibid.,* S. de Madariaga, *Spain and the Jews,* 1946에서 인용.

263. *Ibid.,* p. 191. Ibn Verga, *Le Fouet de Juda,* L. Poliakov, *op. cit.,* t. II, p. 64. 이 책은 Wiener의 독일어 번역본(Hanovre, 1856)을 따른다.

264. Belon du Mans, *op. cit.,* p. 181.

265. *Ibid.,* pp. 209-210.

266. J. Lucio de Azevedo, *op. cit.,* p. 36.

267. Belon du Mans, *op. cit.,* p. 180 v°.

268. J. Ha Cohen, *op. cit.,* p. 251. d'après E. Carmoly, *Archives israélites de France,* 1857.

269. A. Milano, *op. cit.,* p. 180 et *sq.*

270. J. Ha Cohen의 속편, *op. cit.,* p. 181.

271. B.N. Paris, Fr. 6121 (날짜 없음). L. Poliakov, *op. cit.* II, p. 247. 여기서 G. d'Aramon과 Nicolas de Nicolay의 여행을 언급한다.

272. *Op. cit..* 180 v° 118.

273. *Ibid.,* p. 100 v°.

274. L. Poliakov, *op. cit.,* I, pp. 270-271.

275. *Ibid.,* pp. 249, 250; 이 책『지중해』, 초판, 707-708쪽.

276. Paul Benichou, *Romances judeo-españoles de Marruecos,* Buenos Aires, 1946.

277. H. Kellenbenz, *op. cit.,* p. 35 et *sq.*

278. A. Milano, *op. cit.,* p. 235.

279. Cecil Roth, in: *Mélanges Luzzatto,* pp. 237 et *sq.* ; 한 사례를 다음에서 찾아볼 수 있다. A.d.S., Venise, Cinque Savii 7, f° 33-34, 1609년 12월 15일. 게토 세 곳과 분명히 논란의 여지가 있는 이 단어의 어원에 관해서는 다음 책에서 상세하게 확인해볼 수 있다. G. Tassini, *op. cit.,* pp. 319-320; 세 곳의 게토로 세 개의 유대인 공동체가 분산되었다는 다음의 주장은 확실하지 않다. A. Milano, *op. cit.,* p. 281.

280. Arnold Y. Toynbee, *L'Histoire, un essai d'interprétation,* Paris, 1951, pp. 30-153, 398, 428.

281. J. Lucio de Azevedo, *op. cit.,* pp. 68-73.

282. L. Poliakov, *op. cit.,* II, p. 262 et *sq.*

283. *Op. cit.,* p. 39.

284. F. Amadei, *Cronaca universale della città di Mantoa,* II, p. 548.

285. Joseph Ha Cohen, *op. cit.,* p. 127.

286. A. N., K 1600, 1597년 4월 4일, Relacion de algunas nuebas generales que se entienden de Nantes de Paris y ostras partes desde 4 de abril 97 : "······그는 대단한 기독교도인 국왕 루이 성왕이 추방한 유대인들을 돌아오게 하고 싶다고 생각한다.······"

287. L. Poliakov, *op. cit.,* II, p. 368에서 인용, 1635년에 대사 필립 샹파뉴 경에게 보내는 편지들, p. 62.

288. L. Poliakov, *op. cit.,* II, pp. 367-368에서 인용. Francisque Michel, *Histoire des races maudites de la France et de l'Espagne,* 1847, pp. 71 et 94.

289. J. Ha Cohen, *op. cit.,* p. 160.

290. H. Kellenbenz, *op. cit.,* p. 135.

291. Jean Bodin, *Response*······, *op. cit.,* éd. H. Hauser, p. 14.

292. Thomas & Felix Platter, *op. cit.,* p. 252, p. 391.

293. J. Ha Cohen, *op. cit.,* p. 200.

294. *Ibid.,* pp. 112-113.

295. S. Razzi, *op. cit.,* pp. 118-119 (1516); p. 159 (1545). 유대인들과 안코나 마라노들에 대한 박해에 술레이만 대제가 개입한 사실을 확인하고자 한다면, 다음을 참조하라. A. Milano, *op. cit.,* p. 253 ; C. Roth, *The House of Nasi, Doña Gracia,* Philadelphie, 1947, pp. 135-174.

296. W. Sombart, *Die Juden und das Wirtschaftsleben,* 1922, p. 20. 다음 논문에 있는 문서 참조. David Kauffmann, "Die Vertreibung der Marranen aux Venedig im Jahre 1550", in: *The Jewish Quarterly Review,* 1901. 마라노에 대한 추방 명령에 대해서는 Marciana, 2991 C. VII. 4 f° 110 v° & 111 ; Museo Correr, Donà delle Rose, 46, f° 155, 1550년 7월 8일.

297. Marciana, 6085, f° 32 v° et *sq.* : 1555년과 1556년의 박해에 관한 이야기. A. Milano, *op. cit.,* pp. 247-253 참조.

298. L. Bianchini, *op. cit.,* I, p. 41. 그러나 16만 명은 아니다. A. Milano, *op. cit.,* p. 222 참조.

299. A. Milano, *op. cit.,* p. 233.

300. J. Ha Cohen, *op. cit.,* p. 180.

301. *Ibid.* p. 121.

302. *Ibid.,* p. 143.

303. A. Hananel & E. Eskennazi, *Fontes hebraici ad res œconomicas socialesque terrarum balcanicarum saeculo XVI pertinentes,* Sofia, 1958, I, p. 71.

304. Joseph Ha Cohen에게서 빌려온 이 표현은 흔히 쓰는 말이다.

305. Museo Correr, Donà delle Rose, 46, f° 55, 1514년 6월 5일.

306. Museo Correr, Donà delle Rose, 21, f° 1, 1561년 3월 5일 콘스탄티노플. 크레타 섬의 "주데카(zudeca)," 즉 게토에 대해서는 A.d.S., Venise, Capi del Cons° dei X, Lettere, B^a 285, f° 74, 1554년 5월 7일 크레타.

307. Museo Correr, Donà delle Rose, 21, 1588년.

308. A. Milano, *op. cit.,* pp. 236, 281, 283.

309. *État de la Perse en 1660, par le P. Raphaël du Mans,* p.p. Ch. Schefer, Paris, 1890, p. 46.

310. A.N., A.E., B III 235, 1693년.

311. 1682년에도 마데이라에서는 여전했다. Abbé Prévost, *op. cit.,* III, p. 172 ; 1632년 2월 14일 리스본에서 "섬(상 토메)에 개종한 신기독교인들이 너무나 많아지자, 그들은 유대교 관례를 거의 공개적으로 따랐다." J. Cuvelier & L. Jadin, *L'Ancien Congo d'après les archives romaines, 1518-1640,* 1954, p. 498.

312. Fernando Ortiz가 쓴 서문(Lewis Hanke, *Las Casas……,* p. XXXVI).

313. Jacob van Klaveren, *op. cit.,* p. 143.

314. Belon du Mans, *op. cit.,* pp. 182 et 182 v°.

315. A. Hananel et E. Eskenazi, *op. cit.,* I, 1958 (XVIe siècle); II, 1960 (XVIIe siècle).

316. A.d.S. Venise, Senato Terra, 62, 1573년 9월 20일.

317. *Ibid.,* 63, 1574년 4월 6일.

318. *Ibid.,* 66, 1575년.

319. *Ibid.,* 60, 1573년.

320. A.d.S., Florence, Mediceo, 3087, f° 348, 1607년 7월 14일.

321. 이 책 제I부 제5장, 375쪽 이하 참조.

322. 아브라바넬 가문은 에스파냐 출신이다. 국왕에 대한 대부금에 관해서는 Simancas, E° Napoles 1015, f° 101, 1533년 10월 6일; *ibid.,* f° 33; 1018, f° 21 1534년 1월 15일, 만일 유대인들이 고리대금업을 하지 않았다면, 기독교인들은 3배나 높은 이자율을 받았을 것이다. "왜냐하면 이탈리아의 목적은 전하가 경험하여 알고 계신 것처럼 돈벌이가 되기 때문

입니다"; *ibid.*, f° 58, 1534년 10월 3일, "나폴리에는 300-400의 유대인 가구가 있었다" ; 1017, f° 39, 1534년 3월 28일, 만프레도니아에서 신기독교도의 체포, "그들은 기독교도 이지만, 진정한 유대인으로 살아왔다"; 1018, f° 58, 1534년 10월 3일. 나폴리 시는 유대인 을 그대로 둘 것을 요구했다. 그들이 없었다면, 지난해에 가난한 사람들 모두가 굶어 죽었 을 것이기 때문이다 ; 1031, f° 155, 1540년 8월 25일, 유대인들에 대한 적대적인 조치들 ; 1033, f° 70, 1541년 6월 19일, 유대인의 추방 결정. A.d.S., Naples, Sommaria Partium 242, f° 13 v°, 1543년 4월 16일, 사무엘 아브라바넬은 화물담당자인 가브리엘레 이삭에게 120카로 분량의 곡물을 테르몰리로부터 실어오게 했다 ; *ibid.*, 120, f° 44, 1526년 6월 8일. 시몬 아브라바넬이라는 한 "나폴리 거주의 유대인"이 마데이라의 설탕을 수입했다.

323. 이 놀라운 유대인의 생애에 관해서 간단하게나마 잘 소개한 책으로는 L. Poliakov, *op. cit.*, II, 254 et *sq.*, 기본 서적으로는 Cécil Roth, *The house of Nasi*, 2 vol., 1947 & *The Duke of Naxos*, 1948.

324. 이 책 제II부 제5장 474쪽부터 보라.

325. *Op. cit.*, p. 180 v° & 181.

326. Werner Sombart, *op. cit.*, p. 53 et *sq.* ; L. Poliakov, *op. cit.*, I, p. 249 et *sq.*

327. W. Sombart, *op. cit.*, p. 15.

328. 나는 당연히 카이로의 게니자(geniza) 문서를 언급하고 있다. A. Gothein이 이 사료의 출판을 준비하고 있다.

329. Daniele Beltrami, *Storia della popolazione di Venezia……*, *op. cit.*, p. 79.

330. H. Kellenbenz, *Sephardim an der unteren Elbe*, 1958, p. 29.

331. *Ibid.*, p. 139.

332. Giovanni Botero, *op. cit.*, III, p. 111.

333. Simancas, E° Napoles 1017, f° 42, 1534년 4월 26일 나폴리에서 나폴리 부왕이 국왕에게 보낸 편지. 살로니카 "그곳에는 투르크 내에서도 가장 많은 유대인이 살고 있다."

334. Paul Benichou, "Les Juifs en Champagne médiévale", in: *Évidences*, novembre 1951.

335. L. Poliakov, *Les banchieri juifs et le Saint-Siège du XIIIe au XVIIe siècle*, 1965.

336. H. Hefele, *op. cit.*, p. 321. 북아프리카에서 유대인 공동체가 강력하게 존재했다는 것은 에스파냐의 지배하에서도 유대인 거주지가 오랫동안 유지되었다는 사실로부터 알 수 있 다 ; Diego Suarez는 시내 한가운데 위치하고 있고 시나고그(유대인 교회)와 학교까지 갖춘 유대인 거리를 상세하게 묘사했다. 1667년 게토에는 100채가 넘는 가옥에 500여 명의 사 람들이 살고 있다. 1669년 3월 31일 카를로스 2세의 명령으로 유대인들은 오랑에서 추방 당했다. J. Cazenave, in: *Bulletin de la Société de Géographie d'Alger*, 1929, p. 188.

337. J. Ha Cohen, *op. cit.*, pp. 110-111.

338. *Ibid.*, p. 124.

339. *Ibid.*, p. 120.

340. J. Caro Baroja, *op. cit.*, I, p. 217.

341. "Cargos y descargos del Marques de Velada", 1626-1628년에 오랑의 행정을 책임지던 돈 안토니오 산초 다빌라와 벨라다 후작 톨레도에게 보내진 답변서. 올바른 행정을 펴지

못한 데에 대해서 잘못을 묻고 있다. f° 57 (P. De Gayangos, *Cat. Mss,* 에스파냐어 판, B. M., IV, 1893, p. 133).

342. M. Sanudo, *op. cit.,* I, colonne 819, 1497년 11월 13일.

343. Marciana 7991 C VII. 4, f° 110 v° & 111 ; Museo Correr, Donà delle Rose 46, f° 155, 1550년 7월 8일.

344. F. Braudel & R Romano, *op. cit.,* pp. 26-27.

345. J. Ha Cohen, *op. cit.,* pp. 130-131.

346. *Ibid.,* p. 152.

347. *Ibid.,* p. 158.

348. 이 책 제II부 제3장 374-377쪽 참조.

349. Espejo Y Paz, *Las antiguas ferias de Medina del Campo,* 1912, p. 137.

350. W. Sombart, *Krieg und Kapitalismus,* 1913, p. 147.

351. *Die Juden und das Wirtschaftsleben,* p. 15.

352. L. Poliakov, *Les banchieri juifs……*.

353. *Die Juden und das Wirtschaftsleben,* p. 14.

354. 1570년 3월 5일, 베네치아에서 투르크 상인들과 레반트 유대인들을 체포했다. Chronique de Savina, Marciana, f° 326 v° ; 1570년 12월 16일 콘스탄티노플에서 유대인 상인들의 불만에 관해서는, A.d.S. Venise, Annali di Venezia, serie antica ; 유대인들이 지켜야 할 24개 항목의 규정들에 관해서는, A.d.S. Venise, Senato Terra 58, 1571년 12월 18일; 같은 주제에 관해서는, Museo Correr, Cicogna 1231, f° 16. 1572년 9월 4일, 브레시아에서 추방된 유대인들에 관해서는, A.d.S. Venise, Senato Terra 60. 1573년 9월까지로 연장된 유예기간에 관해서는, *ibid.,* 61, 1573년 3월 8일 ; 유대인들에게 허락되었거나 금지된 직업에 관한 규정에 관해서는, *ibid.,* 1573년 7월 11일. 1565년에 파산한 "Cervo Hebreo" 은행의 강제 청산을 위한 협약에 관해서는, *ibid.,* 1573년 6월 20일. 그후에는 긴장된 분위기가 조금 완화되었다. 우르비노에서 추방되어 갤리 선 노꾼으로 배정된 유대인들에 관해서는 J. Ha Cohen, *op. cit.,* p. 161.

355. *Ibid.,* p. 174.

356. Cecil Roth, *art. cit.,* p. 239.

357. A. Milano, *op. cit.,* p. 257, J. Delumeau, *op. cit.,* II, pp. 854, 887-890.

358. 언급하지는 않았지만, 안코나에 거주하는 레반트 유대인들에게 부여된 새로운 면세 혜택이 베네치아에 심각한 위협이 되었음을 주목하자. Admirable document, A.d.S. Venise, Cinque Savii, Busta 3, 1597년 8월 10일.

359. J. Ha Cohen *op. cit.,* pp. 205, 1598.

360. A.d.S. Venise, Cinque Savii 22, f° 52, 1598년 11월 20일 ; f° 73, 1602년 8월 16일, 로드리고 디 마르키아나의 특권과 특권 갱신 ; *ibid.,* 138, f° 191, 1593년 2월 22일, 포르투갈 유대인들은 카보 다 구에르 만(아가디르 만)과의 상업적 연계망을 구축할 것을 제안했다. 이때 등장하는 유대인들은 로드리고 디 마르키아나와 그의 형제들이다.

361. 이 책 제I부 제5장 375쪽 이하 참조.

362. A.d.S. Venise, Cinque Savii 138, 1587년 3월 18일.

363. Cecil Roth, *art. cit.,* p. 239.

364. A.d.S. Venise, Cinque Savii 7, f° 30, 1598년 10월 5일.

365. Hermann Kellenbenz, *op. cit.,* p. 43 ; C. Roth, *Gli ebrei in Venezia,* 1932, & "Les marranes à Venise", in: *Revue des Études Juives,* 1931.

366. J. Ha Cohen, *op. cit.,* p. 131.

367. *Ibid.,* p. 172.

368. *Ibid.*

369. 이 책 제II부 제7장 685-686쪽 참조.

370. A.d.S. Naples, Sommaria Consultationum, 10, f° 91-93, 1590년 3월 30일.

371. *Ibid.,* 25, f° 152 v°-159, 1613년 9월 8일.

372. 이 표현은 미셸 푸코가 쓴 것이다. Michel Foucault, *L'histoire de la folie à l'âge classique,* 1961, p. IV.

373. 이 책 『지중해』, 초판, p. 136, n.1.

374. Léon Poliakov, *op. cit.,* II, pp. 204-217.

375. Léon Poliakov가 인용한 문장이다. Léon Poliakov, *op. cit.,* II, p. 290.

376. 비슷한 방향이기는 하지만 좀더 사회적인 측면에서 접근한 혁신적인 책 한 권을 소개한다. Antonio José Saraiva, *L'inquisition et la légende des Marranes.*

377. "바로크(Baroque)"라는 표현에 대해서는 Pierre Charpentrat, "De quelques acceptions du mot Baroque", in: *Critique,* 1964년 7월.

378. 이 표현이 어디에서 기원했는지는 확실하지 않다. 형식논리학적으로 보면, barbaro, celarent, baroco 계열의 표현들에서 유래했을 것이다(L. Pfandl, *Geschichte der spanischen Literatur,* p. 214, n. 1). 울퉁불퉁한 진주를 가리키는 표현으로 보석 세공업자들이 사용하는 표현인 baruco라는 에스파냐어에서 나온 표현일 수도 있다(G. Schnürer, *op. cit.,* 68). 혹은 Federigo Barroccio(1526 혹은 1528-1610, 프랑스어 책에는 Le Baroche로 표기)의 이름을 딴 것일 수 있다(P. Lavedan, *Histoire de l'Art,* Clio, p. 302). 부르크하르트가 유행시키기에 앞서 이 단어가 언제부터 역사 용어로 등장했는지를 확인할 필요가 있다.

379. *L'Art religieux après le Concile Trente⋯⋯,* p. 188.

380. Marcel Brion이 사용한 표현이다. Marcel Brion, *Michel-Ange,* 1939, p. 149.

381. G. Schnürer, *op. cit.,* p. 80.

382. Pierre Lavedan, *op. cit.,* p. 293.

383. Standhal *Promenades dans Rome,* éd. Michel Lévy, 1858, II, p. 121.

384. *Ibid.,* p. 121.

385. Gonzague Truc, *Léon X,* p. 303.

386. *Ibid.*

387. *Ibid.*

388. G. Bihlmeyer, *op. cit.,* III, p. 131.

389. Erich von der Bercken, *Die Gemälde des Jacopo Tintoretto,* Munich, 1942, 삽화가 360장

수록되어 있다.

390. G. Schnürer, *op. cit.*, pp. 86-87.

391. Jean Delumeau의 훌륭한 책을 보라. *Vie économique et sociale de Rome dans la seconde moitié du XVIe siècle*, 157, p. 246 et *sq.*

392. Stendhal, *op. cit.*, II, p. 191.

393. "Die Epochen der Papstfinanz", in: *Hist. Zeitschrift*, 1928.

394. G. Truc, *Léon X*, p. 123.

395. M. La Torro Y Badillo *Representación de los autos sacramentales en el periodo de su mayor florecimiento*, 1620-1681, Madrid 1912 ; Ludwig Pfandl, *Geschichte der spanischen Literatur*, p. 124 ; Henri Merimée, *L'art dramatique à Valence depuis les origines jusqu'au commencement du XVIIe siècle*, 1913.

396. Georg Friederici, *op. cit.*, I, p. 469.

397. 이 가운데 마지막 문제에 관해서는 1564년 12월 18일 몽펠리에에서 Francés de Alava가 펠리페 2세에게 보낸 편지를 참조하라. A.N., K 1502, B 18, no. 67, D.

398. A. Morel Fatio, *Ambrosio de Salazar*, 1900, p. 52 et *sq.*

399. A. Morel Fatio, *L'Espagne en France*, in: *Études sur l'Espagne*, I, Paris, 1895, 2e éd., p. 30.

400. *Ibid.*, p. 32.

401. *Ibid.*, p. 40.

402. *Ibid.*, p. 27 ; *Essais*, II, 1.

403. *Ibid.*, p. 41.

404. *Ibid.*

405. Alfred Franklin, *La Vie privée d'autrefois. Les Magasins de nouveautés*, 1894-1898, II, p. 39; I, p. 183; II pp. 23-25, 75도 참조.

406. IX, p. 253, Alfred Franklin, II, p. 39에서 인용.

407. F. Ruiz Martín, *Lettres de Florence……*, CXXI.

408. A. Morel Fatio, *op. cit.*, I., p. 27. Brémond의 의견에 주목하자(*op. cit.*, p. 310). 확신하기는 어렵지만, 그의 의견에 따르면 장안의 화제가 된 몸에 꼭 붙는 남성 의상은 펠리페 4세의 에스파냐에서 프랑스로 건너왔다. 영국 특히 셰익스피어에 대한 에스파냐의 영향에 대해서는 Ludwig Pfandl, *Geschichte der spanischen Literatur*, p. 98; J. de Perrot, in: *Romantic Review*, V, 1914, p. 364.

제7장

1. A.d.S. Modène, Venezia 15, 77, VI, 104, 1522년 8월 16일 베네치아에서 J. Tebaldi가 공작에게 보낸 편지.

2. Jose Arantegui y Sanz, *Apuntos históricos sobre la artilleria española en los siglos XIV y XV*, 1887 ; Jorge Vigon, *Historia de la artilleria española*, tome I, 1947. 말라가 주조소가 쇠퇴한 것일까? Simancas E° 499, Cobre entregado al mayordomo de la artilleria de Màlaga,

1541-1543도 참조. 세기 중반의 말라가와 이곳의 병기창에 관해서는 Pedro de Medina, *op. cit.*, p. 156.

3. 이탈리아 역사가들이 밀라노 주조 공장의 쇠퇴를 지나치게 강조하고 있는 것은 아닐까? 화기의 운송은 제노바를 경유하거나(주로 화승총과 도검 무기류, 1561년 8월 30일, Simancas E° 1126) 혹은 포 강을 따라 베네치아로 향했다(1573년 4월 25일). 베네치아에서는 메시나를 향해 떠나는 포르투갈 선박에 대포를 선적했다. Simancas E° 1332.

4. 1587년의 기묘한 문서 하나(A.N., K.)를 참조하라. 나는 바이아에 대한 영국의 공격 시도에 대한 증거로 이 문서를 출판할 생각이다. 1558년에 에스파냐에서 북유럽의 화기들의 위상에 관해서는 E. Albèri, *op. cit.*, VIII, p. 259 참조.

5. 1566년 6월 6일 화요일 Nobili가 Prince에게 보낸 편지, A.d.S. Florence, Mediceo 4897 bis. 물론 플랑드르로부터 또다른 무기들, 특히 화승총 역시 도착했다. 요새들에 필요한 무기를 싣고 플랑드르에서 출항한 이 배는 지브롤터 해협을 지나면서 알제 해적들에게 화물을 탈취당했다. 1561년 8월 24일, 리모주 주교가 왕비에게 보낸 편지. B.N. Paris, Fr. 16103. "바르바리의 모든 요새에 공급할 무기를 싣고 플랑드르에서 온 크고 좋은 배 한 척이 해협을 지나오자마자 공격을 받고 나포당했습니다. 화승총과 흉갑, 피스톨, 그밖에 여러 공격 무기들을 포함하여 모두 5,000, 6,000여 점의 무기를 잃었습니다."

6. 위의 주 5 참조. Mediceo 4897 *bis.*

7. *Op. cit.*, I, p. 167, 1567년 1월 4일.

8. 1565년 9월 28일 로마에서 D. Francisco Sarmiento가 카스티야 총사령관에게 보낸 편지, *CODOIN*, CI, pp. 112-114. 이것은 몰타 기사단 수석 단장의 의견이었다.

9. F. C. Lane, *op. cit.*, pp. 31-32.

10. E. Albèri, *op. cit.*, III, V(Matteo Zane), p. 104(1594).

11. 투르크인들의 성공은 전선에 화포를 집중시켰기 때문에 가능했다.

12. 페르시아인들은 투르크의 대포와 화승총을 두려워했다. J. Gassot, *op. cit.*, p. 23 ; "왜냐하면 그들은 화기를 거의 사용해본 적이 없었기 때문이다."

13. Georges Pagès, *in: Rev. d'hist. mod.*, 1932, p. 114.

14. *Relatione fatta alla Maestá Cattolica in Madrid alli XV di luglio 1571⋯⋯.* B.N., Paris, Oc 1533, f° 109-124.

15. 펠리페 2세는 통치 초기에 토스카나 갤리 선을 급료의 절반만 주기로 한 아시엔토 계약을 체결했다(Simancas E° 1446, f° 107). 갤리 선 1척에 1두카트당 11레알 은화로 계산하여 한 달에 250두카트만 주기로 했다. 배의 건조 비용에 대해서는 1564년 국왕이 시칠리아 왕국에서 15척의 갤리 선을 건조할 것을 명령하면서 얼마의 값을 치러야 할지를 계산한 보고서를 참고하자. Sim. E° 1128 ; 이에 따르면, 갤리 선 15척에 대략 95,000에스쿠도가 들었다. 선원들에게 지급해야 할 무기 값은 계산하지 않았다. 보고서는 이 가격이 상당히 유리하다고 판단했다. 갤리 선 선체 그 자체는 전체 원가의 절반도 차지하지 않았다. 나머지 절반은 돛, 노, 활대, 돛대, 밧줄, 체인, 철물, 용기, 가래, 기타 선상 도구들, 곧 나무통, 돛을 꿰매기 위한 실, 바닥에 기름을 먹이기 위한 수지 등을 구입하기 위한 비용이었다. 반복해서 말하면, 갤리 선 15척을 건조하는 데에 드는 총 95,000에퀴 가운데 선체에 들어

간 비용은 37,500, 밧줄은 9,000, 돛은 거의 20,000, 돛대와 활대는 3,000, 노는 2,900, 대포는 22,500에퀴였다. 이 계산에는 도형수나 갤리 선 노꾼의 구입비용은 포함되어 있지 않다. 이것은 비스킷 같은 항해에 꼭 필요한 보급 식량의 구입비용과 더불어 갤리 선 유지 비용 가운데 큰 몫을 차지하는 항목이었다. 1576년 5월에는 시칠리아의 22척 갤리 선에는 죄수가 1,102명, 노예가 1,517명, 노꾼 지원자가 1,205명이 타고 있었다. 1577년 5월에는 그 수가 줄어들어서, 각각 1,027, 1,440, 661명이었다(Simancas E° 1147). 이것은 1576년에는 갤리 선 1척당 173명이, 1576년에는 143명이 타고 있었다는 뜻이 된다. 어떤 때는 노꾼이 더 보강되기도 한 갤리 선도 있었다. 바르베루스의 손자가 지휘한 갤리 선에는 220명의 노꾼들이 타고 있었다(1572년 10월 7일, Serrano, *op. cit.*, p. 137). 갤리 선에는 죄수들 외에 항해사들과 선원들, 그리고 보병들이 더 있었다. 1570년 8월에 나폴리의 갤리 선 20척의 총 정원은 2,940명이었다. 대체로 갤리 선 1척당 150명이 탈 수 있었다. 그러므로 각각의 갤리 선에는 적어도 강제 노역수, 선원, 병사들을 모두 합하면 적어도 300명이 승선하는 셈이다. 이는 이슬람권이든 기독교권이든 간에 1571-1573년에 해전을 위해서 항해하던 인원이 15만에서 20만 명은 되었다는 뜻이다. 항구와 병기창에 있는 육상 인력은 포함하지 않고도 말이다. 원가에 관해서 더 많은 것을 알고 싶다면 피렌체 국립 문서보관소에 보관되어 있는 놀라운 사료들을 참고하라. 특히 다음의 사료를 보라. Nota di quel bisogna per armar una galera atta a navicare, Mediceo 2077, f° 128 & Mediceo 2977, f° 60.

16. 위의 주 15 참조.

17. Simancas E° 1141.

18. 예를 들면, 갤리 선에 끌려온 에스파냐 집시들을 보라. 이들은 범법 행위 때문이 아니라, 노 젓는 사람이 필요해서 끌려간 것이다. 1575년 4월 17일, 카르타고에서 돈 후안 데 아우스트리아가 펠리페 2세에게 보낸 편지, Simancas E° 157, f° 11.

19. Morel Fatio, *L'Espagne aux XVIe et XVIIe siècles, op. cit.*, p. 218 et *sq.* ; Nicolas Sanchez-Albornoz, "Gastos y alimentación de un ejército en el siglo XVI segun un presupuesto de la época", in: *Cuadernos de Historia de España,* Buenos Aires, 1950.

20. 술탄에 대한 엘리자베스 1세의 정책에 관해서 가능한 여러 가지 흥미로운 해석들을 보라. 여왕은 기독교 세계의 적들과 긴밀한 관계를 맺고 싶어하지 않았다. W. A. R. Wood, *op. cit.*, p. 27.

21. L. Drapeyron, *art. cit.*, p. 134. 이 모든 문제들에 대해서는 G. de Vaumas, *op. cit.*, p. 92 et *sq.*

22. W. E. D. Allen, *Problems of Turkish Power in the XVIth Century,* Londres, 1963.

23. 이 책 제II부 제8장 710-712쪽 참조.

24. *Op. cit.*, IX, p. 138.

25. Giuseppe Cappelletti, *Storia della Repubblica di Venezia,* VIII, p. 302 et *sq.*

26. H. Kretschmayr, *op. cit.*, III, p. 74.

27. Andrea Giustiniano의 보고서, 1576, B.N., Paris, Ital. 1220, f° 81.

28. *Ibid.,* f° 69.

29. *Ibid.*, f° 34 v° & 35.

30. *Ibid.*, f° 25 v°.

31. *Ibid.*, f° 39 et *sq.*

32. B.N., Paris, Ital. 427, f°274, 1569.

33. A. Morel Fatio, in: *Mémoires de l'Académie des Inscriptions et Belles Lettres,* t. XXXIX, 1911, p. 12 et *sq.* 별쇄본. 5년 전에도 모리아의 코론에서 똑같이 실패한 적이 있었다.

34. Fernand Grenard, *Grandeur et décadence de l'Asie,* p. 77.

35. Carlo Schalk, *Rapporti commerciali tra Venezia e Vienna,* Venise, 1912, p. 5.

36. 1582년 3월 24일 X. de Salazar가 국왕에게 보낸 편지, Simancas E° 1339.

37. P. de Canaye, *op. cit.*, p. 181.

38. 이 문단 전체에 관해서는, 헝가리에 대한 방대한 문헌이 있으나 전체 문헌을 참조하지는 못했다. A. Lefaivre, *Les Maggyars pendant la domination ottomane en Hongrie 1526‑1722,* Paris, 1902, 2 vol. 현재의 관심들에 부분적으로 편향되어 있기는 하지만, 독일에서도 최근에 연구서들이 나왔다. Rupert von Schumacher, *Des Reiches Hofzaun, Gesch. der deutschen Militärgrenze im Südosten,* Darmstadt, 1941; Roderich Gooss, *Die Siebenbürger Sachsen in der Planung Deutscher Südostpolitik,* 1941(정치사, 상세함) ; Friedrich von Cochenhausen, *Die Verteidigung Mitteleuropas,* Iéna, 1940(편파적이고 간략함); G. Müller, *Die Türkenherrschaft in Siebenbürgen,* 1923; Joh. Loserth, "Steiermark und das Reich im letzten Viertel des 16. Jahrhunderts", in: *Zs. d. hist. Ver. f. Steiermark,* 1927, 이 마지막 논문은 1594년에 투르크 군의 공격을 막기 위해서 제국에 도움을 요청하러 갔던 Friedrich von Herberstein의 임무를 다룬 것이다. 헝가리의 종교생활과 프로테스탄티즘의 침투에 관해서는 다음의 책에서 풍부한 참고 문헌을 볼 수 있다. K. Bihlmeyer, *Manuel,* t. III, p. 69; *Mémoires de Guillaume du Bellay, op. cit.,* II, p. 178 참조. 헝가리 경기병 병사들을 "독일인들은 때때로 문지기(Huissirer)라는 이름으로 불렀는데, 이는 이들을 야만인들에 준하는 사람들로 천시했기 때문이다." G. Zeller, *Le siège de Metz,* Nancy, 1943, p. 15. 헝가리 전쟁의 병참 문제에 관해서는 Johannes Müller, *Zacharias Geizkofler 1560‑1617,* Vienne, 1938.

39. F. von Cochenhaussen, *op. cit.*, pp. 86‑87.

40. *Op. cit.,* II, p. 82 et *sq.*

41. *CODOIN,* CI, 1567년 6월 7일, p. 229.

42. Fourquevaux, *op. cit.,* I, p. 239, 1567년 7월 17일.

43. L. Anquez, *Henri IV et l'Allemagne,* pp. XXI‑XXIII.

44. *Ibid.*, p. XXII.

45. A. Renaudet, *L'Italie……,* p. 12.

46. Rosario Pennisi, "Le Mura di Catania e le loro fortificazioni nel 1621", in: *Arch. st. per la Sicilia Orientale,* 1929, p. 110.

47. *Arch. st. it.,* t. IX, p. 34

48. Simancas E° 1056, f° 30.

49. G. Capasso, "Il governo di D. Ferrante Gonzaga in Sicilia dal 1535 al 1543", in: *Arch. st. sic.,* XXX & XXXI.

50. G. La Mantia, "La Sicilia e il suo dominio nell'Africa settentrionale dal secolo XI al XVI", in: *Arch. st. sic.,* XLIV, p. 205, note.

51. Hans Hochholzer, *art. cit.,* p. 287.

52. L. Bianchini, *op. cit.* I, pp. 259-260.

53. 1546년 7월 31일, 밀라노, B.N. Paris, Ital. 772, f° 164 et *sq.*

54. *Ibid.,* f° 164 v°.

55. *Ibid.*

56. Simancas E° 1050, f° 136, 1560년 12월 3일 ; E° 1052, f° 10.

57. *Art. st. it.* t. IX, p. 248; Simancas E° 1051, f° 68.

58. 1568년 5월 2일, Simancas E° 1132 ; 1576년, Simancas E° 1146, 이 문제는 항상 중요한 의제였다.

59. G. La Mantia, *art. cit.,* p. 224, note 2.

60. L. Bianchini, *op. cit.,* I, p. 55.

61. 1560년 1월 31일 소렌토가 투르크인들에게 약탈을 당한 후의 일이다. Simancas E° 1050, f° 14.

62. 1559년 2월 26일, Simancas E° 1049, f° 91.

63. 1565년 12월 29일 푸르크보는 이 사실을 알고 있었다. Fourquevaux, *op. cit.*, I, p. 36.

64. G. C. Speziale, *Storia militare di Taranto,* Bari, 1930.

65. 1560년 1월 10일, Simancas E° 1050, f° 9 ; *Ordenanzas de la milicia de Napoles* (1563), imp. Simancas E° 1050, f° 54.

66. Simancas E° 1050, f° 43(1560년 5월 18일) ; 1561년에도 같은 준비가 되어 있었다. Simancas E° 1051, f° 52(1561년 4월 5일).

67. E. Albèri, *op. cit.,* II, V, p. 483.

68. 예를 들면, 1567년 나폴리 해안 경비대의 기록부를 확인하라. Simancas E° 1056. 1582년 이나 1585년에서도 사정은 비슷했다. Simancas E° 1154.

69. V. Lamansky, *op. cit.,* pp. 600-601.

70. 1563년 3월 31일, 분실된 문서.

71. A. de Capmany, *op. cit.,* IV, appendice p. 84, 1556년 7월 20일.

72. 1536년 8월 29일, A.N., K 1690.

73. P. B., "Tours de guet et tours de défense. Constructeurs de tours", in: *Petit Bastiais,* 19 juin-14 juil. 1937.

74. K. Häbler, *Gesch. Spaniens,* t. I, pp. 26-27.

75. 1559년 3월 31일, Simancas E° 137.

76. *CODOIN,* II, p. 183.

77. *CODOIN,* XXXI, pp. 162, 165, 169. J. O. Asin, articles in: *Boletin de la R. Adademia Española,* 1928, XV, pp. 347-95 & 496-542; *Bulletin Hispanique,* XXXV, 1933, pp. 450-

453 & XXXIX, 1937, pp. 244–245. 또한 Mariano Alcocer Martinez, *Castillos y fortalezas del antiguo reino de Granada,* Tanger, 1941 ; A. Gamir Sandoval, *Organización de la defensa de la costa del Reino de Granada desde su reconquista hasta finanles del siglo XVI,* Grenade, 1947.

78. Reyno de Cerdaña의 전체 해안 조사서(날짜 없음), Simandas E° 327, 1574년 이후의 매우 중요한 문서이다.

79. Francesco Corridore, *op. cit.,* p. 18.

80. F. Podesta, *op. cit.,* p. 18.

81. 1579년 3월 20일, A.d.S. Gênes L. M. Spagna 8 2417.

82. Fernand Braudel, "Les Espagnols et lAfrique du Nord", in: *Revue Africaine,* 1928 ; "Les Espagnols en Algérie", in: *Histoire et Historiens de lAlgérie,* 1930. 이 논문 이후, 개설적인 연구는 단 1편뿐이다. Robert Ricard, "Le Problème de l'occupation restreinte dans l'Afrique du Nord(XVe–XVIIIe siècle)", in: *Annales d'histoire économique et sociale,* 1937, pp. 426–437.

83. 1565년 3월 29일 메르스 엘 케비르에서 Juan Baptista Antoneli가 Eraso에게 보낸 편지, Simancas E° 486. F. de Valencia와 갈등을 빚고 있었다. 1566년 2월 8일, 메르스 엘 케비르에서 F. de Valencia가 국왕에게 보낸 편지, Simancas E° 486.

84. 라굴레트 요새에 관해서는 1566년 5월 29일 Alonso Pimentel이 국왕에게 보내는 편지 참조, Simancas E° 486 ; 1565년 6월 9일, *ibid.* ; 1565년 8월 7일, Luis Scriva가 국왕에게 보낸 문서, *ibid.,* 요새는 "이런 방식으로 진행되어 많은 보수가 필요했다" ; 1565년 11월 5일, 펠리페가 Figueroa에게 보낸 편지, Simancas E° 1394, 펠리페 2세는 라굴레트를 요새화하기로 결정하고 Adam Centurione에게서 56,000에퀴를 빌렸다 ; 1565년 12월 24일, 이 사실을 알게 된 Fourquevaux는 Il Fratino와 목수들의 출발을 알렸다. *op. cit.,* I, pp. 10 et 19 ; *Lo que se ha hecho en la fortificacion de la Goleta ; Instruccion sopra il disegno della nova fabrica della Goleta,* 1566, Simancas E° 1130 ; 1567년 2월 16일, 마드리드에서 펠리페 2세가 D. Garcia de Toledo에게 보낸 편지. 편지에는 라굴레트에 보내기 위해서 5만 에퀴를 Figueroa에게 보내라는 명령이 쓰여 있다. Simancas E° 1056, f° 88 ; 1567년 9월 30일, Fourquevaux, *op. cit.,* I, p. 273.

85. 1566년 8월 5일, 라굴레트에서 El Fratin이 국왕에게 보낸 편지, Simancas E° 486.

86. 1573년 5월 20일, Simancas E° 1139.

87. 이 책 제Ⅲ부 제4장 참조.

88. 1574년 12월 23일 오랑에서 Vespasiano Gonzaga가 펠리페 2세에게 보낸 편지, Simancas E° 78. 그의 귀국에 관해서는 B.N., Paris, Esp. 34, f° 145 v° ; Mediceo 4906, f° 98 ; 1575년 2월 23일 국가 평의회와 협의, E° 78(안건은 메르스 엘 케비르로 철수할 것인지, 아니면 아르제우를 요새화할 것인지를 다루었다).

89. 오랑과 메르스 엘 케비르 건설 작업에 관해서는 Diego Suárez, *op. cit.,* pp. 27–28(30년 동안이나 계속되던 요새 건설 작업에 300만 두카트가 들었다), pp. 148–149, 209, 262.

90. 이 사실은 E. Pellissier de Raynaud에 의해서 정확하게 분석되었다. "Expéditions et

établissements des Espagnols en Barbarie", in: *Exploration scient. de lAlgérie*, t. VI, 1844, in-8°, pp. 3-20. B.N. Paris Ital. 127, f° 72.

91. Relacion de lo que se hizo en la isla de los Querquenes, Simancas E° 1146.

92. Relacion de todos los puertos de Berberia que deben de ganarse y fortificarse, Simancas E° 1339.

93. *Ibid.*

94. Relacion de lo que monta el sueldo de la gente de guerra que se entretiene en las fronteras de Africa, Simancas E° 486.

95. B. N., Paris, Dupuy 22.

96. 1564년 11월 7일, 에스코리알 궁전에서 펠리페 2세가 Peralte Arnalte에게 보낸 편지, Simancas E° 144, f° 247.

97. 1525년 요새 경비 총액은 77,000두카트였다. E. Albèri, *op. cit.*, I, II, p. 43. 1559년에 요새 유지 비용은 큰 부담이 되었으나, 자세한 내용에 대한 언급은 없다. E. Albèri, *op. cit.* I, III, p. 345.

98. Simancas E° 1054, f° 170.

99. 수치가 일정하지 않다. 1571년 4월, 2,826명, Simancas E° 1060, f° 128 ; 1578년 5월 11일, 3,297명, Simancas E° 1077.

100. *Art. cit.*, n. 82 et *Bulletin Hispanique,* 1932, pp. 347-349.

101. 라 굴레트의 회계 담당자인 Rodrigo Cerbantes의 기록(1540년경 작성), *Rev. Africaine,* 1928, p. 424.

102. 카탈루냐 범선에 부여된 북아프리카에서의 특권들 ; 부르고스에서 내려진 1511년 12월 18일의 왕의 칙령, 1512년 제르멘 왕비에 의해서 윤허된 새로운 칙령 ; 1512년 로그로뇨에서 내려진 아프리카 장교들에 대한 왕의 칙령 ; 트리폴리 주재 카탈루냐 영사 임명 ; 1537년 몬손 신분의회가 아프리카 총독들을 대상으로 한 항의, A. de Capmany, *op. cit.*, I, 2, pp. 85-86, II, pp. 320-322. 그러나 북아프리카에 형성된 무역로는 기독교와 트리폴리 지역을 거치지 않았다. M. Sanudo, *Diarii,* XXVII, col. 25(미수라타 혹은 타주라가 교역지였다) ; 오랑에 관한 진실, *CODOIN,* XXV, p. 425, Karl J. von Hefele, *op. cit.*, p. 321(1509년 틀렘센에서 기독교 상인 학살 사건), 1518년 본으로 향하는 카라반들, La Primaudatie, *art. cit.*, p. 25. 북아프리카와 에스파냐를 오가던 베네치아 무역선에 관한 에스파냐의 정책을 가장 풍부하게 잘 밝힌 책은 다음과 같다. H. Kretschmayr, *op. cit.*, II, p. 178. 1516년 에스파냐는 아프리카-이베리아 교역이 오랑을 경유하도록 노력했다. 그 일환으로 나온 정책이 바로 에스파냐 항구의 관세를 두 배 인상하는 것이었고, 이로 인해서 베네치아 교역이 큰 타격을 입었다. 따라서 1518년 베네치아 정부는 (C. Manfroni, *op. cit.*, I, p. 38) 오랑으로 들어가기 위해서 노력했지만, 허사였다. 그런데 이런 상황은 이 문제에 관해서 우리가 알고 있는 사실에 부합하지 않는다. 후일 카를 5세는 튀니스를 점령하자(1535), 항구를 개방하는 정책을 실시했다. J. Dumont, *op. cit.*, IV, 2e partie, p. 128, Jacques Mazzei, *Politica doganale differenziale,* 1930, p. 249, n. 1. 에스파냐 "십자군" 활동의 배후에 존재하는 경제적 문제에 관해서는 방대한 규모의 연구가 진행되어야 한다. Robert

Ricard의 귀중한 연구를 참조하라. "Contribution à l'étude du commerce génois au Maroc durant la période portugaise (1415-1550)", in: *Ann. de l'Inst. d'Ét. Orientales*, t. III, 1937.

103. G. Cappelletti, *Storia della Repubblica di Venezia*, VIII, pp. 26-27.

104. Haedo, *op. cit.*, p. 19, B.N., Paris, Esp. 60, f° 112-113 ; 1570년 6월 18일, Simancas E° 334 ; *CODOIN*, XC, p. 504; Riba y Garcia, *op. cit.*, p. 293 ; 1565년 바르바리의 교역에 관한 조사서, Simancas E° 146 ; 1598년 Simancas E° 178 ; 1597년 11월 4일, E° 179 ; 1597년 1월 26일과 31일, *ibid.* ; 1592년 7월 18일, A.N., K 1708. 1565년 카디스에서 30척의 배가 모로코로 출발했다. 1598년에는 7,000다스의 모자가 수출되었다.

105. 1570년 12월 24일 팔레르모에서 Pescaire가 국왕에게 보낸 편지, Simanca E° 1133, 팔레르모 병원이 라 굴레트로부터 온 환자들로 가득 찼다는 내용이다.

106. 1593년 6월 18일 오랑에서 Cardona 공작이 국왕에게 보낸 편지, G.A.A. Série C 12, f° 81.

107. 조달관들이 쓴 수많은 편지들이 시망카스의 서류 뭉치 속에 들어 있다. E° 138, 144, 145: 1559년 1월 7일, 21일, 28일, 2월 14일, 3월 6일 ; E° 138, f° 264, 265, 266, 276, 1564년 1월 7일, 9월 14일, 9월 25일, 11월 29일, 11월 17일, 12월 31일 ; E° 144, f° 22, 91, 96, 278 ; E° 145, f° 323 & 324. 이 카스티야 문서들은 아직 정리가 되지 않았다. 문서의 번호는 분류 번호와 일치하지 않는다.

108. 물론 배에 태우면 안 되는 사람들이 있었다. 예를 들면 전염병에 걸린 군인이나 군인으로 위장한 사제들이 그러했다. Francisco de Cordoba의 명령, 바야돌리드, 1559년 6월 23일, Simancas E°1210, f° 37. 라 굴레트와 튀니스에 살던 Isabella de Luna라는 에스파냐 고급 창녀에 관해서는 다음을 보라. M. Badello, *op. cit.*, VI, p. 336.

109. Simancas E° 145, f° 323, 324, 1564년 9월 25일.

110. 1565년 10월 27일 메르스 엘 케비르에서 R. de Portillo가 국왕에게 보낸 편지, Simancas E° 486.

111. 1543년경에 작성된 Rodrigo Cerbantes의 보고서, G.G.A. Série C. liasse 3, n° 41.

112. Relacion de lo que han de guardar los officiales de la fortaleza de Melilla, 1564년 4월 9일, Simancas E° 486.

113. Diego Suárez, 1571년 7월 28일, B.N., Madrid, ch. 34.

114. Alfredo Giannini, "Il fondo italiano della Biblioteca Columbina di Seviglia", in: *R. Instituto Orientale, Annali, févr. 1930*, VIII, II. 또다른 유형자로는 Felipe de Borja라는 몬테사 기사단 단장의 이복동생이 있는데, 그에 관해서는 Suárez, *op. cit.*, p. 147 ; 서인도제도 제독인 Veraguas 공작에 관해서는 *ibid.*, p. 161 ; Don Gabriel de la Gueva에 관해서는 *ibid.*, p. 107(1555).

115. G. La Mantia, *art. cit.*, p. 218.

116. Diego Suárez, *Historia del Maestre ultimo de Montesa*, Madrid, 1889, p. 127.

117. Diego Suárez, paragr. 471, G.G.A. ; 화합에 관해서는 paragr. 469, 470, *ibid.*, 481, 482. 그러나 또다른 문서(B.N. Madrid, ch. 34)에는 약탈이 유용하다고 나와 있다. 공포만이 무어인들에게 이 평야 지방을 다스리고, 안전을 유지하는 사람이 에스파냐인들이라는 사

실을 인지시키고, 그들의 지배를 받아들이게 하기 때문이다. 1571년 11월 13-16일의 약탈에 의해서 350명의 포로와 낙타, 염소, 젖소 등 엄청난 전리품을 노획할 수 있었다. 반대로 계속되는 약탈은 악순환을 가져왔고, 수많은 인명을 희생시켰다. 약탈은 한겨울에 긴 밤을 이용하여 진행되었다. 이 사실에 대해서는 Diego Suârez, *op. cit.*, p. 87 ; 주민들 가운데 일부는 보호하고, 일부는 억압하는 이 이중 정책의 이점에 관해서는 p. 69 참조 ; 모로인들이 오랑 요새에 가져온 물건에 관해서는 p. 50 참조. 틀렘센 왕국이 그들에게 전한 것에 관해서는 p. 50 참조(밀은 종종 에스파냐로 수출되었기 때문에, 오랑은 1년에 4만 파네가의 밀과 12,000파네가의 보리를 필요로 했다). 오랑의 퇴역 군인들에 관해서는 p. 263 ; 약탈 기술에 관해서는 p. 64 et *sq.* ; 전리품의 분할에 관해서는 p. 125 et *sq.* ; 수많은 실례들에 관해서는 pp. 228-229, p. 260, p. 293. 1565년 이후 분배방식이 바뀌어서(p. 90) 기묘하게도 병사들에게 유리해졌다.

118. 1565년 2월 8일 메르스 엘 케비르에서 Francisco de Valencia가 펠리페 2세에게 보낸 편지, Simancas E° 486.

119. 1559년 2월 12일, Simancas E° 485 ; 1559년 3월 2일, *ibid.*

120. *Actions et traités,* 1606, p. 74, G. Atkinson, *op. cit.,* p. 369에서 인용.

121. *Manuel historique de politique étrangère,* t. I, Paris, 1892, p. 12.

122. J. W. Zinkeisen, *op. cit.,* III, pp. 173-174.

123. J. von Hammer, *op. cit.,* VI, p. 184, note 1.

124. E. Albèri, *op. cit.,* III, V, p. 404(1594).

125. *Ibid.,* p. 402.

126. *Op. cit.,* p. 127.

127. 너무나도 큰 주제인 해적에 관해서는 다음의 명저를 참고하라. Louis Dermigny, *La Chine et l'Occident. Le Commerce à Canton au XVIIIe siècle, 1719-1833,* 1964, I, p. 92 et *sq.* 이 책의 이 부분은 17세기 앤틸리스 제도로부터 극동 지역에 이르기까지 "거대한 해적 벨트"가 형성되어 있었음을 그렸다. 해적이 증가하고 있었고 어디에나 존재했다는 사실은 대제국들 즉 투르크, 에스파냐, 대몽골 제국, 명왕조와 더불어 쇠퇴한 중국 제국의 해체와 관계가 있다.

128. 이어지는 부분은 다음의 중요한 세 연구에 근거하고 있다. Otto Eck, *Seeräuberei im Mittelmeer,* Munich et Berlin (초판 1940, 재판 1943). 나는 이 책을 너무 뒤늦게 구해볼 수 있었다(프랑스 국립 도서관에는 아직도 이 책이 없다). Godfrey Fisher, *Barbary Legend, War, Trade and Piracy in North Africa,* Oxford, 1957. 바르바리인들을 옹호하는 이 책 덕분에 나는 조사가 끝났다고 생각했던 문서들을 다시 들여다볼 수밖에 없었다. 마지막으로 미간행 문서들이 다수 수록된 Salvatore Bono의 저서를 소개한다. *I corsari barbareschi,* Turin, 1964. 이 세 권, 특히 마지막 저서에 엄청나게 많은 참고 문헌들이 실려 있기 때문에, 나는 굳이 참고 문헌을 더 늘리는 수고를 하지 않을 생각이다.

129. 다섯 번째 날의 두 번째 이야기.

130. 해적은 『돈키호테』에서 완벽하게 등장한다. *illustre Fregona* II, p. 55 ; *El amante liberal,* I, pp. 100-101 ; *La Española inglesa,* I, p. 249, 255참조.

131. 지중해에는 보복 허가장이 거의 발급되지 않았다. 1625년 8월 2일, 프랑스인을 대상으로 펠리페 4세가 마드리드에서 발급한 보복 허가장이 한 예이다 B.N., Paris, Esp. 338, f°313. 대서양에서는 기독교인들 간에 해적질이 벌어졌기 때문에 보복 허가장이 더 필요했다.

132. S. Bono, *op. cit., passim* et pp. 12-13, 92 et *sq.*

133. G. Fisher, *op. cit.* p. 140.

134. *Ibid., passim et* pp. 84 & 139.

135. 그의 이름은 C. Duro였다. G. Fisher, *op. cit.,* p. 138 참조.

136. S. Bono, *op. cit.,* p. 7. A. Riggio에 따르면, "바르바리 해적은 칼라브리아에서 계급투쟁의 분명한 형태를 띠었다."

137. D. de Haedo, *op. cit.,* p. 116.

138. 1559년 9월 8일 페라에서 Marin de Cavalli가 베네치아 도제에게 보낸 편지, A.d.S. Venise, Senato Secreta, Constantinopoli, 2/B, f° 186.

139. 1536년 8월 26일 이비사에서 섬의 총독 Bernard Pançalba가 황후에게 보낸 보고서, A.N., K 1690(원본은 카탈루냐어. 카스티야어로 번역됨).

140. 1588년 7월 24일 바르셀로나, Simancas E° 336, f° 164.

141. A. Com. Cassis, E E 7, 1580년 12월 21일.

142. 1600년 2월 파리에서 앙리 4세가 펠리페 3세에게 보낸 편지, Lettres de Henri IV à Rochepot, pp. 3-4.

143. 1596년 12월 25일, Simancas E° 343.

144. 1574년 4월 20일, 마르세유에서 영사들이 제노바 공화국의 공작들과 통치자들에게 보낸 편지, A.d.S. Gênes, Francia, Lettere Consoli, 1 2618.

145. 1566년 3월 28일 마드리드, A.N., K 1505, B 20, n° 91.

146. 1575년 9월 30일 파리에서 앙리 3세가 펠리페 2세에게 보낸 편지, A.N., K 1537, B 38, n° 113, 에스파냐어 필사본.

147. P. Grandchamp, *op. cit.,* I, p. 42.

148. A.d.S Florence, Mediceo 2845, 1597년 8월 22일 제노바에서 Giulio Gotti가 그의 동생에게 보낸 편지.

149. 1563년 11월 20일, Simancas E° 1052, f° 44.

150. Simancas E° 1146. 같은 문서 Simancas E° 1071, f° 78.

151. S. Bono, *op. cit.,* p. 3.

152. F. Grenard, *op. cit.,* p. 54 ; W. Heyd, *op. cit.,* II, p. 258.

153. R. Coindreau, *Les corsaires de Salé,* Paris, 1948.

154. A.d.S. Florence, Mediceo 4274, 4279 ; Simancas E° 489, 1450, 1451 ; A.N., K 1672, n° 22 ; G. Vivoli, *op. cit.,* III, p. 155.

155. *Op. cit.,* p. 86 v° et *sq.*

156. Alexandre O. Oexmelin, *Histoire des aventuriers flibustiers·······,* Trévoux, 1775, t. I, pp. 124-131.

157. V. Lamansky, *op. cit.*, p. 592, note 1.

158. Belon du Mans, *op. cit.*, p. 88 v°.

159. 이 책 제I부 제5장 397쪽 이하 참조.

160. A. Com. Marseille BB 40 f° 197 et *sq.* ; 1561년 8월 19일, Sim. E° 13 ; E. Charrière, *op. cit.*, II, pp. 659–661 (1561년 6월 27일), pp. 799–803 (1561년 9월 27일 ; 바욘, 1565년 6월 28일, A.N. K 1504 B 19, n° 34 ; 베네치아, 1565년 8월 18일, Simancas E° 1325 ; 1566년 8월 20일, 오르캄에서 샤를 9세가 푸르크보에게 보낸 편지. Fourquevaux, *op. cit.*, pp. 48–49.

161. G. Fisher, *op. cit.*, p. 144.

162. M. 사누도에 따르면 그러하다. C. Manfroni, *op. cit.*, I, p. 37에서 인용. 프랑스에서도 마찬가지였다. 1496년 국왕의 편지들. Alfred Spont, "Les galères dans la Méditerranée de 1496 à 1518", in: *Revue des Quest. hist.*, 1895 ; Alberto Tenenti, *Cristoforo da Canal, La marine vénitienne avant Lévante*, 1962, p. 78 et *sq.* 베네치아는 1542년부터 죄수들이 갤리선에 배치되기 시작했다. *ibid.*, p. 82.

163. 트레메티 제도에 대한 보고서(1574). 트레메티 제도는 나폴리 왕국의 아드리아 해변에서 중요한 위치를 차지하고 있었다. Simancas E° 1333. "Despues de la perdida de Rodas multiplicandose los cossarios en el mar Adriatico……."

164. *Relazione di Soriano*, p. 54.

165. *Op. cit.*, p. 158.

166. C. Duro에 따르면, 1558년이 아니다(*op. cit.*, II, p. 16). 마요르카 섬에 근거지를 둔 Francisco de Soto라는 사람도 비슷한 방식으로 습격을 감행한 적이 있었다. D. de Haedo, *op. cit.*, p. 163 v°.

167. 1567년 6월 13일 마드리드, Simancas E° 333.

168. Relacion del tecero viaje q. ha hecho Juan Phelipe Romano a Argel (1595), Simancas E° 342.

169. 1594년 7월 30일 발렌시아에서 발렌시아 부왕이 펠리페 2세에게 보낸 편지, Simancas E° 341.

170. Salomone Marino, in: *A. st. sic.*, XXXVII, pp. 18–19 ; 해적질에 나선 트라파니의 브리간틴 선, 1595년 11월 17일 Simancas E° 1158.

171. Amat di S. Filippo, *Misc. di storia italiana*, 1895, p. 49.

172. D. de Haedo, *op. cit.*, p. 44.

173. Avis de C., 1568년 10월.

174. D. de Haedo, *op. cit.*, p. 160 v° ; 페라, 1561년 4월 9일, A.d.S. Venise, Senato Secreta Costant., 3/C ; Venise, 1561년 3월 22일, Simancas E° 1324, f° 83.

175. 1559년 9월 27일 베네치아, Simancas E° 1323.

176. A. de Herrera, *Historia general del mundo……*, Madrid, 1601, I, p. 15.

177. *Ibid.*

178. 페라, 1560년 7월 13일, A.d.S. Venise, Sena Secreta Cost., 2/B f° 253.

179. Baron de Busbec, *op. cit.*, II, p. 279, 1556년경.

180. J. B. E. Jurien de la Gravière, *Les Chevaliers de Malte*……, 1887, I, pp. 16-18.

181. *Ibid.*, pp. 63-64 ; Simancas E° 1050, f° 27, 1562년 5월 28일.

182. *Ibid.*, p. 64.

183. Avis de Messine, 1563년 6월 1일, Simancas E° 1052, f° 189.

184. Per lre(=lettere) di Messina, 1564년 5월 7일, Simancas E° 1383.

185. G. Mecatti, *op. cit.*, II, p. 723.

186. G. Vivoli, *op. cit.*, III, p. 53.

187. 1564년 3월 28일 페라에서 Daniel Barbaro가 베네치아 도제에게 보낸 편지, A.d.S. Venise, Senato Secreta 4/D.

188. 아래의 주 194 참조.

189. 1574년 9월 10일, Silva가 펠리페 2세에게 보낸 편지, Simancas E° 1333.

190. *Cavalieri di San Stefano*……, Pise, 1928.

191. 1592년부터 키티라 섬에서 정찰 임무를 수행하던 베네치아 순찰선의 중요성을 주목하라(E. Albèri, *op. cit.*, III, V, 430). 체리고 섬의 베네치아 경비대가 투르크 인근에서의 항해를 안전하게 보호했던 듯하다. 치갈라는 체리고 섬이 "……에게 해의 등대이며 랜턴이며 그리고 투르크의 모든 움직임을 알려주고 염탐하는 스파이이다"라고 말한다.

192. Nota di vascelli presi(1575), A.d.S., Florence, Mediceo 2077, f° 536.

193. 1558년 12월 10일에 또다른 사례로서는 *Corpo dipl. port.*, VIII, p. 78.

194. 이 문단에 소개된 모든 자세한 내용들은 1574년에 작성된 보고서(A.d.S., Florence, Mediceo 2077, f° 517-520 v°)와 1597년의 보고서(*ibid.*, f° 659 et *sq.*)에서 찾은 것이다.

195. *Nota delli schiavi*……(1579-1580), *ibid.*, f° 606 et *sq.* 부상을 당했거나 살해된 갤리선 노예들의 목록, *ibid.*, f° 349.

196. *Ibid.*, 4279, 1585년 4월 15일 알제, 무스타파 아가로부터 온 수많은 통신문들 ; 1586년 10월 20일 아르노 마미의 아내에게서 온 편지 ; 1587년 6월과 7월, 트리폴리 "왕"인 메흐메트 파샤로부터 온 편지 ; 1596년 2월 16일 아르젤 왕국의 동부 지역과 해상을 담당하는 사령관, 모라트 베이의 편지 등.

197. 산 스테파노의 갤리 선들은 레반트 지역에서 붉은 십자가를 달고 다녔다. G. Vivoli, *op. cit.*, IV, p. 11. 키오스 요새 함락에 대해서는 다음을 보라. G. Mecatti, *op. cit.*, II, p. 816.

198. G. Vivoli, *op. cit.*, IV, pp. 29-30.

199. 1609년 2월 7일 베네치아에서 Alonso de la Cueva가 펠리페 3세에게 보낸 편지, A.N., K 1679.

200. 1591년 4월 19일, A.N., K 1675 "……몰타 섬에서의 침입을 에게 해에서 방어하기 위해서……."

201. 바르바리의 푸스타 선들이 크레타 섬을 약탈했다. 1560년 페라에서 H° Ferro가 베네치아 도제에게 보낸 편지, A.d.S. Venise, Sen° Secreta Cost., 2/B f° 291 v°; Simancas E° 1326, 1567년 8월 12일 ; A.N. K 1677, 1600년 7월 7일. 17세기의 일에 관해서는 Paul

Masson, *op. cit.*, pp. 24, 33, 380.

202. 1601년 7월 10일 베네치아에서 F[∞] de Vera가 펠리페 3세에게 보낸 편지, A.N., K 1677.

203. 1602년 7월 20일 파리에서 J. B. de Tassis가 제노바 주재 에스파냐 대사에게 보낸 편지. A.N., K 1630.

204. Salomone Marino, in: *Arch. Stor. Sic.*, XXXVII, p. 27.

205. Relacion sobre lo del bergantin de Pedro Lanza······Simancas E° 1336, 1577. 1577년 11월 20일 베네치아에서 Silva가 펠리페 2세에게 보낸 편지, *ibid.*

206. Relacion que ha dado el embaxador de Venecia······, Simancas E° 1342. 이 문서는 국왕의 명령에 맞서 P. de Leyva가 또다른 해적선 갤리오트 2척을 자비로 파견했음을 보고하고 있다.

207. 1578년 7월 10일 메시나에서 Marcantonio Colonna가 펠리페 2세에게 보낸 편지. Simancas E° 1148.

208. 1601년 2월 5일 베네치아에서 F[∞] de Vera가 펠리페 3세에게 보낸 편지, A.N., K 1677. 중요한 장문의 청원서.

209. V. Lamansky, *op. cit.*, p. 578 (1588), pp. 592, 599, 601-602, 그리스인들의 공모.

210. G. Berchet, *op. cit.*, pp. 130 et 139.

211. Simancas E° 138, 1559년 7월 7일.

212. 1561년 5월 7일 세비야의 수도원장과 영사들이 펠리페 2세에게 보낸 편지, Simancas E° 140.

213. *Op. cit.*, p. 69.

214. A.d.S., Naples, Farnesiane, fasc. II, 2, f° 271, 1561년 6월 28일 ; Simancas E° 1126, 1561년 6월 29일 ; J. Nicot, *op. cit.*, p. 70, 1561년 8월 17일.

215. 1561년 8월 12일 마드리드에서 리모주 주교가 프랑스 국왕에게 보낸 편지, B.N., Paris, Fr. 16103, f° 33 et *sq.*

216. Relacion de lo que ha hecho Dragut, 1563년 9월 15-30일, Simancas E° 1127.

217. Simancas E° 1052, f° 182.

218. Simancas E° 1392, 1563년 9월 18일.

219. *Ibid.*

220. Simancs E° 1052, f° 212.

221. *Ibid.*, 1563년 9월 20일 나폴리 부왕이 J. Andréa Doria에게 보낸 편지.

222. *Ibid.*, f° 214, 1563년 9월 9일.

223. *Ibid.*, f° 217, 1563년 9월 10일.

224. Simancas E° 1393, 1564년 5월 24일.

225. 1564년 5월 4일 로마에서 Oysel이 샤를 9세에게 보낸 편지, E. Charrière, *op. cit.*, II, p. 755, note.

226. *Op.cit.*, II, p. 69, 4월 7일.

227. Simancas E° 1132, 1569년 6월 18일 Pescaire가 펠리페 2세에게 보낸 편지.

228. Fourquevaux, *op. cit.*, I, p. 90.

229. *Ibid.*, p. 122.

230. *Ibid.*, p. 135.

231. Simancas E° 1052, f° 184.

232. Pedro De Salazar, *Hispania victrix,* 1570, p. 1 v°.

233. C. Duro, *op. cit.,* II, pp. 45-46.

234. H. Forneron, *op. cit.,* I, pp. 351-352.

235. 1561년 7월 3일, Simancas, E° 1051, f° 108.

236. H. Forneron, *op. cit.,* I, p. 365 ; Campana, *op. cit.,* II, XII, p. 87 et v° ; Pietro Egidi, *Emmanuele Filiberto*, II, p. 27. 이 책은 날짜를 6월 1일로 본다. Campana는 5월 31일로 추정한다. 약탈을 지휘한 사람은 Euldj Ali였다. 이 소식이 에스파냐에도 전해졌다. 1560년 7월 12일 톨레도에서 Maçuelo가 펠리페 2세에게 보낸 편지, Simancas E° 139.

237. 1560년 6월 19일 제노바에서 Figueroa가 펠리페 2세에게 보낸 편지, Simancas, E° 139.

238. A.d.S. Gênes, L. M. Spagna 3.2412.

239. 1564년 5월 2일 Marsella의 기별문, Simancas E° 1393.

240. 1578년 6월 26일 메시나에서 Mercantonio Colonna가 펠리페 2세에게 보낸 편지, Simancas E° 1148.

241. E. Albèri, *op. cit.,* II, V, p. 469.

242. 1582년 6월 6일 팔레르모에서 펠리페 2세에게 보낸 편지, Simancas E° 1150 "……바다에는 해적들이 가득합니다."

243. A. Communales Marseille BB 46, f° 91 et *sq.*

244. *Ibid.* f° 228 et *sq.*

245. *Ibid.,* BB 52, f°s 10, 10 v°, f° 29.

246. A.d.S. Venise, Cinque Savii, 26.

247. A. de Capmany, III, *op. cit.,* pp. 226-227 ; IV, Appendice, p. 85 ; A.d.S. Florence, Mediceo 4903, 마드리드, 1572년 6월 3일.

248. F. Corridore, *op. cit.,* p. 21. 세기 말에 코르시카에서는 61개 마을이 파괴되거나 불에 탔다. Casanova, *Histoire de l'Église corse, 1931,* I, p. 102.

249. *Op. cit.,* p. 153.

250. *Op. cit.,* p. 158.

251. 이 책 제II부 제4장 441-442쪽 참조.

252. 이 책 제III부 제6장 참조.

253. O, Eck, *op. cit.,* p. 139 et *sq.* 이 문단 전체에 관해서는 G. Fisher, *op. cit.*, *passim*, p. 96 et *sq.*

254. E. Mercier, *Histoire de l'Afrique septentrionale,* Paris, 1891, III, p. 189.

255. G. Fisher, *op. cit.,* p. 174.

256. S. Bono, *op. cit.,* p. 361 & note 21.

257. *Ibid.,* p. 89.

258. 11월 20일, A. Ballesteros y Beretta, *op. cit.,* IV, 1, p. 485.

259. *Historia tragico-maritima, Nossa Senhora da Conceyção,* p. 38.

260. H. Wätjen, *op. cit.,* p. 138, note 2; Paul Masson, *op. cit.,* p. 380.

261. S. Bono, *op. cit.,* p. 178.

262. J. Denucé, *op. cit.,* p. 20. 어쩌면 이보다 시기가 더 일렀을 수도 있다. 예를 들면, 1617년 에는 아이슬랜드 근처에 바르바리인(투르크인) 해적들이 나타났다. *ibidem,* p. 12.

263. 이 책 제I부 제2장 149쪽 참조.

264. G. Fisher, *op. cit.,* p. 186.

265. *Ibid.,* p. 138.

266. *Naufrages, corsaires et assurances maritimes à Venise, 1592-1609,* 1959.

267. *Ibid.,* p. 27 et *sq.*

268. 특히 상대적인 비중을 측정하는 일이 어렵다. 나는 다른 책에서도 이 문제를 다룬 적이 있다. *Civilisation matérielle, économie et capitalisme, XVe-XVIIIe siècle,* vol 1, ch. 1. 16세 기 수치들을 면밀히 검토하기 위해서는 지금과는 완전히 다른 척도에 적응해야 한다. 모 든 것이 거기에 달려 있다.

269. Salvatore Bono, "Genovesi schiavi in Algeri barbaresca", in: *Bollettino Liguistico,* 1953; "La pirateria nel Mediterraneo, Romagnuoli schiavi dei Barbareschi", in: *La Piê, Rassegna d'illustrazione romagnuola,* 1953.

270. G. La Mantia, in: *Archivio storico siciliano,* XLIV, p. 203.

271. R. Russo, in: *Archivio storico di Corsica,* 1931, pp. 575-578. 몸값 지불에 관해서는 간행되지 않은 자료들이 엄청나게 많다.

272. A.d.S. Gênes, M° del R° degli Schiavi, Atti, 659.

273. *Ibid.* 1601년 5월 14, 15일, 2,532리라에 대한 4퍼센트를 보험료로 받았다(2명의 보험업 자).

274. *Ibid.,* 사료는 매우 풍부하다. 예를 들면, 1600년 11월 7일 튀니스에서 Giacomo Sorli가 Philippe Lomellini에게 보낸 편지가 있다.

275. J. Nicot, *op. cit.,* p. 25, 1559년 9월 21일.

276. P. Grandchamp, *op. cit.,* I, p. 43, 1592년 8월 26일.

277. Relacion del tercer viaje que ha hecho J. Phelipe Romano a Argel(1594), Simancas E° 342.

278. G. Atkinson, *op. cit.,* p. 133.

279. 예를 들면, 1589년 1월 4일 발렌시아인들에게 금지령이 내려졌다. B.N. Esp. 60, f° 441 et v°. 금지되지 않은 품목들의 목록도 많았다. 1582년 7월 17일, Simancas E° 329, I.

280. *H. tragico-maritima, N. Senhora da Conceyção,* p. 19.

281. Carmelo Trasselli, *Noti preliminari sui Ragusei in Sicilia,* p. 32(타이프로 친 원고)[1965년 에 출간됨, *Economia e Storia*].

제8장

1. Gaston Imbert, *Des mouvements de longue durée Kondratieff,* 1959. 특히 p. 24 et *sq.*

2. Ruggiero Romano, *art. cit.*, in: *Rivista storica italiana*, 1962.

3. 무엇보다도 Giuseppe Aleati와의 공저 논문, "Il trend economico nello stato di Milano durante i secoli XVI e XVII : il caso di Pavia", in: *B.S.P.S.P.*, 1950.

4. *Les paysans de Languedoc*......, [1966년 출간]

5. *Une croissance : la Basse Provence rurale* (fin du XVIe siècle 1789), 1961. René Baerel은 1690년의 위기를 거론했다. 그러나 위기의 징후는 1660년경에 이미 분명히 나타났던 것이 아닐까? Emmanuel Le Roy Ladurie, "Voies nouvelles pour l'histoire rurale (XVIe-XVIIIe siècle)", in: *Études rurales*, 1964, pp. 92-93.

6. *Art. cit.* in *Rivista int. di scienze econ.*, 1955.

7. 1964년 8월 11일 펠리페 루이스 마르틴이 내게 보내온 편지.

8. 위의 주 7 참조.

9. 이 책 『지중해』, 초판, pp. 613, 1095, 1096-1097. "1550년부터 1580년까지가 B국면이었고, 1580년부터 1610년까지가 A국면으로 지중해 세계의 마지막 황금기였다고 할 수 있을지 잘 모르겠다."

10. *Les mouvements de longue durée des prix*, 1935, 렌 대학교 법학 박사학위 논문. 다음 책에서 이 논문의 개요를 볼 수 있다. Gaston Impert, *op. cit.*, p. 20.

11. *Il problema del trend secolare nelle fluttuazioni dei prezzi*, 1935. 장기 상승은 1510년에 시작되었고, (프랑스에서는) 1635년이나 (영국에서는) 1650년에 침체로 돌아섰다.

12. 예를 들면, A.d.S. Venise, Notatoio di Collegio 12, f° 32 v°, 1475년 11월 18일 ; 13, f° 17, 1482년 11월 14일 ; 14, f° 9, 1490년 2월 10일.

13. *Ibid.*, 9, f° 26 v°, 1445년 8월 12일.

14. A.d.S. Venise, Senato Terra, 4, f° 107 v°, 1459년 5월 25일.

15. *Ibid.*, 12, f° 42 v°, 1494년 2월 18일.

16. *Ibid.*, 15, f° 2, 1504년 3월 4일.

17. *Ibid.*, 12, f° 115, 1495년 11월 3일, 시계는 거의 준비되어 있었고, 그 장소에서 만드는 일만 남아 있었다.

18. 이 책 제II부 제1장 주 247 참조.

19. Gilles Caster, *Le commerce du pastel et de l'épicerie à Toulouse (1450-1561)*, 1962, pp. 381 et 383.

20. 이 표현을 쓴 사람은 Ernest Labrousse이다.

21. 이 책 제II부 제4장 "제국", 381쪽 이하.

22. Gaston Imbert, *op. cit.*, p. 181 et *sq.*

23. Pierre Chaunu, *op. cit.*, *Conjoncure*, I, p. 255 et *sq.* 후퇴는 아메리카 교역에서만 나타났을 뿐이다. *Ibid.*, p. 429 et *sq.*

24. Frank Spooner, *op. cit.*, p. 8 et *sq.*

25. Pierre Chaunu, "Sur le front de l'histoire des prix au XVIe siècle : de la mercuriale de Paris au port d'Anvers", in: *Annales E.S.C.*, 1961.

26. 이 책 제I부 제5장 421쪽 이하, 451쪽 이하 참조.

27. Domenico Sella, *art. cit.*, in: *Annales E.S.C.*, 1957, pp. 29-45.

28. 이 책 제II부 제3장 346-350쪽 참조.

29. 이 책 제II부 제2장 196-212쪽 및 제III부 제1장 이하 참조.

30. 이 책 제II부 제2장 211-212쪽 참조.

31. 이 책 제II부 제7장 631-634쪽 참조.

32. Fernand Braudel, *art. cit.*, in: *Revue Africaine,* 1928.

33. Pierre Chaunu의 논문들은 설명이 풍성한 훌륭한 저작들이기는 하지만 논란의 여지가 있다. "Séville et la 'Belgique', 1555-1648", in: *Revue du Nord,* 1960; "Le renversement de la tendance majeure des prix et des activités au XVIIe siècle. Problème de fait et de méthode", in: *Studi in onore di Amintore Fanfani,* 1962; "Minorité et conjoncture. L'expulsion des Morisques en 1609", in: *Revue Historique,* 1961; 앞의 주 25에 소개한 논문. 정치적인 사건들을 쫓는 것은 나비를 쫓는 것과 상당히 비슷하다.

34. Roberto Lopez et Harry A. Miskimin, "The economic depression of the Renaissance", in: *The Economic History Review,* XIV, n°3, avril 1962, pp. 115-126.

35. 이 책 제II부 제2장 215쪽 참조. 다음의 논문이 어느 정도 방향을 제시할 수 있을 것 같다. Ömer Lutfi Barkan & Traian Stoianovich, "Factors in the decline of ottoman society in the Balkans", in: *Slavic Review,* 1962.

인명 색인